U0909164

田茂再 著

基于大数据的经济形势监测预测理论与方法

清华大学出版社
北 京

内 容 简 介

大数据分析理论和方法的重构与创新，正在深刻地影响着当代经济运行形势的监测预测领域的相关理论、方法及其应用。目前大数据在宏观经济监测预测领域的应用主要有两个热点：一是建立大数据下新型宏观经济指标；二是使用大数据来提高传统宏观经济监测预测模型的精确度和时效性，使之“即时预测”乃至“实时预测”。本专著致力于对大数据背景下经济形势监测预测的 11 个主要指标进行研究，这些指标包括大数据下的经济总量运行、金融风险管理、财政税收、对外贸易、对内贸易、物价水平、居民消费、失业率、交通运输、房地产经纪、移动支付等，并基于这些主要指标提出相应的政策建议。

本专著可作为统计学、经济学及其相关领域的大学生、研究生的教材或教学参考书，亦可供教师和科技人员参考使用。

图书在版编目（CIP）数据

基于大数据的经济形势监测预测理论与方法 / 田茂再著. —北京 : 清华大学出版社, 2023.7
ISBN 978-7-302-59403-1

Ⅰ. ①基… Ⅱ. ①田… Ⅲ. ①中国经济–经济预测–研究 Ⅳ. ①F123.24

中国版本图书馆 CIP 数据核字（2021）第 212825 号

责任编辑：佟丽霞 王 华
封面设计：常雪影
责任校对：赵丽敏
责任印制：杨 艳

出版发行：清华大学出版社
网 址：http://www.tup.com.cn，http://www.wqbook.com
地 址：北京清华大学学研大厦 A 座 **邮 编：**100084
社 总 机：010-83470000 **邮 购：**010-62786544
投稿与读者服务：010-62776969，c-service@tup.tsinghua.edu.cn
质 量 反 馈：010-62772015，zhiliang@tup.tsinghua.edu.cn
印 装 者：三河市东方印刷有限公司
经 销：全国新华书店
开 本：185mm×260mm **印 张：**25.5 **字 数：**620 千字
版 次：2023 年 7 月第 1 版 **印 次：**2023 年 7 月第 1 次印刷
定 价：169.00 元

产品编号：087320-01

作 者 简 介

田茂再，湖南凤凰人，南开大学概率统计博士，统计学教授，博士生导师，教育部人文社会科学重点研究基地中国人民大学应用统计科学研究中心副主任。先后到中国科学院、加拿大阿尔伯塔大学、加拿大卡尔加里大学、香港中文大学、香港浸会大学、澳大利亚墨尔本大学做过 6 个博士后。德国柏林洪堡大学 SFB 649 FELLOW 重大科研项目中方首席科学家；美国耶鲁大学、哥伦比亚大学，英国曼彻斯特大学、布鲁内尔大学，日本东京大学以及意大利佛罗伦萨大学的高级访问教授；曾经入选新世纪优秀人才；中国人民大学首批杰出学者，新疆医科大学高层次人才杰出学者，甘肃省“飞天学者”特聘教授、兰州财经大学“兴隆学者”特聘教授、新疆维吾尔自治区“天山学者”特聘教授和“天池学者”特聘教授。先后主持省部级、国家级项目 30 余项，在国内外的重要学术刊物上发表 300 余篇颇具影响的文章，著书 15 余部，获省部级及以上奖励 20 余项。科研业绩重点是复杂大数据的统计建模理论。一些研究成果极大地推动了统计学科的进步，并影响了其他相关学科的发展，在实践领域发挥着重要作用，其创新程度高，在国际上得到了同行专家的广泛认可。

前 言

在大数据（big data）时代，从数据收集到分析方法的快速发展和革新，正在不断影响着经济运行形势监测预测领域的理论、模型与方法。大数据在宏观经济监测预测领域的应用主要有两个热点问题，其一是建立新型宏观经济指标，其二是使用大数据促进传统宏观经济监测预测模型的准确和及时，使之“即时预测”乃至“实时预测”。我们分别对大数据背景下经济形势监测预测的 11 个指标（包括经济总量运行、金融风险管理、财政税收、对外贸易、对内贸易、物价水平、居民消费、失业率、交通运输、房地产经济、移动支付等）进行分析与探索研究，并对这些主要指标提出相应的政策建议。这些研究具有重要的理论意义与实践价值。

国民生产总值（gross domestic product，GDP）核算的意义不言而喻，但是其滞后性和低频率性与大数据背景下所要求的“更快、更准、更广”的特点并不吻合，在大数据背景下，GDP 面临重重机遇和挑战，本书第 3 章从三个方面归纳了大数据背景下 GDP 的监测预测。首先，为了能够实时监测 GDP，利用相关性需要结合其他高频协变量信息，在变量个数远远大于样本数时，可以通过正则化方法进行变量选择，在此基础上进行细致的分析；其次，将非结构化数据与结构化数据结合，进一步完成实时监测预测；最后，因 GDP 偏差的预测有正偏差和负偏差，正偏差和负偏差会影响决策者的决策，所以对 GDP 偏差进行估计及预测。大数据背景下分析的工具更加多元化，传统分析方法的可解释性以及在大数据下表现强势的预测能力，将提高 GDP 预测的时效性和准确性。

近几年来，一方面，由于经济全球化和金融一体化、现代金融理论及信息技术、金融创新等因素的影响，全球金融市场迅猛发展，金融市场呈现出前所未有的波动性，金融业面临着日益增大的风险。另一方面，随着计算机技术和互联网技术的创新和发展，人们收集和处理数据的能力快速增长，数据种类日益增多，数据规模急剧增大，大数据时代悄然来临。作为金融创新的产品，互联网金融加速了金融业的发展，使我们进入更加便捷的消费信贷投资模式。但是，我们对待互联网金融要时刻抱有谨慎的态度，大数据给互联网金融带来的风险更加不容忽视。特别是互联网金融横跨时空运营，一旦发生金融事故，必然会对经济运行和社会稳定产生恶劣的影响。因此，如何更加准确地度量金融风险成为各金融机构、监管机构和学术界密切关注的重要课题。在这样的金融背景下，第 4 章首先围绕数量金融风险管理的三个重要核心问题展开分析和讨论：① 风险价值（value at risk，VaR）的估计及其估计方法的比较分析；② 金融收益率波动性的估计及其估计方法的比较分析；③最优风险度量——期望亏空（expected shortfall，ES）的估计方法和比较分析。其次，结合时代背景对大数据下的金融风险管理进行了研究。主要工作包括大数据诊断、大数据处理和大数据预测模型的介绍。最后，给出了大数据下金融风险度量的两个案例。总之，在经济全球化的背景下，如何更加准确地度量金融风险对社会稳定和经济正常运行尤为重要。

税收是我国财政收入的基石，涉及国民经济发展的各个方面。对税收进行有效监测和管理是政府调整经济发展方向、制定经济发展方针的重要环节。在信息爆炸的大数据时代，中国的税收管理体系面临着重大变化：新兴行业迅猛发展、企业规模日益庞大、企业涉税业务日趋复杂，这些都给中国的税收监测管理水平提出了更高的要求。如何将传统税收治理模式与大数据技术相结合，对重点数据进行实时监测和深度挖掘，从中提取有价值的信息用于税收征管工作，是我们当前关心的重要问题。第 5 章首先分析了在大数据时代，我国税收管理面临的机遇和挑战；继而对税收大数据、税收风险管理等理论进行了阐述；最后以两个实际案例具体介绍了大数据技术在税收监测中的应用方法。其中第一个案例对数据挖掘及关联规则技术进行了探讨，结合税收实际，建立指标评价体系，利用先验算法提高了税收监测的效率和精度；第二个案例基于支持向量机模型来评估税收监测指标之间的非线性关系，为税务部门的风险管理提供了有价值的依据。本章从理论和应用两个角度说明了大数据技术应用于税务监测的方法和意义。

对外贸易也被称为“国际贸易”或“进出口贸易”，是指一个国家（地区）与另一个国家（地区）之间的商品、劳务和技术的交换活动。在移动互联网的浪潮下，大数据时代到来了。随着新时代的到来，我国的对外贸易面临着新的发展机遇，同时也迎来了前所未有的挑战。对外贸易的统计监测工作也进入了新的阶段。第 6 章首先介绍了新时期下我国对外贸易的发展趋势和政策建议，引入了符合大数据时代潮流和经济全球化背景的对外贸易可持续发展评价指标体系，利用该指标体系可以有效地对当前对外贸易形势进行监测和评价。本章还介绍了对外贸易监测工作常用的统计理论，给出了大数据时代我国外贸监测预测工作应采用的计算模型与方法，并引用两个实际数据的例子，证明了这些方法的可行性和有效性，为新时期对外贸易监测统计工作提供了理论支持。

贸易统计作为国民经济统计的重要组成部分，在反映流通与消费、社会经济发展变化等方面发挥了重要作用。搞好贸易统计，全面准确地反映消费需求的发展变化趋势，具有非常重要的意义。随着大数据时代的来临，贸易统计工作面临的困难也越来越大，表现出统计对象错综复杂、统计基础工作薄弱等特点，这给贸易统计带来了更大的挑战。第 7 章系统回顾了贸易大数据的特点以及大数据技术给贸易统计带来的影响，并通过两个实例说明了大数据技术在商业贸易中的使用。与传统的统计过程相比，大数据技术将更多的计算机软硬件技术引入大数据的处理和分析中。在尖端分析工具的帮助下，大数据技术可以帮助企业预测销量并且制定更好的营销策略。

随着计算机和互联网的发展，大数据已经成为当下最热门的话题和研究领域。在大数据的深刻影响下，经济社会的各行各业都悄然发生了明显变化。国民经济形势监测对国家经济的平稳和健康发展所起的重要作用不言而喻，而经济和数据的关系是十分密切的，因此大数据为国民经济形势的准确监测提供了全新的工具和强大的支持。国民经济形势监测涵盖了众多方面，其中最重要的一个方面就是物价水平，它与人民群众生活息息相关并且时刻影响着经济的整体运行态势。第 8 章在大数据的背景下，以物价水平的监测内容为核心，首先简要概括了大数据的起源、发展及其在物价水平研究中的应用；然后详细介绍了衡量物价水平的不同指标，包括居民消费价格指数、生产者价格指数、零售价格指数和 GDP 缩减指数，为将大数据和物价水平研究相结合奠定基础；最后以居民消费价格指数为代表，重点探讨了扫描数据和支持向量回归方法在居民消费价格指数中的应用，结果表明大数据分析方法和技术在物价水平的研究中具有良好的表现。

消费是人类社会生活中的重要行为和过程，任何社会都离不开消费。消费对经济增长的拉动作用最为直接，而居民消费又在总消费中占 70%~80%，因此通过消费对经济变化趋势进行监测主要是对居民消费进行监测。第 9 章主要针对居民消费进行了相关的探讨和研究。由于网络的到来，给人类的消费活动带来了翻天覆地的变化，为了全面分析大数据时代人类消费活动的变化，本章主要从三个角度进行理论分析和实证说明：① 通过对大数据的监测分析预测消费者产品需求的变化。② 通过对网络数据的管理监测处理，预测消费者的信心指数。③ 对于高维面板大数据，研究居民收入与消费之间的关系。对于网络大数据，主要利用神经网络方法进行模型建立和变量选择；对于高维面板大数据，主要利用自适应惩罚函数构造自适应惩罚的分位回归面板数据方法，该方法是处理面板数据的有效手段。本章通过案例分析，得到了有利于决策的参考信息。

人口与就业情况是经济形势监测的一个重要方面，其中的失业率被视为一个反映整体经济状况的指标。第 10 章对在大数据的背景下，监测预测失业率的理论和方法进行了总结和探索。一方面，从宏观角度来看，整个社会中人们的活动轨迹构成了一个巨大的复杂数据集，对这一社会基因组数据，尤其是庞大且与失业紧密相关的网络搜索数据进行分析整理，并将其应用于失业率的监测预测中，是对传统失业率研究方法的重要补充。另一方面，从微观角度来说，高速发展的网络科学和计算方法使得雇主–雇员微数据这一公司与个人的交互大数据可以用来模拟劳动力流动模式的模型，从而为经济决策提供数据支撑。传统的失业率监测预测模型包括自回归移动平均模型等，而在大数据时代，一些如反向传播神经网络、广义回归神经网络等数据挖掘方法，结合网络搜索大数据，在失业率监测预测方面展现了巨大的潜力。本章在引入包括神经网络、支持向量回归、LASSO、典型相关分析等方法的基础上，具体介绍了如何使用网络搜索引擎数据，利用神经网络方法对失业率进行监测预测的框架，并分析了人口老龄化与就业的关系以及 5 个经济合作与发展组织（Organization for Economic Cooperation and Development，OECD）国家战后失业率等两个实际案例。

在交通运输方面，交通运输建设是国家建设与发展的重要组成部分。国家经济形势与本国交通运输行业的发展息息相关。随着信息技术与大数据技术的产生与发展，交通运输行业发生了巨大的改变，随之产生交通运输大数据。于是，第 11 章探究了如何利用交通运输大数据监测我国经济形势。首先，从交通运输固定资产投资与交通运输量两方面分别研究了其与经济发展的内在联系，验证利用交通运输数据监测经济运行情况的可行性。其次，为方便理解交通运输大数据，详细介绍交通运输大数据的产生方式与来源，以及一些实际应用交通运输大数据的实例。再次，介绍基于传统交通运输数据的经济监测的方法，提出一个新的监测指数——中国运输服务指数（China transportation service index，CTSI），给出在交通运输大数据下经济监测的转变方式，绘制大数据背景下的经济监测体系。最后，介绍了一个实际案例，其使用高速路收费站统计的收费数据构建收费指数，作为德国经济形势的监测指数，与传统监测指数相比，收费指数的数据来源更新快，监测经济运行的时效性更好。

大数据背景下房地产经济监测的理论研究主要介绍了房地产行业经济监测指标、基于大数据的房地产经济监测研究现状及其研究意义，并运用大数据的数据内容、统计分析方法研究了两个实际案例。第 12 章首先介绍了具有代表性的综合指标国房景气指数，根据网络数据和传统统计指标，提出用于房地产经济监测的分类指标。这些指标需要能够反映住房价格与住房租金、房地产市场供求情况、房地产开发建设成本、金融风险、宏观经济发展、相关政策、技术与就业环境、生态环境 8 种功能。本章还分析了房地产行业互联网大数据的特点，分两方面对大数据在房地产经济监测方面的应用研究进行综述，包括网络指数的研究和大数据分析技术的应用。此外，本章从三方面阐述了基于大数据的房地产经济监测的意义。在案例分析部分，运用面板分位回归方法对住宅销售价格的影响因素进行研究，对不同分位点的房价进行预测；运用多重差分模型对限购令与房价进行研究，监测限购令对不同分位点的方法在不同时期的实施效果，并分别给出相应的政策建议。

支付行为作为日常生活中最直观化的商品经济参与手段之一，蕴含着社会整体的经济消费风向。要对我国经济形势进行监测研究，深入分析社会的移动支付行为是一个非常适合的切入点。第 13 章研究了基于移动支付大数据对经济形势监测的分析方法。首先剖析了我国移动支付行业的发展趋势，总结国内外移动支付行业的推进历史及经验，明确移动支付行业的发展潜力与研究必要。其次阐述了大数据时代背景下移动支付行业与经济形势之间的映射关系，解读移动支付的社会经济效应，并着重分析了移动支付大数据的数据特征，以及其与普通大数据特征的异同。接下来分描述类与预测类两方面总结了移动支付大数据的分析方法，重点论述了时空模型的构建、估计、预测步骤。最后，应用此种时空统计方法，分别对巴黎地区和北京地区的两组移动支付大数据进行了分析，监测区域经济形势并预测了经济热点走向，分析结果对了解区域经济动态有一定指导意义。

第 14 章针对高维多元函数型数据以及张量数据等大规模复杂数据类型创建了基础性统计建模理论和方法。与这一前沿领域相关的研究众多，其极大地丰富了复杂大数据的统计理论，同时使统计学在经济、环境、金融和神经科学中的应用更加有效。

本书在写作过程中，全程参与的博士生、硕士生有李二倩、张永霞、郃凌楠、闫懋博、白永昕、陶丽、马少沛、梁晋雯、苏鹏、张若璇、曹睿、芮荣祥、虞祯和江锴等 20 多人。在此对他们表示衷心的感谢！

本书获得以下基金部分资助：国家自然科学基金（No.11861042）、教育部哲学社会科学研究重大课题攻关项目（No.15JZD015）、全国统计科学研究重点项目（No.2020LZ25）、新疆财经大学“天池学者支持计划”。感谢教育部人文社会科学重点研究基地中国人民大学应用统计研究中心的大力支持。

本书的出版目的就是给读者介绍一些基于大数据的经济形势监测统计的基本理论与方法，侧重于理论与方法的系统性论述。

由于本人水平有限，错误在所难免，甚望读者批评指正！

田茂再

PREFACE

The rapid development and innovation of data collection and analysis methods in the era of big data are constantly affecting the theory, models and methods of monitoring and forecasting the economic operation situation. There are two main hotspots in the application of big data in the field of macroeconomic monitoring and forecasting. One is to establish new macroeconomic indicators, and the other is to use big data to promote the accuracy and timeliness of traditional macroeconomic monitoring and forecasting models, such as "nowcasting" and even "real-time forecasting". We analyze and investigate economic situation in the context of big data based on 11 indicators, including economic aggregate operations, financial risk management, fiscal revenue, foreign trade, intra-industry, price level, household consumption, unemployment rate, transportation, real estate economy, mobile payment and so on. What's more, we put forward a few policy recommendations correspondingly for these main indicators. All of the researches are of significant theoretical and practical value.

Gross Domestic Product (GDP) accounting is of vital importance, but its hysteresis and low frequency nature do not coincide with the three characteristics: faster, more accurate and wider in big data era. So GDP accounting is still faced with many opportunities and challenges. We summarize nowcasting and forecasting GDP in three aspects. First, we need to combine other high frequency covariates to overcome hysteresis utilizing the relationship between GDP and other high frequency information. When the number of covariates is much larger than the sample size, we can select important variables by regularization and make a detailed analysis subsequently. Second, unstructured data and structured data are combined to make better performance in nowcasting and forecasting GDP. Finally, we target surprises to GDP growth, where a surprise is a deviation of the realized value from the expectation. And this is of interest to policy makers, businesses, and financial market participants in order to inform decisions about the future. The tools of analysis are more diversified under big data. The interpretability of traditional method and strong prediction ability under big data will improve the timeliness and accuracy of nowcasting and forecasting GDP.

In recent years, due to the effect of economic globalization, rapid advancement of fundamental financial theory and information technology and all myriads of financial innovation, global financial market is experiencing sharp changes. The global financial market has never been so influenced by unexpected massive risks like it is now. On the other hand, with the innovation and development of computer technology and Internet technology, the ability to collect and process data is growing rapidly. Such that, the variety of data is becoming more diverse and size of data drastically increases. The age of big data are coming. As a product of financial innovation, Internet finance has accelerated the development of the financial industry and made us enter a more convenient mode of consumer credit investment. However, we should take a cautious attitude towards Internet finance at all times because that the risks of Internet finance brought by it cannot be ignored. In particular, Internet finance operates across time and space. Once a financial accident occurs, it will have a bad impact on economic operation and social stability. Therefore, how to effectively recognize financial risks is a crucial task that has been confronting financial practitioners today. Firstly, we concentrated on three major highly concerned issues among the financial industry, namely, ① the comparison of different estimation methodologies of Value at Risk; ② the comparison of different estimation methodologies of financial volatility; ③ the analysis and comparison of different methodologies on the estimation of expected shortfall under such financial circumstances. Secondly, financial risk management under big data is studied in combination with the financial background. The main work includes the introduction of big data diagnosis, big data processing and big data prediction model. Finally, two cases of financial risk measurement under big data are considered. In a word, how to measure financial risks more accurately is particularly important for social stability and normal operation of economy under the background of economic globalization.

Taxation is the cornerstone of fiscal revenue in China, involving many aspects of the national economy. Effective monitoring and management of taxation is an important part for adjusting the direction of economic development and formulating the development policy. In the era of big data, China's tax situation is undergoing major changes, for example, the number of new industries are increasing sharply, the scale of enterprises is becoming increasingly large, the business type is becoming more and more complicated, which have brought great challenges to the tax risk administration. So what we are concerned about most at present is how to combine the traditional tax model with big data technology, monitoring the key data and extracting valuable information from it. We, firstly, analyze the opportunities and challenges faced by China tax administration in the era of big data and then expounds the theory of big tax data, tax risk management, etc. Finally, two practical cases are given to illustrate the application of big data technology in tax monitoring. Using the technology of data mining and association rules, we establish an index evaluation system in the first case, where the efficiency and accuracy of tax detection are improved greatly through priori algorithm. Based on the support vector machine model, the second case evaluates the nonlinear relationship between tax indicators, which provides valuable basis for tax risk management.

Foreign trade, also known as "international trade" or "import and export trade", refers to the exchange of goods, services and technology between one country (or region) and another country (or region). Under the tide of mobile internet, the era of big data has come. With the advent of the new era, China's foreign trade is facing not only new opportunities for development, but also unprecedented challenges. Statistical monitoring of foreign trade has also entered a new stage. We first introduces the development trend and policy suggestions of China's foreign trade in the new era, and presents an evaluation index system for the sustainable development of foreign trade in line with the trend of the big data era and the background of economic globalization, which can effectively monitor and evaluate the current situation of foreign trade. We also introduces the commonly used statistical theory of foreign trade monitoring, gives the calculation model and method of foreign trade monitoring and forecasting in the era of big data, and cites two examples of actual data to prove the feasibility and validity of these methods, which provides theoretical support for foreign trade monitoring and statistics in the new era. Trade statistics, as an important part of national economic statistics, plays an important role in mirroring circulation, consumption and economic development. It is of great significance to do a good job in trade statistics and accurately reflect the development trend of consumer demand. With the advent of the era of big data, trade statistics are facing challenges. The difficulties are also increasing, showing the characteristics of complex statistical objects and weak statistical foundation, which brings greater challenges to trade statistics. We systematically review the characteristics of big data in trade and the impact of big data technology on trade statistics, and illustrates the use of big data technology in commercial trade through two examples. Compared with traditional statistical process, big data technology will introduce more computer technology into the processing and analysis of big data. With the help of big data technology, enterprises can forecast sales and formulate better marketing strategies.

With the development of the computer and internet, big data has become the hottest topic and research field at present. Under big data's profound influence, various industries of the economic society have quietly taken place the obvious change. It goes without saying that the monitoring of the situation of the national economy plays an important role in the steady and healthy development of the national economy, and the relationship between the economy and the data is very close. Therefore, big data provides a new tool and strong support for the accurate monitoring of the national economic. The monitoring of the national economic situation covers many aspects, among which the most important one is the price level. It is closely related to people and affects the overall operating situation of the economy at all times. Under the background of big data, we take the monitoring content of price level as the core. Firstly, the origin, development and application of big data in the study of price level are briefly summarized. Then we introduce the different indexes of measuring price level, which include consumer price index, producer price index, retail price index and GDP deflator index. This work lays the foundation for the combination of big data and price level. Finally, the application of scanning data and support vector regression in consumer price index is discussed. The results show that analytical methods and techniques related with big data have a good performance in the study of price level.

Consumption is an important behavior and process in human social life, and any society can't do without consumption. Consumption plays the most direct role in economic growth, while household consumption accounts for 70%-80%of total consumption. Therefore, monitoring the trend of economic change through consumption is mainly to monitor household consumption. We focus on the related research on household consumption. Due to the advent of the Internet, it has brought about tremendous changes in human consumption activities. In order to comprehensively analyze the changes in human consumption activities in the era of big data, we mainly conduct theoretical analysis and empirical explanation from three aspects. ① Predicting changes in consumer product demand through monitoring and analysis of big data. ② Forecast consumer confidence index by monitoring and processing network data management. ③ For high-dimensional panel big data, study the relationship between residents' income and consumption.For network big data, chapter 9 mainly uses neural network methods for model building and variable selection.For high-dimensional panel big data, the adaptive penalty function is used to construct the adaptive penalty quantile regression model for panel data. The proposed method is an effective way to deal with the panel data. Through the real data analysis, we have obtained reference information that is conducive to decision-making.

The population and employment situation is an important aspect of economic operation monitoring, where the unemployment rate is regarded as an indicator reflecting the overall economic situation. We summarize and explore the theory and methods of monitoring and forecasting unemployment rate in the era of big data. First of all, from a macro perspective, the traces of the population activities in the whole society constitute a huge and complex data set. Collecting and analyzing this social genomic dataset, especially the huge and closely unemployment-related web search data, and applying it to the monitoring and prediction of unemployment rate is an important supplement to the traditional research methods of unemployment rate. On the other hand, from a microscopic point of view, the rapid development of network science and computing methods makes employer-employee micro-data, an interactive big data between company and individuals available for modelling labor mobility patterns, thus providing data support for economic theories and policies. The traditional unemployment rate monitoring and forecasting models include autoregressive moving average model and so on, while in the era of big data, data mining methods such as back propagation neural network, generalized regression neural network, combined with network search big data, show great potential in monitoring and forecasting of unemployment rate. By introducing methods including neural network, support vector regression, LASSO, and canonical correlation analysis, we illustrate in detail the framework of neural network methods to monitor and predict the unemployment rate with the network search engine data. Besides, we analyze two cases including the relationship between population aging and employment and the post-war unemployment rate of five OECD countries for practice.

In terms of transportation, the construction of transportation is an important part of national construction and development. Economic situation of nation is closely related to the development of transportation industry. With the emergence and development of information technology and big data technology, the transportation industry has dramatically changed, and has resulted in transportation big data. Therefore, we explore how to use transportation big data to monitor China's economic situation. Firstly, from two aspects of transportation infrastructure investment and transportation volume, we study their internal relationship with economic development and verify the feasibility of using transportation data to monitor economic situation. Secondly, in order to facilitate the understanding of transportation big data, we introduce the production methods and sources of transportation big data in detail, as well as some examples of practical application of transportation big data. Thirdly, we introduce the method of economic monitor method based on traditional transportation data, propose a new monitoring Index—China Transportation Service Index (CTSI), and describe the transformation mode of economic monitoring under the big data of transportation, and draw the economic monitoring system under the big data. Fourthly, we introduce a practical case, which uses the toll data collected by the highway toll station, and constructs a Toll Index(TI) as a monitoring index, compares the toll index with other traditional monitoring index and finds the data source of the toll index is updated quickly, now-casting of economic situation is better.

The theoretical research on real estate economic monitoring under the background of big data mainly introduces the economic monitoring indicators of real estate industry, the present research situation and research significance of real estate economic monitoring. In chapter 12, we first introduce the comprehensive index, national housing climate index. According to the search engine indices and traditional statistical indicators, we propose eight classification indicators for real estate economic monitoring. These indicators need to reflect the housing price and housing rent, reflect the supply and demand of real estate market, and reflect the real estate development and construction costs, reflect financial risks, reflect macroeconomic development, reflect related policies, reflect technology and employment environment and reflect the ecological environment. Besides, we analyzed the characteristics of the Internet big data in the real estate industry. We make a review of the application research of big data in real estate economic monitoring from two aspects, they are the research of network index and the application of big data analysis technology. In addition, we also expound the significance of real estate economic monitoring based on big data from three aspects. In the third section of chapter 12, we analyze two actual cases using statistical methods based on big data. And the corresponding policy suggestions are given for the empirical analysis respectively.

Payment behavior is one of the most intuitive means of participating in the market economy, which contains the trend of economic consumption of society. In order to monitor and study the economic situation of our country, it is very suitable to analyze the social mobile payment behavior. We study the analysis method of economic situation monitoring based on mobile payment big data. Firstly, we analyze the development trend of mobile payment industry in China, summarize the history and experience of mobile payment industry at home and abroad, and make clear the development potential and research necessity of mobile payment industry. Then we introduce the mapping relationship between mobile payment industry and economic situation under the background of big data era. We interpret the social and economic effects of mobile payment, and analyze the data characteristics of mobile payment big data. Then we discuss the similarities and differences between it and ordinary big data features. We summarize the analysis methods of big data in terms of description class and prediction class, and focus on the construction, estimation and prediction steps of spatio-temporal model. Finally, by using this spatio-temporal statistical method, we analyze two groups of mobile payment big data in Paris and Beijing, monitor the regional economic situation and predict the trend of economic hot spots. The analysis results have certain guiding significance to understand the regional economic dynamics.

目　录

第 1 章　绪　　论

1.1　经济形势监测预测的意义及研究现状

宏观经济波动是从萧条到复苏再到高潮的周期性变化。在现代市场经济中，周期性经济波动是经济生活中的一种客观现象，是经济发展中的一种警示状态。宏观经济监测是对许多统计数据进行综合评估，对宏观经济发展状况做出判断，并根据监测结果对未来经济活动可能出现的转折点和重大变化给出相应的警报。

当发生通货膨胀时，国家通常采取紧缩的货币政策和财政政策。虽然通货膨胀在一定程度上能得到抑制，但整个社会的经济将进入低速发展状态。相反，货币波动趋紧，国家应采取扩张性宏观经济政策，正常的经济发展也会受到影响。因此，要保持经济持续快速发展，就必须加大宏观调控和预警力度，控制经济周期上升的高峰期，防止“大回升”，稳定波动。目前，大多数国家都有自己的宏观经济监测预警系统。我国拥有的是一个操作性强、理论性高和系统良好的宏观经济预警系统。随着社会主义经济体制改革的进一步深化和社会主义市场经济体制改革的不断完善，国家宏观调控措施在社会经济发展中发挥着越来越重要的作用。市场经济改革使我国经济进入一个新的阶段，同时，经济已经出现了相应的经济周期波动。根据市场经济体制下各国经济周期波动的原因，西方经济学家提出了许多经济理论和经济模型。

经济预测、监测和预警三者之间既相互联系又相互区别。经济预测是对尚未出现或尚不清楚的经济形势的预先估计和推测。它是在以诸如经济学与统计数据和调查数据为基础的相关学科的理论与方法的指导下，对经济发展现状、经济形势的发展过程进行定性和定量分析，从而对经济形势的发展做出合理的推断。因此，经济监测、预测和预警是对经济活动过程和现状中一系列经济指标的监督和衡量，在了解波动过程规律的基础上，从监测结果出发，分析未来可能出现的经济活动转折点并对重大变化进行预警。因此，经济预测、监测和预警构成了经济调控决策的重要组成部分，影响着经济调控决策。

在缺乏科学的宏观经济监测预警系统的情况下，由于时间和方法的限制，人们在统计数据的基础上，通过比较、经验和增长率来判断经济发展，进行比较初级的判断。然而，宏观经济监测预警系统是从现实出发，发展成一种重新认识复杂的宏观经济统计的手段。这种方法需要很长时间才能通过开发和测试，但一旦建立起来，就可以在短时间内处理和计算大量数据。通过经济监测预警系统可以科学地认识整体宏观经济的形势，同时也可以清晰地识别宏观经济各层面的变化，了解经济结构的变化，引导投资者理性投资，帮助政府采取及时稳定的政策，促进经济平稳较快地发展。

下面将从 5 个方面来谈及经济形势监测、预测、预警研究现状：监测指数与指标体系、模型、算法、假设检验以及其他。

1）监测指数与指标体系

李彭城等（2000）基于经济形态波动理论，结合中国企业经济运行实际情况，从指标体系的确立和扩散、合成两种指数出发构建模型。余根钱（2005）认为中国经济监测需要包括全国和地区两大部分，全国监测手段以中国运行指数及各种分指数为主，而地区监测手段以经济运行指数和经济监控地图为主。陈金凤（2007）参考景气指数法的思路，采用模糊综合评判方法构建中国宏观经济监测与预警体系。卢剑鸿等（2014）借鉴了宏观经济监测预警指标体系，构建区域经济监测预警指标体系，针对影响区域经济波动的因素，运用属性识别法监测区域经济走势。Han 等（2013）提供了一个针对房地产市场经济形势的早期预警和监测系统，并基于中国房地产市场景气指数构建了一个状态空间模型以做监测和预警。龚盈盈（2005）系统论述了景气指标的分类、选择、预处理方法和基准日期的确定原则。由此构建了预警指标体系，并合成单指标为综合预警指数，进一步运用神经网络预测预警指数趋势。徐文芹等（2004）重视我国金融安全，强调构建国家金融安全预警指标体系与预警机制以及相关配套措施的重要性，提出金融安全监测预警指标系统至少应包括国家宏观经济运行指标、金融机构安全监测预警指标和货币安全监测预警指标三项指标。王志升等（2009）将构建区域经济统计监测预警体系分为构建区域经济统计的创新体系、微观经济监测计量模型、宏观经济综合警情指数、统计数据质量监控系统 4 个方面并提出对应方法和措施。崔斌（1997）基于现有宏观经济监测预警分析系统建立了 10 个一致指标和 5 个主要指标，对经济状况进行了重新划分。李科（2001）首先总结了选取监测预警指标的原则，然后详述了合成指数、扩散指数的编制方法以及其在经济景气分析中的作用。Yu 等（2015）基于经济效益评估模型评估了三峡库区工程地质灾害监测和预警的经济效益。基于三峡工程的特征，该模型合理地定义输入和输出的界限并将人员伤亡和生态环境的损失添加到经济效益评价的指标体系中。

2）模型

温渤等（2009）基于决策支持系统，结合宏观经济景气监测理论、计量经济学模型和人工智能技术等多种方法，从面向辅助决策的宏观经济监测预警系统的需求分析出发构建了解决方案。魏丽（2010）引入隐马尔可夫模型（hidden Markov model，HMM）与马尔可夫转换模型（Markov switching model，MSM）对宏观经济监测与预警构建模型，采用拟合准确度与预测准确度两方面对该模型和传统的向量自回归模型（vector autoregression，VAR）的监测预警效果进行比较。陈述云（1993）重点考察贵州国民经济，将多元分析方法引进建立宏观经济短期监测预警系统。高铁梅等（2003）结合差分整合移动平均自回归（autoregressive integrated moving average，ARIMA）模型等多种中短期预测模型及“宏观经济监测预警系统”，分析与预测 2003 年我国宏观经济发展趋势。张昭玉（2009）对我国当前经济形势构建了移动加权平均综合指数的经济预警模型，并使用该模型进行预警监测的实证检验，以提高预警系统的准确性与可靠性。Dimitrova 等（2015）基于估计失效概率，引进了一个分析系统失效风险的框架。失效概率被定义为风险过程的概率，它刻画了系统的运行，是在有限时间区间达到一个时间相依的精确风险水平。在一般的假设条件下，他们定义两个有联系的模型对风险过程，并且推导了失效概率的显式表达以及失效事件时间和风险过程超额量的联合概率，展示了概率模型如何成功地应用在系统可靠性、投资管理、流行病控制、金融破产等风险分析中。Tangsucheeva 和 Prabhu（2014）指出精确的现金流预测对公司管理至关重要，尤其在市场和信贷不确定的条件下。没有精确的现金流预测，一个公司可能无法完成短期的任务，甚至有破产的风险。大量宏观经济条件的改变，会影响对精确现金流的预测。他们利用随机金融分析来对现金流进行预测：① 利用企业所有客户的整体支付行为的马尔可夫链模型；② 对于个体水平的清单，个体消费者支付行为的贝叶斯模型。他们提出的随机金融分析模型的预测精确性明显优于其他预测技术。Li 和 Wang（2014）提出一种新的 logit 金融预警模型以帮助企业预警金融危机并降低金融风险。该模型较传统的金融预警模型具有更高的预测精度，且更为稳健。Zheng 等（2014）基于主成分分析法及动态因子模型，以货币供应量、利率、汇率、股票价格和房地产价格等几个变量的百分比变化率作为指标来构建金融状况指数（financial conditions index，FCI），并作为预测整体经济趋势的重要参考指标。Nembhard 和 Kao（2003）提出了一种对于动态系统的适应性的基于预测的监测方法。对于自相关数据已发展出几种基于预测的检测方法，其中一种有效的方法是使用基于指数加权移动平均（exponential weighted moving average，EWMA）的预测。然而，在动态系统的转变周期阶段，使用常数的时间序列模型参数的预测监测方法不能准确反映该变动。而他们提出一种适应性的基于预测的检测方法，对于动态系统表现更佳。他们检查了两种相互矛盾的方法：适应性的时间序列模型和适应性的 EWMA，并使用一种具有一阶动态的塑料挤出过程来刻画这两种方法的应用，并通过模拟对这两种方法的性能进行评估。Stroud 和 Johannes（2014）提出了 24 小时高频波动率的贝叶斯建模和预测方法。他们使用“连续 24 小时”的 5 分钟收益估计了高频指数未来收益的模型，其中 5 分钟收益包含下列主要特征：多重持续随机波动因素，在价格和波动率上的跳跃，捕捉时间模式的季度成分，收益和波动率冲击之间的相关性，以及公告效应。他们提出了一种综合的马尔可夫链蒙特卡罗（Markov chain Monte Carlo，MCMC）方法，使用高频数据来估计日间和当天的参数和状态，而没有借助于各种聚合措施，如实际波动率。他们提供了一个案例研究，使用了 2007—2009 年的金融危机数据，并使用粒子过滤来为模型比较构建似然函数，并进行了 2009—2012 年样本外预测，证明了这种方法改善了实际波动率预测，并对风险管理和交易应用也十分有效。Koop 等（2010）提出一种动态的限制概率计算方法，并将其应用于 Philips 曲线。他们使用 Savage-Dickey 密度比例和另一种使用更加宽松的假设方法，提出了计算当一个限制在时间中某一点成立的概率的方法，而没有假设这一限制在实践中的任何其他点成立。两种方法仅使用从非限制模型的 MCMC 结果来计算对感兴趣的所有模型的随时间变化的后验概率。使用美国数据，他们发现长期的 Philips 曲线是垂直的可能性相当高，但随时间衰减。而非加速性失业增长率不能被识别的概率随时间波动，但在 1990 年后增加。Baumeister 和 Kilian（2015）提出了一种在不断改变的世界中对石油实际价格的方程预测方法——预测组合方法。传统地，如样本外的预测很大程度上过于审判性，使得它们很难复制并证明合法。而另一种方法则是使用实时的计量经济学的石油价格预测模型。他们研究了构建 6 种模型组合的优点，证明了在过去 20 年中，合适地构建实时预测组合将比 6 个季度（18 个月）的无变化的预测更加精确，并且在精确性上的优势随时间稳健。他们总结，合适地构建预测组合应当取代传统的审判性的石油价格预测。Noorossana 等（2014）研究了经济轮廓设计中如何选择轮廓参数使得执行总成本最小的问题。利用 Lorenzen-Vance 损失函数对成本和执行轮廓建立了经济模型和经济统计模型，并给出了遗传算法解决估计问题。针对在一个短期时间内，经济观测值小于预测变量的时间序列问题，Scott 和 Varian（2014）利用贝叶斯变量选择方法进行统计推断，其中利用 Kalman 过滤方法（Kalman filtering）控制时间序列特征，利用 spike 和 slab 回归方法吸收预测变量，利用模型平均降低过拟合风险。

3）算法

Kim 等（2004）指出，在 20 世纪 90 年代，全球很多地方因经济危机而呼吁建立预警机制（early warning system，EWS），从而能够给可能的危机提供信号，同时，建立起多种相应的预警机制。他们集中研究一个有趣的问题：怎么来训练预警机制？为了这个研究目的，他们讨论了数据的训练集的各个方面以及一些数据挖掘分类器。其中人工神经网络（artificial neural network，ANN）作为预警机制的训练工具而被深入研究。为了强调问题的实证方面，他们构建了韩国经济的预警机制。一系列研究表明 ANN 在建立预警机制方面的优势。Pang 和 Feng （2006）指出，经济预警（economic early warning，EEW）有助于通过判断经济发展的趋势制定决策；但是很少有研究会考虑到经济数据中普遍存在的噪声问题。例如贝叶斯模型等传统的 EEW 方法需要特征独立假设；ANN 会遇到过度拟合的问题。他们把粗糙集（rough sets）和支持向量机（support vector machine，SVM）结合起来构建了一种新方法，综合粗糙集有效解决噪声问题和删除冗余经济信息，支持向量机采用经验最小化原则预防过度拟合的优点，并通过试验证明了新方法的有效性。Yu （2006）针对东南亚 1997—1998 年的经济危机，基于货币危机预测模型，设计了一个广义回归神经网络（general regression neural network，GRNN）。首选汇率波动率，然后把这些指示变量放在 GRNN 中进行训练，最终训练的 GRNN 用来对未来危机进行预测，并在印度尼西亚盾、菲律宾比索、新加坡元、泰铢等 4 种东南亚的货币上验证了该预测方法能较好地进行预测。同时，把他们提出的方法与其他方法进行对比。实证结果表明该方法在灵活性和精确性的表现上更优。Li 等（2014）引入了 L1 正则化支持向量机（L1-SVM）作为一种有效的特征筛选技术，以用于 EWS 建模，并建立了中国上市公司的集约型财务预警系统。Theljani 等（2014）基于支持向量域描述（support vector domain description，SVDD）提出了一种基于核分类的算法以做系统检测。Sättele 等（2015）指出，为了识别最佳的风险降低策略，决策制定者应该能够对 EWS 的有效性和完成成本进行量化评估，同时比较其他的度量措施。然而当前公认的量化 EWS 有效性的方法是缺乏的。他们提出用 6 步构建有效性的量化度量框架方法。为了达到这个目的，根据贝叶斯网络（Bayesian networks，BN）的具体需要，把特定地点的预警机制分成两类，同时做可靠性分析。Koyuncugil 和 Ozgulbas （2012）基于数据挖掘技术提出了一种 EWS，并应用于金融风险探测。Yang 等（2001）基于人工神经网络提出了针对商业银行贷款风险的 EWS，并通过实例分析验证了该方法的有效性。Varian（2014）综述了大数据下的决策树、支持向量机、神经网络、深度学习、变量选择等统计方法在经济数据中的使用和分析问题。

4）假设检验

Zou 等（2014）对高维数据流提出了一种有效的在线监测方法。监测高维数据流在许多大数据应用中对于异常活动的实时探测已变得日益重要。我们感兴趣的是尽可能快地探测出一个正在发生的事件，然而我们并不知道数据流的哪个子集是被这个事件所影响的。通过与探测异质混合问题的结合，他们基于一种来自每一个数据流的局部累积和统计量的优势拟合优度检验，提出了一种新的控制图方法，并通过数值结论证明所提出的方法可以平衡受影响的数据流的不同片段的监测，并且在一般情况下比已提出的方法更好。Holzmann 和 Eulert（2014）研究了信息集对于预测的作用，并应用在风险管理中。预测是基于某些信息的基础上的。如果预测机制被正确地界定，那么越多的有用信息应当导致更好的预测。对于点预测，通过使用严格相合的得分函数——它导致了更小的平均得分——说明了增加信息集的效果是如何量化的。他们更进一步地证明了经典的 Diebold-Mariano 检验——基于严格相合得分函数和渐近理想的预测，对于一个 h-步点预测的信息集序列的一个增加效果来说，是一种相合检验。对于风险价值（value at risk，VaR），他们证明了平均得分，其相对应与分位数平均风险直接与期望差额相关。因此，增加信息集对导致 VaR 的预测平均而言具有更小的期望差额。他们在拟合以及在股票收益的应用中，对非条件和条件的风险管理以及证券投资组合的风险因子的一元和多元建模，并对结果进行刻画。同时，他们讨论了信息集通过使用严格适当得分规则评估概率预测的作用。

5）其他

汪寿阳等（2010）基于海量数据设计了全球经济监测预警平台，并实现了包括全球经济监测、预测、预警和政策模拟 4 个主要模块的原型系统，系统中包括监测、预警、预测和政策模拟的完整流程支持，同时还有丰富的展示层用于展示分析结果。李威龙等（2001）从金融的运行机制和影响因素出发，基于国民经济总体构建了包含结构、对外经济、金融形势、财政形势、经济泡沫成分 5 个子系统的国家金融危机监测预警系统。同时结合功效系数法形成综合预警系数。王持位等（1993）提出北京市工业经济宏观监测预警评价体系，同时论述了总系统和 3 个子系统的设计思想、方法与结果，并对北京市 1992 年下半年及 1993 年工业经济形势进行预测判断与政策模拟分析。Einav 和 Levin （2014）强调了访问和使用大数据的一些挑战，还讨论了新的数据集的使用可能会改变经济学家在实证研究中对统计方法的应用，以及改变方式的类型。

1.2 大数据研究现状

随着科技的日新月异，当今时代正面临着大数据带来的巨大变化。大数据时代是互联网、物联网等渠道产生的大量数据资源的数据存储、价值提取、智能处理和信息传播的时代。在当今时代，人们几乎可以获得任何能够转化为有价值知识的数据，从而推动人们生活的变化。目前，大数据已经上升为一种国家战略，为中国的经济和政治转型提供了重要的解决方案。我们应该抓住机遇，掌握大数据的核心技术，推动大数据产业的发展。

在大数据时代，电子商务、互联网金融和社交网络的快速发展，使数据（如搜索数据、社交数据、论坛数据）的获得变得更加容易。同时，数据的形式也变得更加多样化。例如，各种文本、图像、视频和广播等非结构性数据都属于大数据范畴。数据的准确性和相关性得到了极大的提高，基于移动终端、因特网、物联网等的结构化、半结构化、非结构化数据直接由计算机采集，不需要人工处理，从而避免了人为产生的一些误差。同时，大数据极大地增大了数据样本的大小（Manyika et al.，2011），相比于传统的宏观经济监测与预测中的小样本数据，大数据几乎可以作为一个总体。大数据使得数据采集和数据处理有了质的飞跃，给传统的宏观经济监测和预测带来了新的分析思路和分析方法，推动了数据分析方法和模型建立方法的变革，同时，大数据极大地提高了数据采集的速度，可以实现信息的实时传输。该模型充分利用了实时数据，提高了监测预测的及时性，为经济预警和决策提供了及时的信息和依据。

大数据是数据集术语的集合，具有三维性质：增加（数据量）、速度（数据输入和输出速度）和类型（数据类型和源范围）。这些数据集庞大而复杂，使得传统的数据处理方法不再适用。大数据的主要思想是通过从大数据集里提炼出额外的信息，从而发现数据之间的相互关联关系。这在识别商业市场的趋势、确定研究的质量、预防疾病、联系法律参考、打击犯罪和确定实时道路交通状况等方面得到了广泛的应用。大数据包括的数据集通常超出常用软件工具的捕获、组织、管理和在可容忍的时间内处理这些数据的能力。在 2012 年，Gartner 更新大数据的定义如下：“大数据是高容量、高速度和（或）高变化的信息资产，它需要新形式的处理才能够加强决策制定、洞察力的发现和过程优化。”

随着人类科学技术的飞速发展，特别是随着计算机和互联网的普及，我们正面临即将到来的大数据时代。多种多样的海量超高维复杂大数据出现在众多科学研究领域，其中包括基因学、天文学、宇宙学、流行病学、经济学、金融学、功能性磁共振成像以及图像处理等。高速增长的复杂超高维海量大数据对各个领域的科学家形成巨大挑战，快速提取信息的能力显得尤为重要。同时，我国仍旧是发展中国家，面临着尚未完成工业化的艰巨任务，而且各个产业发展极不平衡，其中急需发展的服务行业与 IT 业的持续高速发展形成鲜明对比。大数据时代带给我们的机遇、挑战与责任是什么？如何面对来势汹涌的大数据时代？对这些问题的研究显然是复杂、综合的重大理论和现实难题，其解决需要文理科交叉综合应用和协同创新。大数据时代的到来，引起各行各业的高度关注，哈佛大学社会学教授加里·金也强调了这一点：“这是一场革命，庞大的数据资源使得各个领域开始了量化进程，无论学术界、商界还是政府，所有领域都将开始这种进程。”我们知道统计学是研究如何测定、收集、整理、归纳和分析反映客观现象总体数量的数据的一门社会学科。大数据时代的到来对统计学这门学科而言无疑是大机遇。一方面，大数据的统计推断有助于研发出强有力的统计科研工具，让统计界广泛受益：另一方面，大数据的产生对统计学科理论和方法的发展提供了更丰富的应用场景，有利于促进对自然和科学的深度理解。反过来，就统计学对其他学科的影响来说，该选题通过对复杂数据开展深入系统的创新性研究，产生新的统计思想，研发新的统计工具，形成新的统计理论，从而推动其他重要领域和科学前沿取得突破。其实，随着大量产生于当今科学的大数据在不停地快速增长，从基因组到自然科学领域，统计学家一直在积极参与跨学科领域的科学研究。从统计学的发展史可以看出，随着各门具体科学领域产生的复杂数据挑战的增多，统计学家面临的机遇也就越多，相关的统计学理论和方法也得到了空前的发展。反过来，大数据的发展也推动着许多重要领域或科学前沿取得突破。

人类科学技术的不断推进带来了获取社会各种类型数据的能力爆发式增长，其中就包括人类的各种活动数据，这些数据不仅规模庞大，同时组织类型也高度复杂。2008 年，纽约时报主编史蒂夫·洛尔（Steve Lohr）提出，世界已进入网络化的大数据时代。近年来，大数据已成为一个技术热点，引起了各行业的广泛关注。大数据或称巨量资料、海量数据，指的是所涉及的数据规模巨大到无法通过目前主流软件工具，在合理时间内达到撷取、管理、处理，并整理成为帮助企业经营决策的资讯。麦肯锡在其报告中指出，“大数据”是指那些大小已经超出传统意义上的尺度，常规的数据库技术难以完成捕捉、存储、管理和分析的数据集合。国际商业机器公司（IBM）把大数据概括成了三个 V，即规模性（volume）、多样性（variety）、高速性（velocity）。按照易安信（EMC）公司的界定：“大数据”的

“大”是指大型数据集，一般在 10TB 规模左右；多用户把多个数据集放在一起，形成 PB 级的数据量；同时这些数据来自多种数据源，以实时、迭代的方式来实现。著名未来学家阿尔文·托夫勒早在 1980 年就在其书《第三次浪潮》中，将大数据形象化地定义为“第三次浪潮的华彩乐章”。然而直至 2009 年，“大数据”才真正引起社会的广泛关注，成为互联网信息技术行业的热门词汇。美国互联网数据中心指出，互联网上的数据量每年将增长 50%，即每两年便会增加一倍，当今世界上 90%以上的数据都是在近几年产生的。值得注意的是，数据的内涵并不只是局限在互联网上发布的内容数据，随着数码传感器在工业设备、汽车、电表等方面的普及，实时测量和传递有关位置、运动、震动、温度、湿度乃至空气中化学物质的变化成为可能，这也是形成海量数据信息的重要来源。

“大数据”这个术语最早来源于 Nutch，这是 apache.org 的开源项目。当时，大数据主要是特指为更新网络搜索索引需要同时进行批量处理或分析的大量数据集。随后 Google MapReduce 和 Google File System（GFS）的发布延拓了大数据的内涵，其不仅用来描述大量的数据，还涵盖了处理数据的速度。2011 年 5 月，EMC 公司在美国拉斯维加斯举办以“云计算相遇大数据”（Cloud Meets Big Data）为主题的第 11 届 EMC 世界大会，着重展现当今两个最重要的技术趋势，大会正式抛出了“大数据”的概念。几乎是同一时间，麦肯锡全球研究院（Mckinsey Global Institute，MGI）发布了《大数据：创新、竞争和生产力的下一个新领域》这一重磅性报告，报告中详述了数字数据和文档的状态，同时强调处理这些数据能够释放出潜在价值。随后，大数据迅速成为计算机行业的热门概念，全球互联网巨头纷纷意识到大数据潜在的巨大价值，EMC、惠普、IBM、微软等代表性企业均通过收购大数据相关厂商来进行技术整合。与此同时，金融界也开始关注大数据的巨大经济价值。

大数据技术的战略意义不是单纯地掌握巨量的数据存储，其更为重要的是需要通过专业化处理挖掘数据中包含的有价值的信息。从这个角度来看，大数据也是一种新型的数据分析方法，其基于海量数据规模进行规律的发现和总结，可以说大数据实质上也是数据分析的前沿技术。为了在可容忍时间内有效处理大量的数据需要新的技术。当前大数据处理技术包括大规模并行处理（massively parallel processor，MPP）数据库、数据挖掘电网、分布式文件系统、分布式数据库、云计算平台、互联网和可扩展的存储系统。

目前商业性大数据处理方案主要有 IBM InfoSphere 大数据分析平台、Oracle Big Data Appliance、Microsoft SQL Server、Sybase IQ 等。大数据技术既包括硬件技术，也包括软件技术，目前各种技术基本独立存在于各个相对独立的领域，如存储、开发、平台架构、数据分析挖掘等。分析处理大数据典型的核心技术为 Hadoop。MapReduce 技术是一种简洁的并行计算模型，它所代表的非关系数据管理和分析技术异军突起，具有良好的扩展性、容错性和大规模并行处理的优势。相对于关系数据库技术，MapReduce 是一项崭新的并行计算技术，仍然有若干重要问题有待研究。目前文献中提到的关键待解决问题包括：在 MapReduce 上的增量式数据挖掘方法，大幅度减少数据挖掘的时间代价；基于数据流的数据分析和挖掘，加快知识获取速度的可行办法；云平台上的 MapReduce 计算的调度优化。

大数据的发展也引起了学术界的关注。2008 年国际顶级学术杂志《自然》（*Nature*）出版专刊“大数据”，分别从互联网技术、网络经济学、超级计算、环境科学、生物医药等多个方面重点剖析了海量数据所带来的挑战。Cohen 和 Dolan（2009）提出，典型的联机分析技术（on-line analytical processing, OLAP）数据分析操作（对数据进行聚集、汇总、切片和旋转等）已经不够用，还需要路径分析、时间序列分析、图分析、What-if 分析以及由于硬件或软件限制而未曾尝试过的复杂统计分析模型等。采样技术是一种处理大数据的方法，其可以用来缩小数据规模，以便利用现有的技术手段（关系数据库系统）进行数据管理和分析。然而在某些应用领域，采样将导致信息的丢失，如 DNA 分析等。在明细数据上进行分析，意味着需要分析的数据量将急剧膨胀和增长。2011 年《科学》（*Science*）杂志推出关于专刊《数据处理》（*Dealing with data*），讨论了数据洪流（data deluge）所带来的挑战，指出更有效地收集和利用这些数据对发挥科学技术推动社会发展具有关键意义。2012 年欧洲信息学与数学研究协会会刊《ERCIM 新闻》（*ERCIM News*）出版专刊《大数据》“（*Big Data*）”，对大数据时代的数据管理、数据密集型研究的创新技术等方面进行了重点论述，同时展现了欧洲科研机构的创新性研究成果。

大数据的处理需要云计算所提供的集群服务器，因而大数据与云计算具有紧密联系。云计算是分布式计算、效用计算、虚拟化技术、Web 服务、网格计算等技术的融合和发展，其目标是用户通过网络能够在任何时间、任何地点最大限度地使用虚拟资源池，处理大规模计算问题。目前，云计算及其应用在学术界和工业界的联合推动下呈现迅速增长的趋势。学术界从云计算的现实背景出发，对模型、应用、成本、仿真、性能优化、测试等诸多问题进行了深入研究，提出了各自的理论方法和技术成果，而工业界各大云计算厂商如亚马逊（Amazon）、IBM、谷歌（Google）、微软、Sun 等公司都推出自己研发的云计算服务平台。

大数据的迅猛发展也获得了政界的广泛关注和支持。奥巴马在 2012 年 3 月宣布美国政府投资 2 亿美元启动“大数据研究和发展计划”。美国政府认为大数据是经济发展的新型动力，将大数据比喻为“未来的新石油”，同时将对大数据的研究提到国家战略层面，这对未来的科技与经济发展将产生深远影响。我国正处于高速发展中，对大数据这个崭新概念的认识存在一个逐步深化的过程，尽管对大数据的研究起步略晚于西方国家，但是我国政府很快就意识到大数据的重要性。2011 年 12 月 8 日工业和信息化部发布的物联网“十二五”规划中，提出信息处理技术（包括海量数据存储、数据挖掘、图像视频智能分析）作为 4 项关键技术创新工程之一。2017 年 12 月 8 日，习近平总书记在中共中央政治局第二次集体学习时强调，要推动实施国家大数据战略，加快完善数字基础设施，推进数据资源整合和开放共享，保障数据安全，加快建设数字中国。这充分体现了我国已经将大数据战略提升至国家层面。

在商业应用方面，浪潮集团在正式发布大数据战略的同时，推出国内首款大数据系统——云海大数据一体机。因此，大数据技术在行业领域具有广阔的应用前景，推动大数据在行业中的应用是发展我国大数据产业的关键。行业大数据的应用不同于互联网，它会面临许多新的技术挑战，行业数据关联性强，大数据应用复杂，跨度更大，跨部门甚至跨行业需求更多，并且行业用户对需求处理的准确性和及时性也远高于互联网技术，互联网模糊数据难以满足精确数据的要求。

大数据已经深刻地影响着各行各业，开始为人类社会的发展积蓄新的能源动力。当前我国正处于深化改革的深水区，经济、政治发展面临转型，需要借助大数据手段更有效地解决问题。而大数据应用的关键问题在于技术的开发与应用，这对大数据的行业化发展具有奠基性作用。

1.3　大数据下经济监测预测的革新

1）数据收集的转变

在数据收集方面，从传统宏观经济统计数据向互联网非统计数据转变。一方面，传统宏观经济数据在很大程度上依赖于调查统计，人们通常采用专门的调查方法获取所需要的数据，一般的抽样调查方法包括普查和抽样调查。普查要求获取研究对象的全部数据，抽样调查是根据研究对象的性质选择总体的一部分来获取数据。显然，数据采集的难度会增加数据的获取成本以及数据记录和保存的成本。另一方面，传统调查方法获取的数据在准确性和时效性上会大打折扣。在准确性与时效性的权衡上，通常会为保证准确性而牺牲时效性，这样势必会引起数据公布的延后。如果数据时滞时间太长，则传统的统计监测预测模型会加剧宏观经济的波动。同样地，为了保证时效性而牺牲准确性也会影响对宏观经济的监测和预测。

随着信息化技术水平的进步，以及人们对事物之间的量化关系越来越重视，各种搜索数据、社交数据、微博、微信、论坛等数据使得现在数据的获取变得更加广泛、更加容易，而且数据的形式也越来越多样化。数据的形式不再局限于具体的事物，还可以包括更多形式的抽象化行为。因为数据类型的多样化拓展了数据收集的渠道和范围，各种文本、图像、视频、广播通过大数据技术和方法都可以成为获取信息的对象和渠道。而且与人为因素占很大比重的统计调查相比，从网页、电子邮件、搜索引擎、社交平台上获取的数据信息在一定程度上更加真实可信。另外，计算机存储能力的迅速扩增，大大降低了数据记录和保存的成本。

2）监测预测模型的转变

在监测预测模型方面，从传统的时间序列模型向动态模型转变。大数据使得宏观经济监测预测模型发生变化。传统的经济监测预测模型是时间序列、截面以及面板数据模型。模型参数设置、估计方法以及滞后项的选取都会对最终的预测结果产生很大的影响，从而使得预测结果产生较大的误差。在大数据时代，数据样本量的增加对传统监测预测模型提出更高的要求，从而使模型估计的精度大大提升。

在目前的千万亿兆系统和未来的亿亿兆系统上，传统的建模方式已无法满足需要。用分布方式对经济大数据集的性质进行建模已成为一种新的趋势。分布式模型主要包括设计编码属性的新算法，通过利用空间降维技术，以并行的方式把编码属性嵌入分布式数据中；通过使用分布式模式，设计出对这些属性进行聚类和分类的新算法；研发各种不同经济大数据集的算法以及对新兴存储技术上的结果表现和准确性进行算法的调试。同时，发展蒙特卡罗算法使其适用于经济大数据，对于并行和分布式结构也是可行的。利用并列的子样本计算蒙特卡罗平均值，以此来近似完整数据集的计算结果。这一理论避免了在算法迭代中对完整数据重复扫描的需要，同时能使该算法对于研究中的问题产生具有经济统计意义的解。

3）研究领域的革新

在大数据领域的研究方面，从宏观经济总量监测预测到宏观经济先进指标监测预测，通过宏观经济监测和预测来研究国内宏观经济是重点。宏观经济监测和预测是通过分析影响宏观经济总量指标及其变化的因素，对整个经济的运行状况进行监测和预测分析。国际上已经将大数据方法应用到与宏观经济紧密相关的证券、股票、房地产、旅游、医疗以及失业率等先行领域，在现时预测方面取得了一定的进展。例如，Hyunyong Choi 和 Hal Varian 介绍了如何利用谷歌趋势（Google trends，GT）来预测当前经济变量，以及利用失业和相关福利的搜索来提高对失业救济首次申请时间的预测。Askitas 和 Zimmermann 等提出，互联网搜索对监测预测德国、意大利和以色列的劳动市场状况有显著的作用。McLaren 和 shanbhogue 验证了英国在线搜索对就业和住房市场监测预测所起到的重要作用，提出了包含互联网搜索的改进监测预测模型。与国外相比，国内宏观经济预测中大数据的使用还存在一定的差距。中国还很少将大数据应用在这些反映宏观经济的先行领域。同时，大数据在国内引起关注的时间并不长，与大数据相关的各种技术（如云计算、人工智能）也不是很成熟。虽然我国已将大数据上升为国家发展战略，大力推动大数据在各个领域的发展，但是还有相当长的一段路程要走。

4）监测预测的革新

在监测预测方面，从中长期监测预测向实时监测预测转变。因为我国现有的预测模型在很大程度上依赖于传统统计数据，所以监测预测周期长，已有的多是年度、季度、月度模型。然而，无论国家宏观经济政策、企业经营策略还是个人消费计划都对整个宏观经济的及时把握有很大需求。当前的宏观经济监测预测能力还不足以完全满足经济、社会发展需要。随着大数据在宏观经济预测方面的利用，宏观经济的现时预测成为关注的焦点。“现时预测”是在现有的信息可能获得的情况下，根据可得信息来进行推断的预测方法。随着信息技术的发展，人们可以方便地收集大量的实时数据，并充分利用大数据方法对经济现象进行实时预测。

1.4 大数据下经济监测预测面临的机遇与挑战

1）大数据时代经济形势监测预测所面临的机遇

现代化数据的采集方法以及分析方法使得大数据下宏观经济监测预测更加简单易行和准确。因此，宏观经济监测预测在大数据时代面临更多的机遇。首先，大数据技术使“在短时间内获取海量数据”成为可能。数据样本的丰富度和样本容量，直接决定了后期分析结果能否反映实际情况，而数据样本越多，分析结果越趋近于实际。宏观经济分析的数据，无论是从时间长度还是从空间广度来看都有较大的扩充，并且这种数据的采集是用一种智能化的方式来获取的，为宏观经济分析提供了必要的基础保障。其次，大数据扩充了宏观经济分析的空间广度，使数据价值得以体现。通过计算机互联网获取基础的数据信息，不仅能够有效跨越时间和空间的限制，而且在数据价值上也得到了一定的提升，并且利用专业数据分析软件和数学模型，拓展了数据所包含信息的深度与广度，为新时期进行宏观经济分析提供了有力的支持。

2）大数据时代宏观经济监测预测面临的挑战

大数据为宏观经济的分析带来了历史机遇，但是在这一发展过程中也存在着一定的不足。这些不足集中体现在以下方面：首先，从海量的数据中挑选出有价值的数据存在一定的困难。大数据的一个主要特点是数据集的庞大和复杂，数据形式多样，从混杂的数据中筛选出真正有用的数据具有挑战性；其次，数据的安全保障能力还不高。互联网的成熟以及云计算技术的发展使得信息获取变得容易，但同时保护数据的安全性也是一个非常严峻的挑战。大数据的采集和处理使得有价值的数据高度集中，容易受到不法分子的攻击。最后，缺乏大量优秀的大数据分析人才，使得大数据在宏观经济分析中的价值降低。虽然大数据的提出已有很长一段时间，但是熟练掌握大数据技术的人才仍然不多。同时，从实际工作开展的现状来看，由于人员技术水平偏低以及能力不足、素质不高，大数据处理工作在一定程度上受到很大的限制。

1.5 研究技术路线

研究技术路线如图 1.1 所示。

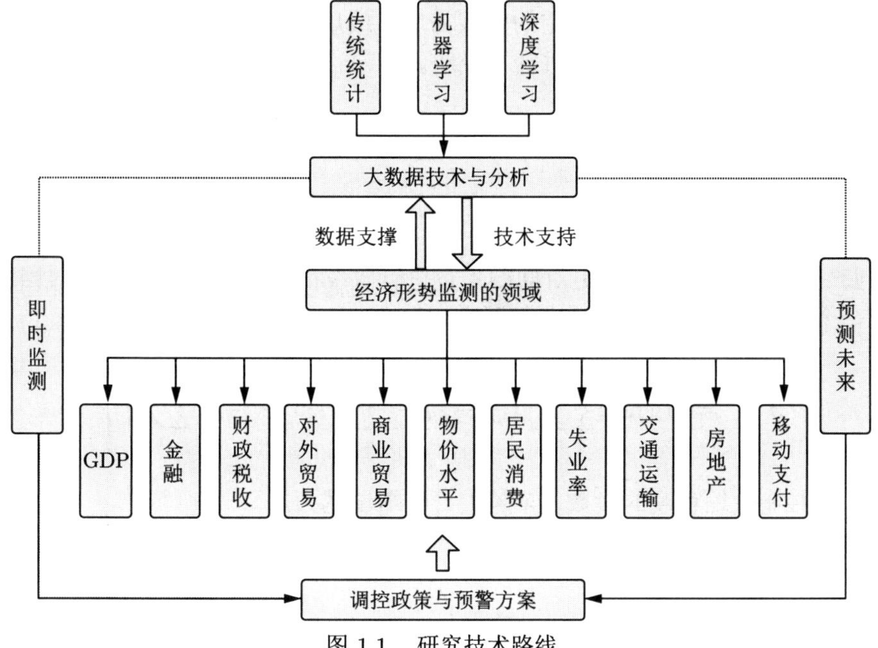

图 1.1 研究技术路线

第 2 章　大数据分析方法

大数据时代对统计分析方法提出了新的要求，随着技术的不断进步，逐渐形成了能够有效分析大数据的一系列统计方法。本章首先从传统统计方法出发，主要介绍常见的数据降维技术；然后详细介绍针对大数据开发的机器学习方法，并分析这些方法如何针对大数据的数据特点进行处理，以满足特定的实践需求；最后对近期在高频数据处理、图像识别等领域内广泛使用的深度学习方法进行了说明。

2.1　传统统计方法

2.1.1　岭回归

岭回归（ridge regression）是对回归系数进行收缩的一种方法。它通过对回归系数的大小施加一个惩罚项来对回归系数进行收缩。公式为

$$\hat{\boldsymbol{\beta}}^{\text{ridge}} = \arg\min_{\boldsymbol{\beta}} \left\{ \sum_{i=1}^{n} \left(y_i - \beta_0 - \sum_{j=1}^{p} x_{ij}\beta_j \right)^2 + \lambda \sum_{j=1}^{p} \beta_j^2 \right\} \tag{2.1}$$

其中 $\lambda \geqslant 0$ 是控制收缩程度的参数，λ 越大，收缩量越大。

岭回归的等价问题为

$$\hat{\boldsymbol{\beta}}^{\text{ridge}} = \arg\min_{\boldsymbol{\beta}} \sum_{i=1}^{n} \left(y_i - \beta_0 - \sum_{j=1}^{p} x_{ij}\beta_j \right)^2 \tag{2.2}$$

$$\text{s.t.} \ \sum_{j=1}^{p} \beta_j^2 \leqslant t$$

这体现了参数约束的具体形式。参数 λ 和参数 t 之间存在一一对应关系。当线性回归模型中存在许多相关协变量时，它们的回归系数方差就会很大。某一个协变量对应的非常大的正系数可能会和与其高度相关协变量的非常大的负系数相抵消。通过对系数的大小施加约束，可以解决这一问题。

在对协变量进行放缩时，岭回归的解并不相同，因此通常会在求解前对协变量进行标准化。另外，截距项 β_0 没有纳入惩罚项，因为这样可以保证当给响应变量加上一个常数 c 时，对截距项的估计也会加上一个相同的常数 c。

将式 (2.1) 中的损失函数写成矩阵形式：

$$\text{RSS}(\lambda) = (\boldsymbol{y} - \boldsymbol{X}\boldsymbol{\beta})^{\text{T}}(\boldsymbol{y} - \boldsymbol{X}\boldsymbol{\beta}) + \lambda\boldsymbol{\beta}^{\text{T}}\boldsymbol{\beta} \tag{2.3}$$

其中 $\boldsymbol{y} = (y_1, \cdots, y_n)^{\text{T}}, \boldsymbol{X}$ 为 $n \times p$ 维协变量构成的设计矩阵，$\boldsymbol{\beta} = (\beta_1, \cdots, \beta_p)^{\text{T}}$。

可以很容易地看出，岭回归的解为

$$\hat{\boldsymbol{\beta}}^{\text{ridge}} = (\boldsymbol{X}^{\text{T}}\boldsymbol{X} + \lambda\boldsymbol{I})^{-1}\boldsymbol{X}^{\text{T}}\boldsymbol{y} \tag{2.4}$$

其中 $\boldsymbol{I}$ 是 $p \times p$ 单位矩阵。请注意，选择二次惩罚 $\boldsymbol{\beta}^{\text{T}}\boldsymbol{\beta}$ 时，岭回归的解是 $\boldsymbol{y}$ 的线性函数。该解在 $\boldsymbol{X}^{\text{T}}\boldsymbol{X}$ 求逆之前为对角元添加了一个常量。这使得这个问题即使在 $\boldsymbol{X}^{\text{T}}\boldsymbol{X}$ 不满秩的情况下也有唯一解。

2.1.2　LASSO 回归

类似于岭回归，LASSO 回归也通过对回归系数的大小施加一个惩罚项来对回归系数进行收缩。岭回归最小化加罚后的残差平方和，但是惩罚项改为参数一范数的形式。求解公式为

$$\begin{aligned} \hat{\boldsymbol{\beta}}^{\text{LASSO}} &= \arg\min_{\boldsymbol{\beta}} \sum_{i=1}^{n} \left(y_i - \beta_0 - \sum_{j=1}^{p} x_{ij}\beta_j \right)^2 \\ \text{s. t.} &\sum_{j=1}^{p} |\beta_j| \leqslant t \end{aligned} \tag{2.5}$$

和岭回归一样，通过标准化协变量来预置截距参数 β_0，即 $\hat{\beta}_0 = \bar{y}$，这样就可以拟合一个没有截距项的模型。

将 LASSO 写成拉格朗日乘子形式：

$$\hat{\boldsymbol{\beta}}^{\text{LASSO}} = \arg\min_{\boldsymbol{\beta}} \left\{ \sum_{i=1}^{n} \left(y_i - \beta_0 - \sum_{j=1}^{p} x_{ij}\beta_j \right)^2 + \lambda \sum_{j=1}^{p} |\beta_j| \right\} \tag{2.6}$$

要注意到岭回归与 LASSO 的区别：岭回归中的二范数惩罚改为一范数惩罚 $\sum\limits_{j=1}^{p} |\beta_j|$，这个限制使得参数的解不再是 y_i 的线性函数，因此 LASSO 没有和岭回归类似的显式解。LASSO 解的计算是一个二次规划问题。

由于一范数约束的性质，使 t 足够小将导致一些系数正好为零。因此，LASSO 可以用来做连续的子集选择。与岭回归中的惩罚参数一样，应选择合适的 t，以最大限度地减少对预测误差期望的估计。

2.1.3　加罚方法的推广

将岭回归和 LASSO 方法进行推广，考虑如下的加罚标准：

$$\hat{\boldsymbol{\beta}} = \arg\min_{\boldsymbol{\beta}} \left[\sum_{i=1}^{n} \left(y_i - \beta_0 - \sum_{j=1}^{p} x_{ij}\beta_j \right)^2 + \lambda \sum_{j=1}^{p} |\beta_j|^q \right] \tag{2.7}$$

其中 $q \geqslant 0$。从贝叶斯角度，可将式 (2.7) 中 $|\beta_j|^q$ 视为 β_j 先验密度函数的对数化形式，则式 (2.7) 的解对应于未知系数向量的贝叶斯估计。$q = 0$ 对应于变量子集选择，因为惩罚只是计算非零参数的数量；$q = 1$ 对应于 LASSO；$q = 2$ 对应于岭回归；$q \leqslant 1$ 对应桥回归。这样来看，LASSO、岭回归和最优子集选择是具有不同先验分布的贝叶斯估计（图 2.1）。

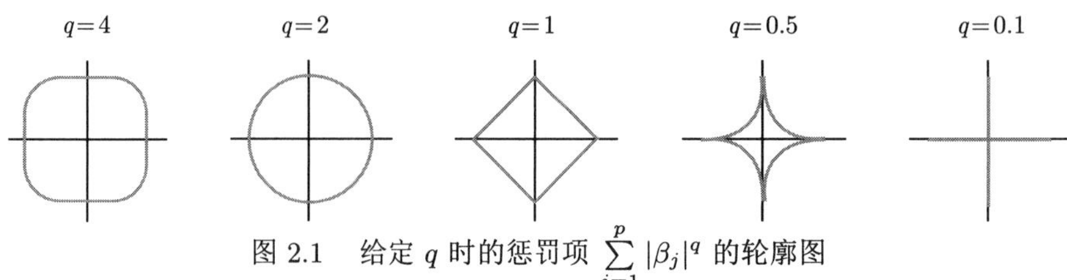

图 2.1 给定 q 时的惩罚项 $\sum_{j=1}^{p}|\beta_j|^q$ 的轮廓图

我们可以尝试使用除 0，1 或 2 以外的 q 值。虽然人们可能会考虑从数据出发选择合适的 q，但从经验来看这是不值得的。q 的值在 $(1,2)$ 之间时表示 LASSO 和岭回归之间的折中。而且在 $q>1$ 的条件下，$|\beta_j|^q$ 在 $\boldsymbol{\beta}=0$ 附近是可微的，而对于 LASSO 方法，在 $\boldsymbol{\beta}=0$ 附近是不可微的。

考虑到这一原因，Zou 和 Hastie（2005）提出了弹性网（elastic net，ENet）惩罚（图 2.2）：

$$\lambda\sum_{j=1}^{p}(\alpha\beta_j^2+(1-\alpha)|\beta_j|) \tag{2.8}$$

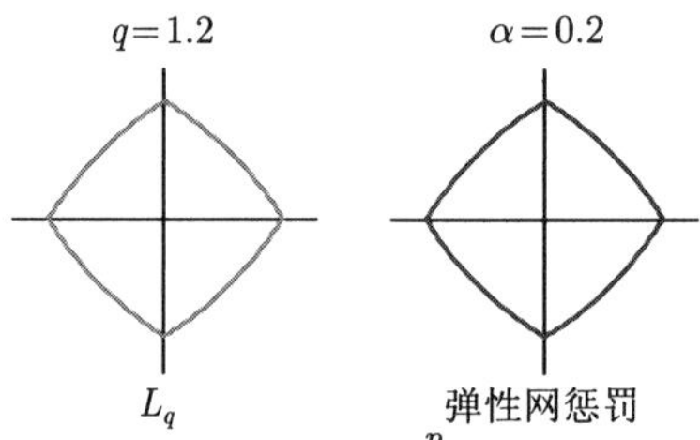

图 2.2 弹性网惩罚项 $\sum_{j=1}^{p}|\beta_j|^q$ 的轮廓图

这同样是一个岭回归和 LASSO 的折中，但有着不一样的形式。

可以看出，虽然两者的轮廓很像，但是弹性网惩罚在 $\boldsymbol{\beta}=0$ 附近仍然是不可微的。

2.1.4 最小角回归

最小角回归（least angle regression，LAR）是一个相对较新的方法，可以视为逐步前进法较为温和的一种版本。最小角回归与 LASSO 有着密切的联系，它为 LASSO 方法的计算提供了一种极其有效的算法。逐步前进法逐步生成模型，一步添加一个变量。在每个步骤中，将最优的协变量纳入模型中，直至所有变量纳入模型中。最小角回归使用类似的策略，但只输入“尽可能多”的变量。在第一步，它首先识别与响应变量最相关的变量。LAR 没有完全拟合此变量，而是将此变量的系数持续移动使残差的绝对值总和减小，直至另一个变量在与残差的相关性方面“赶上”该变量，该过程才会暂停。然后，将第二个变量加入活跃集，在保证活跃集中的两个变量与残差的相关系数一致的条件下，不断移动两变量对应的系数以减少残差绝对值，直至非活跃集中变量与残差的相关系数“赶上”活跃集中变量与残差的相关系数。这个过程持续进行直至所有变量纳入模型，或者全部的残差都可以被变量解释。具体算法为：

（1）将协变量进行标准化，从残差 $\boldsymbol{r}=\boldsymbol{y}-\bar{\boldsymbol{y}},\beta_1,\beta_2,\cdots,\beta_p=0$ 开始。

（2）找到与残差 $\boldsymbol{r}$ 最相关的协变量 $\boldsymbol{x}_j$。

（3）从 0 开始移动 β_j，方向为 $\boldsymbol{x}_j$ 与 $\boldsymbol{r}$ 相关系数所代表的方向，直到有另外一个协变量 $\boldsymbol{x}_k$ 与即时残差（$\boldsymbol{r}=\boldsymbol{y}-\boldsymbol{x}_j\beta_j$）的相关系数与 $\boldsymbol{x}_j$ 与残差的相关系数相同。

（4）移动 β_j 和 β_k，直到另一个协变量与即时残差（$\boldsymbol{r}=\boldsymbol{y}-\boldsymbol{x}_j\beta_j-\boldsymbol{x}_k\beta_k$）有相同的相关系数。

（5）持续这一过程直至所有协变量纳入模型或所有残差都能得到解释。

如图 2.3 所示，可以看出，LAR 中的系数以分段线性的方式变化。需要说明的是在移动 β_j 后不需要重新计算相关系数，利用协变量协方差的知识和算法的分段线性，可以在每一步的开始时计算出精确的步长。LASSO 与 LAR 的计算结果几乎相同，只在系数变为 0 时首次出现差异。

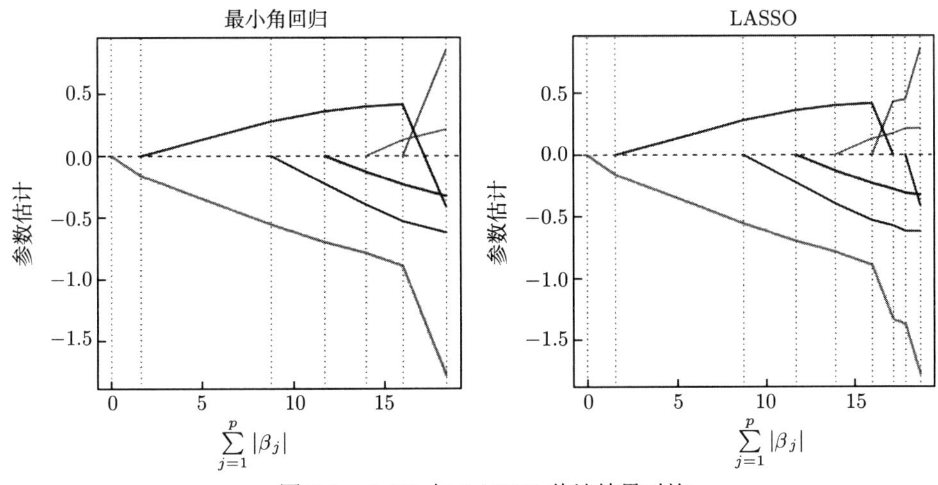

图 2.3　LAR 与 LASSO 估计结果对比

2.1.5　主成分分析

主成分分析（principal component analysis，PCA）是一种常用的数据降维方法。数据矩阵 $\boldsymbol{\mathcal{X}}$ 的行被视为 p 维随机变量 $\boldsymbol{X}$ 的观察值。该方法通过变量间的线性组合实现降维的目的。一般地，低维线性组合通常更容易解释，也适合作为更复杂的数据分析的中间步骤。更准确地说，我们需要寻找一组新的变量，这个变量是原始变量 $\boldsymbol{X}$ 的某种标准线性组合，并使新变量的方差达到最大。

$\boldsymbol{X}=(X_1,\cdots,X_p)$ 为一个 p 维变量，它满足 $E(\boldsymbol{X})=\boldsymbol{\mu}$ 和 $Var(\boldsymbol{X})=\boldsymbol{\Sigma}$。一个标准化的线性组合 (standardized linear combination，SLC）可以写作一个加权平均，即 $\boldsymbol{\delta}^{\mathrm{T}}\boldsymbol{X}=\sum_{j=1}^{p}\delta_j X_j$，其中 $\boldsymbol{\delta}$ 是长度为 1 的向量。$\boldsymbol{\delta}=\boldsymbol{\gamma}_1$ 时，$\boldsymbol{\delta}^{\mathrm{T}}\boldsymbol{X}$ 的方差最大，其中 γ_1 为 $\boldsymbol{\Sigma}$ 的最大特征值 λ_1 对应的特征向量。那么 $Y_1=\boldsymbol{\gamma}_1^{\mathrm{T}}(\boldsymbol{X}-\boldsymbol{\mu})$ 被称为第一个主成分。拓展到更高维度，即 $\boldsymbol{X}$ 为矩阵时，其主成分可以写作 $\boldsymbol{Y}=\boldsymbol{\Gamma}^{\mathrm{T}}(\boldsymbol{X}-\boldsymbol{\mu})$，其中 $\boldsymbol{\Gamma}$ 为 $\boldsymbol{\Sigma}$ 的特征向量矩阵，即 $\boldsymbol{\Sigma}=\boldsymbol{\Gamma}\boldsymbol{\Lambda}\boldsymbol{\Gamma}^{\mathrm{T}}$。那么，$\boldsymbol{Y}_1,\boldsymbol{Y}_2,\cdots,\boldsymbol{Y}_p$ 被称为第一个，第二个，$\cdots$，第 p 个主成分。

这些主成分的均值为零，方差为 $\mathrm{Var}(Y_j)=\lambda_j$ 且它们之间相互独立。前 q 个主成分对于方差的解释比例为

$$\psi_q = \frac{\sum\limits_{j=1}^{q} \lambda_j}{\sum\limits_{j=1}^{p} \lambda_j} = \frac{\sum\limits_{j=1}^{q} \mathrm{Var}(Y_j)}{\sum\limits_{j=1}^{p} \mathrm{Var}(Y_j)} \tag{2.9}$$

在实际运用中，一般使用样本均值 $\bar{\boldsymbol{x}}$ 代替 $\boldsymbol{\mu}$，样本方差 $\boldsymbol{\mathcal{S}}$ 代替 $\boldsymbol{\Sigma}$。如果 $\boldsymbol{\mathcal{S}}$ 的谱分解为 $\boldsymbol{\mathcal{S}} = \boldsymbol{\mathcal{G}}\boldsymbol{\mathcal{L}}\boldsymbol{\mathcal{G}}^{\mathrm{T}}$，那么主成分为

$$\boldsymbol{\mathcal{Y}} = (\boldsymbol{\mathcal{X}} - \mathbf{1}_n \bar{\boldsymbol{x}})^{\mathrm{T}} \boldsymbol{\mathcal{G}} \tag{2.10}$$

如果记 $\mathcal{L} = \mathrm{diag}(l_1, \cdots, l_p)$，那么主成分 y_i 的方差等于 $\mathcal{S}$ 的特征值 l_i。可以绘制碎石图来展示这些主成分解释方差的能力，然后选取碎石图趋于平稳之前的几个主成分作为新的变量进行分析（图 2.4）。一般会选取方差累计解释比重在 80%以上的几个主成分来进行下一步的数据分析。需要注意的是，主成分分析对尺度变化十分敏感，一般来说，该项技术应该被应用于尺度大致相同的变量。当各个变量尺度不同，如单位分别为年、千克、美元时，应先对变量进行标准化处理，再进行求主成分的操作。

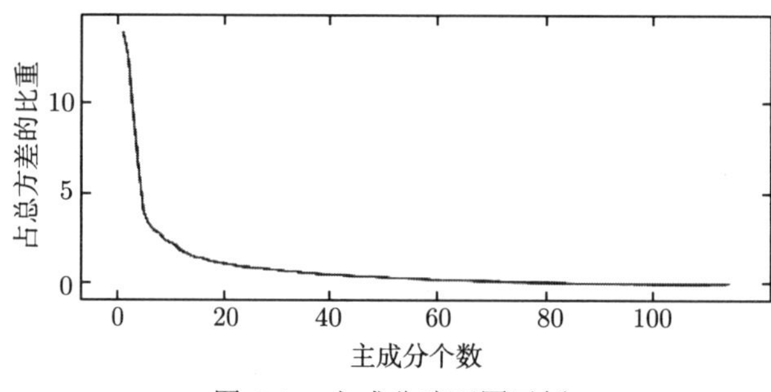

图 2.4　主成分碎石图示例

2.2　机器学习算法

本节主要介绍几种常用的机器学习方法，包括决策树、提升方法、随机森林、支持向量机等。

2.2.1　决策树

决策树（decision tree，DT）方法主要是通过递归地选择最优特征，并根据该特征对训练数据进行分割，使得各个子数据集有一个最好分类。这一过程对应着对特征空间的划分，即将特征空间划分成一系列的长方形，然后对每个长方形拟合简单的模型（如常数）。根据目标变量的属性，决策树方法分为回归树与分类树。本节将简要介绍两种方法的主要思想与计算过程。

1. 回归树

回归树（regression tree）的基本思想是: 假设有一组包括 M 个区域 $R_1, R_2, \cdots, R_M$ 的划分，而且在每个区域内用常数 c_m 来对响应变量建立模型:

$$f(x) = \sum_{m=1}^{M} c_m I(x \in R_m)$$

如果采取最小化平方和 $\sum(y_i - f(x_i))^2$ 的准则，则可以证明最优的 $\hat{c}_m$ 是区域 R_m 中 y_i 的平均值：

$$\hat{c}_m = \text{ave}(y_i \mid x_i \in R_m)$$

求解回归树的主要算法是贪婪树算法，具体步骤如下。

步骤 1：从所有变量开始，考虑某个分离变量 j 和分离点 s，定义半平面对：

$$R_1(j,s) = \{X \mid X_j \leqslant s\} \text{ 以及 } R_2(j,s) = \{X \mid X_j > s\}$$

步骤 2：通过下式来求解平方损失最小化，以选定 j 和 s：

$$\min_{j,s}\left[\min_{c_1,c_2} \sum_{x_i \in R_1(j,s)} (y_i - c_1)^2 + \sum_{x_i \in R_2(j,s)} (y_i - c_2)^2\right]$$

步骤 3：对分离变量 j 和分离点 s 求解：

$$\hat{c}_1 = \text{ave}(y_i \mid x_i \in R_1(j,s))$$
$$\hat{c}_2 = \text{ave}(y_i \mid x_i \in R_2(j,s))$$

对于每个分离变量，可以非常快地确定分离点 s，因此确定最优的对 (j,s) 是可行的。找到最优的分割之后，将数据分成两个区域，然后对每个区域重复分割过程。

在实际计算时，会遇到需要确定树的大小，即树的复杂度该如何修剪。具体做法是，首先生成一个大树 T_0，定义子树 $T \subset T_0$ 为任何可以通过对 T_0 剪枝得到的树，即压缩任意数目的中间（非终止）结点。用 m 表示终止结点，其中结点 m 对应区域 R_m，终止结点的个数表示为 $|T|$。定义复杂度代价准则

$$C_\alpha(T) = \sum_{m=1}^{|T|} N_m Q_m(T) + \alpha|T|$$

其中

$$N_m - \#\{x_i \in R_m\}$$
$$\hat{c}_m = \frac{1}{N_m} \sum_{x_i \in R_m} y_i$$
$$Q_m(T) = \frac{1}{N_m} \sum_{x_i \in R_m} (y_i - \hat{c}_m)^2$$

对于每个 α，可以找到唯一最小的子树 T_α 使得 $C_\alpha(T)$ 最小化。更多回归树的内容可以参见 Breiman 等（1984）和 Ripley（1996）的文章。

2. 分类树

分类树（classfication tree）的目标变量是分类变量，它与回归树的主要区别是度量结点纯度的准则不一样。在回归树中使用的是最小平方损失，而在分类树中使用的准则如下。

误分类误差：

$$\frac{1}{N_m} \sum_{i \in R_m} I(y_i \neq k(m)) = 1 - \hat{p}_{mk(m)}$$

Gini 指数：

$$\sum_{k\neq k'}\hat{p}_{mk}\hat{p}_{mk'}=\sum_{k=1}^{K}\hat{p}_{mk}(1-\hat{p}_{mk})$$

信息熵：

$$-\sum_{k=1}^{K}\hat{p}_{mk}\log\hat{p}_{mk}$$

其中，在结点 m，用 N_m 个观测值表示区域 R_m，且 $\hat{p}_{mk}=\frac{1}{N_m}\sum_{x_i\in R_m}I(y_i=k)$，$k(m)=\underset{k}{\operatorname{argmax}}\,\hat{p}_{mk}$。注：此处 log 无特定的底，在统计上其含义是对常见的底都成立（通常以常数 e 为底）。

图 2.5 给出了 3 种纯度度量准则的比较，发现信息熵和 Gini 指数对结点概率的改变比误分类率敏感。因此，生成树时应使用信息熵或 Gini 指数；而剪枝时 3 种指标中的任何一种都可以使用，一般使用误分类误差。

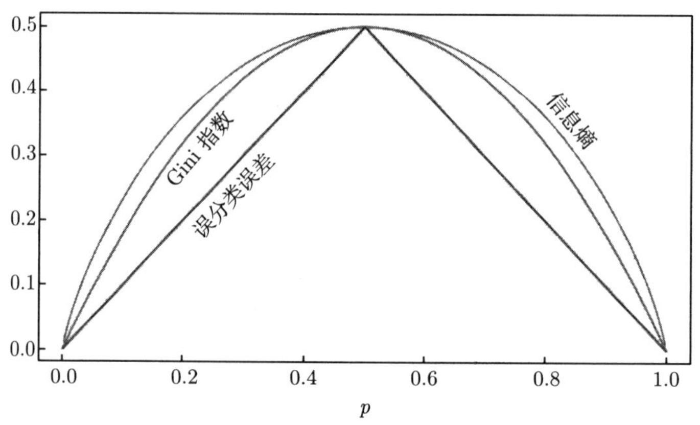

图 2.5 二分类问题的结点纯度度量函数

2.2.2 提升方法

提升方法（Boosting）是一族算法，其主要目标为将弱学习器“提升”为强学习器，大部分提升算法都是根据前一个学习器的训练效果对样本分布进行调整，再根据新的样本分布训练下一个学习器，如此迭代 M 次，最后将一系列弱学习器组合成一个强学习器。而这些提升算法的不同点则主要体现在每轮样本分布的调整方式上。本节主要介绍一个比较流行的提升算法 ——AdaBoost，它是由 Freund 和 Schapire 在 1997 年提出的 AdaBoost.M1。

AdaBoost 是一种组合方法，使用分类树作为基本学习器。例如：考虑一个二分类问题，其输出为 $Y\in\{-1,1\}$，给出训练集上的输入变量 X，和分类器 $G(X)$，可以得到在训练集上的错误率为

$$\overline{\text{err}}=\frac{1}{N}\sum_{i=1}^{N}I(y_i\neq G(x_i))$$

在测试集上的期望错误率为 $E_{XY}I(Y \neq G(X))$。

该算法的主要思想是：假定一个弱分类器（分类树）比随机猜想的预测效果略微好一点。提升算法通过不断改变输入数据的权重，产生一系列的分类器 $G_m(x), m = 1, 2, 3, 4\cdots, M$，最后用线性组合的方式将其组合成为一个强分类器

$$G(x) = \text{sign}\left(\sum_{m=1}^{M} \alpha_m G_m(x)\right)$$

这里的 $\alpha_1, \alpha_2, \cdots, \alpha_M$ 由提升算法计算，表示对每个弱分类器的权重。

该算法的主要步骤如下。

步骤 1：初始化训练数据的权重 $\omega_1, \omega_2, \cdots, \omega_N$。每一个训练样本最开始时都被赋予相同的权重 $\dfrac{1}{N}$。

步骤 2：从 $m = 1$ 到 $m = M$ 进行多轮迭代。

（1）对具有权重 $\omega_1, \omega_2, \cdots, \omega_N$ 的训练数据集建模，得到基本分类器 $G_m(x)$。

（2）计算 $G_m(x)$ 在训练数据集上的分类误差率

$$\text{err}_m = \frac{\sum\limits_{i=1}^{N} \omega_i I(y_i \neq G_m(x_i))}{\sum\limits_{i=1}^{N} \omega_i}$$

（3）计算 $G_m(x)$ 在分类器中的重要程度：

$$\alpha_m = \log((1 - \text{err}_m)/\text{err}_m)$$

（4）更新权重分布：

$$\omega_i = \omega_i \exp[\alpha_m \cdot I(y_i \neq G_m(x_i))], i = 1, 2, \cdots, N$$

步骤 3：组合各个弱分类器：

$$G(x) = \text{sign}\left(\sum_{m=1}^{M} \alpha_m G_m(x)\right)$$

2.2.3　随机森林

随机森林（random forest）算法是一种基于分类树的组合学习算法，是 Leo Breiman 于 2001 年提出的。该算法是 Breiman 的 bootstrap aggregating 与 Tin Kam Ho 的 random subspace method 思想的结合。经典随机森林算法的元分类器是分类与回归树（classfication and regression tree，CART），用 bagging 算法进行组合学习，并且在 CART 生长时随机选择变量来进行变量分离。

随机森林是一种组合学习算法，组合学习算法的结构图如图 2.6 所示。

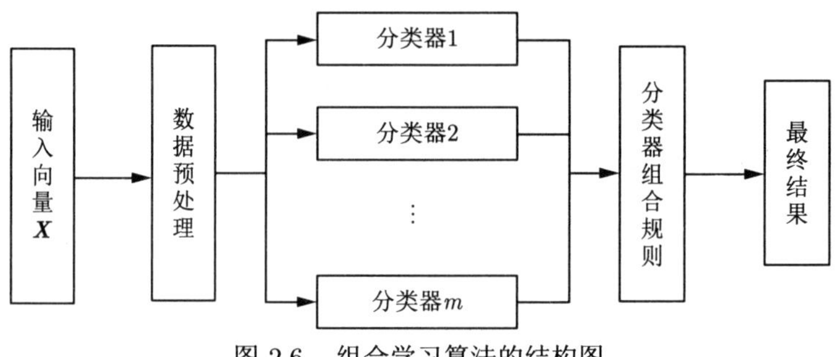

图 2.6 组合学习算法的结构图

随机森林算法的基本步骤如下。

（1）使用 bagging 算法生成训练集: 假设有 N 个样本，有放回地随机抽取 N 个样本形成新的训练集。总共生成 B 个训练集。

（2）对每个训练集，随机选择 $ntry$ 个变量（其中 $ntry \leqslant M, M$ 为总的变量数)，对其中的每个变量都遍历所有的分割方式，选择达到最小 Gini 指数的分割方式进行分离，生成 CART。

（3）每棵树任其生长，不做剪枝。

（4）对这 $ntry$ 棵树的结果进行组合: 针对分类用简单多数投票法，针对回归用平均法。

随机森林通过对大量分类树的汇总提高了模型的预测精度；对于离群值不敏感，不需要考虑一般回归分析面临的多重共线性问题，不用做变量选择；便于计算变量的非线性作用，而且可以体现变量间的交互作用。

2.2.4 支持向量机

本节主要介绍线性可分支持向量机和线性不可分支持向量机。

线性可分支持向量机的基本思想是: 在原空间寻找划分两类样本的最优分类超平面，使两侧距离超平面最近的样本点到超平面的距离最大化。其假定为，平行超平面间的距离或差距越大，分类器的总误差越小。

线性可分支持向量机的数学描述是：对于给定的训练数据集

$$T = (x_1, y_1), (x_2, y_2), \cdots, (x_N, y_N),$$

其中 $\boldsymbol{x}_i \in \mathbb{R}^p$，$y_i \in \{-1, 1\}$，$i = 1, 2, \cdots, N$。$\boldsymbol{x}_i$ 为第 i 个特征向量，也称为实例，y_i 为 $\boldsymbol{x}_i$ 的类标记，当 $y_i = 1$ 时，称 $\boldsymbol{x}_i$ 为正例；当 $y_i = -1$ 时，称 $\boldsymbol{x}_i$ 为负例。学习目标是在特征空间寻求一个分离超平面

$$\boldsymbol{x}^{\mathrm{T}}\boldsymbol{\beta} + \beta_0 = 0,$$

将特征空间划分为两部分，一部分是正例，一部分是负例。由于类是可分的，可以找到函数 $f(x) = \boldsymbol{x}^{\mathrm{T}}\boldsymbol{\beta} + \beta_0$，满足对任意的 $i, y_i f(\boldsymbol{x}_i) > 0$ 成立。

线性可分支持向量机的学习问题为

$$\min_{\boldsymbol{\beta}, \beta_0} \frac{1}{2}\|\boldsymbol{\beta}\|^2$$

$$\text{s.t. } y_i(\boldsymbol{x}_i^{\mathrm{T}}\boldsymbol{\beta} + \beta_0) \geqslant 1$$

对于线性不可分的情况，考虑在目标函数加入松弛变量进行分析，通过使用非线性映射将低维空间的样本映射到高维空间使其变为线性情况，从而使得在高维属性空间采用线性算法对样本的非线性进行分析成为可能，并在该特征空间中寻找最优分类超平面。其次，它通过使用结构风险最小化原理在属性空间构建最优分类超平面，使得分类器得到全局最优，并在整个样本空间的期望风险以某个概率满足一定上界。

线性不可分支持向量机的学习问题：

$$\min_{\boldsymbol{\beta},\beta_0} \frac{1}{2}\|\boldsymbol{\beta}\|^2 + C\sum_{i=1}^{N}\xi_i$$

$$\text{s.t.}\begin{cases} y_i(\boldsymbol{x}_i^{\mathrm{T}}\boldsymbol{\beta}+\beta_0) \geqslant 1-\xi_i, \\ \xi_i \geqslant 0。\end{cases}$$

其中 $C > 0$ 为惩罚参数。

支持向量机方法具有良好的泛化能力、较好的鲁棒性、局部最优解为全局最优解等优点。

2.2.5　逻辑回归

在机器学习中，最常用的一个分类方法是逻辑回归（logistic regression）。利用逻辑回归进行分类的主要思想是：假设有一些数据点 $\boldsymbol{X} = (x_1, \cdots, x_n)$。希望根据现有数据对分类边界线建立回归公式，以此进行分类，一般情况下，假定要分 K 个类，逻辑回归通过 $\boldsymbol{X}$ 的线性函数对 K 个类的后验概率建模：

$$\log\frac{Pr\,(G=k-1|\boldsymbol{X}=\boldsymbol{x})}{Pr\,(G=K|\boldsymbol{X}=\boldsymbol{x})} = \boldsymbol{\beta}_{(k-1)0} + \boldsymbol{\beta}_{k-1}^{\mathrm{T}}\boldsymbol{x}, k=1,\cdots,K-1$$

对上述 $K-1$ 个等式进行变换可得

$$Pr\,(G=k|\boldsymbol{X}=\boldsymbol{x}) = \frac{\exp(\beta_{k0}+\boldsymbol{\beta}_k^{\mathrm{T}}\boldsymbol{x})}{1+\sum\limits_{l=1}^{K-1}\exp\,(\beta_{l0}+\boldsymbol{\beta}_l^{\mathrm{T}}\boldsymbol{x})}, k=1,\cdots,K-1$$

$$Pr\,(G=K|\boldsymbol{X}=\boldsymbol{x}) = \frac{1}{1+\sum\limits_{l=1}^{K-1}\exp\,(\boldsymbol{\beta}_{l0}+\boldsymbol{\beta}_l^{\mathrm{T}}\boldsymbol{x})}$$

当 $K=2$ 时，逻辑回归主要是进行二分类预测，根据 $0\sim1$ 的概率值分类，当概率大于 0.5 时预测为 1，小于 0.5 时预测为 0。该二分类模型被广泛应用于生物统计的二元响应变量发生概率的预测，如患者生存率、心脏病发生率等。

2.2.6　Apriori 算法

Apriori 算法的基本思想是：首先找出所有的项集，这些项集出现的频繁性至少和预定义的最小支持度一样。然后由项集产生强关联规则，这些规则必须满足最小支持度和最小可信度。然后使用最初找到的项集产生期望的规则，产生只包含集合项的所有规则，其中每一条规则的右部只有一项，这里采用的是中规则的定义。一旦这些规则被生成，那么只有那些大于用户给定的最小可信度的规则才被留下来。

Apriori 算法的两大缺点：为了生成所有项集，使用了递推的方法，可能产生大量的候选集；可能需要重复扫描数据库。

2.3 深度学习

早在一个多世纪之前对编程计算机刚有了初步构思的时候，研究者（如 Lovelace，1842）就曾设想过一个问题，即计算机能否变得像人一样聪明。现在，对人工智能（artificial intelligence，AI）的研究已经形成了一个蓬勃发展的科研领域，有着众多活跃的研究课题，并且已经产生了非常多的实际应用成果。

在对人工智能问题进行研究的初期，该领域就一举攻克了人类在实践中难以处理但对计算机来说相对简单的一类问题，即可由一系列正式数学表达式描述的问题。随着该领域的持续发展，计算机能处理的问题越来越多。而研究者逐渐意识到对于人工智能技术来说，真正的挑战在于如何解决那些难以用某些具体规则完整表述且人类很容易执行的任务，如物体识别、人脸识别等识别问题。

针对这一问题，研究者提出并总结了一种解决方案，让计算机从已有的经验中学习模型并且根据不同层次的概念来理解这个任务。从经验中收集知识来建立模型。在分析之前就不需要人为地划定哪些信息是必需的，以此来避免错误地划定范围。不同层次的概念有简单的从属关系，如某层概念可由更简单的上层概念来表示。计算机通过简单的概念来构建下一步需要学习的复杂概念，如果用图表的形式来表示这种概念与概念的关系，我们将会绘制一个层数很多且深度很高的图表，因此，这种方法被称作深度学习。

假设要对图像进行识别，我们期望将图像输入计算机中后，计算机通过模型拟合做出分类判断，即识别出图像中主体元素的类别（如车辆、人或动物等）。但是，计算机难以对原始图片做出直接的理解，因为对计算机来说，原始输入只是像素集合，将此像素集合直接拟合到某个模型会很困难，函数映射也会极为复杂和不稳定。深度学习的做法是，将最终需要的复杂映射分解为一系列互相嵌套的简单映射，用不同的层表征这些映射来解决问题。下面以图 2.7 为例，解释简单的深度学习过程。

首先，我们将能够观察到的图像数据输入计算机，这些可以看到的内容出现在深度学习模型的第一层，即可视层。然后，一系列隐藏层将图像抽丝剥茧细细分解，提取出越来越多的数据特征。之所以将其命名为隐藏层是因为原始数据未直接给出这些数字特征。具体来说，在给定像素集之后，通过比较相邻像素点的数值，找出差异较大的像素对，即可在第一隐藏层中识别出图像中的边界部分；给定第一隐藏层中对边的定义后，可在第二隐藏层中识别出图像的角落和轮廓，这些轮廓可认为是边界的集合；给定第二隐藏层在角落和轮廓方面的描述之后，第三隐藏层可以通过查找轮廓和角落的特定集合来检测整体图像的特定目标部分。最后，根据图像所含目标部分对图像的描述，即可输出识别图像中对象的结果，这样就完成了一个简单的深度学习过程。对图 2.7具体的分析过程及解释可参见 Zeiler 和 Fergus （2014）。

作为深度学习方法中适用范围最广的方法。下面主要介绍投影追踪和神经网络方法。对其他深度学习方法感兴趣的读者可参见近期的前沿文献 [如 Schmidhuber（2015）]。

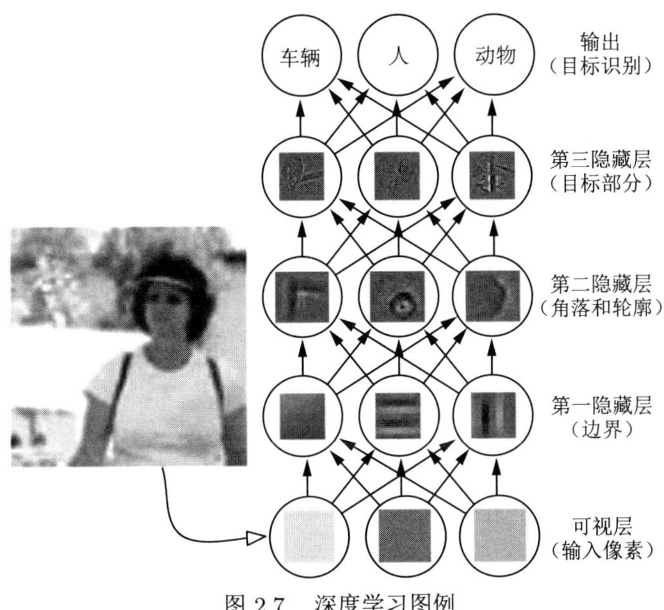

图 2.7　深度学习图例

2.3.1　投影追踪

$\boldsymbol{X}$ 为含有 p 个分量的输入向量，Y 为目标，$\boldsymbol{W}_m$ 为未知参数的单位 p 向量，其中 $m=1,2,\cdots,M$。投影追踪回归（projection pursuit regression，PPR）模型如下：

$$f(\boldsymbol{X})=\sum_{m=1}^{M}g_m(w_m^{\mathrm{T}}\boldsymbol{X})$$

函数 $g_m(w_m^{\mathrm{T}}X)$ 称为岭函数，$V_m=w_m^{\mathrm{T}}\boldsymbol{X}$ 为 $\boldsymbol{X}$ 在单位向量 w_m 上的投影。目标是寻求 w_m 使模型更好地拟合，因此称为投影追踪。

尽管原则上可使用任何平滑方式，但如果某方法可提供导数，则会更方便。尽管原则上 w_m 可以调整，但通常不会重新调整（部分原因是为了避免过度计算）。项数 M 通常作为前向分步策略的一部分来估计。当下一项不能明显改善模型的拟合时，模型构建过程停止。投影追踪回归模型在统计领域还未得到广泛应用，可能因为在其出现时（1981），其计算要求超过了当时大多数计算机的能力。但它确实代表了一个重要的智能进展，这已在神经网络领域得到进一步的发展。

2.3.2　神经网络

对于高维大数据模型的建立，可以使用的方法之一是神经网络。神经网络的研究最早可以追溯到 1943 年，生物学家 Mcculloch 和数学家 Pitt 在神经网络细胞学的基础之上，从信息处理的角度出发，提出类似生理学中的神经元的数学模型。根据 Aleksander 和 Morton（1990）的定义，神经网络是由简单处理元广泛互联构成的规模宏大的并行分布式处理器，其中简单处理元是神经网络的基本单位，又被称为神经元。神经网络是通过对人脑神经系统的抽象和建模而得到的简化模型，是一种具有大量连接的并行分布式处理器，由简单的处理单元组成，具有通过学习来获取知识并解决问题的能力。神经网络的大规模分布式结构，使其有很强计算能力的同时，又有着很强的学习能力和泛化能力，从其被提出开始，就被多个领域所关注。到目前为止，神经网络已经发展到包含大量的模型和学习方法。神经网络主要包括前馈神经网络、卷积神经网络和循环神经网络。神经网络有时也称单隐层反向传播网络或单层感知器，是一个两阶段回归或分类模型，适用于回归或分类，其示意图如图 2.8 所示。

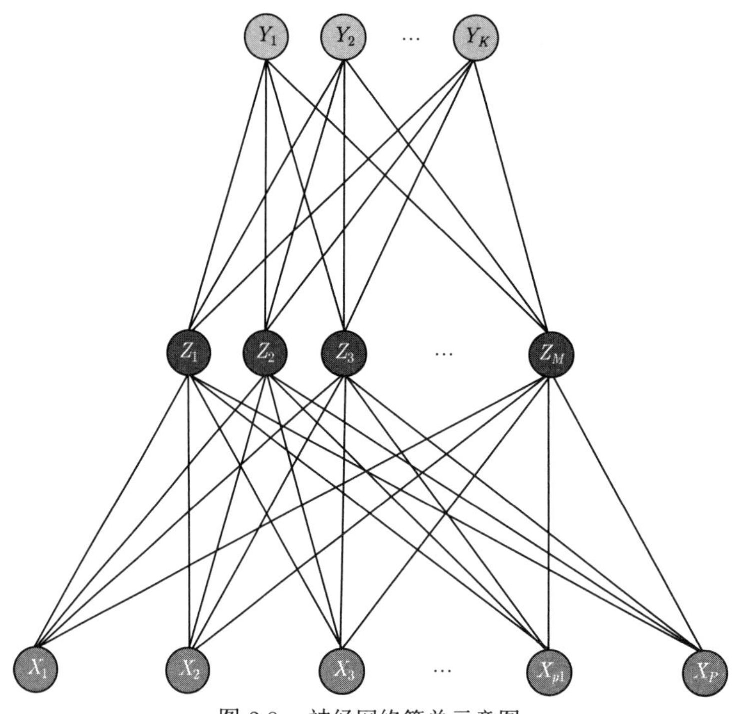

图 2.8 神经网络简单示意图

输入的线性组合变化导出特征 Z_m。而后将 Z_m 的线性组合函数作为目标 Y_k 建模。单个隐藏层前馈神经网络的简易数学表达式如下（Bonnans et al.，2006）：

$$Z_m = \sigma(\alpha_{0m} + \boldsymbol{\alpha}_m^{\mathrm{T}} \boldsymbol{X}), m = 1, \cdots, M \tag{2.11}$$

$$T_k = \beta_{0k} + \boldsymbol{\beta}_k^{\mathrm{T}} \boldsymbol{Z}, k = 1, \cdots, K \tag{2.12}$$

$$f_k(\boldsymbol{X}) = g_k(\boldsymbol{T}), k = 1, \cdots, K \tag{2.13}$$

前馈神经网络主要包含三部分: 输入层 $\boldsymbol{X}$、隐藏层 $\boldsymbol{Z}$、输出层 $\boldsymbol{Y}$。图 2.8 中仅示意单个隐藏层神经网络，但实际使用中可根据数据量及模型需求学习多个隐藏层神经网络，隐藏层的个数称为深度，每个隐藏层由多个单元组成。“神经网络”这个名称源于最初开发的人脑模型，每个单元代表一个神经元，连接表示神经元的突触。在早期模型中，当传递给单元的总信号超过特点阈值时，神经元被触发激活，激活函数 $\sigma(v)$ 通常选取 S 型函数 $\sigma(v) = 1/(1 + \mathrm{e}^{-v})$，其作用是给神经网络加入一些非线性因素，使得神经网络可以更好地解决较为复杂的问题。在上述模型中，这相当于对 $\sigma(\boldsymbol{Z})$ 和 $g_m(\boldsymbol{T})$ 使用阶梯函数。后来人们意识到神经网络是一种非线性统计建模的有用工具，而阶梯函数不够光滑，难以优化，因此阶梯函数被平滑的阈值函数——S 型函数代替。

神经网络训练过程中通过梯度下降法进行参数估计。但是由于其权重过多，在训练过程中容易造成过拟合，因此为了避免造成过拟合现象，在实际训练过程中需要提前中止规则避免过分拟合，同时可采取正则化方法进行权重衰减。在模型中，隐藏层和单元的个数选择较重要，在实际应用中需要根据具体情况确定具体数目，一般建议隐藏层单元个数为 5~100。建立模型过程中，误差函数非凸时，会产生大量局部极小值点，因此，最终的结果依赖于权重的初始值，利用神经网络建立模型过程中，一般建议多给几组参数初始值，然后选择使误差值达到最小的初始值模型。

2.4　本章小结

1. 大数据及其特征

“大数据”一词自 20 世纪 90 年代以来一直在使用，它所指的数据集大小超出了常用软件工具在可容忍的时间内捕获、管理和处理数据的能力。大数据复杂性结构包括非结构化、半结构化和结构化数据。大数据“大小”是一个不断变化的目标，大数据需要一套具有新形式集成的技术和技术，以揭示来自多样化、复杂和大规模数据集的内在规律。除了样本量足够大以外，大数据的维度也在随着样本量趋于无穷而趋于无穷。通常，如果 $p = O(n^\alpha), \alpha > 0, n \to \infty$ 则这是高维问题；如果 $p = O(e^n), n \to \infty$ 则这是超高维问题。

大数据可以用以下特征来描述：

(1) 容量：大数据的大小通常大于 TB 和 PB。

(2) 多样性：大数据技术的发展初衷是捕获、存储和处理以高速（速度）和巨大规模（体积）生成的半结构化和非结构化（多样性）数据。

(3) 速度：数据生成和处理的速度，以满足增长和发展过程中的需求和挑战。

(4) 真实性：数据的真实性或可靠性，指数据质量和数据价值。大数据不仅必须规模大，而且必须可靠，以便在分析中实现价值。捕获数据的数据质量可能会有很大差异，从而影响准确的分析。

(5) 价值：通过处理和分析大型数据集可以实现的信息价值。价值也可以通过评估大数据的其他质量来衡量。价值也可能代表从大数据分析中获取的信息的盈利能力。

(6) 可变性：大数据格式、结构或来源不断变化的特点。大数据可以包括结构化、非结构化或结构化和非结构化数据的组合。大数据分析可以整合来自多个来源的原始数据。原始数据的处理还可能涉及非结构化数据到结构化数据的转换。

(7) 穷举：是否捕获或记录了整个系统（即，$n = \text{all}$）。大数据可能包括也可能不包括来源的所有可用数据。

(8) 细粒度和唯一词汇：分别是每个元素的特定数据的比例，以及元素及其特征是否正确索引或标识。

(9) 相关：如果收集到的数据包含公共字段，则可以对不同的数据集进行联合或整合分析。

(10) 扩展性：如果可以很容易地添加或更改所收集数据的每个元素中的新字段。

(11) 刻度性：如果大数据存储系统的大小可以快速扩展。

2. 大数据中的高维变量选择

大数据分析中高维变量选择方法可分为：经典方法和正则化方法。经典的模型选择方法包括假设检验方法、重抽样方法、贝叶斯方法、随机搜索方法及最佳子集方法等，常用的评价模型优劣的准则包括：① 判定系数与调整判定系数；②Mallows C_p 准则；③ Akaike 信息准则；④ 贝叶斯信息准则或 Schwarz 信息准则。此外，常用的模型选择准则还有广义交叉核实等。

现代的变量选择方法多围绕正则化方法进行展开。模型选择的正则化方法可以看作是一类特殊的收缩方法，能够同时实现变量选择和系数估计，现在已经成为主流的变量选择方法。正则化方法是基于惩罚的思想，对目标函数添加一个惩罚项，使得新的目标函数的最小化子相对于原目标函数最小化子有所收缩，从而能够挑选出重要的系数加以保留。正则化方法的思想来自岭回归。最小二乘估计是最佳线性无偏估计，当解释变量之间存在多重共线性时，普通的最小二乘估计方差较大，为了解决这一问题，岭估计可以降低估计的方差，进而从整体上减小了均方误差，改善了最小二乘估计。岭估计虽然很好地处理了多重共线性的问题，但从变量选择的角度考虑，岭估计并不能够将无关变量的系数缩减为 0，因此，并不能起到变量选择的效果，然而，却给很多基于惩罚最小二乘估计的变量选择方法的研究提供了很多启发。

常用正则化方法有：① 非负绞绳（nonnegative garrote）估计；② 最小绝对收缩和选择算子（LASSO）估计；③ 弹性网（ENet）；④ 平滑削边绝对偏离（smoothly clipped absolute deviation，SCAD）估计；⑤ 丹齐选择器（Dantzig selector）估计；⑥ 稳定性选择（stability selection）。

超高维变量选择方法：当协变量个数 p 远远大于样本量 n 时，基于惩罚最小二乘的估计方法往往计算量非常大，同时，由于 p 非常大，协变量之间的虚假相关表现得尤为明显，从而使得基于惩罚最小二乘的估计方法的表现不能令人满意。为了解决这种超高维 (ultrahigh dimension) 数据的变量选择问题，可分为两步走的思路，即首先选用一种计算较为简单的方法对变量做一次粗略的筛选，只要求不要遗漏重要的变量即可，将超高维数据降低到普通的高维数据情形，然后再用惩罚最小二乘估计或者其他模型选择方法进行更为精细化的选择。初步的粗略筛选应该满足两个特点：首先是计算要简单，从而能够适用于超高维大数据的情形；然后从理论上应该具有确定筛选（sure screening）性质，即以趋于 1 的概率保证重要变量不被遗漏。

Fan 和 Lv (2008) 提出用 Pearson 相关系数作为筛选准则，并在适当条件下证明了确定筛选性质，他们称之为肯定独立性筛选 (sure independence screening，SIS) 方法。Wang (2009) 研究了基于残差平方和最小作为准则的向前回归方法 (FR-SIS) 的确定筛选性质。由于 Pearson 相关系数只能刻画随机变量之间的线性相关性，并且对异常点较为敏感，Li 等 (2012) 提出使用 Kandall τ 秩相关系数作为筛选准则，称为稳健秩相关筛选 (robust rank correlation screening，RRCS) 方法，并证明了确定筛选性质，Kandall τ 秩相关系数可以刻画随机变量之间的单调相关性，并且由于只考虑观测样本的次序，而与样本的值无关，因此对异常点更为稳健。

近年来，随着电子商务的兴起，大数据建模受到越来越多的关注，而传统回归方法对模

型形式的假定受到很多指责，为了使得变量选择方法具有模型稳健性，不依赖模型 (model-free) 的变量选择方法受到统计学家的普遍关注。由于一般的非参数模型 $f(X)$ 可以看作一个特殊的多指标模型 $f(B^TX)$，其中 $B=I_p$，因此 Zhu 等 (2011) 提出的 SIRS 方法也可以看作一种不依赖模型的变量选择方法。由于经典的相关系数只能刻画随机变量的线性相关，与变量之间的独立并不等价，Székely 等 (2007) 基于边际分布的乘积与联合分布相比较的角度提出了距离相关 (distance correlation)，距离相关等于 0 等价于两个随机变量独立。Li 等 (2012) 研究了基于距离相关系数的变量 Screening 方法 (DC-SIS) 的确定筛选性质，由于距离相关系数为 0 等价于随机变量相互独立，因此，该变量选择方法也是一种不依赖模型的变量选择方法。对于大多数均值回归分析问题来说，Shao 和 Zhang (2014) 指出真正重要的变量是那些对响应变量 Y 的均值有贡献的变量，即满足 $E(Y|X_j)=f(X_j)\neq E(Y)$，将这一想法与距离相关系数的定义相结合，他们提出了一种鞅差相关 (martingale difference correlation，MDC) 系数，MDC 系数为 0 等价于 $E(Y|X)=E(Y)$，并研究了基于 MDC 的变量筛选方法。将条件分布 $F_{Y|X}(x,y)$ 与边际分布 $F_Y(y)$ 相比较，也可以用于变量筛选，但估计条件分布并不是一件很容易的事，如果 Y 是离散变量 (对应判别分析问题)，Cui 等 (2014) 提出将条件分布 $F_{X|Y}(x,y)$ 与边际分布 $F_X(x)$ 相比较进行变量筛选，称为 MV-SIS 方法。

协变量之间的相关性 (当 $p>n$ 时协变量之间还可能存在虚假相关)，尤其是真正重要的变量与不重要变量之间的相关性是影响变量选择效果的一个关键因素，也是目前变量选择方面面临的一个难点问题。无论是保证 LASSO 变量选择的相合性的不可表示条件，还是丹齐选择器的一致不确定性原理，以及保证各种筛选方法确定筛选性质的条件，都至少要求重要变量与不重要变量之间尽量不相关。针对线性模型，Cho 和 Fryzlewicz (2012) 提出正交投影的方法来消除变量的相关性的影响，定义了 Tilted 相关系数，并给出了基于 Tilted 相关系数的变量选择算法，证明了变量选择的相合性。

3. 机器学习

机器学习（machine learning，ML）是一个致力于理解和构建“学习”方法的研究领域，即利用数据来提高某些任务的性能的方法。它被视为人工智能的一部分。机器学习算法基于样本数据（称为训练数据）建立模型，以便在没有明确编程的情况下做出预测或决策。

就方法而言，机器学习和统计学是密切相关的领域，但它们的主要目标是不同的：统计从样本中得出总体推断，而机器学习找到可推广的预测模式。机器学习的思想，从方法论原理到理论工具，在统计学领域有着悠久的历史。有两种统计建模范式：数据模型和算法模型，其中“算法模型”或多或少意味着机器学习算法，如随机森林。一些统计学家采用了机器学习的方法，形成了一个被称为统计学习的综合领域。

4. 深度学习

深度学习（也称为深度结构化学习）是基于具有表示学习的人工神经网络的更广泛的机器学习方法家族的一部分。学习可以是有监督的、半监督的或无监督的。

深度学习是一类机器学习算法，它使用多层从原始输入中逐步提取更高级的特征。例如，在图像处理中，较低层可以识别边缘，而较高层可以识别与人类相关的概念，例如数字、字母或面部。

第 3 章　大数据背景下的经济总量运行监测研究

“狭义的经济总量是指社会财富的总量，即社会价值的总量，包括可以用货币计算的实际财富总量和不能用货币计算的实际财富总量，同时包含社会财富的质和量。经济总量的平衡是指总供给与总需求的平衡与协调，两者关系的变化直接影响到宏观经济的稳定性。对总供给和总需求进行必要的管理以维持二者之间的基本平衡是宏观经济管理的首要任务。实现总供需基本平衡是保持经济稳定增长的必要前提，是提高经济增长质量的重要条件，是实现经济稳定、确保社会稳定的基础。” [1]

3.1　引言

国内生产总值，即 GDP，可以用于衡量一个国家的经济运行总量，还可用于识别和监测国民经济的结构。对 GDP 的短周期分析会涉及总支出、利率和劳动力市场输出，影响政府在经济方面的短期决策；而对 GDP 的长期分析会帮助政府部门制定多元化政策，如增加储蓄和投资、发展基础设施、建立机构和制定经济计划等，旨在加速经济增长和满足人民日益增长的美好生活需要。从商者把 GDP 看作生产的基准指标，以避免由缺货或库存过剩而造成的损失。GDP 是衡量国家经济状况的一种指标，是核算体系中一个重要的综合性统计指标，也是中国新国民经济核算体系中的核心指标，但它也是经济学概念中最具争议的一个。无论是在学术界还是在工业界，无论是在国际上还是在国内，关于 GDP 是否能反映真实的经济状况的争论从来没有停歇过。

3.1.1　现有 GDP 核算方法

从生产法的计算来看 GDP，GDP 是一定时期的总产出与中间投入之间的差。国内生产净值（net domestic product，NDP）指的是 GDP 减去固定资本消耗后的结果。固定资本消耗和中间投入都必须是其他生产过程的产出，不算在 GDP 中。如果从支出法的计算来看 GDP，GDP 由三个主要部分组成，即最终消费、资本形成和净出口。资本形成仅包括生产资产的增加，不包括非生产资产的增加，因此人们会认为经济产出是经济投入的结果。

现有 GDP 主要有三种核算方法，分别如下所述。

（1）生产法，从生产角度衡量核算所有常住单位的新增价值，是核算期内国民经济新创造价值与固定资产转移价值的总和，即各行业在国民经济中增加值的总和。具体如下：

$$\text{增加值} = \text{总产出} - \text{中间投入}$$

$$\text{GDP} = \text{各行业增加值总和}$$

[1] 摘自百度百科。

（2）收入法，也称分配法，它反映了生产过程中应得的收入，从生产要素在生产过程中应具有的收入份额和因生产活动支付给政府的份额两个方面展示最终成果。根据该计算方式，GDP 由四部分组成：劳动者报酬、生产税净额（生产税 − 生产补贴）、固定资产折旧和营业盈余。具体如下：

$$\text{GDP} = \text{劳动者报酬} + \text{生产税净额} + \text{固定资产折旧} + \text{营业盈余}$$

（3）支出法，也称使用法，从最终使用的角度衡量核算期内产生的所有商品和服务的下落。根据支出法，GDP 包括五方面：居民消费、政府消费、固定资本形成总额、库存增加、货物和服务的净出口（出口 − 进口）。具体如下：

$$\text{GDP} = \text{居民消费} + \text{政府消费} + \text{固定资本形成总额} + \text{库存增加} + \text{货物和服务的净出口}$$

3.1.2　GDP 的扩展:GDI 和 GNI

敖芬芬（2017）着重以 GDP 的发展、国内总收入（gross domestic income，GDI）和实际 GDI 的演进作为一条主要的线索来展开有关国民经济核算指标的发展演变和应用研究，推进国民经济核算理论的发展和完善。“国民总收入（gross national income，GNI）指的是一个国家（或地区）所有常住单位在一定时间内收入初次分配的最终结果。在初次分配收入的过程中，一个国家的常住单位在生产活动中形成的初始收入主要分配给国家的常住单位，但也有一些还通过生产和进口税（不包括生产和进口补贴）、劳动者报酬和财产收入等分配给非常住单位；同时，国外产生的部分初始收入也以生产税和进口税（不包括生产和进口补贴）、劳动者报酬和财产收入等形式分配给该国的常住单位，由此产生了国民总收入的概念。”[1] 可以看出，GNI 是从收入角度监测经济总量的指标。它的计算公式如下：

$$\begin{aligned}\text{GNI} &= \text{GDP} + \text{来自国外的要素收入} - \text{支付给国外的要素收入}\\ &= \text{GDP} + \text{国外净要素收入}\end{aligned}$$

GNI 是一种收入概念，它从收入分配的角度去衡量一个国家（或地区）的经济总量，也可以把它看作是总收入。GNI 的基础是 GDP，GNI 是通过将生产过程中常住单位创造的增加值根据生产贡献分配给生产要素，以及来自国外的净要素收入而形成的。从这个角度来看，GNI 来自 GDP，但两个指标之间又存在很大差异，GDP 是生产指标，GNI 是收入指标。

世界银行所说的 GDI，是在生产最终产品与服务的时候国民从中获得的总收入，其实指的就是收入法的 GDP。美国经济学者认为 GDI 是经济活动创造的薪资、获利、税收。还有学者指出，从经济理论上看，GDI 是指一国在一定时期运用其生产要素所创造的总收入，也就是收入法的 GDP。似乎从理论上作比较，二者相差不大。但 SNA 2008 定义的收入应该是针对各种要素的收入，而 GDI 的核算范围已经不仅仅是要素的收入了。对收入的界定泛化和随意化，这不利于对二者间的 GDI 作比较，也不利于在世界银行和美国经济分析局之间对其 GDI 数据作比较。更要紧的是，仅仅是从算法名称上让人看上去收入法 GDP 好像变成一个收入指标，其实不然，GDP 不会由于算法的改变而产生性质的改变，它依然是

[1] 摘录自：敖芬芬. 国民经济核算指标的发展演变与应用研究 [D]. 广州：广东财经大学，2017:35。

一个产出（生产）性质的指标，同样地，GDI 无论怎样定义，它的“用以衡量国内生产所形成的总收入的购买力”的收入性质不会改变。

世界银行计算的 GDI 等于 GDP 与贸易调整差额的和。美国学者认为，GDI 算法是基于 GDI 等于收入法 GDP 的前提，加上补贴、净利息和其他支出。从计算可以看出，两者在等式方面都与 GDP 有一定的关系，计算方法存在一定的差异。

3.1.3 大数据背景下的 GDP

在传统数据下核算 GDP，首先进行的工作是抽样，在抽样的过程中强调数据的精确性，重视因果推断。然而在大数据时代下，由于计算性能的提升，我们可以使用全部数据，同时数据的来源广泛、种类繁多，甚至会有一些错误的信息，因此对数据精确性的要求降低，从追求因果关系转而追求相关关系，注重预测能力、可解释性变差。GDP 的核算在大数据背景下也应做出相应的变革，杨少浪（2014）从以下几个方面提出推动 GDP 核算改革的建议，参见图 3.1。

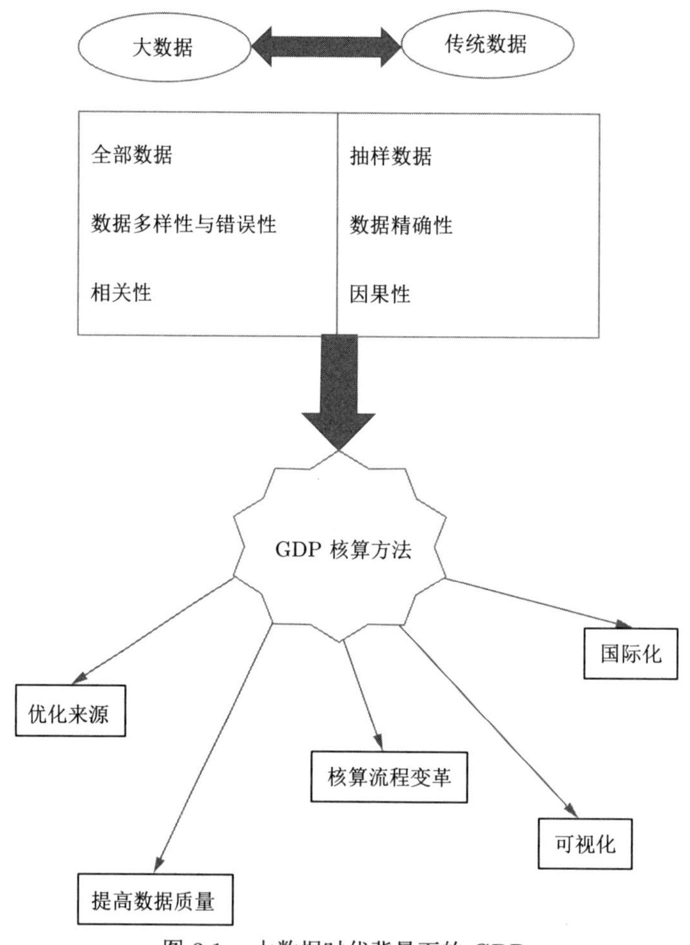

图 3.1 大数据时代背景下的 GDP

3.2　高维数据集下 GDP 的监测及预测

金融数据有相对较高的搜集频率并能及时发布，而 GDP 增速的初步估计通常在参考季度后几周发布。政府机构部门（如中国人民银行）由于缺乏及时的信息，无法完全了解当前的经济状况，但又必须出台相关的政策。央行行长可以及时获取和 GDP 相关变量的信息，这些变量往往是高频数据，包括资产价格和许多月度宏观经济的金融指标。于是政府部门可以使用高维数据集进行临近预报，及时监测和预测当前的经济状况。

现在普遍使用的各种高维数据集使大数据方法在宏观经济预测中发挥着重要作用。降维、压缩技术和机器学习方法应用于方方面面，这些方法可用于构建重要的协变量，包括稀疏主成分分析（sparse principle component analysis，SPCA）、弹性网（ENet）、最小绝对收缩和选择算子（least absolute shrinkage and selection operator，LASSO）和最小角回归（least angle regression，LAR）。为了构建季度 GDP 增长的月度预测，Giannone 等（2008）使用包含全部变量的高维数据集，提出了动态因子模型（dynamic factor model，DFM）框架。更具体地说，使用含全部变量的高维数据集，包括一个国家的特定数据或者使用 SPCA、ENet、LASSO 和 LAR 方法得到的预测变量。

3.2.1　动态因子模型（DFM）

在 Giannone 等（2008）广泛使用的 DFM 中，每个变量表示为成分的组合形式，这些成分包括所有变量的共同成分（即因子）和正交成分两部分，还可以允许在最终预测模型中使用自回归分量。形式上，DFM 可以写成一个方程组：一个包含观测变量与待估计的未观测公共因子的测量方程 [即式 (3.1)] 和描述公共因子的动态变化和测量方程的残差的过渡方程 [即式 (3.2) 和式 (3.3)]。一旦将式 (3.1)~ 式 (3.3) 写成状态空间的形式，可以利用卡尔曼滤波器和平滑器提取模型中的公共因子，并对模型进行预测。

接下来，考虑一组可观测的经济变量 $\boldsymbol{X}_{it}$，其中 i 表示面板数据所在的面板单位（$i=1,\cdots,N$），t 表示月度时间指数（$t=1,\cdots,T$）。数据集中的每个变量都可以被分解为一个主成分和一个特有的成分，其中主成分可以捕获数据中的共同点，并受到少量冲击的驱动。动态因子模型可以写成如下：

$$\boldsymbol{X}_t=\boldsymbol{\Lambda F}_t+\boldsymbol{\xi}_t,\qquad \boldsymbol{\xi}_t\sim N(\boldsymbol{0},\boldsymbol{\Sigma_e}),\tag{3.1}$$

$$\boldsymbol{F}_t=\sum_{i=1}^{p}\boldsymbol{\Psi}_i\boldsymbol{F}_{t-i}+\boldsymbol{u}_t,\qquad \boldsymbol{u}_t\sim N(\boldsymbol{0},\boldsymbol{Q}),\tag{3.2}$$

$$\boldsymbol{\xi}_t=\boldsymbol{\rho\xi}_{t-1}+\boldsymbol{\epsilon}_t,\qquad \boldsymbol{\epsilon}_t\sim N(\boldsymbol{0},\sigma^2)。\tag{3.3}$$

其中 $\boldsymbol{F}_t$ 是无法观测的 $r\times 1$ 维的公因子，零均值、方差为单位阵，最大限度地表示解释变量的共同变化；$\boldsymbol{\Lambda}$ 是 $N\times r$ 维的因子载荷矩阵；$\boldsymbol{\xi}_t$ 和 $\boldsymbol{F}_t$ 不相关，假设 $\boldsymbol{F}_t$ 遵循静态 $\mathrm{Var}(p)$ 过程，受普通冲击 $\boldsymbol{u}_t\sim N(\boldsymbol{0},\boldsymbol{Q})$；$\boldsymbol{\Psi}_i$ 是 $r\times r$ 维的自回归系数矩阵；$\boldsymbol{u}_t$ 和 $\boldsymbol{\epsilon}_t$ 是序列独立和时间独立的。

在 DFM 框架中构建季度序列 y_t 的预测，按照 Mariano 的方法，假设：

$$y_t=\mu+\boldsymbol{\beta}'\boldsymbol{F}_t+\varepsilon_t,\qquad \varepsilon_t\sim N(0,\sigma_\varepsilon^2)。\tag{3.4}$$

实现此模型时，使用每月更新的递归估计参数作为每个新预测之前的先验。为了选择因子的数量 r 和式 (3.4) 中的滞后阶数 p，搜索所有组合 $r=1,\cdots,4$ 和 $p=1,\cdots,4$，通过比较所有组合的样本外表现来选择模型参数。

3.2.2 关于选择预测变量的降维方法

由于使用的数据集具有大量协变量，因此在估计因子模型之前适当地关注预测因子非常重要。模型和参数不确定性会对使用有限样本构建因子的边际预测内容产生不利影响。此外，如果直接使用最小二乘法或其他估计方法，那么在维数大于样本数的情况下是不可行的，因此需要利用变量选择或降维方法来预先选择预测变量。

考虑一组可观测的经济变量 $\boldsymbol{X}_{it}$，其中 i 表示面板单位（$i=1,\cdots,N$），t 表示时间索引（$i=1,\cdots,T$）。考虑选择 $\boldsymbol{X}$ 子集的问题，其中 $\boldsymbol{X}$ 是 $T\times N$ 矩阵，用于预测标量年化 GDP 增长。

1. 稀疏主成分分析（SPCA）

稀疏主成分分析由 Zou 等（2006）提出，是主成分分析（PCA）的变形。PCA 可以产生与所有变量最相关的正交潜因子。该方法的一个潜在缺点在于每一个主成分都是原始数据集全部变量的加权线性组合。因此，所有变量包含在所有因子中。SPCA 可以解释为使用弹性网的双重压缩，同时使用 L_1 和 L_2 惩罚函数。这样，使用 SPCA 构造的因子仅包含非零权重的目标预测因子。使各种因子荷载系数等于零有助于减少因子内部的“噪声”，也有助于增加经济指标的可解释性。

SPCA 问题可以表述为以下最优化问题：

$$\begin{aligned}\max_{\boldsymbol{X}} \quad & \boldsymbol{v}^{\mathrm{T}}(\boldsymbol{X}^{\mathrm{T}}\boldsymbol{X})\boldsymbol{v},\\ \text{s.t.} \quad & \sum_{j=1}^{N}|v_j|\leqslant\psi,\\ & \boldsymbol{v}^{\mathrm{T}}\boldsymbol{v}=1。\end{aligned} \tag{3.5}$$

其中 $\boldsymbol{X}$ 是数据矩阵，$\boldsymbol{v}$ 是主成分（可能具有零荷载），ψ 是调整参数。这种情况下的优化并非易事，并且在文献中提出了各种算法，有基于凸半定规划、广义幂方法、贪心搜索方法和使用分支技术的方法，继 Naikal 等（2011）之后，有用于提取稀疏主成分的增广拉格朗日乘子法。特别地，若选择第一主成分（即最大相关因子），则目标预测变量是具有非零荷载系数的因子。

2. 最小绝对收缩和选择算子（LASSO）

由 Tibshirani（1996）提出的 LASSO，可以写成一个惩罚性的回归问题，就像众所周知的岭估计一样。但是，LASSO 对回归系数施加“L_1 惩罚”，而不是“L_2 惩罚”，这种惩罚导致可能的系数（$\hat{\boldsymbol{\beta}}^{\mathrm{LASSO}}$）收缩到零。给出如下的 LASSO 的估计：

$$\hat{\boldsymbol{\beta}}^{\mathrm{LASSO}}=\min_{\beta}\|\boldsymbol{Y}-\boldsymbol{X}\boldsymbol{\beta}\|_2+\lambda\sum_{j=1}^{N}|\beta_j|,$$

其中 λ 是一个调整参数，控制“L_1 惩罚”的强度。既然 LASSO 的目标函数并不是可导的，在求解时必须使用数值优化算法。LASSO 方法的局限性在于所选变量的个数受样本量大小的限制。如果 $N > T$，则 LASSO 最多产生 N 个非零系数 [参见 Swanson（2016）进一步讨论]，与这些非零系数相关的变量构成了预测变量集合。

3. 弹性网（ENet）

LASSO 适用于“真实”模型中存在许多零系数的情况。但是，在自变量高度相关的情况下，Tibshirani（1996）表明 LASSO 的预测性能有时比使用岭回归更差。Zou 和 Hastie（2005）通过提出 LASSO 和岭估计的混合形式来解决这个问题，称为 ENet 估计量。ENet 估计量定义如下：

$$\hat{\boldsymbol{\beta}}^{\mathrm{EN}} = \min_{\boldsymbol{\beta}} \|\boldsymbol{Y} - \boldsymbol{X\beta}\|_2 + \lambda_1 \sum_{j=1}^{N} |\beta_j| + \lambda_2 \sum_{j=1}^{N} \beta_j^2。$$

现在有两个调整参数，λ_1 和 λ_2 分别控制两个惩罚函数。ENet 估计量也可能导致系数收缩到零，尽管在 $N > T$ 的情况下，ENet 估计可以产生超过 N 个非零系数。

4. 最小角回归（LAR）

Efron 等（2004）提出了 LAR，该算法类似于向前逐步回归，但算法不是在每一步都包括变量，而是等角度地前行，选择的方向与当前模型中的每个变量有相等的相关性。此外，LAR 可以很容易获得其他估计，如 LASSO 和 ENet。它允许根据不同的预测内容对不同的变量进行排名，但是使用硬阈值方法就做不到这一点。因此，通过仅选择最高排名的变量可以获得稀疏性模型估计。

5. 实证结果

将所有预测变量分成三组：“全体”（包括所有变量）、“宏观经济”（仅包括宏观经济变量）和“财务”（包括金融变量）。把这些变量分别添加到 DFM，进行降维分析，实证结果可归纳如下：首先，平均预测误差（mean forecast error，MFE）会大幅度减小，因为临近预报和预测时，可以获得与当前季度相关的更多数据。因此，DFM 方法充分地包含了新的信息。其次，基于降维、机器学习等方法的监测预测比基于时间序列模型（如自回归模型）效果要好。SPCA 方法显然表现良好，它是纯数据驱动的统计学习方法。相对于 SPCA、ENet、LASSO 和 LAR，使用指数相关的专家判断对于近期预测不太有用。

3.3 利用非结构化数据监测预测 GDP

大数据背景下宏观经济分析既包括结构化数据，又包括非结构化数据。根据传统的政府统计数据，结构化信息可以表示为数字；而后者在数据来源和形式方面呈现多样化的特点，通常包含大量噪声，数据质量较差，如网络文本数据、图像数据、声音数据等。数据挖掘技术发展迅猛，打开了非结构化数据的大门。

非结构化数据的管理和分析有很多途径，不是唯一的，这里介绍一种管理和分析非结构化数据的途径 [1]，如图 3.2 所示。

[1] 详情参见 POWELL K. 总结非结构化数据分析“十步走”。

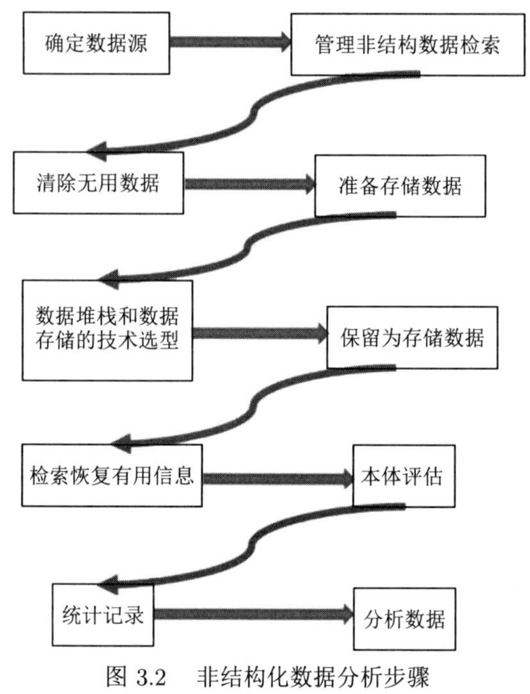

图 3.2　非结构化数据分析步骤

3.3.1　结合图片信息监测预测 GDP

准确核算国民经济的特征对研究和制定政策都有重要影响。该核算决定了各国政府如何分配稀缺资源，并为全球努力了解和跟踪改善人类生计的进展奠定了基础。近些年来，虽然发展中国家可获得的经济数据质量和数量有所改善，但是很多发展中国家依旧缺少关于经济发展的重要标准数据，阻碍了进一步查明和理解这些结果的差异以及针对最需要的领域进行有效的干预。

非洲大陆的数据特别有限，根据世界银行的数据，2000—2010 年，在 59 个非洲国家中，有 39 个国家进行了不到两次的调查，可以用来制定具有国家代表性的贫穷政策。在这些国家中，有 14 个国家在此期间没有进行过这类调查，调查中的大多数数据并不属于公共领域。人口与健康调查（demographic and health survey，DHS）也同样受到限制，DHS 是大多数发展中国家统计人口健康状况的主要来源，也是关于家庭资产的国际可比数据的主要来源（这是衡量财富的共同标准）。在同样 11 年的时间里，59 个国家中有 20 个国家没有进行基于 DHS 资产的调查，另外 19 个国家只有一个进行过该调查。这促使人们进行一场“数据革命”，急剧扩大非洲和其他地区的数据收集工作。但是，用更频繁的住户调查来弥补这些数据差距，将付出高昂的代价。

鉴于扩大传统数据收集工作的难度，可以考虑使用新的被动收集数据的手段，如来自社交媒体、移动电话网络或卫星的数据。一种流行的方法是使用卫星夜灯图像（“夜灯”）来估算经济活动。虽然这一技术在改善现有国家的经济数据统计方面显示出了勃勃生机，但它似乎不太可能区分生活在国际贫困线附近和以下地区的人口的经济活动差异（人均每天 1.90 美元）。在这些贫困地区，光度水平通常也很低，而且变化很小，因此使用“夜灯”研究和跟踪非常贫穷的人口的生计可能不太有用。最近使用移动电话数据估计贫困人口生计的其他方法有了新的进展，但由于各国对不同的特有数据集的依赖程度不同，因此很难在各国之间进行扩展。

迁移学习是一种新的机器学习方法，用于从高分辨率日间卫星图像中提取社会经济数据。虽然在全世界可以得到越来越多的具有高分辨率的卫星图像，并包括可能与经济活动相关的大量景观特征信息。但是这些数据是高度非结构化的，即使进行大量的手动分析，也很难发现很多规律。最近，深度学习技术在大规模图像数据集中的应用使基本的计算机视觉任务（如目标检测和分类）有了显著的改进，这些技术通常在各种各样有监督的学习方法中是最有效的。然而，在该环境下标记的数据却很少。即使在详细住户调查的情况下，个别调查通常只包含数百个地点的信息，产生的数据集比深度学习中通常使用的数据小许多数量级。因此，虽然深度学习模型（如卷积神经网络）原则上可以被训练，且根据卫星图像可以直接估计经济状况，但关于这些结果的训练数据的缺乏使得这些技术的应用十分具有挑战性。训练一个深度学习模型，其中包含一个嘈杂但容易获得的贫困代名词，并通过多步骤“迁移学习”方法可以克服这一挑战。

迁移学习过程包括三个步骤。首先，从在 ImageNet 上预先训练的卷积神经网络（convolutional neural networks，CNN）模型开始，这是一个由来自 1000 个不同类别的标记图像组成的大型图像分类数据集。在学习正确地对每个图像（如“仓鼠”与“黄鼠狼”）分类时，该模型学会了识别低层次图像特征。接下来，在此图像分类任务中获得知识的基础上，对 CNN 进行新任务的微调，并对其进行训练，以预测与日间卫星图像相对应的夜间光照强度。在这里，使用“预测”一词来表示对一些没有被直接观测到的属性的估计。夜光是一种嘈杂但在全球范围内一致的经济活动的代名词。其次，该模型学会“总结”输入的高维日间卫星图像作为一组低维图像的特征，可以预测夜间灯光的变化。经过训练的 CNN 可以被看作一个特征提取器，它学习了从每个输入图像到一个简洁的特征向量表示的非线性映射。白天的图像和夜光灯都可用于整个全球陆地表面，且具有相对较高的分辨率，提供了一个非常大的标记训练数据集。最后，利用调查数据中的聚类水平均值以及 CNN 从白天图像中提取的相应图像特征训练得到岭回归结果，岭回归的正则化防止过拟合。

该模型学习识别一些景观特征，能够识别城市地区、道路、水体和农业区等语义上有意义的特征，即使没有直接监督，即该模型被告知既不寻找这些特征，也不可能与感兴趣的经济指标相关联。它自己学习到这些特征对于估计夜间的光强度是有用的。这与从卫星图像中提取特征的现有方法形成鲜明对比，卫星图像严重依赖于人工标注的数据集。

3.3.2　互联网搜索行为监测预测 GDP

刘雄飞等（2015）探讨了用互联网搜索行为能否帮助进行宏观经济指标预测，他们指出现有的大数据经济预测，或者侧重于非结构化信息的挖掘应用，或者不加区分地使用这两种信息，不涉及讨论和处理两类信息之间的关系。然后，他们探索了使用互联网搜索行为来预测宏观经济学的可能性，比较了搜索行为信息的不同用途和方法，并发现如果处理两种不同类型的信息，统计和搜索行为使用“步骤法”进行宏观经济预测，效果可以得到显著改善。所谓“两步法”是指首先使用结构化数据选择模型，然后将非结构化信息添加到变量选择中。仅靠互联网搜索行为无法达到预期效果，但在充分利用政府现有数据的基础上，增加互联网搜索行为可以显著提高预测效果。非结构化信息和传统统计数据不应该是替代品，而应该是互补的。相关符号说明如下。

（1）被解释变量：国内生产总值。

（2）解释变量：政府统计指标与互联网搜索行为。

（3）$Y_t^T=\{y_\tau\}_{\tau=t}^T$ 为 GDP 的季度时间序列，$t(t=1,\cdots,T)$。

（4）残差：ε_T。

（5）政府统计指标时序：$X^T=\{X_\tau\}_{\tau=1}^T$（除去 GDP）。

（6）互联网搜索行为时序：$Z^T=\{Z_\tau\}_{\tau=1}^T$。

进行预测时，一个直观的做法是将全部解释变量等权地放入模型，通过一定的降维方法选出预测能力强的解释变量，从而确定预测模型。首先，使用自回归模型，拿 GDP 本身的信息单独用于预测；其次，将互联网搜索行为信息单独用于预测；再次，在 GDP 本身信息基础上，将政府统计指标与互联网搜索行为信息分别加入预测；最后，在充分利用 GDP 与政府统计指标的基础上加入互联网搜索行为信息来进行预测。其主要目的是证明在充分利用结构化数据之后添加非结构化信息以进行预测的合理性。模型如下。

1）模型 1

$$\hat{y}_{T|T-1}^1=f(\{y_{t-\tau}\}_{\tau=1}^i)=\beta_0+\beta_1y_{t-1}+\beta_2y_{t-2}+\cdots+\beta_iy_{t-i}+\varepsilon_T \tag{3.6}$$

该模型为被解释变量的自回归模型，即利用 $(T-1)$ 期及之前的 y 信息预测 T 期的 y，并找到最佳的滞后项组合。

2）模型 2

$$\hat{y}_{T|T}^2=f(\{\boldsymbol{Z}_{l-\tau}\}_{\tau=0}^{q-1})=\boldsymbol{\gamma}_0+\boldsymbol{\gamma}_1\boldsymbol{Z}_t+\boldsymbol{\gamma}_2\boldsymbol{Z}_{t-1}+\cdots+\boldsymbol{\beta}_q\boldsymbol{Z}_{T-q+1}+\varepsilon_T \tag{3.7}$$

该模型仅考察了使用互联网搜索行为数据对 y 的预测能力，其中 $\boldsymbol{\gamma}_i$ 是系数行向量（$\boldsymbol{\gamma}_i$ 下面的含义相同）。因为当前的互联网搜索数据在 T 阶段可用，所以这里使用 T 阶段和先前的互联网搜索行为来预测 T 阶段的 y，希望找到自变量的最佳子集，并将下标集设置为 $\{(j_i,t_1),\cdots,(j_r,t_r)\}\subseteq\{1,\cdots,n\}\times\{T-q+1,\cdots,T\}$，使得 y_l 可以被自变量为 $z_{j_1t_1},\cdots,z_{j_rt_r}$ 的多元线性模型拟合和预测出。

3）模型 3

$$\hat{y}_{T|T-1}^3=f(\{y_{t-\tau},X_{t-\tau}\}_{\tau=1}^p\})=c+\beta_1y_{T-1}+\cdots+\beta_iy_{T-i}+\boldsymbol{\alpha}_1\boldsymbol{X}_{T-1}+\cdots+\alpha_p\boldsymbol{X}_{T-p}+\varepsilon_T$$

该模型是将被解释变量自己的信息和政府统计指标共同放入模型中，$\alpha_l(-1,\cdots,p)$ 是 $(1\times m)$ 的系数行向量。这里期望找到自变量的一个最佳子集，设其下标集合为 $\{(j_i,t_1),\cdots,(j_r,t_r)\}\subseteq\{1,\cdots,m\}\times\{T-p,\cdots,T-1\}$，同时期望找到被解释变量 y 的最佳滞后项组合，使得 y_l 能够被自变量的最佳子集以及被解释变量最佳滞后项组合的多元线性模型拟合和预测。

4）模型 4

$$\hat{y}_{T|T}^4=c+\beta_1y_{T-1}+\cdots+\beta_iy_{T-i}+\boldsymbol{\gamma}_i\boldsymbol{Z}_T+\cdots+\boldsymbol{\gamma}_q\boldsymbol{Z}_{T-q+1}+\varepsilon_T \tag{3.8}$$

该模型将被自变量信息和互联网搜索行为共同放入模型进行解释，其下标集是 $\{(j_i,t_1),\cdots,(j_r,t_r)\}\subseteq\{1,\cdots,n\}\times\{T-q+1,\cdots,T\}$，期望找到自变量的一个最佳子集，同时期望找到被解释变量 y 的最佳滞后项组合，使得 y_l 可以被自变量的最佳子集以及被解释变量最佳滞后项组合的多元线性模型拟合和预测出。

5）模型 5

$$\hat{y}^5_{T|T} = c + \boldsymbol{\beta}^* \boldsymbol{y}^* + \boldsymbol{\alpha}^* X^* + \boldsymbol{\gamma}_1 \boldsymbol{Z}_T + \cdots + \boldsymbol{\gamma}_q \boldsymbol{Z}_{T-q+1} + \varepsilon_T \tag{3.9}$$

该模型的思想是假设模型 3 找出了具有预测能力的变量组合，此处基于模型 3 的挑选和解释变量的信息与政府统计，加入互联网搜索行为构建模型。$\boldsymbol{y}^*$ 是模型 3 选择的被解释变量的最佳滞后项组合；$\boldsymbol{X}^*$ 是模型 3 选择的政府统计指标变量组合，$\boldsymbol{\beta}^*$ 和 $\boldsymbol{\alpha}^*$ 是相应维数的系数向量。

6）模型 6

$$\hat{y}^6_{T|T} = c + \beta_1 y_{T-1} + \cdots + \beta_i y_{T-i} + \boldsymbol{\alpha}_1 \boldsymbol{X}_{T-1} + \cdots + \boldsymbol{\alpha}_p \boldsymbol{X}_{T-p} + \cdots + \boldsymbol{\gamma}_i \boldsymbol{Z}_T + \cdots + \boldsymbol{\gamma}_q \boldsymbol{Z}_{T-q+1} + \varepsilon_T$$

该模型是将被解释变量自己的信息、政府统计指标和互联网搜索行为信息联合起来，放入模型中筛选变量，进行宏观经济预测，此模型也是常用的预测做法。

“一步法”的基本思路是，对结构化和非结构化变量平等对待，直接基于所有可选的变量，采用某种标准（如 BIC）进行模型挑选。因可选模型个数随候选变量呈指数增长，计算量十分巨大，所以在实际计算中不可能采用穷举的方法来对比所有模型。一般的做法是通过树形路径，利用一些检验标准（如 t 检验、F 检验及 AIC 或 BIC 准则）来逐步剔除变量。树形路径的优点是大大减少了计算量，缺陷是有路径依赖，可能把某些能产生更好预测效果的变量组合排除在考虑之外。“两步法”首先使用 GDP 滞后信息和别的统计指标筛选一个最优模型，继而增添互联网搜索行为变量，进一步挑选模型。这样做的基本思想之一是充分利用结构化数据中包含的有用信息，并在此基础上添加互联网搜索行为作为补充。

3.4 GDP 偏差的估计及预测

3.4.1 GDP 偏差的定义

在这一节将目标转变为估计 GDP 的意外（即偏差），定义“期望”为对经济学家“协商后一致”的估计，将“意外”定义为真实值与期望的偏差。在正式公布数据之前，偏差的正负作为一个强有力的预测，可以为投资者提供信息，可能会对金融市场参与者产生重大影响。在经济学领域，对临近预报的需求是人为的，但也是使用当前可用信息特征进行短期预测，这些预测将为决策提供信息。

虽然任何数据项都可以预报，但是 GDP 可能是最受关注的，它是最少发布却最有说服力的可以反映经济状况的指标之一。正确预测 GDP 的意义在于了解并能够跟踪宏观经济的状态，而不必等待每季度发布一次的结果。这样可以在两者之间做出更明智和及时的决策，让政策制定者以更自信的方式进行干预。然而，临近预报实践中的主要挑战是目标值（如 GDP）不经常发布，只有极少数的点可以用来训练模型，并且模型的维度受到限制。由于数据点很少，对于目标函数精确求解十分困难，大量可能的解释变量使得模型的自由度较小。

大多数关于临近预报 GDP 增长偏差的方法都与预测 GDP 增长率有关，虽然两者各有各的用途，但预测偏差的任务比预测达到一定的准确性更加艰巨。为了说明这一点，考虑一个随机游走的示例，可以总结为以下表达式：

$$\mathrm{dGDP}_t = \mu \mathrm{d}t + \sigma \mathrm{d}B_t$$

在这里，假设 GDP 遵循布朗运动路径，μ 表示趋势，σ 代表路径的波动性。$\mathrm{d}B_t$ 在路径中包含一个随机项，其中随机性的实现通过 σ 来缩放。一方面，假设随机项不可预测且均值为 0，对下一期间 GDP 的最佳估计将是上一期间的 GDP 加上趋势项。另一方面，令人惊讶的是随机项的实现因波动性而可缩放。在该示例中，预测一个合理范围内的水平相对容易，但是预测偏差的方向非常困难。

该研究与典型的临近预报之间的另一个区别是预测变量频率的差异。临近预报有吸引力的一点是可以时实追踪当前经济状态。在评价这些模型的结果时，存在一个漏洞，因为 GDP 只按季度发布，预测 GDP 的模型只有季度数据参与训练。因此，即使预测变量的频率以天为单位，也只能利用公布 GDP 的那些日子的数据训练模型，估计其参数或进行分类。得到含特定天数据的预测变量估计系数后，该模型只是用已经估计的参数和每日的预测变量来拟合，从而产生每日的“预测”。通常情况下，这会导致季度间预测的必要插值，这种插值对于预测 GDP 增长的偏差不一定有用。只能关注 GDP 增长率公布日的偏差，因为偏差计算的是估计值与真实值的差值。虽然 GDP 增长率的日常预报可能会为决策者或投资者提供一些额外的信息，以塑造他们在经济方面的看法，但它并没有为预测偏差提供额外的价值。

为了保留自由度，对个别指标按经济类别进行汇总。由于国内生产总值的季度发布只剩下 75 个日期来训练和测试模型，可以通过遵循类似于 Beber 等提出的聚合方法来保留自由度。这些指标分为通货膨胀、就业率、产出和舆情（预期）。数据在伸缩的基础上进行标准化，再除以样本的标准差。对每个子类别取第一主成分，并取主成分权重的乘积及其各自的数据点，以创建季度的类别指标值。主成分分析的一个缺陷是，随着时间的推移，变量之间关系的估计可能是不稳定的。为了解决这一问题，主成分权重的第一次估计使用了前 12 个季度的数据。这样做是为了避免周期 2～ 周期 11 的相关性的非常嘈杂的估计。在进行了用 12 个数据点的第一次估计后，目标是进一步降低不稳定性，方法是限制具有最大震级的权重符号与前一个符号保持不变。这样做是为了尽量减少单个估计值扭曲指数时间序列的可能性。

在估计构成子类别的各个变量之间的关系时，要注意避免数据透视偏差，即过拟合。使用不超过全样本的数据估计特定季度的主成分，至少是不超过指数公布的季度。为了预测的目的，区分这一做法与使用完整样本估计权重以及不同时期应用相同的权重是很重要的。虽然用完整样本的权重可能捕获到变量之间随时间变化的真实关系，但在最后一段时间之前的任意时刻内都无法获得在完整样本权重中捕获的信息。因此，将这些权重应用于先前的数据，并用这样的方法建立一个指数模型，将不会复制实时预测的结果，并可能导致错误性的结论。

3.4.2 模型及实证结果

我们构建了 4 个经济指数来总结事后行为和经济中的前瞻性观点，现在利用这些信息同时预测总增长率的偏差。假定在国内生产总值初步公布之前就有了频率更高的可以报告的指标。这种假设不一定总是成立的，但考虑到国内生产总值所涉期限到公布日期（大约

1 个月）的滞后时间最长，这种假设一般是合理的。本研究考察并比较了 4 种不同的技术对 GDP 的预测能力：普通最小二乘法、逻辑回归、随机森林和神经网络。所有的测试都会留下 20 个季度的时间来评估样本外的性能，每个模型在预测下一个时期的偏差之前，每个季度的数据都会重新参与模型训练。

1）普通最小二乘法

最小二乘法被称为标准线性回归模型，常用在计量经济分析中，它估计了解释变量和因变量之间的线性关系。对线性模型的参数进行估计时，目标是使样本的均方误差最小。一个典型的模型可以表示如下：

$$y_i = \beta_0 + \beta_1 x_{1i} + \beta_2 x_{2i} + \varepsilon_i$$

最小化样本数据的均方误差，然后写成如下公式，其中 b_0、b_1 和 b_2 是上述真实模型的 β 的估计。

$$\text{MSE} = \Sigma_i (y_i - (b_0 + b_1 x_{1i} + b_2 x_{2i}))^2$$

考虑到模型所施加的线性结构，为了得到一个可解释且有用的估计，需要做一些假设。模型中包含的解释变量必须独立于误差，这样它们的系数才能无偏，模型才能反映真实的关系。设计矩阵也必须满秩，当变量之间存在共线性时，或至少与一个其他变量高度相关时，模型的解释性就会受到影响，估计也可能是不稳定的。最后，OLS 假设误差项独立同分布，零均值，具有有限方差。

普通最小二乘法的优点是，在上述假设下，它的估计是无偏和一致的。线性模型的一个缺点是它假定并强加了变量之间相对严格的结构。在这一分析中，对 4 个经济指标（通货膨胀、就业、产出和情绪）以及每个滞后一期的指数来解释潜在的滞后关系，计算作为二元变量的偏差。因变量的二元性意味着与每个经济指标相对应的系数可以被解释为在指数增加一个单位时，正偏差的附加概率。OLS 可以完成对概率的预测，由于这些概率超出了 0~1，因此把每个预测都舍入到最接近的二元结果。考虑到产出与情绪之间的相关性相对较高，预计在这些变量间会出现一些共线性问题。此外，需要解决的最主要问题是预测偏差是否遵循数据间的线性结构，这可以在解释预测结果时进行评估。

2）逻辑回归

逻辑回归与线性回归相似，但在二元因变量相关的情况下，它产生的可解释概率范围为 0~1，是有界的。此外，下面所示的函数假定，随着概率接近于 0 或 1，解释变量的变化带来的回报递减。当输出接近一半时，自变量的增加会比接近 0 或 1 的极端时更大地改变输出。这是通过使用 logit 变换修改线性函数来实现的，公式如下：

$$\log\left(\frac{p(x)}{1-p(x)}\right) = \beta_0 + \beta_1 x$$

其中

$$p(x) = \frac{\mathrm{e}^{\beta_0+\beta_1 x}}{1+\mathrm{e}^{\beta_0+\beta_1 x}} = \frac{1}{1+\mathrm{e}^{-(\beta_0+\beta_1 x)}}$$

使用相同的 8 个解释变量，即通货膨胀、就业、产出和情绪指数及滞后一期的经济指数来预测国内生产总值的偏差。当预测以 0 和 1 为界时，一半以上的预测被舍入为正的偏差，而一半以下的预测被舍入为负的偏差。

3）随机森林

随机森林是许多决策树的集合。在这里使用一棵分类决策树来预测一个二元结果变量，而不是一个连续的数字。这两种类型的决策树的工作原理非常相似，它们在每个决策点将数据划分为两个组。在每个节点上，都有一个“是”或“否”的选择。例如，对“$x > 5$?”进行判断，然后根据答案对数据进行分区。首先选择能够解释数据最大分离的解释变量，然后将数据进一步按附加解释变量划分。分离的一组数据的平均值是模型对该组的预测。有太多分组的决策树容易过拟合，这可能导致模型在进行样本外预测时表现不佳，因为它已经被训练得过于接近样本中的数据。因此，当样本外预测具有首要意义时，限制变量和决策节点的数量是明智的。

随机森林方法试图通过为多个随机子集建立多棵树来克服过度拟合而不修剪树或限制允许的分组数的问题。然后对这些树的结果进行平均，以减少预测的方差。另外，随机森林从变量的随机子样本中选择要在每个节点上拆分数据的变量。因此，在每棵树的相同节点上都不能使用相同的变量。如果有足够多的随机树，理想情况下，对样本数据进行过度拟合并不是一个问题。

再一次，使用同样的 4 个经济指数及滞后一期的经济指数，这是为了分类，而不是为了避免 GDP 的偏差。使用 500 棵树进行估计，并对这些树的结果进行平均，从而得出了该季度的预测结果。这个模型的输出只有两个结果（1 或 0）。图 3.3是在此分析中运行的来自随机森林中的示例树的结果。在每个节点上，显示要拆分的变量的名称以及拆分条件。

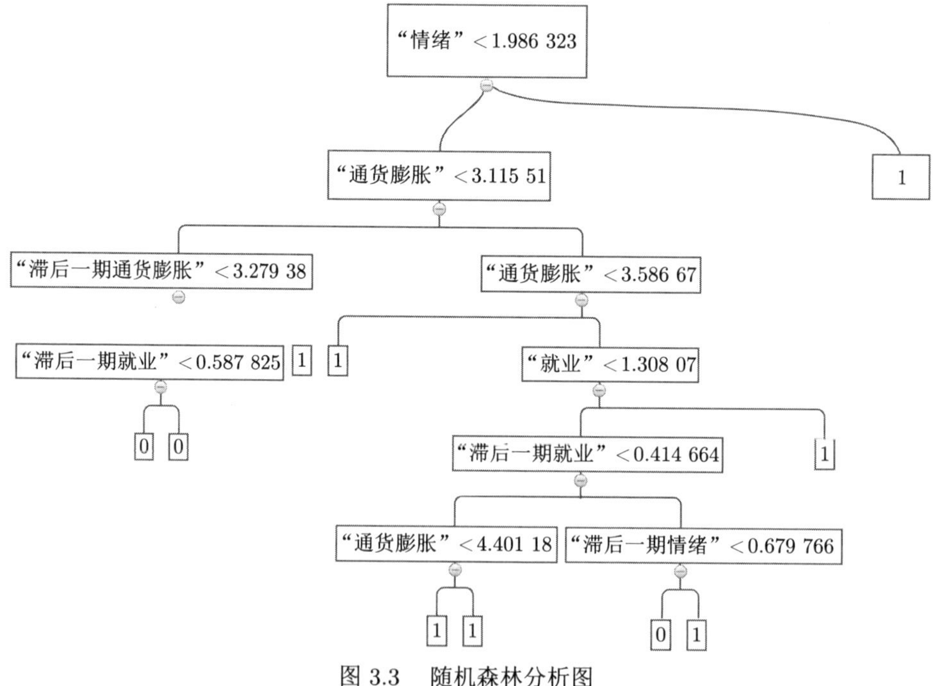

图 3.3 随机森林分析图

4）神经网络

神经网络是用来模拟人脑中神经元的算法。节点按层排列，如图 3.4所示，这是大脑中一组神经元的简单版本。信号通过树突传入大脑，在细胞体中被处理，细胞通过轴突输出，然后通过突触传递到下一组神经元。在这个近似复杂系统的算法中，输入层表示树突，因为它们不需要修改就可接收到初始信号；从输入节点到隐藏层节点的箭头表示下一层细胞体的突触和树突，而指向输出层的箭头表示轴突，其中包含最终信号。图 3.4中蓝色表示输入层，红色表示隐藏层，绿色表示输出层。中间层或隐藏层中的节点要求输入信号在发送到下一层或输出之前达到一定的阈值。在神经网络算法中，输入信号沿输入层到隐藏层的每条路径加权，模拟隐藏层的突触和树突之间的相互作用，然后将从所有输入节点接收的加权信号相加到隐藏层的每个节点。如果求和信号达到阈值，则将其发送到下一层。在算法中，最常用的是激活函数，而不是硬阈值。几个激活函数的例子包括 Sigmoid 函数和 tanh 函数，它们都与 logit 函数相似，因为它们是非线性的，它们的输出有界，并且在极值处表现出递减的回报。

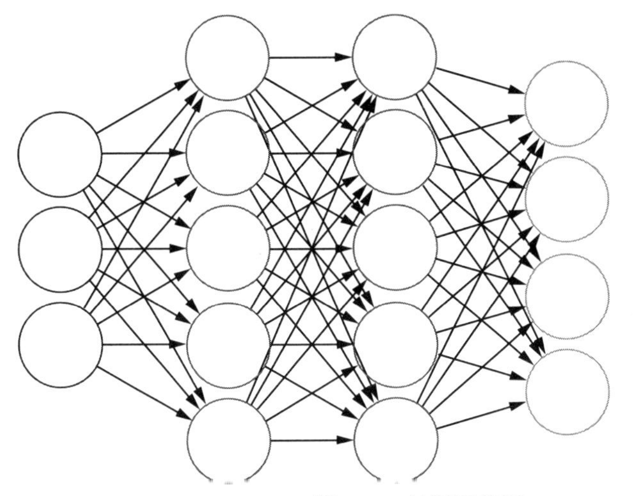

彩图3.4

图 3.4　神经网络图

在确定网络中每个层所需的隐藏层和节点数之后，有待确定的主要剩余参数是从节点到节点的每个连接的权重。初始权重设置为预定的或随机的，模型从数据中“学习”，不断更新权重。当用神经网络处理每个季度的数据时，根据该季度的已知结果判断输出。然后在每个节点连接上反向传播模型输出和已知结果之间的误差，并根据损失函数的梯度确定每个连接对误差的贡献。然后对权重进行相应的调整，以减少可能发生的错误或损失，但有一个限制，即模型不是完全符合样本数据。

与以前的模型一样，使用相同的经济指标及其 1/4 的滞后经济指标作为输入。选择一个有 8 个节点的隐藏层来匹配输入数，并将每个连接的起始权设为 0.01，以减少不同迭代结果的不稳定性。最大迭代量增加到 2000 次，并将拟合准则设为 1×10^{-5}，以帮助确保模型的一致收敛性。最后，虽然可以限制节点之间的连接方式，但我们允许所有输入节点向隐藏层中的每个节点发送信号。该模型的输出是一个分类变量，因此输出要么为 0，要么为 1。

图 3.5 是一个可视化的神经网络运行的分析。作为输入的 8 个变量显示为初始节点。每个输入节点分别与隐藏层中的 8 个节点连接，没有跳过层连接，每个隐藏节点连接到最后的输出节点，其中最后的信号和预测便可得到。

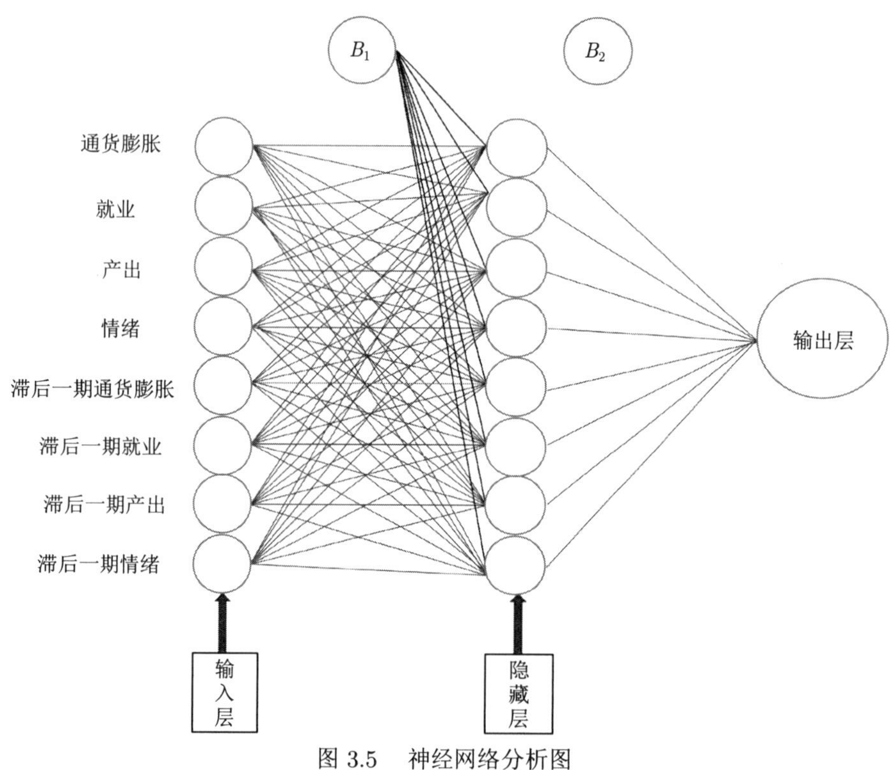

图 3.5　神经网络分析图

3.5　本章小结

本章首先介绍了 GDP 的重大意义、传统的核算方法，以及由 GDP 演变而来的 GNI 和 GDI；接下来简单介绍了大数据背景下 GDP 面临的机遇和挑战，从三个方面归纳了大数据背景下的监测预测。在变量个数远远大于样本数时，可以通过正则化方法进行变量选择，在此基础上进行细致的分析；将非结构化数据与结构化数据结合，完成实时监测预测；GDP 偏差的预测有正偏差和负偏差，正偏差和负偏差会影响决策者的决策。大数据背景下分析的工具更加多元化，传统分析方法的可解释性以及大数据下表现强势的预测能力的融合将有利于 GDP 的监测预测。

关于 GDP 的核算，一方面，关于宏观经济先行领域指标的预测研究较少，需要加大大数据与 GDP 指标先行领域的研究，构建我国 GDP 实时预测指标。另一方面，数据多元化和易于获取为建立 GDP 先行指标的精准预测模型提供有利的数据条件。由于数据本身的可复制、可重用及可加工的特点，使得数据价值随扩散范围变大而增大，因此要增强 GDP 大数据的共享，并对存储数据进行分析。对先行指标预测的准确性与所选用的模型有关，建议政府部门从动态因子模型等模型出发研究更适用于我国国情的模型。新兴非结构化数据包含了除传统统计数据外的其他实时信息，因此需结合非结构化信息，进一步提高

GDP 预测的时效性和准确性。

大数据下 GDP 的监测预测行为主要是寻找变量间的相关性，而非因果性，因此解释能力有待进一步加强。针对大量的非结构化数据，如图片信息和文本信息，以往会在计算机专家的协助下展开研究，经济学家和统计学家也应转变思维，学会获取大数据、分析大数据迫在眉睫。搭建大数据下 GDP 核算平台，为政府及相关部门提供决策支持也是必要的。大数据下 GDP 核算的理论和算法还需完善，如大数据分析技术对误差的控制是否精准，这需要结合统计学中的渐近性理论来完成。

第 4 章　大数据背景下金融风险管理

4.1　引言

金融风险是全球性的问题，防范化解金融风险，把金融风险消灭在萌芽状态和早期，维护经济稳定发展是攻坚战，也是持久战。世界经济一体化萌芽于 19 世纪，那个时期工业革命促成经济、技术、自然科学、社会科学等蓬勃发展，欧洲和北美地区的国家经济高速发展。国内经济发展之后，这些经济新秀开始设计向世界发展的蓝图。20 世纪跨国公司的蓬勃发展使得世界经济紧密联系在一起，但是伴随着经济的高速发展，风险也在无形中累积。特别是 2007 年美国爆发的次贷危机，虽然发生在美国，但是随着资本的高流动性已覆盖了整个世界，动摇了全球经济体系。再如之后的欧洲主权危机、东南亚危机等，这些危机的影响广泛而深远，它们时刻提醒我们经济的脆弱性。一方面，资本的全球化流动承载着经济全球化，一国经济的风云变动带来的不仅仅是本国经济的疲软瘫痪，而且对其他国家都有显著的影响，特别是经济大国如美国、中国和日本；另一方面，全球性质的风险管理对每个国家制定本国的经济发展规划都有重大的参考性。近年来全球经济体系逐渐好转，发达国家多次推出降息、扩大内需等货币政策刺激经济，但宽松的货币政策存在潜在的债主违约的信用风险；亚非区域的发展中国家经济发展趋势向好，但也不可忽视其风险规避态度突变引起全球资本的流动性紧张和流动性风险等情况。从国内方面来看，我国目前处于经济政策调整、金融改革的关键时期，存在前期经济发展积累的过高经济杠杆、高产能低价值的传统行业累积的信用风险敞口等问题。需要控制好经济高速发展所带来的金融风险，保证经济发展的稳定性。金融风险管理既可以以经济结构为依据分析不同经济结构的风险状况，又可以宏观上把握国家的风险潜在之处，给制定经济政治政策、实施风险管理做支持。

本章 4.2 节主要从风险价值、收益波动率和期望损失方面研究了金融风险管理的度量、估计方法以及国内外的研究现状。4.3 节主要介绍了大数据诊断、大数据处理技术以及大数据预测方法，并对大数据下金融风险管理的国内外研究进行了综述。在此基础上，4.4 节结合实际数据对大数据背景下金融风险管理进行了研究。4.5 节进行了总结与展望。本章结构如图 4.1 所示。

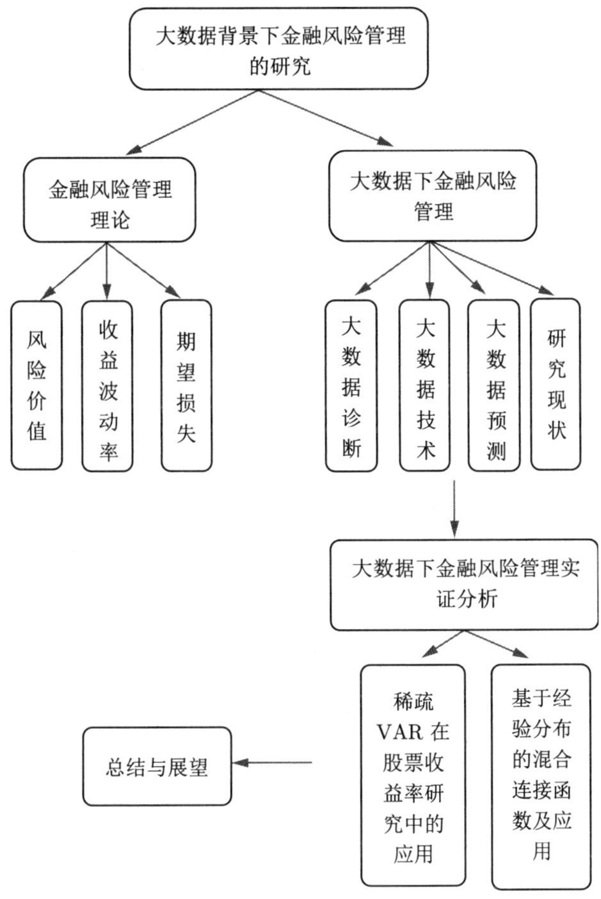

图 4.1　本章结构示意图

4.2　金融风险的研究现状

4.2.1　风险价值的研究现状

20 世纪 90 年代，国外学者对风险价值进行了深入研究，研究主要集中在风险价值统计性质和金融领域的应用这两大方面。Goorbergh 和 Vlaar（1996）进行了风险价值计算方法的比较研究，以静态模型、GARCH 模型、历史模拟法和极值理论为研究对象，以 Kupiec 事后检验为标准，实证结果表现为 GARCH 模型计算的风险价值精确度更高，误判率最低；Mittnik 和 Paolella（2000）指出当假定波动率服从 t 分布或非对称 t 分布，GARCH 类波动率模型预测效果最好。Manganell 和 Engle（2004）将计算风险价值的方法分成三类：参数类、半参数类和非参数类。并指出参数类方法的优点在于可以得到完全的条件收益分布形式，其缺陷在于主观选择的收益率方差方程及分布形式可能是错误的。非参数模拟类方法以历史模拟法为例，历史模拟法不需要对波动率分布进行假设，计算容易，经济意义可解释。但 Boudoukh（1998）指出历史模拟法的最大难点在于如何选择移动窗口的窗宽，移动窗口太小会导致很大的采样错误，而移动窗口过大则会难以反映出收益的动态变化；Mittnik 和 Paolella（2000）以及 Taylor（2008）通过对不同时间的观测值采用半衰期的指数权重克服历史模拟的难题。半参数求解风险价值的估计方法为极值理论和分位数回归。特别是 Engle 和 Manganelli（2004）提出的向量自回归风险价值模型（CAViaR）方法影响最为深远。CAViaR 从风险价值的时序变化入手，分析其自回归效应，从而可以通过推导出目标置信水平下分位数的演变，而不是从收益率的整体分布或波动率估计中提取出分位数。它允许条件收益分布的形状是时变的，且分布的不同分位数的时间变化也是不同的。同时它允许模型对不同的市场做出反应，下面归纳出 4 种不同类型的 CAViaR 模型，分别为适应性模型、绝对对称模型、非对称模型和间接模型。Sener（2012）用标普 500 指数估计风险价值，实证结果表明与历史模拟和 GARCH 方法相比，CAViaR 综合表现极好。Taylor（2017）指出非对称拉普拉斯分布更适用于研究资产收益的左尾分布，以标普 500 指数为例，非对称拉普拉斯分布下计算的风险价值与 CAViaR 模型计算出的结果相差不大，而且它允许收益的密度尺度随着时间变化，实证结果表现良好。

国内方面对风险价值的研究水平也处于领先地位。郑文通（1997）首次将风险价值的方法引入中国，他详细地阐述了风险价值产生的背景、计算方法和在实际中的应用，在考虑风险价值的本地化时，指出该方法对中国的风险管理具有前瞻性意义。陈忠阳（2001）提出将风险价值应用于当时的中国经济市场时，要结合我国统计数据的实际情景，从数据收集的数量和质量两方面入手，联系中国经济数据的真实分布问题，加强风险价值模型的压力测试和情景分析，以内外样本双重检验模型的有效性。钱艺平（2010）结合收益率的尖峰厚尾特征，假设收益率服从 Pareto 分布和 Weibull 分布，对风险价值进行求解。实证研究 Pareto 分布和 Weibull 分布计算得到的风险价值模型很稳定。周朋朋和田茂徐（2011）推导了一个基于更广义尾部的缩放规则，该规则调节外部风险监管机构市场风险的稳定指标。侯启发、张金秀和蒋翠侠（2015）提出了计算多期风险价值的较好的方法是 SVQR 加波动模型法。t-Copula 对高峰厚尾的债权损益率具有很好的适应性，能够支持债权损益率间的极端相关性，增大了样本出现极值的情况。周敏（2014）用 Copula 函数计算风险价值，实证结果优于波动率回归模型的风险价值模型。

4.2.2 收益波动率的研究现状

在过去一段时间中，研究者在金融时间序列的估计和预测的模型和方法上进行了大量的研究，尤其是以数量金融风险管理和衍生物定价为研究目的的投资收益序列的波动性研究，为现代金融风险管理提供了重要依据。金融投资收益率的波动性实际上指的就是收益的离散性，也就是标准差。金融时间序列的分布常常具有一些特殊的特征。首先，从分布图像上来看，它类似于高低收益率交替出现的白噪声序列。其次，它的分布密度函数通常比正态分布函数厚尾，并显著地表现出持续的正自相关性，这就意味着高收益率后常常出现高收益率，低收益率后常出现低收益率的现象。对于金融投资收益序列的这些特征在 Taylor（1986）的文章中给出了详尽的分析。起初，为了对金融投资收益率的波动性进行描述，研究者们使用了大量的参数估计模型。其中最为广泛应用的方法就是由 Engle（1986）提出的自回归条件异方差（ARCH）模型和广义自回归条件异方差（GARCH）模型以及 Harvey、Ruiz 和 Shephard （1994）提出的随机波动性模型等。在此基础上，大量学者在参数模型课题上进行了深入地分析。例如，为了充分拟合投资收益率序列损失和收益的不对称性，Nelson（1991）提出了 EGARCH 模型；Sentana（1995）提出了 QGARCH 模型；Glosten、

Jagannathan 和 Runkle（1993）提出了 GJR 模型等。此后，由于金融时间序列数据量十分充足，研究者开始使用结构异常复杂的估计模型对收益率序列的波动性进行拟合。这些模型常常依赖着投资收益曲线不发生结构性转变的前提条件，然而这一假设在现实应用中往往是不合适的，并且模型的复杂性显著地降低了参数估计的效率。Clements 和 Hendry（1998）认为，在参数模型的基础上增加模型的复杂性是完全不必要并且可能是十分危险的；模型的结构性检验在非线性模型和模型参数量过大的情况下也是十分复杂的。于是，研究者开始致力于一些非参数方法的研究。这些方法的共同特征在于不对波动性模型形式进行规定，这样就能够很好地避免参数模型的结构不稳定性导致的估计误差。这些参数模型主要包括适应性波动模型（Mercurio and Spokoiny，2004）、拟残差估计法（Tian and Li，2001）等。

4.2.3　期望亏空的研究现状

Manganelli 和 Engle 将风险价值（value-at-risk，VaR）的估计方法分为三大类：参数方法、半参数方法和非参数方法。目前对期望亏空的估计主要建立在 VaR 的多种估计方法的理论之上，因而，对期望亏空的估计也可大体分为这三大类。参数方法主要是指对投资收益的随机项分布形式进行参数假设，并在模型假设条件下求解参数的过程。目前，对随机项的分布假设主要有正态分布、t 分布和广义双曲分布等。对于金融数据本身分布性质的探讨和多种分布假定的讨论可以在 McNeil、Frey 和 Embrechts（2005）的文章中找到详细分析和阐述。

半参数方法主要包括基于极值理论的多种估计方法，如 McNeil 和 Frey（2000）提出的 EVT 法。McNeil、Frey 和 Embrechts（2005）提出了应用 EVT 法进行期望亏空求解的估计方法。半参数方法还包括一些使用分位回归进行估计的方法。此外 Boudoukh、Richardson 和 Whitelaw（1998）提出的 BRW 法是建立在历史模拟法基础上，并对其加权方式进行修正的半参数方法。非参数方法主要包括历史模拟法、核估计法、bootstrap 方法等多种估计方法。非参数方法从观测数据出发，不对损失分布进行假设，并且通常能够适应观测数据较少的情况。非参数方法的研究成果主要包括 Butler 和 Schachter（1998）将核估计的方法引入 VaR 的计算上；Scaillet（2004）给出了期望亏空的核估计量及其渐进性质，并将期望亏空的计算条件由 GARCH 模型的一元金融背景推广到相互影响的多元复杂变量关系中。Chen（2006）将样本期望亏空的平均估计量与 Scaillet（2004）的核估计进行对比，并提出了核平滑的改进方法。Holton（1998）提出了损失风险 VaR 的历史模拟估计法。Dowd（2005）详细阐述分析了如何使用历史模拟法估计期望亏空，Zikovic 和 Filer（2009）将历史模拟法与 GARCH 模型结合，提出了混合历史模拟法，并使用该种方法对期望亏空进行估计。

4.3　金融风险度量

4.3.1　风险价值及估计方法

要对风险进行管理和控制，首先要对未来风险的大小进行刻画和度量，给出风险值大小的判定。所谓风险度量就是把一个代表风险的随机变量转化为一个实际值的过程。

1. 风险价值模型及基本概念

1993 年 7 月，G30 国成员曾发表了一个关于金融衍生工具的报告，首次建议使用“风险价值系统”（value at risk system，VaRS）来评估金融风险。1994 年，J. P. Morgan 投资银行在 RiskMetrics 系统中首次引用风险价值的概念，得到了国际金融理论和实业界的广泛认可，成为当时应用最广泛的总体金融市场风险的衡量方法。1999 年新巴塞尔协议征求意见稿中，新巴塞尔委员会极力提倡商业银行使用 VaR 模型度量其所面临的信用风险，并鼓励商业银行在满足监管审计要求的前提下，建立以 VaR 为基础的内部模型。此后，VaR 模型作为一个很好的风险管理工具，开始正式在新巴塞尔协议中获得推广应用，并逐步奠定了其在风险管理领域的元老地位。

1）风险价值的定义

对风险价值比较正规的定义为：在正常市场条件下和一定的置信度 α 下，在给定的时间段内预期发生的最坏情况的损失大小 X。在数学上的严格定义如下。

定义 4.3.1　风险价值。设 X 是定义在概率空间 (Ω,Σ,P) 上且表示一个已知的资产或投资组合损益的随机变量，$\alpha\in(0,1)$ 表示某个置信水平。在置信水平 α 下资产组合的风险价值是使损失 X 超过临界 x 的概率不大于 $(1-\alpha)$ 的最小临界值。其表达式为

$$\mathrm{VaR}_\alpha=\inf\{x\in R:P[X>x]\leqslant 1-\alpha\}$$

VaR 是目前世界上应用最广泛的风险度量，它能够以货币计量单位来表示潜在损失，能直接比较面临不同风险的不同金融工具间的相对风险大小，为风险管理、业绩评估、资本配置、风险限额设置等问题提供简单的方法。然而，VaR 也存在着一系列的缺点。

首先，VaR 不考虑尾部期望损失的大小，不是一个直观的货币性计量。

考虑以下两个投资组合 X_1 和 X_2。X_1 获得收益 1 的概率为 99%，发生损失 -1 的概率为 1%；X_2 获得收益 1 的概率为 99%，发生损失 -1 的概率为 0.1%，损失 -10^{10} 的概率为 0.9%，其数学表达式如下：

$$X_1=\begin{cases}1, & P=99\%\\ 0, & P=1\%\end{cases}\quad,\quad X_2=\begin{cases}1, & 99\%\\ -1, & 0.1\%\\ -10^{10}, & 0.9\%\end{cases}$$

在这个例子中，置信度为 1%的水平下两个投资组合的 VaR 均等于 -1。但是显然投资组合 X_2 比投资组合 X_1 具有更高的风险损失额，VaR 并没有就这一点做出区分。

其次，VaR 不具有次可加性，不能反映投资组合的风险分散化效应。

例如，考虑两个具有相同损失和收益分布形式的投资组合 X_1 和 X_2，并且 X_1 与 X_2 是相互独立的，数学表达式如下：

$$X_1=\begin{cases}1, & P=50\%\\ 0, & P=50\%\end{cases}$$

由此可以得到 X_1 和 X_2 在置信水平为 50%条件下的 $\mathrm{VaR}_{50\%}(X_i)$ 均为 -1。由于 X_1 和 X_2 具有独立性，可以得到由这二者组成的风险组合 X 的 VaR。X 数学表达式如下：

$$X=\frac{X_1+X_2}{2}=\begin{cases}1, & P=25\%\\ 0, & P=50\%,-1,\quad P=25\%\end{cases}$$

得到风险分散化后的投资组合在 50%置信水平下的 VaR 为 $\mathrm{VaR}_{50\%}(X)=0>\mathrm{VaR}_{50\%}(X_1)=\mathrm{VaR}_{50\%}(X_2)=-1$ 。这就意味着风险分散化后的投资组合的 VaR 比风险分散前单个投资组合的 VaR 高。与风险分散化理论相关内容不符。

最后，VaR 不是凸性货币风险度量，对证券组合进行优化时可能存在多个极值，局部最优不一定是全局最优，在数学上很难处理。

VaR 存在的多个问题为学者们构建理想的金融风险度量提供了线索，一个理想的风险度量必须考虑潜在的货币损失大小，具有次可加性，能够解释风险分散化效应，对大额损失具有敏感性且满足凸性货币风险度量的条件。在 4.3.2 节中将引入一致性风险度量公理化体系的概念，一致性风险原理是构建优秀的金融风险度量的必要条件。

2）一致性公理体系和凸性货币风险度量

由于 VaR 的广泛应用，人们开始关注 VaR 风险度量结果的准确性。研究结果表明，VaR 对某些风险度量的结果与人们的直观感受并不吻合。于是，一个良好的金融风险度量所应满足的基本标准的问题引起了人们的关注。Artzer、Delbaen、Eber 和 Heath（1999）提出了一致性风险度量公理体系，他们认为一个完美的风险度量模型必须要满足以下的 4 个约束条件。

（1）单调性（monotonicity）：$\forall r.\nu.X,Y,X\leqslant Y\Rightarrow\rho(X)\leqslant\rho(Y)$。

这一约束条件意味着当投资组合 X 的损失不大于投资组合 Y 的损失时，投资组合 X 的风险也应该相应地不大于投资组合 Y 的风险。

（2）正齐次性（positive homogeneity）：$\forall r.\nu.X,h>0\Rightarrow\rho(Xh)\leqslant h\rho(X)$。

这一约束条件意味着当投资组合 X 扩大 h 倍时，投资组合 X 的风险也相应地扩大 h 倍，收益亦然。然而这一约束条件的经济意义则显得没有那么明晰，因为它忽略了损失和收益二者的非对称性。

（3）平移不变性（translation invariance）：$\forall\alpha\in R\Rightarrow\rho(X+\alpha)\leqslant\rho(X)+\alpha$。

这一约束条件建立在货币数量的基础上。数额为 α 的资金加入到投资组合可以抵消数额为 α 的金融风险。

（4）次可加性（sub-additivity）：$\forall r.\nu.\rho(X\ Y)\leqslant\rho(X)+\rho(Y)$。

这一约束条件表明测度两个或多个投资组合的金融风险不会比单个投资风险之和更大。这一约束条件体现了金融投资的风险分散化原理。

定义 4.3.2　凸性货币风险度量（convex monetary risk measure）：如果 X_1、X_2 为概率空间 (Ω,Σ,P) 上的金融投资，则其投资组合 $\alpha X_1+(1-\alpha)X_2$ 的风险不应超过单个投资风险的加权平均。其数学表达式为

$$M(\alpha X_1+(1+\alpha)X_2)\leqslant\alpha M(X_1)+(1-\alpha)M(X_2)$$

凸性风险度量约束条件使得风险度量具有唯一的全局最优解。

一个完美的金融风险度量应是一个一致的凸性货币风险度量，然而 VaR 既不满足风险度量的一致性，也不是凸性的货币风险度量，因而 VaR 并不是最优的风险度量。风险度量一致性和货币凸性的提出为找寻完美的风险度量的过程指明了方向，包括尾部条件期望（the tail conditional expectation，TCE）、最坏条件期望（the worst conditional expectation，

WCE）在内的多个风险度量被逐一提出，在 4.3.2 节中，将针对多个风险度量的定义和特性进行分析。

3）其他风险度量定义及特性

通过对 VaR 缺点的总结并结合一致性公理体系和凸性货币度量的多种条件，Artzner（1999）等提出了一个全新的一致性风险度量：最坏条件期望。

定义 4.3.3 最坏条件期望：设 X 是定义在概率空间 (Ω,Σ,P) 上的资产或投资组合，$E[\cdot]$ 表示关于概率 P 的数学期望，$\alpha\in(0,1)$ 表示某个置信水平。若假设 $E[X^{-1}]<\infty$，则称

$$\mathrm{WCE}_\alpha(X)=-\inf\{E[X|A]:A\in\Sigma,P[A]>\alpha\}$$

为 X 在置信水平 α 下的最坏条件期望。

最坏条件期望虽然已被证明是一致性风险度量，但是由于其定义中下确界很难确定，该风险度量仅在理论范围内有所应用。为了能够构造一个适用于实际操作的风险度量，Artzner 等提出了尾部条件期望。

定义 4.3.4 尾部条件期望：在置信水平 α 下尾部条件期望实际上就是损失超过 $1-\alpha$ 置信水平的 VaR 的条件期望。假设 $E[X^-]<\infty$，则其表达式可表示为：

$$\mathrm{TCE}_\alpha=\mathrm{TCE}_\alpha(X)=-E[X|X\leqslant q_\alpha(X)]-E[X|X\leqslant \mathrm{VaR}_\alpha]$$

从上述定义中可以看出，TCE 只有在损失和收益分布连续时才具有一致性，对更一般的分布形式时，TCE 不满足一致性公理中的次可加性。

定义 4.3.5 平均风险价值（average value at risk，AVaR）。对于任意水平系数 $\lambda\in(0,1)$，AVaR 的表达式如下：

$$\mathrm{AVaR}_\lambda(X)=\frac{1}{\lambda}\int_0^\lambda \mathrm{VaR}_\alpha(X)d\alpha$$

AVaR 作为 VaR 的改进版风险度量，它是一个具有货币凸性的分布不变风险度量，并且 AVaR 具有正齐次性。然而，AVaR 依然不能解释风险分散化原理，即它不具有次可加性。

2. 风险价值的估计

1）基于广义双曲分布的 VaR 估计

此方法基于方差与协方差法的框架，针对 Delta-正态法的缺点，提出假设市场因素的变动服从广义双曲分布，以解决金融数据的厚尾特征。

（1）广义双曲分布。

广义双曲分布能与金融数据尾部高度地契合，并且分布本身形式多样（有 5 个参数，包含双曲分布、广义逆高斯分布、t 分布等子类）。分布具有偏态和厚尾的特性，这使得它在金融数据分析中得到越来越多的重视。在金融数据分析中常见的逆高斯分布、拉普拉斯分布以及非对称 t 分布都是广义双曲分布族的子类，可以通过取不同的参数值而得到。

定义正态均值–方差混合（normal mean-variance mixture），d 维随机变量 $\boldsymbol{X}$ 服从多元正态均值–方差混合分布，满足

$$\boldsymbol{X}\overset{d}{=}\boldsymbol{\mu}+W\boldsymbol{\gamma}+\sqrt{W}\boldsymbol{AZ}$$

其中

① $\boldsymbol{Z} \sim N_k(0, \boldsymbol{I}_k)$ 为 k 维标准正态分布。

② $W \geqslant 0$ 为正随机变量，与 Z 相互独立。

③ $\boldsymbol{A} \in \mathbf{R}^{d\times k}$ 为矩阵，μ 和 γ 是 R^d 上的参数向量。

从上述定义可以得到：$\boldsymbol{X}|W \sim N_d(\boldsymbol{\mu} + W\boldsymbol{\gamma}, W\boldsymbol{\Sigma})$。其中 $\boldsymbol{\Sigma} = \boldsymbol{A}\boldsymbol{A}^{\mathrm{T}}$。当混合变量 W 服从广义逆高斯分布（generalized inverse Gussian distribution，GIG）时，X 服从广义双曲分布（generalized hyperbolic，GH）。一元广义双曲分布由 5 个参数 $\theta = (\lambda, \alpha, \beta, \delta, \mu)$ 决定，密度函数为

$$f_{\mathrm{GH}}(x; \lambda, \alpha, \beta, \delta, \mu) = \frac{(t/\delta)^{\lambda}}{\sqrt{2\pi}\mathrm{K}_{\lambda}(\delta_t)} \frac{K_{\lambda-1/2}(\alpha\sqrt{\delta^2 + (x-\mu)^2})}{\{\sqrt{\delta^2 + (x-\mu)^2}/\alpha\}^{1/2-\lambda}} \mathrm{e}^{\beta(x-\mu)}$$

其中 $\mu \in \mathbf{R}$ 为位置参数，$\alpha \in \mathbf{R}$ 为形状参数（峰度），$\beta \in \mathbf{R}$ 为非对称参数（偏度），$\delta \in \mathbf{R}$ 为尺度参数，$t = \sqrt{\alpha^2 - \beta^2}$，$\lambda \in \mathbf{R}$，且第三类 Bessel 函数定义为：

$$\mathrm{K}_{\lambda}(\omega) = \frac{1}{2}\int_0^{\infty} x^{\lambda-1}\mathrm{e}^{1/2\omega(x+x^{-1})}\mathrm{d}x, \quad \omega > 0$$

当 $\lambda = -1/2$ 时，广义双曲分布转化为正态逆高斯分布（normal inverse Gaussian distributions，NIG），广泛应用于一元金融收益序列分析。

当 $\lambda = 1$ 时，可以得到一元边际函数为一维双曲分布的多元广义双曲分布，同样，一维的双曲分布也经常应用于金融数据分析中。

当 $\lambda = -\nu/2, \chi = \nu, \psi = 0$ 时，分布的极限形式即为偏 t 分布。偏 t 分布的尾部形态可以通过 ν 的值进行控制，从而更好地对数据进行拟合和预测。

（2）广义双曲分布的参数估计

广义双曲分布的 5 个参数可以由极大似然估计法得到。给定对数收益序列 $\{R_t\}$，在第 3 章估计得到波动率 $\hat{\sigma}_t$ 的基础上，可以计算出伪残差序列

$$(\hat{\varepsilon}_1, \cdots, \hat{\varepsilon}_n) = (R_1/\hat{\sigma}_1, \cdots, R_n/\hat{\sigma}_n)$$

参数向量 $\theta = (\lambda, \alpha, \beta, \delta, \mu)$ 可以通过对数似然函数最大化得到。假设伪残差序列服从广义双曲分布，则广义双曲分布的对数似然函数为

$$\begin{aligned} L(\theta; \hat{\varepsilon}_1, \cdots, \hat{\varepsilon}_n) = n\Bigg\{ & \lambda(\log t - \log\delta) + (1/2 - \lambda)\log\alpha - \log\sqrt{2\pi} - \log K_{\lambda}(\delta t) + \\ & \beta\sum_{i=1}^{n}(\hat{\varepsilon}_i - \mu) + \sum_{i=1}^{n}\log K_{\lambda-1/2}(\alpha\sqrt{\delta^2 + (\hat{\varepsilon}_i - \mu)^2}) + \\ & (\lambda/2 - 1/4)\sum_{i=1}^{n}\log\delta^2 + (\hat{\varepsilon}_i - \mu)^2 \Bigg\} \end{aligned}$$

参数 θ 的极大似然估计量通过对数似然函数取偏导，再使偏导数为 0 时求解得到。得到广义双曲分布的参数估计后，就可以得到置信水平 α 下的扰动项分位数估计 $\hat{q}_p$，$p = 1 - \alpha$。

由于广义双曲分布的分布形式比较复杂，因而其分位数的计算十分复杂且烦琐，因此当进行 VaR 和 ES 的估计时常常使用鞍点逼近的方法。

选择 1995 年 1 月 1 日— 2011 年 3 月 31 日人民币和港币的汇率数据，并对该时间序列数据的波动性使用 GARCH（1，1）模型进行估计。将该数据除去波动性后的剩余随机变量使用核密度估计法、正态分布和广义双曲分布进行拟合，拟合结果如图 4.2 所示。

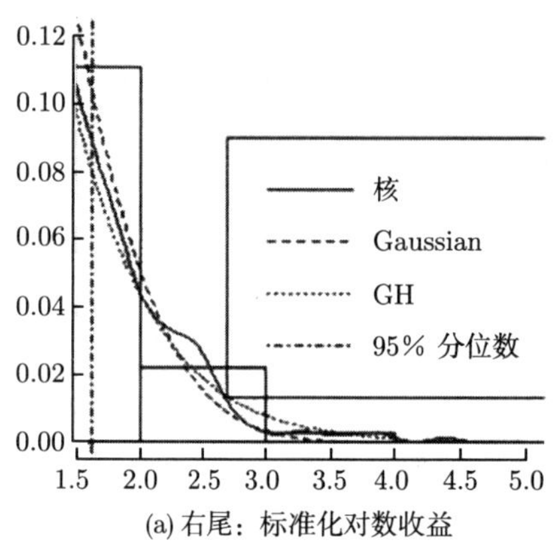

(a) 右尾：标准化对数收益

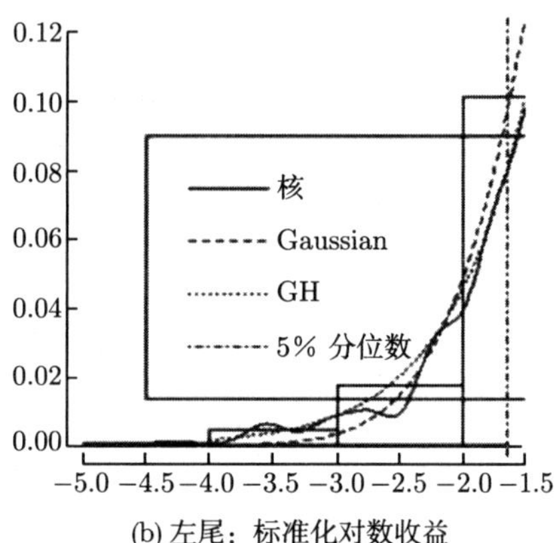

(b) 左尾：标准化对数收益

图 4.2 港币/人民币汇率拟合对比图方法

图 4.2 是港币/人民币汇率拟合对比图，其中图 4.2(a) 所示为拟合曲线左尾的拟合效果，图 4.2(b) 所示为拟合曲线右尾的拟合效果。图 4.3 所示为拟合曲线全图，从该图中可以看出，广义双曲分布的尾部厚于正态分布的尾部，且与核密度估计的尾部估计效果接近；同时，从图 4.3 中可以发现广义双曲分布的峰值大于正态分布的峰值，且与核密度估计的结果非常接近，因而可以认定，在对尾部特征呈现半厚尾特征的金融时间序列来说，广义双曲分布是一种比较合理的分布假设。

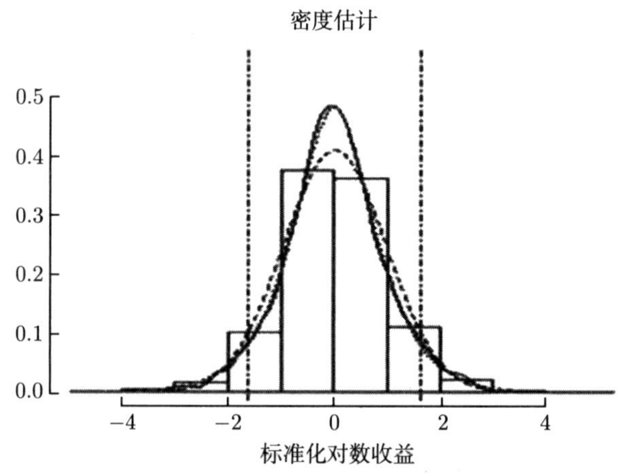

图 4.3 港币/人民币汇率拟合曲线全图

（3）VaR 的估计。

下面计算 VaR_t 的值，使得 $P(R_t > \mathrm{VaR}_t|F_{t-1}) = p$，其中 $0 < p < 1$。注意到

$$\mathrm{VaR}(R_t|F_{t-1}) = \sigma_t \mathrm{VaR}(\varepsilon_t)$$

因此，R_t 的 VaR 的估计量可以通过下面的公式来计算

$$\widehat{\mathrm{VaR}}_{p,t} = \hat{\sigma}_t \hat{q}_p$$

这里 $\hat{\sigma}_t$ 是波动估计的拟残，$\hat{q}_p$ 是扰动项 ε_t 分布的 p 分位数的估计，其中分布的未知参数 θ 用极大似然估计 $\hat{\theta}$ 代替。

2）基于混合波动率 CAViaR 模型的 VaR 估计

（1）混合波动率。

历史波动率与隐含波动率各有千秋，历史波动率侧重历史市场信息，具有一致性，但是它具有延期效应，反应迟缓；隐含波动率更敏感，及时反映出市场的波动情况，但有时会反应过度，且过去信息的使用率低。专家学者都指出历史波动率与隐含波动率存在非线性时变相依关系，我们采用 Copula 函数得到两个波动率联合分布，称为混合波动率 $\sigma_{t-1}^{\mathrm{com}}$，混合波动率在不同分布下的分布函数和密度函数可表示如下。

① 多元 Gaussian Copula 分布下混合波动率。

$$C_a^{\mathrm{Ga}}(\sigma^{\mathrm{com}}) = \Phi_R(\Phi^{-1}(\sigma^{\mathrm{his}}), \Phi^{-1}(\sigma^{\mathrm{imp}}))$$

$$C_a^{\mathrm{Ga}}(\sigma^{\mathrm{com}}) = \frac{1}{|\boldsymbol{R}|^{1/2}} \exp\left(-1/2\boldsymbol{\zeta}^{\mathrm{T}}(\boldsymbol{R}^{-1} - \boldsymbol{I})\boldsymbol{\zeta}\right)$$

② 多元学生氏 t-Copula 分布下混合波动率。

$$\begin{aligned} T_{R,\nu} &= T_{R,\nu}(t_\nu^{-1}(\sigma^{\mathrm{his}}), t_\nu^{-1}(\sigma^{\mathrm{imp}})) \\ &= \int_{-\infty}^{t_\nu^{-1}(\sigma^{\mathrm{his}})} \int_{-\infty}^{t_\nu^{-1}(\sigma^{\mathrm{imp}})} \frac{\Gamma\left(\dfrac{\nu+n}{2}\right)|\boldsymbol{R}|^{-1/2}}{\Gamma\left(\dfrac{\nu}{2}\right)(\nu\pi)^{N/2}} \left(1 + \frac{1}{\nu}\boldsymbol{\zeta}^{\mathrm{T}}\boldsymbol{R}^{-1}\boldsymbol{X}\right)^{-\frac{\nu+n}{2}} \mathrm{d}\sigma^{\mathrm{his}} d\sigma^{\mathrm{imp}} \end{aligned}$$

$$C_a^{\mathrm{Ga}}(\sigma^{\mathrm{com}}) = |R|^{1/2} \frac{\Gamma\left(\dfrac{\nu+N}{2}\right)}{\Gamma\left(\dfrac{\nu}{2}\right)} \left(\frac{\Gamma\left(\dfrac{\nu}{2}\right)}{\Gamma\left(\dfrac{\nu+1}{2}\right)}\right)^N \frac{\left(1 + \dfrac{1}{\nu}\zeta' R^{-1}\zeta\right)^{\frac{\nu+N}{2}}}{\Pi_{j=1}^2 \left(1 + \dfrac{\zeta_j^2}{\nu}\right)^{-\frac{\nu+1}{2}}}$$

（2）CAViaR 模型。

假定 $\{y_t\}_{t=1}^{\mathrm{T}}$ 为观测到的投资组合收益，θ 是所要估计的风险价值所对应的概率，x_t 是 t 时刻观测到的样本值，$\boldsymbol{\beta}_\theta$ 是 p 维未知参数，令 $f_t(\boldsymbol{\beta}) = f_t(x_{t-1}, \boldsymbol{\beta}_\theta)$ 表示标的资产在 t 时刻的 θ 分位数是由其 $t-1$ 时刻决定的，从而 CAViaR 模型如下式：

$$f_t(\boldsymbol{\beta}) = \boldsymbol{\beta}_0 + \sum_{i=1}^{q} \boldsymbol{\beta}_i f_{t-i}(\boldsymbol{\beta}) + \sum_{j=1}^{q} \boldsymbol{\beta}_j l(x_{t-j}, \varphi)$$

其中 $p = q + r + 1$ 代表向量 $\boldsymbol{\beta}$ 的维度，l 是观测值有限滞后阶的函数，$\boldsymbol{\beta}_i f_{t-i}(\boldsymbol{\beta})$ 是自回归部分，$i = 1, \cdots, q$ 保证分位数随着时间平稳变动。$l(x_{t-j})$ 将 $f_t(\boldsymbol{\beta})$ 与观测值相连接。

常用的 CAViaR 模型包括自适应模型和绝对对称模型、非对称模型和间接对称模型。令 $(x)^+ = \max(x, 0), (x)^- = -\min(x, 0)$。接下来将具体介绍 4 种 CAViaR 模型，其中自适应模型为

$$f_t(\beta_1) = f_{t-1}(\beta_1) + \beta_1\{[1+\exp(G[Y_{t-1} - f_{t-1}(\beta_1)])]^{-1} - \theta\}$$

其中 G 是有限正数，当 $G \to \infty$ 时，最后一部分收敛于 $\beta_1[I(y_{t-1} \leqslant f_{t-1}(\beta_1)) - \theta]$，其中的 $I(\cdot)$ 是示性函数。

绝对对称 CAViaR 模型和非对称 CAViaR 模型从波动率受市场信息影响的不同反应出发，绝对对称模型认为，市场的利好利差对风险价值都是正向影响，非对称模型对其进行了修正：

$$f_t(\boldsymbol{\beta}) = \beta_1 + \beta_2 f_{t-1}(\beta) + \beta_3|y_{t-1}|$$

$$f_t(\boldsymbol{\beta}) = \beta_1 + \beta_2 f_{t-1}(\beta) + \beta_3(y_{t-1})^+\beta_4(y_{t-1})^-$$

当波动率是 GARCH（1，1）模式时，IGARCH 模型可以精确地估计出风险价值，其模型表示为

$$f_t(\boldsymbol{\beta}) = (\beta_1 + \beta_2 f_{t-1}^2(\beta) + \beta_3 y_{t-1}^2(\beta))^{1/2}$$

（3）混合波动率 CAViaR。

首先引入混合波动率指数

$$f_t^{\text{com}}(\boldsymbol{\beta}) = f^{\text{emp}}(\boldsymbol{\beta})\sigma_{t-1}^{\text{com}}$$

其中$f^{\text{emp}}(\boldsymbol{\beta})$ 表示风险价值的经验分布函数，$\sigma_{t-1}^{\text{com}}$ 表示混合波动率，包含两层意思：一是不考虑时间效应，混合波动率指数总先要受到风险价值的影响；二是风险价值受到前期波动率的影响，即期波动对其无影响。有了混合波动率指数，CAViaR 模型中绝对对称模型为

$$f_t(\boldsymbol{\beta}) = \gamma_0 + \gamma_1 f_{t-1}(\boldsymbol{\beta}) + \gamma_3 f_t^{\text{com}}(\boldsymbol{\beta})$$

$$f_t(\boldsymbol{\beta}) = \gamma_0 + \gamma_1 f_{t-1}(\boldsymbol{\beta}) + \gamma_3 f_t^{\text{emp}}(\boldsymbol{\beta})\sigma_{t-1}^{\text{com}}$$

自适应模型：

$$f_t(\boldsymbol{\beta}) = f_{t-1}(\boldsymbol{\beta}) + \gamma_1\{[1+\exp(G[f_t^{\text{com}}(\boldsymbol{\beta}) - f_{t-1}(\boldsymbol{\beta})])]^{-1} - \theta\}$$

$$f_t(\boldsymbol{\beta}) = f_{t-1}(\boldsymbol{\beta}) + \gamma_1\{[1+\exp(G[f_t^{\text{emp}}(\boldsymbol{\beta})\sigma_{t-1}^{\text{com}} - f_{t-1}(\boldsymbol{\beta})])]^{-1} - \theta\}$$

自适应模型刻画了 VaR 自身的调整过程。

4.3.2 收益波动率及其估计

1. 收益率模型

金融资产收益的变动就是其波动，波动率是衡量金融风险的主要指标之一。波动率是随着时间连续变动的，很少发生跳跃；它往往是平稳的、不会发散到无穷；波动率往往呈现出集群，对去趋势化时间序列进行分析，可以发现去趋势之后的残差序列在大部分时段是平稳的，但呈现出一段时间内波动持续偏高，一段时间内波动持续偏低，表现出典型的尖峰分布特征；一般而言波动率高时，资产价格同向振幅扩大，收益很不稳定，且大部分情况下是收益的下跌；反过来价格的上升或下降并不会引起波动率同向的变大或变小，只要价格发生变化，波动率就增大，只要价格服从随机游动，波动率就稳定。

假设 S_t 为某资产或投资组合在 $t(t=1,2,\cdots,T)$ 时点的市场价值，则 $R_t=\log S_t-\log S_{t-1}$ 定义为该资产或投资组合在 t 时点的对数收益（损失）率。对数投资收益（损失）率 R_t 可表示为下述异方差模型：

$$R_t=\sigma_t\varepsilon_t$$

这里 ε_t 是一个独立同分布的随机变量（i.i.d），且有 $E(\varepsilon_t)=0,\mathrm{Var}(\varepsilon_t)=1$。波动性 σ_t 是一个随时间波动且不可观测的变量。然而在讨论损失和收益模型时，可以认为 σ_t 由前 $t-1$ 期的收益（损失）率 $R_1,\cdots,R_{t-1}$ 所生成的 σ-域来计量。σ_t^2 是该投资组合收益（损失）率的方差。

数量风险管理模型中，关心的问题是如何准确地估计未来的收益（损失）分布。由上述定义式可以看出，收益（损失）率的分布取决于对两部分因素的准确估计：风险波动性 σ_t 和随机变量 ε_t 分布的假定。

2. 收益波动率的估计

1）移动平均法（moving average method）

（1）历史移动平均法（historical moving average method）。

历史移动平均法又称等权移动平均法（equally-weighted moving average method），建立在金融收益率的波动性恒定的假设下，对于近期收益数据和远期收益数据

$$\sigma_t^2=\frac{1}{n-1}\sum_{i=1}^{n}(R_{t-1}-\overline{R})^2$$

这也是收益率波动性的一个无偏估计。然而，由于它对收益率波动性的假设过于严格，这种方法的估计误差通常很高。

（2）指数加权移动平均（exponentially weighted moving average，EWMA）法。

对于历史移动平均法的一个改进之一，就是对观测期远近不同的收益率观测值给予不同的权重。这样当观测期与预测期距离较近时，权重较大，当观测期与预测期相距较远时，权重较小。从直观上来讲，这种改良是比较合理的，因为在一定短的时间内，正常的经济环境下，金融收益的变化总是趋于平稳的。

指数加权移动平均法估计量中各个观测期的权重随时间呈指数变化，假设 $\lambda\in(0,1)$ 为固定常数，则其计算式为

$$\sigma_t^2\approx(1-\lambda)\sum^{n}\lambda^{i-1}R_{t-i}^2$$

当 n 足够大时，上述“≈”有效。EWMA 从直观上意味着每个观测期对估计值的影响随着观测期的远离以一个固定的比率下降，这种估计方法非常简便易行，因为它只含有一个参数 λ。

（3）RiskMetrics 方法。

RiskMetrics 方法可以由指数加权移动平均法推得

$$\sigma_t^2=\lambda\sigma_{t-1}^2+(1-\lambda)R_{t-1}^2-(1-\lambda)\lambda^nR_{t-n-1}^2\approx\lambda\sigma_{t-1}^2+(1-\lambda)R_{t-1}^2$$

上述公式告诉我们时点 t 的波动性 σ_t 可以由前一观测时点的收益波动性 σ_{t-1} 和前一时点的收益率 R_{t-1} 计算得到。较大的 λ 值可以使权重随时间下降得缓慢一些，一个较小的 λ 可以使权重下降得较快一些。因而根据不同的金融数据情况需要设定不同的 λ 以便得到合

适的估计值。J. P. Morgan （1996）指出，当处理每日更新的数据时，$\lambda = 0.94$ 通常是比较合适的系数选择。

下面将通过数据模拟来说明加权平均法的估计效果。收益率数据的波动模型为 GARCH（1，1）模型，其相应系数为 $\omega = 0.025, \alpha = 0.1, \beta = 0.85$，随机变量 ϵ_t 是服从均值为 7%、方差为 1 的正态分布的随机数。跳跃性波动的发生时点为 $t = 150$。

图 4.4 为基于历史加权平均法的拟合图，图中的实线为回顾期 $n = 20$ 的拟合曲线，虚线为回顾期 $n = 60$ 的拟合曲线。图 4.5 为基于指数加权移动平均法的拟合图，图中实线为衰减系数 $\lambda = 0.90$ 时的拟合曲线，虚线为衰减系数 $\lambda = 0.95$ 时的拟合曲线。

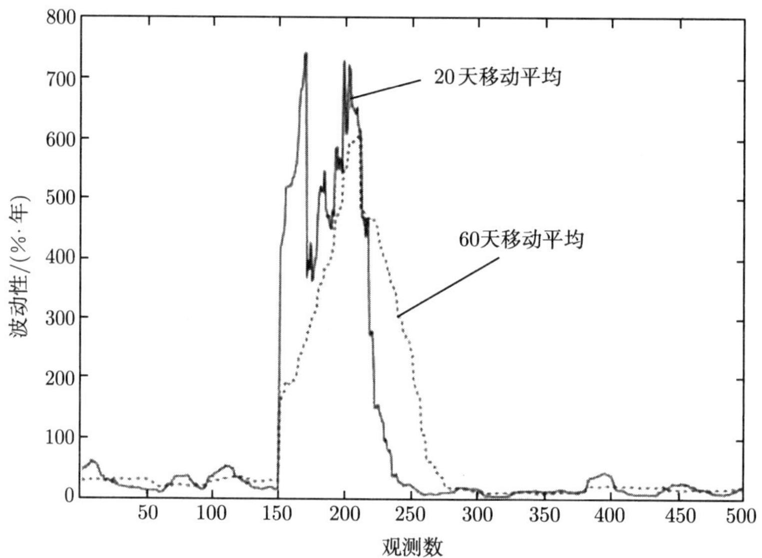

图 4.4 历史加权平均法波动拟合图

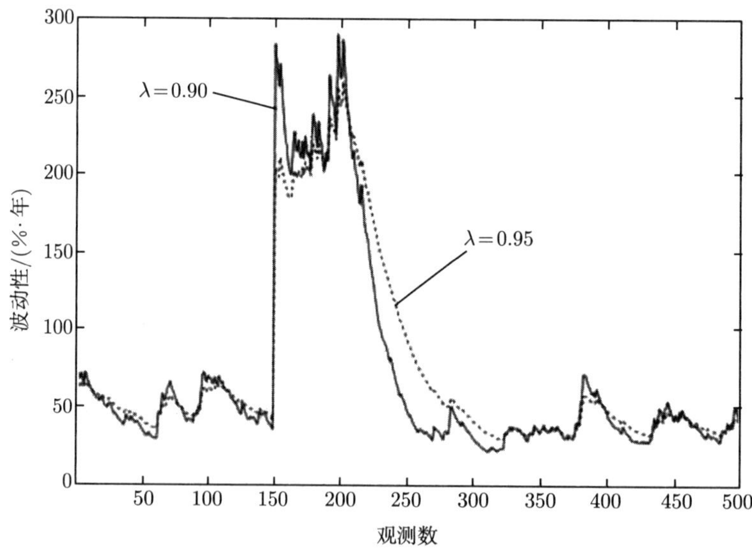

图 4.5 指数加权平均法波动拟合图

从图 4.4 中可以看出，当回顾期 n 增大时，波动性的拟合曲线会变得更加平滑，且对个别数据的变化敏感度较低。当 $t=150$ 发生波动跳跃时，两条拟合曲线均在一定程度上做出了反应，然而回顾期 n 越小，这种反应就越敏感，且波动幅度越大。相应地，回顾期 n 越小，跳跃性波动也越快消失。

从图 4.5 中可以看出，当 $t=150$ 发生跳跃性波动时，两条拟合曲线立即做出了反应。λ 值越小，拟合曲线对波动的反应越敏感，波动的幅度越大且波动消失越快。从图 4.4 和图 4.5 的对比中也可看出，指数加权平均法的波动延续性弱于历史平均法，它是更为敏感的波动估计方法。

2）GARCH 模型

EWMA 模型将衰减系数 λ 设定为一个常数，这就使得波动性模型不能更好地反映金融数据的一些重要特征。首先，投资收益率数据具有集簇性（高低波动性交替出现）；其次，金融数据常常具有半厚尾性。GARCH 模型则能够很好地描述金融数据的上述特征。若记 R_t 为证券组合的日收益率，则 GARCH（p,q）模型的表达形式为

$$R_t=\mu_t+\sigma_t Z_t,\sigma_t^2=\alpha_0+\sum_{i=1}^{q}\alpha_i Z_{t-1}^2+\sum_{j=1}^{p}\beta_j\sigma_{t-j}^2$$

其中，$p\geqslant 0,q\geqslant 0,\alpha_0>0,\alpha_i\geqslant 0(i=1,2,\cdots,q),\beta_j\geqslant 0(j=1,2,\cdots,p)$，$Z_t$ 是严格白噪声、零均值，单位方差 σ_t^2 是已知 $t-1$ 时刻信息条件下 R_t 的条件方差。模型中的约束条件保证了条件方差衡正。GARCH 模型假定当期的波动值取决于前一期或前几期的波动和收益值，这比 EWMA 方法更具有一般性。GARCH 还能够影响随机变量 ϵ_t 的分布形式，它通常是条件正态分布的。而条件正态分布比正态分布更加厚尾，这在一定程度上迎合了金融数据本身的半厚尾特征。

（1）GARCH（1，1）模型。

最常见的 GARCH（1，1）模型的形式为

$$R_t=\mu_t+\sigma_t Z_t,\sigma_t^2=\alpha_0+\alpha Z_{t-1}^2+\beta\sigma_{t-1}^2;\alpha_0\geqslant 0,\alpha,\beta\geqslant 0,\alpha+\beta<1$$

这个模型形式精简，且常常有较高的估计精度。其中，一个较高的 β 参数意味着收益率的波动性具有持续性，长时间不易变动。而一个较高的 α 值则意味着波动性具有跳跃性，对市场的变化十分敏感。

（2）差分 IGARCH （integrated GARCH）模型。

IGARCH 模型常被用于投资收益率序列非静态的情形，这也是会经常发生的情况，在三参数的 GARCH（1，1）模型中，如果令 $\alpha+\beta=1$，则模型变化为

$$R_t=\mu_t+\sigma_t Z_t,\sigma_t^2=\alpha_0+\alpha Z_{t-1}^2+(1-\alpha)\sigma_{t-1}^2$$

这个模型常常被用于汇率市场波动性的拟合，当 $\alpha_0=0$ 时，模型就转变为 RiskMetrics 模型。

（3）非线性非对称 GARCH（nonlinear asymmetric GARCH，NGARCH）模型。

Duan J.（1995）提出了 NGARCH 模型来刻画金融数据的杠杆效应与波动率动态的非线性性：

$$R_t=\mu-1/2\sigma_t^2-\sigma_t Z_t,\sigma_t^2=\alpha_o+\beta_1\sigma_{t-1}^2+\beta_2\sigma_{t-1}^2(Z_t-\theta)^2$$

其中，$\alpha_0 > 0, \beta_1 \geqslant 0, \beta_2 \geqslant 0$，参数 θ 用于刻画杠杆效应，如果它的值非负，说明有杠杆效应。

图 4.6 为 GARCH（1，1）模型对同一组数据的拟合图，从中可以看出 GARCH（1，1）模型对于跳跃性波动的敏感性要高于 EWMA 模型。

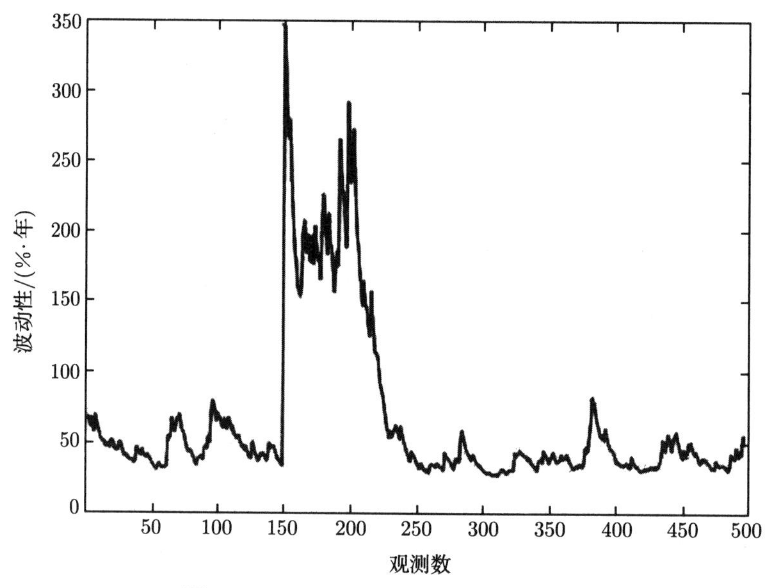

图 4.6　GARCH（1，1）模型拟合图

3）适应性波动估计（adaptive volatility estimation）

适应性波动估计的基本思想在于：尽管收益率的波动性在长期看来往往具有异方差性，但是在一个足够小的区间内波动性是具有方差齐性的。Mercurio 和 Spokoiny （2004）对这个结论进行了证明和阐述。根据这个结论，针对某一固定时间点 $\tau, 0 \leqslant m \leqslant \tau - 1$ 存在一个特定的区间 $I = [\tau - m, \tau)$，使得收益率波动性 $\sigma_t, t \in I$ 是一个恒定量。因而，得到局部波动性 σ_τ 的估计量

$$\hat{\sigma}_\tau^2 = \frac{1}{|I|} \sum_{t \in I} R_t^2$$

其中，$|I|$ 为区间 I 的势。为了能够得波动性的估计值，需要找到合适的方差同质性区间 I。上述公式中，经过转变函数的变换可以得到

$$|R_t|^\gamma = C_\gamma \sigma_t^\gamma + D_\gamma \sigma_t^\gamma \zeta_{\gamma,t}$$

其中，γ 为转变系数，$\zeta_{\gamma,t} = (|\epsilon_t|^\gamma - C_\gamma)/D_\gamma$ 是独立同分布的变量。$C_\gamma = E(|\epsilon|^\gamma|\kappa_{t-1})$ 是 $\zeta_{\gamma,t}$ 的条件期望，$D_\gamma^2 = E[(|\epsilon|^\gamma - C_\gamma)^2|\kappa_{t-1}]$ 是 $\zeta_{\gamma,t}$ 的条件方差。

这里令转变形式后的收益 $|R_t|^\gamma$ 的条件均值为 θ_t，则有

$$\theta_t = C_\gamma \sigma_t^\gamma$$

又由于 C_γ 是一个常量，则波动性 σ_t 的值仅与 θ_t 相关，于是在区间 I 内波动性 θ_t 是一个衡量，其估计值为

$$\begin{aligned}\hat{\theta}_I &= \frac{1}{|I|}\sum_{t\in I}|R|^{\gamma}\\&= \frac{1}{|I|}\sum_{t\in I}\theta_t + \frac{s_{\gamma}}{|I|}\sum_{t\in I}\theta_t\zeta_t\end{aligned}$$

于是由上述公式推导得到 θ_I 的条件方差为

$$v_I^2 = \mathrm{VaR}[\hat{\theta}_I|\kappa_{\tau-1}] = \frac{s_{\gamma}^2}{|I|^2}E\left(\sum_{t\in I}\theta_t\zeta_t\right)^2 = \frac{s_{\gamma}^2}{|I|^2}E\sum_{t\in I}\theta_t^2$$

其中，$s_{\gamma} = D_{\gamma}/C_{\gamma}$，由于在每一个方差同质性区间 I 内波动性是恒定的，所以 $\hat{\theta}_I$ 可以当作 θ_t 的估计量，于是 v_I 可以表达为

$$\hat{v}_I = s_{\gamma}\hat{\theta}_I|I|^{-1/2}$$

于是，收益率波动性 σ_t 可以由 θ_t 的估计量推得。

4）局部适应性波动估计

对于参数模型通常依赖于一个假定，即序列的参数结构在整个区间上是不变动的，也就是说参数在整个区间上为常数。这样的假定在进行预测时是很危险的，而且当模型为非线性结构或者参数个数很多时，参数的稳定性是很难检测到的。针对整体估计的不稳定和不准确，Spokoiny（2004）提出一个变参数的局部估计模型。

局部适应性波动估计方法（locally adaptive volatility estimation，LAVE）是将参数估计随时间变化，只假定模型中的参数可以局部近似为常数，也就是说，对于每一个时间点 t，存在一个“过去”的区间 $[t-m,t]$，在该区间上波动率 σ_t 变化不大——可以视为常数，这个区间被称作“具有时间齐性”的区间。对具有时间齐性的区间上的波动系数由对数收益的平均值作为其估计：

$$\hat{\sigma}_I = \frac{1}{|I|}\sum_{t\in I}|R_t|^{\gamma}$$

LAVE 方法需要解决的主要问题是：描述出具有时间齐性（同方差性）的区间 $[t-m,t]$，以及同质区间上相应的 σ_t 值。Spokoiny（2004）在区间的选择上根据波动率的标准偏差 $\nu_I^2 = \dfrac{s_{\gamma}^2}{|I|^2}\sum_{t\in I}\theta_t^2$ 构造统计量，来判断子区间是否具有相同的波动率，即进行时间齐性的假设检验。详细思想见 Spokoiny（2005）的文章。

5）单边核估计

在近年来对金融风险的研究可以发现，资产收益的波动具有“集簇性”，即大波动紧随着大波动，小波动紧随着小波动。波动的幅度虽然随着时间在变化，但幅度短期内变化不大。所以用局部波动的“平均”去估计波动率，会贴合实际的资产收益模型波动率曲线。因此可以构造波动率的估计量如下。

定义波动率的单边核估计

$$\hat{\sigma}_t^2 = n^{-1}\sum_{i=1}^{n}W_{ki}(t)R_i^2$$

$$W_{ki}(t)=\begin{cases} n/k, & i\in J_t \\ 0, & 其他 \end{cases} \tag{4.1}$$

$$J_t=[t-k,t-1]$$

考虑到波动率可以在一个区间内近似为常数，我们把这个区间称作“具有时间齐性”的区间，下一步就要进行齐次性区间的选取。这里 k 的大小决定了区间的宽度，所以估计的重点就在于 k 的选取。根据可考虑的方法有许多，包括局部齐次性假设（Spokoiny，2004）、ICI 准则，或者使估计的 MSE 最小化得到。在此考虑用 ICI 准则来进行窗宽参数 k 的选择。

假设 1：式 (4.1) 中的区间内，对数收益模型的波动率恒为常数。

假设 2：扰动项序列 $\{\varepsilon_t\}$ 是一列独立同分布的随机变量，并且期望为 0，方差为 1。

如果假设 1 和假设 2 成立，则有如下定理。

定理 4.3.1 假定波动率时间齐次。那么有

$$E(\hat{\sigma}_t^2|F_{t-1})=\sigma_t^2,\quad \operatorname{var}(\hat{\sigma}_t^2|F_{t-1})=\frac{1}{k}V_0^2\sigma_t^4$$

定理 4.3.1 的成立表示构造的波动率估计是无偏估计，并且估计方差具有收敛速度，这也保证了使用 ICI 准则来寻找最优窗宽算法的收敛性。

接下来介绍 ICI 准则来选择窗宽。ICI 准则主体思想就是先假定一个很小的窗宽 h_1，检验通过。然后通过逐步增大窗宽直到拒绝原假设，从而找到最优窗宽。

给定窗宽 h，对于某一点 x，模型估计误差可以表示为

$$\begin{aligned}|\hat{m}_h(x)-m(x)|&=|\text{Bias}\{\hat{m}_h(x)\}+\zeta_h(x)|\\&\leqslant|\text{Bias}\{\hat{m}_h(x)\}|+|\zeta_h(x)|\end{aligned}$$

其中，$\zeta_h(x)$ 是一个均值为零、方差为 $\operatorname{var}[f_h(x)]$ 的随机变量。对于任何 $h\leqslant h_{\text{opt}}$ (h_{opt} 为最优窗宽)，存在一个置信区间的阈值 η，使得

$$|\hat{m}_h(x)-m(x)|\leqslant\eta\cdot\text{Std}\{\hat{m}_h(x)\}。\tag{4.2}$$

Katkovnik 和 Shmulevich（2002）指出 ICI 准则在本质上为 h 的假设检验 $h\leqslant h_{\text{opt}}$，并通过该方法找到一个趋于 h_{opt} 的窗宽 h。ICI 方法的具体算法如下。

设 $H=\{h_1<h_2<\cdots,h_J\}$ 为一列有限的窗宽集合。估计某点时，先从最小的窗宽 h_1 开始，求出估计的置信区间 $D(1)$，然后逐步增大窗宽，依次得到估计的置信区间序列 $\{D(1),D(2),\cdots,D(J)\}$，有

$$D(j)=[L_j,U_j]$$

$$L_j=\hat{m}_{h_j}(x)-\eta\cdot\text{Std}\{\hat{m}_{h_j}(x)\}$$

$$U_j=\hat{m}_{h_j}(x)+\eta\cdot\text{Std}\{\hat{m}_{h_j}(x)\}$$

这里 η 就是置信区间的阈值。从式 (4.2) 可以得出结论，对于所有的 $h=h_j,1\leqslant j\leqslant i$，不等式 $|\hat{m}_h(x)-m(x)|\leqslant\eta\cdot\text{Std}\{\hat{m}_h(x)\}$ 成立，即对于所有的区间 $D(j),1\leqslant j\leqslant i$，都包含一个共同点 $m(x)$。

我们的目的就是找到最大的窗宽，记为 h_{i^+}，使得对于任意的区间 $D(j), 1 \leqslant j \leqslant i^+$ 都有一个交点，并且它们的交集和区间 $D(i^+ + 1)$ 没有交点。

以下算法是窗宽选择具体的实现过程：

$$\bar{L}_{i+1} = \max[\bar{L}_i, L_{i+1}], \quad \underline{U}_{i+1} = \min[\underline{U}_i, U_{i+1}]$$

$$i = 1, 2, \cdots, J-1, \quad \bar{L}_1 = L_1, \underline{U}_1 = U_1$$

然后最优的窗宽 h_{i^+} 是满足 $\bar{L}_i \leqslant \underline{U}_i$ 的最大 i^+ 。用图示来表示具体的算法过程如下。

图 4.7 中的目标是找到满足 $\bar{L}_i \leqslant \underline{U}_i$ 最大的窗宽。所以随着窗宽的增大，直到窗宽为 h_{i+1} 时的置信区间和之前所有的置信区间共同交集为空。则 h_{i^+} 便是估计变量所需的最大窗宽。

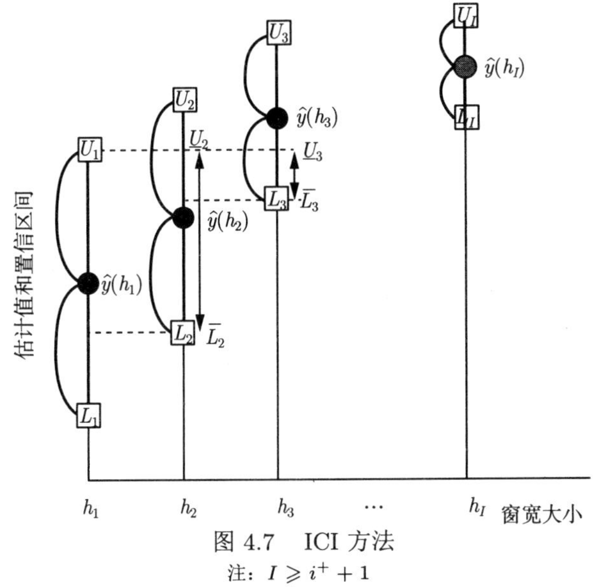

图 4.7　ICI 方法

注：$I \geqslant i^+ + 1$

这样在使用单边核估计进行估计波动率时，窗宽 h 用 k 表示。在每一时点的估计，只需使用 ICI 方法找到最优窗宽 k^+，得到该时点的波动率估计。然后再逐点估计，从而得到整个波动率的拟合曲线。

6）其他估计方法

（1）拟残差法（quasi-residual method）。

拟残差法与适应性波动估计方法类似，均需要对具有方差齐性的区间进行划分。拟残差法通过对选取的区间内收益率观测值的加权平均法作为波动率的估计。其具体形式为

$$\hat{\sigma}_t = \left(\sum_{j=1}^{m} \omega_j R_{t-1} \right)^2$$

其中，$m > 1, \{\omega_1, \cdots, \omega_m\}$ 为权重，且满足：若 $\mu_0 = E(\epsilon_t^2)$，则 $\mu_0 \left(\sum_{j=1}^{m} \omega_j \right)^2 = 1$。这个估计量是波动性方差 σ_t^2 的无偏估计。即以 t 时间点前 j 个观测值的加权平均值的平方作为 t 点波动率的估计。

尽管在整个区间上，对数收益表现为异方差性，但是在小区间上 σ_t 变化很小，可以认为是具有时间齐性，不随时间变动。与 LAVE 方法相似，拟残差法也需要进行同质性区间

的选取，然而在选定区间之后，拟残差法是以区间内观测值的加权平均作为波动率的估计，其估计结果的优劣受到权重选择的影响。

同时，Tian 和 Chan（2010）证明了拟残差方法得到的波动率估计是一个条件无偏估计，并给出了用于构建时间齐性区间的概率界。

（2）局部极差估计法（local range estimation method）。

局部极差估计法的基本思想是：在区间 $[t-m\ t]$ 内有距离当前时点 t 最近的 k 个观测点。对 k 个观测点进行排序能够得到相应的上下四分位数分别为 $R_{[0.75k]}$ 和 $R_{[0.25k]}$，于是可以得到如下表达式：

$$\begin{aligned}\text{Range} &= R_{[0.75k]} - R_{[0.25k]}\\ &= \sigma_t\varepsilon_{[0.75k]} - \sigma_t\varepsilon_{[0.25k]}\\ &= \sigma_t\big(\varepsilon_{[0.75k]} - \varepsilon_{[0.25k]}\big)\end{aligned}$$

于是波动性的估计量 $\hat{\sigma}$ 为

$$\hat{\sigma} = \frac{\text{Range}}{\varepsilon_{[0.75k]} - \varepsilon_{[0.25k]}}$$

上述方法中，拟残差法采用了算术平均数法，因而估计结果严重受到权重设定的影响，权重的选择对于波动性估计的精度至关重要。而局部极差估计法则是由于计算过程中以子区间的极差作为波动估计的系数的基础，如果波动序列中存在极端的离群点，则估计结果非常容易受到极端值的影响。

4.3.3 期望亏空模型及其估计

1. 期望亏空的定义及性质

1）期望亏空的定义

在菲利普·乔瑞（Philippe Jorion）的《金融风险管理师手册》中，将期望亏空定义为：期望亏空是当损失超过 VaR 时的期望值，度量在损失超过 VaR 值条件下的损失平均值。

定义 4.3.6 期望亏空（expected shortfall，ES）：损失 L 有连续的密度函数 F_L，满足 $\int_{\mathbb{R}} |l| dF_L(l) < \infty$。在置信水平 $\alpha \in (0,1)$ 下的期望亏空定义为

$$\text{ES}_\alpha = E(L|L \geqslant \text{VaR}_\alpha) = \frac{E(L; L \geqslant \text{VaR}_\alpha(L))}{P(L \geqslant \text{VaR}_\alpha(L))}。$$

定义 4.3.7 广义期望亏空（generalized expected shortfall，GES）。给定可积随机变量 L 和 $\alpha \in (0,1)$，在置信水平 α 下的广义期望亏空为

$$\text{GES}_\alpha = \frac{1}{1-\alpha}(E(L; L \geqslant \text{VaR}_\alpha(L)) + q_\alpha(1 - \alpha - P(L \geqslant \text{VaR}_\alpha(L))))$$

当随机变量连续时，GES 表达式可简化为 ES 表达式。

ES 模型是对 TCE 模型的改进，它是一个广泛的一致性风险度量模型。如果损失 X 的密度函数是连续的，则 ES 模型的结果与 CVaR 模型的结果相同，如果损失 X 的密度函数不是连续的，则二者结果有差异。

定义 4.3.8　期望亏空度量了损失超过 VaR 的条件期望值。其数学定义为：设 X 是定义在概率空间 (Ω, Σ, P) 上描述证券组合损失的随机变量，$F(x) = P(X \leqslant x)$ 是其概率分布函数，令：$F^{-1}(P) = \inf\{x|F(x) \geqslant p\}$ 则

$$\mathrm{GES}_\alpha = \frac{1}{1-\alpha}(E(X|X \geqslant \mathrm{VaR}_\alpha(X)) + q_\alpha(1 - \alpha - P(X \geqslant \mathrm{VaR}_\alpha(X))))。$$

ES 模型对于损失 X 的分布函数没有特殊要求，在分布函数连续和不连续的情况下都能保持一致性风险度量的性质，使该模型不仅可以应用到任何的金融工具的风险度量和风险控制，也可以处理具有任何分布形式的风险源，而且保证了在给定风险量的约束条件下最大化预期收益组合的唯一性。

2）期望亏空的性质

（1）ES 可以用于准确度量损失分布函数非连续的随机变量的风险。

投资者在做金融决策和风险评估时，常常需要针对损失分布不具有连续性的随机变量进行估计，如投资种类包括非交易债务或金融衍生物的投资组合，这些金融投资的损失分布常常是连续和离散的函数分布的组合。对于 VaR、TCE 和 WCE 等一类的风险度量来说，当它们被用作非连续性随机变量的风险度量时，对于置信度 α 的敏感度非常令人担忧。然而相反，ES_α 是置信度 α 的连续函数，因而不论投资组合随机变量的潜在分布形式如何，连续或非连续，ES_α 所测度的风险值都不会因置信水平 α 的一点变化而发生巨大改变。

考虑概率空间 (Ω, Σ, P)，$\Omega = \{\omega_1, \omega_2, \omega_3\}$，$A$ 为 Ω 所有子集构成的集合，$P[(\omega_1)] = P[(\omega_2)] = p$，$P[(\omega_3)] = 1 - 2p$，且令 $0 < p < 1/3$，N 为一正实数，$X_i, i = 1, 2$ 为定义在空间 (Ω, A, P) 上的两个随机变量且其定义如下：

$$X_i(\omega_j) = \begin{cases} -N, & i = j \\ 0, & i \neq j \end{cases}$$

当选择适当的 α 满足 $0 < \alpha < 2p$ 时，可以得到如表 4.1 所示的各风险度量的数值表。

表 4.1　损失函数非连续下各种风险度量计算结果对比分析表

风险度量	$p < \alpha < 2p$	$p = \alpha$	$p > \alpha$
	$X_{1,2}$	$X_{1,2}$	$X_{1,2}$
VaR_α	0	0	N
TCE_α	Np	N	N
WCE_α	$N/2$	$N/2$	N
ES_α	Np/α	N	N

从表 4.1 中可以看出，参与比较的 4 种风险度量中，仅有 ES_α 是随置信水平 α 连续变化的风险度量，其他度量方法计算所得金融风险都在不同程度上随置信水平 α 的变化出现跳跃性变化。

（2）ES 是置信水平 α 的单调连续函数，这一性质的数学表达如下。

X 为定义在空间 (Ω, A, P) 上的变量，$E[\cdot]$ 为某一随机变量的期望函数，且 $E(X^-) < \infty$，对于任意 $\alpha \in (0, 1)$ 和任意 ε 满足 $\varepsilon > 0$ 且 $\alpha + \varepsilon < 1$，则可以得到如下结论：

$$\mathrm{ES}_{\alpha+\varepsilon}(X) \leqslant \mathrm{ES}_\alpha(X)$$

ES 的这一性质是相对直观的，可以通过其数学定义式推断得出。

（3）ES 是具有货币凸性的一致性风险度量。

2. 期望亏空的估计方法

计算损失超过 VaR 时的 ES，ES 可以给出 VaR 估计失效时损失的条件期望值。因此，对 ES 的估计有助于加深对尾部风险的认识和研究，而且 ES 得到的结果更加接近于投资者的心理感受。ES 方便计算且具有次可加性，可以用来进行资产组合的优化处理。并且 ES 的风险度量一致性有助于更好地度量和控制风险。按照 ES 的定义，要计算出 ES 首先要算出 VaR，因此在一定程度上 ES 的计算和估计仍然依赖于 VaR 的假定和计算方法。因此 ES 主要有 4 种计算方法：非参数法、参数法、蒙特卡罗模拟法和极值法。下面主要介绍一下非参数法与参数法以及基于鞍点逼近的期望损失估计。

1）非参数法（nonparametric approaches）

（1）历史模拟法（historical simulation approach，HS）。

假定有 n 个观测样本点，则可以认定每一个样本点都是在一定置信水平上 VaR 的估计值。例如，如果 $n=1000$，那么就可以认定在 95%置信水平上的 VaR 估计为第 51 个最小观测值，以此类推，99%置信水平上的 VaR 就是第 11 个最小观测值。而 ES 的计算方法（以 95% 置信水平为例）则仅需将最小的 50 个观测值求平均。图 (4.8) 中所示即为历史模拟法计算的 VaR 和 ES。

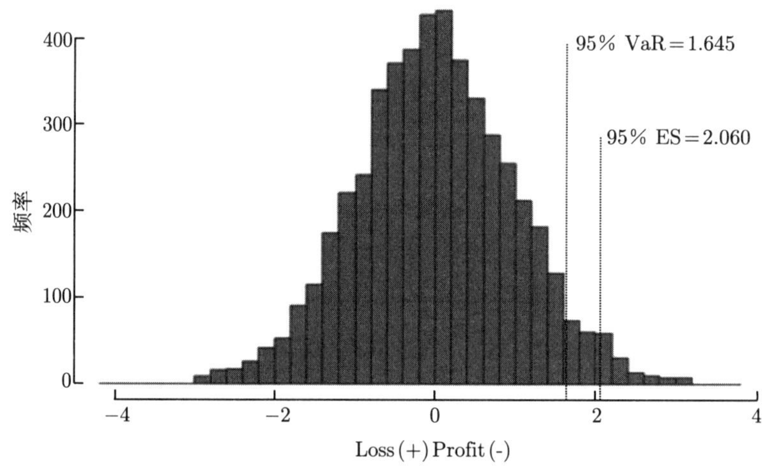

图 4.8 以 1000 个标准正态随机数为观测点，采用历史模拟法估计得到的 VaR 和 ES 的估计图

由历史模拟法的直观理解得到，如果有 n 个观测点，假定 VaR 等于第 i 个观测点的观测值，则 $i=n(1-\alpha)+1$。第 i 个次序统计量为 n 个观测点的样本集中，第 i 个最高或者最低的统计量，因此，用统计学次序统计量的相关性质就能得到历史模拟法的 VaR 的相关性质。假定 $\hat{\varepsilon}_1,\hat{\varepsilon}_2,\cdots,\hat{\epsilon}_n$ 是服从分布 $F(x)$ 的 n 个随机项的估计值，其中 $\hat{\varepsilon}_i=R_i/\hat{\sigma}_i$，$\varepsilon_{(r)}$ 为第 r 个最小统计量，且有 $\varepsilon_{(1)}\leqslant\varepsilon_{(2)}\leqslant\cdots\leqslant\varepsilon_{(n)}$，则 n 个随机项的估计值中有 j 个不大于某一定值 x 的概率如下：

$$Pr\{j\text{observations}\leqslant x\}=\binom{n}{j}\{F(x)^j(1-F(x))^{n-j}\}$$

则观测样本中至少有 r 个不大于定值 x 的概率为

$$G_r(x) = \sum_{j=r}^{n} \binom{n}{j} \{F(x)^j (1-F(x))^{n-j}\}$$

于是，$G_r(x)$ 是 VaR 的分布函数。使用 VaR 的分布函数能够迅速得到 VaR 的估计值及其置信区间。对于 ES 的估计仅需对 VaR 分布中不大于下 5%分位数的 VaR 值做平均即可。

总之，HS 方法是一种简易且操作性很强的 VaR 和 ES 的估计方法。但是，由于它没有考虑到收益和损失的不平衡性，所以在样本量较小的情况下估计值可能不够精确。此外，HS 方法可以通过 Richardson 插值法进一步精确化。

（2）bootstrap 方法（bootstrap approach）。

bootstrap 方法是一种直观并且精度较高的模拟方法。为了得到 VaR 的 bootstrap 估计值，首先要得到一组观测值。在进行 bootstrap 时，需要对这组观测值进行重复抽样，产生大量的 B 组重复抽样组，并且每一个样本组都可以产生一个新的 VaR 的估计值，令其为 $\mathrm{VaR}(1), \mathrm{VaR}(2), \cdots, \mathrm{VaR}(B)$, 所有样本组的平均值 $\overline{\mathrm{VaR}}$ 可被视为 VaR 的 bootstrap 估计值。为了估计 ES，需要得到每个重复抽样样本组中不大于 VaR 的观测值的均值，令其为 $\mathrm{ES}(1), \mathrm{ES}(2), \cdots, \mathrm{ES}(B)$，则 ES 的 bootstrap 估计值为 $\mathrm{ES}(1), \mathrm{ES}(2), \cdots, \mathrm{ES}(B)$ 的平均值。

在使用 bootstrap 方法进行估计时，假设所要估计的统计量为 θ，在本章关心的问题上，θ 为随机项分布的下 95%分位数，且第 i 组重复抽样样本组的估计值为 $\hat{\theta}_B(i)$，则可以通过估计值 $\hat{\theta}_B(1), \hat{\theta}_B(2), \cdots, \hat{\theta}_B(B)$ 得到一个估计值的分布密度函数。于是 bootstrap 估计量 $\hat{\theta}^B$ 在置信水平 $1-2\alpha$ 上的置信区间为

$$[\hat{\theta}^B_\alpha, \hat{\theta}^B_{1-\alpha}]$$

其中，$\hat{\theta}^B_\alpha$ 为 boototrap 过程得到的抽样估计值 $\hat{\theta}^B(i)$ 生成的分布的下 $-\alpha$ 分位数，同理，$1-\hat{\theta}^B_\alpha$ 为上 $-\alpha$ 分位数。

bootstrap 会产生较大方差，而方差主要源自于抽样本身所产生的波动性。bootstrap 估计值的标准误差可以由下述公式表达：

$$\hat{s}_B = \left(\frac{1}{B} \sum_{i=1}^{B} (\hat{\theta}^B(i) - \hat{\theta}^B)^2 \right)^{1/2}$$

其中，

$$\hat{\theta}^B = (1/B) \sum_{i=1}^{B} \hat{\theta}^B(i)$$

使用 bootstrap 方法进行估计时，对于参数或统计量的分布没有要求，并且可以胜任观测样本较小情况下的参数估计。

（3）核密度估计法（kernel density estimation）。

假设 $K(x)$ 为一个核函数，且满足 $\int_{-\infty}^{\infty} K(x)\mathrm{d}x = 1$，则

$$\hat{f}(x) = \frac{1}{nh}\sum_{i=1}^{n} K\left(\frac{x - X_i}{h}\right)$$

为一个核密度估计量，其中 $K(x)$ 非负。事实上，可以将核密度估计量视作在每一个观测点附近的一个突起，突起的形状是由核函数 $K(x)$ 和窗宽 h 共同决定的。在寻找合适的核函数和窗宽时，需要找到一个与真实函数 f 足够接近的估计量 $\hat{f}$ 的一些形式简单且估计精度很高的核密度函数，包括 Triangular 函数、Gaussian 函数和 Box 函数等，其具体形式如下：

$$\text{triangular} \to \begin{cases} 1 - |x|, & |x| < 1 \\ 0, & \text{其他} \end{cases}$$

$$\text{Gaussian} \to (1/\sqrt{2\pi})\exp(-0.5x^2)$$

$$\text{Box} \to \begin{cases} 1/2, & |x| < 1 \\ 0, & \text{其他} \end{cases}$$

对于窗宽的选择，一种非常直观的方法就是对不同的窗宽作直方图，通过直方图来判断适合数据和相应核函数的窗宽。此外，在窗宽选择上还有一些通用的原则。例如，如果选择 Gaussian 核函数进行估计，且数据服从正态分布，则最优窗宽为

$$h_{\text{opt}} = 1.06\sigma n^{-1/5}$$

2）参数法（parametric approaches）

（1）正态分布（normal distribution）。

正态分布是一种使用非常广泛的分布假设。一方面是因为中心极限定理的应用，另一方面是由于正态分布仅有两个独立的待估参数——均值 μ 和标准差 σ。此外，应用正态分布假设进行 VaR 和 ES 的估计时，能够直接得到估计量的计算公式，结果非常直观。在正态分布的假定下，置信水平 α 上的金融投资收益率 R_t 的 VaR 和 ES 的估计分别为

$$\text{VaR} = -\mu + \sigma \cdot z_\alpha$$

$$\text{ES} = -\mu + \sigma \cdot \frac{\phi(z_\alpha)}{1 - \alpha}$$

其中，μ 和 σ 分别为正态分布的均值和标准差，z_α 为与所选的置信水平相应的标准正态分位数，例如，当置信水平为 95%时 $z_\alpha = 1.645$。$\phi(\cdot)$ 为标准正态分布的密度函数。当同时将资产的持有期长度 h 考虑在内时，根据正态分布的性质能够得到如下的计算公式：

$$\text{VaR}(h, \alpha) = -h\mu + \sqrt{h}\sigma z_\alpha$$

$$\text{ES}(h, \alpha) = -h\mu + \sqrt{h}\sigma\frac{\phi(z_\alpha)}{1 - \alpha}$$

实践分析表明，金融投资收益率的分布常常是“尖峰、半厚尾”的，而正态分布通常不能很好地体现出金融数据的这些特性。如果忽略了分布的尖峰型特征，常常会导致 VaR 和 ES 的低估。

（2）t 分布。

为了满足金融数据的尖峰、半厚尾性，可以使用 t 分布来代替正态分布假设。t 分布也称学生 t 分布，是 Gosset（1908）以 Student 的笔名所发表。

一个带有 v 个自由度的 t 分布的峰度为 $3(v-2)/(v-4)$，其中 $v \geqslant 5$。当 v 增大时，t 分布的峰度减小。当 $v=5$ 时，t 分布有最大峰度，其值为 9。如同正态分布一样，当应用 t 分布进行 VaR 和 ES 的估计时，应用 t 分布的性质可以直接得到估计量的计算公式，VaR 的计算公式如下：

$$\mathrm{VaR}(h,\alpha) = -h\mu + \sqrt{h}\sqrt{\frac{v-2}{v}}\sigma t_{\alpha,v}$$

h 表示资产的持有期。同正态分布情况相似，$t_{\alpha,v}$ 表示一个自由度为 v 的 t 分布的 α 分位数。不同的是，$t_{\alpha.v}$ 的取值同时依赖于 α 和 v 两个变量。t-VaR 和正态分布的 VaR 具有很多相同的属性。例如，当 v 增大时，t 分布会逐渐收敛于正态分布。当 v 趋近于无穷时，t 分布可以看作是具有更高峰值的广义上的正态分布。并且当 v 增大时，$t_{\alpha,v}$ 趋近于标准正太分位数 z_α，$\sqrt{(v-2)/v}$ 趋近于 1。

t 分布的最大优势在于能够比正态分布更有效地处理尖峰、厚尾的分布形式，然而，它也存在一系列的问题。其中之一就是，当 VaR 或 ES 估计的置信度趋近于 1 时，分位数趋近于正无穷，而这与金融市场的现实情况是相悖的。根据极值理论，置信度增大时，金融收益率总是趋近于某一定值。因此当计算置信度水平非常高的 VaR 和 ES 的估计时需要注意避免使用 t 分布。

3）基于鞍点逼近的期望损失估计

Daniels（1954）提出了一种非常有效的统计近似方法——鞍点逼近，来近似随机变量的均值，以及相互独立随机变量比率的密度。对于分布形式复杂、求解过程烦琐费时的分布来说，可以采用鞍点逼近的方法准确、快速地得到分布的近似密度。在金融风险管理中由于需要快速控制风险，所以采用鞍点逼近的方法对 ES 进行估计。

鉴于 VaR 代表损失分布的分位数：$P(R_t > \mathrm{VaR}_t|F_{t-1}) = p$，ES 定义为超过 VaR 的 ES，则有 ES 的表达式为

$$\mathrm{ES}_p = E(R_t|R_t > \mathrm{VaR}(t,p)) = \frac{1}{1-p}\int_p^1 \mathrm{VaR}(t,u)\mathrm{d}u$$

其中，R_t 的 VaR 可由 $\widehat{\mathrm{VaR}}(t,p) = \hat{\sigma}_t\hat{q}_p$ 估计得到。可以由 LAVE 方法估计得到，$\hat{q}_p$ 为服从广义双曲分布的 ξ_t 的 p 阶分位数的估计值。将广义双曲分布、局部适应性波动估计以及鞍点逼近方法结合，得到 GH-LAVE-SP 模型估计 ES。

基于 GH-LAVE-SP 模型的 ES 求解过程如下。

（1）估计波动率，由 LAVE 得到波动率的估计值 $\hat{\sigma}_t$。

（2）应用鞍点逼近的方法得到 ξ_t 的密度和分位数估计，反解出关于 p 的函数 $g(p)$。鞍点逼近方法得到 VaR 估计值的具体步骤如下。

① 找到鞍点：$s=\hat{t}$ 满足 $\kappa_\xi'(\hat{t}) = t$。

② 得到 ξ_t 分布即广义双曲分布的 p 阶分位数 q_p 满足下式：

$$p=p(\xi>t)=\begin{cases}\exp\left\{\kappa_\xi(\hat{t})-\hat{t}t+\dfrac{1}{2}\hat{t}^2\kappa_\xi''(\hat{t})\right\}\Phi\left(-\sqrt{\hat{t}^2\kappa_\xi^n(\hat{t})}\right), & t>E(\xi)\\ 1/2, & t=E(\xi)\\ 1-\exp\left\{\kappa_\xi(\hat{t})-\hat{t}t+\dfrac{1}{2}\hat{t}^2\kappa_\xi''(\hat{t})\right\}\Phi\left(-\sqrt{\hat{t}^2\kappa_\xi^n(\hat{t})}\right), & t<E(\xi)\end{cases}$$

其中，$\Phi(\cdot)$ 为累积正态分布函数，且有

$$E(\xi)=\mu+\frac{\delta\beta}{\gamma}\frac{K_{\lambda+1}(\delta\gamma)}{K_\lambda(\delta\gamma)}$$

$$\kappa_\xi(t)=\mu t+\log\gamma^\lambda-\lambda\log\gamma_t+\log K_\lambda(\delta\gamma_t)-\log K_\lambda(\delta\gamma)$$

$$\kappa_\xi'(t)=\mu+\frac{\delta(\beta+t)}{\gamma_t}\frac{K_{\lambda+1}(\delta\gamma_t)}{K_\lambda(\delta\gamma_t)}$$

$$\kappa_\xi''(t)=\frac{\delta}{\gamma_t}\frac{K_{\lambda+1}(\delta\gamma_t)}{K_\lambda(\delta\gamma_t)}+\frac{\delta^2(\beta+t)^2}{\gamma_t^2}\frac{K_{\lambda+2}(\delta\gamma_t)}{K_\lambda(\delta\gamma_t)}-\frac{\delta^2(\beta+t)^2}{\gamma_t^2}\frac{K_{\lambda+1}^2(\delta\gamma_t)}{K_\lambda^2(\delta\gamma_t)}$$

κ_ξ，$\kappa_\xi'(t)$，$\kappa_\xi''(t)$ 可由上式计算得到。将上式中的 κ_ξ' 由 t 替换，则在给定风险临界时就可以得到一个关于 $\hat{t}$ 的方程，解为 $\hat{t}=g(p)$。那么可以算得 $t=\kappa_\xi'(\hat{t})$，记为 $\hat{q}_t$。对数收益分布的分位数 $\mathrm{VaR}(t,p)=\hat{\sigma}_t\hat{q}_p$。

（3）ES 就是对 VaR 求积分的结果，其表达式可以转化如下。

令

$$p=f(\hat{t})\ \hat{t}=f^{-1}(p)=g(p)$$

则有

$$\hat{q}_p=t=\kappa'(\hat{t})=\kappa'(g(p))$$

$$\begin{aligned}\mathrm{ES}_p&=\frac{1}{1-p}\int_p^1\mathrm{VaR}(t,u)\mathrm{d}u\\&=\frac{1}{1-p}\hat{\sigma}_t\int_p^1\kappa'(g(u))\mathrm{d}u\\&=\frac{1}{1-p}\hat{\sigma}_t\int_p^1\frac{1}{g'(u)}\kappa'(g(u))\mathrm{d}g(u)\\&=\frac{1}{1-p}\hat{\sigma}_t\int_p^1 f'(u)\kappa'(g(u))\mathrm{d}g(u)\end{aligned}$$

因为分布函数不易求得，且积分不可求，则应用 Romberg 算法，即积分离散化的求解方法得到 ES。（基于梯形公式，进行区间的多次分隔）具体步骤如下。

（1）先求出按梯形公式所得到的积分值：$T_1^{(0)}=\dfrac{1-p}{2}\left\{\kappa'[g(1)]+\kappa'[g(p)]\right\}$。

（2）把区间 2 等分，求出两个小梯形的面积之和，记为 $T_1^{(1)}$，即

$$T_1^{(1)}=\frac{1-p}{4}\left[\kappa'(g(1))+\kappa'(g(p))+2\kappa'\left(g\left(\frac{1+p}{2}\right)\right)\right]$$

由外推法得到

$$T_2^{(0)} = \frac{4T_1^{(1)} - T_1^{(0)}}{4-1}$$

（3）把区间再等分（即 4 等分），得到复合梯形公式 $T_1^{(2)}$，由 $T_1^{(1)}$ 与 $T_1^{(2)}$ 外推可以得到

$$T_2^{(1)} = \frac{4T_1^{(2)} - T_1^{(1)}}{4-1}, T_3^{(0)} = \frac{4^2T_2^{(1)} - T_2^{(0)}}{4^2-1}$$

以此类推计算出来 2^k 等分的复合梯形公式 $T_1^{(k)}$，则由 Richardson 外推算法可以构造出新序列

$$T_{m+1}^{(k-1)} = \frac{4^m T_m^{(k)} - T_m^{(k-1)}}{4^m - 1}, m = 1, 2, \cdots, p, k = 1, 2, \cdots, p-m+1$$

最后得到 $T_{p+1}^{(0)}$。

（4）当 $T_p^{(0)} \approx T_{p+1}^{(0)}$ 或 $|T_{p+1}^{(0)} - T_p^{(0)}| \leqslant \varepsilon$（$\varepsilon$ 为给定的任意小的正数）时，计算停止，否则返回第（3）步计算 $T_1^{(p+1)}$。

综上所述，传统的金融风险管理方法见图 4.9。

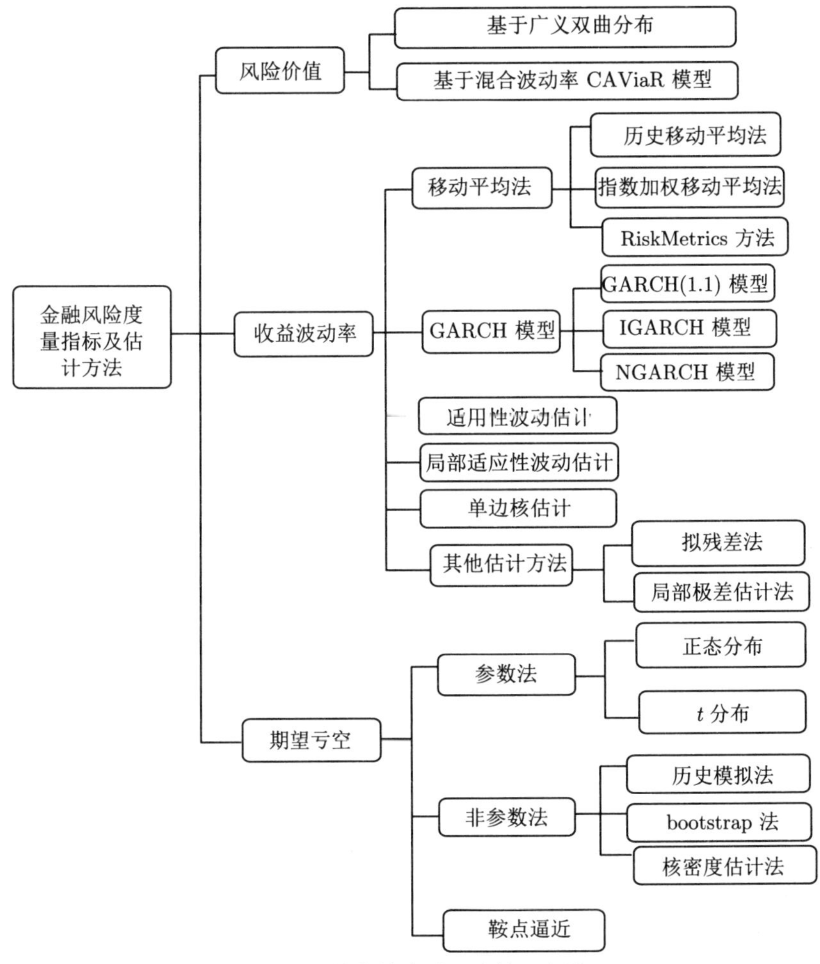

图 4.9　传统的金融风险管理方法

4.4 大数据下金融风险管理研究

自人类开始记录历史以来就一直在收集数据，数据作为对自然现象、社会现象和科学实验等的记录而具有重大的价值，也是从事科学研究的重要基础。然而，在计算机出现以前，受限于数据的存储形式和记录传播等工具的能力，人们往往只能收集和处理少量的数据。计算机的发明不仅大大提高了我们的计算能力，还带来了新的数据存储方式。在其后的几十年里，随着计算机技术和互联网技术的创新和发展，人们收集和处理数据的能力快速增长。进入 21 世纪，人们对于数据的需求越来越大，大量从宏观到微观、从自然到社会的活动产生了海量、多样的数据，出现了井喷式、爆炸性的增长。量变引起质变，这种不断增加数据的情况引发了人们思维和行为模式的变革。人类进入了一个前所未有的“大数据”时代。

在很多科学和商业领域，实验、观测和数值模拟数据可产生 TB（$1\text{TB} = 10^{12}$ B）量级的数据，在一些领域中甚至可以达到 PB（$1\text{PB} = 10^{15}$ B）量级、EB（$1\text{EB} = 10^{18}$ B）量级以上。例如，在基因学领域，基因组测序项目产生大量的数据。以国内的基因组研究机构华大基因为例，每天产生大约 15TB 数据。在高能物理学领域，如最新的欧洲粒子物理研究中心所研发的大型对撞机，每年所产生的实验原始数据就有 15PB 左右。在天文学领域，大型综合巡天望远镜也能产生 PB 量级的数据。在很多互联网领域，如谷歌、百度等互联网公司拥有 EB 量级的数据，如脸书（Facebook）、优兔（YouTube）、QQ、微信等社交网络媒体数据的处理超出了人们的想象。基于这种数据规模的信息分析促进了基因学、天文学、高能物理以及新兴信息产业等领域的重大突破。如果这些数据能够有效地被利用，那么科学研究就有可能获得发展突破，而科技也将会变得更加具有适应性、个性化和稳健性。因此，大数据具有非凡的意义。我们有理由相信，大数据为科学研究带来了重大的机遇。

同时，对于各学科领域来说，大数据研究也是一种挑战。数据爆炸式的膨胀给数据管理和数据分析都带来了一系列的挑战，所以需要新的基于大数据的理论方法来支撑现在的大数据时代。根据美国大数据分析委员会（National Research Council，NRC）在 2013 年公布的报告，大数据时代面临的挑战主要包括以下方面：

（1）处理高度分布式的数据源；

（2）从数据生成到数据的演化过程跟踪数据源；

（3）数据的验证；

（4）处理抽样偏差和采样数据的异质性；

（5）处理不同的数据格式和结构；

（6）研发基于并行和分布式体系结构的算法；

（7）确保数据的完整性；

（8）确保数据的安全性；

（9）实现数据的发现和集成；

（10）实现数据共享；

（11）研发大数据可视化方法；

（12）研发可扩展和增量式的算法。

大数据研究已经不再局限于单学科的范畴，而是一个跨学科的研究领域。从统计学的角度而言，统计学是研究如何测定、收集、整理、归纳和分析反映客观现象总体数量的数据的一门社会学科。统计理论给数据分析提供了很多参数估计和假设检验的工具。从数据到知识的推断过程中需要这些工具，但是在大数据情景下直接使用现有的这些统计理论会产生很多困难。而忽略这些理论可能会产生一些无用的结果，甚至有可能产生相反或有害的结果。这是因为，在大数据背景下经典统计理论的假设不一定成立；统计推断也是一个计算过程，当应用于大数据时，估计和诊断工具可能无法运行。随着数据规模的增长，统计波动所产生的风险也相应地增大，在大数据背景下再简单地利用大数定律是不太合理的。因此，当进行大数据系统构建时，统计学家往往还需要关注统计方法的可扩展性、在线算法和实时决策制定等问题。

4.4.1　大数据诊断

从统计学角度来看，大数据是一个大样本和高维变量的数据集合。当今数据的获取和规模都发生了根本性的变化，统计学面临着新的机遇和挑战，需要在基础方法论上有所突破。对于样本大的问题，统计分析中可以采用抽样方法减少样本量，达到所要求的精度。面对维数高的问题，则可以通过变量选择、降维、压缩、分解等手段进行处理。但认知高维小样本存在本质的困难。尽管 Mayer-Schönberger 和 Cukier（2013）认为样本等于总体，大数据不需要抽样，然而随着认识的深入，统计学家认为，在大数据时代，面对计算机存储困难、数据混杂、计算复杂等问题的挑战，研究大数据问题需要抽样方法。美国大数据分析委员会（2013）指出，很多方面的大数据研究都还需要抽样，而从大数据中抽样面临着巨大的挑战。耿直（2014）认为针对目前的大数据环境，应该研究新的适应性、序贯性、动态的抽样方法以及研究如何确定满足统计目的和精度要求所需的样本量。李金昌（2014）认为大数据时代应该转变抽样思维，把抽样调查作为数据挖掘、快速进行探测性分析的工作。邱东（2014）指出大数据时代更在于如何选择有用数据，从复杂的大数据剔除噪声的影响，提取有用的数据信息为研究所用。朱建平等（2014）认为大数据时代要转变抽样调查工作思想，允许不精确性和转变数据关系分析的重点。张喆（2015）提出了大数据流下“蓄流池”抽样和“系统截流”抽样方法。抽样能够在保证一定估计精度的情况下利用有效样本进行计算分析，从而解决计算复杂的问题。而现在我们面临的问题是，海量数据存储于大型服务器中，当个人用户需要数据进行分析时，如何利用存储量较小的个人计算机进行抽样，从而保证抽取的样本能够更加有效地处理数据和分析问题。随机抽样是一种重要的抽样方法，在大数据应用研究中很受欢迎。

目前，大数据中的抽样方法主要可以分为三种。

第一种是 Kleiner 等（2014）提出的小自助包（bags of little bootstrap，BLB）方法。BLB 方法具体分为以下两步：第一，从样本量为 n 的原始数据中抽取 s 个子样本集合，其中每个子样本集个数为 m。对于每一个子样本集进行 r 次 bootstrap 抽样并进行参数估计。第二，组合 s 个子样本的估计作为整体的估计。BLB 方法包含了两层嵌套的计算：里面一层对每一个子样本进行 bootstrap 抽样估计，外面一层组合了里面的多重 bootstrap 估计量。BLB 方法综合了 Efron（1979）提出的 bootstrap 抽样，Bickel 等（1997）提出的 m-out-of-n bootstrap 方法和 Politis 等（1999）提出的二次抽样方法。BLB 通过抽取子样本集的方法使得每一个子样本能单独进行 bootstrap，从而能够运用分布式计算，提高运算效率。Sengupta 等（2015）针对独立大数据或时间序列大数据提出了再次双重 bootstrap 抽样方法。Oneto 等（2015）将 BLB 应用于模型选择的研究。

第二种是 Liang 等（2013）提出的基于再抽样的随机逼近方法。该方法利用子样本的蒙特卡罗平均值来逼近完整数据的目标参数，具体是通过最小化子样本的 Kullback-Leibler（KL）距离从而得到对数似然均值的极大值。因此，该方法也称为“平均对数似然”。Liang 和 Kim （2013）将该方法推广到 MCMC 中的 bootstrap metropolis-hastings 算法。该算法可以利用并行计算并且避免在迭代过程中重复扫描整个数据集。

第三种是杠杆值抽样算法。杠杆值是统计学中一个重要的统计量，也是回归分析中统计诊断的一个重要工具。杠杆值能够度量独立变量的观测值离其他观测值的距离。有关杠杆值在回归分析的研究和应用已经有很长的历史（如 Hoaglin and Welsch，1978; Chatterjee and Hadi，1988; Velleman and Welsch，1981; Chatterjee and Hadi，1986; Chatterjee et al.，2000）。随着统计模型在数据挖掘和机器学习领域的应用和发展，杠杆值的应用变得十分广泛。如关系网数据（Zachary，1977; Newman，2005），网络文本数据（Deerwester et al.，1990; Berry and Browne，2005），生物基因数据（Paschou et al.，2007; Burton et al.，2007; Novembre et al.，2008）。在大数据计算中，一个主要的问题是矩阵计算。数据量的膨胀给矩阵计算提出了挑战。近年来，有关矩阵计算的随机算法的研究也随之而来，其中，基于杠杆值的随机抽样算法在矩阵计算中得到了广泛应用。如矩阵分解（Drineas et al.，2004; Rudelson and Vershynin，2007）和低秩矩阵近似计算（如 Drineas et al.，2006a; Drineas et al.，2006b; Drineas et al.，2006c）。Mahoney（2011）详细地阐述了随机算法在大数据矩阵计算中的应用和研究现状。随机抽样算法在回归估计的最小二乘计算上也有很大的应用。Drineas 等（2006d）提出了一种非均匀概率抽样方法来近似最小二乘估计。Drineas 等（2012）提出了利用杠杆值作为抽样概率的不等概抽样，再利用抽样样本进行参数估计，给出了近似估计的算法。然而，上述研究主要是从机器学习的角度进行。Ma 等（2013）从统计角度讨论了大数据下基于均匀抽样和杠杆值抽样后所得估计的统计性质，并提出了平衡抽样概率的抽样方法，从估计量的偏差和方差角度讨论抽样估计的近似效果。杠杆值是线性回归分析中一个重要的指标，杠杆点很大程度影响着回归估计结果。所以，如果能在抽样中有较大概率抽到杠杆点，则可以用较少的样本更准确地估计参数。Clarkson 等（2013）研究了快速统计杠杆得分算法并应用于最小绝对偏差回归估计。Yang 等（2014）将基于杠杆值随机抽样思想应用于分位回归模型的研究。Raskutti 和 Mahoney（2014）讨论了杠杆值抽样算法估计量的均方误差、预测效率和残差效率等问题。此外，很多研究工作者从计算效率的角度研究随机抽样算法以及杠杆值的近似计算方法（如 Rokhlin and Tygert，2008; Avron et al.，2010; Dhillon et al.，2013; Clarkson and Woodruff，2013; McWilliams et al.，2014）。杠杆值随机抽样具有几个特点：① 即使是在计算简单的情况下，利用杠杆值抽样也可以得到有效结果；② 当全部数据难以实现可视化时可以通过杠杆值抽样实现；③ 通常进行不等概抽样。杠杆值随机抽样最大的优势在于不需要高性能的计算就可以从大数据中获取有效信息。在回归分析中，如果能在抽样中有较大概率抽到高杠杆点，则可以用较少的样本准确地估计参数，并使得计算简单，提高计算速度，这有利于大数据统计推断。基于杠杆值的随机抽样正好能达到上述要求，给予了高杠杆点较大的抽样概率，使其在抽样过程中有较大概率入样。

利用杠杆值抽样可以看成基于一种“距离”的思想，我们引进一种基于马氏距离作为抽样概率的随机抽样方法。在基于马氏距离抽样概率构造的基础上进行改造，提出了基于统计距离（调整的马氏距离）抽样概率。马氏距离最早由 Mahalanobis（1936）提出，用于度量两个未知样本相似度，可以表示数据的协方差的距离。它的优点在于不受量纲的影响，两样本点之间的马氏距离与原始数据的测量单位无关。马氏距离被广泛应用于异常点诊断、线性判别分析、监督学习和聚类分析等领域的研究。Hadi（1992）提出了基于马氏距离的多变量数据的多个异常点诊断方法。De Maesschalck 等（2000）阐述了马氏距离在化学统计中多元校正、模式识别和过程控制等问题的应用。Herwindiati 等（2007）研究了马氏距离的位置和协方差矩阵的稳健估计并提出了一种有效的高维数据集的异常点诊断算法。Davis 等（2007）提出了一种信息理论中研究马氏距离的方法。Xiang 等（2008）研究了基于辅助信息的马氏距离的计算并基于马氏距离提出了数据聚类和分类算法。Weinberger 和 Saul （2009）针对 k 最近邻分类问题提出了马氏距离度量算法并推广到多元马氏距离度量。Yang 等（2009）基于马氏距离提出了一个一般化距离度量算法。Kumar 等（2010）研究了基于马氏距离的概率方法来为数据分类确定阈值。Zhang 等（2012）提出了基于马氏距离的半监督距离度量学习方法来研究特征相关。

考虑到高杠杆点出现的同时也有可能存在异常点。尤其是在大数据的实际分析中，可能会出现混杂的异常点。由于异常点具有较大的残差，因此我们希望能从样本中将其探测出来，从而去除其对估计的影响。有关异常点诊断的具体介绍，读者可以参见吴喜之和田茂再（2003）、韦博成等（2009）的文献。

1. 抽样与估计

考虑如下高斯线性回归模型

$$\boldsymbol{Y}=\boldsymbol{X}\boldsymbol{\beta}+\boldsymbol{\varepsilon} \tag{4.3}$$

其中 $\boldsymbol{Y}$ 是 $n\times 1$ 维的响应变量，$\boldsymbol{X}$ 是 $n\times p, n\gg p$ 维解释变量或设计矩阵，$\boldsymbol{\beta}$ 是 $p\times 1$ 系数，误差项 $\boldsymbol{\varepsilon}\sim N(0,\sigma^2\boldsymbol{I}_n)$。在经典线性回归理论中，一般要求 $n>p$，而本章假设 $n\gg p$ 则是考虑在当前大数据背景下，数据呈现出爆炸式增长，数据的量级达到了 PB 甚至 EB，这些现象与以往情形有所不同。

根据最小二乘估计法可以得到参数 $\boldsymbol{\beta}$ 的估计

$$\widehat{\boldsymbol{\beta}}_{\mathrm{OLS}}=\underset{\boldsymbol{\beta}}{\operatorname{argmin}}||\boldsymbol{Y}-\boldsymbol{X}\boldsymbol{\beta}||^2=(\boldsymbol{X}^{\mathrm{T}}\boldsymbol{X})^{-1}\boldsymbol{X}^{\mathrm{T}}\boldsymbol{Y} \tag{4.4}$$

其中 $||\cdot||^2$ 表示定义在 R^n 上的欧氏距离。

针对式 (4.4) 的最优化问题，研究者已经做了大量的研究工作，常见的有奇异值分解（singular value decomposition，SVD）、QR 分解等。但以上的计算方法的计算复杂度都是 $O(np^2)$，可以参见 Golub（1996）的文章。在大数据下，这个计算变得非常复杂。因此，研究者希望对大数据进行抽样，利用一部分子样本来估计参数。随之而来的问题就是利用子样本所得到的估计是否有效，如何选择抽样方法使得新的估计能够接近 $\widehat{\boldsymbol{\beta}}_{\mathrm{OLS}}$ 或真实值 $\boldsymbol{\beta}$。

Drineas 等（2006）指出，基于均匀抽样的线性回归估计方法虽然简便，但估计效果并不好，他们提出了一种非均匀抽样方法来近似最小二乘估计。Drineas 等（2012）提出了一种基于统计杠杆值的随机抽样线性回归估计方法，同时，提出了一种近似计算杠杆值的算法，使得计算复杂度只需要 $O(nd\log n)$。杠杆值是回归分析中一个重要的概念，具体是取“帽子矩阵” $\boldsymbol{H}=\boldsymbol{X}(\boldsymbol{X}^{\mathrm{T}}\boldsymbol{X})^{-1}\boldsymbol{X}^{\mathrm{T}}$ 的对角元，即 $h_{ii}=(\boldsymbol{H})_{ii}$。下面将简单介绍上述随机抽样方法。

假设在抽样过程中抽样概率为 $\pi=(\pi_1,\cdots,\pi_n)^{\mathrm{T}}$。首先给出不同抽样概率下 π 的具体定义。

均匀抽样概率。$\pi_i^{\mathrm{Unif}}=1/n, i=1,\cdots,n$，也就是说在抽样过程中每个样本的入样概率都等于 $1/n$。

基于杠杆值的抽样概率 $\pi_i^{\mathrm{Lev}}=\dfrac{h_{ii}}{\sum\limits_{i=1}^{n}h_{ii}}=h_{ii}/p, i=1,\cdots,n$ 表示根据每个样本的杠杆值所占的比例作为抽样概率。也就是说，抽样过程中，样本的杠杆值越大，抽样时被抽中的概率就越大。

直观上，杠杆值 h_{ii} 越大，则 π_i^{Lev} 相对也更大，相对应的样本的入样概率就越大。高杠杆点就是满足以上情形的点。所以，基于杠杆值的抽样就是在抽样过程中赋予高杠杆点更大的入样概率，从而能够在回归计算中达到“事半功倍”的效果。因此，基于杠杆值的抽样有助于回归分析。

下面，通过一个简单的例子来说明基于杠杆值抽样的回归估计相对于基于均匀抽样回归估计的优势。考虑一个简单的一元线性回归模型。图 4.10 给出了样本数为 2000 的样本以及几种回归线。图中黑色圆点表示样本，黑色直线为真实模型直线，红色虚线表示利用最小二乘法对全部样本估计的结果，可以看到结果非常接近真实的模型。如果根据均匀抽样方法，假设抽取 10 个样本点，具体为图中带“+”的点，发现抽取的样本点基本集中在样本的中心，而根据子样本所得的估计直线（图中蓝色点画线）也与真实模型有很大偏差；如果基于杠杆值抽样，同样抽取 10 个样本，具体为图中“*”标记的点，可以发现，抽取的子样本分散在真实直线的附近并且能够抽取到直线两端的样本点，而估计所得直线（图中绿色点线）与真实模型基本重合。由此可见，基于杠杆值抽样在大数据下能够提取样本特征，从而能够提高估计和预测精度。

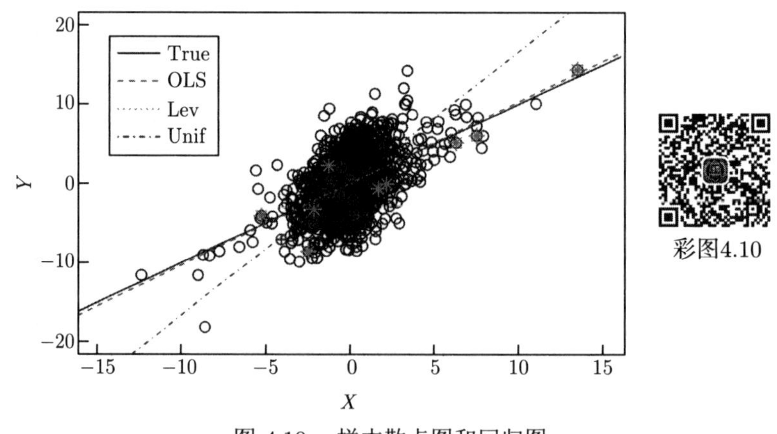

图 4.10 样本散点图和回归图

下面，详细介绍随机抽样过程。在抽样过程中，假设从 (X, Y) 中随机抽取了 r 个子样本，记为 $\{(X_1^*, Y_1^*), \cdots, (X_r^*, Y_r^*)\}$。定义 $r\times n$ 的抽样矩阵为 $\boldsymbol{S}_X^{\mathrm{T}}$，则上述抽样过程可以简单地表示为

$$\boldsymbol{X}_{r\times p}^* = \boldsymbol{S}_X^{\mathrm{T}}\boldsymbol{X} \quad \boldsymbol{Y}_{r\times 1}^* = \boldsymbol{S}_X^{\mathrm{T}}\boldsymbol{Y} \tag{4.5}$$

随机抽样矩阵 $\boldsymbol{S}_X^{\mathrm{T}}$ 体现了抽样过程的具体设计，具体为 $\boldsymbol{S}_X^{\mathrm{T}}$ 的每一行有且仅有一个非零的元素（取为 1）表示抽取相对应的 X 的那一行。也就是说，在第 $j, j = 1, \cdots, r$ 次随机试验中，如果原始样本集中的第 k 个观测值被抽中，则 $\boldsymbol{S}_X^{\mathrm{T}}$ 的第 j 行是单位向量 $\boldsymbol{e}_k$，$\boldsymbol{e}_k$ 表示第 k 个元素为 1、其他元素为 0 的 $1\times n$ 向量。下面举一个简单的例子进一步理解 $\boldsymbol{S}_X^{\mathrm{T}}$。假设从 $n = 5$ 的样本中随机抽取大小为 $r = 3$ 子样本，则 $\boldsymbol{S}_X^{\mathrm{T}}$ 为

$$\boldsymbol{S}_X^{\mathrm{T}} = \begin{pmatrix} 0 & 0 & 1 & 0 & 0 \\ 0 & 0 & 0 & 0 & 1 \\ 0 & 0 & 1 & 0 & 0 \end{pmatrix}$$

这里，$\boldsymbol{S}_X^{\mathrm{T}}$ 表示 3 次随机抽样分别抽取了第 3、5、3 个样本。

由于在抽样过程中对样本赋予了不同的权重，当利用子样本进行参数估计时，需要考虑将样本进行重新加权调整。因此，考虑对随机抽样所得到的子样本进行加权最小二乘估计，即考虑如下问题：

$$\underset{\boldsymbol{\beta}}{\operatorname{argmin}}\ ||\boldsymbol{D}\boldsymbol{Y}^* - \boldsymbol{D}\boldsymbol{X}^*\boldsymbol{\beta}||^2 \tag{4.6}$$

其中，$\boldsymbol{D}$ 是 $r\times r$ 的权重矩阵，具体为 $\boldsymbol{D} = \operatorname{diag}\{1/\sqrt{r\pi_j}\}, j = 1, \cdots, r$，则可以得到基于子样本的新的估计

$$\begin{aligned} \tilde{\boldsymbol{\beta}}_W^* &= (\boldsymbol{X}^{*^{\mathrm{T}}}\boldsymbol{D}^{\mathrm{T}}\boldsymbol{D}\boldsymbol{X}^*)^{-1}\boldsymbol{X}^{*^{\mathrm{T}}}\boldsymbol{D}^{\mathrm{T}}\boldsymbol{D}\boldsymbol{Y}^* \\ &= (\boldsymbol{X}^{\mathrm{T}}\boldsymbol{S}_X\boldsymbol{D}^{\mathrm{T}}\boldsymbol{D}\boldsymbol{S}_X^{\mathrm{T}}\boldsymbol{X})^{-1}\boldsymbol{X}^{\mathrm{T}}\boldsymbol{S}_X\boldsymbol{D}^{\mathrm{T}}\boldsymbol{D}\boldsymbol{S}_X^{\mathrm{T}}\boldsymbol{Y} \\ &= (\boldsymbol{X}^{\mathrm{T}}\boldsymbol{W}\boldsymbol{X})^{-1}\boldsymbol{X}^{\mathrm{T}}\boldsymbol{W}\boldsymbol{Y} \end{aligned} \tag{4.7}$$

其中，$\boldsymbol{W} = \boldsymbol{S}_X\boldsymbol{D}^2\boldsymbol{S}_X^{\mathrm{T}}$ 是一个 $n\times n$ 随机对角矩阵。具体地，当采用均匀抽样和基于杠杆值抽样时，式 (4.7) 所对应得到的估计分别记为 $\tilde{\boldsymbol{\beta}}_{\mathrm{Unif}}^*$，$\tilde{\boldsymbol{\beta}}_{\mathrm{Lev}}^*$。可以看到，基于子样本的估计也可以看成是原来样本的加权估计，权重矩阵为 $\boldsymbol{W}$。因此，估计结果的好坏决定于权重矩阵，而权重矩阵是根据抽样方法决定的。

此外，也可以考虑直接利用子样本进行最小二乘估计，即考虑如下问题：

$$\underset{\boldsymbol{\beta}}{\operatorname{argmin}}\ ||\boldsymbol{Y}^* - \boldsymbol{X}^*\boldsymbol{\beta}||^2 \tag{4.8}$$

求解式 (4.8) 可得

$$\begin{aligned} \tilde{\boldsymbol{\beta}}_{\mathrm{UNW}}^* &= (\boldsymbol{X}^{*^{\mathrm{T}}}\boldsymbol{X}^*)^{-1}\boldsymbol{X}^{*^{\mathrm{T}}}\boldsymbol{Y}^* \\ &= (\boldsymbol{X}^{\mathrm{T}}\boldsymbol{S}_X\boldsymbol{S}_X^{\mathrm{T}}X)^{-1}\boldsymbol{X}^{\mathrm{T}}\boldsymbol{S}_X\boldsymbol{S}_X^{\mathrm{T}}\boldsymbol{Y} \\ &= (\boldsymbol{X}^{\mathrm{T}}\boldsymbol{V}\boldsymbol{X})^{-1}\boldsymbol{X}^{\mathrm{T}}\boldsymbol{V}\boldsymbol{Y} \end{aligned} \tag{4.9}$$

其中 $\boldsymbol{V} = \boldsymbol{S}_X\boldsymbol{S}_X^{\mathrm{T}}$。同样地，在均匀抽样和基于杠杆值抽样下可分别得到对应于式 (4.9) 的估计结果 $\tilde{\boldsymbol{\beta}}_{\mathrm{UNWUnif}}^*$ 和 $\tilde{\boldsymbol{\beta}}_{\mathrm{UNWLev}}^*$。

尽管采用均匀抽样操作简单且计算简便，但是参数的计算结果很不理想。而对于基于杠杆值随机抽样方法所得到的估计，则满足如下性质。在给定某一调整参数 $\gamma \in (0,1]$ 下，若

$$\pi_i \geqslant \gamma \frac{h_{ii}}{p}, \quad 且\ r = O(p\log(p)/(\gamma\epsilon))$$

则有以下相对误差界：

$$\|\boldsymbol{Y} - \boldsymbol{X}\tilde{\boldsymbol{\beta}}^*\|_2 \leqslant (1+\epsilon)\|Y - X\hat{\boldsymbol{\beta}}_{\mathrm{OLS}}\|$$
$$\|\hat{\boldsymbol{\beta}}_{\mathrm{OLS}} - \tilde{\boldsymbol{\beta}}^*\|_2 \leqslant \sqrt{\epsilon}\left(\kappa(X)\sqrt{\xi^{-2}-1}\right)\|\hat{\boldsymbol{\beta}}_{\mathrm{OLS}}\|_2$$

式中，$\kappa(\boldsymbol{X})$ 是 $\boldsymbol{X}$ 的条件数，$\xi = \|\boldsymbol{U}\boldsymbol{U}^{\mathrm{T}}\boldsymbol{Y}\|_2/\|\boldsymbol{Y}\|_2$，在这里，$\boldsymbol{U}$ 是取自 $\boldsymbol{X}$ 的奇异值分解 $\boldsymbol{X} = \boldsymbol{U}\boldsymbol{\Sigma}\boldsymbol{V}^{\mathrm{T}}$ 的 $n \times n$ 正交阵。

记 $\boldsymbol{w} = (w_1, \cdots, w_n)^{\mathrm{T}}$ 是随机权重矩阵 W 的对角元，$\boldsymbol{w}$ 服从一个带刻度参数的多项分布且 $E(\boldsymbol{w}) = 1$。令 $\tilde{\boldsymbol{\beta}}_W^*$ 是关于随机权重 $\boldsymbol{w} = (w_1, \cdots, w_n)^{\mathrm{T}}$ 的函数，记为 $\tilde{\boldsymbol{\beta}}_W^*(\boldsymbol{w})$。令 $\boldsymbol{w}_0$ 是一个元素全为 1 的向量，则对 $\tilde{\boldsymbol{\beta}}_W^*(\boldsymbol{w})$ 在 $\boldsymbol{w}_0 = \boldsymbol{1}$ 处进行泰勒展开，可得

$$\tilde{\boldsymbol{\beta}}_W^* = \hat{\boldsymbol{\beta}}_{\mathrm{OLS}} + (\boldsymbol{X}^{\mathrm{T}}\boldsymbol{X})^{-1}\boldsymbol{X}^{\mathrm{T}}\mathrm{diag}\{\hat{\boldsymbol{e}}\}(\boldsymbol{w} - \boldsymbol{1}) + R_W \tag{4.10}$$

式中，$\hat{\boldsymbol{e}} = Y - X\hat{\boldsymbol{\beta}}_{\mathrm{OLS}}$ 是残差，R_W 是泰勒展开的余项。

记 $\boldsymbol{v} = (v_1, \cdots, v_n)^{\mathrm{T}}$，其中 $v_i, i = 1, \cdots, n$ 是矩阵 $\boldsymbol{V}$ 的第 i 个对角元。$\boldsymbol{v}$ 服从多项分布 $\mathrm{Multi}(r, \boldsymbol{\pi})$，且 $E(\boldsymbol{v}) = r\boldsymbol{\pi}$。令 $\tilde{\boldsymbol{\beta}}_{\mathrm{UNW}}^*$ 是关于随机权重 $\boldsymbol{v}$ 的函数，记为 $\tilde{\boldsymbol{\beta}}_{\mathrm{UNW}}^*(\boldsymbol{v})$。可以对 $\tilde{\boldsymbol{\beta}}_{\mathrm{UNW}}^*$ 在 $v_0 = r\boldsymbol{\pi}$ 处进行泰勒展开，可得

$$\tilde{\boldsymbol{\beta}}_{\mathrm{UNW}}^* = \hat{\boldsymbol{\beta}}_{\mathrm{WLS}} + (\boldsymbol{X}^{\mathrm{T}}\boldsymbol{V}_0\boldsymbol{X})^{-1}\boldsymbol{X}^{\mathrm{T}}\mathrm{diag}\{\hat{\boldsymbol{e}}_w\}(\boldsymbol{v} - r\boldsymbol{\pi}) + R_{\mathrm{UNW}} \tag{4.11}$$

其中，$\boldsymbol{V}_0 = \mathrm{diag}\{r\boldsymbol{\pi}\}$，$\hat{\boldsymbol{\beta}}_{\mathrm{WLS}} = (\boldsymbol{X}^{\mathrm{T}}\boldsymbol{V}_0\boldsymbol{X})^{-1}\boldsymbol{X}^{\mathrm{T}}\boldsymbol{V}_0\boldsymbol{Y}$ 是全样本下的加权最小二乘估计，$\hat{\boldsymbol{e}}_w = \boldsymbol{Y} - \boldsymbol{X}\hat{\boldsymbol{\beta}}_{\mathrm{WLS}}$ 是残差，R_{UNW} 是泰勒展开的余项。

由式 (4.10) 和式 (4.11) 可知，基于子样本下的估计结果在一定条件下能够接近于全样本下的估计值。

Ma 等（2013）从统计学的角度讨论了上述两种估计结果的统计性质。

引理 4.4.1 在模型式 (4.3) 和式 (4.10) 的假设下，基于随机抽样方法的回归估计 $\tilde{\boldsymbol{\beta}}_W^*$ 的条件期望和条件方差为

$$E_{\boldsymbol{w}}\left[\tilde{\boldsymbol{\beta}}_W^*|Y\right] = \hat{\boldsymbol{\beta}}_{\mathrm{OLS}} + E_{\boldsymbol{w}}[R_W] \tag{4.12}$$

$$\begin{aligned}\mathrm{var}_{\boldsymbol{w}}\left[\tilde{\boldsymbol{\beta}}_W^*|Y\right] = &(\boldsymbol{X}^{\mathrm{T}}\boldsymbol{X})^{-1}\boldsymbol{X}^{\mathrm{T}}\left[\mathrm{diag}\{\hat{\boldsymbol{e}}\}\mathrm{diag}\left\{\frac{1}{r\pi}\right\}\mathrm{diag}\{\hat{\boldsymbol{e}}\}\right]\boldsymbol{X}(\boldsymbol{X}^{\mathrm{T}}\boldsymbol{X})^{-1} + \\ &\mathrm{var}_{\boldsymbol{w}}[R_W],\end{aligned} \tag{4.13}$$

其中，$\boldsymbol{W}$ 是一个权重矩阵，具体包含了抽样概率和估计中加权的过程。$\tilde{\boldsymbol{\beta}}_W^*$ 的无条件期望和方差则是

$$E\left[\tilde{\boldsymbol{\beta}}_W^*\right] = \boldsymbol{\beta}_0 + E[R_W] \tag{4.14}$$

$$\begin{aligned}\mathrm{var}\left[\tilde{\boldsymbol{\beta}}_W^*\right] = &\sigma^2(\boldsymbol{X}^{\mathrm{T}}\boldsymbol{X})^{-1} + \frac{\sigma^2}{r}(\boldsymbol{X}^{\mathrm{T}}\boldsymbol{X})^{-1}\boldsymbol{X}^{\mathrm{T}}\mathrm{diag}\left\{\frac{(1-h_{ii})^2}{\pi_i}\right\}\boldsymbol{X}(\boldsymbol{X}^{\mathrm{T}}\boldsymbol{X})^{-1} + \\ &\mathrm{var}[R_W]\end{aligned} \tag{4.15}$$

引理 4.4.2　在模型式 (4.3) 和式 (4.11) 的假设下，基于无加权最小二乘估计 $\tilde{\boldsymbol{\beta}}^*_{\mathrm{UNW}}$ 的条件期望和条件方差为

$$E_{\boldsymbol{w}}\left[\tilde{\boldsymbol{\beta}}^*_{\mathrm{UNW}}|\boldsymbol{Y}\right]=\hat{\boldsymbol{\beta}}_{\mathrm{WLS}}+E_{\boldsymbol{w}}[R_{\mathrm{UNW}}];$$

$$\mathrm{var}_{\boldsymbol{w}}\left[\tilde{\boldsymbol{\beta}}_{\mathrm{UNW}}|\boldsymbol{Y}\right]=(\boldsymbol{X}^{\mathrm{T}}\boldsymbol{V}_0\boldsymbol{X})^{-1}\boldsymbol{X}^{\mathrm{T}}\mathrm{diag}\{\hat{\boldsymbol{e}}_w\}V_0\mathrm{diag}\{\hat{\boldsymbol{e}}_w\}\boldsymbol{X}(\boldsymbol{X}^{\mathrm{T}}\boldsymbol{V}_0\boldsymbol{X})^{-1}+\mathrm{var}_{\boldsymbol{w}}[R_{\mathrm{UNW}}]$$

其中，$\hat{\boldsymbol{\beta}}_{\mathrm{WLS}}$ 是全样本下的加权最小二乘估计。$\tilde{\boldsymbol{\beta}}^*_{\mathrm{UNW}}$ 的无条件期望和方差为

$$E\left[\tilde{\boldsymbol{\beta}}^*_{\mathrm{UNW}}\right]=\boldsymbol{\beta}_0+E[R_{\mathrm{UNW}}]$$

$$\mathrm{var}\left[\tilde{\boldsymbol{\beta}}^*_{\mathrm{UNW}}\right]=\sigma^2(\boldsymbol{X}^{\mathrm{T}}\boldsymbol{V}_0\boldsymbol{X})^{-1}\boldsymbol{X}^{\mathrm{T}}\boldsymbol{V}_0^2\boldsymbol{X}(\boldsymbol{X}^{\mathrm{T}}\boldsymbol{V}_0\boldsymbol{X})^{-1}+\sigma^2(\boldsymbol{X}^{\mathrm{T}}\boldsymbol{V}_0\boldsymbol{X})^{-1}\boldsymbol{X}^{\mathrm{T}}\mathrm{diag}\left\{\boldsymbol{I}-\boldsymbol{P}_{\boldsymbol{X},\boldsymbol{V}_0}\right\}\boldsymbol{V}_0\boldsymbol{X}(\boldsymbol{X}^{\mathrm{T}}\boldsymbol{V}_0\boldsymbol{X})^{-1}+\mathrm{var}[R_{\mathrm{UNW}}]$$

其中，$\boldsymbol{P}_{X,V_0}=\boldsymbol{X}(\boldsymbol{X}^{\mathrm{T}}\boldsymbol{V}_0\boldsymbol{X})^{-1}\boldsymbol{X}^{\mathrm{T}}\boldsymbol{V}_0$。

2. 统计诊断

从以上引理可以知道，借助于杠杆值信息进行抽样可以提高估计精度以及降低估计方差，但是伴随着杠杆值而来的抽样结果也大大增加了异常点出现的可能性。尽管 Ma 等 (2014) 利用平均加权的思想对抽样概率进行收缩，这可以从一定程度上减少异常点出现的概率，但仍然不能避免异常点。因此，我们认为很有必要从统计诊断的角度去分析抽样后的估计结果。

1）基于数据删除模型的诊断

为了检验某一样本点 $(\boldsymbol{X}_j^*,\boldsymbol{Y}_j^*)$ 对回归分析的影响，一个有效的方法是通过比较删除该点前后的统计推断结果。称删除第 j 个数据点以后的模型为数据删除模型，表示为

$$\boldsymbol{Y}^*(j)=\boldsymbol{X}^*(j)\boldsymbol{\beta}+\boldsymbol{\varepsilon}^*(j),\quad j=1,\cdots,r \tag{4.16}$$

其中，$\boldsymbol{Y}^*(j)$，$\boldsymbol{X}^*(j)$，$\boldsymbol{\varepsilon}^*(j)$ 表示 $\boldsymbol{Y}^*$，$\boldsymbol{X}^*$ 和 $\boldsymbol{\varepsilon}^*$ 删除第 j 个分量后的向量或矩阵。

定理 4.4.1　在模型 (4.8) 的假设下，$\boldsymbol{\beta}$ 的加权最小二乘估计结果为

$$\tilde{\boldsymbol{\beta}}^*_W(j)=\tilde{\boldsymbol{\beta}}^*_W-\frac{\boldsymbol{D}_j(\boldsymbol{X}^{*\mathrm{T}}\boldsymbol{D}^2\boldsymbol{X}^*)^{-1}\boldsymbol{X}_j^{*\mathrm{T}}\tilde{e}_j}{(1-p_{jj})} \tag{4.17}$$

其中，$\tilde{e}_j=\boldsymbol{D}_j(\boldsymbol{Y}_j^*-\boldsymbol{X}_j^*\tilde{\boldsymbol{\beta}}^*_W)$，$p_{jj}$ 表示矩阵 $\boldsymbol{P}=\boldsymbol{D}\boldsymbol{X}^*(\boldsymbol{X}^{*\mathrm{T}}\boldsymbol{D}^2\boldsymbol{X}^*)^{-1}\boldsymbol{X}^{*\mathrm{T}}\boldsymbol{D}^{\mathrm{T}}$ 的第 j 个对角元。

接下来讨论 $\tilde{\boldsymbol{\beta}}^*_W(j)$ 的统计性质。

定理 4.4.2 在模型式 (4.3) 和式 (4.16) 的假设下，$\tilde{\boldsymbol{\beta}}_W^*(j)$ 满足

$$E[\tilde{\boldsymbol{\beta}}_W^*(j)]=\boldsymbol{\beta}+E(R_W)$$

$$\mathrm{var}[\tilde{\boldsymbol{\beta}}_W^*(j)]=\sigma^2(\boldsymbol{X}^{\mathrm{T}}\boldsymbol{X})^{-1}+\frac{\sigma^2}{r}(\boldsymbol{X}^{\mathrm{T}}\boldsymbol{X})^{-1}\boldsymbol{X}^{\mathrm{T}}\mathrm{diag}\left\{\frac{(1-h_{ii})^2}{\pi_i}\right\}\boldsymbol{X}(\boldsymbol{X}^{\mathrm{T}}\boldsymbol{X})^{-1}+$$

$$\frac{\sigma^2(\boldsymbol{X}^{*^{\mathrm{T}}}\boldsymbol{D}^2\boldsymbol{X}^*)^{-1}\boldsymbol{X}_j^{*^{\mathrm{T}}}\boldsymbol{D}_j^2\boldsymbol{X}_j^*(\boldsymbol{X}^{*^{\mathrm{T}}}\boldsymbol{D}^2\boldsymbol{X}^*)^{-1}}{(1-p_{jj})^2}+\mathrm{var}[R_W]$$

有了以上结果，可以构造诊断统计量来度量删除样本点前后估计量之间的差异。基于数据删除模型最常用的利用“距离”的思想构造统计量，即度量删除第 j 个样本点前后模型回归系数的估计 $\tilde{\boldsymbol{\beta}}^*$ 与 $\tilde{\boldsymbol{\beta}}^*(j)$ 之间的差异，从而可以得到相对应的诊断统计量。下面将给出基于模型式 (4.16) 的 4 个诊断统计量。

（1）Cook 距离。

Cook 距离是统计诊断中最重要的诊断统计量之一，是由 Cook 在 1977 年所提出的（Cook，1977; Cook，1979）。Cook 距离定义为

$$C_i=C_i(\boldsymbol{X}^{\mathrm{T}}\boldsymbol{X},p\hat{\sigma}^2)=\frac{(\hat{\boldsymbol{\beta}}-\hat{\boldsymbol{\beta}}(i))^{\mathrm{T}}\boldsymbol{X}^{\mathrm{T}}\boldsymbol{X}(\hat{\boldsymbol{\beta}}-\hat{\boldsymbol{\beta}}(i))}{p\hat{\sigma}^2} \tag{4.18}$$

由式 (4.18) 可知，如果 C_i 越大，则说明 $\hat{\beta}(i)$ 与 $\hat{\beta}$ 之间的差异越大。当对样本计算相对应的 C_i 后，如果有特别大的 C_i，则说明相应的样本点对参数 β 的估计影响较大，因而可能是异常点或者强影响点。

以下命题给出了模型式 (4.16) 的 Cook 距离计算公式。

命题 4.4.1 在模型式 (4.3) 和式 (4.16) 的假设下，Cook 距离可以表示为

$$C_j=\frac{\|\tilde{\boldsymbol{Y}}^*-\tilde{\boldsymbol{Y}}^*(j)\|^2}{p\tilde{\sigma}^2}=\frac{p_{jj}}{1-p_{jj}}\frac{s_j^2}{p} \tag{4.19}$$

式中，$\tilde{\boldsymbol{Y}}^*=\boldsymbol{X}^*\tilde{\boldsymbol{\beta}}_W^*$，$\tilde{\boldsymbol{Y}}^*(j)=\boldsymbol{X}^*(j)\tilde{\boldsymbol{\beta}}_W^*(j)$ 为删除第 j 个样本点前后的拟合值，$s_j=\dfrac{\tilde{e}_j}{\tilde{\sigma}\sqrt{1-p_{jj}}}$。

由式 (4.19) 可知，当加权杠杆值 p_{jj} 越大，则删除第 j 个样本点前后的估计结果 $\tilde{\boldsymbol{\beta}}_W^*$ 与 $\tilde{\boldsymbol{\beta}}_W^*(j)$ 的差异就越大。因此，可以说明第 j 个样本点可能是异常点或者强影响点。同时，该式也说明了当残差 $\tilde{e}_j$ 越大，$\tilde{\boldsymbol{\beta}}_W^*$ 与 $\tilde{\boldsymbol{\beta}}_W^*(j)$ 的差异也越大。所以，残差较大的点也可能是异常点或强影响点。

（2）W-K 统计量。

W-K 统计量由 Welsch 和 Kul（1977）首先提出，主要考察删除第 i 个样本点前后拟合值的差异。定义为

$$\mathrm{WK}_i=\frac{\hat{Y}_i-\hat{Y}_i(i)}{\hat{\sigma}(i)\sqrt{h_{ii}}}=\frac{\boldsymbol{X}_i\hat{\beta}-\hat{\beta}(i)}{\hat{\sigma}(i)\sqrt{h_{ii}}} \tag{4.20}$$

下面给出模型式 (4.16) 的 W-K 统计量的计算公式。

命题 4.4.2 在模型式 (4.3) 和式 (4.16) 的假设下，W-K 统计量可以表示为

$$\mathrm{WK}_j = \sqrt{\frac{p_{jj}}{1-p_{jj}}}t_j \tag{4.21}$$

式中，$t_j = \dfrac{\tilde{e}_j}{\tilde{\sigma}(j)\sqrt{1-p_{jj}}}, \tilde{\sigma}(j) = \sqrt{\dfrac{r-p-s_j^2}{r-p-1}}\tilde{\sigma}$。

由式 (4.21) 可知，W-K 统计量可以看成是一种广义的 Cook 距离，也反映了删除第 j 个样本点前后回归系数之间的差异。

（3）AP 统计量。

AP 统计量是由 Andrews 和 Pregibon （1978）提出的，定义为

$$\mathrm{AP}_i = \frac{\mathrm{RSS}(i)|\boldsymbol{X}^{\mathrm{T}}(i)\boldsymbol{X}(i)|}{\mathrm{RSS}|\boldsymbol{X}^{\mathrm{T}}\boldsymbol{X}|} \tag{4.22}$$

式中 $\mathrm{RSS} = \sum\limits_{i=1}^{n} \hat{e}_i^2, \mathrm{RSS}(i) = \sum\limits_{i=1}^{n} \hat{e}_i^2(i)$。考虑到 $\hat{\sigma}^2 = \mathrm{RSS}/(n-p)$，则在 AP 统计量中，$\mathrm{RSS}(i)/\mathrm{RSS}$ 反映了删除前后第 i 个样本点对 σ^2 估计的影响。所以，若 $\mathrm{RSS}(i)/\mathrm{RSS}$ 越小，则说明删除第 i 个样本点前后 σ^2 的估计差异越大，即第 i 个样本点的影响越大。因此，可以认为 AP_i 越大，第 i 个样本点的影响就越大。

下面给出模型式 (4.16) 的 AP 统计量的计算公式。

命题 4.4.3 在模型式 (4.3) 和式 (4.16) 的假设下，AP 统计量可以表示为

$$\mathrm{AP}_j = (1-p_{jj})\left(1 - \frac{s_j^2}{r-p}\right) \tag{4.23}$$

由式 (4.23) 可以看出，当杠杆值 p_{jj} 越大或者残差 s_j 越大，AP_j 就越小，从而第 j 个样本点的影响就越大。

（4）似然距离。

在数据删除模型中，似然距离也是一个非常重要的诊断统计量。Cook（1977）、Pregibon（1981）、Cook 和 Weisberg（1982）以及 Cook（1986）对似然距离的提出和发展做了深入的研究。下面先介绍似然距离的定义。

$$\mathrm{LD}_i = 2\{l(\hat{\beta}) - l(\hat{\beta}(i))\}$$

其中，$l(\hat{\beta})$ 表示对数似然函数 $l(\beta)$ 在 $\beta \in \mathcal{B}$ 上的最大值，$l(\hat{\beta}(i))$ 表示删除第 i 个样本点后对数似然函数 $l(\beta(i))$ 在 $\beta \in \mathcal{B}$ 上的最大值。则似然距离 LD_i 表示删除第 i 个样本点前后这个最大值的改变量。如改变量越大，则说明第 i 个样本点对 $\hat{\beta}$ 的估计影响越大。

下面给出模型式 (4.16) 的似然距离的计算公式。

命题 4.4.4 在模型式 (4.3) 和式 (4.16) 的假设下，当 σ^2 已知时，

$$\mathrm{LD}_j = C_j(\boldsymbol{X}^{*\mathrm{T}}\boldsymbol{D}^2\boldsymbol{X}^*, \sigma^2) = \frac{(\tilde{\boldsymbol{\beta}}_W^* - \tilde{\boldsymbol{\beta}}_W^*(i))^{\mathrm{T}}\boldsymbol{X}^{*\mathrm{T}}\boldsymbol{D}^2\boldsymbol{X}^*(\tilde{\boldsymbol{\beta}}_W^* - \tilde{\boldsymbol{\beta}}_W^*(i))}{\hat{\sigma}^2} \tag{4.24}$$

当 σ^2 未知时，似然距离可以表示为

$$\mathrm{LD}_j(\boldsymbol{\beta}|\sigma^2) = r\lg\left(1 + \frac{pC_j}{r-p}\right) \tag{4.25}$$

2）基于位置漂移的诊断

本小节将讨论介绍基于位置漂移模型的异常点诊断。假设位置漂移模型为

$$Y^* = X^*\boldsymbol{\beta} + \boldsymbol{h}_j\gamma + \varepsilon^*,\quad h_j = (0,\cdots,1,\cdots,0)^{\mathrm{T}} \tag{4.26}$$

其中，$j=1,\cdots,r$，$\boldsymbol{h}_j$ 是一个第 j 个元素为 1 其余为 0 的 r 维向量。在模型中，若 γ 显著不为 0，则表明第 j 个点的位置发生漂移，这说明第 j 个点为异常点。记模型的估计为 $\tilde{\boldsymbol{\beta}}_W^*$，$\tilde{\gamma}^*$。

要判断某一样本点是否为异常点可考虑以下假设检验问题：

$$H_0:\gamma=0\ \text{ v.s. }\ H_1:\gamma\neq 0。 \tag{4.27}$$

当 γ 显著不为 0 时，则表示模型式 (4.26) 中第 j 个样本点的均值发生漂移，可以判定为异常点。关于假设检验问题 (4.27)，通常构建以下 3 个检验统计量。

（1）F 检验统计量。

$$F_j = t_j^2 = \frac{\widehat{u}_j^2}{\widehat{\sigma}^2(j)(1-p_{jj})} \sim F(1, r-p-1) \tag{4.28}$$

（2）似然比统计量。

$$\mathrm{LR}_j = -r\log(1-b_j) \tag{4.29}$$

其中，$b_j = \dfrac{s_j^2}{r-p} \sim \beta\left(\dfrac{1}{2}, \dfrac{r-p-1}{2}\right)$。

（3）Score 检验统计量。

$$\mathrm{SC}_j = \frac{\widehat{u}_j^2}{\widetilde{\sigma}^2(1-p_{jj})} \tag{4.30}$$

其中，$\widetilde{\sigma}^2 = \mathrm{RSS}/r$。

3. 实证分析

下面将通过一个实际的生物医学例子来验证本章的结论。考虑一个基因芯片数据，该数据包含 14 个老鼠样本共有 45 101 个数据集的 RNA 序列的骨骼肌干细胞数据。数据来源于美国国立卫生研究院官网，详细介绍可以参见 Sinha 等（2014）的文章。随机选取其中一只老鼠的基因数据作为响应变量 Y，其余 13 个基因数据作为自变量 X。我们希望通过构建模型式 (4.3) 来预测选定的老鼠基因数据。首先，对数据进行了标准化处理。通过计算自变量的杠杆值，会发现杠杆值非常不均匀。具体描述性统计见表 4.2。由于样本量较大，我们希望利用抽样子样本对模型进行近似估计，根据杠杆值抽取 $r=50$ 个子样本。例如，在对其中一次抽样后的诊断中发现第 22 397 个样本为异常点，将该异常点删除后重新进行估计。表 4.3 给出了上文所提到的删除异常点前后模型估计的拟合结果 R^2，可以发现，删除异常点后的模型估计 $\tilde{\boldsymbol{\beta}}_W^*(j)$ 和加权平均模型估计 $\tilde{\boldsymbol{\beta}}_{\mathrm{Hybird}}^*$ 的拟合效果相对于直接利用抽样子样本的估计 $\tilde{\boldsymbol{\beta}}_W^*$ 要好。利用相对较少的样本也可以接近全样本下的拟合效果，这说明在大数据实际应用中，可以利用本章的抽样估计方法进行处理分析问题。

表 4.2　数据描述性统计

最小值	中位数	最大值	平均值	标准差	$\frac{\text{最大值}}{\text{最小值}}$	$\frac{\text{最大值}}{\text{平均值}}$	$\frac{\text{最大值}}{\text{中位数}}$
7.06×10^{-8}	1.38×10^{-7}	1.67×10^{-2}	2.22×10^{-5}	2.12×10^{-4}	2.36×10^{5}	752	1.21×10^{-5}

表 4.3　基因数据回归模型估计拟合结果

参数	R^2
$L_1\ \widehat{Y^*}=X^*\hat{\beta}_{\text{OLS}}$	0.9930
$L_2\ \tilde{Y}^*=X^*\tilde{\boldsymbol{\beta}}^*_W$	0.9801
$L_3\ \tilde{Y}^*=X^*\tilde{\boldsymbol{\beta}}^*_W(j)$	0.9878
$L_4\ \tilde{Y}^*=X^*\tilde{\boldsymbol{\beta}}^*_{\text{Hybird}}$	0.9874

4. 小结

本节主要讨论了基于杠杆值抽样后的回归模型异常点诊断问题，介绍了数据删除模型和均值漂移模型进行统计诊断，并讨论了数据删除模型的参数估计的统计性质，从理论上证明删除模型参数估计结果近似于全样本估计结果。在模拟中，利用所介绍的诊断统计量能够准确地探测出异常值，并且比较了删除异常点前后模型的拟合效果。结果显示，基于杠杆值抽样并不能避免异常点，而异常点的存在会影响抽样的估计结果。在实际应用于生物医学数据的分析中，以上方法也得到了验证。因此，可以认为大数据抽样后的统计诊断工作具有重要的统计研究意义。

4.4.2　大数据处理技术

技术在大数据时代扮演着重要的角色: 数据流量通过共享的连接存储设备池被重定向到云；并行计算方法有助于计算更大的数据量，在相同的成本下达到更高的精度；由于数据体系结构领域新发展的实现，非结构化数据也被考虑在内。但是，似乎很少有技术可以在金融市场上广泛使用。Hadoop 无疑是在并行计算环境中管理非结构化数据最常用的平台，与 MapReduce 一起，它还允许高效的数据清理和处理，以及复杂的或要求 CPU 的计算：任务确实在多个服务器（具有自己的内存和操作系统的独立机器）之间进行分配，在本地计算，然后重新聚合结果。名为 NoSQL 的非关系数据库是第二个重要工具，它不使用结构化查询语言，并允许考虑通常不适合标准表的数据。这些工具和技术带来的创新程度是惊人的，尤其是在实时模拟和大容量预测方面。因此可以用来提高风险管理领域的时间和预测智能。Veldhoen 和 De Prins（2014）认为，不同的数据以不同的强度影响不同的风险。表 4.4 总结了他们的研究结果，从 1（影响最强的特征）到 4（影响最弱的特征）每个特征对每类风险的影响。

表 4.4　大数据特征对风险管理的影响

风险类别	数据容量	数据的速率	数据种类	数据真实性
信用风险	1	4	3	4
市场风险	3	3	4	4
操作风险	3	4	4	3
合法性风险	2	3	2	2
资产负债风险管理	2	4	3	4

这些海量的数据受可用性的限制并不能解决每一个问题。事实上，大数据给组织和监管机构带来了同样多的技术挑战和机遇（Hassani and Silva，2015），比如计算机技能，与假设/测试/模型相关的问题，或者硬件/软件的挑战。Silver（2013）认为主要的挑战是增加到信号比上噪声损害了额外数据的实际预测能力。预测技术必须能够过滤掉这些噪声，只留给模型重要的变量和数据，同时提供准确的样本外预测，而不滥用大量的预测因子（Einav and Levin，2013）。此外，Varian（2014）认为，在将大数据加入到模型中时，传统的统计技术还面临两个额外的问题：需要更高程度的数据操作以及数据之间的非线性处理。因为每个数据问题都是指数级放大的，并且大数据允许数据之间存在线性数据不同的关系。

对巨大的数据量进行情景模拟可以有效地实现风险集中和对新市场发展的更快反应。特别地，蒙特卡罗模拟是一种功能强大且灵活的工具，其挑战在于找到匹配速度和精度的最佳路径数。对模型进行模拟次数越多，精度越高，但处理速度越慢，机器内存越小。尽管已经使用了一组技术来处理这种负担，但唯一的解决方案是在许多不同的工作人员之间分割数据。幸运的是，并行计算越来越受欢迎，许多降低成本的算法都是在最近几年开发出来的（Scott et al.，2013）。因此，可以使用两种主要方法来减轻单个终端的巨大数据负担：一种是可以在同一芯片上划分出不同的核，另一种是可以通过不同的机器进行划分。在第一种情况下，分裂可以在多核 CPU 上进行，或者在并行 GPU 上进行（Scott et al.，2013）。在这两种情况中，几乎没有出现编写分裂配置的困难、对内存没有积极影响以及抽象的困难使这些方法难以使用等问题。后一种方法，将数据划分到不同的机器上可以提高处理能力和效率，但成本更高。Scott 等（2013）提出了一个解决这个问题的方法一致性蒙特卡罗（consensus Monte Carlo）：这个新模型在每个终端上运行一个单独的蒙特卡罗算法，然后在机器上平均每个模拟量。最后的结果类似于在一台机器上运行了很长时间的一组蒙特卡罗模拟。

4.4.3 大数据预测方法

为了提高预测结果的准确度，研究者已经提出许多新的方法以及从其他学科中借鉴的技术。Eklund 和 Kapetanios（2008）对所有这些方法进行了详尽的汇总并分成了 4 类：使用整个数据集进行估计的单方程模型；只使用整个数据库的一个子集进行估计的模型；模型使用部分数据集来估计多个预测的平均值，最后给出一个结论性成果；使用整个数据集的操作模型，其目的是估计一组变量。

第一类模型的应用相当广泛，并且包含了统计学中常用的一些方法，如普通最小二乘法（OLS）回归或贝叶斯回归以及多元统计领域的一些方法，如因子模型、主成分分析模型。最小二乘法回归是最常用的参数估计法，其特点是算法简单。在 OLS 模型中，当时间序列维数超过观测数时，必须使用广义逆来估计参数。在很多时候我们所面对的只有数据，但数据中潜在的概率密度函数是不知道的，其概率密度分布需要从数据中估计出来。贝叶斯回归（De Mol，Giannone and Reichlin，2008）从先验概率开始，通过增加观察到的信息来更新这种可能性，最终得到后验概率。贝叶斯回归可以使用整个数据集减少参数量并得到相对于标准估计的较低的方差。还有一类方法是因子模型（Stock and Watson，2002）和主成分分析模型。这些模型能够事先选择哪些数据具有最大的预测能力，然后用较少的变量构造预测方程。主成分分析以及它衍生出来的动态主成分分析、子空间方法是最常用的。PCA 方法通过特征向量估计所有因子的线性组合矩阵，然后只考虑权重最大的前 k 个荷载向量。如果用不同频率的谱密度矩阵代替协方差矩阵，这种方法称为动态主成分分析。子空间方法是从参数状态空间模型开始的: 一个简单的多元 OLS 模型估计系数，然后通过降秩近似得到因子（Kapetanios and Marcellino，2003）。

在第二类模型中，得到的大多数数据是嘈杂的，没有真正的意义，因此可以使用特征或变量选择模型来事前确定出比较重要的预测因子。如果需要，这类方法可以很好地避免处理大型数据集的问题。降维方法可以在最优的变量子集上使用简单的线性预测模型得到预测结果。bootstrap 方法、LASSO、LAR 是统计学中最常用的变量选择方法。bootstrap 方法需要对每个预测因子进行单变量回归，并选择使所选损失函数达到最小的模型。然后通过用剩余的因子进行第二轮回归，并再次选择使得相同损失函数最小的模型由此得到残差。重复这个过程，直到满足设定的信息标准。LASSO 是回归模型中最常用的惩罚函数。LASSO 通过使估计向量的范数小于指定的收缩阈值从而达到变量选择的目的。LAR 的思想与 bootstrap 相似，虽然在每一步不加入新的变量，但相对系数增加的量是使损失函数最小化的量。还有许多其他的变量选择方法，如逐步回归、岭回归以及机器算法中的遗传算法和模拟退火算法（Kapetanios，2007）。逐步回归从无变量（正向回归）或全变量模型（反向）开始估计模型，在每一步中添加和减去最能改善模型的变量，并不断重复这个过程，直到过程停止。相反，岭回归与 LASSO 相似，它是对回归系数的二次项惩罚来进行变量选择。遗传算法（Dorsey and Mayer，1995）是机器学习中的一种优化方法，它借鉴了进化生物学中遗传、突变、自然选择以及杂交等现象通过一些方式迭代求解，最终只选择最佳拟合特征。最后，模拟退火算法是基于蒙特卡罗迭代求解策略的一种随机寻优算法，它主要是构建一个非齐次马尔可夫链。

第三类是平均模型，主要包括贝叶斯模型平均法和频率模型平均法。虽然频率论方法需要通过似然函数构造模型的置信集，但贝叶斯模型平均方法为组合模型提供了贝叶斯框架。对预测因子和因变量之间的不同组合进行估计，并用相应的后验概率进行加权，从而获得更好的预测模型。

最后一类是使用整个数据集来估计一组变量（Carriero，Kapetanios and Marcellino，2011）。Eklund 和 Kapetanios（2008）总结了很多模型，减秩回归、贝叶斯 VAR 和多元 bootstrap 模型只是这类模型的一部分。一方面，减秩回归的原理与经典的向量自回归模型类似，但是如果数据集很大时向量自回归模型就变得非常复杂，并含有大量的冗余系数。这时，通过约束 VAR 模型中系数的矩阵远小于预测因子的数量进行秩的缩减。不同的是，减秩回归模型将信息量最大的值压缩到几个预测变量中，而 VAR 对应的贝叶斯模型则侧重于约束数据，尽管它在数据和系数确定之间保持依赖关系，仍将这些限制作为先验。另一方面，多元 bootstrap 与之前 bootstrap 非常相似。它们主要的区别在于在每一步测量中一个多元模型（而不是像简单的 bootstrap 那样的单一方程）从一个零系数矩阵开始，然后依次将能更好解释因变量的单一系数设置为非零。同样，在机器学习中常用的模型如分类决策树、袋装法、随机森林等也是处理大数据理想的工具。

综上分析，大数据预测方法见图 4.11。

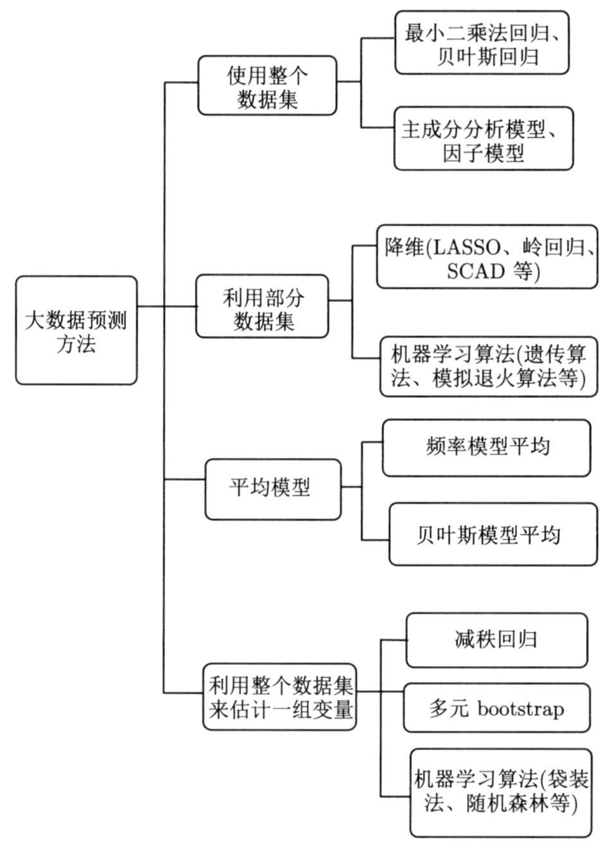

图 4.11 大数据预测方法

4.4.4 大数据下金融风险的研究现状

在大数据时代，随着人工智能的发展，数据的获得变得更加容易，如搜索数据以及论坛数据。同时，数据的形式也变得更加多样化，各种数字信息、文本信息、图片信息和语音视频信息等非结构性数据都属于大数据的范畴。大数据集已经彻底改变了人们处理每一个决策过程的方式以及研究问题的方法，也成功地应用在诸如传染扩散（Culotta，2010）、音乐专辑成功预测（Dhar and Chang，2009）以及总统选举（Tumasjan et al.，2010）等方面。对于许多领域来说，它们都能够从非结构化数据的新来源中获益。但大数据带来的最大变化之一是金融市场。比如，通过判断一个文本是否反映了积极/消极的情绪等情感分析来完成许多工作（Bollen et al.，2011；Corea and Cervellati，2015），以及在大量数据集的背景下，一些算法交易公司已经成立。存款信托清算公司发现了金融市场的许多潜在风险，比如高频交易风险、流动性和信贷风险、抵押品风险、交易对手风险等，大量数据可以帮助机构和银行解决这些风险。数据的可观性和质量的可获得性大幅提高，为我们精确度量风险和预测风险提供了数据基础。大数据催生了互联网金融的产生，它是数字时代金融创新的产品，但对待互联网金融我们要时刻抱有怀疑态度。它加速了金融的发展速度，使我们进入更加便捷的消费信贷投资的金融生态；但互联网金融的风险更加不容忽视，我们不清楚互联网金融产品的真实性和产品结构，信息的安全性值得怀疑，特别是公司平台运营的规范性、合法性等，更不必说互联网金融横跨时空运营，一旦发生金融事故，必会对社会稳定产生恶劣的影响。而且互联网金融中资金的风险杠杆值更大，风险管理通常从运营和客户关系的角度，或者以防止欺诈和信用评分为重点来处理。新的信息和技术对风险管理带来了好处，但同时，信用欺诈的现象也层出不穷。此外，大数据与金融市场相关的应用仍然不那么普遍，即使在理论上更多的信息可以得到更高的准确性，但在实践中，它也成倍地增加了系统的复杂性，使得及时识别和分析有价值的非结构化数据变得极其困难。比如，市场之间的联系总是更加紧密，这也增加了网络系统失灵的风险: 越来越多的数据可以帮助中央机构和监管机构实时预测未来危机的征兆，并及时采取行动防止或削弱危机，因此，当前比任何时候都要重视风险管理。

随着移动互联网的高速发展，结合大数据、人工智能、云计算等技术的生态融合，搭载着社交网络等现代化通信工具，对传统金融领域形成了颠覆性的影响和冲击，但相对于传统金融来讲，大数据金融面对的客户更多样化，其风险管理面临的挑战更大，对大数据金融风险管理的要求也更高。

近年来，国外对于大数据金融的研究已经有很多。尤其是基于搜索引擎用户需求数据的金融风险管理研究。行为金融学研究人员已经证明，股市可以由市场参与者的情绪驱动。比如，Edmans 等（2007）研究了国际足球比赛结果对股票收益的影响。研究指出，国足在国际比赛（世界杯、亚洲杯等）中的失利对国内股市有负面反应。例如，世界杯出局会导致下一个交易日的股票收益异常 49 个基点。这种损失效应也适用于其他运动，如板球或篮球。在过去几年里，社交媒体已成为公众讨论的热门词汇，它对学术界和金融界的吸引力不断增强。如今参与社交媒体的人数大幅增加。根据 Trendstream 全球网络指数，6.93 亿人是脸书的活跃用户，谷歌的用户是 343 亿，雅虎和推特（Twitter）的用户都大约是 280 亿。这些数字表明，如今几乎所有互联网用户都参与了社交媒体。这些由用户生成的数据在金融预测方面的应用已经得到广泛的关注。在最近的一些研究中，人们从社交媒体应用程序中提取情绪水平，以预测股票回报。一般来说，人们可以区分针对特定兴趣对象的情绪检测和情绪水平分析，即积极或消极的力量情绪状态。前一种方法侧重于测量通过分析消费者对公司的情绪评论（Tirunillai and Tellis，2012）或股票留言板的内容（Antweiler and Frank，2004），推特也被用来提取情感信息来预测商品市场和汇率（Rao and Srivastava，2012）。后一种方法侧重于研究消费者的情绪对市场、股市的影响。比如，Bollen 等（2010）、Karabulut（2011）以及 Gilbert 和 Karahalios（2010）分别通过推特、脸书和 LiveJournal 社交网络的数据研究了情绪对股市的影响。Bollen 等（2010）首先通过跟踪工具对每日 Twitter 内容的公共情绪进行测量，然后建立模糊神经网络模型对公共情绪和股市之间的关系进行建模，研究发现公共情绪对股市的预测有一定的影响。Joseph（2011）通过对在线股票搜索与股票收益之间关系的分析得出在研究股票的收益及交易量的情况下将在线股票搜索考虑在内会提高预测的精度。类似地，Bordino（2012）和 Moat 等（2014）发现一些社交网络的金融搜索数据与股市的运行相关。国内对于大数据下金融风险管理的研究也有一定的成果。比如陈辉炎（2014）研究了通信大数据在商业银行信用风险监测系统中的应用，杨虎等（2014）用相应的大数据分析法研究了互联网金融风险预警。但国内大多数相关研究仍处在理论分析阶段。

4.5 案例分析

4.5.1 稀疏 VAR 在股票收益率研究中的应用

VAR 广泛应用在对时间相依的多元时间序列建模中，但在高维数据建模中，自回归的系数膨胀可能导致噪声估计、不稳定的预测、解释上的困难等问题。在实际应用中，序列的真实模型往往具有稀疏性，因此运用稀疏 VAR 模型对高维时间序列进行建模，不仅可以解决高维数据带来的上述困难，也有利于寻找高维数据内在的真实模型。本节以 10 家公司的股票收益率为研究对象，采用三种不同的稀疏估计方法，不但分析了股票收益率之间的动态关系，而且通过实证分析展示了稀疏估计的优势。

1. 模型及参数估计

VAR 是基于数据的统计性质建立模型，VAR 模型把系统中的每一个内生变量作为系统中所有的内生变量的滞后值的函数来构造模型，从而将单个自回归模型推广到由多元时间序列变量组成的向量自回归模型。

假设有 K 个时间序列，p 阶向量自回归模型表示为 VAR（p），其数学表达式为

$$\boldsymbol{Y}_t = \boldsymbol{B}_1\boldsymbol{Y}_{t-1} + \cdots + \boldsymbol{B}_p\boldsymbol{Y}_{t-P} + \boldsymbol{V}_t \tag{4.31}$$

其中，$\boldsymbol{Y}_t = (Y_{t,1}, \cdots, Y_{t,K})^{\mathrm{T}}$，是 $(K\times 1)$ 维向量，$Y_{t,k}$ 表示在第 k 个时间序列在时刻 t 的观测；$\boldsymbol{B}_p$ 是固定的 $(K\times K)$ 的系数矩阵，$\boldsymbol{V}_t = (V_{t,1}, \cdots, V_{t,K})^{\mathrm{T}}$ 是 $(K\times 1)$ 维的向量，误差项服从正态分布 $N(0,\boldsymbol{\Sigma})$。

式 (4.31) 可以表达为一个多元回归模型

$$\begin{bmatrix} \boldsymbol{Y}_{\boldsymbol{T}}^{\mathrm{T}} \\ \vdots \\ \boldsymbol{Y}_{\boldsymbol{P}}^{\mathrm{T}} \end{bmatrix} = \begin{bmatrix} \boldsymbol{Y}_{\boldsymbol{T}-1}^{\mathrm{T}} & \cdots & \boldsymbol{Y}_{\boldsymbol{T}-\boldsymbol{P}}^{\mathrm{T}} \\ \vdots & \cdots & \vdots \\ \boldsymbol{Y}_{\boldsymbol{P}-1}^{\mathrm{T}} & \cdots & \boldsymbol{Y}_{\boldsymbol{0}}^{\mathrm{T}} \end{bmatrix} \begin{bmatrix} \boldsymbol{B}_{\boldsymbol{1}}^{\mathrm{T}} \\ \vdots \\ \boldsymbol{B}_{\boldsymbol{P}}^{\mathrm{T}} \end{bmatrix} + \begin{bmatrix} \boldsymbol{V}_{\boldsymbol{T}}^{\mathrm{T}} \\ \vdots \\ \boldsymbol{V}_{\boldsymbol{P}}^{\mathrm{T}} \end{bmatrix} \tag{4.32}$$

式 (4.32) 可以记为

$$\boldsymbol{Y} = \boldsymbol{X}\boldsymbol{B} + \boldsymbol{V} \tag{4.33}$$

系数矩阵 $\boldsymbol{B}$ 和误差项的协方差矩阵 $\boldsymbol{\Sigma}$ 是待估计的参数。

1）传统的 VAR 方法

记 $\boldsymbol{\Omega} = \boldsymbol{\Sigma}^{-1}$，则 VAR($p$) 的对数似然函数为

$$g(\Omega,\boldsymbol{B}) = \mathrm{tr}\left[\frac{1}{T-P}(\boldsymbol{Y}-\boldsymbol{X}\boldsymbol{B})^{\mathrm{T}}(\boldsymbol{Y}-\boldsymbol{X}\boldsymbol{B})\Omega)\right] - \log(|\Omega|) \tag{4.34}$$

通常可以用极大似然的方法，即对目标函数式 (4.34) 最大化来估计参数。

2）基于 LASSO 惩罚的稀疏 VAR 方法

Tibshirani（1996）提出了基于 LASSO 惩罚的变量选择方法，根据其思想，得到系数矩阵的估计为

$$\hat{\boldsymbol{B}} = \arg\min\left\{\|\boldsymbol{Y} - \boldsymbol{X}\boldsymbol{B}\|_F^2 + \lambda\sum_i\sum_j|b_{ij}|\right\} \tag{4.35}$$

具体算法可参见 Hastie 等（2015）的文章，其中阐述了利用循环梯度算法解决目标函数的最优化问题，从而大大提高了计算的效率。

3）基于 Group LASSO 惩罚的稀疏 VAR 方法

Simon 等（2013）提出了区块梯度算法，来解决 Group 惩罚的多重响应问题。针对模型式 (4.31)，基于最小二乘法的 L_1 惩罚估计为

$$\hat{\boldsymbol{B}} = \arg\min\left\{\|\boldsymbol{Y} - \boldsymbol{X}\boldsymbol{B}\|_F^2 + \lambda\|b_{k\cdot}\|_2\right\} \tag{4.36}$$

其中，F 表示 Frobenius 范数，λ 用交叉核实的方法选取。

其计算步骤大致分两步。首先，初始化 $\boldsymbol{B}=\boldsymbol{B}_0$，$\boldsymbol{R}=\boldsymbol{Y}-\boldsymbol{X}\boldsymbol{B}_0$。然后，采用迭代算法：① 令 $\boldsymbol{R}_{-k}=\boldsymbol{R}+\boldsymbol{X}_{\cdot k}\boldsymbol{B}_{k\cdot}$ $(k=1,\cdots,p)$；② 由 $\boldsymbol{B}_{k\cdot} \leftarrow \dfrac{1}{\|\boldsymbol{X}_{\cdot k}\|_2^2}\left(1-\dfrac{\lambda}{\|\boldsymbol{X}_{\cdot k}^{\mathrm{T}}\boldsymbol{R}_{-k}\|_2}\right)_+\boldsymbol{X}_{\cdot k}^{\mathrm{T}}\boldsymbol{R}_{-k}$ 更新 $\boldsymbol{B}_{k\cdot}$，且当 $\|\boldsymbol{X}_{\cdot k}^{\mathrm{T}}\boldsymbol{R}_{-k}\|_2 \leqslant \lambda$ 时，简化为 $\boldsymbol{B}_{k\cdot} \leftarrow \boldsymbol{0}$；③ 通过 $\boldsymbol{R}=\boldsymbol{R}_{-k}-\boldsymbol{X}_{\cdot k}\boldsymbol{B}_{k\cdot}$，更新 $\boldsymbol{R}$。

4）基于 Graphical LASSO 惩罚的稀疏 VAR 方法

利用 Rothman 等（2010）提出的方法，针对模型式 (4.31)，考虑不同时间序列之间存在相关性，则基于对数似然函数的 L_1 惩罚估计为

$$\begin{aligned}(\hat{\boldsymbol{B}},\hat{\boldsymbol{\Omega}}) = \arg\min\Bigg\{&\operatorname{tr}\left[\frac{1}{T-P}(\boldsymbol{Y}-\boldsymbol{X}\boldsymbol{B})^{\mathrm{T}}(\boldsymbol{Y}-\boldsymbol{X}\boldsymbol{B})\boldsymbol{\Omega}\right] - \log(|\boldsymbol{\Omega}|) + \lambda_1\sum_{j'\neq j}|\omega_{jj'}| + \\ &\lambda_2\sum_i\sum_j|b_{ij}|\Bigg\}\end{aligned} \tag{4.37}$$

其中，$\omega_{jj'}$ 是矩阵 $\boldsymbol{\Omega}$ 中的元素，b_{ij} 是矩阵 $\boldsymbol{B}$ 中的元素，λ_1 和 λ_2 是调节参数，用交叉核实的方法选取。

对参数 $\boldsymbol{B}$ 和 $\boldsymbol{\Omega}$ 采用迭代算法：

（1）计算 $\hat{\boldsymbol{B}}^{(r+1)} = \hat{\boldsymbol{B}}(\hat{\boldsymbol{\Omega}}^{(r)})$；

（2）计算 $\hat{\boldsymbol{\Omega}}^{(r+1)} = \hat{\boldsymbol{\Omega}}(\hat{\boldsymbol{B}}^{(r+1)})$；

（3）设置收敛条件。

当 VAR（p）模型中的 K 和 p 较大时，待估参数的个数很多，会导致估计有噪声、预测不稳定，并且不容易解释。而在大多应用中，序列的真实模型是稀疏的，即非零系数的个数很少。因此，当自回归系数的非零个数很少时，利用稀疏的向量自回归模型拟合是一个不错的选择。

基于惩罚函数的变量选择方法越来越受到统计学者的关注，这类方法是在最小二乘法或者极大似然目标函数加上或者减去惩罚函数而得到新的目标函数，然后最优化目标函数，进而得到参数的估计。这种方法的优点在于参数估计和变量选择同时进行，大大提高了计算速度。式 (4.35)、式 (4.36) 和式 (4.37) 是对 VAR（p）模型三种不同的稀疏估计方法，尽

管其得到的估计结果和预测效果存在差异，但都表现出了稀疏 VAR 的优势，下面会通过具体的目标问题及实证结果进行分析。

2. 数据说明

本章使用的数据为 2015 年上海证券交易所每日股票价格收盘指数，共有 244 个观测，包含的股票有中国石油化工股份有限公司（石油）、中国石油天然气股份有限公司（石化）、中国建筑股份有限公司（建筑）、中国工商银行股份有限公司（工行）、中国联合通信有限公司（联通）、上海汽车集团股份有限公司（上汽）、中国铁建股份有限公司（铁建）、中国建设银行股份有限公司（建行）、中国农业银行股份有限公司（农行）、中国平安保险（集团）股份有限公司（平安）。本章的研究目标是股票的收益率，所以对每只股票的收盘价取对数，然后做差分，得到这 10 只股票的日度收益率数据。

表 4.5 是对这 10 只股票的日度收益率数据的描述汇总。表格中的描述统计量包括最大值、最小值、均值和标准差。从表 4.5 可知，这 10 只股票在 2015 年内，收益率变动大体相似。收益率最大值均在 0.095 附近；最小值中，除平安跌到 −0.79，其他 9 只股票表现一致，均在 −0.1 附近。从数据可知，平安在 2015 年有过大幅下跌的情况。均值方面，10 只股票 2015 年的平均收益率均为负值，其中平安为 −0.003，为最低平均收益。

表 4.5　数据基本描述

变量	最大值	最小值	均值	标准差
石化	0.095 544 0	−0.105 807 0	−0.001 499 1	0.028 574 22
石油	0.095 384 2	−0.105 243 7	−0.001 454 5	0.030 084 59
建筑	0.095 936 9	−0.105 693 2	−0.000 602 7	0.039 177 81
工行	0.095 310 2	−0.104 282 3	−0.000 410 2	0.024 332 38
联通	0.095 310 2	−0.116 287 2	−0.000 400 6	0.029 037 62
上汽	0.095 464 0	−0.110 865 0	−0.000 441 2	0.030 677 91
铁建	0.095 494 8	−0.105 584 7	−0.000 439 7	0.046 113 35
建行	0.095 444 1	−0.105 766 1	−0.000 740 8	0.028 302 44
农行	0.095 051 2	−0.104 233 1	−0.000 765 1	0.024 581 27
平安	0.095 448 1	−0.790 792 0	−0.003 083 6	0.058 639 35

3. 多变量时间序列的平稳性检验

为了避免伪回归的产生，对各个变量的时间序列进行平稳性检验，本章用 ADF 检验

$$\Delta Y_t = \alpha + \beta T + (\rho - 1)Y_{t-1} + \sum_{i=1}^{p} \beta_i \Delta Y_{t-i} + \nu_t$$

其中，α 为截距项，T 为趋势项，Δ 为一阶差分，ν_t 表示随机扰动项，依据 AIC、SC 等准则进行滞后项 p 的选择。此处 Y_t 是股票收盘价取自然对数后做差分，为股票的收益率。其检验结果见表 4.6，可以看出各序列都是平稳的。

表 4.6　ADF 单位根检验结果

变量	滞后阶数	ADF 值	临界值 1%	临界值 5%	临界值 10%	单位根检验结果
石化	0	−15.109 3	−2.58	−1.95	−1.62	平稳
石油	0	−15.498 7	−2.58	−1.95	−1.62	平稳
建筑	0	−13.834 6	−2.58	−1.95	−1.62	平稳
工行	0	−16.061 4	−2.58	−1.95	−1.62	平稳
联通	0	−16.056	−2.58	−1.95	−1.62	平稳
上汽	0	−13.955 1	−2.58	−1.95	−1.62	平稳
铁建	0	−13.987 7	−2.58	−1.95	−1.62	平稳
建行	0	−16.582 2	−2.58	−1.95	−1.62	平稳
农行	0	−15.640 6	−2.58	−1.95	−1.62	平稳
平安	0	−14.722 8	−2.58	−1.95	−1.62	平稳

4. 模型建立

把数据分为训练集和测试集：2015 年上半年的日度数据作为训练集，下半年的日度数据作为测试集。用训练集做拟合，估计参数；用测试集来评估模型的预测效果。下面做了不同的模型设置，并用不同的方法得到 VAR 模型的估计：

（1）基于传统的 VAR 方法，由式 (4.34) 得到的估计，记作 VAR.TRA；

（2）基于 LASSO 惩罚的稀疏 VAR 方法，由式 (4.35) 得到的稀疏估计，记作 VAR.LASSO；

（3）基于 Group LASSO 惩罚的稀疏 VAR 方法，由式 (4.36) 得到的稀疏估计，记作 VAR.GLASSO；

（4）基于 Graphical LASSO 惩罚的稀疏 VAR 方法，由式 (4.37) 得到的稀疏估计，记作 VAR.MRCE。

上述 4 种方法分别给出了系数矩阵 $\boldsymbol{B}$ 的估计，其中 VAR.MRCE 也给出矩阵 $\boldsymbol{\Omega}$ 的估计；3 种稀疏估计的方法需要选择调节参数，这里利用交叉核实的技术。

为了比较传统 VAR 模型和稀疏 VAR 模型的预测效果，利用测试集数据计算每只股票向前 l 步的预测均方误差（mean square error of prediction，PMSE）：

$$\text{PMSE}(l) = \frac{1}{T}\sum_{t=1}^{\text{T}}(\hat{Y}_{t+l} - Y_{t+l})^2 \tag{4.38}$$

这里计算了 $l = 1, 2, 3$ 的情形，PMSE(l) 越小，说明预测效果越好。

5. 结果分析

本章对 10 只股票的收益率数据，分别运用传统 VAR 方法、基于 LASSO 惩罚的稀疏 VAR 方法、基于 Group LASSO 惩罚的稀疏 VAR 方法，以及基于 Graphical LASSO 惩罚的稀疏 VAR 方法 4 种方法进行建模，从参数估计、变量选择和预测精度 3 个角度进行分析，比较 4 种方法的建模效果。

首先，从参数估计角度进行比较，表 4.7 和表 4.9∼ 表 4.11 分别展示了传统 VAR 模型和 3 种不同惩罚的稀疏 VAR 模型的系数矩阵 $\boldsymbol{B}$ 的估计，展现了不同股票收益率之间的动态关系。由于所使用的估计方法不同，所以估计结果也呈现了不同的特点。表 4.7 为传统 VAR 估计所得结果，由于传统 VAR 模型无法识别出稀疏系数，因此系数矩阵中无 0 元素，

即第 t 期的每只股票收益率均由所有股票 $t-1$ 期收益率作为协变量所表示。表 4.8 展现了以第 t 期石化为响应变量的系数显著性，可以看出，在 $t-1$ 期的系数中，大部分的回归系数并不具有统计显著性。同时，由于时间序列的维数 K 较大，系数个数较多，不同股票收益率之间所展现的动态关系不清晰、不易解释。表 4.9 展示了 VAR.LASSO 方法所得到的估计系数，此方法对每个时间序列分别建模，做系数估计。以石化股票收益率为例，只有工行、上汽、铁建 3 只股票的 $t-1$ 期收益率对石化股票的 t 期收益率有影响，相比传统 VAR 模型，VAR.LASSO 方法在稀疏性上有所进步，但此方法的缺点在于对多元时间序列分别建模，没有考虑各个序列或者不同响应之间的相关关系。表 4.10 展示了 VAR.GLASSO 方法所得到的估计。对 10 只股票收益率同时建模，找到对其有共同影响的协变量。即对第 t 期 10 只股票收益率有影响的共同协变量是工行、上汽、铁建、建行 4 只股票。表 4.11和表 4.12 分别展示了 VAR.MRCE 方法所得到的矩阵 $\boldsymbol{B}$ 和 $\boldsymbol{\Omega}$。方法 VAR.MRCE 在对 10 只股票的收益率一起建模的同时，也考虑不同序列之间的相关关系，对其分布的对数极大似然加 L_1 惩罚，得到系数矩阵和协方差矩阵逆矩阵的估计。表 4.12 中，非零元素 (i,j) 意味着 ϵ_i 和 ϵ_j 在给定其他误差的情况下是相关的，对于本章所研究的具体问题，$\boldsymbol{\Omega}$ 的估计是对角矩阵，各只股票收益率在 t 期是不相关的。

表 4.7　VAR.TRA 得到的矩阵 $\boldsymbol{B}$ 的估计

	（截距）	石化	石油	建筑	工行	联通	上汽	铁建	建行	农行	平安
石化	0	0.2825	−0.3198	−0.0464	1.1162	−0.7304	0.1274	0.0647	−0.5052	0.0493	0.1945
石油	0	0.1803	−0.1824	−0.1043	1.4009	−0.5707	0.0827	0.0485	−0.7624	−0.0372	0.1046
建筑	0	0.4226	−0.2093	−0.1152	0.1910	0.9081	0.2954	0.0107	0.2257	0.2885	0.1409
工行	0	0.1886	−0.1786	−0.1094	1.0103	−0.5870	−0.0040	0.1139	−0.3229	−0.2503	0.1846
联通	0	0.1651	−0.1296	−0.0926	0.5871	−0.7764	0.1452	0.0936	−0.3215	0.2780	0.2153
上汽	0	−0.1231	−0.0456	−0.0043	0.8674	−0.4502	0.1001	0.0524	−0.0890	−0.3163	0.0614
铁建	0	0.1043	0.2404	−0.2444	0.1823	−0.8575	0.0722	0.0789	0.1816	0.4994	0.2554
建行	0	0.1416	−0.1290	−0.0551	0.8350	−0.7264	−0.0688	0.0758	−0.2242	−0.0407	0.2162
农行	0	0.0326	0.0273	−0.1096	0.7021	−0.6459	0.0575	0.1387	−0.1385	−0.1412	0.1748
平安	0	0.0371	−0.2110	−0.0629	0.7954	−0.5077	0.0854	0.1314	−0.0312	−0.3733	0.0877

表 4.8　t 期石化为响应变量

	估计	标准差	t 值	Pr(> |t|)
(常数)	−0.000 02	0.0026	−0.008	0.993 53
石化	0.2825	0.2598	1.087	0.279 28
石油	−0.3198	0.2122	−1.507	0.134 67
建筑	−0.0464	0.1178	−0.394	0.694 15
工行	1.1160	0.3800	2.938	0.004 03**
联通	−0.7305	0.2251	−3.245	0.001 55**
上汽	0.1275	0.1625	0.784	0.434 52
铁建	0.0647	0.0939	0.690	0.491 87
建行	−0.5052	0.2588	−1.952	0.053 48
农行	0.0493	0.3997	0.123	0.902 10
平安	0.1945	0.1736	1.121	0.264 82

** 在名义水平为 0.05 上显著

表 4.9　VAR.LASSO 得到的矩阵 B 的估计

	(截距)	石化	石油	建筑	工行	联通	上汽	铁建	建行	农行	平安
石化	−0.0015	0	0	0	−0.0497	0	−0.0827	0.1588	0	0	0
石油	−0.0015	−0.1284	0	0	−0.0285	0	−0.0600	0.2236	0	0	0
建筑	−0.0005	0	0	0	0	0	0	0	0	0	0
工行	−0.0004	0	0	0	0	0	0	0.0538	0	0	0
联通	−0.0004	0	0	0	−0.1197	0	0	0.1129	−0.0453	0	0
上汽	−0.0004	0	0	0.0069	0	0	0	0.1004	0	0	0
铁建	−0.0004	0	0	0	0	0	0	0	0	0	0
建行	−0.0007	0	0	0	0	0	0	0.0114	0	0	0
农行	−0.0007	0	0	0	−0.0818	0	0	0.0980	0	0	0
平安	−0.0030	0	0.0571	0	0	0	0	0.1688	−0.1578	0	0

表 4.10　VAR.GLASSO 得到的矩阵 B 的估计

	(截距)	石化	石油	建筑	工行	联通	上汽	铁建	建行	农行	平安
石化	−0.0015	0	0	0	−0.0468	0	−0.0036	0.1389	−0.0442	0	0
石油	−0.0014	0	0	0	−0.0474	0	−0.0031	0.1609	−0.0555	0	0
建筑	−0.0005	0	0	0	−0.0572	0	−0.0018	0.1026	−0.0433	0	0
工行	−0.0004	0	0	0	−0.0360	0	−0.0006	0.1014	−0.0287	0	0
联通	−0.0004	0	0	0	−0.0718	0	−0.0001	0.1311	−0.0932	0	0
上汽	−0.0004	0	0	0	−0.0311	0	0.0006	0.1482	−0.0307	0	0
铁建	−0.0004	0	0	0	−0.0347	0	−0.0045	0.1052	−0.0593	0	0
建行	−0.0007	0	0	0	−0.0470	0	−0.0009	0.1262	−0.0692	0	0
农行	−0.0008	0	0	0	−0.0545	0	−0.0010	0.1247	−0.0575	0	0
平安	−0.0031	0	0	0	−0.0239	0	−0.0028	0.2022	−0.1277	0	0

表 4.11　VAR.MRCE 得到的矩阵 B 的估计

	(截距)	石化	石油	建筑	工行	联通	上汽	铁建	建行	农行	平安
石化	−0.0014	0	0	0	0	0	−0.0714	0.1443	0	0	0
石油	−0.0014	−0.0651	0	0	0	0	−0.0150	0.1718	0	0	−0.0090
建筑	−0.0005	0	0	0	0	0	0	0.0318	0	0	0
工行	−0.0003	0	0	0	−0.0183	0	0	0.0903	0	0	0
联通	−0.0004	0	0	0	−0.0325	0	0	0.1295	−0.1145	0	0
上汽	−0.0003	0	0	0	0	0	0	0.1323	0	0	0
铁建	−0.0004	0	0	0	0	0	0	0.0061	0	0	0
建行	−0.0007	0	−0.0162	0	0	0	0	0.1170	−0.0590	0	0
农行	−0.0007	0	0	0	−0.0915	0	0	0.1327	−0.0234	0	0
平安	−0.0031	0	0	0	0	0	0	0.0527	0	0	0

其次，从变量选择角度进行比较，表 4.13 展示了在 4 种 VAR 方法建模中，对 10 只股票收益率 t 期数据来说，每只股票收益率 $t-1$ 期变量系数不为 0 的次数，即变量选择的效果。总体来说，VAR.LASSO 和 VAR.MRCE 方法稀疏效果最优，其次为 VAR.GLASSO 方法，而 VAR.TRA 方法则无法起到变量选择的效果。具体来看，联通和农行股票收益率在 3 种稀疏 VAR 模型中不被选择，说明两只股票的 $t-1$ 期收益率对 10 只股票 t 期

收益率基本无影响，同时也可以看出，石化、石油、建筑、平安 4 只股票对总体影响较小，而工行、上汽、铁建、建行 4 只股票的 $t-1$ 期收益率对 10 只股票 t 期收益率影响较大。

表 4.12 VAR.MRCE 得到的矩阵 Ω 的估计

	石化	石油	建筑	工行	联通	上汽	铁建	建行	农行	平安
石化	1329.53	0	0	0	0	0	0	0	0	0
石油	0	1222.76	0	0	0	0	0	0	0	0
建筑	0	0	656.89	0	0	0	0	0	0	0
工行	0	0	0	1773.33	0	0	0	0	0	0
联通	0	0	0	0	1292.87	0	0	0	0	0
上汽	0	0	0	0	0	1135.42	0	0	0	0
铁建	0	0	0	0	0	0	470.89	0	0	0
建行	0	0	0	0	0	0	0	1331.88	0	0
农业	0	0	0	0	0	0	0	0	1822.85	0
平安	0	0	0	0	0	0	0	0	0	294.42

表 4.13 不同方法所得到的变量选择结果

	VAR.TRA	VAR.LASSO	VAR.GLASSO	VAR.MRCE	汇总
石化	10	1	0	1	12
石油	10	1	0	1	12
建筑	10	1	0	0	11
工行	10	4	10	3	27
联通	10	0	0	0	10
上汽	10	2	10	2	24
铁建	10	8	10	10	38
建行	10	2	10	3	25
农行	10	0	0	0	10
平安	10	0	0	1	11
汇总	100	19	40	21	180

最后，从预测精度角度比较，表 4.14 展示了当 $L=1,2,3$ 时，不同方法下的预测均方误差。预测均方误差越小，表明预测效果越好。从表 4.14 展示的结果来看，3 种稀疏 VAR 模型的预测均方误差较为接近，均小于传统 VAR 模型，且随着步数的增加，稀疏 VAR 模型优于传统 VAR 模型的效果越显著。

6. 结论

当对高维时间序列进行建模时，VAR 模型系数的膨胀导致在模型估计、预测、解释上都存在缺陷。在许多实际应用中，模型的系数往往是稀疏的，因此传统 VAR 模型无法对高维数据进行较好的拟合。为了克服高维数据建模的困难，也为了更好地拟合出真实模型，本节运用 3 种基于不同惩罚的稀疏 VAR 模型，研究了 2015 年中国 500 强排行榜中前 10 家公司的股票收益率，展示了股票收益率之间的动态关系，同时比较了传统 VAR 模型与稀疏 VAR 模型在参数估计、变量选择和预测精度上的表现，结果显示，稀疏 VAR 模型无论在参数估计、变量选择还是预测精度上，均优于传统的 VAR 模型。

表 4.14　不同方法下，向前 l 步的预测均方误差（$\times 10^{-3}$）

		VAR.TRA	VAR.LASSO	VAR.GLASSO	VAR.MRCE
$l=1$	石化	0.8944	0.8010	0.7353	0.7668
	石油	0.8786	0.8238	0.7579	0.7864
	建筑	1.4482	1.2728	1.2599	1.2555
	工行	0.8331	0.5585	0.5672	0.5707
	联通	0.9978	0.6443	0.6291	0.6565
	上汽	1.3197	1.2354	1.1973	1.2012
	铁建	1.9816	1.7938	1.7474	1.7404
	建行	1.0539	0.7457	0.7599	0.7657
	农行	0.8422	0.6360	0.5856	0.6088
	平安	5.9394	5.8921	5.8936	5.8903
$l=2$	石化	1.3087	0.7492	0.7392	0.7545
	石油	1.1968	0.7446	0.7516	0.7586
	建筑	1.9077	1.2596	1.2622	1.2613
	工行	0.9021	0.5620	0.5550	0.5631
	联通	0.8919	0.5038	0.5124	0.5079
	上汽	1.3456	1.1522	1.1400	1.1551
	铁建	2.7021	1.7321	1.6780	1.6820
	建行	1.0297	0.6648	0.6492	0.6522
	农行	0.7651	0.5119	0.5171	0.5101
	平安	6.0303	5.9067	5.9092	5.8977
$l=3$	石化	1.0612	0.6766	0.6508	0.6575
	石油	0.9523	0.6889	0.6652	0.6697
	建筑	1.7450	1.2549	1.2737	1.2589
	工行	0.7835	0.5338	0.5370	0.5375
	联通	0.7834	0.5389	0.5289	0.5404
	上汽	1.3350	1.2310	1.1838	1.1930
	铁建	2.2897	1.7255	1.7071	1.6949
	建行	0.9051	0.6061	0.6167	0.6245
	农行	0.6514	0.5756	0.5220	0.5384
	平安	5.8950	5.8372	5.8345	5.8312

4.5.2　基于经验分布的混合连接函数及其在金融风险管理中的应用

Copula 函数（连接函数）是构造多元分布、考察随机变量间相依结构的常用工具，经常被应用到金融领域，可用来研究一个资产组合中资产的相关结构，拟合金融资产的价格分布。Mixed Copula 函数（混合连接函数）能更灵活地对数据进行估计并描述变量间的相依结果。本节利用典则最大似然（canonical maximum likelihood，CML）估计法和弹性网方法的惩罚项构建惩罚对数似然函数，对混合连接函数中的函数形式进行选择，并进行相关的参数估计。最后，根据混合连接函数模型使用蒙特卡罗模拟法估计 VaR，实现风险管理的应用。

1. 数据说明

研究实际数据的理想状态是选择一只投资于股票市场的证券投资型基金作为投资组合，可以知道基金中各种资产的价值，即变量 $X_1,\cdots,X_p$ 的取值，同时由于存在基金总价值的变量，$\sum\limits_{i=1}^{p} w_iX_i$ 可知。通过对 $X_1,\cdots,X_p$ 取值的研究得到连接函数模型后，进而获得 VaR 估计，并且可以直接根据基金总价值获得 VaR 估计，将两者相比可以判断模型效果。然而，实际生活中，一只基金往往投资于多个领域。比如大家熟悉的天弘余额宝基金，投资于短期融资券、银行定期存款、中央银行票据、债券、资产支持证券等多个领域。此外，基金投资于各领域的资产时常变动。即使是证券投资型基金，在不同时间段内投资的证券种类也是不同的；在一定时间内，证券投资种类相同而投资份额可能发生变化。这些权重的改变增加了模型的复杂性，不能确定一个合适的权重也就无法做出估计。因此选择真实基金作为实证研究对象在一定程度上难以实现。

本节选择上证综指与深证综指作为研究对象，假定一个等量投资于这两只股指的投资组合，每份投资组合的收益 $L=w_1X_1+w_2X_2$，其中 $w_1+w_2=0.5$。根据这两只股指的表现选择连接函数。上证综指全称为上海证券综合指数，是一种加权综合股价指数，计算范围包括上海证券交易所全部挂牌上市的股票，权数为发行量。其基日为 1990 年 12 月 19 日，基日指数定为 100 点。深证综指即深证综合指数，计算范围包括深圳证券交易所全部挂牌上市的股票，依旧以发行量为权数的加权综合股价指数。基日为 1991 年 4 月 3 日，基日指数为 100 点。

本节的数据来源于 RESSET 金融研究数据库，它包括股票、基金等系列从 1990 年至今的数据。本节分别选择 2010—2015 年每周上证综指与深证综指的收盘价和 2014—2015 年两种指数的日收盘价进行分析。

2. 模型及估计

CML 估计法的重点在于 $F_i(x_i)$ 估计值的选择。

假设样本数据为 $(n\times p)$ 维矩阵，包括 p 个变量在 n 个时期的观测。使用 CML 估计法估计连接函数的具体步骤可分为两步。

首先，根据变量 X_j 的经验分布函数 $F_j(x)=\dfrac{1}{n}\sum(i=1)^nI(x_{ij}\leqslant x)$，计算 $(n\times p)$ 维样本数据阵 $(x_{ij})(n\times p)$ 的分布，用 $(\hat{u}_{ij})(n\times p)$ 表示。

其次，将 $\hat{u}_{ij}$ 代入对数似然函数表达式，通过最大化对数似然函数来估计参数 θ，即 $\theta=\arg\max\sum\limits_{i=1}^{n}\ln c(\hat{u}_{i1},\cdots\hat{u}_{ip};\theta)$。

在根据 CML 估计法获得 $\hat{u}_i$ 后，获得经验密度函数

$$f(\hat{\boldsymbol{u}};\boldsymbol{\lambda},\boldsymbol{\theta})=\sum_{k=1}^{s}\lambda_kc_k(\hat{u}_1,\cdots,\hat{u}_p;\theta_k) \tag{4.39}$$

其中，$\hat{u}_j=F_j(x)=\dfrac{1}{n}I(x_{ij}\leqslant x),j=1,2,\cdots,p$，$\lambda_k,\theta_k$ 分别为第 k 种连接函数的权重和参数。在式 (4.39) 的基础上增加与弹性网相似的惩罚项和拉格朗日算子，得到惩罚对数似然函数

$$Q(\boldsymbol{\phi})=\sum_{t=1}^{\mathrm{T}}\ln\left[\sum_{k=1}^{s}\lambda_kc_k(\hat{u}_{t1},\cdots,\hat{u}_{tp};\theta_k)\right]+$$

$$T \cdot \eta \sum_{k=1}^{s} [\alpha|\lambda_k| + (1-\alpha)\lambda_k^2] + \delta \left(\sum_{k=1}^{s} \lambda_k - 1 \right) \tag{4.40}$$

通过最大化式 (4.40)得到估计量 $\boldsymbol{\phi}^{\mathrm{T}} = (\boldsymbol{\lambda}^{\mathrm{T}}, \boldsymbol{\theta}^{\mathrm{T}})$，从而获得 $(X_1, \cdots, X_P)^{\mathrm{T}}$ 的联合分布。

本节借鉴弹性网模型的使用方法，在给定 α 时，计算不同的 η 下得到的模型参数，并通过 AIC 统计量从多个模型中得到最优模型

$$\mathrm{AIC} = 2k - 2\ln(L)$$

其中，k 是选择出的连接函数的个数，L 是给定模型对应的似然函数。

在给定 α 和 η 下，该对数似然满足

$$\frac{\partial Q(\boldsymbol{\phi})}{\partial \lambda_k} = \frac{\partial Q(\boldsymbol{\phi})}{\partial \theta_k} = \frac{\partial Q(\boldsymbol{\phi})}{\partial \delta} = 0$$

$$\frac{\partial Q(\boldsymbol{\phi})}{\partial \lambda_k} = \sum_{t=1}^{\mathrm{T}} \frac{c_k(\hat{u}_t; \theta_k)}{f(\hat{u}_t; \boldsymbol{\theta}, \boldsymbol{\lambda})} + T \cdot \eta[\alpha + 2(1-\alpha)\lambda_k] + \delta = 0 \tag{4.41}$$

其中，$c_k(\hat{u}_t; \theta_k) = c_k(\hat{u}_{t1} \ \cdots \ \hat{u}_{tp}; \theta_k)$。对式 (4.41) 两端同时乘 λ_k，得

$$\frac{\partial Q(\boldsymbol{\phi})}{\partial \lambda_k} = \sum_{t=1}^{\mathrm{T}} \frac{\lambda_k c_k(\hat{u}_t; \theta_k)}{f(\hat{u}_t; \boldsymbol{\theta}, \boldsymbol{\lambda})} + T \cdot \eta[\alpha\lambda_k + 2(1-\alpha)\lambda_k^2] + \delta\lambda_k = 0 \tag{4.42}$$

对不同的 $k \in \{1, \cdots, s\}$，有 s 个不同的式 (4.42)，对其加和，结合 $\sum\limits_{k=1}^{s} \lambda_k = 1$ 得到

$$T + T \cdot \eta \left[\alpha + 2(1-\alpha) \sum_{k=1}^{s} \lambda_k^2 \right] + \delta = 0 \tag{4.43}$$

则

$$\delta = -T - T \cdot \eta \left[\alpha + 2(1-\alpha) \sum_{k=1}^{s} \lambda_k^2 \right] \tag{4.44}$$

又由式 (4.42) 得到

$$\lambda_k = \left\{ \sum_{t=1}^{\mathrm{T}} \frac{\lambda_k c_k(\hat{u}_t; \theta_k)}{f(\hat{u}_t; \boldsymbol{\theta}, \boldsymbol{\lambda})} + T \cdot \eta[\alpha\lambda_k + 2(1-\alpha)\lambda_k^2] \right\} \delta^{-1} \tag{4.45}$$

在设定第一组 λ_i 后，可以通过非线性规划、拟牛顿法等得到对应的 θ_i，然后通过对式 (4.45)的不断迭代至收敛可以得到对应的 λ。

3. 结果分析

1）2010—2015 年上证综指与深证综指分析

图 4.12 为 2010 年初—2015 年末上证综指与深证综指周收盘价的走势图。可以看到，两条曲线的走势十分相似。从 2010 年 7 月的一次波动后，上证综指与深证综指均保持相对缓慢的速度下降，至 2014 年中，股指开始上升。2015 年上半年，股指迅速升高，上证综指突破 5000 点，深证综指也从 1000 点左右升高到 3000 点以上。然而在 2015 年 6 月

19 日，大盘暴跌，一度跌破 6%，上海、深圳两市近千只股票跌停，此后一路暴跌，直至 9 月才有回升趋势。初步计算，两种指数之间的线性相关系数为 0.91，具有很强的相关性，接下来计算两者的相依结构。

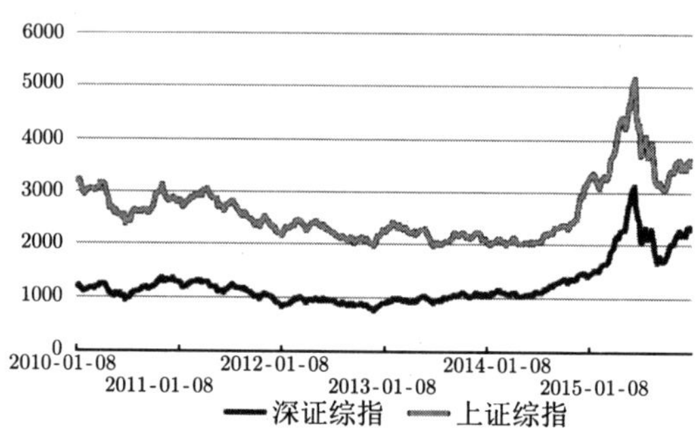

图 4.12 上证综指与深证综指走势图

图 4.13 为将上证综指与深证综指根据经验分布对应到 $[0,1]$ 区间后，根据各时点的上证综指与深证综指取值画出的散点图。由于两种指数取较高值的区间均为 2015 年 3—8 月的较短区间，而取较低值的时间长达数年，因此图形在上尾部的分布极为集中，而在 $[0\quad 0.8]^2$ 区间上的分布较为分散。这种分布状态与 Gumbel 连接函数分布状态较为相似，满足上尾高、下尾低。

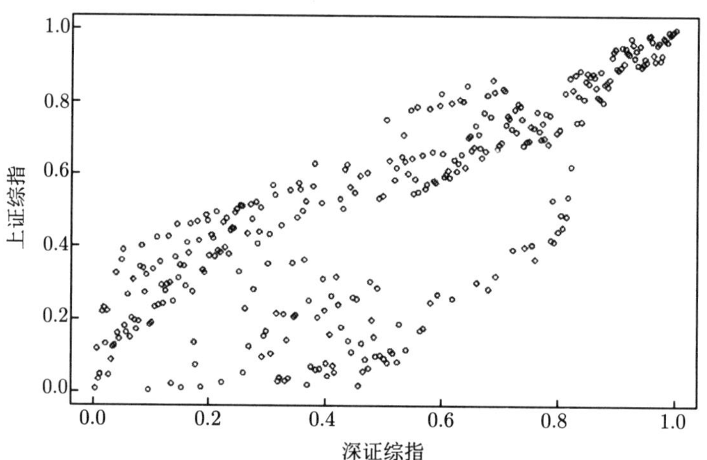

图 4.13 Gumbel 连接函数概率密度图（$\theta = 2.522$）

同样使用惩罚对数似然函数从 4 种单参数连接函数中选择连接函数并估计参数。在 $\alpha = 0.5$ 时，不同 η 对应的 λ 迭代结果如表 4.15 所示。可以看到，η 取值在（0.02，0.20）范围内，选择出的模型相同，均为 Gumbel 连接函数，同时获得 Gumbel 连接函数中参数为 2.522，即所获得的模型为

$$C(u_1, u_2; \theta) = C_{\mathrm{Gu}}(u_1, u_2; 2.522)$$

使用混合连接函数惩罚对数似然方法估计，得到的连接函数模型为单一 Gumbel 连接函数，即认为在这种情况下，单独使用 Gumbel 连接函数的效果优于混合连接函数。

表 4.15　λ 迭代结果

η	λ_1	λ_2	λ_3	λ_4	AIC
0.02	8.3×10^{-8}	1	6.6×10^{-9}	4.5×10^{-8}	−385.29
0.03	8.4×10^{-8}	1	8.3×10^{-9}	7.5×10^{-8}	−385.29
0.04	5.7×10^{-8}	1	7.6×10^{-9}	7.0×10^{-8}	−385.29
0.05	7.03×10^{-8}	1	8.29×10^{-9}	6.61×10^{-8}	−385.29
0.10	2.71×10^{-8}	1	1.54×10^{-8}	2.44×10^{-8}	−385.29
0.15	1.67×10^{-8}	1	1.14×10^{-8}	1.66×10^{-8}	−385.29
0.20	1.44×10^{-8}	1	1.04×10^{-8}	1.31×10^{-8}	−385.29

表 4.16 是使用 4 种单一连接函数对数据模拟得到的结果，第二列为连接函数中的参数值，第三列为对应估计的对数似然值。这 4 种连接函数获得的结果中，Gumbel 连接函数的效果是最好的，与表 4.15 得到的结果相同，对数似然为 193.6；Clayton 连接函数得到的结果是最差的，因为 Clayton 连接函数的特点是上尾低、下尾高，与数据分布严重不符。

表 4.16　各连接函数对应估计结果表

连接函数	θ	$\ln L$	VaR
Gauss	0.759	119.283	1178
Gumbel	2.522	193.645	1219
Clayton	1.010	65.078	1026
Frank	7.188	147.332	1174

表 4.16 的第四列为分别使用 4 种连接函数对 VaR 估计的结果。根据连接函数生成 1000 组上证综指与深证综指的组合，以 2015 年最后一周收盘价为基准，上证综指与深证综指分别为 3539、2309，每份投资组合价值 2924，计算在未来一周内每份投资组合的损益并估计 VaR。使用 Gumbel 连接函数得到的 VaR 估计最高，Gauss 连接函数、Frank 连接函数得到的 VaR 估计值极为接近，Clayton 连接函数得到的估计值最低。这与连接函数的分布形式有关，Gumbel 连接函数上尾高，Gauss 连接函数、Frank 连接函数均为对称分布，Clayton 连接函数下尾高。

图 4.13 是 $\theta = 2.522$ 的 Gumbel 连接函数对应的随机生成数据的散点图。它与图 4.14 的相似性极高，都表现出上尾高、下尾低、中间数据分散的特点；然而相对于图 4.14，图 4.13 的分布更加分散。

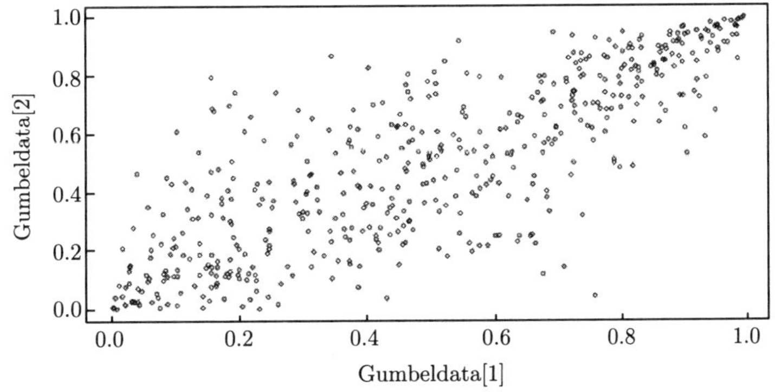

图 4.14　上证综指与深证综指分布散点图

当连接函数为 Gumbel 函数时，生成 1000 组上证综指与深证综指的组合得到未来一周的损失分布如图 4.15 所示。即每份投资组合价值为 2924 时，损失的最大值低于 2000，而收益呈拖尾状态，可能达到 5000。图 4.15 中损失的主要分布区间为 [−2000，1500]，根据数据可算出 90%的损失分布在 [−1964，1219] 的区间内。2016 年首周，上证综指与深证综指的收盘价分别为 3125、1958，计算得实际损失 765。实际数据的结果并不能拒绝 VaR 的估计值。

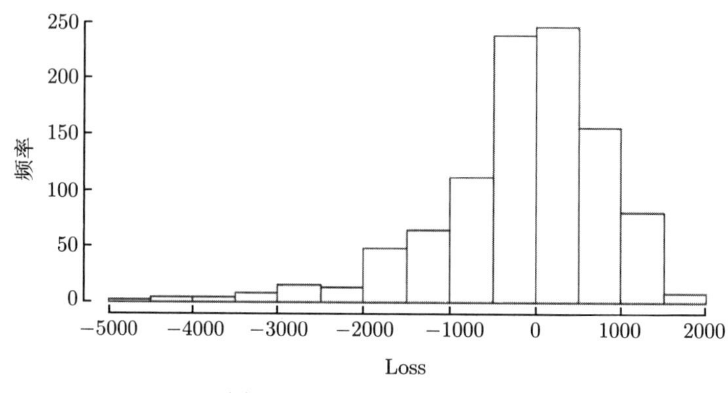

图 4.15 损失分布直方图

2）2014—2015 年上证综指与深证综指分析

以 2014—2015 年上证综指与深证综指的日收盘价为研究对象，图 4.16 为 2014—2015 年两种指数的日收盘价对应的分布散点图。图形在中间一段和上尾一段的分布集中，而在其他部分的分布更分散。这种特征与 Gumbel 连接函数分布上尾高、下尾低的特征有相似性，然而在分布中段并不如 Gumbel 连接函数的分布一般离散，这并不利于人工选择连接函数。

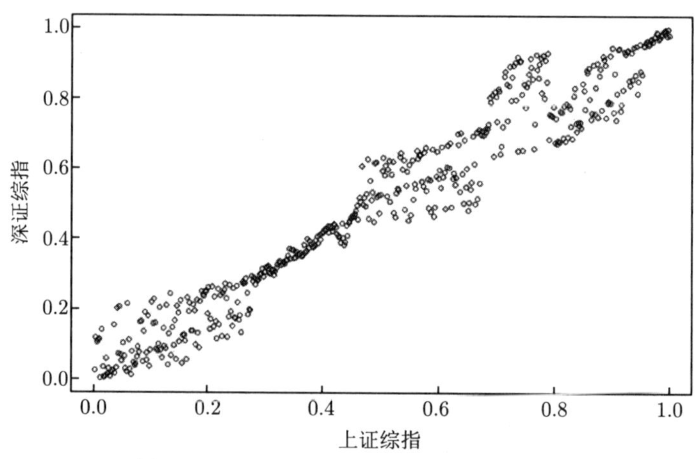

图 4.16 2014—2015 年指数分布散点图

使用惩罚对数似然方法选择连接函数。在 $\alpha = 0.5$ 时，不同 η 对应的 λ 迭代结果如表 4.17 所示。$\eta = 0.01$ 时，选择出的模型包含三种连接函数，即 Gauss 连接函数、Clayton 连接函数、Frank 连接函数；$\eta > 0.01$ 时，选择出的模型为 Frank 连接函数。比较两种模型的 AIC 值可知，应选择混合连接函数模型才能获得更小的 AIC。表 4.18 为此模型对应的参数值，所获得的模型可写为

$$C(u_1,u_2;\theta)=0.063C_{\mathrm{Ga}}(u_1,u_2;1.00)+0.063C_{\mathrm{Cl}}(u_1,u_2;13.76)+0.873C_{\mathrm{Fr}}(u_1,u_2;22.66)。$$

表 4.17　$\boldsymbol{\lambda}$ 迭代结果表

η	λ_1	λ_2	λ_3	λ_4	AIC
0.01	0.063	0.000	0.063	0.873	−1284.10
0.02	3.3×10^{-7}	4.9×10^{-9}	1.2×10^{-7}	1	−1279.01
0.03	1.9×10^{-7}	1.4×10^{-9}	9.6×10^{-8}	1	−1279.01
0.04	1.4×10^{-7}	2.4×10^{-9}	2.5×10^{-8}	1	−1279.01

表 4.18　混合连接函数 $\boldsymbol{\theta}$ 参数表

θ_1	θ_2	θ_3	θ_4
0.999 197	1.751 734	13.762 35	22.662 04

表 4.19 展示了 4 种单一连接函数与混合连接函数模拟结果比较。根据对数似然取值判断，混合连接函数的效果最好，其次为 Frank 连接函数，并且混合连接函数中 Frank 连接函数所占比重极大。表 4.19 的第 4 列为分别使用 5 种连接函数对 VaR 估计的结果。根据连接函数生成 1000 组上证综指与深证综指的组合，以 2015 年最后一天收盘价为基准，上证综指与深证综指分别为 3539、2309，每份投资组合价值 2924，计算在未来一天内的每份投资组合的损益并估计 VaR。5 种不同的结果都比较接近，均在 1400 之上。根据实际指数结果，损失为 216。相对于使用 5 年周收盘价获得的结果，由于拟合模型的不同，该结果的损失分布更分散，因此 VaR 的取值也相应较高。

表 4.19　各连接函数对应估计结果表

连接函数	θ	$\ln L$	VaR
Gauss	0.956	352.447	1437.315
Gumbel	4.850	557.882	1435.728
Clayton	4.735	415.163	1415.996
Frank	23.892	640.504	1443.710
混合连接函数		645.049	1446.084

3）2015 年上证综指与深证综指分析

为进一步体现数据选择时间的不同对结果的影响，以 2015 年上证综指与深证综指的日收盘价为研究对象。图 4.17 为 2015 年两种指数日收盘价的分布散点图，数据在上尾的分布非常集中，中部分散。估计连接函数结果如表 4.20 所示，可见连接函数形式为

$$C(u_1,u_2;\theta)=C_{\mathrm{Gu}}(u_1,u_2;2.587)。$$

通过表 4.21 与不同形式连接函数比较可判断，在 4 种连接函数中，Gumbel 连接函数的拟合效果最佳。同时除了 Clayton 连接函数，其他三种连接函数的 VaR 估计都十分接近，对于 2015 年末价值 2924 的投资组合，第二个工作日的 VaR 在 860~880。相比前两种数据计算结果，873 更接近损失真值 216。

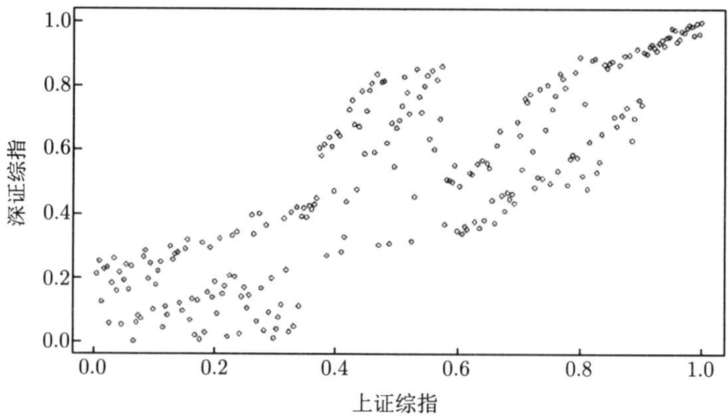

图 4.17　2015 年指数分布散点图

表 4.20　λ 迭代结果

η	λ_1	λ_2	λ_3	λ_4	AIC
0.01	2.93×10^{-7}	1	3.48×10^{-10}	6.58×10^{-8}	−284.396
0.02	1.20×10^{-7}	1	3.61×10^{-10}	4.38×10^{-8}	−284.396
0.03	6.98×10^{-8}	1	5.29×10^{-10}	3.12×10^{-8}	−284.396
0.04	4.55×10^{-8}	1	5.16×10^{-9}	3.97×10^{-8}	−284.396
0.05	1.30×10^{-7}	1	4.56×10^{-8}	1.34×10^{-7}	−284.396
0.10	8.86×10^{-8}	1	3.48×10^{-8}	6.51×10^{-8}	−284.396
0.15	5.82×10^{-8}	1	3.39×10^{-8}	5.98×10^{-8}	−284.396
0.20	4.63×10^{-8}	1	2.58×10^{-8}	2.95×10^{-8}	−284.396

表 4.21　不同连接函数结果比较

连接函数	θ	$\ln L$	VaR
Gauss	0.819	131.495	861.375
Gumbel	2.587	143.198	873.362
Clayton	1.388	67.738	788.074
Frank	9.295	129.320	861.268

1）~3）部分分别使用不同时间长度的数据估计同一种假设投资组合在同一天的 VaR。根据使用数据的不同，数据结构也在发生变化：五年数据和一年数据中，上证综指和深证综指间相依结构可用 Gumbel 连接函数表示，两种指数上尾高度相关，下尾渐进独立，实际表现为容易同时达到较高值，而一者取值较低时另一者取值不一定低；两年数据中，相依结构用以 Frank 连接函数为主的混合连接函数表示，尽管图 4.16 中散点集中在图形对角线上，说明两者的相关性极强，然而计算所得的上下尾相依系数为 0，即一者取值高（低）时另一者取值不一定高（低）。这两种数据结构之间是存在一定矛盾的。此外，关于 VaR 的计算，几种数据得到的结果也有差别。五年数据、两年数据、一年数据得到的 VaR 分别为 1219、1446、873，实际损失为 216。造成这种差距的一个原因是连接函数结构不同，另一个原因是数据取值范围不同。VaR 的计算方法决定，数据取值范围越大，获得的收益率的波动越大，VaR 也容易取值较大。这三份数据的使用说明时间段的选择对最终结果的影响较大，在实际使用中应根据需要挑选合适的数据。

4.6 本章小结

金融风险管理的主要工作是评估未来可能发生的事件对我们带来的影响并提出适当的应对措施。学术界对风险的研究表明：资产未来收益的不确定性主要受到其波动性的影响。金融资产的波动性既受到经济体系内生性变量的影响，又受到非经济体制之外的外生性变量的影响，特别是政策因素的影响，所以不能脱离政策环境而进行风险管理的研究。我国目前处于经济政策调整、金融改革的关键时期，特别是存在前期经济发展积累的过高经济杠杆、高产能低价值的传统行业累积的信用风险敞口问题。互联网金融的兴起是数字时代金融创新的产品，但对待互联网金融我们要时刻抱有怀疑态度，它加速了金融的发展速度，使我们进入更加便捷的消费信贷投资的金融生态。但互联网金融的风险更加不容忽视，特别是互联网金融横跨时空运营，一旦发生金融事故，必会对经济的运行和社会稳定产生恶劣的影响。首先，本章从风险价值、收益波动率和期望亏空三个角度来介绍金融风险度量方法以及现有的估计方法。其次，从大数据诊断、大数据处理和大数据预测模型三个方面对大数据背景下的金融风险管理进行了研究。最后，本章给出了大数据下金融风险度量的两个案例。

第 5 章　大数据背景下的财政税收监测研究

5.1　引言

作为衡量经济形势的重要指标，财政收入状况是我国各级政府都非常重视的内容。只有通过对全国的财政收入情况进行全面及时的监测以及科学合理的预估，政府部门才能对日后的收支预算进行统筹安排。中央政府的财政收入状况对国民经济的健康运行以及社会的平稳发展都起着不容忽视的作用。尤其是在经济形势不断变革的当今社会，世界各国的经济政策都在一定程度上影响着我国的财政收支情况。因此，加大对财政运转情况进行有效监测的力度，是我国政府面临的重要任务。

我国的财政收入包括税收收入、国有企业利润收入、国债收入、收费收入和其他收入等。其中，作为国家收入的重要组成部分，税收占总收入的 90%左右。2010—2017 年我国税收额在总收入中的比重如图 5.1所示。税收是国家的经济命脉，涉及国民经济发展的各个方面，对社会经济结构有着深刻影响。经济的迅速发展可以带动税收持续增长，同时税收监测状况又可以有效反映国民经济水平。因此为了对我国当下的经济形势进行全面客观的监测和评估，政府机关应该加强对税收状况的管理和监督力度，通过调节税收政策引导经济的可持续发展，进而促进社会的健康良好运行。

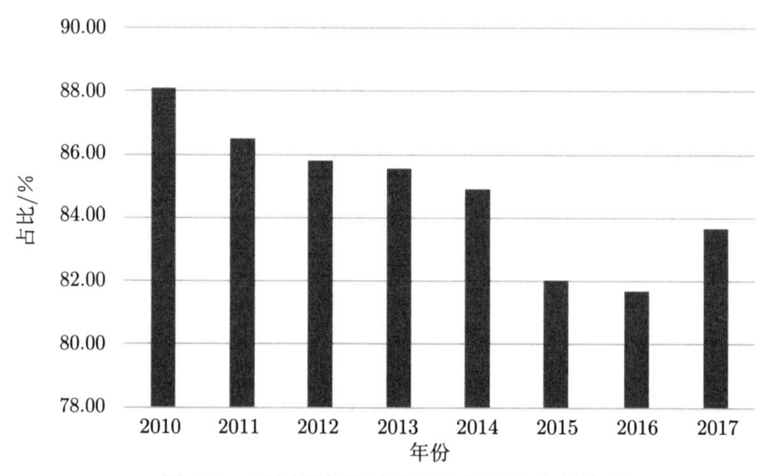

图 5.1　我国历年税收总额占财政收入的比重

在当前的大数据时代，伴随着“大数据战略”在社会各产业领域的渗透，税务工作也面临着新的机遇和挑战。在“互联网 +”信息化浪潮的推动作用下，数量庞大、结构繁杂的税务数据已经形成一定规模，给大数据分析提供了足够的可供深度挖掘的潜在信息价值。但同时，这些体量庞大的异构数据分散范围极广，且混杂着很多低价值信息。如何对税务部门的数据分析系统进行革新和升级，以达到整合海量数据、提取有效信息的目的，这是全社会，尤其是数据工作者应该关注的问题。

5.2节首先介绍了我国目前税收监测的总体状况，分析了大数据时代税收征管面临的机遇和挑战；5.3节详细阐述了税收大数据的信息来源、税收风险监测和预警的相关概念和方法；5.4节将数据挖掘技术和机器学习算法与具体的税收监测实例相结合，分别运用关联规则方法和支持向量机模型进行了案例分析，指明大数据技术在税收监测领域的良好前景；5.5节对本章内容进行了总结。

5.2　我国税收监测总体状况

5.2.1　税收的主要组成及监测指标

从 2016 年 5 月起，我国彻底实现了“营改增”措施，营业税完全离开了大众视线，交通运输业、房地产业、金融业等均纳入了增值税的管理范围，税务局的主体税种发生了改变，相应部门的工作职能也发生了明显变化。

按课税对象的不同，税收主要分为以下 5 类：流转税、所得税（收益税）、财产税、行为税和资源税。具体税种介绍见表 5.1。其中，流转税和所得税是我国税制结构中的主体税类。[1]

表 5.1　税种分类及介绍

税种	课税对象
流转税	商品生产流转额和非生产流转额
所得税（收益税）	各种所得额，包括企业所得税、个人所得税等
财产税	纳税人所拥有或支配的财产
行为税	纳税人的某些特定行为，城市维护建设税、印花税、屠宰税和筵席税都属于行为税
资源税	对在我国境内从事资源开发的单位和个人征收，包括土地增值税、耕地占用税和城镇土地使用税等

图 5.2展示了 2017 年北京市地方税务局各税种收入的占比。国内增值税以各产业的增值额为征税对象，其中工业增加值对增值税的影响最大；企业所得税主要受企业利润总额的影响，工业企业的利润总额占据重要比重；个人所得税的最大来源则是个人的工资薪金所得。此外，特定时期的税收收入还受主要税种征管规定的影响。因此可以看出，经济指标是影响税收指标的主要因素，主要税收指标从不同角度反映了宏观经济的运行特点。

在经济学中，税收分析可从不同的角度进行。宏观税收分析主要借助外部统计数据，利用 GDP 等宏观指标从全局角度研究税收的整体状况，而微观税收分析则是对具体企业的经营管理或个人的财务收入和纳税情况进行分析。两者有不同的数据来源，但同时又紧密关联，互相补充，共同组成了完整的税收分析指标体系。

税收分析指标体系的具体内容见图 5.3。其中税收经济关系指标主要包括税收负担率和税收弹性系数两个方面，其计算公式如下：

$$\text{税收负担率} = \text{税收总量}/\text{经济总量}$$

[1] 摘自百度百科。

$$\text{税收收入弹性系数} = \text{税收收入增长率}/\text{GDP 增长率}$$

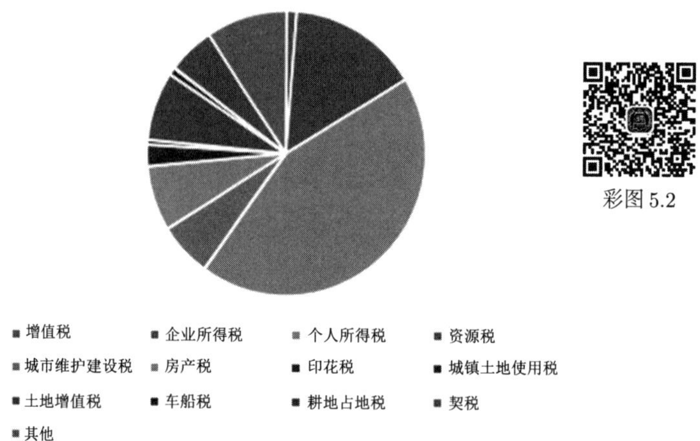

图 5.2 2017 年北京市地方税务局各税种收入占比

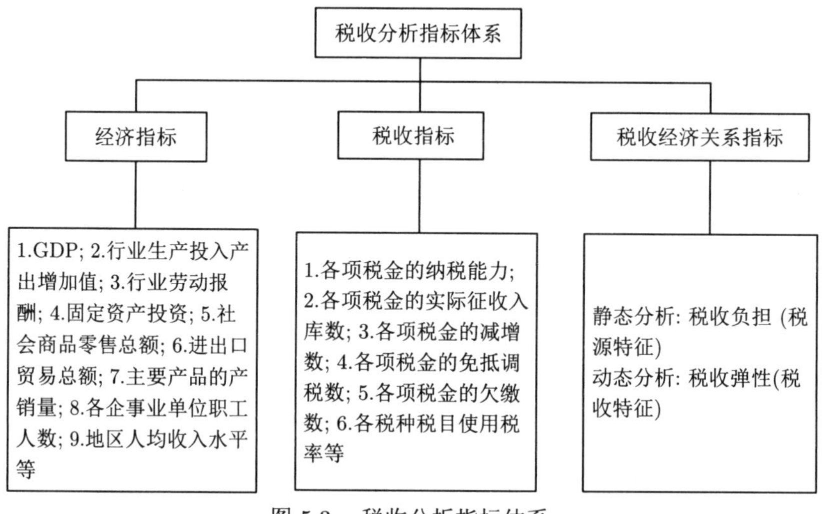

图 5.3 税收分析指标体系

评价方法：

若税收弹性 > 1，说明与 GDP 的增长速度相比，税收增长具有明显活力，发展速度处于较高水平；

若税收弹性 $=1$，说明税收与经济基本保持同速增长，二者的发展状况处于相同水平；

若税收弹性 < 1，说明经济发展速度快于税收增长，税收发展现状较为落后。

除此以外，作为税收征管效率的度量指标，征收率的监测也非常重要。虽然理论上纳税能力和实际征收结果成正比，但在实践中会受到各种因素的影响。征收率衡量的便是二者之间存在的差异。

$$\text{征收率} = \text{实际征收数}/\text{纳税能力} = \text{实际税负}/\text{理论税负}$$

其中，理论税负可以用行业税负替代，从而估计出征收率的水平。

从以上指标体系可以看出，税收调查指标结构包括财务指标、税收指标和其他统计指标。调查资料的数据来源包括财务报表、纳税申报表和统计报表，在大数据时代下还包括通过互联网数据挖掘得到的税务信息。

5.2.2 税收监测面临的机遇与挑战

在不断变革的大数据时代下，我国税务部门应该充分利用大数据浪潮带来的新思维和新技术，对各类税收数据进行加工整合，达到实时监测全社会税收状况的目的，以全面提升我国税收管控水平。

我国税收风险管理面临着重要机遇，可以概括为以下几点。

第一，日渐开放和成熟的社会环境。目前，世界上有越来越多的国家建立了信息共享系统，实现了机关部门之间及时的信息传递，是政府管理模式的新变革。借鉴国外的经验，中国政府也在信息共享的改革中不断探索，并取得了显著成效。开放融合的信息环境为税收大数据的挖掘奠定了扎实的基础，是我国实现税收监测水平大提升的良好前提。

第二，先天的人口规模和经济总量优势。中国人口总数超过 14 亿，在如此庞大的人口规模背后，是全世界用户数量最多的电子商务运营平台和自媒体平台，其中的网民数量可达 7 亿之多。国内生产总值排名世界第二，拥有近 3000 万的企业纳税人，经济发展保持稳中有进的良好态势。这些突出的人口和经济总量优势是其他国家无法比拟和超越的，蕴藏着巨大的数据价值，为税收大数据的研究提供了天然“沃土”。

第三，日益提高的税务信息化水平。伴随着全球通信水平的大幅度提高，“互联网 +”思想在我国备受推崇。中国税务部门也将互联网与税务工作有机结合起来，建立了数据云系统，不断深化工作方式的全新变革，力求逐步实现税收工作的信息化和智能化。尤其是在“金税工程”的大力推动下，我国税务系统已经初步完成了全体涉税数据的整合管理。我国税务信息化水平的逐渐提高，为未来对税务大数据的深度挖掘提供了技术保证。

在看到令人欣喜的机遇的同时，我们也应该意识到，我国的传统税收模式已经与蓬勃发展的信息技术和海量的税务信息不相适应。税源种类变化多样，纳税人群不断扩大，然而税务部门的人工核查手段仍然比较滞后，“人监督人”的征税方式已经不适应大数据时代的效率要求。在税务数据的采集和处理方面，主要存在以下问题。

（1）涉税信息采集不够全面。

在税源信息的管理过程中，涉税信息的全面采集是精准分析税收水平的前提和关键。但在目前状况下，税务部门采集的涉税信息来源仍具有很大的局限性。大部分税务数据依赖于企业或个人主动上报的财务信息，比如交易登记数据、纳税申请报表等。税务部门缺少必要的第三方涉税信息，与工商局、统计局、房管局等政府部门的信息连接不够密切，没有在实际中形成统一常态化的数据共享系统，因此对纳税人实际的生产经营和管理情况缺少动态了解和综合把控。

除此以外，对于信息时代下，互联网和媒体平台披露的各类税务数据，由于其信息量巨大、分布较为分散等特点，税务部门缺少有力的挖掘工具和专门的技术人才进行收集和处理，因此无法得到其中有价值的涉税信息。总体来看，税务部门采集的信息仍然不够全面和完整，在一定程度上偏离真实值，且时效性不高，制约着我国税收管理水平的进一步提升。表 5.2 列出了信息不对称在税收领域的具体表现。

表 5.2 信息不对称在税收领域的具体表现

税收关系	信息不对称内容
税务机关与纳税人	纳税人的财务状况、经营状况等
税务机关上下级	税务工作人员的工作能力及工作情况
税务部门与税务部门	不同税种的理解程度不同
税务机关与涉税第三方	信息共享不足

（2）税收征管难以满足大数据时代的要求。

在信息化时代，税收数据主要有三种类型：结构化数据、半结构化数据和非结构化数据。但由于社会信息化程度不统一、信息口径不完整等因素的影响，税务机关更加关注容易获取、易于分析、储存简单的结构化数据；而图片、视频等非结构化数据常常被忽略或舍弃，这大大增加了税收监测的偏差和难度。税务部门对互联网电商平台的管理和监督也远远不够，虽然掌握着一定的涉税信息，但一般仅限于纳税人的纸质账簿报表，对纳税工作的评估管理没有开展到实质层面。传统的税收征管方式已经不适应信息量暴增的数据时代。

（3）不能及时处理分析税收数据。

税务部门从不同单位收集的数据缺乏统一的规范格式，数据标准不一，数据类型多样，在录入系统时耗时耗力，因此不利于机关工作人员从数据中分析潜在规律，进而加以应用和调控。大多数情况下，税务机关只是对各方面获取的数据进行简单整理，忽视对涉税信息的深入挖掘和分析，导致严重的数据堆积问题，管理效率相对较低，难以保证数据处理的及时性和有效性。这与数字化时代的高效率要求严重不符。

（4）不能保证税收征管的力度和效果。

互联网的普及带动了电商平台的蓬勃发展，商家和企业的经营活动纷纷转至线上运营，或者是线上线下相结合的方式同时开展。日益复杂的运营模式增加了税务部门管理监督的难度，虽然目前已建立网上税务登记制度，但这种政策的有效施行还需依靠纳税人的主动性和自发性。由于网店通常不会开具发票，且一般没有线下实体，如果出现纳税人消极对待，或者有意避税的情况，税务部门目前也缺少强有力的征管措施对其进行强制执法。在科技日益发达的今天，纳税人中高学历、高智商的群体所占比重越来越大，一旦发生逃税行为，税务部门很难及时发现并采取措施，因此企业纳税额的真实性无法保证，税收征管效果有待继续提升。

5.2.3 大数据下监测税收指标的意义

大数据时代，信息技术的革命推动着税务部门工作方式的改革与创新，税务数据的收集、分析和储存模式也在不断更新。主要表现在税源收集范围从“样本数据”扩展到“总体数据”；信息采样不再严格要求结构化数据，而是逐渐接受并广泛分析各类复杂多变的非结构化数据；涉税信息的关联度分析开始侧重“相关关系”，而不是“因果关系”。

面对不断变革的税收体制，如何立足大数据背景，利用大数据技术有效监测全社会的税收征管状况，了解税收政策执行效果，并及时发现漏洞和风险环节，就显得尤为重要。

首先，大数据时代有助于改变税务部门在涉税信息采集方面所处的被动地位。信息不对称问题是税务机关工作中面临的首要难题，而大数据浪潮所带来的海量涉税信息和高新数据挖掘技术恰恰是解决问题的关键所在。如果税务机关能够有效利用先进的大数据分析技术，深度挖掘第三方的涉税数据，并进行规律分析，就可以在一定程度上扭转税收信息不对称的局面。

其次，利用大数据技术，有助于改善税收征管的服务效果。目前，我国的征税现状中仍然存在偷税漏税、“合理避税”等问题，纳税人的主动性和积极性仍然不高，税收流失情况不容小觑。在新的时代机遇下，一方面税务机关可以利用大数据思维，通过互联网等媒体平台广泛宣传纳税知识，增强民众的自觉意识；另一方面政府部门应该尝试运用大数据技术，实现便捷的网络征税服务和智能的税务信息监管，减轻税务人员的工作负担，提高税务机关的征管效力。

最后，开拓大数据思维，有助于改善当下税收风险管理现状。税务机关工作人员应该积极尝试将大数据技术应用于对税收指标的实时监测，从中抓取重要信息进行综合评估。通过构建税收风险指数，实现税务管理的专业化，协调配合政府各部门的工作，促进税务评估工作的有效开展，宏观把控全社会的经济运行情况。

5.3　税收分析相关概念

5.3.1　税收大数据

大数据时代要求税务机关构建新的税收征管模式。而新的税收征管模式应该基于大型数据库，以解决税务数据搜集过程中信息不对称的问题；它以信息流为主线，以数据比较为核心。这种新的计算机处理和人工处理相结合的工作模式，应该遵循如图 5.4 所示的顶层设计理念。

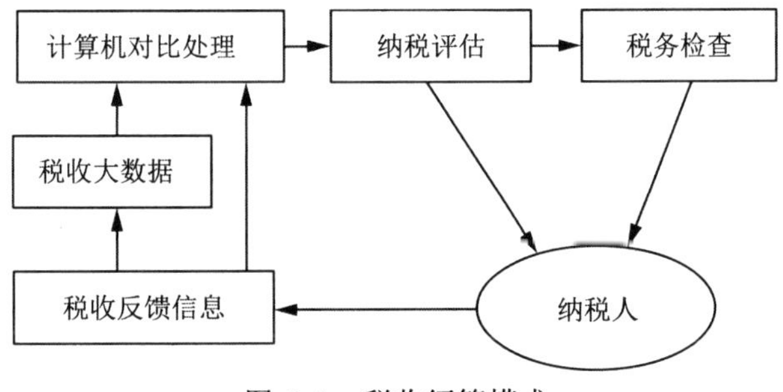

图 5.4　税收征管模式

在图 5.4中，“税收大数据”是指与特定纳税人有关的，既包括税务机关内部数据，同时也包括机关外部的涉税第三方等的各类信息的综合，能够全面完整地反映纳税人的涉税基本状况。税收大数据可以分为 3 种类型：结构化数据，包括数据仓库数据、传感器/机器数据记录、管理系统存储数据等；半结构化数据，包括电子表格、财务报表、电子邮件和软件包等；非结构化数据，包括文本、视频、音频和图片等。

税收大数据具有非常广泛的信息来源，不同学者对此做过不同角度的阐述，在这里总结为以下几个方面：

第一，税收信息系统储存的数据。这些数据一般是税务部门工作人员在进行征税检查或者税务管理过程中，通过实地考察，与纳税人员直接交流得到的。此类信息可以在各类税务信息系统中直接检索使用。

第二，纳税人提供的数据。这部分数据主要是纳税人在办理税务相关业务时主动提供的材料信息，包括发票、财务会计、税务核算等数据，可以直接反映纳税人在该时期的财务运营状况。

第三，狭义第三方，即与纳税人进行直接交易的另一方。例如，在销售商品时，卖方是纳税人，买方是第三方。在交易中，第三方数据和纳税人申报数据是上游和下游身份，因此可用狭义第三方数据来验证纳税人信息。

第四，以工商局、国土局、统计局、质检局等为代表的第四方数据。他们并不与纳税人产生直接的一对一交易，但由于机关性质会存储相关信息。例如，产权交易中心掌握着登记在案的房地产交易记录。除此以外，技术监督局、房屋管理局和银行在第四方中都很重要。

第五，除政府部门和金融机构以外的，如社会媒体、公共舆论和其他形式的税收相关数据。

建立税收大数据比较机制和新的管理策略。首先，比较机制是指利用计算机对“税收大数据”和“纳税申报数据”进行自动比较；该机制检验纳税人当前申报数据的真实性和准确性，以解决税务人员面临的信息不对称问题。其次，新的运作模式是指将数据处理架构分为计算机处理、纳税评估和税务检查处理三个阶段。第一步，由计算机处理可疑纳税人的税务数据；第二步，税务评估部门的基层税务机关对可疑纳税人进行审计分析、访谈、调查和核实，然后查找问题所在；第三步，针对评估部门转移的案件，税务检查部门对其进一步调查和处罚。

努力建设税收大数据网络。目前我们已经基本掌握税收信息系统中的数据；至于第三方数据，税务机关也可以通过调查获取；第四方数据的来源非常广泛，涉及复杂多样的主题，目前已经被利用的数据很少，这是税收大数据的薄弱环节；第五方面的数据则需要更长时间来完善。在税收大数据中，第四方数据具有系统完整、权限集中和数据量较大等特点，因此具有很高的使用价值，税务机关可以通过正规渠道获取该类信息。但是，非税务机关的第四方数据同时具有不可控因素，因此着重扩大此方面数据的获取和整合范围是建设税收大数据的重要突破口。

5.3.2 税收风险管理

作为现代管理学中的一个重要概念，风险管理最早在 1930 年被美国学者所提出，随后被欧洲各国广泛接受，并逐渐建立起相对完善的风险管理标准，成为一门独立学科。风险管理是指针对可能发生的风险事件，管理者通过采取相应措施和方法，减小该事件发生的可能性，或者最大程度降低风险发生造成的损失，它包含对风险的测度、衡量和应对措施。

税收风险管理将风险管理理论与现实的税收征管工作相结合，借助风险管理技术和数理统计方法对涉税的风险事件实施积极应对措施，识别可能出现的风险信息，并对此最大限度地规避，从而降低征收成本，提升税收管理质量和水平。

税收风险管理包括税源风险管理和执法风险管理两个方面。前者是纳税人出于主观或者客观的原因导致税收流失的可能性风险；后者主要是税务人员执法中因违反税收法律及管理制度所造成的税收流失及纳税人合法权益受损的风险。

从 2000 年开始，我国逐渐开始引入税收风险管理理论，并得到了众多学者的广泛关注，税收风险理论得到了快速的发展。税收风险存在于日常征管工作中的方方面面，因此对其加以深入研究在现实中具有深刻意义。税收风险管理不当会造成税收收入的异常减少，而税收又是政府财政收入的重要组成部分。因此税收的流失很可能导致政府没有足够的资金收入来满足国家机关的日常职能，甚至会影响整个社会的平稳发展。

税收风险管理的目的是在有效防范执法风险的基础上，科学测评税源风险，以防止税款流失。本章更加侧重于从纳税人的角度监测和管理税源风险。通过采集与纳税人相关的涉税信息，运用风险管理理论与方法，客观合理地分析纳税人的遵从风险水平，并根据其税种类别和风险等级划定不同的风险区间。在不同情况下采取有针对性的处理措施，常用方法有纳税评估、风险提醒、税务核查等。值得注意的是，税收风险管理是一个动态的长期过程，风险管理人员需要不断对涉税事件的风险评估方法进行改进和修正，使其适应不同社会环境下的新变化，从而降低潜在税务风险，达到减少税务款项流失的目的。

5.3.3　风险预警理论

风险预警的主要作用是监控可能出现的风险事件，一旦出现异常信号，及时向管理层发出通知以便采取相关对策，做出灵活反应。风险预警系统有狭义和广义之分。狭义系统侧重于预报警情，而广义的预警系统包括 4 个子系统，分别发挥风险识别、风险评估、风险预警和快速反应的作用。一个完整的风险预警系统应具备系统性、层次性、参照性和应激反应性等四大特征。

风险预警的本质是对潜在风险进行分析。预警系统需要根据不同研究需要，在保证数据信息的真实性和有效性的基础上，从相关渠道采集尽可能多的有用信息，然后对数据进行初加工和对比分析，最终确定出风险的类别、范围和严重程度。一个高效的风险预警系统应该建立在科学合理的指标体系上，结合当下和历史资料进行综合分析，确定风险量级，得出最终结果，并采取正确措施。

利用大数据优势组建风险预警监控中心，图 5.5为风险监控中心管理流程图。涉税信息的四大来源有大数据工作平台、工商企业联合征信、税务部门综合数据和协查信息管理系统。风险监控中心将所有数据进行整合汇总，运用先行指标法、模型法、专家评估法、系

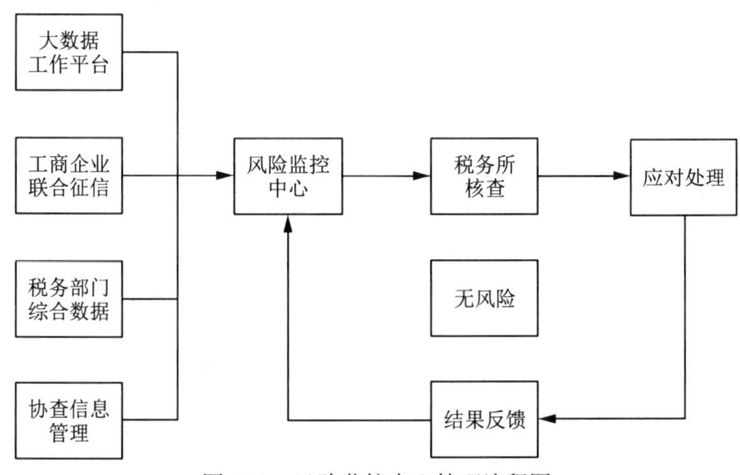

图 5.5　风险监控中心管理流程图

统学方法等预警方法中的一种或多种组合，对大数据中的共享信息进行扫描分析，从中识别出可能的风险点。相关税务机关对辖区报送的涉险纳税人进行核查了解，通过实地调查确定是否存在风险。最终税务部门做出应对处理措施，并将结果反馈至风险监测中心。

目前风险监控中心采取常态化风险管理，定期向相关部门发送信息，进行风险比较。针对个人所得税、房产税、土地使用税等主体税种，风险监控中心会定期核查系统中的人员配对信息，与相关部门的登记数据进行比对核查，一旦发现有信息不符等情况，将即时通知税务机关重新查验，可以有效防止税收流失现象的发生，大数据的应用也避免了信息不对称现象的发生，在一定程度上保证了税收风险管理的时效性。

5.4 案例分析

5.4.1 基于关联规则的税收监测案例选择研究

税务检查的案例选择问题是税收监测中的关键环节。该过程需要使用不同的技术方法来处理企业上报的财务数据，确定可能存在逃税风险的公司纳税人，然后介入公司内部进行深入调查。基于税务审计知识以及税收与经济的相关指标，税务检查案例选择系统采用数据挖掘技术对相关数据进行综合分析。因此税务部门可以依靠与之相关的理论和方法来指导税务评估和案件审计等工作，从海量的税收大数据中筛选出重点监测案例，从而明显提高监督检查工作的效率。

案例选择研究一般包括指标选择和技术方法两个方面。基于数据挖掘中的关联规则概念，Zhu 等（2009）在互联网大量数据中探索未知的相互依赖关系，建立税务监测指标体系；然后将先验算法应用于案例选择的研究过程，最终达到对税收状况全面监测、重点审查的目的。

1. 数据挖掘的原理与算法

数据挖掘（data mining），是在超大数据存储系统中探索未知但具有重要应用价值的数据信息的一系列技术和手段。这是大数据时代下一种新方法，通过分析已知的观测数据集，找出未知的潜在关系，然后对其中有价值的信息进行归纳和分类，并以新的形式表现出来。

通常将数据挖掘看作为了“数据聚类”而提取有用信息的过程。它也是利用各种分析工具在海量信息中寻找数据模型和数据关系的过程。同时这些模型也可用于预测未来趋势。数据挖掘过程一般有 5 个阶段，如图 5.6所示。

在数据库的海量信息中搜索符合要求的信息包括以下步骤：首先，从原始数据库中将可能需要的潜在目标数据分离出来，通过数据清洗和预处理，做好数据挖掘前期准备工作；其次，根据数据特点调用对应算法程序来挖掘其中的重要信息；最后，分析评价所得结果并将其用于指导实际的生产活动。

数据挖掘的关联规则是指通过分析海量数据的结构特征，计算不同项目之间的相关关系的大小，找出不同事件的内在联系。其中的关键技术问题是通过某个特定用户提供的最小支持度找到较强的关联规则。关联规则挖掘技术利用先验（apriori）算法寻找满足预设支持度和置信度的频繁项集，并根据结果来探索数据库中记录项目之间的相关属性。

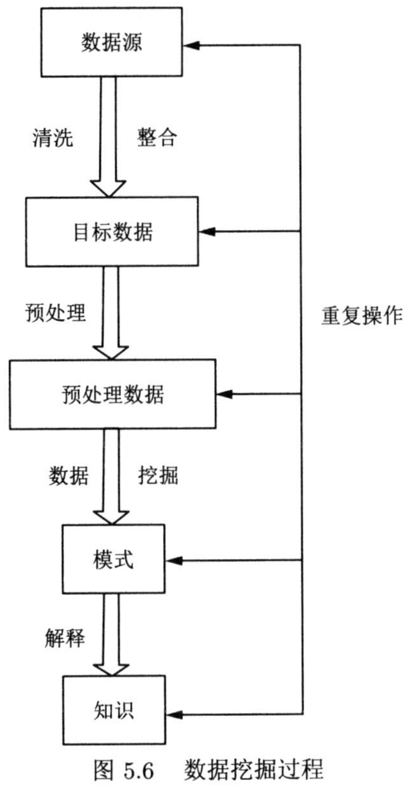

图 5.6　数据挖掘过程

假设数据库 D 是包含所有记录的全集，且每个记录都包含某些特定属性。关联规则操作的第一步是在数据库中筛选出所有的高频项目，即与其他项目相较而言，出现频率较高且达到特定标准的项目。该项目出现的频率（普及程度）称为支持度（support），如果该支持度大于预设阈值，那么对应项就称为高频项目。

关联规则操作的第二步是产生项目之间的相关关系，即项目 A 出现时，项目 B 同时出现的概率有多大。用置信度（confidence）来衡量此种关联规则的可靠性大小。关联规则的表达形式为 $A \Rightarrow B$，其中 A 与 B 应为互不相交的集合。

在建立关联规则的过程中，有两个参数是判断规则有效性的重要依据——支持度和置信度，其表达式分别如下：

$$\text{supp}(A \Rightarrow B) = \frac{\#(T_A \bigcap T_B)}{N} = \frac{A\text{ 和 }B\text{ 同时出现的事件数}}{\text{事件总数}}$$

式中，T_A 表示包含项目 A 的事件，T_B 表示包含项目 B 的事件，N 表示事件总数。

$$\text{conf}(A \Rightarrow B) = \frac{\text{supp}(A \Rightarrow B)}{\text{supp}(A)}$$

对于一个有意义的关联规则，其支持度和置信度必须分别大于可接受的阈值。阈值的设定需要考虑到各行业的不同需求，由专业人士商讨确定，以确保根据关联规则挖掘出的信息的价值和效率。

实现关联规则的算法有很多种，其中先验算法较为经典。其主要思路是利用集合中元素个数的逐步增加，根据预设条件在不同候选集中进行迭代筛选，产生频繁项目集。每次迭代只增加一个集合元素，即候选集的项数由 k 变化为 $k+1$，然后淘汰不符合要求的集合，循环操作，不断扩展，直至所有符合条件的元素均已被纳入集合时，即可得到频繁项目集的所有数据。

2. 税收监测中案例选择评价指标体系

税收监测中案例选择评价指标的确定是一项非常重要的基础性工作，它直接关系到案例选择的结果，并最终影响评价的准确性。该评价指标一般遵循以下 4 个原则：时效性、相关性、可用性和稳定性。

根据 2008 年新税法的规定，企业所得税的基本税率由 33%降为 25%。尽管税率降低，但企业所得税仍然占到企业应纳税总额的 1/4。为了减少税务支出，许多公司将企业所得税作为逃税的“突破口”。因此税务部门应该以企业所得税的监测和审查为重点。

在 2005 年国家税务总局发布的《纳税评估管理办法（试行）》和 2006 年修订的《企业会计准则》中，列出了一些发生变更的项目指标信息。该准则首先确定出初选指标，然后运用专家意见法，结合税务部门工作人员和研究学者的意见和看法，最终确定出企业所得税的监测指标。如表 5.3所示，该指标体系分为三类一级指标，包含 17 个具体指标。

表 5.3　企业所得税监测指标体系

一级指标	二级指标
税额	总利润税负比
	营业利润税负比
	企业收入税负比
	企业成本税负比
	税率变动
利润类别	企业所得税变动率
	企业成本税变动率
	（管理、营销、财务）成本的税负变动率
	资产减值损失税改率
	投资收入税改率
	营业利润税改率
	非贸易支出税改率
资产类别	净资产收益率
	存货周转率
	应收账款变动率
	固定资产综合折旧率
	资产负债比率

3. 先验算法在税收监测中的具体应用

为了探究税收监测数据的具体规律，需要在系统中事先输入发生逃税事件的企业的相关信息。借助数据挖掘中的关联规则思想，可以方便有效地监测税务系统中是否有异常情况发生。例如，一些特定的指标值会在一定程度上反映企业逃税事件是否发生。根据数据挖掘得出的规律和监测结果，可以假定该逃税行为可能发生，并由此产生一定的后果。

数据库中有大量的无秩序累积的信息，占用很多存储空间。根据建立的指标体系、结构模型和聚类分析方法，可以大大缩减数据库的规模。本节选择其中一部分数据来研究分析，如表 5.4所示。

表 5.4　税务监测中不诚信企业的相关记录

企业	税负率（A）	变化率（B）	净资产收益率（C）	销售率（D）	存货周转率（E）	实际利率（F）	成本率（G）
001	是		是			是	
002		是	是	是			是
003	是	是					
004	是		是			是	是
005	是	是	是				是
006				是	是		是
007		是	是		是		是

对税务监测中企业的不诚信行为进行分类，并用特定字母代表相应指标后，可以得到表 5.5 所示的数据库。第二列信息记录了符号事件 T_i 所对应的偏差指标。

表 5.5　数据库 D

事件	偏差指标
T_1	ACF
T_2	$BCDG$
T_3	AB
T_4	$ACFG$
T_5	$ABCG$
T_6	$DCEG$

在算法实现过程中，假设最小支持度为 50%，最小置信度为 80%，算法实现过程如图 5.7所示。首先，它扫描了整个事件数据库 D，统计每个指标出现的次数，并生成候选集 C_1。接下来，由于指标 D、E、F 不能满足预先设定的最小支持度，所以在生成频繁项目集 L_1 和导出 C_2 的过程中删除了它们。根据先验的性质，C_2 中的（A, B）（A, G）不满足最小支持度，因此去除它们，得到 L_2。然后由 L_2 生成 C_3，最终得到含有三项数据的频繁项目集 L_3。频繁项目集的结果如表 5.6所示。由此导出强关联规则并得到数据挖掘结果，如表 5.7 所示。

通过将先验算法应用在税收监测工作中，税务工作人员可以较为容易地发现企业的逃税行为。然而，先验算法在生成候选集之前，需要重复扫描数据集合，在置信度的计算方面极其烦琐。因此，在实际应用中，有必要考虑从不同方面逐步优化先验算法。首先，为了减少后期的工作量，需要按照初始建立的指标体系对数据进行预处理。这也是本节建立企业所得税指标评价体系，并在先验算法运行前将指标体系放入数据库的原因。其次，对数据库进行整理，并对企业进行分类，借助结构模型和聚类分析等方法建立不同水平的支持度，将整个数据库分成不同的子数据库，在此基础上实现算法。该方法大大节省了算法运行时间，提高了检测精度。最后，在算法实现过程中，我们可以动态管理数据库，而不需要使用原始数据库，即从数据库中删除非频繁的项目集，在算法运行过程中重新建立新的数据库，也可以明显减少工作量。这也是本算法未来的研究方向。

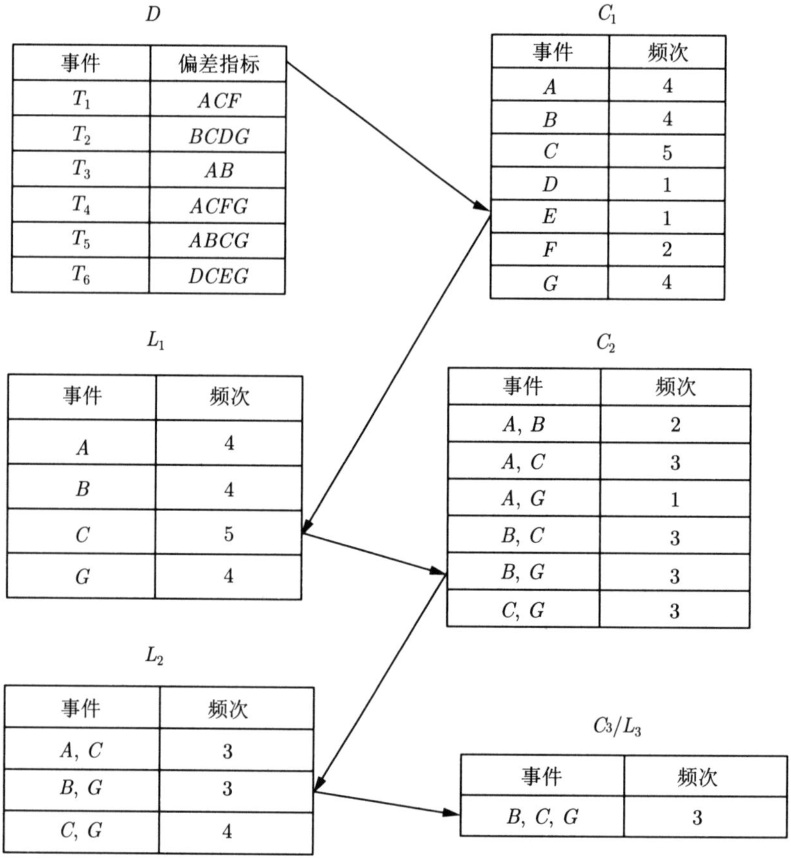

D

事件	偏差指标
T_1	ACF
T_2	$BCDG$
T_3	AB
T_4	$ACFG$
T_5	$ABCG$
T_6	$DCEG$

C_1

事件	频次
A	4
B	4
C	5
D	1
E	1
F	2
G	4

L_1

事件	频次
A	4
B	4
C	5
G	4

C_2

事件	频次
A, B	2
A, C	3
A, G	1
B, C	3
B, G	3
C, G	3

L_2

事件	频次
A, C	3
B, G	3
C, G	4

C_3/L_3

事件	频次
B, C, G	3

图 5.7 算法实现过程

表 5.6 频繁项目集结果

A,C	50%
B,G	50%
C,G	50%
B,C,G	50%

表 5.7 关联规则挖掘结果

关联规则	最小支持度 / %	最小置信度 / %
$\{C\} \Rightarrow \{G\}$	50	80
$\{G\} \Rightarrow \{C\}$	50	100
$\{C\} \Rightarrow \{B,G\}$	50	80

4. 结论

本节通过对数据挖掘、关联规则及相关技术进行探讨，结合当前税收监测工作的实际需要，建立了针对企业所得税的指标评价体系，并根据先验算法应用于税务检查的效果，提出了相应的改进措施。先验算法可以将纳税人的大量财务信息转化为有用的数据结构，进而建立合理的税务稽查案例选择模型，为税务机关提供科学、准确的数据来源，同时辅助税务工作人员做出正确决策，提高税收监测的效率和精度。

5.4.2 基于属性约简的支持向量机模型在税收监测中的应用

税收管理的核心内容是对税务状况进行精准监测和评估。政府部门依照监测结果来评估纳税申报表的真实性和合法性。国外的很多政府对此高度重视，设立了专门的税务监测机构，并且聘请专业的纳税评估人员完善税务程序，有效地防止了逃税行为的发生。而我国的税收管理尚处于发展阶段，税务监测和评估主要是依据工作人员的经验和对相关问题的敏感度进行的，容易出现主观臆断等问题。Liu 等（2008）提出在税收状况监测中，首先要找到客观有效的评价指标，进而建立相应的峰值判断体系。

国家税务总局在《纳税评估管理办法（试行）》中确定的评价指标存在分类标准不统一等问题，因而会导致一定程度的偏差。目前国内学者对税收监测的研究主要集中在增值税领域，以 C4.5 决策树、人工神经网络等数据挖掘算法为基础，尝试根据给定的评价指标找到一条通用规则，来检验企业是否履行了纳税义务。但实证结果表明，依据该规则有时会对纳税人是否履行其纳税义务做出错误评估。此外，单一的决策规则忽略了不同指标之间的相互约束条件，不能满足实际应用的需要。

大数据时代下，以统计学习为基础支撑的支持向量机（support vector machine, SVM）模型已经成为人工智能领域的一个热门研究方向。由于其在处理高维数据和非线性关系中具备先天的模型优势，SVM 已被广泛应用于图像和音频分析领域。税收监测过程会涉及大量的评估指标，且这些指标之间存在非线性关系，因此本节介绍一种基于 SVM 的税收监测模型，并将其应用于实际的税务评估工作。

1. 一种基于 SVM 的分类算法

作为一种新的机器学习方法，SVM 以统计学习理论为基础。传统的神经网络算法寻求经验误差，而 SVM 寻求的是泛化误差上界的最小值。因此，SVM 具有杰出的泛化能力，并且可以做到精准分类，被应用于机器学习的许多方面。

SVM 的核心方法是，将输入数据 $\boldsymbol{x}$ 非线性地映射到更高维的特征空间，用该特征空间中的线性回归函数来拟合样本数据。为了获得最优的 SVM 模型，最重要的是选择恰当的核函数，设置核参数并确定正则化参数 C。因此，参数的选择对模型的性能有很大影响。

在 SVM 中，回归函数由以下函数近似：

$$y = f(\boldsymbol{x}) = \boldsymbol{w}^{\mathrm{T}}\boldsymbol{\varphi}(\boldsymbol{x}) + b$$

其中，$\boldsymbol{\omega}$ 是权重向量，b 是偏置标量，$\boldsymbol{\varphi}(\boldsymbol{x})$ 是从输入空间映射到高维空间的非线性映射。

目标函数为

$$\min J_1(\boldsymbol{w}, b, e) = \frac{1}{2}\|\boldsymbol{w}\|^2 + \frac{1}{2}C\sum_{i=1}^{N} e_i^2$$

$$\text{s.t.} \quad y_i = \boldsymbol{w}^{\mathrm{T}}\boldsymbol{\varphi}(\boldsymbol{x}_i) + b + e_i, \quad i = 1, 2, \cdots, N$$

引入拉格朗日乘子，得到拉格朗日函数为

$$L_1(\boldsymbol{w},b,e,\boldsymbol{\alpha})=J_1(\boldsymbol{w},b,e)+\sum_{i=1}^{N}\alpha_i(y_i-\boldsymbol{w}^{\mathrm{T}}\boldsymbol{\varphi}(\boldsymbol{x}_i)-b-e_i)$$

其中，$\boldsymbol{\alpha}$ 是拉格朗日乘子向量。

根据 KKT 条件得到：

$$\begin{aligned}
&\frac{\partial L_1}{\partial \boldsymbol{w}}=0\Rightarrow \boldsymbol{w}=\sum_{i=1}^{N}\alpha_i\boldsymbol{\varphi}(\boldsymbol{x}_i)\\
&\frac{\partial L_1}{\partial b}=0\Rightarrow \sum_{i=1}^{N}\alpha_i=0\\
&\frac{\partial L_1}{\partial e_i}=0\Rightarrow e_i=\frac{1}{C}\alpha_i,\quad i=1,2,\cdots,N\\
&\frac{\partial L_1}{\partial \alpha_i}=0\Rightarrow y_i=\boldsymbol{w}^{\mathrm{T}}\boldsymbol{\varphi}(\boldsymbol{x}_i)+b+e_i,\quad i=1,2,\cdots,N
\end{aligned}$$

在特征空间 $\boldsymbol{\varphi}(\boldsymbol{x}_i)$ 和 $\boldsymbol{\varphi}(\boldsymbol{x}_j)$ 中，$\boldsymbol{\varphi}(\boldsymbol{x}_i)^{\mathrm{T}}\boldsymbol{\varphi}(\boldsymbol{x}_j)$ 要满足核函数 Mercer 条件，$k(\boldsymbol{x}_i,\boldsymbol{x}_j)=\boldsymbol{\varphi}(\boldsymbol{x}_i)^{\mathrm{T}}\boldsymbol{\varphi}(\boldsymbol{x}_j)$，其中 $k(\boldsymbol{x}_i,\boldsymbol{x}_j)$ 是核函数。核函数 $k(\boldsymbol{x}_i,\boldsymbol{x}_j)$ 对分类结果有直接影响，因此选择合适的核是非常重要的。目前，应用最广泛的核函数如下所述。

线性核函数：$k(\boldsymbol{x},\boldsymbol{x}_i)=\boldsymbol{x}^{\mathrm{T}}\boldsymbol{x}_i$。

多项式核函数：$k(\boldsymbol{x},\boldsymbol{x}_i)=(\alpha_1\boldsymbol{x}^{\mathrm{T}}\boldsymbol{x}_i+\alpha_2)^d$。

径向基核函数：$k(\boldsymbol{x},\boldsymbol{x}_i)=\exp(-\gamma\|\boldsymbol{x}-\boldsymbol{x}_i\|^2)$。

Sigmoid 核函数：$k(\boldsymbol{x},\boldsymbol{x}_i)=\tanh(\alpha_1\boldsymbol{x}^{\mathrm{T}}\boldsymbol{x}_i+\alpha_2)$。

根据税务管理的特点，采用泛化能力相对较强的径向基核函数建立 SVM 模型。具体而言，径向基核函数使用非线性映射将样本转换至高维空间中，所以当类变量和具体属性之间不再是线性关系时，它仍然可以处理这种情况。因此选择它来训练 SVM 模型。在后面的章节中将给出在不同的核函数下分类精度的比较结果。

选定径向基核函数后，SVM 的矩阵形式为

$$\begin{pmatrix}\boldsymbol{A} & \boldsymbol{E}\\ \boldsymbol{E}^{\mathrm{T}} & \boldsymbol{0}\end{pmatrix}\begin{pmatrix}\boldsymbol{a}\\ \boldsymbol{b}\end{pmatrix}=\begin{pmatrix}\boldsymbol{y}\\ \boldsymbol{0}\end{pmatrix}$$

其中，$\boldsymbol{A}=\boldsymbol{K}+\boldsymbol{V}$,$\boldsymbol{K}=(k_{ij})_{N\times N}$,$\boldsymbol{V}=\mathrm{diag}(1/C,1/C,\cdots,1/C)$,$\boldsymbol{E}$ 为元素全为 1 的 $N\times 1$ 矩阵，可以得到 SVM 的回归模型为

$$f(\boldsymbol{x})=\sum_{i=1}^{N}\alpha_i k(\boldsymbol{x},\boldsymbol{x}_i)+b$$

从这个模型可以看出，为了建立 SVM 模型，需要确定径向基核函数中的 γ 和正则化参数 C 两个参数。在这里使用 k 折交叉验证和网格搜索法（grid search algorithm，GSA）（在一个区域内）来寻找合适的（C,γ）。

GSA 是一种基础直观的数据搜索算法，它的基本思想是将所需的未知参数映射为空间中的一个点，然后从这一点开始，同时从不同的增长方向并行搜索，直至找到最佳参数。该方法将一定的搜索范围划分为网格，通过设置搜索步长，对该范围内的每一对参数集进行测试。一般需要适当改变搜索范围和搜索步长，进行多次搜索，从中挑选出效果最好的参数作为最后结果。

为了提高参数优化的效果，在网格搜索中采用 k 折交叉验证法。在机器学习中，数据集一般包括训练集和测试集两部分。k 折交叉验证法为了充分利用样本信息检测算法效果，将已有的数据集 A 随机分为 k 个互不相交且大小相同的子集。每一次训练都选取其中 $k-1$ 个子集，通过测试剩余的一个子集来观察训练模型的性能。在 k 个不同的测试集下重复操作，最后从中选出拟合效果最好的模型。网格搜索和交叉验证法操作简单，搜索速度较快，并且得到的参数相对稳定，能够解决 SVM 中的过拟合问题，因此是各个领域内参数优化的常用方法。

由于企业所得税评估中的各项评价指标之间存在一定的相关性，因此可以利用属性约简方法来删除影响作用较小的指标，以得到更准确的结果。这里给每一个 $\boldsymbol{x}_i$ 附加一个权重值，来表明它对于分类结果的重要性。如果 $\boldsymbol{x}_i$ 的权重较小，则说明 $\boldsymbol{x}_i$ 对分类结果的影响较小，就可以从原来的 $\boldsymbol{X}$ 中消除 $\boldsymbol{x}_i$，达到属性约简的目的。

2. 建立系统模型

首先，对税务数据进行标准化处理，生成训练数据，并将其作为 SVM 分类器的输入数据。SVM 分类模型在税收监测系统中的应用研究尚处于起步阶段，因此本节提出的方法具有重要的研究意义。图 5.8展示了基于 SVM 的税收监测和评估过程。

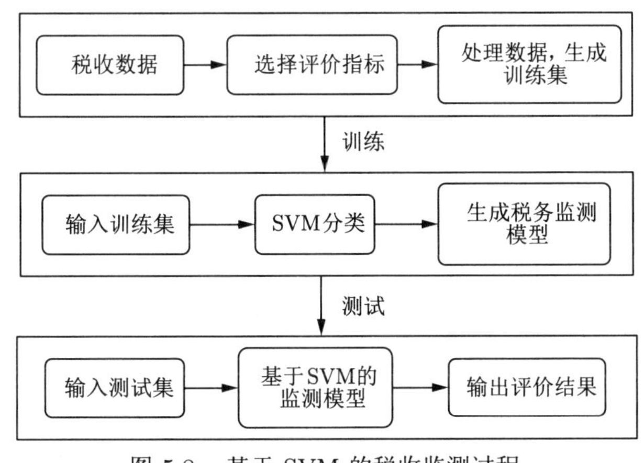

图 5.8　基于 SVM 的税收监测过程

基于 SVM 的完整税收监测评估程序可以分为数据生成层、SVM 模型层和数据预测层三个层次。

（1）数据生成层: 税收监测指标应尽可能全面，既要反映纳税主体的一般特征，又要反映其独特的本质。由于不同指标之间的相互关系存在差异，评价标准因指标而异，没有统一的综合变量来评价纳税人的纳税状况。因此，税收监测指标的选择具有十分重要的意义。参照国家税务总局的《纳税评估管理办法（试行)》文件，以图 5.9所列指标为监测依据。对指标数据进行标准化后生成训练集，其中每个指标的值都在 $[-1,1]$ 区间。

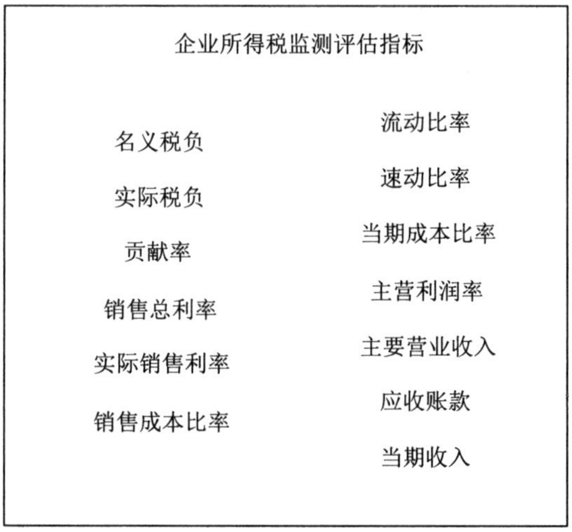

企业所得税监测评估指标
名义税负
实际税负
贡献率
销售总利率
实际销售利率
销售成本比率
流动比率
速动比率
当期成本比率
主营利润率
主要营业收入
应收账款
当期收入

图 5.9　企业所得税监测指标

（2）SVM 模型层：该层重点是建立基于 SVM 的分类模型。在前一层训练集的基础上选择合适的核函数，采用交叉验证和属性约简方法对支持向量进行训练，从而获得更好的分类模型。在这里，使用径向基核函数，通过网格搜索和交叉验证法选择最佳的（C,γ）来训练模型，然后消除向量中权重最小的属性，再用新的约简数据库对模型进行训练，参见图 5.10。

训练集
(C,γ)
交叉验证和
网格搜索
约简属性
最优(C,γ)
计算权重
生成模型

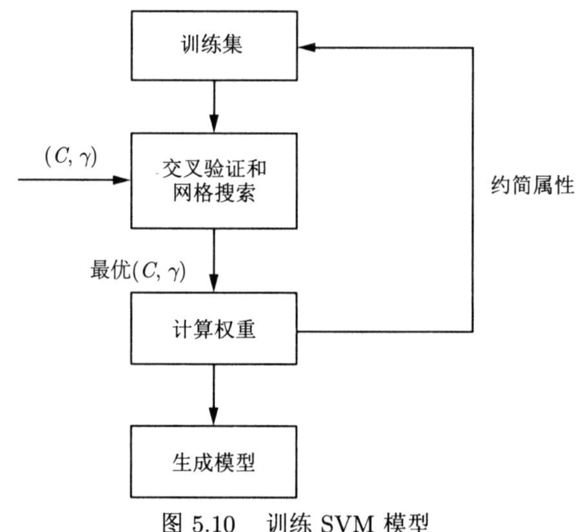

图 5.10　训练 SVM 模型

（3）数据预测层: 利用 SVM 模型对税务数据进行监测评估，同时可预测下一时期的税收风险，并计算预测精度。最后，对评估结果进行分析，挖掘税收监测的内在规律。

3. 实证结果

实证分析中的税收相关数据主要来自税务局，共 200 个数据集，其中每个数据集由 13 个企业所得税指标和 1 个税种标签组成。将 150 个数据集划分为训练集来训练 SVM 模型，剩余数据作为测试集对模型性能进行测试。在研究过程中，使用了不同的核函数来获得不同的分类结果。表 5.8列出了不同分类结果之间的比较。

表 5.8　不同核函数的分类结果

SVM 核函数类型	分类精度/%	测试精度/%
线性核函数	93.7	84
多项式核函数	96.8	80
径向基核函数	97.5	94
Sigmoid 核函数	91.8	80

从表 5.8 中可以看出，当核函数选用径向基核时，SVM 模型在分类精度和测试精度方面表现最好。使用交叉验证法找出径向基函数的最优参数，并用它对模型进行训练。计算得到权重 $\boldsymbol{w}$ 如下：

$\boldsymbol{w}=$（1.512 095,1.512 095,0.042 613,0.687 774, 0.279 966,3.894 334,0.407 807, 0.738 406, 0.311 40, 0.224 065,0.106 350,0.190 936,0.007 056 44)

从上式可以看出，w_{13} 比其他 w_i 小得多，因此去除 w_{13}，再用剩余的其他指标对模型进行训练。表 5.9对比了去除 w_{13} 前后的结果。

表 5.9　去除 w_{13} 前后的结果

项目	13 维训练模型	12 维训练模型
迭代次数	333	197
标准支持向量个数	25	45
边界上的支持向量个数	3	4
训练精度/%	97.5	96.8
测试精度/%	94	94
训练时间/ms	17 015	16 438

对比前后结果发现，在剔除 w_{13} 的情况下，迭代次数会迅速下降，而训练精度和测试精度不会出现明显的变化。因此，属性约简模型在提高算法运行效率方面具有突出作用，适合作为企业所得税的监测评估模型。

在大数据时代下，实际的税收监测和评估过程往往是非常复杂的。不同类型企业的税收相关指标也不尽相同，而且它们都与评估结果保持着某种非线性关系。SVM 是解决有关高维数据问题的有效工具，本节以税收大数据为基础，建立了基于属性约简的 SVM 模型，以监测企业是否履行了纳税义务。基于该模型的数据挖掘结果可以有效监测财政税收状况，进而为税务部门的税收风险评估提供有价值的依据。

5.5　本章小结

在当下社会，税收是国家财政收入中至关重要的组成部分。如果税收征管出现问题，税务收入不足以维持政府的正常运转，国家的社会建设、军事外交等重大战略部署都会受到严重影响。经济发展可以带动税收增长，同时税收水平在很大程度上反映了国民经济的发展现状。因此，税收风险的监测和预警是研究中国的经济形势的重要部分，也引起了政府和相关领域学者的广泛重视。

大数据时代为税收风险的监测评估提供了有力的理论和技术支持。税务分析的数据来源不再局限于纳税人自主报送的生产经营数据和财务报表信息，而是拓宽到大数据平台，对重点网站、论坛、公共媒体等大型站点进行实时监测，抓取不同结构类型的税务数据，同时建立财务部门的数据云存储系统，通过平台实现部门之间的数据共享。大数据相关的信息技术为解决税务征管难题提供了新的思路和方法，因此研究大数据背景下税务状况的监测评估具有重要的理论和现实意义。

本章首先介绍了国内当下税收管理的发展现状，分析了大数据浪潮为税务征管带来的机遇和挑战；然后介绍了税收大数据和税收风险管理的相关概念和含义，阐明了将大数据思维应用于税务监管工作的重要性；最后列举了两个运用数据挖掘和机器学习技术解决税收监测问题的实证案例，为读者提供参考。

大数据浪潮给我国的税收监测管理系统带来的变革并不只是数据量的迅猛增长，更重要的是通过先进的信息技术，从海量异构的涉税信息中挖掘、提取出有价值的信息用于税收状况的监测和评估。税务机关应该充分利用互联网搜索引擎提供的便利条件，学习运用智能爬虫、支持向量机、神经网络等机器学习技术，实现对重点涉税项目的实时监测，提升数据收集的时效性和完整性，促进中国税收事业的健康发展。

第 6 章　基于对外贸易大数据的经济监测分析

6.1　引言

对外贸易也称为“国际贸易”或“进出口贸易”，简称“外贸”，是指一个国家（或地区）与另一个国家（或地区）之间的商品、劳务和技术的交换活动。这种贸易由进口和出口两个部分组成。对运进商品或劳务的国家（或地区）来说，就是进口；对运出商品或劳务的国家（或地区）来说，就是出口。

对外贸易统计是指运用统计的理论和方法，搜集、整理、监测、分析一个国家商品输出和输入情况的工作。我国对外贸易统计包括对外业务统计和海关统计。前者主要是外贸部门对其经济活动的数量进行调查、整理、监测和分析，涉及进出口成交、交货，出口货物的购进、调入，进口的订货、到货，进出口货物的数量、价格、金额、商品类别、国别、口岸别等方面，后者主要是海关部门对其经济活动的数量进行调查、整理和监测分析，涉及进出口货物总量、总额、国别、口岸别等方面。

6.2 节介绍了在当今大数据时代的背景下，对外贸易和对外贸易统计所面临的机遇和挑战，同时提出了相关的发展建议；6.3 节列出了对外贸易统计常用的指标；6.4 节介绍了当今时代，对外贸易统计工作常用的统计模型与方法；6.5 节列举了两个对外贸易统计的实例；6.6 节为本章小结。

6.2　大数据时代的对外贸易

6.2.1　大数据时代对外贸易的机遇和挑战

在移动互联网的浪潮下，新时期的信息革命带来了数据总量和数据产生速度的飞速增长，大数据时代随之到来。随着新时代的到来，我国进出口贸易有了新的发展机遇。

首先，我国对外贸易方式发生了改变。在大数据时代背景下，传统对外贸易的实物交接模式发生了明显改变。在进出口贸易中，商品参数的传递性得到改善，交易货币趋向于电子化，新的对外贸易模式即跨境电商模式应运而生。在进出口贸易过程中，企业纷纷采取该新模式，不仅大大简化了贸易流程，打破限制，降低成本，提高了经济效益，更使得贸易过程中的数据量急剧增长。

其次，大数据时代有利于主动营销的实现。在这样的时代背景下，我国对外贸易企业纷纷开始优化传统营销手段，利用大量的贸易数据对新形势做出客观合理的分析，明确新兴市场，优化市场，明确市场中的优质采购商，准确把握各类产品的目标客户群体，科学开展进出口产品营销工作，借助主动营销理念，实现主动营销。

最后，大数据加速了新的对外贸易信用体系的创建。进出口贸易企业可以利用海量的贸易数据，将其作为重要的信用依据，进行一系列的分析，从而构建新的进出口交易信用体系。由于建立在大数据的基础上，该体系可以在一定程度上降低买卖双方的“信任成本”，以确保对应的进出口贸易交易能够顺利实现。对于一个外贸企业，良好的信用有利于其进一步拓展融资渠道，获取更多的流动资金，确保该公司的贸易活动能够顺利开展，有效防止对外贸易中资金链断裂现象的发生。

新的时代不仅带来了新的机遇，也带来了很多挑战。

首先，我国分析和使用大数据的研发力量明显不足。目前，外贸服务企业之中能够充分利用大数据进行分析指导的技术力量十分有限。政府部门的通关、退税等环节相互连通的电子化程度不高，政府和企业的数据对接工作仍有障碍，这些都阻碍了我国外贸企业利用大数据的深化发展。

其次，电子商务相关的法律法规不健全。外贸大数据在我国刚刚兴起不久，其相关的法律法规体系尚不健全。互联网企业相关的信用体系还没有完全建立，因此基于大数据基础的第三方外贸服务企业就需要承担一定程度的信用风险。目前，企业和个人信息安全问题和外贸数据的权威性等问题仍然没有得到解决。

最后，海外数据平台建设门槛较高。世界上部分国家出于信息安全考虑，对本国内的数据运营商与我国企业的合作不予支持。同时，我国国内的进出口企业还没有完全改变传统外贸发展的固定模式，对于利用大数据信息获取外贸资源，获得发展机遇的意识还不够强。

6.2.2 大数据时代对外贸易发展措施建议

随着大数据时代到来，我国进出口贸易企业间的竞争日渐激烈，要在竞争中取得优势，就要采取有力的发展措施。而国家相关部门也应牢牢把握时代特点，对大数据时代的对外贸易进行更加有力的监测和监管。其中，具体的措施建议有以下几点。

（1）正确认识大数据时代，树立全新的经营管理理念。经济全球化日渐发展，我国对外企业和国际市场间的联系也日渐密切，极易受到国际各方面形势的影响。在运营过程中，这些企业必须以发展的眼光看问题，从思想上正确认识大数据时代的来临，了解大数据时代带来的挑战和机遇，准确把握大数据时代发展的大趋势，结合自身的发展目标、发展方向，抓住机遇，应对挑战，做好各方面的准备工作。在此过程中，进出口贸易企业必须立足基本国情，综合分析各类因素，科学地突破传统思想观念，树立全新的经营管理理念，并以此为基点，将大数据应用到运营管理制度中，优化完善经营制度，将制度落实到具体工作岗位上，确保日常开展的一系列进出口贸易活动都有重要的制度保障，也通过制度加强对企业运营的监测和管理，不断提高自身在对外贸易中的竞争力，有效应对大数据时代带来的挑战，便于实现经济效益最大化的目标。

（2）科学构建对外贸易大数据平台。在大数据时代的发展过程中，我国相关部门必须立足国情，不断优化完善相关法律法规以及行业标准，出台一系列合理的政策，确保开展的一系列对外贸易活动有足够的政策支持和良好的法律环境。政府部门要充分发挥自身多样化职能作用，重用人才，采用先进的技术，构建科学合理的对外贸易大数据平台，使得进出口贸易的各个环节拥有统一的网络结构体系，确保政府部门以及企业之间的信息数据顺利对接、运营和监测管理的工作顺利开展。在此过程中，政府部门要即时监测进出口贸易企业各方面的运行情况和对外贸易发展趋势，做出合理预测，并多鼓励进出口贸易企业深化改革，转变传统贸易方式，注重新贸易方式的优化利用。

（3）注重大数据和电子商务法律体系相结合。我国相关部门必须立足实际情况，结合各方面信息，理性客观地分析电子商务法律法规方面存在的问题。从大数据中获取信息，多层次全方位地优化完善电子商务法律体系，并将大数据相关内容融入其中，促使大数据和电子商务法律体系二者巧妙融合，从而动态监测对外贸易企业在电子商务方面的数据收集以及使用情况，避免企业运行过程中重要信息数据遭到泄露，同时也通过完善的法律体系保护企业的合法权益，避免在对外贸易过程中造成严重的经济损失。

（4）加强和跨国电信运营商的合作。在大数据时代作用下，我国政府部门必须从发展的角度出发，统筹兼顾，客观利用发展机遇的同时，客观迎接应对遇到的挑战。对于进出口贸易企业与跨国电信运营商的合作应予以积极引导和支持，让我国外贸企业和跨国运营商借助彼此的优势，共同构建合理科学的海外大数据平台。我国的进出口贸易企业可以借助海外大数据平台，加大对数据信息分析技术的研发力度，全面、客观地分析对外贸易一系列信息数据，准确监测进出口贸易市场动态变化，准确把握市场需求，开展针对性的对外贸易活动，不断提高自身在进出口贸易市场中的核心竞争力。

（5）优化利用先进技术，完善基础设施。当今时代，我国对外贸易企业已有的基础设施已无法满足大数据分析的客观要求，亟待优化完善。进出口贸易企业必须全面认识大数据时代在基础设施方面提出的客观要求，充分利用先进的技术，使企业的数据分析设备能够容纳大量的信息数据并拥有较高的数据分析速度，科学处理日常运行中对外贸易方面海量的信息数据，提高信息数据准确率。同时也要合理处理已有的基础设施，合理扩大设备系统容量，对其进行优化升级，尽量降低购买新设施的成本。

（6）注重专业人才培养。在新形势下，对外贸易企业和政府相关部门要根据大数据时代对进出口贸易行业提出的具体要求以及对外贸易的发展现状和趋势等，加大专业人才培养力度。进出口贸易企业要将人才培训工作作为日常运行中一项关键性工作，对内部不同岗位员工进行客观分析和系统化培训，通过学习进出口贸易方面相关法律法规，强化员工法律意识，同时引导他们学习对外贸易大数据相关知识，具备扎实的进出口贸易理论知识，确保大数据时代下开展的一系列进出口贸易工作都有重要的理论依据。国家应出台相关政策支持企业对员工的培训及先进人才的引进，使得企业可以为员工提供多样化的实践学习机会，引进大批“高素质，高水平”的专业人才。企业更要多层次改善专业人才工作环境和生活条件，适当提高他们的福利待遇等，使得内部人才稳定，避免优秀人才的大量流失，为提高自身软实力提供有力的保障。

6.2.3 大数据时代对外贸易统计的新挑战

随着我国经济的快速发展和大数据信息时代的来临，贸易统计工作发生了很大的改革。庞大的数据量给对外贸易统计带来了新的困难和挑战。

首先，对外贸易统计对象逐渐复杂。随着我国市场经济的发展，国有企业比重逐渐降低，形成了国有、集体、个体等多种经济成分并存的经济局面。而且随着改革开放的逐渐深入，对外贸易数据量急剧增长。由于调查对象多且配合程度不高，对企业进行数据收集调查的工作难度显著加大。

其次，对外贸易统计基础工作较为薄弱，数据质量较差。目前很多基层企业尤其是私营企业，并没有足够的统计工作人员，因此基本没有完善的统计数据资料。在大数据时代，需要统计的数据量极大，这就导致统计工作困难，数据资料质量较差。

最后，统计方法制度的改革给对外贸易统计带来了困难。从 2012 年开始国家全面推行互联网报送数据，这就对报送的硬件设施、人员技术等提出了新的要求。

6.2.4 大数据时代对外贸易统计工作的建议

在大数据时代，我国的对外贸易发展迎来了新的挑战和机遇，因此对外贸易统计的工作也需要采取新的措施，不断完善，做到合理利用大数据带来的信息，监测预测外贸发展趋势。在此给出几点具体建议。

（1）更新传统统计思维方式，确立大数据意识。对统计学而言，大数据时代的到来，不但意味着可以直接对总体进行分析推断而非通过样本推断总体，更加注重统计的相关性和时效性，更意味着传统方法的效率和功能的降低甚至失效。所以，在对外贸易的统计工作中，相关人员应尽快熟悉大数据时代的新形势并逐渐接受适应新局面。

（2）提高模型的精确化和持续性。在大数据时代，数据的获取不再是十分困难的挑战，而对统计量的选取成为统计工作重点考虑的内容。在社会和经济研究过程中，大部分模型由于外部因素不可控，基本的理论假设无法得到满足，而大数据时代的到来为此提供了新的解决方式。我们可以通过增加更多可能影响模型的外生变量，来提高模型的精确度，在更长的时期内对模型假设的优良性和模型结论进行观察。

（3）优化数据处理方法，提高设备效率。在海量的数据中，获取满足要求的数据，对获得的大量数据进行合理的整理和运算，这些都对数据处理方法和计算机运行效率提出了极高的要求。

（4）培养专业人才，加强业务培训。尽管大数据的作用相当重要，但具备处理大数据能力的专业人才仍然紧缺，为了及时高效地处理对外贸易的数据信息，对对外贸易情况进行监测和管理、对人才的培养变得至关重要。

6.3 对外贸易可持续发展的评价指标

近年来，我国着眼于经济全球化的趋势，从基本国情出发，兼顾社会、环境、资源、技术等方面，建立了具有科学性、概括性、可行性、导向性和独立性的对外贸易可持续发展的评价指标体系。该体系可以系统地对我国对外贸易情况进行动态监测和科学评价。在此对王月永（2007）介绍的指标体系进行说明。

6.3.1 经济效益指标 E

对外贸易的经济效益使用贸易规模、贸易结构和贸易竞争力三个指标来衡量。

1. 贸易规模指数 E_1

（1）出口规模指数: 该指数由出口总额、出口的世界市场份额和外贸出口依存度三个指数构成，用于监测出口的规模大小。出口规模越大，说明出口量越大，出口绩效越高。

（2）出口总额 E_{11}: 该指数即为年出口额，用于衡量出口的相对规模。该指数值越大，出口规模指数越高，出口贸易的绩效就越高。

（3）出口的世界市场份额 E_{12}: 该指数等于出口总额除以世界出口总额，用于衡量一个国家的出口贸易占世界市场份额的大小。该指数越大，出口规模指数越高，出口竞争力越强。

（4）外贸出口依存度 E_{13}: 该指数等于一个国家出口总额除以 GDP，用于衡量一个国家出口贸易对 GDP 的贡献度。该指数越大，出口规模指数越大，出口对 GDP 的影响也越大。

（5）进口规模指数: 该指数由进口总额、进口的世界市场份额和外贸进口依存度三个指数构成，用于监测进口的规模大小。进口规模指数越大，说明进口量越大，进口对国民经济的拉动力度也越大。

（6）进口总额 E_{14}: 该指数即为年进口额，用于衡量进口的相对规模。该指数越大，进口规模指数越高，进口对 GDP 的拉动程度越高。

（7）进口的世界市场份额 E_{15}: 该指数等于进口总额除以世界进口总额，用于衡量一个国家的进口总额占世界市场份额的大小。该指数越大，进口规模指数越高，进口竞争力越强。

（8）外贸进口依存度 E_{16}: 该指数等于进口总额除以 GDP，用于衡量一个国家进口贸易对 GDP 的贡献度。该指数越大，进口规模指数越大，进口对 GDP 的影响也越大。

2. 贸易结构指数 E_2

（1）出口结构指数: 该指数由工业制成品出口比重、出口商品集中度和出口市场分布度三个指标构成，用于监测出口贸易结构的合理程度。该指数值越大，出口结构就越合理，出口就越有竞争力。

（2）工业制成品出口比重 E_{21}: 该指数等于工业制成品出口总额与出口贸易总额之比，用于衡量工业制成品在一个国家出口贸易中的地位，从而衡量贸易结构的出口程度。该指数越大，表明贸易结构越趋于合理，对贸易结构的改善也起到引导作用。

（3）出口商品集中度 E_{22}: 该指数等于各种类出口商品占出口总额比重的平方和，即 $E_{22} = \sum(\text{某种商品出口额}/\text{出口总额})^2$，用于衡量出口商品的集中度。该指数越大，说明出口的商品越集中，出口结构越合理。

（4）出口市场分布度 E_{23}: 该指数等于某一国家对各个贸易国的出口市场份额平方和，用来衡量对各国（或地区）出口分布的离散程度。该指数值越大，市场越多元化，贸易结构就越合理。

（5）进口结构指数: 用初级产品进口比重衡量，用以监测和评价进口结构的合理程度。

（6）初级产品进口比重 E_{24}: 该比重为初级产品进口额与进口商品贸易总额之比，用于衡量初级产品在一个国家的对外贸易中的地位。该指标值越大，表明进口的结构越合理。

3. 贸易竞争力指数 E_3

（1）出口竞争力指数：该指数由出口比较优势指数、出口竞争力变化指数和出口技术效益指数构成。用于衡量一个国家出口的竞争力强弱。该指数越大，竞争力越强，出口的可持续性也越强。

（2）出口比较优势指数 E_{31}: 采用显性比较优势的计算方法，即该指数为一个国家某个产品出口额占该国出口总额的比重与该产品占全球市场的份额之比（RCA 指数）。

$$\mathrm{RCA}_{ij}=\frac{X_{ij}/\sum\limits_{i}X_{ij}}{\sum\limits_{j}X_{ij}/\sum\limits_{i}\sum\limits_{j}X_{ij}}$$

（3）出口商品竞争力指数 E_{32}: 一般使用相对出口绩效作为衡量商品竞争力的指标，即各类商品或服务的净出口额与该商品或服务的进出口总额之比的总和。公式如下:

$$E_{32}=\sum(\text{某商品或服务的净出口额/该商品或服务的进出口总额})$$

该指数动态地监测和衡量了一个国家的各类商品在市场上的竞争力的变化，数值越大说明越具有竞争优势。

（4）出口技术效益指数 E_{33}: 该指数为一定时期内，高技术商品出口贸易额在总出口额中所占的比重。这个指数反映了一个国家出口产品中高新技术产品附加值的含量，其值越大，表明出口产品越有竞争力，越能实现贸易可持续发展。

（5）进口技术效益指数 E_{34}: 该指数为一定时期内，高技术商品进口额在总进口额中所占的比重。反映了一个国家进口产品中高新技术产品附加值的含量，其值越大，表明进口产品的技术含量越高，进口替代的需求就越大。

6.3.2 生态效益指标 B

生态效益指标 B 被用于监测衡量对外贸易对生态环境的影响情况。该指标体系内的指数值越大，表明能源的利用效率越高，对生态环境的破坏越小，就越能实现可持续发展的目标。

对外贸易的生态效益使用进出口贸易的环境效益和资源效益评价指标来衡量。

1. 贸易环境效益评价指标 B_1

（1）出口环境效益评价指数 B_{11}: 该指数用于衡量生产加工污染密集型产品的出口占总出口额的比重。计算时使用 ISTC 分类中的第 3~6 类产品出口总额除以出口总额。

（2）绿色出口指数 B_{12}: 绿色出口贸易额与出口总额的比值。

（3）进出口三废净排放量指标 B_{13}：用进出口贸易废水、废气和废渣净排放量衡量。

2. 贸易资源效益评价指标 B_2

（1）贸易能源密集度 B_{21}: 用进口耗能量与出口耗能量之比衡量。公式如下:

$$B_{21}=(\text{单位金额进口耗能量}\times\text{进口额})/(\text{单位金额出口耗能量}\times\text{出口额})$$

该指数值大于 1 时，表示进口产品所消耗的能源资源大于出口产品所消耗的能源资源，有利于实现贸易的可持续发展。

（2）初级产品效益度 B_{22}: 用进口的初级产品比重与出口的初级产品比重之比来衡量。该指标值越大，说明净进口资源越多，有利于生态资源的保护。

（3）资源消耗总量指数 B_{23}: 用能源消费弹性系数，即能源消费增长速度与 GDP 增长速度之比来衡量。该指标表示 GDP 每增长 1%需要的能源消耗增长的百分数。对于由出口带动 GDP 增长的国家，该指标的变化趋势可以监测出口所耗能源的利用效率变化。

6.3.3　社会效益指标 S

社会效益指标 S 被用于衡量对外贸易对社会产生的效益，一般使用全社会的就业率和工资率来表示，因为这两个指标与外贸企业的相应值呈正相关关系。

（1）贸易部门工资率 S_1: 由于有进出口业务的企业占比很高，所以用全社会的工资指数代表贸易部门的工资水平。该指标可以动态地监测贸易部门就业人数的变化情况，增长越快表明对外贸易带来的社会效益越高。

（2）就业率 S_2: 进出口部门的就业率很难直接度量，所以采用全社会的就业率来表示。

6.4　大数据背景下对外贸易监测的研究

对外贸易的监测工作大概分为对各个指标的监测计算和对发展趋势的预测。

6.4.1　指标的计算与合成

在上一节的可持续发展评价指标体系中指出了三个一级指标，即经济效益指标 E、生态效益指标 B 和社会效益指标 S。在三个一级指标下又分别有二级指标和三级指标。一般地，采用一定的合成方法来根据三个级别的指标计算合成指标，从而评价对外贸易的可持续发展程度。

（1）分别赋权重法一般考虑用德尔菲法，即请专家打分法来求权重，这样可以使得权重适用于某个国家某一阶段的监测衡量，也可以用于进行不同国家和不同时期的比较。王月永（2007）给出的方法就采用了综合专家评估的分别赋权重法: 一级指标的权重分别为 $(0.5\quad 0.3\quad 0.2)$，二级、三级指标使用平均权重法。对于平均权重的三级指标，在不能完全求平均数时，赋予重要性最大的指标略大的权重，如下所示。

① 经济效益指标 E。

$$E = (E_1\quad E_2\quad E_3) = (0.2\quad 0.4\quad 0.4)$$

$$E_1 = (E_{11}\quad E_{12}\quad E_{13}\quad E_{14}\quad E_{15}\quad E_{16}) = (0.1\quad 0.2\quad 0.2\quad 0.1\quad 0.2\quad 0.2)$$

$$E_2 = (E_{21}\quad E_{22}\quad E_{23}\quad E_{24}) = (0.25\quad 0.25\quad 0.25\quad 0.25)$$

$$E_3 = (E_{31}\quad E_{32}\quad E_{33}\quad E_{34}) = (0.25\quad 0.25\quad 0.25\quad 0.25)$$

② 生态效益指标 B。

$$B = (B_1\quad B_2) = (0.5\quad 0.5)$$

$$B_1 = (B_{11}\quad B_{12}\quad B_{13}) = (0.33\quad 0.33\quad 0.44)$$

$$B_2 = (B_{21}\quad B_{22}\quad B_{23}) = (0.33\quad 0.33\quad 0.44)$$

③ 社会效益指标 S。

$$S = (S_1\quad S_2) = (0.5\quad 0.5)$$

最终合成的指标即为我们所需要和关注的指标，该值越大说明对外贸易的经济、社会和生态效益越高，越有利于实现对外贸易的可持续发展。

（2）熵值法的基本原理是，首先将指标进行标准化处理，再利用申农熵计算指标的信息效用价值，并构造权重值，最终得出对外贸易可持续发展的综合评价指标值。

① 构造标准化的样本矩阵。

设 $\boldsymbol{X}$ 为样本矩阵，根据对外贸易可持续发展评价指标体系中 m 个评价指标和 n 个年份，有 $\boldsymbol{X}=(x_{ij})_{n\times m}$。

首先，对 x_{ij} 进行归一化处理，得到矩阵 $\boldsymbol{Y}=(y_{ij})_{n\times m}$，$y_{ij}\in[0,1]$。对于越大越好的指标，令 $y_{ij}=\dfrac{(x_{ij}-\min x_j)}{(\max x_j-\min x_j)}$。对于越小越好的指标，令 $y_{ij}=\dfrac{(\max x_j-x_{ij})}{(\max x_j-\min x_j)}$，其中，$\max x_j$ 和 $\min x_j$ 分别为样本的第 j 个指标的最大值和最小值。

然后对 y_{ij} 进行标准化处理，令 $u_{ij}=(y_{ij}-\bar{y}_j)/s_j$，其中 $\bar{y}_j$ 和 s_j 分别是第 j 列各指标的平均值和标准差。

计算申农熵时需要取对数,所以各指标值必须为正数,利用坐标平移,令 $d=-\mathrm{INT}(\min u_{ij})$，$u_{ij}=u_{ij}+d$，即得到了构造的样本标准化矩阵 $\boldsymbol{U}=(u_{ij})_{n\times m}$。

② 确定指标权重。

首先，计算第 i 个样本在第 j 个指标下所占的比重 P_{ij}，即 $P_{ij}=\dfrac{u_{ij}}{\sum u_{ij}}$。

其次，计算第 j 项指标的熵值 $e_j=-k\sum P_{ij}\ln P_{ij}$，其中 $k=\ln n$。由上式得到指标的信息效用值 $d_j=1-e_j$。

利用熵值法估算各指标的权重值，事实上是利用指标信息的价值系数来分配权重，其价值系数越高，对评价的重要性就越高。最后可以得到第 j 项指标的权重为 $w_j=\dfrac{d_j}{\sum d_j}$。

③ 样本的综合评价计算第 i 个样本第 j 个指标的评价值 $z_{ij}=w_j u_{ij}$。则第 i 个样本的综合评价值为 $Z_i=\sum\limits_{j=1}^{m}z_{ij}$。

对某一年的样本来说，其综合评价值 Z 越大，说明该年度对外贸易的可持续发展系数越大，对外贸易可持续发展的水平越高；反之则越低。

利用上述方法计算指标，既监测了贸易发展的经济效益，也评估了社会效益和生态效益；既可用于进行国家之间的横向监测比较，又有利于一个国家内部的地区监测比较，还可以用于时间序列上的纵向监测比较，具有一定的理论价值和实际指导意义。

6.4.2 模型构建和预测

一般地，经济预测方法包含调查预测、因果关系预测和时间序列预测等多种方法。调查预测属于定性预测，可以使用 6.4.1 节中提出的方法，对获取的海量数据进行归纳、计算指标值，再结合预测者的学识经验进行预测。在本节中，主要介绍因果关系预测和时间序列预测两种定量预测法。除了这两种主要方法外，还有很多种模型可以用于大数据背景下的对外贸易监测。

1. 因果关系预测法

该方法分析了预测对象和影响因素之间的联系，建立数学模型进行统计计算，根据影响因素的变化去估计预测对象的未来值和发展趋势。在大数据条件下，因果关系预测仍然是一个有力的预测方法。

1）逐步回归法

回归分析认为，被解释变量受部分解释变量的影响，解释变量的变化会导致被解释变量预测值的变化。在回归分析中，将对外贸易的某些衡量指标作为被解释变量，再选取一些可以影响该指标的其他指标作为解释变量，利用大数据进行模型构建，基于模型可以预测未来状况。

而逐步回归法是逐步筛选解释变量的回归方法。首先将被解释变量和每一个可能的解释变量做一元线性回归，然后进行显著性检验。选择其中最显著的模型，引入第二个变量，引入原则是该变量比其他变量进入模型时检验值更大，同时也要对模型中原有的变量进行检验，如果不再显著则予以剔除，反之则保留。如此，依次在剩下的变量中挑选引入模型的变量，并不断对模型中的变量进行筛选，直到无新变量可引入也无旧变量可剔除，则可以建立起回归模型

$$Y = a_0 + a_1X_1 + a_2X_2 + \cdots + a_nX_n + \varepsilon \tag{6.1}$$

其中，Y 为被解释变量，$X_1, X_2, \cdots, X_n$ 为最终选入模型的解释变量，$a_0, a_1, \cdots, a_n$ 为回归系数，ε 为满足回归模型假定的随机误差。

可以得到预测公式为

$$\hat{y} = \hat{a}_0 + \hat{a}_1x_1 + \hat{a}_2x_2 + \cdots + \hat{a}_nx_n \tag{6.2}$$

2）计量经济模型法

经济变量之间的长期相关关系可以通过协整方法来反映。协整分析是一种计量分析技术。如果所考虑的时间序列具有相同的单整阶数，且某种线性组合（协整向量）使得组合时间序列的单整阶数降低，则称这些时间序列之间存在显著的协整关系。[1] 这个线性组合的结果叫作“误差校正项”。

实际研究表明，协整模型只对一部分实际经济数据可以改善长期预测的精确度，原因在于数据产生的过程十分复杂，不一定满足线性关系，如果只用线性方法进行建模，可能误差比较大，估计出的参数不可解释。尤其是中国这样的经济转型国家，宏观经济结构、国内外贸易环境都在发生剧烈的变化，传统的协整模型将不再完全适用。可以基于计量经济模型，引入一个使用神经元网络的非线性误差校正预测模型，使得模型有更加合理的解释性和更高的精确度。

首先找到具有协整关系的变量，建立长期协整方程。其次基于 BP 算法建立非线性校正误差项，再根据校正误差项建立误差校正模型，即为所需要的完整模型。

根据冯莉（2007）的文章，误差校正是指在协整关系的基础上建立一个变量之间的短期波动模型，其中协整关系就作为一种调整变量。当代中国对外贸易的迅速发展使得原来的线性协整关系的显著性减弱。因此采用非线性方法，将神经元网络与误差校正模型相结合。将误差校正项加入向量自回归方程时，以非线性的形式出现，即放入 Sigmoid 函数 F 中，其中 F 可使用函数

$$F(\text{net}) = \frac{1}{1 + \mathrm{e}^{-\text{net}}} \tag{6.3}$$

[1] 摘自百度百科。

其中，net 是各层输出加权求和的值。$F(\text{net})$ 的期望输出结果是 0.5，所以要选择合适的权重 w 和偏差 b，使得

$$F(\text{EC}) = \frac{1}{1 + \mathrm{e}^{-(w \times \text{EC} + b)}} \tag{6.4}$$

趋于 0.5，其中 EC 表示变量间的协整关系。选择权重和偏差时，可以采用 BP 神经元网络算法，对得到的 EC 值进行训练，即可得到权重和偏差的值。得到结果之后，将 $F(\text{EC}) - 0.5$ 作为误校正项，放入向量自回归模型中进行预测。

对于对外贸易的计量经济学预测模型，在选择模型变量时需要遵循下面几个原则。

（1）理论性原则。首先应该从经济学理论出发，明确研究目标，选择在当前经济环境下，在经济意义上对进出口贸易有影响的变量。要选择对对外贸易有长期的较大影响或短期内冲击较为显著的变量，同时也包括间接影响进出口的变量。被选择的变量应有较强的概括能力和较高程度的代表性。

（2）可获得性原则。模型十分依赖于数据样本量，要在较高样本量的基础上，采用一定的数学方法来估计参数，以解释变量与被解释变量之间的影响关系来进行预测。所以，选择的变量不仅要存在于指标体系中，更要有可靠的数据来源和足够的数据量。

（3）独立性原则。在计量经济学模型中，各解释变量之间应该相互独立。选择变量时可能无法做到使所有入选变量不相关，可以采用适量剔除、主成分分析等方法使得变量独立。

2. 时间序列预测法

时间序列是指将同一统计指标的数值按其发生的时间先后顺序排列而成的数列。[1] 通过分析时间序列，建立合理的数学模型，可以监测该统计量的特征、变化趋势并对未来的发展进行预测。时间序列预测法假设预测对象只与时间有关，该方法依赖于大量的历史数据，多用于短期时间内的预测。

时间序列可以大致分为线性（确定性）时间序列和非线性（随机性）时间序列。前者可以用精确的函数如 ARIMA 模型进行表示和分析，后者可以借助神经网络模型来进行短期预测，下面对这两种方法进行简单介绍。

1）自回归移动平均法

如果一个时间序列在时刻 t_1, t_2 的概率分布的特性不受时间原点改变的影响，则称其为严平稳过程。若时间序列 $\{y_t\}$ 的二阶矩有穷且对任意的时刻满足 $E(y_t) = \mu$ 和 $E(y_t y_s) = \mu^2 = \gamma_{ts} = \gamma_{t-s}$，则称该时间序列为宽平稳序列。

对于平稳的时间序列，可以采用自回归移动平均（ARMA）模型进行预测。该模型是由美国学者博克斯和英国统计学家詹金斯一起建立的，简称 B-J 法。其基本思想是，一串随时间变化而又相互关联的数字序列可以用相应的数学模型进行近似描述，通过对数学模型的分析研究，能更本质地认识这些动态数据的内在结构和复杂特性，从而达到在最小方差意义下的预测。[2]

B-J 基本模型包括自回归 AR(p) 模型、移动平均 MA(q) 模型和自回归移动平均 ARMA(p, q) 模型。对于包含季节性的不平稳的模型，可以将 ARMA(p, q) 模型改进为

[1] 摘自百度百科。

[2] 摘自：易丹辉. 时间序列分析方法与应用 [M]. 北京: 中国人民大学出版社，2011.

$\mathrm{ARIMA}(p,d,q)(P,D,Q)^s$ 模型，即进行差分消除季节性和非平稳性后进行建模，其中 d 为消除不平稳性需要进行的差分次数，P 为季节性回归阶数，D 为消除季节性的差分次数，Q 为季节性移动平均阶数，s 为季节周期，取值为 4 或 12。

B-J 基本模型的建模步骤如下:

（1）识别时间序列的平稳性，确定参数 d 和 D。为了识别平稳性，可以绘制时间序列的趋势图进行初步判断。更常用的方法是自相关函数图，如果自相关函数迅速趋于零，则时间序列平稳。如果该序列存在一定趋势，则需要对序列进行一定阶数的差分。如果该序列存在季节性还需进行季节差分，直到序列平稳，此时的差分阶数和季节差分阶数分别为 d 和 D。

（2）确定模型的阶数 p,q,P,Q。绘制自相关图和偏自相关图，根据序列的拖尾或截尾性确定序列大致阶数并由低到高逐次进行试验。

（3）建立 ARMA 模型，使用非线性最小二乘估计进行参数估计。

（4）对模型进行参数显著性 t 检验和残差的随机性检验，如果通过检验，则该模型可以用于预测，如果无法通过则要重新建模。

（5）利用模型进行预测。

2）人工神经网络法

传统时间序列预测模型一般是线性模型，它直观简单，解释性强，但是当今经济系统变动性强，数据量爆发，数据中往往存在着高度的非线性关系，传统线性预测方法处理难度很高。

人工神经网络是一种运算模型，它由大量的节点（或称神经元）之间相互连接构成。每个节点代表一种特定的输出函数，称为激励函数（activation function）。每两个节点间的连接都代表一个对于通过该连接信号的加权值，称为权重，这相当于人工神经网络的记忆。网络的输出则依网络的连接方式、权重值和激励函数的不同而不同。而网络自身通常都是对自然界某种算法或者函数的逼近，也可能是对一种逻辑策略的表达。[1]

人工神经网络是一种非线性的动力学系统，它十分稳健并且容错性很强，拥有强大的逼近非线性映射的能力，因此是解决非线性问题的有力方法，非常适合随时会发生变化的复杂经济时间序列的建模和预测。目前我国应用最为广泛的是 BP 神经网络模型，即误差反向传播神经网络模型。BP 人工神经网络是一种通过多维映射关系得到的一种误差自动修复机制。流程图如图 6.1所示。

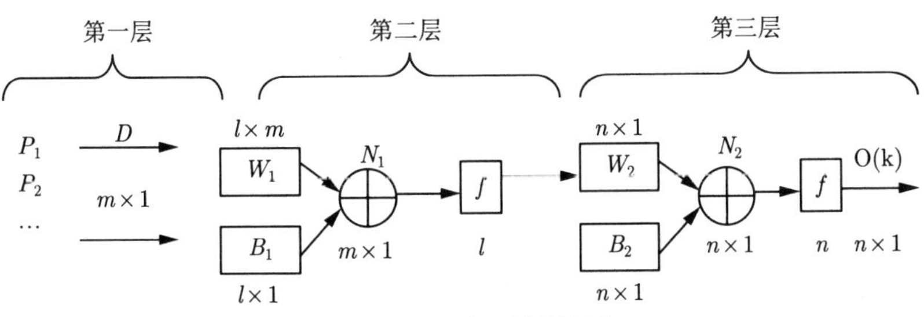

图 6.1 BP 人工神经网络

[1] 摘自百度百科。

信息的递入始于输入层，每一层的每个神经元与下一层中所有神经元进行连接，但同一层之间没有联系。下一层单元得到的信息量等于其上层神经元信息输入的加权平均值与本身的阈值之和。在输出层，实际输出值与预测输出值间的差异被称为误差值。该系统通过梯度下降理论，以反向态势输入误差信息并对各单元的权重及阈值进行适当调整，以实现误差的最小化。具体过程为:

（1）第一层中节点的信息输入为 $p_j(j=1,2,\cdots,m)$，第二层第 i 节点接受信息冲击为

$$\mathrm{net}_i=\sum_{j=1}^{m} w_j p_{ij}+a_i\ (j=1,2,\cdots,m) \tag{6.5}$$

（2）a_i 为阈值，经过转换函数处理后第二层 i 神经元输出为

$$f(\mathrm{net}_i)=f\left(\sum_{j=1}^{m} w_j p_{ij}+a_i\right) \tag{6.6}$$

（3）第三层神经元 k 信息冲击为

$$\mathrm{net}_k=\sum_{i=1}^{l} w_i f(\mathrm{net}_{ki})+b_k\ (i=1,2,\cdots,l) \tag{6.7}$$

其中，b_k 为 j 的阈值，最终网络输出为

$$O(k)=\psi\left(\mathrm{net}_{ki}=\psi\left(\sum_{i=1}^{l} w_i f(\mathrm{net}_{ki})+b_k\right)\right) \tag{6.8}$$

对于非线性时间序列的预测，可以利用 G-P 算法计算出输入层的节点数，再结合 Bayes 正则化方法确定隐藏层的节点数，并提高网络的泛化能力，可以建立一类时间滞后 BP 神经网络（time delay BP neural network，TDBPNN）预测模型。

对外贸易的发展极易受到贸易政策的改变、宏观经济的变化、国际环境的变动等各种因素的影响。这些因素本身的影响以及它们相互之间的非线性作用，往往体现在各国对外的数据时间序列之中。当代中国对外贸易环境正在发生急剧变化，针对大数据时代背景下的我国对外贸易预测问题，可以使用 TDBPNN 模型进行预测。

为了应用上述模型，首先要证明我国对外贸易数据存在非线性关系，鉴于数据量巨大，可以采用如 BDS 检验或者计算最大 Lyapunov 指数的 Wolf 方法等。

6.5 对外贸易监测的实例研究

本节中选取云南省的对外贸易依存度和结构分析、中国进出口值预测两个实例来阐述统计学方法和模型在实际数据分析和经济监测中的应用。

6.5.1 基于大数据的云南省外贸依存度分析

1. 背景及定义

一个国家（或地区）的对外贸易发展水平是一个国家（或地区）对外开放程度和世界经济体系融入度的重要指标，也是反映其经济对国际市场的依赖程度的重要指标。外贸依

存度是衡量一个国家（或地区）国民经济对进出口贸易依赖程度的指标，它由该国（或地区）外贸总额占 GDP 的比重来表示。

为了准确反映国家（或地区）对外贸易的经济依存度，对外贸易依存度又分为进口依存度和出口依存度。进口依存度反映国家（或地区）的市场开放程度，而出口依存度反映其经济对对外贸易的依赖。一般来说，对外贸易依存度越高，该国家（或地区）对进出口贸易的经济依赖程度越高，对外贸易在国家（或地区）国民经济中的重要性也越大。

本例以 2000—2015 年世界银行统计数据库中有关对外贸易监测的大量数据和中国统计数据库的相关统计数据为基础。运用大数据的分析方法，研究了云南省对外贸易依存度和贸易结构的变化。

一般地，对外贸易依存度可以用以下公式计算:

$$Z = (X + M)/\mathrm{GDP} \times 100 \tag{6.9}$$

其中，Z 为对外贸易依存度，X 为总出口量，M 为总进口量，所以，出口依存度可以使用下式计算:

$$Z = X/\mathrm{GDP} \times 100 \tag{6.10}$$

进口依存度为

$$Z = M/\mathrm{GDP} \times 100 \tag{6.11}$$

2. 云南省的外贸依存度及变化趋势

我们可以计算出 2000—2015 年云南省的对外贸易依存度指数，见表 6.1。可以看出，云南省 GDP 从 2000 年的 242.90 亿美元增加到 2015 年的 2186.06 亿美元，进出口总值从 2000 年的 18.13 亿美元增加到 2015 年的 245.27 亿美元，对外贸易依存度从 2000 年的 7.46%增加到 2015 年的 11.22%。但是，我国对外贸易依存度的增长速度远低于基于 GDP 增长速度和对外贸易总量的预期。

从云南对外贸易依存度的变动趋势（图 6.2）可以看出，2000—2015 年云南对外贸易依存度经历了两个特定的阶段。2001—2007 年为第一阶段，云南对外贸易依存度由 2000 年的 7.46%持续增长到 2007 年的 13.98%，这是中国加入世界贸易组织，建立东盟-中国自由贸易区的影响结果。第二阶段，2008—2015 年，由于 2008 年国际金融危机，云南对外贸易依存度增长急剧放缓（2009 年甚至出现负增长），但其后波动的依存度又普遍上升，2015 年达到 11.22%。

从表 6.2可以看出，从总体上看，云南对外贸易出口依存度呈现缓慢的波动性增长趋势，从 2000 年的 4.84%增长到 2015 年的 7.61%。云南的出口受到 2008 年国际金融危机的极大影响，2009 年的出口率骤降至 5%。然而，2009 年之后，出口贸易依存度在一定程度上再次回落。

表 6.2同时表明，云南对进口贸易的依存度自 2000 年以来总体呈波动上升趋势，从 2000 年的 2.63%上升到 2015 年的 3.61%，但增长不明显。2008 年国际金融危机也严重影响了云南的进口贸易，使云南省 2009 年对进口贸易的依存度低于 2008 年，但秋季后有所上升。

再结合图 6.3，2000—2015 年，除 2012 年外，云南省对外贸易出口依存度高于对外贸易进口依存度，且趋势相似。

表 6.1 云南省的 GDP 和外贸依存度

年份	GDP/亿美元	进出口总值/亿美元	外贸依存度/%
2000	242.90	18.13	7.46
2001	258.25	19.89	7.70
2002	279.33	22.26	7.97
2003	308.70	26.77	8.67
2004	372.66	37.48	10.06
2005	422.80	47.38	11.21
2006	500.39	62.32	12.45
2007	627.96	87.80	13.98
2008	819.01	95.99	11.72
2009	903.33	80.19	8.88
2010	1067.09	133.68	12.53
2011	1376.64	160.53	11.66
2012	1633.83	210.05	12.86
2013	1908.44	258.29	13.53
2014	2087.07	296.22	14.19
2015	2186.06	245.27	11.22

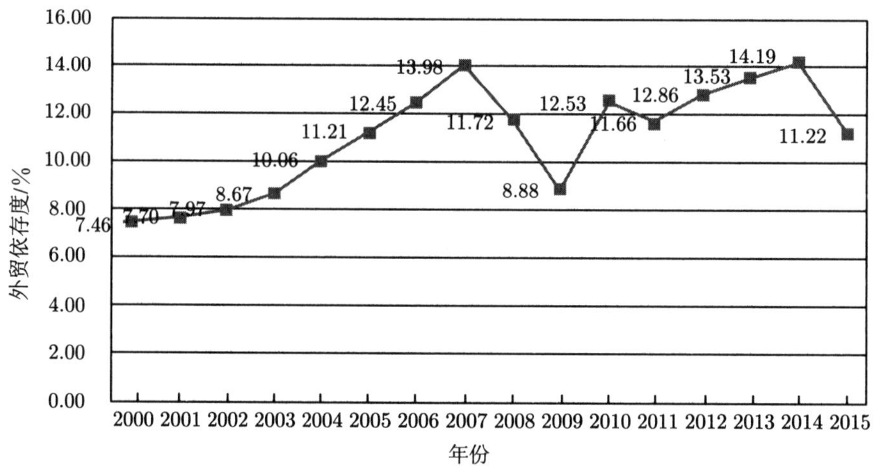

图 6.2 云南省外贸依存度趋势图

3. 云南省对外贸易模式的变化

与其他内陆省份相比，云南作为边疆省份，与缅甸、老挝、越南的边界线较长，因此边境贸易的发展具有更好的地理条件。在对外贸易模式方面，云南对外贸易主要由普通贸易和边境小贸易组成（表 6.3）。2000 年以来，除 2012—2014 年外，云南进出口总额中普通贸易和边境小贸易所占比重均超过 80%，特别是 2009 年的比重甚至达到了 95.02%。

表 6.2　云南省对外贸易的出口依存度和进口依存度

年份	出口依存度/%	进口依存度/%
2000	4.84	2.63
2001	4.82	2.88
2002	5.12	2.85
2003	5.43	3.21
2004	6.01	4.04
2005	6.25	4.96
2006	6.78	5.68
2007	7.54	6.44
2008	6.09	5.63
2009	5.00	3.88
2010	7.13	5.40
2011	6.88	4.78
2012	6.13	6.72
2013	8.36	5.17
2014	9.00	5.18
2015	7.61	3.61

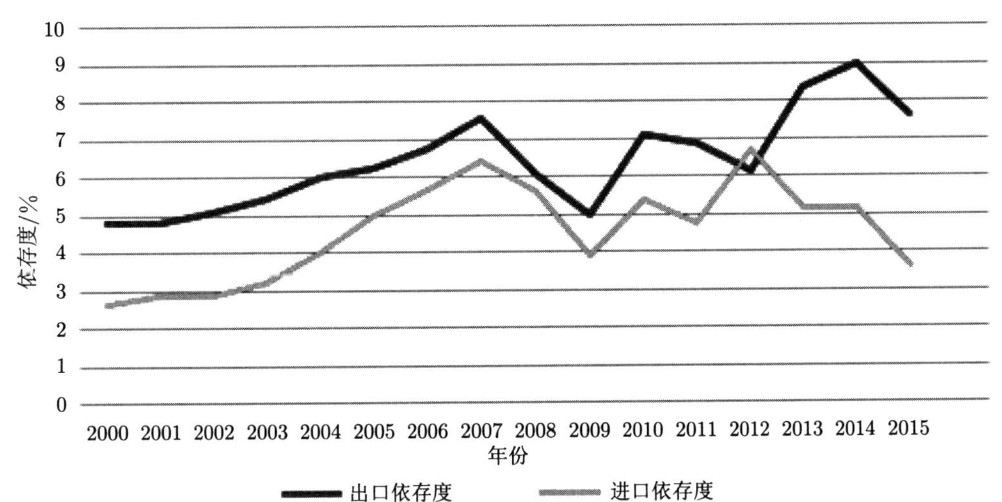

图 6.3　云南省对外贸易的出口依存度与进口依存度

与边境小贸易相比，普通贸易对云南对外贸易的贡献更大，所占比重也更高。普通贸易在云南进出口总值中所占比重已超过 50%，而边境小贸易在云南进出口总值中所占比重则一直低于 20%。这两种贸易占比的变化见表 6.4和图 6.4。可以看出，普通贸易在云南进出口总值中所占比重总体呈上升趋势，而边境小贸易所占比重总体呈下降趋势。

表 6.3 云南省对外贸易的主要模式

年份	进出口总额/亿美元	普通贸易总额/亿美元	边境小贸易总额 /亿美元	总占比/%
2000	18.13	12.05	3.56	86.10
2001	19.89	13.91	3.46	87.33
2002	22.26	15.82	3.68	87.60
2003	26.77	19.79	4.19	89.58
2004	37.48	28.00	5.23	88.69
2005	47.38	33.45	6.55	84.42
2006	62.32	42.62	7.76	80.84
2007	87.80	64.69	10.11	85.19
2008	95.99	77.47	12.01	93.22
2009	80.19	63.59	12.61	95.02
2010	133.68	91.57	17.35	81.48
2011	160.53	121.30	20.04	88.05
2012	210.05	112.78	21.49	63.92
2013	258.29	142.11	33.34	67.93
2014	296.22	181.04	35.79	73.20
2015	245.27	176.76	24.91	82.22

表 6.4 云南主要对外贸易格局的结构变化

年份	普通贸易占比/%	边境小贸易占比/%
2000	66.46	19.64
2001	69.93	17.40
2002	71.07	16.53
2003	73.93	15.65
2004	74.71	13.98
2005	70.60	13.82
2006	68.39	12.45
2007	73.68	11.51
2008	80.71	12.51
2009	79.30	15.73
2010	68.50	12.98
2011	75.56	12.48
2012	53.69	10.23
2013	55.02	12.91
2014	61.12	12.08
2015	72.07	10.16

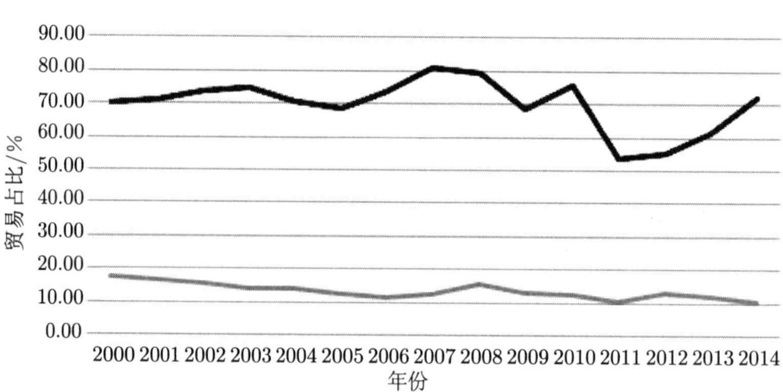

图 6.4 云南省普通贸易与边境小贸易占比的变动趋势

6.5.2　基于 ARIMA 与 BP 神经网络复合模型的对外出口贸易预测

本例针对我国 1990—2013 年的对外贸易总额（单位: 亿元）进行了建模和预测，过程如下。

（1）使用自回归移动平均模型的前提是序列平稳。为了消除波动的影响，首先对序列取自然对数。对进口额（JK）和出口额（CK）取对数后得到: LNJK = log(JK)，LNCK = log(CK)。再进行单位根检验，结果如表 6.5所示。表 6.5 中 D(LNCK)、D_2(LNCK) 分别表示 LNCK 的一阶和二阶差分序列，D(LNJK) 和 D_2(LNJK) 分别表示 LNJK 的一阶和二阶差分序列。

表 6.5　单位根检验

序列名称	T 统计量	MACKINNON 模拟临界值		
		1%	5%	10%
LNCK	−1.795	−4.416	−3.622	−3.248
LNJK	−1.976	−4.416	−3.622	−3.248
D(LNCK)	−4.539	−4.440	−3.632	−3.254
D(LNJK)	−3.721	−4.440	−3.632	−3.254
D_2(LNCK)	−6.212	−2.685	−1.959	−1.607
D_2(LNJK)	−5.226	−2.685	−1.959	−1.607

LNCK 和 LNJK 序列的单位根检验统计量分别为 −1.795 和 −1.976，均大于 1%、5% 和 10%的检验水平的临界值，因此，无法拒绝原假设（包含单位根）。对这两个序列进行一阶差分后，检验统计量分别为 −4.539 和 −3.721，分别小于 1%和 5%检验水平下的临界值，认为至少在 5%的检验水平下拒绝原假设，即进出口总额的对数服从 $I(1)$ 过程。对这两个序列均进行二阶差分，然后进行 t 检验，发现检验结果更加显著。

（2）ARIMA 模型识别与估计由以上结果可以知道，应使用 D_2（LNCK）和 D_2（LNJK）序列进行建模。对这两个序列做出自相关系数图如图 6.5 和图 6.6 所示。

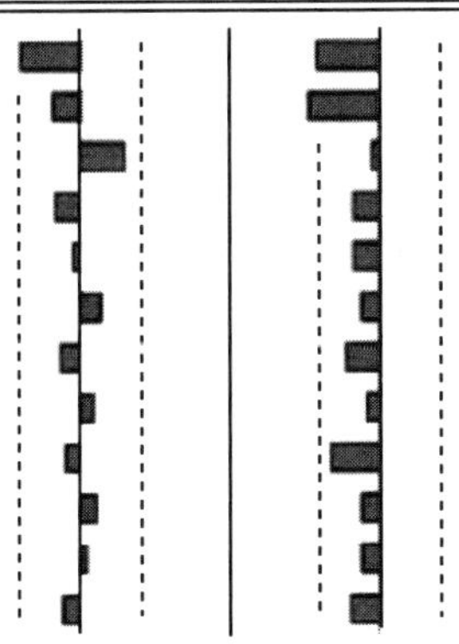

自相关系数	偏自相关系数		自相关系数	偏自相关系数	Q统计量	概率
		1	−0.439	−0.439	4.8399	0.028
		2	−0.204	−0.491	5.9341	0.051
		3	0.311	−0.062	8.6139	0.035
		4	−0.186	−0.178	9.6281	0.047
		5	−0.058	−0.182	9.7309	0.083
		6	0.142	−0.125	10.401	0.109
		7	−0.148	−0.238	11.173	0.131
		8	0.096	−0.098	11.520	0.174
		9	−0.099	−0.343	11.919	0.218
		10	0.112	−0.128	12.475	0.255
		11	0.028	−0.136	12.513	0.326
		12	−0.129	−0.189	13.397	0.341

图 6.5　出口额二阶差分序列自相关图

自相关系数	偏自相关系数		自相关系数	偏自相关系数	Q统计量	概率
		1	−0.315	−0.315	2.5018	0.114
		2	−0.264	−0.404	4.3406	0.114
		3	0.150	−0.125	4.9960	0.174
		4	0.003	−0.113	4.9962	0.291
		5	−0.163	−0.230	5.7902	0.327
		6	0.086	−0.126	6.0346	0.419
		7	−0.013	−0.193	6.0408	0.535
		8	0.050	−0.042	6.1350	0.632
		9	−0.192	−0.347	7.6322	0.572
		10	0.150	−0.158	8.6169	0.569
		11	0.118	−0.070	9.2896	0.595
		12	−0.100	−0.076	9.8194	0.632

图 6.6　进口额二阶差分序列自相关图

由图 6.5 可以得到，D_2（LNCK）的偏自相关系数只有在不高于 2 阶时超出了 95%的置信区间，说明该序列在 2 阶时截尾，而自相关系数在 1 阶时较大，超过了虚线处，因此可对 LNCK 建立 ARIMA(2,2,1) 模型。D_2（LNJK）的偏自相关系数在 2 阶处接近虚线，其他阶均不超过 95%置信区间，自相关系数在虚线之内，故对 LNJK 建立 ARIMA(2,2,0) 模型。

按照上述模型进行拟合，得到的出口额公式为

$$(1-0.000\,4\phi_1 L+0.128\phi_2 L^2)D_2(\text{LNCK})_t=-0.008+(1-0.997L)\varepsilon_t \tag{6.12}$$

计算可得，AR(p) 和 MA(q) 模型均稳定，MA 特征根倒数为 1 在单位圆之内，故模型具有可逆性。

拟合得到的进口额公式为

$$(1+0.443\phi_1 L+0.414\phi_2 L^2)D_2(\text{LNCK})_t=-0.010 \tag{6.13}$$

AR(p) 的特征根倒数均未超过单位圆，模型稳定。

（3）线性预测。

表 6.6第 2、3 列是用 ARIMA 模型预测出的我国进出口额，采用 MATLAB 软件进行还原操作后的结果位于第 4、5 列。第 6、7 列为进口额与出口额的实际数据。第 8、9 列为预测误差，即实际值与预测值之差。最后两列为预测的相对误差。从表 6.6 中可以看出，ARIMA 模型得到的预测结果并不令人满意，1995—2013 年出口额与进口额的预测相对误差分别为 18.43%和 47.62%。

（4）BP 神经网络误差预测。

采用陈蔚（2015）的“滚动建模法”，即使用区间内 5 年的数据作为单次输入，然后采用区间之内的下一年，即第 6 年的数据作为输出，建立输入节点为 5、输出节点为 1 的 BP 神经网络，学习样本个数为 14 个。记应用 ARIMA 模型和“滚动建模法”分析进口额 JK 和出口额 CK 对数化后的二阶差分项得到的预测为 CKE，预测误差为 CKF。

对出口额和进口额进行 BP 神经网络建模，对于第一层和第二层，设置节点处理函数为双曲正切型 S 函数，第三层为线性函数，训练函数采用共轭梯度算法。图 6.7显示出在训练次数达到 246 次后，针对出口额建立的 BP 神经网络训练误差收敛至很小，建立的网络有效。利用上述神经网络，将 2009—2013 年的误差作为输入，预测 2014 年的出口额为 13 721 亿元，接下来用 2010—2014 年的误差作为输入，得到 2015 年误差为 7962.5 亿元，以此类推，最终得到 2016—2018 年出口额的预测值 CKE，分别为 23522、26336、29621。将得到的预测误差 CKF 再与 ARIMA 模型预测的数值 CKF 相加，即可得到 2014—2018 年的出口贸易额数值分别为 129011.1、128938、149341.36、156035.48、162137.81。

表 6.6　我国进出口 ARIMA 预测结果与误差

年份	D_2（LNCK）	D_2（LNJK）	CKF /亿元	JKF /亿元	CK /亿元	JK /亿元	CKE /亿元	JKE /亿元	相对误差	
									CK	JK
1995	0	−0.0194	13 525.44	10 051.73	12 451.8	11 048.1	3888.7	996.4	0.31	0.09
1996	−0.0252	0.0008	14 648.89	12 909.22	12 576.4	11 557.4	1947.8	−1351.8	0.15	0.12
1997	−0.01	−0.0122	16 638.25	16 377.58	15 160.7	11 806.5	2100.1	−4571.1	0.14	0.39
1998	−0.0068	−0.0148	21 399.32	20 471.8	15 223.6	11 626.1	−717	−8845.7	0.05	0.76
1999	−0.0087	−0.0083	27 886.01	25 378.13	16 159.8	13 736.4	−3126.5	−11 641.7	0.19	0.85
2000	−0.0092	−0.0101	34 647.87	31 143.78	20 634.4	18 638.8	−2487.3	−12 505	0.12	0.67
2001	−0.0089	−0.0120	42 036.58	37 762.8	22 024.4	20 159.2	−5449.7	−17 603.6	0.25	0.87
2002	−0.0088	−0.0104	51 685.56	45 313.92	26 947.9	24 430.3	−5410.4	−20 883.6	0.20	0.85
2003	−0.0089	−0.0103	64 522.36	53 815.69	36 287.9	34 195.6	−1485.9	−19 620.1	0.04	0.57
2004	−0.0089	−0.0110	80 502.2	63 211.06	49 103.3	46 435.8	5397.9	−16 775.3	0.11	0.36
2005	−0.0089	−0.0108	99 738.12	73 452.04	62 648.1	54 273.7	12 526.9	−19 178.3	0.20	0.35
2006	−0.0089	−0.0106	123 297.5	84 452.73	77 597.2	63 376.86	20 626.7	−21 075.9	0.27	0.33
2007	−0.0089	−0.0108	152 781.1	96 059.61	93 563.6	73 300	29 380.5	−22 759.6	0.31	0.31
2008	−0.0089	−0.0108	189 659.4	108 091.5	100 394.9	79 520.53	28 725.0	28 565	0.29	0.36
2009	−0.0089	−0.0107	235 342.2	120 336.4	82 029.69	68 618.37	2708.7	−51 718	0.03	0.75
2010	−0.0089	−0.0107	291 749.1	132 538	107 022.8	94 699.3	20 009.7	−37 838.7	0.19	0.40
2011	−0.0089	−0.0107	361 620.2	144 416.5	123 240.6	113 161.4	28 633.5	−31 255.1	0.23	0.28
2012	−0.0089	−0.0107	448 392.7	155 680.8	129 359.3	114 801	27 405.2	−40 879.8	0.21	0.36
2013	−0.0089	−0.0107	556 097.9	166 032.6	137 154.1	121 058.2	28 254.2	−44 974.4	0.21	0.37
2014	−0.0089	−0.0107	689 607.4	175 181.7	129 011.1	253 867.7	13 721	78 686		
2015	−0.0089	−0.0107	855 064.5	182 862	128 938.4	161 746	7962.5	−21 116		
2016	−0.0089	−0.0107	1 060 219	188 841.6	149 341.4	148 530.6	23 522	−40 311		
2017	−0.0089	−0.0107	1 314 670	192 934.7	156 035.5	192 509.7	26 336	−424.99		
2018	−0.0089	−0.0107	1 630 219	195 012.2	162 137.8	192 600.2	29 621	−2412		

图 6.8为进口额序列的 BP 神经网络训练结果，训练次数达到 287 次后，误差迅速收敛至一个较小数值。还原预测值，得到结果如表 6.6下方所示，除了 2014 年我国进口贸易额预测值与现实情况不符之外，2015—2018 年进口贸易额预测都相对合理。

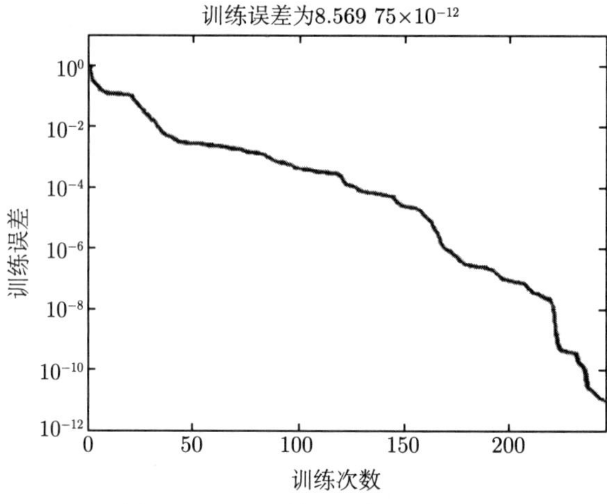

图 6.7　CKE 神经网络训练结果

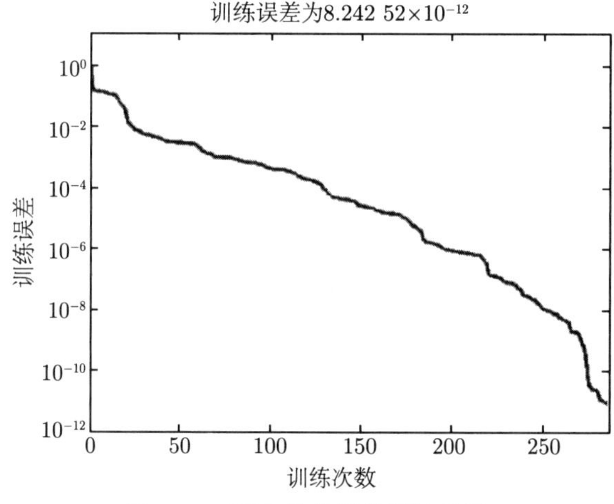

图 6.8　JKE 神经网络训练结果

6.6　本章小结

在经济发展的浪潮中，大数据时代的到来是一种必然趋势。在对外贸易发展中，进出口贸易企业必须准确把握大数据带来的发展机遇，转变进出口贸易方式，建立新外贸交易信用体系等，不断提高自身竞争力与市场占有率。同时，我国政府相关部门要以大数据发展机遇为基点，客观分析各类挑战，构建全新的进出口贸易大数据平台，注重大数据、电子商务法律体系的有机融合，多鼓励进出口贸易企业和跨国电信运营商合作等。统计部门针对对外贸易的监测统计工作也一定要顺应时代潮流，重用专业人才，学习专业知识，充分利用海量的数据，使用更为精确的统计方法与模型开展工作。以此确保进出口贸易企业借助大数据发展机遇，不断增强核心竞争力，有效应对瞬息万变的进出口贸易市场环境，实现最大化的经济效益，不断推动我国进出口贸易行业向前发展，促进我国社会经济全面协调发展。

第 7 章　大数据背景下的商业贸易监测研究

7.1　引言

贸易是指各种交易活动和交易关系的总和，包括区域内贸易和区域间贸易；以实物贸易为主体，还包括生产贸易、服务技术贸易、证券贸易等项目。贸易市场的统一是贸易平稳发展的基础，这就需要政府将建立统一的国内市场作为一项重要的经济任务来完成。对贸易进行有效的监测为经济的发展提供了数据支持。在本章中，我们主要讨论实体贸易的内容，证券贸易和服务技术贸易等内容在其他章节进行讨论。

统计的基本任务是对国民经济和社会发展情况进行统计调查、分析，提供统计信息和咨询意见，实现统计监督，为各级政府部门的决策提供依据。贸易统计作为国民经济统计的重要组成部分，在反映流通与消费、社会经济发展变化等方面发挥了重要作用。搞好贸易统计，全面准确地反映消费需求的发展变化趋势，对于贯彻落实科学发展理念，实现经济增长方式主要由投资拉动向由消费拉动的转变，具有非常重要的意义。[1]

近年来，商业贸易尤其是电子商务中的大数据分析日益受到重视。面对着大数据时代的来临，贸易统计工作面临的困难日渐严峻，呈现出统计对象复杂多变、统计基础工作严重不足等特点。然而，大数据仍然是一个很模糊的概念，这阻碍了大数据的理论发展和实际发展。本章系统回顾并探讨了商业贸易大数据分析，讨论了大数据分析在商业贸易中的定义、特征、类型、业务价值等方面的内容。

7.2节介绍了大数据的特点和发展以及大数据技术对传统贸易统计的影响；7.3节介绍了大数据背景下贸易统计的主要指标；7.4节介绍了大数据背景下的贸易统计方法；7.5节介绍了两例利用大数据技术进行贸易监测的实际应用，7.6 节为本章小结。

7.2　大数据对贸易统计的影响

当今的贸易环境生成了大量的数据，企业可以利用这些大数据解决业务问题。大数据在电子商务、社会网络、互联网、移动通信等各种新技术中的使用在迅速发展。在移动互联网的大潮中，数据生成速度空前加快，信息技术革命带来了数据的指数式增长。人们逐渐发现原有的统计方法在数据使用上有着大量的浪费。在高效的存储和处理能力以及尖端的分析工具的帮助下，大数据技术可以帮助企业降低成本并产生可观的收益。因此，研究人员试图更加系统地对数据信息进行提取和挖掘。

以美国为例，美国 BSA 软件联盟最近的一项研究表明，大数据分析对美国 56%的企业的利润增长贡献了 10%或者更多。因此 2014 年，在美国财富 1000 强公司中，有 91%的企业投资于大数据分析项目，同期增长 85%。使用新兴互联网技术为电子商务公司提供了

---

[1] 摘自：殷晓静，周敏，刘娟. 大数据时代贸易统计的新要求 [J]. 商场现代化，2013(34):99.

非常大的好处，例如实时客户服务、动态定价、个性化优惠或互动改善。大数据分析可以通过提供更加有效的决策来进一步巩固这些影响。具体而言，在大数据背景下，大数据技术使商家能够跟踪每个用户的行为，以确定将一次性客户转化为回头客的最有效方式。大数据分析使企业能够更高效地使用数据，提高转化率，改进决策并赋予客户一定的权利。从商务交易成本理论的角度出发，大数据分析可以通过提高市场交易效率，管理交易成本和时间成本，为企业带来利益。大数据分析有着强大的能力以支持业务需求，比如确定忠诚度高的潜在客户，确定最优价格，检测质量问题，或确定尽可能低的库存水平等。

大数据分析在许多方面与传统数据分析不同。具体而言，由于其独特性质（即大量性、多样性、多变性和真实性），大数据可以很容易地与分析中使用的传统数据形式区分开来。接下来将依次讨论这些元素以及它们对商业贸易统计的影响。大数据贸易统计的特点如下。

（1）大量性。

随着网络技术的出现，贸易数据量日益增长。贸易企业试图利用这些海量数据来改进决策过程，这个过程即被定义为大数据分析。大数据分析需要大量的数据，需要大量的存储空间，以供决策者用于制定战略决策。在大数据环境中收集的数据通常是非结构化的，包括由移动技术生成的视频、图像或数据等。因此，大数据可能是包含很多错误的非纯净数据。尽管这给决策者带来了额外的挑战，但这让贸易企业可以使用更多的数据实时做出决策。

（2）多样性。

多样性表示大数据有许多半结构化或非结构化的来源。多样性是大数据的另一个关键属性，因为它们有各种来源和格式（包括文本、Web、推文、音频、视频、点击流、日志文件等）。此种数据需要使用不同的分析和预测模型，以便使用不同功能类型的信息。例如，企业不仅可以分析客户档案和购买行为的历史数据，还可以分析区域和季节性购买模式，优化供应链运营等。最重要的是，企业可以从社交媒体检索任何非结构化数据，以预测产品、商店和广告活动的购买情况。例如，电子零售商在市场营销活动中提供实时响应，并在必要时通过情绪分析对其进行修改。总的来说，大数据的多样性有可能增加企业的业务价值。

（3）多变性。

多变性是指数据生成速率和数据传递速率快，即大数据的变化速率快，以及大数据在业务决策中的使用速度快。事实上，数据变化速度越大，就越有可能为企业开辟新的机会。大数据分析的高速性可以让分析师进行消费者情绪分析，并提供有关品牌和产品选择的清晰展现。为了利用这一多变的数据，许多企业开始使用各种大数据技术。例如，亚马逊能够通过与利益相关方的适当时间沟通来保持和新产品源源不断的互动。许多企业现在使用复杂的系统来获取、存储和分析数据，以做出实时决策并保持其竞争优势。

（4）真实性。

大数据的另一个基本属性与某些类型数据的不确定性有关。这些数据要求严格的验证，要求完全遵守质量和安全规范。高数据质量是大数据分析在商务环境中提高可预见性的重要要求。因此，为了获得真实相关的数据，并有能力筛选出质量差的数据，数据的真实性是非常必要的。事实上，真实性在数据管理过程中是必不可少的，因为低质量数据的存在会妨碍管理层做出明智的决策。

大数据对商业贸易统计带来的挑战主要表现如下。

（1）统计思维方面。

传统的贸易统计人员还保持着传统的统计思维方式，并没有确立大数据意识。大数据技术虽然依靠信息通信技术的发展而逐渐发展和成熟，但大数据分析对于社会、经济和生活的影响并不局限于技术层面。从本质上来说，大数据分析为人们提供了更加全面看待世界的机会与方式: 所有的决策都可以从数据分析得出，而不是仅基于感觉和经验做出判断。对于统计学来说，大数据将突破传统的抽样方法，直接分析总体，并对结论的相关性和实时性进行更多的关注。就贸易统计而言，大数据是采用现代信息技术，整合不同来源的数据，并进行数据分析的技术的集成，具有较高的应用价值和决策支持功能。因此，贸易统计从业人员需要放弃传统的统计观念，建立并增强大数据意识，以便快速了解和适应大数据时代的贸易统计新形势。

（2）数据技术方面。

统计人员必须重视大数据技术，主动掌握大数据处理技术。大数据是近几年出现的新术语，例如 SQL、Hadoop、MapReduce 等数据处理技术都是近年来的新兴技术，并非所有统计人员都熟悉大数据。随着大数据时代的到来，企业应该在内部发展三种能力：整合企业数据的能力；能够探索数据背后的价值并制定精确的行动计划的能力；能够准确、快速、实时地采取行动的能力。对于统计，大数据的应用应从数据采集过渡到数据挖掘。大数据时代最关键的是充分挖掘利用数据的价值，通过透彻精准的统计分析，反映社会消费需求，为宏观经济决策和社会发展提供更及时、更可行的参考。

（3）专业性方面。

贸易统计行业需要加强专业培训，培训专职统计人员。现有的理论框架和技术路线无法高效有力地处理爆炸性增长的数据。对于贸易统计，政府应该投入巨大的努力，收集信息，以提供有效的反馈信息。因此，大数据时代对贸易统计工作人员的数据整理分析能力提出了新的挑战。尽管大数据具有强大的威力，但很少有数据分析师真正掌握了大数据分析。因此，统计人员应加强对大数据处理技术专业知识的学习。统计学家也应通过接受培训和不断学习掌握更多的大数据处理技术，确保统计学工作人员真正理解和掌握统计指标的计算方法和处理技术，更好地应对大数据时代贸易统计所面临的困难。

（4）与企业合作方面。

贸易统计人员也应积极加强与企业的合作。企业是大数据利用的先驱。目前，越来越多从事数据控制、生产、分析和交换的企业正在迅速发展，并产生了与数据设计、数据制造和数据营销相关的许多新产品。这些企业促进了中国大数据应用的快速发展。统计行业与这些企业之间的合作表明，统计学中大数据的应用正从研究阶段向实际运行阶段转变。政府与企业之间的合作将大大促进大数据的科学、统一、规范的开发和利用。

7.3 主要统计指标

7.3.1 交易指标

交易数据本质上是结构化的，也是传统的贸易统计中所关心的数据，主要包括零售总额、商品购进总额、商品销售总额、期末库存等。对这些指标进行有效的监测能有效地帮助政府制定相应的政策，对企业和市场进行有效的干预。同时，对这些指标的监测也有助于企业进行决策，在市场竞争中取得更好的发展。主要的贸易交易指标如下。

1. 社会消费品零售总额

社会消费品零售总额是指国民经济各行业直接售给城乡居民和社会集团的消费品总额。它是反映各行业通过多种商品流通渠道向居民和社会集团供应的生活消费品总量，是研究国内零售市场变动情况，反映经济景气程度的重要指标。[1]

2. 商品购进总额

商品购进总额是指经济单位从本单位以外的单位和个人购进作为转卖或加工后转卖的商品总额。它反映批发零售贸易业从国内、国外市场上购进商品的总量。[1]

3. 商品销售总额

商品销售总额是指对本单位以外的单位和个人出售的商品总额（含增值税）。它反映批发零售贸易业在国内市场上销售商品以及出口商品的总量。[1]

4. 期末库存

期末库存是指报告期末各种登记注册类型的批发零售贸易企业（单位）已取得所有权的商品。它反映批发零售贸易企业（单位）的商品库存情况和对市场商品供应的保证程度。[1]

在大数据背景下，政府和企业不仅可以对传统的贸易指标进行统计，还可以利用大数据（如网络搜索指数）对社会总体以及单位个体的贸易情况进行更全面地刻画。

7.3.2 点击流数据

点击流数据（click stream data）源自互联网的在线广告和社交媒体内容，如推文、博客、脸书等业务。在当今大数据背景下，社交媒体和在线广告在企业的持续促销策略中发挥着关键作用。例如，点击流数据的使用对管理层制定战略决策非常重要。早先的研究发现，全球许多电子商务公司（如亚马逊、易贝（eBay）、阿里巴巴等）都依靠点击流来获取数据。点击流数据可应用于预测客户的喜好和品味。例如，网飞（Netflix）是世界著名的互联网电视网络公司，它获取并分析了 10 亿多条与电影评论相关的网络数据以了解客户的品位。

除了点击流数据，还存在着包括视频、音频、Web 文本等一系列非结构化数据，在此不展开讨论。

7.4 大数据背景下的贸易统计方法

在很多案例中，统计技术人员都会同时处理结构化和非结构化的数据。结构化数据侧重于人口统计数据，包括姓名、年龄、性别、出生日期、地址和偏好，非结构化数据包括点击次数、喜好、链接、推文、声音等。在大数据条件下，我们面临的挑战是同时处理这两种类型的数据，以便生成有意义的结论。

[1] 摘自: 何盛明. 财经大辞典 [M]. 北京：中国财政经济出版社，1990.12.

大量的学术和行业研究说明了大数据在商务贸易的许多功能领域中的重要性，包括市场营销、人力资源管理、生产和运营以及金融等方面。例如在电子商务中，只要客户登录账户，企业就可以获得大量与客户相关的信息。这些信息对商业决策者至关重要。尽管大数据技术在制定战略决策方面的重要性得到了人们的承认和理解，但对于大数据分析的业务定义仍缺乏共识，因此需要谨慎分析。

在定义大数据分析时，部分学者的研究集中在战略主导分析上，或者利用大数据技术为商业贸易创造持续价值的分析。事实上，战略驱动分析由于在决策中的作用而备受关注。研究还侧重于“竞争优势”和“差异化”，同时应用分析技术来分析实时数据。另一部分学者研究从利用大数据识别新机遇的角度定义大数据分析。总的来说，统计、定性、预测是大数据分析的必备条件。因此，该研究将电子商务中的大数据分析定义为一个整体过程，包括收集、分析、使用和解释各种职能部门的数据，以期获得切实可行的见解和结论，并创造业务价值。与传统的统计过程相比，大数据技术将更多的计算机软硬件技术引入大数据的处理和分析中。

7.4.1 贸易数据的获取和整理

在数据获取方面，贸易统计主要针对客户的购买行为、商品销售和企业财务情况等数据进行采集。企业利用这些数据对日常生产和运营进行分析和决策。

在传统的统计方法下，原始数据往往来源于对随机抽样的客户进行问卷调查，收集各种销售报表和财务报表，然后处理和分析这些原始数据。在这种数据采集模式下，收集的大部分数据是结构化数据，其应用具有很大的局限性。

目前，各种用户行为产生的信息都处于爆炸增长状态。传统的数据收集方法效率越来越低。他们根本无法跟上信息生成的速度。在大数据时代，这些数据再也不能满足企业进行生产和管理创新的需求。因此，数据采集方法亟待改进。

改进的方向在于，数据收集要同时包括对离线和在线数据的收集，所收集数据从结构化数据转变为半结构化或者非结构化的数据。具体来说，我们可以在互联网上收集客户的一系列在线行为数据，并将其存储在整理和分析中。与此同时，鉴于互联网和云计算技术的发展，还可以通过电子设备根据消费者在实体店的线下消费行为收集数据。

就线上数据收集而言，主要收集消费者群体在购物电商网站上留下的信息，包括存储于浏览记录中的点击记录，以及直接存储在系统后台中的网站交易订单数据。离线数据采集可以通过各种电子设备和技术（如 POS、蓝牙、NFC 技术）记录商店中的客户行为数据。

例如，企业可以基于用户连接 WiFi 行为来获取客户手机在商店和离线跟踪的物理地址，并以此进行线下分析。通过分析客户的移动路线和在店内停留的时间，可以改进产品列表和室内布局以及给客户提供个性化偏好推荐服务。再如许多大型超市和品牌商家使用的三维购物传感器技术可以实时跟踪货架上客户和商品之间的互动，包括触摸商品、提货、放回等。通过这种技术，可以观测到顾客对商品的喜好程度。

无论是传统的贸易统计数据或大数据背景下的统计数据，都必须在数据收集完成后进行数据清洗和整理。数据清洗是指汇总统计数据并消除冗余和错误数据，同时筛选出有效指标来确定对整体数据的处理方法。传统的贸易数据处理主要包括检查收集到的数据、对数据进行分类和聚类、根据数据编制统计表和图表等。

在大数据时代，由于数据源和数据内容的交互重叠，需要对原始数据进行清洗，以消除数据噪声和数据冗余，同时对提取的数据进行聚类。首先，需要清理、重建和填充收集的数据，以消除冗余并弥补不足。其次，在新的背景下，贸易大数据包含大量的半结构化和非结构化数据。企业需要处理这部分数据，以便它能够被应用于软件处理和机器语言识别。最后，需要检测在前两个步骤中处理过的数据之间的相关性，并将高相关数据融合在一起，以便数据分析。

7.4.2 数据分析和诠释

在贸易数据统计过程中，数据分析是确定数据价值的关键步骤。一般而言，在传统的统计贸易分析领域，在完成数据收集和整理后，应构建一系列模型来分析处理后的数据。经典的统计分析方法主要包括线性或非线性回归模型的建立、回归模型参数的估计、假设检验以及相关分析、回归分析、方差分析等。传统的统计研究和分析过程一般首先进行定性分析，对分析对象进行主观判断，为后续定量分析提供方向，然后进行定量分析，通过各种模型估计参数，并在一定置信区间内进行统计意义和有效性测试。最后回到定性分析，并展示主要解释变量分析的结果。

现代统计分析也被称为数据挖掘，是传统统计分析方法的拓展和延伸。其常用技术包括关联规则、神经网络、支持向量机、随机森林、遗传算法、贝叶斯网络等。以关联规则为例，关联规则挖掘在数据关联分析中的典型应用是购物篮子分析。通过分析系统交易数据库中不同商品的销售之间的关系，如某种商品的采购量与另一商品的采购量之间的相互作用，可以找到客户。购物行为模式算法的结果可用于企业销售的许多方面，如商品摆放布局、商品库存门槛值设置、用户群体分类实施差异营销。沃尔玛超市的知名案例中发现的啤酒与尿布之间的相关性是数据挖掘中常用的关联规则的典型案例。

在本章的实例中所应用到的方法主要包括差分整合移动平均自回归（ARIMA）模型和反向传播神经网络（back propagation neural network，BPNN）模型。简要介绍如下。

1. ARIMA 模型

ARIMA 模型在过去的数十年中是很流行的用来预测时间序列的方法。在 ARIMA (p, d, q) 模型中，p 是自回归项的个数，d 是差分次数，q 是滞后预测误差项的个数。ARIMA 已经发展为一种很完善的方法。利用该方法进行建模包括三个基本步骤：模型识别、参数估计和诊断检验。

在识别步骤中，平稳性是构建 ARIMA 模型所必需的。因此，数据序列具有平稳的统计特征，如均值和方差随着时间的推移是保持不变的。当模型确定时，通过最小化损失函数估计参数。最后一步检验是为了检验模型假设是否正确以及残差是否还有未提取的信息。如果模型是不饱和的，那就需要识别一个新的模型并进行重新估计。

2. BPNN 模型

BPNN 是用来训练模型的常用方法。这是一种有监督的学习方法，由包含大量简单处理单元的网络系统组成。为了使实际输出接近于任何复杂的非线性映射，其信息处理过程包括反向传播、正向传播和权重调整。BPNN 模型包括输入层、隐藏层和输出层，如图 7.1 所示。

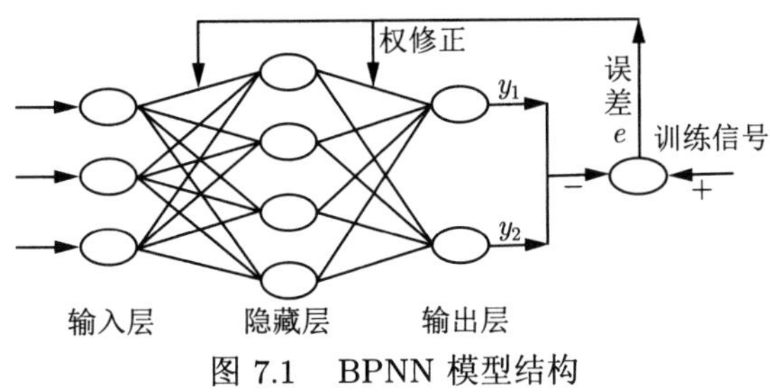

图 7.1　BPNN 模型结构

每一层由一系列节点组成，每一个节点代表一个神经单元。通过将实际值与输出值进行比较，获得输出误差。如下式所示，Sigmoid 函数通常用作反向传播隐藏层中的激活函数

$$f(I)=\frac{1}{1-\mathrm{e}^{-I}}$$

其中

$$I=\sum_{j=1}^{n}w_{ij}x_j$$

其中，$w_{ij}(i=0,1,\cdots,m;j=1,2,\cdots,n)$ 是权重，m 是隐藏层节点数，n 是输入层节点数，x 是输入值。

在对贸易数据的解释中，完成对贸易数据的分析后，有必要将分析结果应用于实际的解释和预测。如果不能应用适当的数据解释方法，即使数据分析结果不是错误的，统计结果也不会很好地对应于实际发展趋势。在大数据时代，由于数据分析的各种结果之间的复杂关联，传统的文本输出形式的解释结果将不再适用，这就需要解释和预测方法的变化。

首先，为了更直观地观察数据之间的隐含关系和规律，应该引入数据可视化技术来表示数据分析与图形的输出。其次，必须引入人机交互和数据源技术，使决策部门熟悉并参与具体的数据分析和解释过程。通过挖掘结果对销售和客户数据进行解释和预测可以显著提高预测的准确性和时效性。同时，也可进一步细分市场，提高企业的目标群体营销水平，降低企业的销售风险。

7.5　案例分析

首先从数据中提取标题词，找到杂志标题词的受欢迎程度，同时对受欢迎程度和历史销售数据进行规范化处理。然后使用历史销售数据作为 ARIMA 模型的输入变量，再使用 ARIMA 模型的预测值、受欢迎指数和历史销售数据作为 BPNN 的输入，以此通过杂志的受欢迎程度来预测销量。可以通过这种方法获取一系列的线性和非线性预测。

7.5.1　基于时间序列和神经网络建模的杂志销售量预测

Hani 等（2016）根据杂志文章的标题和提要预测杂志的销售量。

受欢迎的文章标题和提要可以吸引读者购买杂志，其在销售中发挥着重要作用。商家可以利用标题和提要上词组的受欢迎程度提高销售量预测的准确性，采用信息检索技术提取文章标题中的字词，然后分析标题词，并根据从谷歌搜索引擎产生的标题词搜索指数来

衡量杂志的流行程度，最后基于 BPNN 进行预测。此外，还有一种混合模型，利用受欢迎程度指数将 BPNN 和 ARIMA 模型结合起来。

1. 杂志内容的受欢迎指数分析

杂志等出版物的销售可能受很多因素影响，如杂志内容、社会阶层、年龄、性别、摊位位置和历史销售数据等。在这项研究中，我们只关注历史销售数据和杂志内容。历史销售数据通常用作大多数预测模型的输入变量，但需要通过将销售额除以杂志销售额的最大值来对销售额进行规范化处理。受欢迎的标题通常可以吸引消费者兴趣并促进杂志销售。因此，从杂志文章中提取标题词，并以此获取标题词的谷歌搜索指数。

采用信息检索技术提取文章标题中的字词时，一个标题词的受欢迎指数可以用谷歌搜索引擎中有多少和他们相关的网页来确定。谷歌搜索引擎还可以将结果限制在特定的时间范围内，即某个时间段内与标题词相关的检索网页数。一般而言，标题词的检索网页越多，就意味着该标题词越受欢迎。搜索引擎通过找到的网页数来确定标题词的受欢迎程度得分。将每个杂志主题的所有标题词的受欢迎程度得分累加，并使用它们来表示该杂志主题的受欢迎指数

$$P_t = \sum_{j=1}^{N_t} R_{t,j}$$

其中，P_t 是指主题 t 的受欢迎指数，N_t 是指主题 t 的标题词个数，$R_{t,j}$ 是对杂志主题 t 的标题词 j 的谷歌搜索得分。通过除以所有杂志主题受欢迎程度得分的最大值对受欢迎程度进行规范化处理，得到受欢迎指数。

2. 数据收集

利用 ARIMA、BPNN 和杂志文章标题的受欢迎指数来呈现销售预测模型。使用一个中文周刊的销售数据来实现混合预测模型。数据集包括 2009 年 6 月—2011 年 12 月的 133 周中，每周通过商店销售的杂志的文章标题，选择其中杂志销售额和流行指数最高的 50 家商店的数据，其中前 80 周的数据为训练集，后 53 周的数据为测试集。

首先对数据进行预处理，从杂志的标题和摘要中提取关键词。使用谷歌搜索引擎来获得在特定时间段内每本杂志标题词的受欢迎程度得分。在这里取一个月为一个时间段。在进行预测时，商店销售额（已售商品的数量）应该标准化以得到规范的销量数据。所以将商店销售额除以所有商店销售额的最大值，受欢迎程度得分除以所有受欢迎程度得分的最大值，来标准化商店销售额和受欢迎程度指数。标准化公式如下:

$$\text{Normalize}(\#\ \text{item}_t) = \frac{\#\ \text{item}_t}{\max(\#\ \text{item})} \tag{7.1}$$

其中，$\#\ \text{item}_t$ 指杂志中主题为 t 的数量，$\max(\#\ \text{item})$ 是该商店售出某种主题杂志的最大数量。杂志流行度分数的标准化过程与式 (7.1) 类似。

3. 混合模型

在混合（hybrid）模型中，通过 ARIMA 模型，利用前两期的销量作为自变量对当期销量进行预测。并以 ARIMA 模型的预测值、前两期的杂志销量、本期杂志主题的受欢迎指数作为 BPNN 的输入以进行销量预测。

预测精确程度取决于每种主题的杂志的实际销售数量和该种杂志的预测销售数量之间的残差。衡量残差的办法有很多，在此使用均方根误差（root mean squared error，RMSE）评估预测销售量的平均残差，公式如下:

$$\text{RMSE} = \sqrt{\frac{1}{N}\sum_{t=1}^{N}(\text{Sales}_t - \text{prediction}_t)^2} \tag{7.2}$$

其中，N 是测试集中的杂志主题种类数量，Sales_t 是主题为 t 的杂志的实际销售数量，prediction_t 为该主题的预测销售数量。杂志为周刊，即每周出版一次。对 BPNN 的学习步骤，同样使用 RMSE 作为衡量标准。BPNN 通过调整网络中的层间的权重来“学习”，因此 RMSE 是一个合理的评估指标，可以用于调整 BPNN 权重，并且可以与 BPNN 和 ARIMA 进行比较，评估使用的混合方法的实际表现。

4. 方法比较

在预测领域有许多方法可以使用，对任何一个时间序列来说，都无法确定地认为某一个方法是最精确的。

我们使用不包含标题受欢迎指数的 ARIMA 和 BPNN 作为对比，以 RMSE 作为度量，比较了各种方法的优劣，评价了包含受欢迎指数的 BPNN 和 ARIMA 与混合算法在算法精度方面的表现。

利用多层感知器函数实现 BPNN，其学习速率为 0.1，动量为 0.2，衰减为否，种子为 0，训练时间为 500 个周期。每个周期的计算时间为 $O(N \times w)$，其中 N 为训练样本数量，w 是 BPNN 中的权重数。要计算 500 个周期，BPNN 需要的计算量大约为 $O(N^2)$。ARIMA 的计算消耗为线性时间 $O(N)$。混合模型使用前两期的销售数量，本期受欢迎指数和来自 ARIMA 预测模型的预测数量作为输入变量，所以混合模型的计算复杂度取决于 BPNN 的复杂程度，即为 $O(N^2)$。

1）ARIMA 模型

通过 ARIMA 模型，使用前两期杂志的销售量对当期销售量进行预测。首先设定 5 个不同的参数用于识别 ARIMA 模型。再随机选择 10 个商店进行实验，以确定 ARIMA 模型的最佳参数。

图 7.2显示了以下每个模型的平均 RMSE: ARIMA（1, 0, 0）、ARIMA（0, 0, 1）、ARIMA（1, 0, 1）、ARIMA（1, 1, 1）和 ARIMA（2, 1, 1）。每个商店的 RMSE 是基于实际销售数量和预测数量的标准化值计算的。如图 7.2所示，ARIMA(2, 1, 1）比其他模型更合适。因此，使用该模型作为预测方法之一。使用 ARIMA(2, 1, 1）的输出作为混合模型中 BPNN 的输入，以估计每种主题杂志的线性和非线性的时间数据。

2）不包含受欢迎指数的 BPNN 模型

使用 BPNN 作为非线性数据的预测模型。这是一种典型的预测方法，其结果取决于历史销售数量数据。选择感兴趣的前两期杂志的销量数据作为 BPNN 模型的输入变量，使用 RMSE 作为评估和调整权重的标准。在这个模型中使用了一个隐藏层。在使用 BPNN 模型中的训练集之后，使用测试集得到两个模型的预测值。

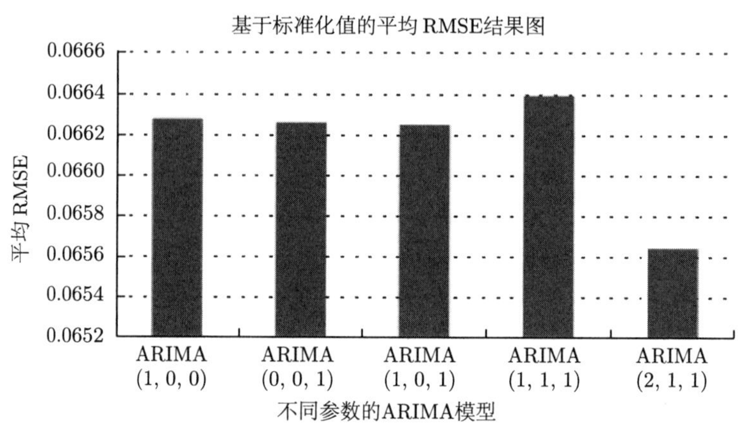

图 7.2　不同参数的 ARIMA 模型的平均 RMSE（基于标准化值）

3）包含受欢迎指数的 BPNN（BPNN–POP）模型

在包含受欢迎程度的 BPNN 模型中使用了三个输入: 两个输入表示前两期杂志的销售数量，第三个输入表示目标主题杂志的标题受欢迎程度。在这个模型中，使用了一个隐藏层。在使用 BPNN 中的训练集之后，使用测试集从两个模型得到预测值。

4）ARIMA 与 BPNN 的混合模型

在混合模型中，使用前两期发行的杂志销售数量，通过 ARIMA 模型预测的杂志销量以及当期杂志主题的受欢迎指数作为输入变量，这种线性与非线性混合时间序列数据可以使用混合模型来预测。

5. 预测能力比较

以其他方法，如使用历史销售数据的自回归移动平均 ARIMA（2, 1, 1）和使用历史销售数据的不含受欢迎指数的 BPNN 作为与混合方法的对比，采用 RMSE 作为评价指标，对每种方法的预测能力进行比较。图 7.3 显示了不同预测方法的 50 个商店（水平轴）的 RMSE，其中每个商店的 RMSE 基于实际销售数量和预测销售数量来计算。

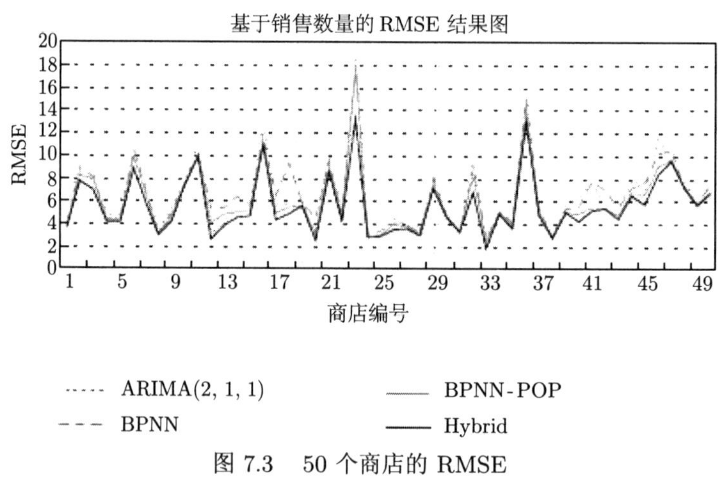

图 7.3　50 个商店的 RMSE

从图 7.3中可看出，对于数据集中大部分商店来说，BPNN 的 RMSE 低于 ARIMA，但也有一些商店使用 ARIMA 时有较低的 RMSE，再考虑到数据的波动性，无法判断哪个模型更为合适。在使用受欢迎指数后，RMSE 比单独使用 ARIMA 或 BPNN 时有所降低。与其他方法相比，混合模型的 RMSE 最低。当使用历史销售数量，ARIMA 模型预测的销售数量和受欢迎指数作为混合模型的输入时，预测精度会提高。

图 7.3显示，使用杂志主题词受欢迎指数作为 BPNN 和混合模型的输入有助于提高预测精度和降低 RMSE。另外，当使用 ARIMA 模型时，数据集中的一些商店的 RMSE 比 BPNN 中的低，而另一些则更高。然而，在使用受欢迎指数作为 BPNN 的输入之后，RMSE 对于所有的商店都变得较低。这意味着受欢迎指数提高了预测的准确性，并且表明杂志中吸引人的标题和摘要对这些出版物的购买者偏好有影响。因此，标题词的受欢迎指数可以用来选择最合适的标题和摘要，以增加销售量和经济效益。

当使用 RMSE 作为评价指标时，如图 7.3所示，由于数据本身的特点和波动的性质，无论是 BPNN 还是 ARIMA 都不适用于数据集中的所有商店。有些商店销售量是线性的，有些则是非线性的。在预测销售量时，ARIMA 适用于具有线性销售量的商店，而 BPNN 更适合销售量为非线性的商店。而混合模型则对于这两种销售量都适用。建模计算结果如图 7.4所示。图中显示了基于销售数量数据计算的测试集中 50 个商店的平均 RMSE。

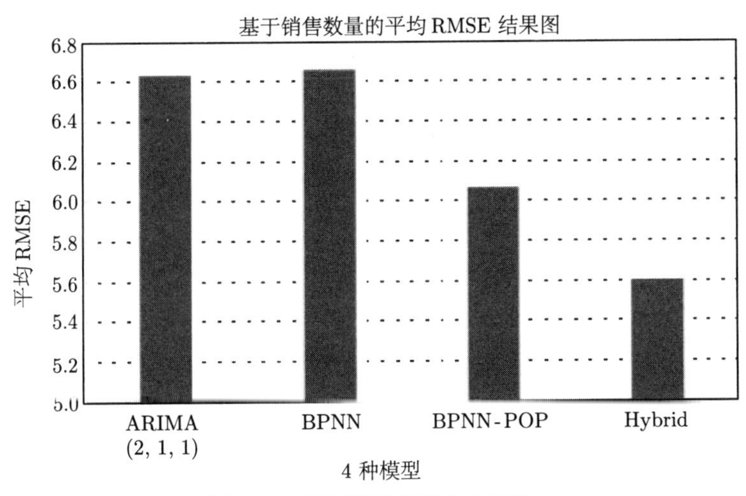

图 7.4　不同模型的平均 RMSE

商店的实际每周销售量（一个主题的销售量）的最大数目是 58。包含受欢迎指数的 BPNN 和混合模型之间的平均 RMSE 的差异是 0.466，差额约为 0.8%，这对于提高商店的总销售量是很重要的。混合模型在实验中优于其他预测方法。这意味着，混合模型在数据同时应用于线性和非线性模式时更为合适。混合模型有助于克服对数据特征的判断失误，并使用流行度数据来改进预测。

7.5.2　网络搜索与汽车销量之间的关系分析

李忆等（2016）以我国汽车市场为背景，研究了网络搜索数据与汽车销量之间的关系。

1. 数据收集

汽车销量数据为月度数据。为了研究汽车销售量与网络搜索数据之间的相关关系，选取了 2007 年 1 月—2015 年 12 月共 108 个月作为研究时间段。由于很多车型并不是在这 108 个月内均有销售，考虑将连续 12 个月没有销量的车辆型号排除，最终保留了 55 款车型在此期间的销售数据。

本例使用的网络搜索数据源于百度搜索指数。百度搜索指数可以反映出不同关键词在过去一段时间内的“用户关注度”。

用户关注度以互联网用户在百度的搜索点击量为基础，以感兴趣的关键词为统计对象，代表了关键词在百度中被搜索的次数。

在研究销量与搜索指数之间的关系时，选取合适的关键词是很有必要的，关键词的选取会直接影响研究结果的可靠性。汽车是对于资金投入要求较高的商品，大多数消费者在购买汽车时会对汽车的各类产品属性进行仔细的考察和评价。而且根据 CNNIC 调查社区开展的搜索营销调查结果，约 77%的互联网用户在购买商品之前有上网搜索的习惯。

为了更加精确地考量消费者购买汽车时上网搜索信息所采用的关键词，可采用以下步骤。

首先根据搜车型名以及“品牌名 + 车型名”的组合（如 Q7 以及奥迪 Q7）来作为最初的基本词条。在各汽车论坛该车型的主题下，采用抓取网页的方式抓取论坛帖子的内容从而获得数据。为了确定关键词，可利用文本挖掘方法找出基本词条的同义词。具体过程为: 首先对抓取后的文本数据进行分词，然后利用深度学习算法对分词后的语料进行训练，并结合余弦相似度算法找出与该词条相似的词条，即同义词条。最终得到了 318 个词条。对每一个词条，在汽车论坛的帖子文本中统计出词频，并选取词频较高的词作为关键词。对于通过排名仍然不确定的词，选择了与 0~6 期不同滞后时间内的与销售额有最高皮尔逊相关系数的词作为搜索关键词。最后，在百度指数中可以检索到 55 种车型的唯一关键词。对于每个关键词，计算其与销量在 0~12 滞后期的皮尔逊相关系数。表 7.1 是基于百度搜索指数与销售之间的最大皮尔逊相关系数的滞后阶数。可以看出，滞后期一般集中在 0~2 期，而大部分滞后期为 0 期。对这种现象的可能解释是，虽然在现实中消费者可能会在最终购买之前生成几个月的信息搜索和评价过程，但搜索的数量和强度相对较小，直到搜索次数在购买的第一个月达到最高点。

2. 数据检验与整理

本例以百度搜索指数为自变量，以汽车销量为因变量，并对数据进行了对数化处理，分别记作 $\ln B$ 和 $\ln S$。进行对数化处理有两点好处，一是可以降低异方差对建模的影响，二是能够以百分比变化的形式解释估计结果。

（1）单位根检验。对于面板数据，首先要对其进行平稳性检验，这里采取了 4 种方法（LLC 检验、PP 检验、IPS 检验和 ADF 检验）对其平稳性进行了检验，由表 7.2可以看出汽车销量和网络搜索指数在所有检验标准下都是平稳的。

（2）格兰杰因果检验。在实际中，消费者会在购买大宗物品前上网搜索信息，那么网络搜索这一行为就会发生在购买汽车之前，因此可以假定网络搜索是汽车销售的原因。为了验证该假设是否正确进行了格兰杰因果检验。从网上搜索到汽车的实际购买滞后期有 1~2 个月，因此进行格兰杰因果检验时，将滞后期设定为 1~2 期，检验结果如表 7.3所示。从检验结果来看，在滞后 1 期和 2 期的情况下网络搜索指数是影响汽车销量的因素。

表 7.1　关键词及滞后期

关键词	滞后期	关键词	滞后期	关键词	滞后期	关键词	滞后期
远景	0	POLO	0	丰田皇冠	1	吉利自由舰	0
君越	0	凯越	1	宝马 3 系	0	铃木雨燕	2
途胜	0	景程	0	马自达 6	0	大众高尔夫	0
轩逸	0	奥拓	0	丰田威驰	0	铃木北斗星	0
思域	0	捷达	0	本田 CRV	0	奔腾 B70	2
锐志	2	天籁	4	三菱戈蓝	0	金杯阁瑞斯	7
途安	0	奥德赛	0	赛拉图	0	中华骏捷	0
GL8	0	福美来	0	宝马 5 系	0	奇瑞 QQ3	0
速腾	0	花冠 EX	0	赛欧三厢	2	福克斯三厢	4
雅阁	0	特拉卡	0	江淮瑞风	0	奥迪 A4L	0
飞度	0	圣达菲	0	普拉多	0	威志三厢	0
乐驰	2	普力马	1	吉利金刚	3	利亚纳两厢	0
君威	0	凯美瑞	0	三菱蓝瑟	0	奥迪 A6L	0
骐达	0	帕拉丁	0	比亚迪 F3	0	铃木雨燕	2

表 7.2　单位根检验

变量		$\ln B$	$\ln S$
LLC 检验	(A)	-5.675^{***}	-9.225^{***}
	(A, T)	-7.632^{***}	-21.590^{***}
PP 检验	(A)	214.074^{***}	757.240^{***}
	(A, T)	368.976^{***}	1075.280^{***}
IPS 检验	(A)	-1.596^{*}	-13.977^{***}
	(A, T)	-8.176^{***}	-23.765^{***}
ADF 检验	(A)	202.397^{***}	563.217^{***}
	(A, T)	346.924^{***}	903.453^{***}

∗∗∗ 和 ∗ 分别表示在 1%和 10%水平上显著。

表 7.3　格兰杰因果检验

假设		F 检验	p 值
$\ln S$ 不是 $\ln B$ 的原因	滞后 1 月	11.776	0.000
	滞后 2 月	6.43	0.002

3. 数据分析

在分析两者关系时，首先采用 F 检验来判断是采用混合回归模型还是面板数据模型，检验结果表明应该采用面板数据模型分析网络搜索数据和销量之间的关系。为了避免可能产生的遗漏变量问题的影响，采用固定效应模型进行建模，并且 Hausman 检验结果也表明，应拒绝使用随机效应模型进行建模。

在该模型中，分别使用前 1 期的百度搜索指数和前 2 期的百度搜索指数作为解释变量，用以分别检验前 1 个月的网络搜索和前 2 个月的网络搜索是否都能够有效预测销量。对车

型 i 在时间 t 的销量分别有如下两个模型:

$$\ln S_{i,t} = \beta_1 \ln B_{i,t-1} + u_i + \epsilon_{i,j}$$
$$\ln S_{i,t} = \beta_2 \ln B_{i,t-2} + u_i + \epsilon_{i,j}$$

利用广义最小二乘法对模型进行估计，模型估计的结果如表 7.4 所示。从结果可以看出，百度搜索指数确实能够对销量进行有效预测。

表 7.4　面板数据回归结果

变量	含义	Hausman 检验	系数	R^2
$\ln B_{i,t-1}$	前 1 个月网络搜索	29.702***	0.207***	0.762
$\ln B_{i,t-2}$	前 2 个月网络搜索	29.405***	0.206***	0.761

∗ ∗ ∗ 表示在 1%水平上显著。

4. 预测效力检验

通过样本外分析来验证该模型的预测能力，采取滚动窗口的方式逐步预测 2015 年 1—12 月的销量。具体来说，首先利用前 8 年（96 个月）的月度观测数据估计模型的参数，在此基础上预测第 97 个月的销量。之后将时间窗口后移 1 个月（第 2—97 个月的观测数据）重新估计模型参数，并预测第 98 个月的销量并以此类推。

图 7.5为某车型的实际销量数据和预测销量数据的对比图，其中 $\ln S$ 为实际销量数据的对数，$\ln F_1$ 和 $\ln F_2$ 分别为提前 1 个月和 2 个月的预测。

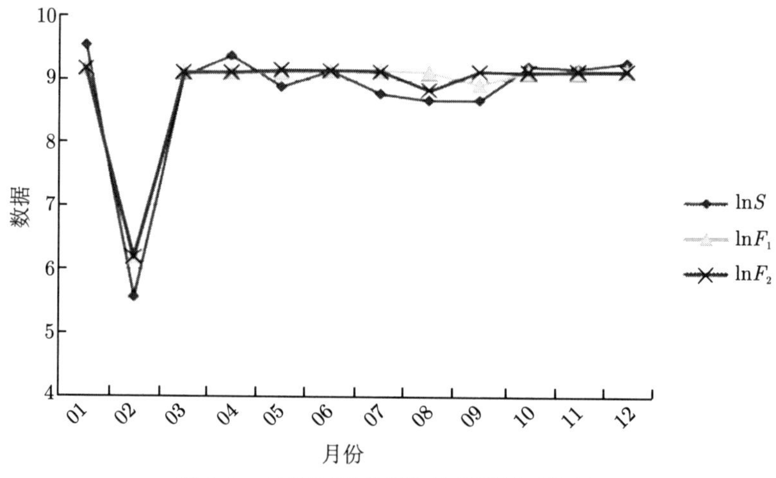

图 7.5　实际销量数据与预测数据对比图

从图 7.5 可以看出，百度搜索指数对汽车销量的预测效果较好，体现了该模型优良的预测能力，加入网络搜索指数的模型拟合优度和预测精度都显著提高。

7.6　本章小结

贸易统计是国民经济统计的重要组成部分，对贸易的统计工作在监测商品流通情况、消费者消费形势和社会经济发展变化等方面发挥了重要作用。搞好贸易统计工作，透彻准确地监测消费需求的变化趋势和经济的发展，对于贯彻落实科学发展理念，实现经济增长方式由投资拉动向消费拉动的转变，具有非常重要的意义。

随着大数据时代的来临，贸易统计工作面临的困难也越来越大，表现出统计对象复杂、统计基础工作薄弱等特点。

大数据在电子商务、社会网络、互联网、移动通信等各种新技术中的使用在迅速发展。在高效的存储和处理能力以及尖端的分析工具的帮助下，大数据技术可以帮助企业降低成本并产生可观的收益。但是大数据分析在许多方面与传统数据分析不同。由于其独特性质（大量性、多样性、多变性和真实性），大数据可以很容易地与分析中使用的传统数据形式区分开来。

统计、定性、预测是大数据分析的必备条件。因此，该研究将电子商务中的大数据分析定义为一个整体过程，包括收集、分析、使用和解释各种职能部门的数据，以获得切实可行的见解和结论，并创造业务价值。与传统的统计过程相比，大数据技术将更多的计算机软硬件技术引入大数据的处理和分析中。

第 8 章　大数据背景下的物价水平监测研究

8.1　引言

随着科学技术的不断进步，大数据领域蓬勃发展并日益成为社会关注的焦点，其对人类社会各个方面产生的影响也变得越来越大。可以说，大数据正在慢慢改变现在的世界，作为现在最热门的数据挖掘话题，在可以预见的将来，这一趋势将会持续下去。虽然到目前为止还没有针对大数据的精确定义，但是相关人士也给出了一些比较合理的定义。例如，对于学者来说，大数据就是一个集合，这个集合不但十分复杂而且具有很高的利用价值，并且很难在短时间内对这些数据集合进行科学有效的处理和分析；对于政策制定者来说，大数据就是数字时代的一种新型战略资源，它是推动科技创新的关键因素，也正深刻影响着人类当前的社会变革。伴随着时间的演进，大数据注定会变得越来越大，虽然这给人类带来了更多的挑战，但也带来了更多的机遇。我们现在生存的时代已经发生了深刻变化，大数据正引领着现代社会的创新、竞争和生产力的发展。数据中蕴含着无穷的价值，因此如何充分利用大数据及其相关技术促进社会经济发展便显得尤为重要。物价水平是衡量国家经济状况的一个重要指标，一方面对其进行准确的监测和预测对于本国制定和调整经济发展的相关政策法规具有重要的指导和参考意义；另一方面物价稳定一般意味着经济、财政和货币的稳定，以及市场流通的货币供应量与货币需求量的基本适应。因此，在大数据的背景下充分挖掘物价水平中的深层价值有利于更加全面准确地掌握整体经济的运行状况，是经济监测方面的一项重要内容，也是一项十分值得深入研究和探讨的课题。

本章的主要内容如下：8.1节作为本研究的导引，概述了大数据时代的到来和物价水平研究对于经济形势监测的重要意义；8.2节对大数据的来龙去脉及其在社会经济各个方面的广泛应用做了介绍，尤其关注它在物价水平监测研究中发挥的巨大作用；8.3节详细描述了几种衡量物价水平的指数——居民消费价格指数、生产者价格指数、零售价格指数和 GDP 缩减指数，为大数据在物价水平研究中的应用提供了舞台；8.4节以案例分析为主线，论证了大数据在物价水平研究中的实际应用价值；8.5节对本章做了总结。

8.2　大数据的发展与应用

大数据的诞生与计算机的发展息息相关，自从互联网出现以来每天产生的数据量越来越大，如今，每日有超过 2.5GB 的数据以视频、文本、图片、交易记录和 GPS 信号等形式产生。由于互联网的广泛使用，公司拥有着大量的数据，经营者也逐渐认识到对数据进行分析和信息提取的好处。商业智能和分析已经成为商业运作不可或缺的一部分。出于对数据分析的迫切需求，用于对不同数据的未来进行预测的高级智能分析应运而生。不断进步的技术为积累大量与人口相关的数据提供了可能，例如社交媒体或手机等方式便为此提供了有效的途径。

在通过电话或传真等传统技术传递信息时，与通过电子邮件传输的数据相比，传输的数据类型相对简单，大小有限。然而网络分析、社交媒体和电子商务网站通常都有一个庞大的数据库，与此同时传统的数据分析软件的结构和设计无法处理庞大而复杂的数据。由于大数据的复杂性，许多传统软件无法挖掘出所收集数据中的潜在重要结果，并且无法提供模型的详细信息。大数据高度的复杂性来源于它的规模大、速度快、多样性、不准确和迅速发展的周边环境，这无疑给那些从事生物科学和工程等领域的人员带来了巨大困难。虽然大数据对社会各个方面的冲击为人类带来了巨大挑战，但是也为社会革新、进步和发展提供了强大的动力。想要发挥大数据的优势，重要的是如何开发必要的工具和手段以应对和利用日益增多的数据，以数据挖掘技术为代表的大数据分析工具将有助于对大数据中固有的复杂关系进行建模。

人们普遍认为，只要能够分析和发现大数据中隐藏的信息就能更好地发挥大数据对预测和监测的帮助作用。但是要想将大数据的作用最大化绝非易事，实际上在这背后存在着诸多需要解决的难题。其中最简单也是最基本的一个问题就是传统的统计方法和预测工具无法处理大数据本身的大小、速度和复杂性。当然数据挖掘技术有助于大数据分析中相关问题的解决，但是应该注意到这对静态数据有效，而对于时间序列数据的作用仍然有一定的局限性。

除此之外，在应用大数据进行监测和预测的过程中还面临着如下挑战：首先，解决大数据预测问题所需的技能以及具备完成这一特定任务的熟练人员，是最重要的挑战之一。在应用领域中，一批具备处理大数据所需技能的数据科学家是供不应求的，而很多学者、研究人员和统计学家依然沉浸在使用传统统计技术的世界里，这不利于大数据在未来发挥应有的价值。为了克服这一问题，世界各地的高等教育机构必须适当考虑更新教学大纲，以纳入对大数据进行理解、分析、评估和预测所需的技能，从而使得下一代的统计学人才具备更加丰富和强大的处理大数据的能力。其次，大数据中的噪声对其中的信号会产生较强的负面影响。传统的预测技术主要是对噪声和信号进行预测并且在传统数据集上的表现良好，但是随着数据集的增大，不断增强的信号对数据监测和预测产生的消极影响也在不断增强，从而严重影响了预测结果的准确性。这表明需要发展新的技术以便能够对大数据中的噪声进行过滤，同时还能单独对信号进行预测。事实上奇异谱分析（singular spectrum analysis）就是一种有用的技术，它试图从给定的时间序列中滤除噪声，重建一个噪声较小的新序列，然后利用新序列进行预测。今后的研究可以集中于评估这类技术在大数据中过滤噪声的适用性，以便进行准确和有意义的预测；然后考虑到在分析大数据时需要处理的数据规模巨大，因此容易使得在区分随机性和统计意义的结果时变得更加复杂。而数据挖掘算法也存在一定的弊端，该算法通常无法处理未加载到其主内存的数据，因此需要在不同地点之间移动大数据，这可能会增加网络通信成本。同时分析的体系结构也需要重新设计，以便能够同时处理历史数据和实时数据。最后，需要指出的是大数据本身造成的难点在于它是实时变化的，因此要将这些非结构化的数据转化为结构化的数据才能更好地利用，这必将增加数据处理的难度。

任何一种新概念和新事物的出现一定会伴随着很多问题和挑战的诞生，大数据也不例外。但是在人类的努力下许多问题将会得到逐步解决，新概念和新方法也会焕发新的活力，大数据强大作用和优势的展现也会经历一个个阶段直至巅峰。在处理大数据的方法层出不穷的情况下，大数据在社会经济方方面面的监测和预测上正发挥着越来越强大的功能。下面进一步将数据挖掘和大数据统计分析技术在经济学领域的应用做一些归纳总结，尤其关注大数据技术在物价水平监测方面的应用，以期待为大数据背景下的宏观经济监测提供更多的参考。

随着产品越来越多地在网上销售，互联网本身已经成为一个丰富的价格信息来源。亚马逊等在线零售商和易贝等在线市场网站都在各种各样的商品和服务日报上发布数百万美元的价格。例如，2011 年易贝收集了超过 1 亿活跃用户的数据，每天约有 600 万新商品出售，这些不同商品的价格信息为大数据的产生创造了丰富的来源，也为进一步对物价水平进行详细监测提供了巨大的帮助。在大数据发展如火如荼的态势下，美国提出了一项宏伟的计划——“十亿价格项目”（billion price project，BPP）来收集价格信息，然后据此建立最近时间的价格统计数据。每天有超过 50 万美元的商品价格是通过在线零售商进行收集的，BPP 获取的数据集包含在线零售商销售的各种产品的每日价格，以及产品说明、包装尺寸、品牌和特殊性质（如“有机产品”）等方面的信息。这些数据的规模不仅是美国政府所收集的 5 倍，而且成本也较低，因为商品的价格信息不是通过访问成千上万家商店的工作人员收集来的，而是直接依赖于互联网。然后，通过互联网收集的价格信息可以被用来计算每日在线价格指数（daily online price index），这一指数基本上是所有类别商品和零售商的所有单项价格变动的平均值，基于每日在线价格指数可以估算年度和月度的通货膨胀率。与滞后期为 1 周且每月发布一次的官方通货膨胀数据不同，在线价格指数每天都会更新并且滞后期仅为 3 天。这使得研究人员和政策制定者能够在官方统计数据出来之前就确定通货膨胀趋势。该指数的产生并不是为了预测官方的通货膨胀公告，而是为了提供有关主要通货膨胀趋势的实时信息，这正是大数据的优势所在。例如，在 2008 年 9 月雷曼兄弟破产时，在线价格指数显示价格下跌，而官方的居民消费价格指数直到同年 11 月才对这一现象做出反应。图 8.1展示了美国 2008—2014 年的每日在线价格指数和居民消费价格指数，从图中可以看出上述现象。

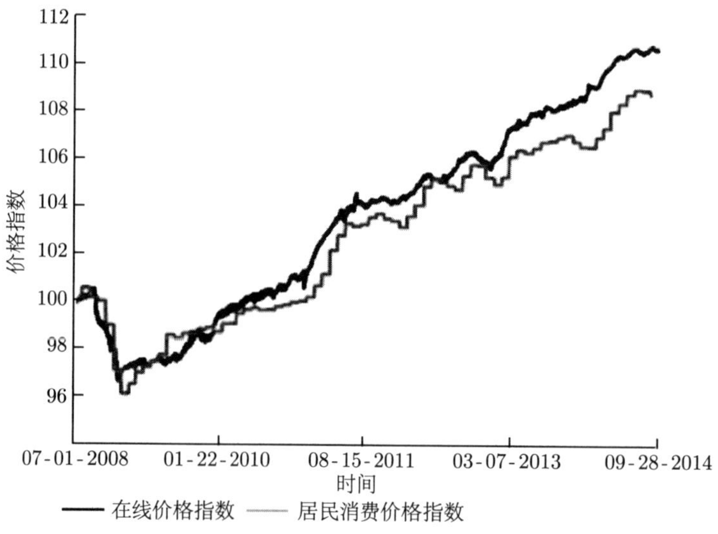

图 8.1 美国每日在线价格指数和居民消费价格指数（2008—2014 年）

经济学领域的研究人员一直是预测各种经济变量大数据的主要开发者。Sancho 等（2003）在前人方法的基础上使用了动态因子模型（dynamic factor model）来预测关于西班牙扩散指数的大型数据集，并将其认定为对西班牙经济的详尽描述。动态因子模型实际上是因子模型的延伸，经常用于数据的监测和预测。然而，对于大数据，有关专家认为动态因子模型用于宏观经济大数据预测是有缺陷的，因为它的根基是线性模型，而大数据通常都是非线性的。但是随着时间的推移，通过科研人员的努力工作，动态因子技术得到了有效的改进，从而使得它能够更恰当地处理大数据。对因子模型的最大似然估计在大数据预测中的应用进行的仿真研究表明该方法是科学的。Gupta 等（2013）利用由 143 个月时间序列组成的大数据的多元因子增广贝叶斯收缩模型来预测美国 8 个经济部门的就业情况，有学者将各种汇率的大数据用来预测欧元、英镑和日元的走势，并发现他们提出的因子增强误差修正模型（factor-augmented error correction model）在准确预测三大双边汇率方面优于因子增广变量（FAVAR）模型。

此外，大数据在人口动态监测、犯罪状况、能源与环境、生物医药和媒体等舞台上也不断贡献着自身的巨大价值。有学者采用一种基于神经网络的方法，通过西班牙人口和住房普查以及家庭支出调查来预测西班牙每户经济指数和审查部分的趋势。通过使用人口普查的统计数据，贝叶斯回归被用于预测英国斯托克波特的慢性疾病。Gilary（2011）指出美国人口普查局利用决策树技术，将逐步回归与分类和回归树概念相结合，以递归划分种族分类单元。还有证据显示决策树被用来预测非受访者的调查，这些都是大数据在人口动态监测方面应用的典型例证。研究人员依靠 Kohonen 神经网络聚类算法查找异常值，然后对数据密集型中国电信业的欺诈行为进行了预测，并与两步聚类算法和 K-均值算法进行了比较。将支持向量机作为辅助方法，并结合神经网络和 MapReduce 技术。有人对中国电力消耗的大数据进行了监测，结果发现其所建立的预测模型能够在处理与电力相关的大数据方面提供可靠的可移植性和可行性。Nguyen 将多种模型结合，如 GARCH 模型、线性回归模型、径向基函数模型和多层感知器模型，对英国天然气价格和电力需求进行监测和预测。Fischer 等（2013）利用指数平滑和 ARIMA 模型，结合模型配置并利用能源领域的大数据预测能源需求。Sigrist 等（2012）结合数值天气预报模式的大数据，利用随机平流扩散偏微分方程（stochastic partial differential equation，SPDE）对瑞士北部降水预报进行了改进，结果发现随着 SPDE 的应用，预测结果与通过数值模型得到的原始预测相比有了很大的提高。Lutz 等（2006）为大数据预测中多元升压的适用性提供了理论依据，针对 795 拟南芥基因的应用验证了该方法的正确性。利用数以十万计的 YouTube 视频的数据，学者们发现具有奇异值分解的模型可以用于分析和预测视频访问模式，对于很少被访问的视频，层次聚类可以提供更好的预测，而对于日常访问的视频，主成分分析方法可以提供有效的预测。

未来几年，大数据将继续增长，如果人类社会不愿意接受挑战、发展和运用相关技能，我们就会陷入难以逾越的困境。在上述回顾利用大数据进行监测和预测的过程中，可以发现存在一系列阻碍大数据预测的准确性和有效性提高的难点，但是大数据技术的强大功能和作用是不可忽视的。因此需要我们顺应时代的潮流和发展趋势，努力克服大数据发展过程中遇到的瓶颈，充分发挥大数据在物价水平等经济领域的监测和预测作用。

8.3 物价水平及相关价格指数

物价水平历来受到各个国家有关部门的重视，一方面它关乎每个居民的生活，是大家十分关心的话题；另一方面它对于整个国家经济发展的进程也会产生十分重要的影响，因此无论是从个人层面还是国家层面来看，对物价水平及其变化进行准确的监测和预测具有举足轻重的作用。一般来讲，维持物价水平的稳定是国家宏观经济平稳发展的重要任务。物价水平的波动可以通过许多价格指数的变化直观反映出来，它们可以用来判断物价的变化趋势以及经济的发展状况。在经济状况偏冷的条件下中央政府部门可以采取一些刺激经济的措施，而在经济状况过热的条件下则可以采取一些降温的措施。倘若没有价格指数的指导，国家经济部门是很难清晰了解经济的整体运行状况的，更无法进一步制定适时的财政和货币政策，也就不能准确把握和调控经济的良性发展。在很多国家，价格指数被广泛应用于税收、养老金支付、最低工资和最低生活保障的调整，与人们的生活息息相关；对于企业而言，价格指数的变化会影响自己产品的价格，对于制定适合公司发展的政策制度具有重要的指引作用；而经济领域的专家学者同样离不开价格指数，他们在开创新颖的经济理论、构建实用的经济模型时是要以价格指数为基础的，否则很难对物价水平做出科学合理的解释，更不能为政府部门和企业提供有价值的意见和建议。因此，经济价格指数的广泛应用决定了它的准确性将会显著影响到经济发展的各个方面，在分析时必须严肃认真对待。

价格指数是经济监测中一个非常重要的指标，也是经济测度中一项重点探讨的内容，同时还是国民经济核算的基础。它扮演着一座桥梁的作用，成功将经济理论和经验事实联系在了一起。Morgenstern 曾经说过："没有价格的概念，也就没有经济科学。这一概念具有绝对重要的意义，它并不像看起来那么容易和显而易见。因而，要对价格进行令人满意的测度是一件困难的工作，毫不奇怪，价格统计资料尽管很丰富，但分析它们时要格外谨慎。"因此要想对物价水平进行精确的分析，有必要对相关价格指数有一个全面的认识和了解。这不但有利于评估整体物价形势，更是进行宏观经济分析的关键所在，因此下面对常用的价格指数展开探讨和分析。

从图 8.2中可以看到各类常用的价格指数，其中包括居民消费价格指数（consumer price index，CPI）、生产者价格指数（producer price index，PPI）、零售价格指数（retail price index，RPI）和 GDP 缩减指数（GDP deflator）。这些不同的价格指数既能反映物价水平的波动情况，又能衡量通货膨胀程度，而它们的来源、定义和目的也有各自的特征。

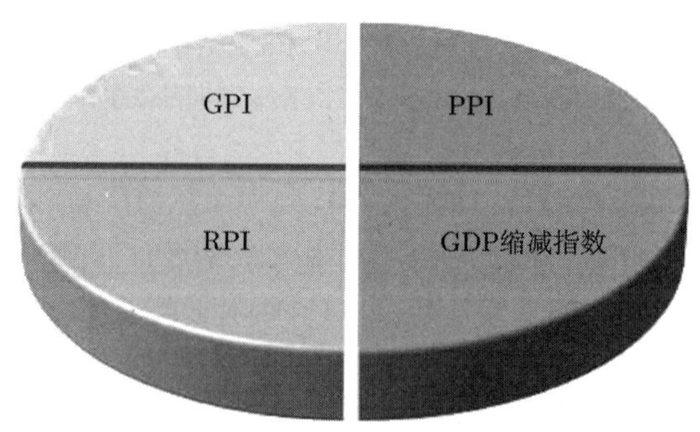

图 8.2 各类常用的价格指数

（1）CPI 是度量消费商品及服务项目价格水平随着时间变动的相对数，反映了居民购买的商品及服务项目价格水平的变动趋势和变动程度。其按年度计算的变动率通常还可以被用来反映通货膨胀或紧缩的程度，它的分类指数还是计算国内生产总值以及资产、负债、消费、收入等实际价值的重要参考依据 [1]。CPI 的计算公式可以表示为

$$\text{CPI}=\frac{\text{一组固定商品按当期价格计算出的价值}}{\text{一组固定商品按基期价格计算出的价值}}\times 100\%$$

CPI 通常需要经历较为复杂的流程才能准确计算出来，其简要编制步骤参见图 8.3。

具体来说，国家统计局和地方统计部门要先确定好用于计算 CPI 的商品和服务项目以及调查网点。一般国家统计局根据全国城乡居民家庭消费支出的抽样调查资料统一确定商品和服务项目的类别，其中涉及食品、烟酒及用品、衣着、家庭设备用品及服务、医疗保健及个人用品、交通和通信、娱乐教育文化用品及服务和居住八大类 262 个基本分类，这些类别基本覆盖了城乡居民的全部消费内容，在每次调查计算的过程中八大类别所占的比重各不相同，表 8.1描述了 2011 年时它们各自的比重。而对于调查网点大约会抽取 500 个市县，包括市县中的超市、便利店、专卖店、百货店、购物中心、农贸市场、专业市场、服务消费单位等。然后会有各个市县的专业调查人员针对物价到一线展开调查，价格的采集频率会随着商品种类的变化而变化，对于粮食蔬菜、猪牛羊肉等价格变动频繁且与民众生活紧密相关的商品，调查间隔设定为 5 天；对于服装鞋帽、耐用消费品等大部分工业产品则是每月调查两三次；对于水电等政府定价项目则每月调查核实一次。在得到物价水平的相关资料之后，需要计算单个商品或服务价格以及 262 个基本分类的价格指数，在根据与类别相对应的权数计算类别价格指数和居民消费价格指数即可，其中的权数主要是根据全国城乡居民家庭各类商品和服务的消费支出详细比重确定的。

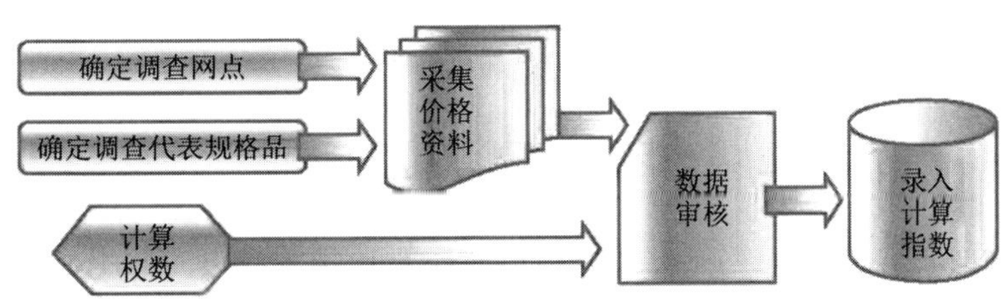

图 8.3 CPI 的编制流程和步骤

表 8.1 CPI 各类别所占比重（2011 年）

商品及服务类别	比重/%
食品	31.79
居住	17.22
衣着	8.52
烟酒及用品	3.49
交通和通信	9.95
家庭设备用品及服务	5.64
医疗保健及个人用品	9.64
娱乐教育文化用品及服务	13.75

[1] 摘自百度百科。

（2）PPI 也被称作工业生产者出厂价格指数，它是衡量工业企业产品出厂价格变动趋势和变动程度的指数，是反映某一时期生产领域价格变动情况的重要经济指标，也是制定有关经济政策和国民经济核算的重要依据。与 CPI 不同，PPI 的主要目的是衡量企业购买的一篮子物品和劳务的总费用。由于企业最终要把它们的费用以更高的消费价格的形式转移给消费者，所以一般认为 PPI 对于预测居民消费价格指数是有用的。PPI 开创了帮助经济学家和政府领导人了解通货膨胀预期的先例，是首个显示贸易和战争宏观经济效应的经济指标，是衡量国内供应链价格变化的主要指标，它允许我们监测价格上涨或下降是如何从生产者传递给消费者的。随着我国以农业为基础的经济向以制造业为基础的经济转变，PPI 也在不断发展并在经济发展中发挥着越来越重要的作用。工业革命的成功造就了英国的飞速发展，而 PPI 的编制恰恰起源于这个国家，因此英国被认为是世界上拥有最先进 PPI 编制技术的国家，其产生的社会影响力巨大。

伴随着改革开放步伐的加快，我国的工业发展也取得了长足的进步，PPI 也开始逐渐建立起来并得到了不断完善。我国 PPI 主要调查九大类商品，包括燃料动力类、有色金属类、有色金属材料类、化工原料类、农副产品类、纺织原料类、工控产品类、木材及纸浆类和建筑类；调查方式的选择包括典型调查和重点调查，对于年主营业务收入低于 2000 万元的企业采用随机抽取样本的形式，而对于高于 2000 万元的企业则有目的性地去采样；调查内容包括报告月调查日的工业生产者出厂价格和购进价格，同时还需要相应的基期价格；而该指数的计算同样要经历分类逐级计算的繁杂过程：首先需要计算基本分类指数，采用几何平均法来计算某一代表产品下所属的代表规格品价格变动相对数，进而得到代表产品月度环比指数

$$k_i = \sqrt[n]{G_{i1} \times G_{i2} \times \cdots \times G_{in}} \times 100\%$$

其中 $G_{i1}, G_{i2}, \cdots, G_{in}$ 表示第 i 类代表产品下 n 个规格品报告期价格与上一期价格对比的相对数。接着可以计算基本分类月度环比指数

$$J_i = \sqrt[n]{k_1 \times k_2 \times \cdots \times k_n} \times 100\%$$

其中 $k_1, k_2, \cdots, k_n$ 表示 n 个代表产品的月度环比价格指数。最后利用月度环比价格指数可得基本分类定基指数

$$I = J_1 \times J_2 \times \cdots \times J_t$$

其中 $J_1, J_2, \cdots, J_t$ 表示基期到报告期之间各期的月度环比指数

$$L_t = \left(\sum W_{t-1} \frac{P_t}{P_{t-1}}\right) L_{t-1}$$

其中 L 表示定基指数，W 表示权数，$\dfrac{P_t}{P_{t-1}}$ 表示 t 期的环比指数。各个省、市、自治区计算出各自指数之后，对其按照工业销售产值加权平均便可得全国指数。

（3）RPI 是反映城乡商品零售价格变动趋势的一种经济指数。零售物价的调整变动直接影响到城乡居民的生活支出和国家的财政收入、居民购买力和市场供需平衡。因此对 RPI 的计算和掌握有助于对经济活动进行科学的观察和分析。RPI 最初是作为补偿指数制定的，该指数源自一项旨在保护普通工人免受与第一次世界大战有关的物价上涨影响的指数，第

一个官方 RPI 是在 1956 年 1 月编制的。RPI 是因为使用者有强烈的需要而诞生和发展的，多年来它已经得到了广泛的应用，比如政府部门用于提高社会福利、私营化产品的价格制定，经济学家及政策制定者用作主要的通货膨胀宏观经济指标，而随着时间的推移 RPI 的用途也变得更加广泛。

与 CPI 类似，RPI 是以一年内固定的一篮子商品和服务为基础，原则上这个篮子应包括住户购买的所有消费品和服务，以及供应这些商品和服务的每一家商店，实际上这是不可能并且也没有必要的，因为一个好的衡量方法是可以根据一个有代表性的零售点的代表性商品和服务样本来进行计算。实际上 RPI 和 CPI 的内涵有很多重叠的方面，所以二者在很多情况下的变化趋势和反映的经济状况是十分相似的，比如在图 8.4中将 1988 年作为基准，直到 2010 年为止，RPI 和 CPI 都呈现出不断上升的趋势。

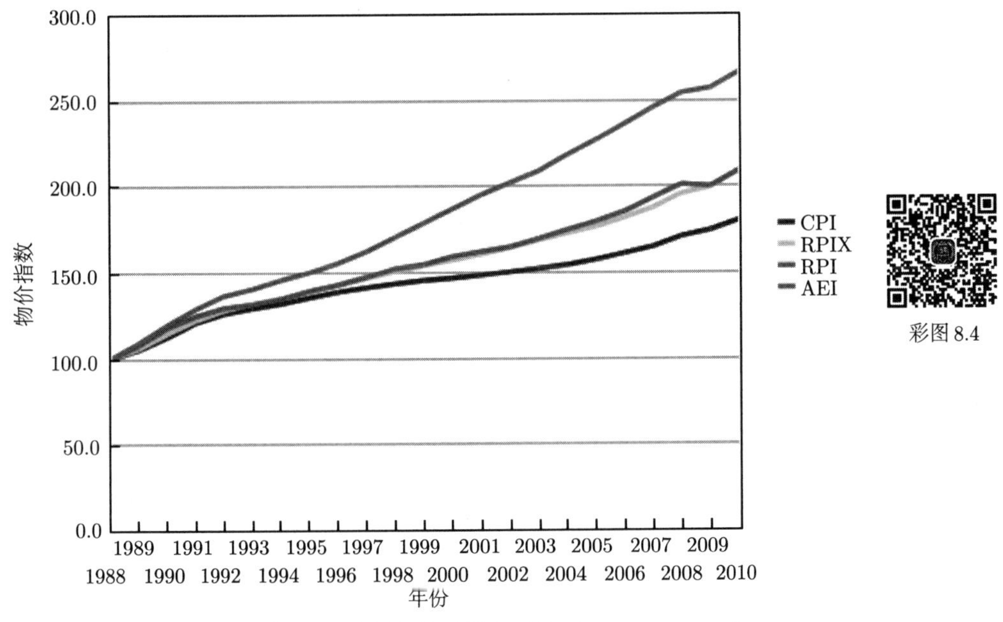

图 8.4　英国物价指数的对比（1988—2010 年）

当然 RPI 和 CPI 也有着明显的不同：以物价指数编制最为成熟和完善的英国为例，CPI 的计算以所有私人和机构家庭支出为基础，但 RPI 不包括收入排在前 4%的家庭，也不统计收入的 3/4 来自国家养老金和福利养恤金领取者家庭。另外 CPI 在统计的时候还包括外国游客的消费，但英国家庭在国外的支出不包括在内。相反，RPI 是不包括外国游客支出的，但包括英国家庭在国外的支出。与 CPI 相比，RPI 也有自己独特的商品覆盖范围，例如在 RPI 中所有保险支出都被视为属于相关的保险项目（如住房或汽车保险费），而 CPI 中按索赔的性质在其他支出类别中分配的金额，只有剩余的（即服务费）分配给相关的保险项目。因此，零售价格指数和居民消费价格指数之间的相同点造就了它们都可以作为衡量物价水平变化和通货膨胀程度的风向标，而它们之间的不同点也使得它们无法完全相互取代，都有着各自重要的存在价值和意义。

RPI 在英国的计算方式大致如下：

① 选定基准年或起点，这是衡量价格变化的标准；

② 列出一个普通家庭购买的物品清单，生活费用和食物调查等项目的展开可以实现这一目的；

③ 计算一组权重用于显示平均家庭预算中某个项目的相对重要性，在平均家庭费用中所占份额越大的项目，它的权重就越大；

④ 将每个项目的价格乘以该项目的权重，因此项目价格对 RPI 的贡献与其重要性成正比；

⑤ 每个项目的价格必须在基准年和比较年（或月份）中找到，这样就可以在所需的时间段内计算百分比变化。

（4）GDP 缩减指数是指没有剔除物价变动前的 GDP 增长与剔除了物价变动后的 GDP 增长的比值，是衡量一个经济体中所有新的、国内生产的最终产品和服务价格水平的指标。与 CPI 不同，GDP 缩减指数并不是基于一个固定的商品和服务篮子，它的篮子可以随着居民消费和投资模式的变化而变化，而且它的计算基础比 CPI 更广泛，其涉及全部商品和服务，除消费外还包括生产资料和资本、进出口商品和劳务等。因此，这一指数能够更加准确地反映一般物价水平走向。一般来讲，GDP 缩减指数是一个比率，所以它的计算公式为

$$\text{GDP 缩减指数} = \frac{\text{名义 GDP}}{\text{实际 GDP}} \times 100\%$$

其中给定年份的名义 GDP 是用该年价格计算的，而它的实际 GDP 是用基准年的价格计算的。

总体来看，GDP 缩减指数可谓是能最全面反映物价总水平变化的指数。它以国内生产总值为基础的统计口径和计算方法使其具备良好的可比性，而其他的物价相关指数虽然各国的计算方法类似，但是统计口径却存在差异进而导致无法进行直接对比。正是这些优点的存在，许多专家学者也将 GDP 缩减指数看作最适合衡量通货膨胀程度的指标。国内生产总值的统计和计算需要消耗大量的人力物力来收集相关数据材料，然后才能进一步得到 GDP 缩减指数，因此它一般一年只能公布一次，具有较强的滞后性，这也是该指标固有的缺点之一。

综上所述，居民消费价格指数、生产者价格指数、零售价格指数和 GDP 缩减指数构成了衡量物价水平变化的一个系统，更为经济形势监测提供了有力支撑。因此在大数据快速发展的今天，结合大数据对这些物价水平的相关指数进行细致有效的追踪和监测，不但有利于充分发挥大数据技术具备的独特优势，而且有助于弥补传统物价指数和经典分析方法存在的不足，从而帮助人们更加全面详实地掌握经济体的运行状况。

8.4 大数据与居民消费价格指数

在与物价水平相关的众多指数中，CPI 是一个具有良好代表性且得到广泛应用的指数。随着人类社会逐渐由信息时代迈向大数据时代，海量数据的产生给社会的各个行业带来了巨大冲击，也对经济形势的监测提出了更高的要求。居民消费价格作为经济形势监测的一个重要方面，只有顺应大数据的发展潮流并不断进行自我革新和完善才能更好地为经济形势监测服务。

8.4.1　CPI 在经济形势监测中的意义

在改革开放政策的推动下我国经济经历了 30 多年的快速增长，成就举世瞩目。居民消费价格指数作为反映消费者商品及服务价格变化的指标之一，可以为政府制定政策和预测经济走向提供参考。虽然我国国内生产总值高居世界第二位，但人均 GDP 等多方面的经济发展水平与发达国家相比还存在明显的差距。当前的国际政治经济环境复杂多变，贸易保护主义和反全球化趋势日益抬头，国内也面临着改革发展的艰巨任务。我国经济正处于发展的关键期和改革的攻坚期，相应的经济社会矛盾和问题开始凸显，经济转型发展迫在眉睫。在当前经济发展面临上行压力的形势下，国民经济的运行复杂多变，不同部门、不同生产环节都存在错综复杂的联系，对经济运行准确地了解和把握难度很大。只有具备有效可行的工具才能更好地克服这些困难，而社会经济指标的统计核算就是这样一种工具，它将复杂的经济运行过程勾勒成一幅简明的图像，是经济发展状况的直观展现，能大大增强政府部门工作人员对经济运行的掌控能力。大数据及相关技术的发展为创新驱动发展战略带来了无限可能，也为社会经济指标的完善和发展创造了无限希望。在诸多的经济社会指标中，与百姓息息相关的居民消费价格指数便是非常重要的一个，它在社会经济形势的监测中占据着举足轻重的地位。

居民消费价格指数是靠数据说话的，是充分利用相关经济数据通过严格计算得到的，能够真实反映国民经济的运行情况、揭示国民经济的发展趋势，能够彻底改善凭借经验和感觉做出决策的弊端。对 CPI 进行实时监测能够及时发现经济发展过程中出现的问题，从而为问题的解决提供科学合理的依据，为政府决策提供支持，避免国民经济出现损失。对社会经济数据中蕴含的信息进行挖掘是宏观经济管理的重要依据，如果没有 CPI 等关键的经济指标是很难制定出正确的国家中长期战略规划和年度计划的，金融保险政策、收入分配政策、产业政策等一系列经济政策也无法实事求是地被制定出来。结合我国国情和经济发展的现状可以看出，我国国民经济在新常态的状况下会不断遇到诸多的风险和挑战，而对这些风险和挑战进行管控和化解是社会经济发展的一个必然课题。对 CPI 进行实时监测和预警一定会为成功规避风险提供有力支持，实时把握经济发展状况，尽早发现经济运行中的问题，及时纠正政策的错误和不合理之处，是一项非常重要且紧要的课题。图 8.5 反映了我国近十几年 CPI 同比增长率的变化情况，从中可以看出 CPI 在一定程度上确实担当着经济发展的晴雨表，这充分表明对 CPI 进行准确的监测确实能实现对经济形势的良好监测。

从图 8.5可知，我国 CPI 近十几年的变化与这些年的经济发展情况是相吻合的，基本真实地反映了宏观经济的运行状态。整体来看，我国 CPI 同比增长率的变化呈现一种周期性的特点。在 2003—2012 年这 10 年里 CPI 的同比增长率可谓大起大落，其中最高点超过了 8%而最低点却达到了将近 −2%，先涨后跌的趋势十分明显。这 10 年里中国经济始终处于高速发展阶段，因此 CPI 的同比增长率较难保持稳定。而在 2012 年之后可以发现 CPI 同比增长率的变动与之前大为不同，之前在同比增长率达到最小值之后会快速爬升直至达到峰值，而此次却呈现出小幅波动的态势且整体处于一个较低的平稳水平。这是因为我国此时已经开始步入结构性调整阶段，经济发展迈入新常态，经济发展质量不断提高，经济增长的驱动力向着集约型和质量型转变，不再一味强调经济总量的高速增长，转而更加注重平稳增长。

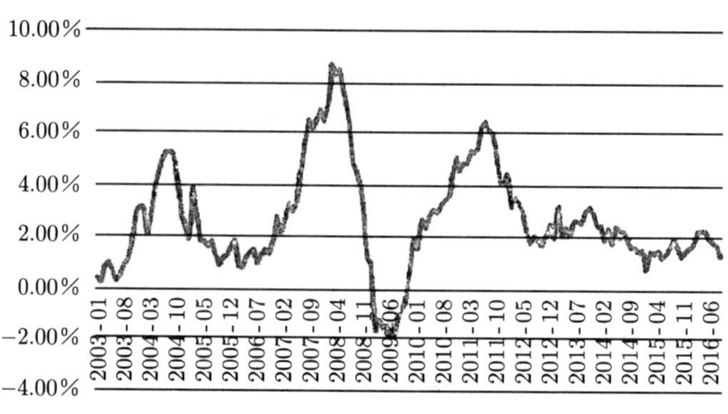

图 8.5 中国 CPI 同比增长率变动情况

因此，无论是从 CPI 的计算方式还是它的实际表现来看，CPI 的变化始终与经济形势的发展紧密相关，是评判经济发展态势、发展速度和发展模式的重要参考。加强对 CPI 的监测无疑是经济形势监测的一个重要方面，政府部门有必要结合大数据的背景对 CPI 展开更为细致的监测，从而促进经济更好、更快、更优地发展。

8.4.2 大数据对 CPI 产生的影响

当前经济全球化不断深入发展，而信息技术产业也在朝阳产业中持续领跑，这些要素的叠加造就了海量的网络数据。在这种情况下，传统的经济指标和统计分析方法开始变得无法满足时代的发展要求，在实时性和准确度等方面已然力不从心。居民消费价格指数作为反映经济形势的经典宏观经济指标之一，大数据的产生对它的发展也带来了巨大的挑战和机遇。

随着大数据时代的到来，网络数据正在以爆炸式的增长速度渗透到社会经济的各个领域，其影响范围也在不断扩大。较传统数据而言，大数据规模大、更新速度快等特点使其在 CPI 的监测过程中具备明显的优势。谷歌公司的研究人员在 2009 年提出了一种监测流行性感冒的新颖方法——利用网络搜索数据对流感进行监测，以此为基础建立的流感预警系统在真实环境中表现出了优良的预警精度，比疾病控制中心的传统监测方式更加快捷有效。考虑到大数据的巨大价值和重要性，美国早早就启动了有关大数据的研究和发展计划，旨在提高从庞大而复杂的科学数据中提取有用信息的能力。在我国经济转型发展的重要时期，来源于网络等途径的大数据对社会经济的实时监测和智能预测产生的影响可谓是全方位、多层次、宽领域的，而对 CPI 的影响也是积极深刻的。

首先，大数据使得居民消费价格指数能够紧跟经济形势的前进步伐和节奏。网络大数据一般是实时产生和传输的，响应速度很快，因此基于网络大数据的经济形势监测的速度是传统经济监测方法所不能比拟的。前面已经简单描述过 CPI 的编制和计算过程，其中涉及基层调查、逐级上报和综合核算等环节，这势必会对时间效率的提高产生负面影响，给居民消费价格指数的公布带来很强的滞后性。我国 CPI 的发布就有明显的滞后性，这容易造成居民的实际感受与 CPI 的数值不一致，对经济形势监测无法发挥有效的指导作用。我们希望政府部门更新的 CPI 能减少自身的滞后时间，更加贴近现实经济的发展状况，而大数据的产生极大地缓解了 CPI 滞后性的难题。通常大数据的更新速度都是非常快的，比如微信、微博等通信工具上的数据时时刻刻都是在变化的。因此对这些数据及时进行监测和分析有助于紧跟经济形势的发展变化，这也要求研究人员对传统的 CPI 编制和计算过程进行优化以满足大数据时代的要求。

其次，大数据会让居民消费价格指数更加真实地反映当前的经济形势。CPI 计算数据来源于抽样调查，同时还要将数据逐层传递，虽然这一方法做到了节约成本、提高效率，但是也造成了很多潜在的问题: 一方面数据源的可靠性有可能存在疑问，而数据上报的过程中其真实性也不一定能得到保证；另一方面调查中所选样本的合理性或代表性是否恰当也是一个需要认真考量的问题，即便样本具有很强的代表性，但也无法全面无误地反映真实情况。而大数据的产生是人们生产和生活在发达信息技术支持下自然产生的，因此数据真实可靠不会掺杂有额外的噪声和干扰，结合 CPI 对大数据进行分析一定能更加准确地监测经济形势。

最后，大数据能让居民消费价格指数挖掘出更多未知的有价值信息。沃尔玛超市有一个关于啤酒和尿布的经典案例，它形象地表达了大数据分析为人类社会带来的惊喜和价值，表明在大数据的影响下任何事物的作用都可能得到进一步的放大。对 CPI 而言，其传统作用主要是衡量物价水平及通货膨胀情况，将大数据引入 CPI 从调研到公布的整个过程中有可能会使其发挥更大的作用，实现一些意想不到的应用价值。

8.5　案例分析

经典统计学经过长期的发展和历史的沉淀已经形成了一套完整的科学理论和分析方法，对人类社会的进步起到了极大的推动作用。但是大数据的到来给传统统计分析方法带来了巨大挑战和历史机遇，面对规模体量超大、更新速度飞快、样式种类繁杂的大数据，之前的很多统计方法已经无能为力，因此针对大数据的相关统计方法应运而生。这不但进一步推动了统计学科的快速发展，而且有利于解决大数据带来的难题，从而充分发挥大数据在经济形势监测等方面的作用。下面对一些典型的大数据统计分析方法及其实际应用进行介绍。

8.5.1　扫描数据编制 CPI

1. 方法简介

扫描数据的产生来源于消费者购买商品或服务时留下的行为痕迹，是数据收集者收集和存储的关于产品或服务销售状况的电子账单，它的定义如下: 在销售商店的收银台通过“扫描”一个产品的条形码（european article number，EAN）而获得的关于商品销售情况的详细数据，这些数据是在销售方数据库中保存的电子数据记录。这些数据内容囊括了商户名称、购买日期与时间、购买项目情况、数量、价格和金额、付款形式，以及有关的增值税额等信息。其中 EAN 是国际物品编码协会制定的一种标记商品的编号，居民日常在超市、商场、便利店等场所购买的商品上的条形码一般就是 EAN，因此扫描数据的收集和获取还是相对比较容易的。由此产生的大量扫描数据为居民消费价格指数的编制和计算提供了更多的选择，有助于 CPI 更新速度的提升。

实时产生的扫描数据质量较高、成本较低，将其纳入 CPI 的编制中是一个正确的选择，而专家学者针对扫描数据在 CPI 上的应用也做了大量研究工作。扫描数据在 CPI 编制中的价值和重要性是被人们逐渐认识到的，Diewer 在 1993 年第一次提出可以利用扫描数据对价格指数进行编制。Silver（1995）利用英国的彩电扫描数据编制了基本分类指数，结果表明传统的基本分类指数编制公式可以兼容扫描数据，但是误差比较大。Haan 等（1997）研究了咖啡扫描数据，他们对价格指数编制公式中的权数和价格采集周期做了探究并将结果与 Fisher 价格指数进行了对比。Mulligen 等（2004）的研究对象则是水果和纸尿裤的扫描数据，这两类商品中一个是季节性产品，另一个则是促销产品，最终的研究结论指出使用 Rothwell 指数具有更好的效果。Ivancic 等（2009）提出了滚动年 GEKS（RYGEKS）方法，该方法是在 GEKS 方法的基础上建立起来的并且其实用性得到了很大的提高。Grient 等（2011）将荷兰的 Jevons 链指数与 RYGEKS 指数进行了比较，得到了一些有价值的结论。Haan 等（2012）进一步对 RYGEKS 指数进行了改进和拓展，并结合新西兰电子产品的扫描数据构造了 ITRYGEKS 指数。国内对于扫描数据的研究寥寥无几，刘晓红（2008）分析了扫描数据较传统数据所具备的优势，胡雪梅等（2011）以瑞典为例对其扫描数据的应用做了简介，陈相成等（2012）概括了国外扫描数据的最新研究成果和应用实例。

2. 实证分析

由于扫描数据有可能大大提高经济统计的质量，这使得荷兰、挪威、新西兰、澳大利亚、瑞典和瑞士等一些国家的统计机构开始将扫描数据纳入其居民消费价格指数。但是扫描数据的使用在实践中会遇到种种问题，由于库存对后期支出模式的影响，价格折扣会促使消费者购买某一产品，从而导致扭曲的价格变动计量。该问题有效推动了 GEKS 指数向 RYGEKS 指数的演化，GEKS 方法将传递性强加于一组双边指数——P_{rt}，其中 $r,t \in T$，T 表示时间段的一个指标集合。假设将传递性对数指数的集合记为 $\boldsymbol{\alpha} = (\alpha_1, \alpha_2, \cdots, \alpha_T)$，那么时间段 r 和 t 之间的指数可以由下式推出：

$$\alpha_t - \alpha_r = \frac{1}{|V|} \sum_{v \in V} \ln\left(\frac{P_{vt}}{P_{vr}}\right)$$

其中 $V \subseteq T$ 是一个时间段的集合且它包含的指数是可传递的。Ivancic 等（2011）提出的 RYGEKS 通过调整 GEKS 使其适应了时间比较的环境，其中有两点重要的建议。第一，为了解决可靠性问题，建议将 V 限制在 13 个月内（就月度指数而言），而不是使用所有可用的数据；第二，概述了一种将使用当前窗口计算的新指数链接到先前发布的指数数值的方法。为了说明链接方法，假设将 13 个月滚动窗口中前 12 个月的指数表示为 $\bar{\boldsymbol{\alpha}} = (\bar{\alpha}_1, \bar{\alpha}_2, \cdots, \bar{\alpha}_{12})$，那么 $\bar{\alpha}_{13}$ 的计算建议利用 $\bar{\alpha}_{13} = \bar{\alpha}_{12} + (\alpha_{13} - \alpha_{12})$，这里 α_{12} 和 α_{13} 是在当前窗口下新估计的指数。自从此方法提出以来，链接方法和窗口大小的选择一直是一个值得积极研究的领域，Daniel（2017）针对这两个问题提出了一种新的链接方法和窗口大小的选择方式，而大型扫描数据验证了作者所提方法的良好效果。

首先，对于最优的窗口长度，在 Ivancic 等（2011）的框架下窗口长度的选择一方面涉及尽可能多地使用数据，另一方面又仅仅使用可靠的双边比较。随着窗口长度越来越大，计算中包含的比较可能越来越不可靠，这是因为能匹配的产品更少。在实际中他们提倡 13 个月的窗口长度，因为这被认为是给予每年季节性产品的最小宽度。如 Haan 等（2014）所述，一种办法就是用回归方法估算“缺失”价格。解决双边指标差异可靠性之间的张力的方法是利用加权 GEKS（WGEKS），也就是考虑如下加权最小二乘问题，通过最小化残差平方和来选择 $\boldsymbol{\alpha}$。

$$\mathrm{SSE}(\boldsymbol{\alpha})=\sum_{t\in V}\sum_{r\in V}w_{rt}\left[\ln P_{rt}-(\alpha_t-\alpha_r)\right]^2$$

WGEKS 方法中的权重采用了三种构造方式: 第一种叫作平均匹配支出份额法（average matched expenditure share，AMES），也就是通过下式计算权重：

$$w_{rt}=\sum_{i\in I_{rt}}\frac{1}{2}(\bar{s}_{ir}+\bar{s}_{it})$$

其中 i 表示产品的编号，I_t 表示时间段 t 内可用商品编号的集合，$\bar{I}_{rt}=I_r\cup I_t, I_{rt}=I_r\cap I_t$。因此如果将价格和数量分别记为 p_{it} 和 q_{it}，那么支出份额为

$$\bar{s}_{it}=\frac{p_{it}q_{it}}{\sum\limits_{i\in I_{rt}}p_{it}q_{it}}$$

第二种叫作平均匹配支出法 (average matched expenditure，AME)，此时权重的计算方式为

$$w_{rt}=\sum_{i\in I_{rt}}\frac{1}{2}(p_{ir}q_{ir}+p_{it}q_{it})$$

第二种叫作平均匹配产品份额法 (average matched product share，AMPS)。

$$w_{rt}=\frac{1}{2}\left(\frac{|I_{rt}|}{|I_t|}+\frac{|I_{rt}|}{|I_r|}\right)$$

有了合理的权重，WGEKS 方法与简单的 0-1 权重机制相比能更好地利用可用的双边比较。此外，因为那些不太可靠但包含一些有用信息的价格指数将会得到适当的向下加权，该方法还可能使用更长的窗口。如果在生产环境中需要这样一种方法，那么随着周期间隔时间的延长，权重降低的方式也提供了一个更知情的选择窗口长度的基础。

其次，对于链接方法的选择，一种很有效的方法就是估计受约束的 WGEKS 指数。具体来讲，假设对于时间段的指数集合 V 的数据是可用的，最近的时间段为 r 时间段并且已经知道之前指数的估计值，记为 $\bar{\alpha}_t, t\in V, t\neq r$。然后可以通过求解如下受约束的最小二乘问题来估计 α_r。

$$\begin{aligned}&\min_{\boldsymbol{\alpha}}\mathrm{SSE}(\boldsymbol{\alpha})\\ \text{s.t.}\quad&\alpha_t=\bar{\alpha}_t, t\in V, t\neq r\end{aligned}$$

很显然这是一个很容易解决的问题，因为这里只有一个参数 α_r 需要被估计，可以证明该问题的解为

$$\bar{\alpha}_r = \sum_{t \in V, t \neq r} \left(\frac{w_{rt}}{\sum\limits_{t \in V, t \neq r} w_{rt}} \right) (\ln P_{rt} + \bar{\alpha}_t)$$

为了探究上述方法的实用性，借助 Bronnenberg 等（2008）提供的大型扫描数据集进行验证。该数据集来源于美国不同城市中超市的扫描数据，覆盖了多种多样的商品种类。其中城市主要是指达拉斯、洛杉矶和纽约，而商品种类涉及啤酒、咖啡、碳酸饮料、人造黄油、汤类、卫生用品和牙膏。数据采集的时间范围为 2001—2012 年，依靠条形码来获取受调查超市每周的商品价格和销量。

如图 8.6 所示，以 2001 年 1 月的洛杉矶市啤酒价格为基准，利用上述 AMES 权重计算方法得到了啤酒扫描数据的价格指数，该指数很好地反映了啤酒价格的变动情况。本研究的目的是探究滚动窗口长度、权重、链接方法以及施加不可修改约束的影响，而最终的实证结果对 WGEKS 和约束最小二乘链接方法的合理性和科学性给予了有力支持。

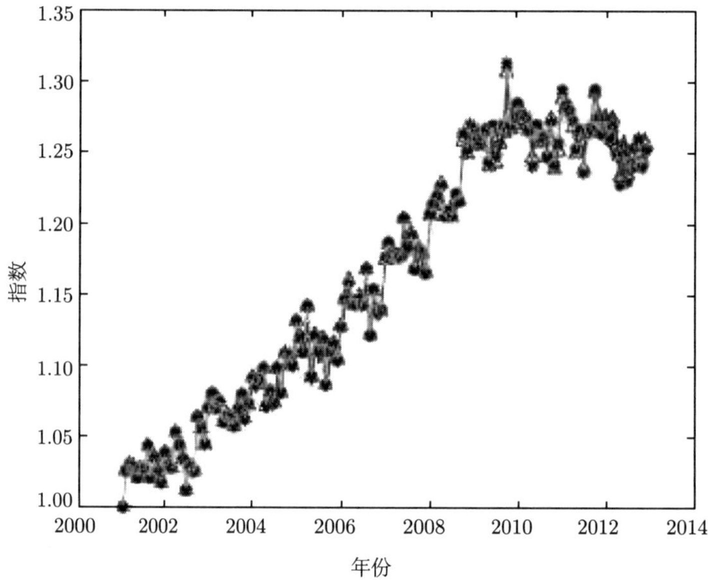

图 8.6 洛杉矶啤酒扫描数据价格指数

3. 小结

通过上述方法概述和实证分析，可以看出西方发达国家对扫描数据在 CPI 编制过程中的使用展开了卓有成效的研究，而中国在这一方面还处于追赶者的角色。因此，我国相关统计部门应该把握时代机遇，紧跟国际前沿，学习国外先进经验，深挖理论方法，充分利用扫描数据对 CPI 的编制进行革新，建立起大数据背景下适合中国特色的 CPI 编制和计算体系。

8.5.2　支持向量回归

1. 方法简介

大数据的发展催生了许多机器学习算法，它们在处理大数据、挖掘潜在信息等方面发挥了重要作用。支持向量机是其中非常重要的一类模型，它在解决小样本、非线性和高维模式识别中具有独特的优势，而支持向量回归（support vector regression，SVR）是支持向量机方法应用中的一个重要分支，它在居民消费价格指数方面具有积极的应用。支持向量回归示意图见图 8.7。

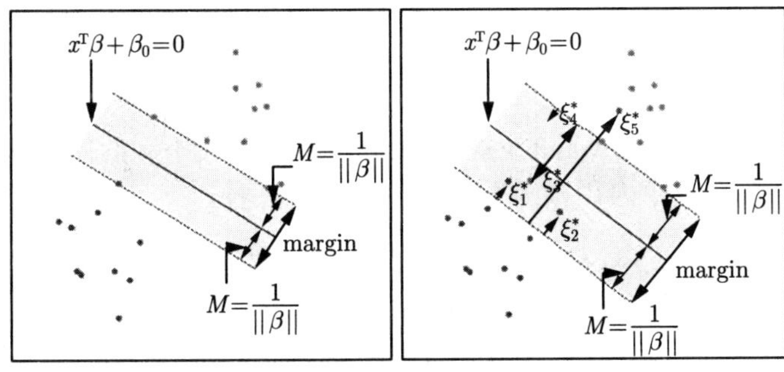

图 8.7　支持向量分类器

对于一组样本 $(x_1,y_1),\cdots,(x_N,y_N)$，其中 $x_i\in R^p$，$y_i\in\{-1,1\}$，它的支持向量机问题可以写成下式：

$$\min_{\beta,\beta_0}\|\beta\|$$

$$\text{s.t.}\begin{cases}y_i(x_i^{\mathrm{T}}\beta+\beta_0)\geqslant 1-\xi_i\\ \xi_i\geqslant 0\\ \sum\xi_i\leqslant \text{常数}\end{cases}$$

为了求解方便，引入拉格朗日乘子将该问题转化为下述等价形式：

$$\min_{\beta,\beta_0}\frac{1}{2}\|\beta\|^2+C\sum_{i=1}^{N}\xi_i$$

$$\text{s.t.}\begin{cases}y_i(x_i^{\mathrm{T}}\beta+\beta_0)\geqslant 1-\xi_i\\ \xi_i\geqslant 0\end{cases}$$

这一形式是一个带有约束的最优化问题，因此等价的拉格朗日函数为

$$L_P=\frac{1}{2}\|\beta\|^2+C\sum_{i=1}^{N}\xi_i-\sum_{i=1}^{N}\alpha_i[y_i(x_i^{\mathrm{T}}\beta+\beta_0)-(1-\xi_i)]-\sum_{i=1}^{N}\mu_i\xi_i$$

对该函数最小化就能得到支持向量回归的未知参数。

对函数 L_P 最小化需要对各个未知参数进行求导并令各自的导数为 0，因此有

$$\beta=\sum_{i=1}^{N}\alpha_iy_ix_i,\sum_{i=1}^{N}\alpha_iy_i=0,\alpha_i=C-\mu_i,\forall i$$

接着得到 L_P 的拉格朗日对偶目标函数

$$L_D = \sum_{i=1}^{N} \alpha_i - \frac{1}{2} \sum_{i=1}^{N} \sum_{i'=1}^{N} \alpha_i \alpha_{i'} y_i y_{i'} x_i^{\mathrm{T}} x_{i'}$$

由此最终的求解问题变为对 L_D 进行极大化。容易发现 L_D 可以写成内积的形式：

$$\begin{aligned} L_D &= \sum_{i=1}^{N} \alpha_i - \frac{1}{2} \sum_{i=1}^{N} \sum_{i'=1}^{N} \alpha_i \alpha_{i'} y_i y_{i'} \langle h(x_i), h(x_{i'}) \rangle \\ &= \sum_{i=1}^{N} \alpha_i - \frac{1}{2} \sum_{i=1}^{N} \sum_{i'=1}^{N} \alpha_i \alpha_{i'} y_i y_{i'} K(x, x') \end{aligned}$$

所以，在支持向量回归中选择不同的内积核函数将可以解决不同的问题并获得不同的结论。在支持向量机的相关文献中内积核函数的选择主要有三种。

$$d\text{次多项式}: K(x, x') = (1 + \langle x, x' \rangle)^d$$

$$\text{径向基}: K(x, x') = \exp(-\gamma \|x - x'\|^2)$$

$$\text{神经网络}: K(x, x') = \tanh(\kappa_1 \langle x, x' \rangle + \kappa_2)$$

基于支持向量机的建模方法和求解过程，支持向量回归可以采用类似的思想解决实际应用问题。

2. 实证分析

CPI 一般是每月公布一次，在更新频率上还有很大的提升空间，将大数据与支持向量回归等机器学习方法相结合能有效实现这一目标。事实上，居民消费品价格的更新速度是很快的，完全可以实现每天更新一次，因此考虑每天的实时物价是否有助于提升 CPI 的更新速度是很有意义的。幸运的是，已经有研究描述了高频数据的可用性，比如每月、每周、每日产生的数据对预测产出增长的作用。如果模型中的所有变量都必须以相同的频率进行采样，那么在实例中如果要求每月频率上的可用数据必须转换为季度频率，则可以使用月度数据的平均值，因此使用每日数据建立监测和预测模型是完全可行的，这也就意味着对 CPI 的监测可以更加紧密，从而有助于更好地了解经济形势的发展状况。

在研究 CPI 等反映通货膨胀的指标时，学者们使用了很多不同的方法，例如自回归积分滑动平均模型、人工神经网络和支持向量机。通货膨胀数据不仅可以从实地调查中获得，还可以从社交媒体和其他互联网媒体获得。举个例子，一些大卖场在他们的网站上公布了他们的价格，许多人在推特和脸书等社交媒体上讨论一些经济学话题，电子商务市场的推特数据和商品价格可以作为预测变量。我们可以建立预测模型以便确认当前讨论的社交媒体话题与通货膨胀率之间存在的某种关系。Doran 等（2015）将通货膨胀与数据增长联系在一起，包括数据量和其他与通货膨胀相关的变量，解释了使用大数据技术和网页抓取技术计算每日 CPI 的策略。受此启发，Budiastuti 等（2017）研究了如何使用网页抓取数据通过机器学习方法来预测 CPI，是大数据时代下支持向量回归在 CPI 应用中的很好例证。

Budiastuti 的研究中使用的是来源于印度尼西亚东爪哇省自 2012 年以来的商品价格数据，它们覆盖了东爪哇省的 38 个城市，包含了面粉、辣椒、大蒜等 28 个种类。在实证分析中，他只使用了 2012—2016 年共四年数据并且在 86 个可用变量中只选择了 28 个，这是因为其他变量有许多缺失值，它们可能会严重影响预测的准确性。数据被分为月度数据和日度数据，在月度模型中，输入变量 X 使用每个月的平均消费价格，目标值 y 是从印度尼西亚统计数据中获得的每月 CPI 值。在日度模型中，输入变量 X 是每日价格数据，我们希望利用月度模型预测出每日的 CPI 值。

数据预处理。首先为了得到同一基准年的 CPI 值，需要用下面两个式子对基本 CPI 值进行修正：

$$\mathrm{IR}=\frac{\mathrm{CPI}_n-\mathrm{CPI}_{n-1}}{\mathrm{CPI}_{n-1}}\times 100\%$$

$$\mathrm{CPI}_{n-1}=\frac{\mathrm{CPI}_n}{100+\mathrm{IR}_n}$$

其中 IR 表示通货膨胀率。然后要对缺失的数据进行插补，在线数据不是由系统自动生成的，而是由人工输入的，通常存在缺值变量问题。如果有太多的缺失值，可以直接删除，否则需要插补缺失值。根据缺失数据的位置，使用平均值或中位数值。如果丢失的数据位于两个日期的范围内，则使用中位数值；如果缺失的值不在范围内，则使用相似数据的平均值。由于不同的商品变量有不同的度量范围，因此对它们进行规范化是非常必要的，对数据进行缩放并在相同的范围内更改数据值，以获得更准确的结果。最后需要进行交叉验证——将数据集分为训练集和测试集，采用交叉验证的方法进行网格搜索和随机搜索。为了验证该模型的有效性，将训练数据和测试数据分别进行 70%和 30%的分割，选取误差最小的一个作为最佳模型。

完成预处理工作之后，开始对数据建立相应的数学模型。首先，使用线性回归、核岭回归和支持向量回归方法建立一个精度较高的月度数据预测模型。其中线性模型采用两种方法，即正则化和非正则化方法，目的是用两种线性方法来证明哪种线性模型对多重共线性问题是敏感的。岭回归是一种添加惩罚的方法，对于核岭回归使用的是核径向基函数（radial basis function，RBF），参数 α 将减少数据的变化，从而提高精度。在 SVR 模型中，不同的核函数使用不同的映射过程，这使得每个核函数有不同的性能，实证分析中使用了线性函数、径向基函数和多项式函数并对结果进行了对比。

月度预测模型建立的目的是为了寻找每日 CPI，基于 Clements 等（2007）的研究成果我们构造了一个月度数据集，其中 X 是一个月中每日价格的平均值，而 y 则是来自统计部门的真实 CPI。为了找到最好的每日 CPI，利用月度 CPI 对每日 CPI 做一定的约束，因此一个月内的平均每日消费物价指数应与每月的消费物价指数相同。为了确保这一点必须选择与每月 CPI 差别最小的每日 CPI 平均值，得到 CPI 的解释变量后就形成了每口 CPI 数据集。接着建立的第二个模型是每日预测模型，主要目的是能够预测新的每日数据，这里对线性回归、支持向量回归和核岭回归进行分析和比较。

为了保证模型具有良好的性能，利用均方误差和 R^2 对模型进行评估，即

$$\mathrm{MSE}(y,\hat{y})=\frac{1}{N}\sum_{i=1}^{N}(y_i-\hat{y}_i)^2$$

$$R^2(y,\hat{y}) = 1 - \frac{\sum_{i=1}^{N}(y_i - \hat{y}_i)^2}{\sum_{i=1}^{N}(y_i - \bar{y})^2}$$

本研究结果是使用 python 框架和基于 shell 的交互式 Web 界面 jupyter 来实现的，该工具很容易在大数据技术（如 SPARK）中实现，也可以很容易地迁移到云计算环境中。月度预测模型中的线性回归、核岭回归和支持向量回归模型的结果比较可以参见表 8.2。

表 8.2 不同方法的性能比较

方法	MSE（训练集）	R^2（训练集）	MSE（测试集）	R^2（测试集）
线性回归	0.1086	0.9992	0.7030	0.9984
核岭回归	0.0780	0.9985	1.2364	0.9902
SVR-RBF	0.0557	0.9992	0.2065	0.9984
SVR-线性核	0.1634	0.9978	0.6833	0.9946
SVR-多项式核	0.2084	0.9971	0.6968	0.9945

从表 8.2可以看出，SVR-RBF 的表现最好。月度预测模型需要被用于预测每日 CPI，预测出一个月中每天的 CPI 之后取其平均值并与真实的月度 CPI 对比，然后选取差距最小的方法，据此来构造每日 CPI 数据集。在上述工作的基础上，利用核岭回归和 SVR 方法构造了日度数据并进行了日度数据预测。在表 8.3中，对比每日预测的方法，数据是来自一个城市的 1827 条数据，它被分成 1461 条训练集数据和 366 条测试集数据。由此得到了每个方法的 MSE、训练时间和测试时间，从表中可以看出 SVR-RBF 始终保持着良好的表现，值得使用和推广。

表 8.3 每日 CPI 预测模型的性能比较

方法	MSE（训练集）	MSE（测试集）	训练时间/s	测试时间/s
核岭回归	0.0191	0.0229	0.0698	0.0198
SVR-RBF	0.0050	0.0095	0.1340	0.0121
SVR-线性核	0.0708	0.0852	2.1764	0.0132
SVR-多项式核	0.0702	0.0837	0.2923	0.0152

3. 小结

预测模型的发展常常面临着多重共线性、缺失值、模型优化等一些难题，每日预测模型是本研究提出的一种利用实时数据的模型。初步研究表明，基于径向基核函数的支持向量回归方法可以建立预测每日 CPI 的模型。在未来的研究中，我们希望通过利用大数据技术对 CPI 进行实时预测并迁移到云计算环境中，从而使本研究的水平达到更高的高度。

8.6 本章小结

本章对大数据时代下的物价水平进行了分析，期望能够为经济形势的监测提供科学参考和依据。首先简要介绍了大数据的发展现状及其在经济形势监测等领域的广泛应用；然后着重探讨了物价水平和居民消费价格指数、生产者价格指数、零售价格指数、GDP 缩减指数等物价指数，为后续将它们与大数据相结合奠定了基础；接着以居民消费价格指数为代表，强调了它在经济形势监测中的重要作用，展示了迅猛发展的大数据对它产生的积极影响；最后借助大数据在居民消费价格指数等方面的应用阐述了在新的大数据背景下应该如何充分将大数据和物价水平研究相结合，在一定程度上为政府部门制定顺应时代发展潮流的相关政策指明了方向。

物价水平作为经济形势监测的一个重要方面，需要引起大家的重视。而伴随着互联网和信息技术的发展，大数据时代对社会经济各个方面的影响将会越来越大，因此需要将大数据的积极效应引入物价水平研究中，从而推动相关部门更深地了解物价水平的变化，更好地掌握经济形势的变化。

第 9 章　大数据背景下的居民消费监测研究

9.1　引言

消费对经济增长的拉动作用最为直接，而居民消费又在总消费中占 70%~80%，因此通过消费对经济变化趋势进行监测主要是对居民消费进行监测。同时，居民消费作为 GDP 的重要组成成分，和 GDP 之间存在相同的变化趋势。因此，本章把居民消费作为重点关注对象，通过研究大数据背景下居民消费的变化来说明我国经济形势的变化。消费是促进和体现我国经济增长的主要因素，因此，从不同角度研究分析大数据背景下消费的改变以说明我国经济变化趋势成为亟待解决的问题。消费本身与很多产业和行业的发展具有紧密联系，例如随着网络的普及，现在居民更喜欢用智能手机随时随地上网，因此会对电子行业的发展产生巨大影响。本章首先从大数据背景下居民消费产品需求改变的角度说明消费的变化，从而可进一步体现我国经济发展趋势的走向。其次，本章从大数据背景下如何利用更加丰富的数据预测消费者信心指数的变化说明居民消费情况的变化，从而更进一步实现对经济发展趋势的监测。最后，本章从大数据背景下居民消费结构的变化、消费收入与支出之间的关系角度说明在高维大数据下如何对消费收入和支出、消费结构建立模型，说明它们之间的相互效应，从而可从该角度监测我国经济形势的走向。

9.1 节主要分析大数据背景下体现居民消费的内容，主要包括产品需求、消费者信心指数和消费结构；9.2 节通过对大数据的监测分析预测消费者产品需求变化，其中进行相关理论方法介绍和实证分析；9.3节基于网络搜索行为预测消费者信心指数；9.4节基于高维大数据探究收入与消费之间的关系；9.5节对本章内容进行了总结。

9.1.1　大数据背景下的网络消费

随着网络技术的不断普及，人民的生活得到翻天覆地的改变，人类的消费方式也随之发生巨大变化。随着互联网的大力发展，网络信息爆炸性的发展随之而来，大数据已成为热门的话题，各行各业的海量数据被不断地重视、收集和监测，并且可以基于数据挖掘理论和统计模型，提出海量数据中的关键信息，建立合适的统计模型实现不同的预测预警目的。当然，大数据时代居民的消费同样受网络的影响，网络的便利让网络消费已成为当今消费领域的主流。

在大数据背景下网络消费呈现多元化，网上购物消费可以从不同的角度对商品进行评估，如用户评价、价格、买家秀等，从而更加便利地实现“货比三家”，突破了线下消费的局限。一方面，大数据背景下网络消费容易受网络信息影响，由于消费者无法通过现场直观感受体验商品的满意程度，所以容易受网上评价、用户反馈等网络信息的影响；另一方面，网络消费简化了购物环节，节省了消费者的排队时间，并且可以实现随时随地购物，给消费者充分的自由和无约束性。

通过网络消费会有大量的数据产生，如亿万网络消费者的性别、居住地址、消费习惯等，因此对该类数据进行不断地监测和管理，会形成大数据。大数据作为一种新的资源，具有较强的实时性、真实可靠性、数据充分性、全面性等特点，弥补了传统数据的不足。只要能够有效地最大化利用大数据中所包含的信息，将会给各行各业带来新的机遇。而在居民消费中，可通过不断地监测和管理大数据，用于居民消费产品需求变化、消费信心指数、居民消费结构的预测，从而可预测居民总消费，从居民总消费中可体现国家甚至全球的经济形势走向。因此，充分利用大数据进行消费的监测预测预警具有较强的研究价值和实用意义。但是，如何充分利用大数据中的信息是亟待解决的问题：首先，大数据量大且维度较高，因此所包含的信息具有较强的冗余性和共线性；其次，对于大数据的处理需要利用特殊的工具或方法，如使用机器学习法才能缩短数据处理时间和处理数据时所占的内存空间；再次，研究者需要根据不同的研究目标，在大量数据中选择真正有效的信息，因此需要找到合适的变量选择方法；最后，利用基于大数据所提取的有效信息，对响应变量建立合适的统计模型，实现监测处理数据的真正目的，即预测预警作用，并且为了使区域经济或者国家经济的形势走向正常，可根据预测结果，提出相关的政策建议，从而实现经济的宏观调控，使我国的经济朝稳定的趋势发展。

9.1.2　消费者信心指数

消费者信心指数（consumer confidence index，CCI）是反映消费者信心强弱的指标，其理论最初由美国密歇根大学调查研究中心的 Katona 提出，在美国通过调查编制消费者信心指数之后，世界各国也陆续开始编制和发布消费者信心指数。该指数可综合反映并量化消费者对当前经济形势的评价和对经济前景、收入水平、收入预期以及消费心理状态的主观感受，预测经济走势和消费趋向，由消费者满意指数和消费者预期指数构成。其中消费者满意指数是指消费者对当前经济生活的评价；消费者预期指数是指消费者对未来经济生活发生变化的预期。消费者满意指数和消费者预期指数分别由一些二级指标构成: 对收入、生活质量、宏观经济、消费支出、就业状况、购买耐用消费品和储蓄的满意程度与未来一年的预期及未来两年在购买住房及装修、购买汽车和未来 6 个月股市变化的预期 [1] 。

随着互联网的普及和大数据时代的来临，全球经济的联系越来越紧密，国际消费者信心指数是监测国家经济趋势的主要指标。在美国，独立经济研究组织会议委员会根据 5000 户家庭发布每月消费者信心指数，这种衡量指标表明国内生产总值的消费部分水平。该指数是根据消费者对当前状况和未来经济预期的意见的家庭调查计算的。关于当前状况的意见占该指数的 40%，对未来状况的预期占剩余的 60%。我国在编制消费者信心指数时，主要是通过普查抽样法进行问卷调查的方式来采集数据，因此所需要调查和公布的时间较长，成本也较高，数据延迟时间较长，在一定程度上无法实现实时的数据监测和预测预警目的。在问卷调查过程中，由于被访者可能并不会根据个人实际情况作答，而只是依据题目的社会价值判断，从而导致调查的结果并非真实情况的反映，数据质量较不稳定。

通过监控消费者信心指数的变化，制造商、零售商、银行和政府才可在决策过程中进行权衡。如果消费者信心指数变化小于 5%通常被认为是无关紧要的，但是消费者信心指

[1] 摘自百度百科。

数超过 5%的变动通常表明经济趋势的变化方向。月环比下降趋势表明消费者对其个人工作能力或找到更好的工作岗位的机会持负面态度。因此，制造商可能期望消费者避免零售购买，特别是需要融资的大件商品，制造商可能削减库存以减少管理费用和（或）延迟投资新项目和设施。同样，银行可以减少预期贷款活动，抵押贷款申请和信用卡使用额度。在面对经济形势下行趋势指数时，政府有多种选择，例如发放退税或采取其他财政或货币行动来刺激经济。相反，消费者信心的上升趋势表明消费者购买模式有所改善，制造商可以增加生产数量和招聘人数，银行可以促使预期信贷需求的增加。建筑商可以为房屋建设的增长做好准备，政府可以根据消费者支出的增加预测税收收入的改善。

消费者信心指数由消费者满意指数和消费者预期指数构成，可以作为监测国民经济的指标，也是预测经济走势和消费趋向的一个先行指标。因此，对消费者信心指数进行深入分析和探讨，挖掘指数本身的变化规律并进行预测，具有重要的理论意义和实践意义。首先，这有助于更好地掌握和了解消费者信息的波动，提高我国消费者信心指数的应用水平；其次，可根据消费者信心指数的变化趋势进行相关经济的宏观调控，对国家政策的制定具有一定指导意义；最后，对消费者信心指数的预测在我国经济形势监测领域中的应用有着一定的参考价值。

9.1.3 消费结构及居民收支

消费结构是指各类消费支出在总费用支出中所占的比重。它是目标市场宏观经济的一个重要特征，能够反映一国的文化、经济发展水平和社会的习俗。而居民消费结构与收入具有密切关系，居民收入又能客观反映我国经济现状，所以通过研究居民收支变化来对我国经济形势进行监测具有重要的研究价值。居民的消费结构是随着其总消费支出的增加而变化的，消费结构应包括质与量两个方面的统一。随着经济的发展，消费结构、消费支出与居民收入具有密切联系。而在大数据背景下，如何利用高维数据建立模型预测消费支出和消费结构，具有深远的意义和价值，因为通过消费支出和消费结构可以看出一个国家或区域的总体经济形势和经济走向，从而有助于政府的宏观调控。

9.2 通过对大数据的监测分析预测消费者产品需求

9.2.1 大数据背景下影响消费的关键因素

大数据技术能够通过提供以前无法获得的有用信息来帮助公司了解复杂的业务关系（Bollen，Mao and Zeng，2011）。使用数据分析来更好地理解业务流程并不新鲜。沃尔玛和科尔等公司使用各种销售、定价、经济和人口统计数据来了解客户行为和产品需求。然而，大数据技术和互联网为公司提供了从多个渠道获取和分析数据的能力，从而有机会发现未开发的商业信息。Bollen、Mao and Zeng （2011）的一项研究展示了通过大数据如何有新发现的一个例子，他们发现推特用户的情绪可以影响和预测股市。

以前的研究表明，制造商可以通过更好地了解居民对于产品的需求来拥有高效的供应链，从而在各自的行业领域中获得更明显的竞争优势。截至 2004 年，研究人员对于在大数据背景下的网络数据如何为制造商提供更好的方法以了解居民对产品的需求的研究较少（Cao et al., 2004)。具体而言，通过对在线用户的数据信息进行不断的监测管理，有助于制造商更好地了解和预测产品需求，与报纸和电视等传统媒体相比，在线使用内容开始对消费者决策产生更大的影响。统计数据显示，推特上多达 53%的海报在推文中推荐产品或品牌，48%接收推文的人都遵循建议（Flannagan，2014）。当在线销售产品时，在线销售产品的公司会在商家平台提供用户的在线评论、产品信息（如价格和描述）以及促销营销信息（如折扣的可用性或产品折扣的“节省”）。与产品相关的营销促销策略和在线评论数据可用于预测产品的需求量，并帮助公司更好地规划其物流。

本研究的目的是探索促销营销策略（如折扣），以及在线评论信息（如产品评级和对产品的正面和负面评论的百分比）对产品销售的影响。本研究中产品的需求是通过在线销售产品排名来衡量的。本章不仅研究了在线促销策略和在线对产品的评论对产品需求的影响，同时研究了它们之间的交互作用是否对产品的需求造成影响（Lu et al.，2013）。最新的研究表明，制造商可通过收集社交媒体的评论，帮助了解产品的实时需求和产品的销量趋势，从而有助于减轻牛鞭效应（Suominen，2014）。特别是对于公司来说，通过大数据方法可以解决公司突发的牛鞭效应（Chase，2013）。下面提出的方法通过使用在线市场信息，有助于更好地理解客户需求，从而降低了牛鞭效应的风险。

这项研究主要有以下几个方面的重要贡献：首先，虽然理解和预测产品需求是在运营管理中一个重要的主题，但是利用互联网和电子商务数据进行产品需求的监测和预测的研究仍然相当少，尤其是在国内。其次，本研究考虑了营销推广策略和用户在线评论的交互作用是否影响产品需求预测。最后，这项研究表明了大数据技术和架构可以应用于在线数据提取，并结合神经网络方法和传统统计模型研究促销营销和在线评论变量对产品需求的影响。

所谓的在线促销营销策略主要是指在当今尤其是电子行业领域中，较短的产品生命周期意味着制造商面临着在更短的时间内销售产品的压力。与过去相比，产品信息的增加意味着消费者可以有更多的选择。例如，消费者现在能够在线有效地比较产品价格和功能。由于这些业务压力，公司正在花费大量资源来在线宣传和推广他们的产品，而公司实施的一种流行的促销营销策略是提供价格折扣。本项目在研究过程中通过定义三个变量体现在线促销营销策略，分别是折扣价、折扣率、免邮。其中折扣价指产品折扣后的货币价值；折扣率指产品的折扣百分比；免邮是二值变量，以示该产品是否免邮。

随着网络媒体的发展，当代网络消费者会定期并积极地在各种在线平台上分享他们关于所购买产品和服务的看法，如购物网站的产品评论区、博客、推特和维基等。与传统的电视和报纸上的广告相比，消费者认为网络评论比商家自己传达的信息更为可信和可靠，而且，通过社交网络和购物网站很容易获得消费者评论等信息。与传统的广告不同，消费者可以使用图片甚至视频分享他们的在线评论，这对其他用户具有深远的影响。此外，消费者可以利用网络在不同的共享平台上获得其所关注产品或者服务的正面和负面信息，而传统的广告只能提供商品的正面信息。消费者在线评论可通过 8 个指标定义，分别是客户评价评级、客户评论数量、回答问题的数量、正面评价比、负面评价比、最有帮助的评价、最有用的评论的人数以及向最有帮助的评价提供反馈的总人数。其中最有帮助的评价是指其他消费者最同意的评价。

9.2.2 数据挖掘及模型建立

我们的研究旨在说明制造商如何使用在线消费数据预测客户的需求量。例如可用信誉良好的电商京东、亚马逊作为我们的数据来源。本研究的研究对象主要针对电子设备如相机、电视、Hi-Fi、笔记本电脑等，因为电子产品的产品周期较短，更能体现在大数据时代背景下网络消费的特点。大数据技术已成为 21 世纪研究的必需品，我们在这里为提取数据提供了基础，以便为研究提供信息。我们主要使用 Web 爬行技术抓取数据集并转换为格式化数据，以便进行统计建模分析；同时结合机器学习方法和传统统计模型方法建立预测模型，实现客户需求量的预测。在部署 Web 爬虫技术之前首先确定产品供应链，一旦爬虫已达到足够的产品链接，就部署异步 Web 爬虫技术，它们解析传入的 HTML 数据并通过正则表达式实时提取目标元素。传入的数据立即存储在 MongoDB 服务器中，并且在爬虫服务器完成其作业后生成 CSV 文件。

对于高维大数据的模型建立，本节所使用的方法是神经网络。根据 Aleksander 和 Morton（1990）的定义，神经网络是由简单处理元广泛互联构成的规模宏大的并行分布式处理器，其中简单处理元是神经网络的基本单位，又称为神经元。神经网络的大规模分布式结构使其有很强的计算能力，同时又有着很强的学习能力和泛化能力，其从被提出开始，就被多个领域所关注。受制于当时硬件条件和环境局限，神经网络的发展并不是很顺利，直到 2010 年前后，随着以 GPU 为代表的计算能力的快速提升，神经网络被重新冠以“深度学习”的名义而重新崛起（Chen et al.，2014）。截至目前，神经网络已经发展到包含大量的模型和学习方法。神经网络主要包括前馈神经网络、卷积神经网络和循环神经网络，他们的文章中利用前馈神经网络建立模型，前馈神经网络也称多层感知机，是典型的深度学习模型。

前馈神经网络主要包含三个部分: 输入层 X、隐藏层 Z、输出层 Y。图 2.8 中仅示意单个隐藏层神经网络，但实际使用中可根据数据量及模型需求学习多个隐藏层神经网络。隐藏层的个数称为深度，每个隐藏层由多个单元组成，如图 2.8 中隐藏层共包含 M 个单元。神经网络中隐藏层的深度和每一层所包含的单元数确定了神经网络的结构。图 2.8 所示为全连接神经网络，该类型神经网络中每个单元所接收的输入来源于其上一层的所有单元，其输出是基于自身的激活函数所计算的激活值，然后将该激活值再传入下一层隐藏层或者输出层。单个隐藏层前馈神经网络的简易数学表达式如下（Bonnans et al.，2006）：

$$Z_m = \sigma(\alpha_{0m} + \boldsymbol{\alpha}_m^{\mathrm{T}} \boldsymbol{X}), \quad m = 1, 2, \cdots, M \tag{9.1}$$

$$T_k = \beta_{0k} + \boldsymbol{\beta}_k^{\mathrm{T}} \boldsymbol{Z}, \quad k = 1, 2, \cdots, K \tag{9.2}$$

$$f_k(\boldsymbol{X}) = g_k(\boldsymbol{T}), \quad k = 1, 2, \cdots, K \tag{9.3}$$

其中，$\boldsymbol{X}$ 表示输入层；$\boldsymbol{Z} = (Z_1, \cdots, Z_M)$ 是输入层线性组合的函数，表示隐藏层；$\boldsymbol{T} = (T_1, T_2, \cdots, T_K)$ 是隐藏层 $\boldsymbol{Z}$ 的线性组合，作为输出层 Y 的输入；$\sigma(\cdot)$ 为激活函数；$f_k(\boldsymbol{X})$ 为神经网络最终输出值；$g_k(\boldsymbol{T})$ 为输出函数。对于回归模型，图 2.8 中的 $K = 1$，在输出层仅有一个输出 $Y = f(X)$，输出函数为恒等函数，即 $g(T) = T$。对于 K-分类问题，输出层中共有 K 个值，其中第 k 个输出单元表示对应第 k 个类别的概率值，输出函数为 Softmax

函数，即

$$f_k(\boldsymbol{X})=g_k(\boldsymbol{T})=\frac{e^{T_k}}{\sum_{k=1}^{K}e^{T_k}} \tag{9.4}$$

当神经网络模型中的所有激活函数均为恒等函数时，神经网络即为线性模型，所以线性模型是神经网络的一种特殊形式，而神经网络的非线性结构主要通过激活函数来体现。常用的激活函数共 4 种，包括文中选用最受推荐的 Relu 函数，或者称其为整流线性单元，即 $\sigma(\nu)=\max(0,\nu)$。

在利用训练数据学习神经网络时，对于每个样本点 $\boldsymbol{x}$，其对应的响应变量为 y，神经网络通过学习必须产生一个接近 y 的值 $\hat{y}$。但是训练数据并没有提供关于隐藏层的任何信息 $\boldsymbol{X}$，学习算法必须决定如何使用输入层的输入信息，并选用合适的激活函数和神经网络结构来得到最优值 $\hat{y}$。即前馈神经网络的目标是在特定的神经网络结构下，在选定激活函数的前提下，求得最优的隐藏层个数和连接输入层与各个隐藏层之间的权重值。

在给定神经网络结构和激活函数的前提下，为了求得模型中的参数最优值，需要给出一定的目标函数。在神经网络中目标函数也称为代价函数或损失函数，通过让损失函数最小求得模型中的参数值。神经网络中的损失函数定义为训练数据和模型分布间的交叉熵等价，损失函数的具体表达式如下:

$$R(\theta;\boldsymbol{X},y)=-E_{x,y\sim\hat{p}_{\text{data}}}\log p_{\text{model}}(y|\boldsymbol{x}) \tag{9.5}$$

式中，$\hat{p}_{\text{data}}$ 表示训练数据的经验分布，$p_{\text{model}}(y|\boldsymbol{x})$ 表示假定的模型分布。损失函数的具体形式随着模型而改变，取决于 p_{model} 的具体形式。例如对于回归问题，即输出函数为线性回归模型，$p_{\text{model}}=N(y;f(\boldsymbol{x};\theta),I)$，则

$$R(\theta;\boldsymbol{X},y)=-E_{x,y\sim\hat{p}_{\text{data}}}\log p_{\text{model}}(y|\boldsymbol{x})\propto\frac{1}{2}E_{x,y\sim\hat{p}_{\text{data}}}(y-f(\boldsymbol{x};\theta))^2 \tag{9.6}$$

式 (9.6) 即为均方误差表达式。对于分类模型，模型分布为 Softmax 函数。假定数据集中共有 N 个样本，则负的对数似然函数与交叉熵的等价关系可由下式所得:

$$\begin{aligned}R(\theta;\boldsymbol{X},y)&=-l=-p_{\text{model}}(\boldsymbol{X};\theta)\\&=-\prod_{i=1}^{N}p_{\text{model}}(\boldsymbol{x}_i;\theta)\\&\propto-\log\sum_{i=1}^{N}\log p_{\text{model}}(\boldsymbol{x}_i;\theta)\\&\propto-E_{x\sim\hat{p}_{\text{data}}}\log p_{\text{model}}(\boldsymbol{x};\theta)\end{aligned} \tag{9.7}$$

由于神经网络中激活函数的非线性导致损失函数变得非凸，因此无法直接通过对损失函数最小化而求得最优值，而是需要不断迭代，利用梯度下降法逐渐逼近参数的最优值。一般情况下，在迭代过程中，模型中的初值是通过从高斯分布和均匀分布随机抽取获得，文中给定的初始值是通过利用 Xavier 从均匀分布中抽取的随机数（Glorot and Bengio，2010）。

在利用梯度下降法逼近参数最优值的过程中，神经网络利用反向传播法实现梯度最优化。由上述可知，对于回归模型和分类模型，其最终所得损失函数具体表达式分别如下:

$$R_{\text{reg}}(\theta;\boldsymbol{X},y)=\sum_{k=1}^{K}\sum_{i=1}^{N}(y_{ik}-f_k(\boldsymbol{x}_i))^2=\sum_{i=1}^{N}R_i \tag{9.8}$$

$$R_{\text{cla}}(\theta;\boldsymbol{X},y)=\sum_{k=1}^{K}\sum_{i=1}^{N}(y_{ik}\log f_k(\boldsymbol{x}_i) \tag{9.9}$$

式中，N 为样本数。在参数估计过程中，通过利用梯度下降法最小化 $R(\theta)$ 函数，对于回归问题的反向传播算法，令由第 i 个样本生成的隐藏层中第 m 个单元的表达式为 $z_{mi}=\sigma(\alpha_{0m}+\boldsymbol{\alpha}_m^{\text{T}}\boldsymbol{x}_i)$，这里 $\boldsymbol{z}_i=(z_{1i},z_{2i},\cdots,z_{Mi})$ 则有下式成立:

$$R_{\text{reg}}(\theta;\boldsymbol{X},y)=\sum_{k=1}^{K}\sum_{i=1}^{N}(y_{ik}-f_k(\boldsymbol{x}_i))^2=\sum_{i=1}^{N}R_i \tag{9.10}$$

对式 (9.10) 求其偏导数:

$$\frac{\partial R_i}{\partial\beta_{km}}=-2(y_{ik}-f_k(x_i))g_k'(\boldsymbol{\beta}_k^{\text{T}}\boldsymbol{z}_i)z_{mi} \tag{9.11}$$

$$\frac{\partial R_i}{\partial\alpha_{ml}}=-\sum_{k=1}^{K}2(y_{ik}-f_k(\boldsymbol{x}_i))g_k'(\boldsymbol{\beta}_k^{\text{T}}\boldsymbol{z}_i)\beta_{km}\sigma'(\boldsymbol{\alpha}_m^{\text{T}}\boldsymbol{x}_i)x_{il} \tag{9.12}$$

基于所得偏导数，第 $(r+1)$ 次的权重更新值如下:

$$\beta_{km}^{(r+1)}=\beta_{km}^{(r)}-\gamma_r\sum_{i=1}^{N}\frac{\partial R_i}{\partial\beta_{km}^{(r)}} \tag{9.13}$$

$$\alpha_{ml}^{(r+1)}=\alpha_{ml}^{(r)}-\gamma_r\sum_{i=1}^{N}\frac{\partial R_i}{\partial\alpha_{ml}^{(r)}} \tag{9.14}$$

其中 γ_r 为学习率，β_{km} 表示第 k 个输出单元对应的隐藏层中第 m 个单元的系数，α_{ml} 表示第 m 个隐藏层单元中对应的输入层 l 的变量系数。令 $\dfrac{\partial R_i}{\partial\beta_{km}}=\delta_{ki}z_{mi}$, $\dfrac{\partial R_i}{\partial\alpha_{ml}}=s_{mi}x_{il}$，将 δ_{ki} 和 s_{mi} 分别记为模型中输出层和隐藏层的误差。由上述定义可得下式:

$$s_{mi}=\sigma'(\boldsymbol{\alpha}_m^{\text{T}}\boldsymbol{x}_i)\sum_{k=1}^{K}\beta_{km}\delta_{ki} \tag{9.15}$$

式 (9.15) 为反向传播表达式。式 (9.13) 和式 (9.14) 的更新过程分为两步: 在正向传播过程中，现有权重固定不变，利用式 (9.1) 计算预测值; 在反馈传播过程中，首先计算输出层误差，然后利用式 (9.15) 的反向传播等式计算隐藏层误差。两步传播过程就是反向传播算法，也称作 δ 规则。对于分类问题交叉熵的计算过程类似。

在式 (9.13) 和式 (9.14) 中使用了学习率的概念，可通过泰勒展开式解释学习率问题。对于任意函数 $f(x)$，利用泰勒展开式可表示如下:

$$f(x)\approx f(x_k)+(x-x_k)f'(x)|x=x_k \tag{9.16}$$

因此，利用梯度下降法求最优值的过程中，学习率可以类比泰勒公式中的 $(x-x_k)$。在神经网络模型中，学习率是难以设置的超参数，因为它对模型的性能具有显著的影响，目前有多种方法可自适应选择学习率，主要包括随机梯度下降法、AdaGrad 算法、RMSProp 算法、Adam 算法（Kingma and Ba，2014）。

机器学习中的一个核心问题是要求训练误差和泛化误差均较低。在机器学习中，许多策略被显式地设计来减少测试误差，这些策略被称为正则化，最常用的正则化方法是参数范数惩罚。

由上述介绍可知，利用神经网络对数据建立模型时，为了防止模型出现过拟合现象，同时，为了让最优化问题具有稳定性，在建立模型时需要注意以下几点:

（1）训练神经网络模型时，需要将所有输入变量进行标准化，标准化方法主要包括 Max-Min 方法和 Zscore 方法，使得所有输入变量的均值为 0，方差为 1。

（2）利用梯度下降法更新神经网络模型中的权重时，首先需要给定权重初始值，当初始值接近 0 值时，神经网络有可能会简化为线性模型，当初始值取得过大时无法得到最优模型，因此权重的初始值通过 Xavier 方法确定。

（3）一般情况下，神经网络有大量的待估参数即权重，这容易引起模型的过拟合。为了防止模型过拟合现象发生，需要利用正则化方法，类似于线性模型中增加 LASSO 或岭回归惩罚项。对前述的目标函数 $R(\theta)$ 加惩罚项，使得目标函数变为 $R(\theta)+\lambda J(\theta)$，协调参数 $\lambda\leqslant 0$，其形式与岭回归完全一致。其值越大，有越多的权重值将被收敛取值为 0，在实际应用中可通过交叉验证法选择最优协调参数。

（4）对于神经网络模型，隐藏层单元越多，模型会越灵活体现训练数据的非线性关系；然而有太多的隐藏层单元会带来巨大的计算量，当选择合适的正则化参数后，会有部分权重被收敛至 0。一般情况下，隐藏层的节点个数为 5~100。

（5）建立模型过程中，误差函数非凸时，会产生大量局部极小值点，因此，最终的结果依赖于权重的初始值，利用神经网络建立模型过程中，一般建议多给几组参数初始值，然后选择使误差值达到最小的初始值模型。

9.2.3　案例分析

本研究旨在调查在线促销营销和在线评论作为消费者产品需求预测因素的贡献。使用来自亚马逊的电子数据，为此研究训练了三层神经网络，神经网络的初始权重值和偏差是 0~1 之间的值。神经网络的预测变量为前文中所述的影响消费的关键因素，响应变量为产品排序。其中产品排序为最畅销产品的顺序。与现有研究（Chong et al.，2013）类似，在训练过程中进行 10 重交叉验证，文中使用 90%的数据来训练神经网络，而剩余的 10%用于测量训练所得网络的预测准确度。其中准确度为均方根误差，通过计算训练集和测试集的均方根误差，如果两个数据集中的误差值接近，说明训练所得模型能够较准确地反映数据信息。本研究中隐藏层和输出层使用的激活函数是 Sigmoid 函数。

使用敏感性分析计算本研究中预测因子的重要性。敏感性分析是指通过平均计算 10 个神经网络中各个预测因子的重要性来评价预测变量的重要性（Chong et al.，2013），是衡量预测变量的变化引起神经网络模型响应变量的改变程度，当预测变量的改变引起响应变量较大的改变时，说明该预测变量较为重要（Chong et al.，2013）。其结果如表 9.1所示。

本节的结果表明，神经网络中的所有预测变量都能够预测在线电子产品的销售情况，虽然各个预测变量所发挥的作用不同。从研究结果可知，具有最显著效应的量是客户评价数量和折扣率的交互作用及回答问题的数量，在线评论和促销营销策略是产品需求的重要预测因素。本研究对从业者具有重要意义，因为通过本研究他们可以更好地了解在线评论和在线促销营销如何影响产品需求。

表 9.1 变量重要性分析结果

解释变量	$N1$	$N2$	$N3$	$N4$	$N5$	$N6$	$N7$	$N8$	$N9$	$N10$	重要性
用户评论数 × 折扣率	0.22	0.10	0.06	0.17	0.22	0.11	0.12	0.19	0.15	0.17	15
回答问题数	0.13	0.12	0.27	0.12	0.24	0.12	0.11	0.11	0.05	0.18	15
正面评论数	0.06	0.06	0.13	0.04	0.20	0.10	0.08	0.06	0.06	0.08	9
给予反馈的总人数	0.07	0.08	0.14	0.07	0.11	0.08	0.11	0.08	0.06	0.04	8
负面评论数	0.11	0.09	0.02	0.08	0.06	0.06	0.07	0.11	0.06	0.09	7
最有用的评论数	0.03	0.09	0.05	0.10	0.01	0.07	0.08	0.03	0.12	0.06	6
正面评论 × 折扣率	0.03	0.12	0.05	0.03	0.02	0.06	0.08	0.11	0.11	0.02	6
用户评论数	0.06	0.06	0.06	0.04	0.03	0.11	0.07	0.07	0.09	0.04	6
用户评论率	0.05	0.07	0.03	0.09	0.03	0.09	0.07	0.05	0.06	0.08	6
折扣率	0.12	0.05	0.06	0.06	0.02	0.08	0.05	0.05	0.06	0.04	6
用户评论率 × 折扣率	0.03	0.05	0.02	0.10	0.02	0.04	0.04	0.05	0.07	0.04	5
折扣价	0.04	0.04	0.07	0.04	0.01	0.03	0.05	0.05	0.04	0.08	4
最有用的评论比	0.03	0.04	0.04	0.02	0.02	0.02	0.04	0.02	0.03	0.03	3
是否免邮	0.02	0.03	0.01	0.04	0.01	0.03	0.03	0.03	0.04	0.03	3

9.3 网络大数据在消费者信心指数预测中的应用

9.3.1 网络搜索行为与消费者信心的关联分析

网络搜索大数据已应用于社会、经济、生活领域中并取得了一定的成果。Konstantin 和 Podstawski 等（2009）、Vosen 和 Schmidt 等（2010）研究表明了利用网络搜索数据预测美国消费具有一定的精确性，也就是网络搜索行为与消费者信心指数之间具有较高的相关性。而目前，国内关于消费者信心指数的研究和运用刚起步，主要集中在消费者信心指数与经济指标的关系研究中，本节将基于百度相关关键词的搜索量，通过对海量网络信息的挖掘预测消费者信心指数的变动趋势，为政府、企业提供重要的参考依据。

由于消费者信心指数是综合反映消费者对当前的经济形势、就业情况、收入情况等方面的心理感受，一般来说，消费者信心指数的主要影响因素包括以下几个方面：宏观经济、家庭经济、就业情况、房地产、物价、汽车和利率。当影响消费者信心的主要因素发生变动时，消费者信心指数会随之改变。例如现阶段国内的一线城市北京、上海、广州和深圳的房价较高，而普通居民为了考虑买房或者租房问题，在其他方面的消费应适当降低，这就影响了消费者的消费行为，从而对我国经济发展也会带来一定程度的波动，同时消费者信心指数也会发生变动，这说明消费者信心指数能够体现我国经济发展的趋势。

随着网络的不断普及，人们的生活工作学习均与网络息息相关，最主要的联系是通过搜索引擎进行相关信息检索和信息交流。因此通过对搜索引擎记录的关键词进行监测处理并实现关于未来趋势的预测，具有数据获取及时、数据信息丰富、预测精度高、样本统计意义显著等优势。截至目前，网络搜索数据引起各个领域学者们的重视，已有大量文献基于这一新的数据对相关经济问题进行了研究。Askitas 等（2009）、Wei 等（2013）研究了网络搜索数据与失业率之间的相关性；孙毅等（2014）研究了网络搜索数据与通货膨胀之间的相关性；刘颖等（2011）研究了网络搜索数据与股票价格、石油价格之间的相关性；Preis 等（2013）研究了网络搜索数据与金融市场的量化交易行为之间的相关性。失业率、通货膨胀、股票价格、金融市场的交易行为均为体现一个地区或国家经济形势的核心内容。

Konstantin 等（2009）研究表明，网络大数据搜索行为与消费者信心指数之间具有较强的相关性，利用网络搜索数据进行消费者信心指数预测时，可以提高预测美国消费的精确度。Lachowska（2013）利用网络搜索大数据作为预测消费者信心的量化指标，研究结果表明该网络大数据搜索行为对个人消费支出的预测能力显著。Penna（2009）利用网络搜索数据构建了消费意向指数，且利用该指数对消费支出的预测结果优于利用传统指标所得的预测结果。

9.3.2　变量选择及模型建立

本节的研究目标是利用网络搜索大数据来预测消费者信心指数，主要研究工作包括两个方面: 第一是采取合适的方法采集网络搜索数据并进行数据预处理，第二是利用预处理后的数据选择合适的预测变量建立精确的预测模型来预测消费者信心指数。由于消费者信心指数主要受宏观经济、家庭经济、就业情况、房地产、物价、汽车和利率等因素的影响，因此在采集数据时，主要针对影响因素进行数据采集，利用它们作为原始搜索词，基于网页爬虫技术，分别从百度、腾讯、新浪等新闻网站和各大购物电商平台（如京东、天猫等）采集网络热搜关键词。但是，利用爬虫技术筛选的网络关键词个数较多，一般都在 200 以上，而这些高维变量之间会存在较高的相关性和冗余性，为了实现降维以精简模型，项目应用了惩罚方法 Adaptive LASSO 算法对初步选择的网络热搜关键词进行变量选择。在选择模型方面，首先用线性模型对消费者信心指数进行预测；其次考虑到线性模型的不足，本节利用在 9.2 节中所阐述的神经网络方法进行预测模型的建立。

网络搜索行为数据是消费者通过互联网进行网购过程中的活动，包括消费之前通过浏览相关新闻和咨询了解当下经济形势、所关注产品的价位、对相关经济指数的持续关注程度等。为了用合适的变量建立合理的模型，在建立模型之前，需要从爬取的变量中选择相关性较高的量作为消费者信心指数的关键影响因素。在进行数据预处理过程中，首先剔除掉具有大量缺失值的关键词数据；其次，为了防止不同量纲对模型结果产生影响，在建立模型之前对所有变量进行标准化处理，即用每一个变量与其样本均值之差除以该变量的样本标准差即得标准化处理后的新的解释变量。在对所提取变量进行变量选择时本项目选用 Adaptive LASSO，以下是关于此算法的介绍。

假定对消费者信心指数建立线性回归模型 $\boldsymbol{Y}=\boldsymbol{X}\boldsymbol{\beta}$，其中 $\boldsymbol{X}$ 是通过爬虫技术从网络获取的消费者搜索行为数据，假定其为 k 维向量，$\boldsymbol{\beta}$ 为 k 维系数向量，假设共有 n 个观测样本，如果利用传统的最小二乘法进行参数估计，则估计表达式如下所示:

$$\min\sum_{i=1}^{n}(y_i-x_i^{\mathrm{T}}\boldsymbol{\beta})^2 \tag{9.17}$$

但是对于高维数据直接进行最小二乘估计容易造成过拟合等现象，考虑到高维变量间具有较强的共线性和冗余性，需要通过给目标函数添加正则项进行降维。

近些年来，在正则化框架之下，很多类型的惩罚方法被引入到变量选择问题的研究之中来。其中，Tibshirani（1996）提出的 LASSO 惩罚法得到了极为广泛的应用。与岭回归方法即 L_2 惩罚不同的是，LASSO 采用 L_1 惩罚，它能够在估计回归系数的同时自动将一些不重要预测变量的系数压缩至 0，从而起到变量选择的作用。之后，有关 LASSO 惩罚法和各种改进 LASSO 惩罚法的研究与应用大量出现在文献之中。如 Fan 和 Li（2001）提出了一种很普遍的非凹函数惩罚回归法，该方法也能够同时进行变量选择和系数估计，而且具有优良的性质：能够产生稀疏解，能够保持模型选择的稳定性，对较大系数能够得到无偏估计，Fan（1997）提出的 SCAD 函数就是满足这些性质的一种非凹惩罚函数。之后，Fan 和 Li （2002，2004）、Fan 和 Peng （2004）以及 Hunter 和 Li （2005）继续研究了该方法的算法和其他性质；通过对不同重要程度的解释变量施加不同的惩罚权重，Zou（2006）提出了一种 Adaptive LASSO 惩罚法，而且证明了该方法的神谕（Oracle）性质，Yuan 和 Lin（2007）和 Zhao 和 Yu（2006）也给出了类似的结果，Zhang 和 Lu（2007）还将 Adaptive LASSO 惩罚法运用到风险比重模型的研究中去。针对回归中经常碰到非连续尺度的类别变量，Yuan 和 Lin （2006）提出了 Group LASSO 的方法，即将同一个类别变量在建模时引进的虚拟变量看作一组，然后对其系数采取整体压缩的方法；Candes 和 Tao（2007）以及 Fan 和 Lv （2006）则研究了当自变量个数远远高于样本容量时的变量选择问题。

LASSO 方法是 L_1 正则化方法，其在原有最小化目标函数基础上添加 L_1 范数惩罚，即目标函数变为下式:

$$\min \sum_{i=1}^{n}(y_i - x_i^{\mathrm{T}}\boldsymbol{\beta})^2 + \lambda \sum_{l=1}^{k}|\beta_l| \tag{9.18}$$

由式 (9.18) 和图 9.1 不难看出，L_1 范数 LASSO 方法与岭回归方法的不同点在于前者可通过对解释变量的系数进行惩罚以自动挑选重要自变量，将模型中不重要的自变量系数压缩为 0，当 λ 趋近于无穷时，所有系数分别惩罚为 0 值，当 λ 趋近于零时，所有系数值与不加惩罚时的结果相同。而 L_2 范数岭回归方法只能将响应变量的系数进行压缩但是无法做到变量选择，因此本项目为了实现变量选择，选用 LASSO 方法。

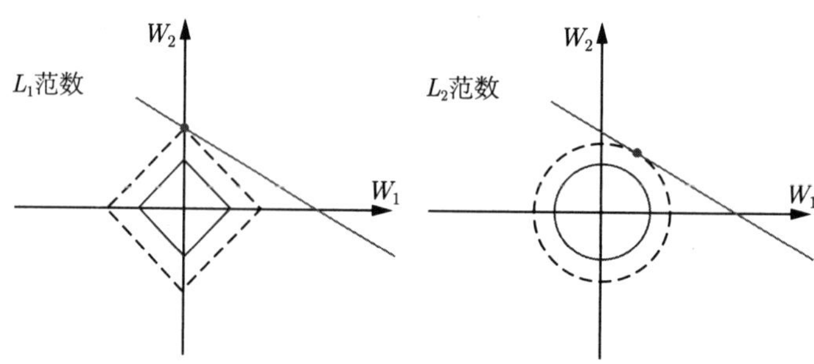

图 9.1 LASSO 示意图

Adaptive LASSO 的目标函数如下所示:

$$\min \sum_{i=1}^{n}(y_i - x_i^{\mathrm{T}}\boldsymbol{\beta})^2 + \lambda \sum_{l=1}^{k}\omega_l|\beta_l| \tag{9.19}$$

其中，$\boldsymbol{\omega}$ 和 $\boldsymbol{\beta}$ 分别为 k 维向量。从上述表达式可知，Adaptive LASSO 算法与 LASSO 算法的不同点在于前者对每一个系数的惩罚分配一个权值，其目的是对有显著效应的变量减少其惩罚力度，对无显著效应的变量加大其惩罚力度。

Tibshirani（1996）在首次提出 LASSO 时给出了该方法的一个贝叶斯解释，即可以将 LASSO 解看作在假设先验分布为独立拉普拉斯分布时的一个后验众数解。类似的观点及相关方法也得到了很多学者的研究，如 Yuan 和 Lin（2005），Park 和 Cassella（2008），并称为贝叶斯 LASSO 方法。同样地，也可以假设所有待估参数都有相互独立的条件拉普拉斯先验，来给出惩罚回归模型的一个贝叶斯解释。假定待估参数 $\boldsymbol{\beta}$ 的先验分布表达式如下:

$$\pi(\beta_l|\sigma_{\beta_l}) = \frac{1}{2\sigma_{\beta_l}}\exp\left(-\frac{1}{\sigma_{\beta_l}}|\beta_l|\right) \tag{9.20}$$

则通过极大化联合后验密度得到参数的贝叶斯后验众数估计，这等价于极小化式 (9.19)。对于 Adaptive LASSO 算法，同样也可推导出其贝叶斯解释。假定 $\boldsymbol{\beta}$ 的先验分布表达式如下即可:

$$\pi(\beta_l|\sigma_{\beta_l}) = \frac{\omega_l}{2\sigma_{\beta_l}}\exp\left(-\frac{\omega_l|\beta_l|}{\sigma_{\beta_l}}\right) \tag{9.21}$$

通过利用 Adaptive LASSO 算法，选取影响消费者信心指数的关键变量。针对所选的变量，分别利用线性模型法和神经网络方法对响应变量建立模型，其中神经网络的理论知识已在上一节详述过。众所周知，线性模型假定响应变量是预测变量的线性表达式，即 $\boldsymbol{Y} = \boldsymbol{X}\boldsymbol{\beta}$。

线性模型和神经网络方法各有利弊。线性模型能够得到广泛应用，主要是因为其简单并具有很强的解释性，建立线性模型的速度较快，同时也可方便得到其统计性质。然而，线性模型存在很强的局限性。第一，由于参数估计值的不稳定性，线性模型在做预测时容易产生极端值。第二，线性模型中解释变量之间的交互作用必须人为添加，而这要求具有深厚的领域知识。第三，由于网络搜索数据中解释变量之间具有较强的共线性，如果利用线性模型直接将所有参数放入模型中，会导致模型复杂化，同时其预测结果的稳定性较差，而目前能够改善该缺点的方法是通过逐步变量选择法，但是当解释变量维数较高时，其速度较慢，不方便实际应用。第四，在高维数据情况下，线性模型无法进行模型选择，容易造成过拟合现象。神经网络方法可克服上述线性模型的缺点，但是其结果不具解释性，且在建模过程中需要不断调节参数，需要一定的经验和专业知识，所以使用起来并不方便。在实际应用中，可结合自身的需求和研究的目的选择合适的模型。

9.4 基于高维大数据探究收入与消费之间的关系

有许多研究将大数据、计算科学、经济学、金融学、市场营销、管理和心理学联系起来，有许许多多学科性质的论文已在不同领域出版。在大数据背景下，为了进行经济监测，本章主要通过监测消费来体现国家的经济趋势，而消费与收入之间的关系也是该学科领域中一直被探索的问题。根据普遍接受的凯恩斯主义消费理论，收入决定消费，消费随收入增加。众所周知，消费是经济增长背后的主要推动力之一。即使是消费紧张的中国，消费对经济增长的贡献率也是 45%。因此，当消费增加时，经济增长也会增加。另外，当经济发展时，国家价值被创造，然后通向收入。因此，居民收入随着经济增长而上升。总之，居民收入、消费和经济增长之间存在互动的周期性关系。一方面，居民收入的增加刺激了国内消费，从而导致了经济增长；另一方面，经济增长将导致居民收入增加，从而导致国内消费增加。这三个因素在一个周期中发挥作用，并相互促进。图 9.2显示了居民收入与消费和经济增长之间的互动机制。

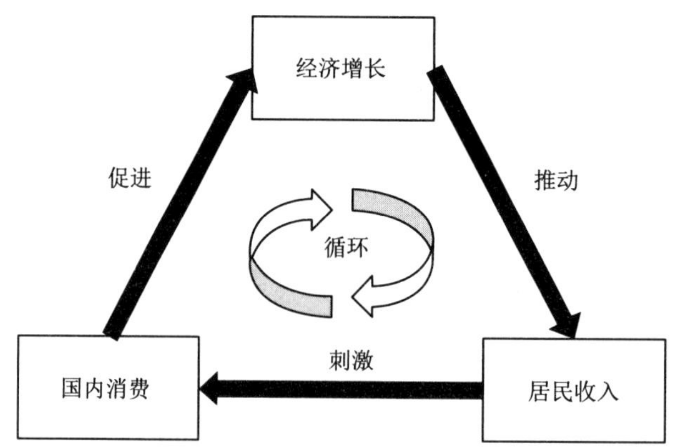

图 9.2 居民收入与消费和经济增长之间的互动机制

本节主要基于面板数据研究居民收入和交通通信消费之间的关系。面板数据有着自己明显的数据特征，相比单纯的截面数据和时间序列数据可以增加估计量的精度。在计量经济建模中，回归模型随机误差项常常存在自相关问题，这在很大程度上是因为所建的模型中缺失了部分不可观测的重要解释变量。运用面板数据建立回归模型时，其原理就是通过控制隐含变量对响应变量的影响来获得模型参数的无偏估计。但传统的面板数据分析是采用响应变量条件均值的函数来描述自变量每一特定数值下的响应变量均值，不能对数据进行全面的描绘。同时，基于均值的面板数据分析对随机项要求其服从同方差的正态分布，倘若不满足条件，其最小二乘估计不再是最佳线性无偏估计。为克服传统面板数据均值回归估计方法的不足，目前文献已经重点将分位数回归方法引入面板数据模型。分位数回归估计能在任意分位点稳健地描述自变量对于响应变量的变化范围，更加全面地描述响应变量条件分布的全貌，并且分位数回归的目标函数是加权绝对偏差和，对于数据出现显著的异方差等情况时的估计具有较强的耐抗性和稳健性。Koenker（2004）及 Lamarche（2010）在面板分位数据回归模型的分析中，考虑到压缩可以控制个体差异，进而研究了固定效应惩罚的估计方法，但文章中关于惩罚参数的选取仍然有待研究。Harding 和 Lamarche（2009）提出了工具变量回归估计方法来研究含有内生变量的面板分位模型。Galvao 和 Montes Rojas（2010）针对含有固定效应的动态面板数据模型，提出了工具变量和个体效应作为惩罚项的估计方法。Ponomareva（2010）提出了一种基于矩方法的固定效应分位回归估计方法，此方法在面板数据时期较小的情形下更有效。Canay（2011）采用了两阶段方法求解面板分位回归的参数，即在第一阶段通过传统均值回归方法消除个体效应，在第二阶段对消除固定效应的模型进行估计。Feng（2011）认为 Koenker 提出的惩罚方法在随机效应面板模型中不再适用，提出了 L_2 惩罚项动态随机效应面板数据分位数回归估计方法。罗幼喜和田茂再（2010）讨论了含有固定效应的面板数据模型，提出了一阶差分、虚拟变量惩罚和固定效应变换三种估计方法，其中固定效应变换分位回归方法效果表现较好。罗幼喜（2012）分别从参数贝叶斯、非参数贝叶斯、贝叶斯 LASSO 和双惩罚 4 个方面全面探讨了线性混合效应分位回归模型的建立以及模型中重要自变量的选择问题，并提出了近 10 种不同形式的分位回归方法，从理论、模拟及实证 3 个角度对这些方法展开了详细分析与论证。Glavao 等（2013）对删失分位回归的固定效应面板数据进行了估计并且在实证研究中效果显著。李翰芳等（2013）将条件拉普拉斯贝叶斯先验引入含有随机效应的面板数据模型，并提出了相应的贝叶斯 LASSO 分位回归方法。李子强等（2014）对含有多重随机效应的贝叶斯分层分位回归模型提出了自适应的 LASSO 估计方法，从而实现在参数估计的同时对模型中重要解释变量进行自动选取。张元杰和田茂再（2015）考虑了含有固定效应的面板分位回归模型，提出了基于两阶段的 K 步差分估计方法，该方法在残差服从非正态分布下表现出了良好的估计性质。

9.4.1　模型及方法

考虑一般的个体固定效应的面板数据模型

$$y_{it}=\alpha_i+\boldsymbol{x}_{it}^{\mathrm{T}}\boldsymbol{\beta}+u_{it},\quad i=1,\cdots,N,\quad t=1,\cdots,T \tag{9.22}$$

其中下标 i 表示观测个体，N 表示面板数据中观测个体总数；下标 t 表示观测时间，T 表示观测时间序列的最大长度。y_{it} 表示第 i 个个体在 t 时刻的响应变量的观测值；$\boldsymbol{x}_{it}$ 为 $k\times 1$ 阶列向量，表示第 i 个个体在 t 时刻的解释变量的观测值；α_i 表示对于 i 个个体有 i 个不同的截距项，即固定效应，其变化与时刻 t 无关；$\boldsymbol{\beta}$ 为 $k\times 1$ 阶回归系数列向量，其变化与时刻 t 无关，对于不同个体回归系数相同；u_{it} 为随机误差项（标量）。在均值回归下的个体固定效应模型的假定条件是 $E(u_{it}|\alpha_i,\boldsymbol{x}_{it})=0$。

上式可写成矩阵形式:

$$\boldsymbol{y}=\boldsymbol{Z\alpha}+\boldsymbol{X\beta}+\boldsymbol{u} \tag{9.23}$$

其中：

$$\boldsymbol{y}=\begin{bmatrix} y_{11}\\ y_{12}\\ \vdots\\ y_{NT}\end{bmatrix},\quad \boldsymbol{X}=\begin{bmatrix} x_{11,1} & x_{11,2} & \cdots & x_{11,p}\\ x_{12,1} & x_{12,2} & \cdots & x_{12,p}\\ \vdots & \vdots & \ddots & \vdots\\ x_{NT,1} & x_{NT,2} & \cdots & x_{NT,p}\end{bmatrix}$$

$$\boldsymbol{\beta}=\begin{bmatrix} \beta_1\\ \beta_2\\ \vdots\\ \beta_p\end{bmatrix},\quad \boldsymbol{Z}=\begin{bmatrix} d_1 & 0 & \cdots & 0\\ 0 & d_2 & \cdots & 0\\ \vdots & \vdots & \ddots & \vdots\\ 0 & 0 & \cdots & d_N\end{bmatrix}$$

$$d_i = \begin{bmatrix} 1 \\ 1 \\ \vdots \\ 1 \end{bmatrix}_{T\times 1} \quad \boldsymbol{\alpha} = \begin{bmatrix} \alpha_1 \\ \alpha_2 \\ \vdots \\ \alpha_N \end{bmatrix}, \boldsymbol{u} = \begin{bmatrix} u_{11} \\ u_{12} \\ \vdots \\ u_{NT} \end{bmatrix}$$

$\boldsymbol{y}$ 为 $NT \times 1$ 阶列向量，$\boldsymbol{X}$ 为 $NT \times p$ 的样本矩阵，$\boldsymbol{Z}$ 为 $NT \times N$ 的链接矩阵，用于识别 N 个不同观测个体。

Koenker（2004）建立的固定效应面板条件分位数函数模型如下:

$$Q_{y_{it}}(\tau\,|\alpha_i, x_{it}) = \alpha_i + \boldsymbol{x}_{it}^{\mathrm{T}}\boldsymbol{\beta}(\tau), \quad i = 1, \cdots, N, \quad t = 1, \cdots, T \tag{9.24}$$

为了同时估计模型式（9.24）中的不同分位点，借助于极小化问题

$$\min_{\alpha,\boldsymbol{\beta}} \sum_{k=1}^{q}\sum_{i=1}^{N}\sum_{t=1}^{T} \nu_k \rho_{\tau_k}\left(y_{it} - \alpha_i - \boldsymbol{x}_{it}^{\mathrm{T}}\boldsymbol{\beta}\left(\tau_k\right)\right) \tag{9.25}$$

可获得参数 α_i 和 $\boldsymbol{\beta}(\tau)$ 的估计。其中，$\rho_\tau\left(u\right) = u\left(\tau - I\left(u < 0\right)\right)$ 为检验函数（check function），ν_k 为分位数权重。

Koenker（2004）认为压缩有利于控制由于估计大量的参数 α 引起的变异性，压缩使得个体固定效应趋于零，可以改善 $\boldsymbol{\beta}$ 的估计。因此为了获得更好的估计结果，Koenker（2004）对式 (9.25) 引入关于固定效应的 L_1 惩罚项:$P_\lambda = \lambda \sum\limits_{i=1}^{N} |\alpha_i|$，其中 λ 为非负参数。引入 L_1 惩罚项不仅保持了目标函数的线性规划形式，而且保持了结果设计矩阵的稀疏性。此外，相较于传统的高斯 L_2 惩罚项，L_1 惩罚项具有更多的统计优势和计算优势。Koenker 建立的估计面板数据分位数回归模型罚函数式

$$\min_{\alpha,\boldsymbol{\beta}} \sum_{k=1}^{q}\sum_{i=1}^{N}\sum_{t=1}^{\mathrm{T}} \nu_k \rho_{\tau_k}\left(y_{it} - \alpha_i - \boldsymbol{x}_{it}^{\mathrm{T}}\boldsymbol{\beta}\left(\tau_k\right)\right) + \lambda \sum_{i=1}^{N} |\alpha_i| \tag{9.26}$$

但 Koenker（2004）对个体固定效应进行了等权惩罚，不能很好地体现个体间的异质性，另外，正则化可以起到压缩的作用，因此为了更好地获得参数的有效估计，本节考虑引入自适应惩罚，进一步控制由估计参数 α 引起的变异。添加自适应惩罚求解相关参数，通过求解极小化问题

$$\min_{\alpha,\boldsymbol{\beta}} \sum_{k=1}^{q}\sum_{i=1}^{N}\sum_{t=1}^{\mathrm{T}} \nu_k \rho_{\tau_k}\left(y_{it} - \alpha_i - \boldsymbol{x}_{it}^{\mathrm{T}}\boldsymbol{\beta}\left(\tau_k\right)\right) + \lambda \sum_{i=1}^{N} \omega_i |\alpha_i| \tag{9.27}$$

其中，ω_i 是已知的权重，本节采用中位数回归方法下的 $\hat{\alpha}_i^{(\mathrm{med})}$，定义权重为 $\omega_i = |\hat{\alpha}_i^{(\mathrm{med})}|^{-\gamma}$，$\gamma > 0$；$\nu_k$ 为分位数权重，此处取等权操作。

基于面板数据的自适应惩罚分位数回归方法，提出如下算法。

第一步: 对于式 (9.22)，给定第 i 个个体，将式 (9.22) 两边取时期平均得

$$\bar{y}_i = \alpha_i + \bar{\boldsymbol{x}}_i^{\mathrm{T}}\boldsymbol{\beta} + \bar{u}_i, \quad i = 1, \cdots, N \tag{9.28}$$

其中 $\bar{y}_i=\dfrac{1}{T}\sum\limits_{t=1}^{T}y_{it},\bar{\boldsymbol{x}}_i=\dfrac{1}{T}\sum\limits_{t=1}^{T}\boldsymbol{x}_{it},\bar{u}_i=\dfrac{1}{T}\sum\limits_{t=1}^{T}u_{it}$。

第二步：每个个体 α_i 固定，故式 (9.22) 与式 (9.28) 相减可消去固定效应 α_i，得

$$y_{it}-\bar{y}_i=(\boldsymbol{x}_{it}^{\mathrm{T}}-\bar{\boldsymbol{x}}_i^{\mathrm{T}})\boldsymbol{\beta}+(u_{it}-\bar{u}_i),\quad i=1,\cdots,N,\quad t=1,\cdots,T$$

第三步：令 $\widetilde{y}_{it}=y_{it}-\bar{y}_i,\widetilde{\boldsymbol{x}}_{it}=\boldsymbol{x}_{it}-\bar{\boldsymbol{x}}_i,\widetilde{u}_{it}=u_{it}-\bar{u}_i,i=1,\cdots,N,t=1,\cdots,T$。则

$$\widetilde{y}_{it}=\widetilde{\boldsymbol{x}}_{it}^{\mathrm{T}}\boldsymbol{\beta}+\widetilde{u}_{it},\quad i=1,\cdots,N,\quad t=1,\cdots,T$$

对于上式模型参数 $\boldsymbol{\beta}$ 的估计方法有很多，本节选择中位数回归估计方法。因此估计可得

$$\hat{\boldsymbol{\beta}}^{(\mathrm{med})}=\arg\min_{\boldsymbol{\beta}}\sum_{i=1}^{N}\sum_{t=1}^{T}\left|\widetilde{y}_{it}-\widetilde{\boldsymbol{x}}_{it}^{\mathrm{T}}\boldsymbol{\beta}\right|$$

第四步：可解得 $\hat{\alpha}_i^{(\mathrm{med})}=\sum\limits_{t=1}^{T}\left(y_{it}-\boldsymbol{x}_{it}^{\mathrm{T}}\hat{\boldsymbol{\beta}}^{(\mathrm{med})}\right)/T$。

第五步：可以获得自适应惩罚分位回归下的 $\boldsymbol{\beta}$ 估计，即

$$\min_{\alpha,\boldsymbol{\beta}}\sum_{k=1}^{q}\sum_{i=1}^{N}\sum_{t=1}^{T}\nu_k\rho_{\tau_k}\left(y_{it}-\alpha_i-\boldsymbol{x}_{it}^{\mathrm{T}}\boldsymbol{\beta}\left(\tau_k\right)\right)+\lambda\sum_{i=1}^{N}\frac{|\alpha_i|}{|\hat{\alpha}_i^{(\mathrm{med})}|}$$

其中，$\alpha_i\hat{\alpha}_i^{(\mathrm{med})}\geqslant 0$。

9.4.2　案例分析

利用提出的自适应惩罚面板分位回归方法，对我国 2004—2013 年各省、市、自治区的城镇居民交通通信支出与收入的关系进行实证研究，意旨研究我国城镇居民消费在分位数回归下隐藏的特征。数据来源于《中国统计年鉴（2005—2014）》，其中以 2004 年为基期，使用 CPI 对变量进行调整分析。

在面板数据中，当截面包含较多的观测值，但时期包含相对较少的观测值时，该类数据侧重于截面分析。本节面板数据中包含 31 个个体及 10 个时期，对其进行 Hausman 检验，来判定建立个体固定效应模型还是随机效应模型。

Hausman 检验的原假设是个体效应与回归变量无关，应建立随机效应模型。通过检验可知，其对应的 P 值远小于 0.05，拒绝原假设，应建立个体固定效应模型。

从一般的均值回归角度出发，考虑带个体固定效应的模型：

$$y_{it}=\alpha_i+\boldsymbol{x}_{it}^{\mathrm{T}}\boldsymbol{\beta}+u_{it},\quad i=1,\cdots,N,\quad t=1,\cdots,T \tag{9.29}$$

分析结果如下。

通过表 9.2可以看出，普通均值回归下的个体效应面板模型总体拟合结果还算理想。为了更好地检验模型的拟合效果，下面对其进行统计诊断分析（吴喜之，田茂再，2003）。

表 9.2　均值回归下个体固定效应估计值及其显著性检验

参数	估计值	标准误差	t 值	p 值
β	0.0689	0.0023	29.175	$<2.2\mathrm{e}{-16}$
R 方 =0.7538	调整 R 方 =0.6759	F=851.185	P 值 $<2.22\mathrm{e}{-16}$	

这里图 9.3（a）是残差对拟合值作图，图 9.3（b）和（c）是判断残差高斯分布和异方差情况，图 9.3（d）是标准化残差对杠杆值，虚线表示的是 cooks 距离等高线。诊断发现 87 号数据（黑龙江 2010 年）、184 号数据（湖南 2007 年）、187 号数据（湖南 2010 年）异常，将会对参数的估计造成一定的影响。在均值回归中一般采用删除处理，但异常数据可能是真实情况的反映。同时通过散点图显示，人均可支配收入处于 2000 元以下的点过于集中，这使得我们的估计在使残差平方和最小的准则下，并没有完全考虑高收入人群的消费结构行为。既然传统的均值回归模型在数据不符合古典假设的前提下出现拟合偏差问题，于是采用自适应面板分位数回归方法来研究交通通信消费结构直接的关系。下面通过分位数回归方法直观发掘不同消费群体的特征。

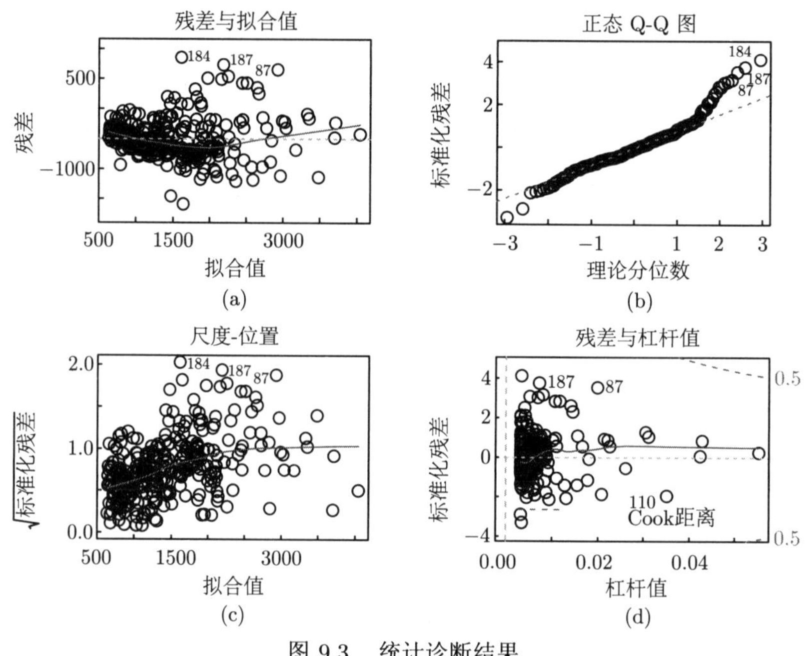

图 9.3 统计诊断结果

图 9.4表示低收入者和高收入者的交通通信消费支出的比较，黑线代表低收入人群，灰线代表高收入人群。从图 9.4（a）可以发现，对于低收入者而言，在不同分位点估计的交通通信消费差别不大。而对于高收入者而言，在不同分位点对交通通信消费的差别比较大。图 9.4（b）反映了低收入者和高收入者的交通通信消费分布曲线。低收入者的交通通信消费集中于 1000 元左右，比较陡峭；而高收入者在这方面的消费支出集中于 2000~3500 元，比较分散。

在实际案例中通过 Galvao 等（2010）运用的 BIC 准则选取 λ 值，即通过最小化 BIC 来选取最优 λ 值。其中 BIC 准则定义为

$$\text{BIC}(p_\lambda) = \log(\hat{\sigma}_\lambda) + \frac{1}{2}(NT)^{-1}p_\lambda \log(NT)$$

其中，$\hat{\sigma}_\lambda = (NT)^{-1}\sum_{i=1}^{N}\sum_{t=1}^{T}\rho_\tau(y_{it} - \boldsymbol{z}_{it}^{\mathrm{T}}\hat{\boldsymbol{\alpha}}(\lambda) - \boldsymbol{x}_{it}^{\mathrm{T}}\hat{\boldsymbol{\beta}}(\lambda))$；$p_\lambda$ 为在惩罚参数 λ 下的最优拟合模型的有效维度。

为了更加直观地体现 λ 对 BIC 的影响，图 9.5绘制了惩罚参数 λ 与 BIC 值的关系图。

通过图 9.5可以看出，当 λ 为 0，即不考虑惩罚项时，BIC 值最大；在 λ 取值 0~3，BIC 趋于平稳；随着 λ 取值的增大，BIC 值也呈一定的增长趋势，但相对变化幅度不大；通过分析，本节最优 λ 取值为 1.2。

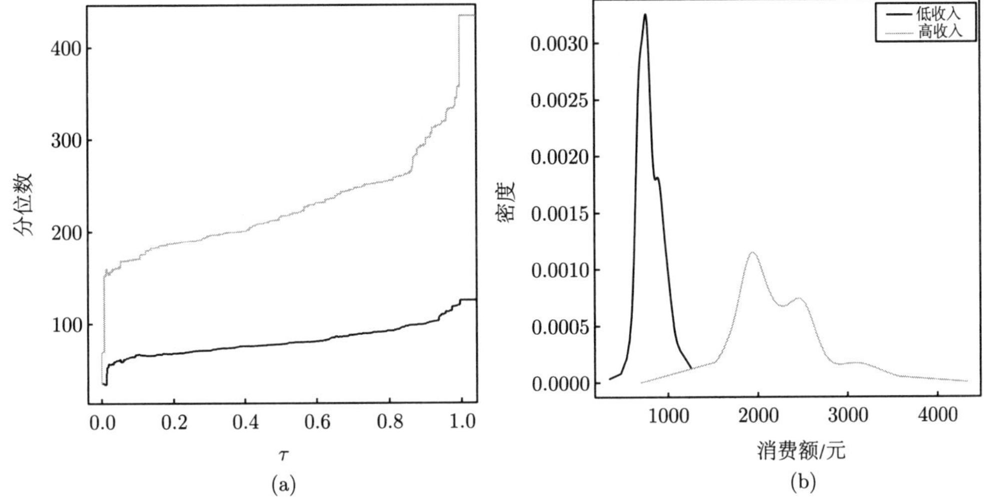

图 9.4　高、低收入者的交通通信消费支出的比较结果

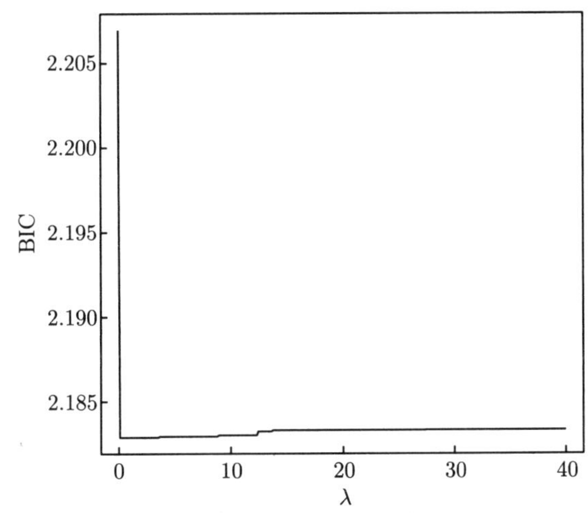

图 9.5　自适应面板分位回归方法下惩罚参数 λ 取值与 BIC 关系图

接下来，通过图 9.6分析最优惩罚参数的自适应面板分位回归方法在不同分位点下估计的居民交通通信边际消费支出。

图 9.6 收入部分中展现了所有 99 个分位点的参数估计走势汇总图的结果。从系数的置信带中，可以得到关于因变量条件分布的位置和尺度变化的信息，其中边际消费倾向的中位数估计为 0.06。同时，通过分析结果的趋势可以看出，参数随着分位点的取值不同呈现较大波动，不同分位点下参数的估计也有所不同，并呈现一定的上升趋势，也说明交通通信消费支出与可支配收入的非稳定关系。

在 0.1~0.8 分位点下边际消费倾向比较平缓，这说明我国中低收入人群对交通通信类商品的边际消费倾向较小；而在 0.8 分位点及以上，边际消费倾向有明显上升。从总体来看，我国居民对交通通信类商品的边际消费倾向比较乐观。0.01~0.2 分位点代表低层收入人群，当收入增加时，将不满足于对交通通信类商品的基本需求消费，有强烈愿望发展享受型消费。例如，手机已然成为人们日常生活中的必备通信设备，当低收入人群收入增加时，会有强烈愿望购买更加高端的智能手机。此外，交通通信消费条件的明显改善也是使得该类商品消费倾向高的原因。政府在中小型城市，实行鼓励购买私家车政策，且更多的家庭拥有购买力，从而带动了交通通信类商品的消费增长。在未来的市场上，交通通信类商品仍然是消费的热点类商品。

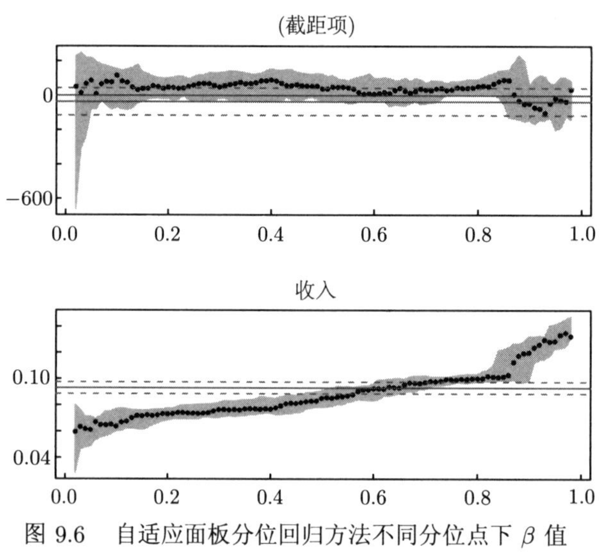

图 9.6 自适应面板分位回归方法不同分位点下 β 值

9.5 本章小结

随着信息时代的到来，大数据已成为热门话题，而大数据在经济领域中的应用已引起了相关学术领域和企业的重视。为了监测一个国家（或地区）的经济趋势，需要从各个角度、各个行业进行管理监测预测和预警，而消费作为国家 GDP 的主要组成部分，显然会引起格外关注。本章主要针对消费进行相关的探讨和研究。网络的到来给人类的消费活动带来了天翻地覆的变化，为了全面分析大数据时代人类消费活动的变化，本章主要从三个角度进行理论分析和实证说明。

（1）通过对大数据的监测分析预测消费者产品需求的变化。时代在不断变化，经济在不断发展，居民的消费结构也会产生巨大变化，而对消费者产品需求变化的预测，有助于进行相关市场的宏观调控，使得供应市场能够满足居民需求而又不会产生供过于求的现象，从而可促进我国消费品市场的健康积极稳定的发展，更有助于我国经济的稳步提升。

（2）通过对网络数据的管理监测处理，预测消费者信心指数。消费者信心指数作为居民对国家宏观经济、就业市场、收入等的主观态度的体现，对该指数的预测能够很好地了解居民的心理状态和国家或者区域的经济状况，从而可为政府提供良性的政策建议，以进一步刺激居民消费从而提高国家经济增长趋势等。

（3）对于高维面板大数据，研究居民收入与消费之间的关系。首先，居民收支作为国家统计局进行经济监测的内容之一，有必要探讨收入与支出之间的关系；其次，针对高维面板数据的处理，需要探讨新的技术和方法，文中主要用分位回归建立模型，同时考虑到高维数据的特殊性，利用 LASSO 方法进行正则性惩罚，从而达到降维的目的；最后，关于收入与消费之间关系探讨，有助于根据不同收入水平的区域重点发展相应消费品市场，从而可实现市场与需求的完美契合，有助于整个消费市场的稳步发展。

第 10 章　大数据背景下的失业监测研究

10.1　引言

人口与就业情况是经济形势与运行监测的一个重要方面，在经济形势与运行和劳动力的需求之间，存在着潜在的紧密却又复杂的联系。因此，经济运行状况与发展态势，通过对人口数据和就业失业数据的分析和对比，可以在一定程度得以反映。

失业率是失业人口占劳动力人口的百分比。从很早开始，失业率这一指标就用来反映一个国家的整体经济状况，且通常在月度经济数据中发布时间最早，对市场变化与波动的反应最为敏感，因此这一指标被誉为所有经济指标的“皇冠上的明珠”。通常，衰减的失业率代表整体经济发展健康稳健，对货币升值有利；而上涨的失业率则代表了经济发展趋缓甚至衰落，对货币升值不利。

西方国家很早就开始了失业率与网络搜索指数的研究，研究结果证实了该种结合思路的可行性和研究方法的有效性。该研究方向在我国也属于发展阶段。本章聚焦于失业率这一关键宏观经济指标，探索在大数据的背景下，大数据为失业率研究带来的影响，以及对其进行监测预测的一些理论和方法。

10.2 节先从宏观角度和微观角度论述大数据时代对失业率的监测预测造成的影响;10.3 节介绍了一些常用的监测失业率的模型与方法，包括一些经典的模型与在大数据背景下的数据挖掘的模型和方法，并以网络搜索数据分位回归为例，具体描述了使用数据挖掘方法对失业率进行监测预测的框架；10.4 节中以人口老龄化与就业结构为切入点，运用典型相关分析探究人口老龄化与社会经济结构变动之间的关系，并介绍了使用两种神经网络——反向传播神经网络和广义回归神经网络及几种线性和非线性模型分析 5 个 OECD 国家失业率的案例；10.5 节对本章内容进行了总结。

10.2　失业大数据研究现状

10.2.1　失业大数据：宏观角度

从出生到死亡，几乎我们所有的活动都会留下数字痕迹。健康记录、工资收入、学校的关注——这些和无数其他的数据记录了人们日常生活的细节，成为人们数字社会的足迹。总的来说，这些数字在一个群体、城镇、县、州或国家形成了一个人口的社会基因组，这是社会的足迹，而且，这是一个巨大的、繁杂的、变化速度极快的大数据的集合。如果对这样的大数据进行适当的整合、分析和解释，这些数据往往能够提供至关重要的见解，帮助我们更好地服务于社会优先事项：医疗、经济、教育和就业。

长期以来，社会科学家一直从政府和其他地方收集数据，来跟踪人口趋势、通货膨胀、就业率等。然而现在，日常活动在网络空间中留下了数字碎片，并且我们有技术来收集和分析这些碎片，以揭示以前隐藏的趋势。这种新发现的利用大型、复杂和多样化的分布式数据集来几乎实时地检查、深度地分析问题的能力，有很大潜力来改变社会、行为、经济和卫生科学。人口信息学是社会科学、卫生科学、计算机科学和统计学交叉领域的新兴领域，是应用定量方法和计算工具来回答有关人口问题的学科。但提高分析数据收集涉及个人信息的能力，这不仅仅是有趣的科学：结果可能会产生更明智、更有效的政策决策和对社会项目的管理。社会基因组数据可以告诉我们，人们是如何生活、工作、对变化做出反应和决定的，以及这些个人决定的集体影响。这些信息帮助我们了解社会和公共卫生问题的根源，预测不同政策选择的后续影响，并为最大的影响分配集体资源。

失业率可以反映一个国家劳动力市场的变化，是对宏观经济运行进行观测的重要指标之一， 对政府部门判断和监测预测国民经济形势、制定就业政策等具有重要的现实意义。一般来讲，城镇登记失业率和调查失业率可以对失业水平和状况进行很大程度的反映，但这两者都存在一定的局限性。农村失业、未充分就业和隐性失业不包含在城镇登记失业率的统计对象中，登记资料可能被人为改变或遗漏，且统计数据并不及时。一般情况下，整群抽样是对失业率进行调查的常用方法。整群抽样的调查样本通常是居民住宅区，这样就可能导致一个问题，即样本相对而言较为密集。同时，一年仅有两次的调查失业率不能及时反映季度和月度失业情况。所以，这两种传统的失业率的统计数据的统计标准不统一，统计方法有偏，统计频率过低，这些数据的缺陷可能会对宏观政策的拟定有负面的影响（王勇和董恒新，2017）。

而蓬勃发展的大数据技术和方法为失业情况的统计提供了新的发展和机遇。在大数据时代，传统统计理论受到了冲击，数据的产生机制发生了改变，数据的处理方式也有了革新，这些变化都显著影响了失业统计。大数据的海量样本和及时实时性是对失业统计对象的极大拓展，也是传统官方失业统计数据的重要补充内容。

互联网搜索数据是一类常见的大数据信息，在经济和社会问题研究中得到了广泛的使用。网络搜索数据可以反映出失业信息：已经失业或者面临失业的人可以方便快捷地通过网络搜索工作信息。在使用搜索引擎时，用户大量的浏览信息被网站保存下来，这些数据和信息可以直接反映出失业情况和就业情况。例如，Askitas 和 Zimmermann（2009）、D'Amuri 和 Marcucci（2009）的文章。

定量模型对于产生可执行的（actionable）经济数据至关重要，这些经济数据为政策制定提供基本的输入信息。几乎所有国家和地区政府都会采用一些工具和模型对当前和未来经济和社会的趋势进行监测和预测，来设定政策决策的方向和范围，以达到改善市民生活，降低不利的经济、负面事件或发展对公民的影响的目的。由于为当前和未来时期提供可执行的经济数据十分重要，这使得许多国际组织，如经济合作与发展组织、国际货币基金组织（International Monetary Fund，IMF）或欧盟委员会（European Commission，EC）等，经常制定宏观经济监测预测和关键增长指标。此外，许多中央的统计机构都制定了主导的指标数据， 从而帮助绘制当前和短期的经济演变图表。

复杂的宏观经济模型对最主要的宏观经济指标（如 GDP、CPI、就业、参与率、工资水平、公共支出等）进行综合的监测预测。除此之外，具体的监测预测模型可以用于克服综合宏观经济模型的内在缺陷， 并通过提供可靠的关键输入数据或者预测结果来帮助具体部门或者市场对估计结果进行微调。因此，许多统计机构都会进行人口的监测预测，用来作为公共支出和就业的关键输入数据。在政府的政策制定和战略规划中也常常用到许多私营公司进行的大量监测预测。例如商务监控可以定期生成有关行业的监测预测报告，美世咨询等国际招聘公司可以提供特定职业的工资和劳动力成本估算。

除了涉及未来时期的数据，大多数监测和预测也提供当前期间的数据，从而补充了由官方提供的最终估计存在延迟而造成的信息缺乏。而且，考虑到大多数官方统计的数据来自通过调查获得的估计，调查设计旨在覆盖整个国家，而不是特定的地区或职业，政府数据常常仅以年度数据为基础。在大多数情况下，年度数据发布时间最长可达 4 个月。

10.2.2 失业大数据：微观角度

毫无疑问，以数字形式记录社会经济互动的能力推动了“大数据”时代的到来（Mayer-Schönberger and Cukier，2013；Mitchell，2009；Taylor，Cowls，Schroeder and Meyer，2014）。这使得社会数据具有很高的时空分辨率，不断推动社会科学的发展，甚至进入公共政策领域。然而，这种渗透在经济科学领域的速度明显较慢和有限（Lazer et al.，2009；Varian，2014）。这在一定程度上是由于这一学科长期存在着理论驱动知识创造的传统，其中数据主要用于假设检验，而不是用于构建理论和理论模型。经济学家们尚没有充分利用大数据是否有其他原因还有待讨论。最重要的是，显然我们需要将大数据和新的分析方法纳入经济科学的标准实践中，以构建更接近经验证据的理论框架。最终，主要是为经济学家制定公共政策，这些政策旨在缓解诸如不平等、贫困和失业等重大社会问题，如果能充分利用现有数据，所有这些问题都能得到更好的理解。

于是，Guerrero 和 Lopez （2017）展示了当就业理论没有利用行政大数据的细节时的影响，并为此引入了两种模型：全球搜索模型（global search model，GSM）和劳动力流动网络（labor flow network，LFN）模型。GSM 是传统经济模型的代表，通常用于指导就业政策。它建立在宏观层面看似合理的假设基础上，但在个体代理人和公司层面却没有实证支持。相比之下，LFN 是建立在经验观测的基础上的，因此需要有大规模管理数据集的存在。通过建立这两个模型之间的正式联系，Guerrero 和 Lopez （2017）的研究发现，尽管 GSM 的假设看似合理，但该模型不足以解释现实中失业的动态情况，也难以分析经济冲击带来的影响，并集中探讨了通过大数据的运用来激励就业理论发展的重要性。这与劳动研究特别相关，因为具有讽刺意味的是，社会科学中最早的数字化大数据集之一就是在这个领域出现的。接下来将简要介绍这种特殊类型的大数据，并讨论建立经验驱动型就业理论的新方法，特别是在网络科学和代理计算模型等方面的需求。因此，我们提倡计算方法的使用，因为其灵活性和概念可达性可以促进大数据驱动的理论渗透到经济行业和政策领域。

1. 劳动经济学中的大数据

1986 年，舍温·罗森（Sherwin Rosen）和罗伯特·威利斯（Robert Willis）这两位知名经济学家在《劳动手册》（*Handbook of Labor*）第一卷中发表了独立文章（Rosen，1986；Willis，1986），指出需要高度细粒度的数据集来跟踪个人和公司之间的交互。他们都承认高分辨率数据对推进劳动力市场的理论研究的重要性。在此期间，这类数据在奥地利、荷兰和其他一些国家可以通过行政记录进行收集。然而，这些数据是不可公开使用的，于是他们建立了一个密集的议程，构建了一种新的数据集，称为雇主员工微数据。

1998 年，这些努力在华盛顿特区举行的“雇主、雇员关联数据国际研讨会”上得以实现（Haltiwanger，Lane，Spletzer，Theeuwes and Troske，1998）。这次活动聚集了来自 20 多个国家的顶尖社会科学家，目的是分享构建雇主–雇员微观数据建设的经验。这次会议讨论了当今大数据的核心问题，例如，隐私和机密性、传统计量经济学的局限性，以及这些数据集在政策分析中的相关性。在一篇基于这次会议的调查文章中， Abowd 和 Kramarz（1999）回顾了 100 多项使用来自 15 个不同国家的雇员微观数据进行的研究。尽管它们的增长速度在加快，但大多数得到的雇主–雇员微观数据都缺乏当今大数据的规模和分辨率。直到 20 世纪初，来自不同国家的统计机构才承担起处理政府存储的高度细化的行政记录的任务，以便建立将工人、家庭和公司的所有人口联系起来的、高分辨率的数据集。与此同时，数字技术、电子政府（e-government）和开放数据流动的发展也成为推动雇主–雇员微观数据向更广泛的研究社区开放的主要动力。

2. 雇主与雇员之间微观数据

今天，雇主–雇员微观数据是由各种来源构成的，例如调查、普查和管理记录。更接近大数据传统概念的数据集是由行政记录构建的数据集。这些记录通常来自税收和政府社会保障机构。政府保留这些记录，因为每当工人和公司之间存在雇佣关系时，双方都有义务支付有助于工人社会保障的税收。在原始的形式下，雇主-雇员微观数据由工人的身份证号、公司的识别号码和他们从事或确定雇佣关系的日期组成。

我们是否能够正确地推断失业的时间、工作与工作之间的流动或同事关系取决于微观数据的质量。最高质量的数据集覆盖了人口领域，允许雇主–雇员微观数据与有关工人和公司的人口统计和经济数据合并，例如，年龄、教育、婚姻状况、工作类型、公司利润、公司规模等。这使得它们成为政策制定最可靠的数据来源之一（Einav and Levin，2014；Hamermesh，2008）。

尽管雇主–雇员微观数据的详细程度非常高，但劳动政策主要是基于理论模型，而这些理论模型对此知之甚少。在最好的情况下，一些经济理论是由在汇总数据中观察到的经验规律所驱动的。其中一个例子就是 Beveridge 曲线：一个经济体的总失业率与总空置率之间存在负相关关系。虽然积累的经验规律性是验证经济理论的一种有效方法，但它们显然不足以验证许多模型所基于的微观理论假设。这对于与就业相关的政策制定至关重要，因为代理人和企业会对政策干预做出反应并做出调整，从而影响政策制定者预期的结果。有了雇主–雇员微观数据，就有可能在微观和宏观层面上为经济理论提供信息。然而，我们需要使用新的分析方法，这些方法要么是非传统的，要么是在经济学中未得到充分利用的。

为了充分利用雇主–雇员微观数据，有必要使用允许管理高度异质性和交互的方法。传统意义上，经济学家关注的是代表性主体或代表性群体的分析。在此过程中，有关劳动力市场互动的关键方面被忽略了。鉴于在早期雇主-雇员微观数据理论的发展过程中缺乏合适的分析方法，这是为数学上的优雅所付出的合理成本。

而今，网络科学和计算方法的发展正在重塑许多社会科学的面貌。一方面，网络使我们能够正式地表示复杂的社会经济互动模式，并对其进行操作，以便建立与决策相关的新的经济直觉（Schweitzer et al.，2009）；另一方面，计算方法如代理计算，为我们提供了构建模型的能力，在模型中，每个工人和每个公司通过明确的可由（大）数据获知的协议进行交互（Buchanan，2009）。这两种方法结合起来，使社会科学家能够充分利用雇主和雇员之间的微观数据，以便为决策提供更好的工具。

Guerrero 和 Axtell（2013）、Schmutte（2014）率先将网络方法应用于雇主–雇员匹配微观数据的分析。通过将企业看作节点，将企业之间的劳动力流动看作链接，他们将劳动力流动映射到网络中。在 Guerrero 和 Axtell（2013）的文章中，从公司到公司的流动网络被称为 LFN，它捕捉了在给定时期内每一对公司之间发生的复杂的劳动力流动模式。LFN 允许研究人员构建与决策者相关的新的劳动力市场措施。

策略相关的代理计算模型的例子可以在 laborSim （Guerrero and López，2015b）中找到，这是一个线上的计算框架，允许用户模拟真实的劳动力动态，并执行关于经济冲击和政策干预的计算实验。代理计算模型有着悠久的历史（Neugart and Richiardi，2016）。然而，大多数都是纯理论的。直到最近，雇主与雇员之间的微观数据才被用来为这些模型提供信息，并创造决策工具。

3. 失业率研究

考虑经济失业问题的一种方法是区分结构性和摩擦性失业。前者可以理解为经济结构方面对工作造成破坏的结果，例如技术革新使某些技能过时，因而无法雇佣相关人员。相反，尽管劳动力市场上有合适的工作，但可雇佣的工人仍然处于失业状态，这就存在摩擦性失业。之所以被称为摩擦性失业，是因为劳动力市场上存在阻碍求职者和劳动力需求者从事生产活动的“摩擦”。关于这种摩擦的成因有几种理论解释。例如，地理距离（Rogerson and MacKinnon，1981）、缺少社交网络（Calvó-Armengol and Zenou，2005）、向潜在雇主传递技能信息的能力差（Vishwanath，1989）等。劳动力市场的摩擦阻碍了求职者和公司之间的协调，造成了失业和其他社会问题。出于这个原因，大量的劳动力模型认为这些协调的失败是产生失业的核心部分。

我们对这些模型如工人和公司之间的随机匹配过程的一个简单版本进行介绍。选择这种模型的原因是尽管它很简单，但它的主要基本假设存在于为政策提供建议的更复杂的模型中。为了分析这些假设的含义，引入第二个模型，这是由第一个模型中被忽略的劳动力流动的经验模式所启发的。以前的文献通过对雇主与雇员匹配的微观数据的分析，已对这些流动模式进行了研究（Axtell et al.，2015；Guerrero and Axtell，2013；Guerrero and López，2015a；López et al.，2015）。这两个模型看上去很相似，在某种程度上，第二个模型可以简化为第一个模型。通过利用这种联系，可以通过代数和计算形式对它们进行系统的比较。

大多数用于政策建议的经济模型都假设了求职者和企业在劳动力市场上随机相遇。然而，在现实中，如果求职者联系了一家没有职位空缺的公司，他们可能不会得到一个合适职位，这种缺乏信息上的协调会延迟就业过程，从而导致更高的失业率。并且在这些模型中，一个微妙但常见的假设是，任何失业的工人都可以在任何时候遇到任何公司。换句话说，求职者和招聘人员有能力在整个经济中进行搜索。因此，我们称之为全球搜索模型类。

LEN 则是一种数据驱动的模型，考虑了劳动市场摩擦的结构。在这种模型下，并不假设求职者可以申请任何一家经济领域的公司，而是将他们的样本限制在特定的公司群体中。这是由一些前人研究得到的事实，以及一种观点所启发而得到的，即劳动力市场的摩擦将人们的求职限制在较小的公司样本（例如，由于地理距离和缺乏社交网络等因素）中。此外，有数据表明，这些企业集团与工人的最后雇主有关。因此，一个失业者的就业前景取决于他最后受雇的公司。显然，随着一个人在事业上的进步，他的就业前景会发生变化。从长远来看，一个工人可能会遇到一个短期内不可能遇到的公司。

10.3　监测失业率的模型与方法

失业率可以影响国库券和国债的比率及整个金融市场。事实上，任何意外的失业率的变化都会对消费者的消费产生重大影响，因为这些变化会影响家庭关于经济情况的感知和期望。因此，金融分析师会通过分析相应国家的失业率来对目标市场的经济趋势进行预测和监测。此外，政府官员和人力资源管理者可以通过分析和预测失业率提出合适的与人力资源相关的政策。近年来由于世界各地金融动荡，失业率的监测预测变得越来越重要。特别是在经济衰退期间，因为它可以帮助政府制定决策和政策，也能帮助从业者更好地了解现在和未来的经济趋势。最近几年，失业率的监测和预测得到了来自政府、组织、研究机构和研究人员的极大关注，也有很多监测和预测失业率的方法被提出来，如传统的单变量时间序列模型（Chen，2008；Lahiani and Scaillet，2009；Tashman，2000；Vijverberg，2009）。例如，Vijverberg（2009）对美国失业数据应用了时间变形模型，实验结果显示这一方法比其他已知模型如 ARIMA 模型表现更好。类似地，Lahiani 和 Scaillet（2009）提出自回归移动平均部分整合（autoregressive fractionally integrated moving average，ARFIMA）用来分析美国失业趋势，结果说明了 ARFIMA 的表现比门限自回归（threshold autoregressive，TAR）和对称 ARFIMA 模型更佳。

在失业率的监测预测中通常会考虑一些宏观经济变量，如货币供应量、生产者价格指数、利率和国民生产总值等。Milas 和 Rothman（2008）使用平滑转换向量误差校正模型（smooth transition vector error-correction models，STVECM），基于货币供应量、生产者价格指数和利率对 4 个非欧元区七国集团的失业率进行监测预测。类似地，Krolzig 等（2002）基于国内生产总值，建议使用马尔可夫切换向量误差修正模型（Markov-switching vector error correction model，MS-VECM）来对英国劳务市场进行分析。此外，Harvill 和 Ray（2005）采用一元和多元函数型系数自回归（functional coefficient autoregressive，FCAR）模型，使用国民生产总值来对多步失业率的监测预测进行呈现和评估。Keilis-Borok 等（2005）开发了一种模式认知方法对失业的快速增加这一具体现象进行分析。

在 Web 2.0 时代，我们认为网络上用户贡献的信息对于分析社会/经济热点如流感流行病学检测和金融市场预测（Blasco，2005；Lan et al.，2005；Schumaker and Chen，2009）而言是一种有用的资源，利用网络信息进行的失业率的监测预测也引起了研究者和从业者的更多关注。一种社交网络上的用户贡献数据，即网络引擎搜索数据在 Ginsberg 等（2009）和 Vijverberg（2009）的文章中用于流感流行病学检测，在 Askitas 和 Zimmermann（2009）的文章中用于监测预测失业率。此外，Askitas 和 Zimmermann（2009）还利用基于用户在互联网上的活动构建的网络模型来识别网络搜索频率与失业率之间的关系，这种使用互联网活动相关数据的新方法可以体现关键词搜索与失业率之间的强相关性，实验结果表明这种方法用于对失业率进行监测和预测的潜力巨大。有一种互联网职业搜索指标称为谷歌指数（Google index，GI）被认为是最佳主要指标，可以用于对美国的失业率进行监测和预测，D'Amuri（2009）对其他监测预测模型进行了样本外的比较，证明了即使在控制数据窥探（data snooping）效应的前提下，GI 确实有助于监测预测美国的失业率。同时，D'Amuri 和 Marcucci（2009）使用一个基于求职相关的网络查询新指标的预测势来对短期样本的季度失业率进行监测预测。同样地，Suhoy（2009）建议在官方数据可用或修订之前，使用谷歌追踪的网络搜索的受欢迎程度作为同期经济活跃度的指标。最后，Choi 和 Varian（2009）建议使用谷歌趋势数据对美国的失业时间序列进行监测和预测，从而可以显著提高监测预测的准确性。Xu 等（2011）提出了将搜索引擎查询数据和时间序列数据相结合的混合监测预测模型，它可以改善失业率监测预测的性能。

近年来，一些研究者提出了使用搜索引擎查询数据对失业情况进行监测预测的方法，一般有两种常见的方法。第一种方法是收集数以千计的搜索引擎查询，然后使用特征选择方法来选择相关查询的子集。第二种方法是依据一些预先定义的主题直接选择相关的搜索（Choi and Varian，2009）。然而，第一种方法在使用特征选择方法从许多查询中提取有用特征时效率很低，第二种方法可能导致基于少量事先定义的主题提取的特征的数目不足。而对于失业率进行监测和预测的研究中广泛用到了统计的方法，相比较而言，较少有使用数据挖掘工具如支持向量回归等来对失业率进行监测预测的研究。

数据挖掘技术为信息科学、管理科学、经济学和金融学等领域的特征选择、知识发现、预测、检测等做出了重大贡献。此外，数据挖掘技术与网络信息的结合是很多研究课题应用的内容和方式，如金融市场监测预测（Schumaker and Chen，2009）和流感流行病学检测（Xu et al.，2010）等。

Xu 等（2013）提出了一种利用搜索引擎查询数据进行失业率监测预测的数据挖掘框架，并在此框架下开发了一套数据挖掘工具，包括用神经网络和支持向量回归分析来监测预测失业趋势。第一，该方法提取与就业活动相关的搜索引擎查询数据。第二，采用特征选择模型减小查询数据的维度。第三，利用各种神经网络和支持向量回归分析模型对失业率数据与查询数据的关系进行建模，并采用遗传算法对参数进行优化，同时对特征进行细化。第四，采用交叉验证法选择合适的数据挖掘方法作为选择监测器。第五，使用具有最佳特征子集和合适参数的选择性监测器对失业的趋势进行监测和预测。并且，他们的实证结果表明，在失业率监测预测方法中，所提出的框架最终的结果表现明显优于传统的预测方法，其中，以径向基函数（RBF）作为核函数的支持向量回归占据了尤其重要的地位。这些结果表明，数据挖掘框架对于失业率的监测预测是有效的，可以增强政府的快速响应和服务能力。

Li 等（2014）开发了一种基于本体的网络挖掘框架，利用搜索引擎查询数据来提高对失业率的监测预测。特别注意的是，他们的框架以领域主体为基础，捕捉和失业问题领域有关的突出概念及其语义的关系，这个基于本体的方法缓和了一些现有基于网络的方法无法从大量很可能有噪声的搜索引擎查询中有效提取相关查询的劣势。领域本体也有助于增强旨在降低训练查询数据的维数并提高监测预测精度的自动特征选择方法。此外，Li 等（2014）还探索了不同的数据发掘方法，从而通过交叉验证方法来识别出最佳的监测预测模型。

10.3.1　监测预测模型

1. 自回归移动平均模型

这里提供了时间序列统计分析中平稳随机过程的简单描述，它由两部分组成，一部分为自回归，另一部分为移动平均。公式如下所示：

$$X_t = c + \epsilon_t + \sum_{i=1}^{p} \phi_i X_{t-i} + \sum_{i=1}^{q} \theta_i \epsilon_{t-i} \tag{10.1}$$

其中，c 为常数；ϵ_t 为白噪声；$\phi_1, \cdots, \phi_p$ 和 $\theta_1, \cdots, \theta_q$ 为参数。在 ARMA(p, q) 模型中找到合适的 p 和 q 值可能是一个冗长的过程。为了求出 p 和 q 的值，可以观察自相关函数（auto-correlation function，ACF）和偏自相关函数（partial-autocorrelation function，PACF）图。其中 ACF 是时间序列与自身滞后项之间相关系数的图，PACF 是时间序列与滞后项之间的偏相关。

2. 平滑转换自回归（smooth transition auto regression，STAR）

作为自回归模型的扩展，STAR 模型的使用通常允许更高程度的灵活性。这一模型由两个由转换函数连接的自回归部分组成。STAR 模型可以如下表示：

$$\boldsymbol{y}_t = \boldsymbol{\phi}^{\mathrm{T}} \boldsymbol{X}_t + G(z_t, \zeta, c) \boldsymbol{\theta}^{\mathrm{T}} \boldsymbol{X}_t + \sigma^{(i)} \boldsymbol{\epsilon}_t \tag{10.2}$$

其中，$\boldsymbol{X}_t = (1, y_{t-1}, y_{t-2}, \cdots, y_{t-p})^{\mathrm{T}}$ 为变量组成的列向量，$G(z_t, \zeta, c)$ 为 0 和 1 之间的有界转换函数，$\boldsymbol{\phi} = (\boldsymbol{\phi}_0, \cdots, \boldsymbol{\phi}_{p-1})^{\mathrm{T}}$ 和 $\boldsymbol{\theta} = (\boldsymbol{\theta}_0, \cdots, \boldsymbol{\theta}_{p-1})^{\mathrm{T}}$ 为 $(p-1)$ 维未知参数向量。

3. 多层感知器（multi layer perceptron，MLP）

多层感知器是一种前馈神经网络。其结构类似有向图，由多层节点组成，其中每个节点都完全连接到下一个节点。除了输入层外，每个神经元都有一个非线性激活函数。使用的学习方法是监督学习，它是通过使用反向传播算法来实现的。在该算法中，通过计算输出的误差量来更新神经元的权值从而进行学习。它的广义方程如下：

$$e_j(n) = d_j(n) - y_j(n) \tag{10.3}$$

其中，$e_j(n)$ 为第 j 个节点的误差，$d_j(n)$ 为期望值，$y_j(n)$ 为对应神经元的输出。MLP 模型可在 python 中实现，且软件包 PyBrain 是非常有用的。

4. 递归神经网络（recurrent neural networks，RNN）

递归神经网络是由一些单元形成的一个有向循环的人工神经网络。与前馈网络不同的是，这些网络能够在内部内存的帮助下处理任意的输入序列。因此，它可以展示时间动态行为。在每个步骤中，输入以标准的前馈方式传播，然后应用一个学习规则。隐藏单元的前一个值的副本作为固定的后连接的结果而保留下来。可以使用梯度下降法等作为学习算法。

5. Psi Sigma 神经网络（Psi Sigma neural network）

这是更高阶的具有完全连接的前馈结构神经网络。它与标准的前馈网络非常相似，但唯一的区别是权重更新过程不同。在这种架构中是部分权值的更新，即最后一层（输出层）的权值固定为 1，在训练过程中不会更新，而其余的权值按照通常的方式变化。最小化如下误差函数：

$$E(c, w_j) = \frac{1}{N}\sum_{n=1}^{N} N(y_n - \hat{y}_n(w_k, c)^2) \tag{10.4}$$

其中，y_n 为目标值，$\hat{y}_n$ 为第 n 个神经元的输出，$w_j(j = 1, 2, \cdots, k)$ 为可调整的权值（k 为网络的阶数），c 为可调项。

因此，与传统的 sigmoid 型神经元相比，在这个网络中，权重和可调节的参数 c 都得到了调整，从而具有更好的拟合性质，提高了近似的能力。

6. 径向基函数神经网络（radial basis function neural networks）

径向基函数神经网络是人工神经网络的一种，它的激活函数是径向基函数。径向基函数神经网络的输出是输入和神经元参数的径向基函数的线性组合。要最小化的误差函数为

$$E(c, \sigma, a_t) = \frac{1}{T}\sum_{t=1}^{T}(y_t - \hat{y}_t(a_t, c, \sigma))^2 \tag{10.5}$$

其中，T 为迭代次数，c 和 σ 为高斯参数，第一个参数 c 对应了函数的中心，第二个参数 σ 是宽度，a_t 是第 t 个神经元的权重。

7. 学习矢量量子化（learning vector quantization）

学习矢量量子化是一个基于原型的分类算法，也可以将其看作一种特殊类型的人工神经网络，其中，学习方法采用的是赢者通吃。算法的基本步骤如下：

（1）对于在 L 中的下一个输入 $\boldsymbol{X}$，找到 $\mathrm{d}(\boldsymbol{X}, \boldsymbol{W}_m)$ 的最小值，其中 d 是使用的（欧几里得、余弦等）度量。

（2）更新 $\boldsymbol{W}_m$，基本思想是让 $\boldsymbol{W}_m$ 更接近 $\boldsymbol{X}$，即 $\boldsymbol{W}_m \leftarrow \boldsymbol{W}_m + \eta(\boldsymbol{X} - \boldsymbol{W}_m)$。

（3）当 L 中还有向量时，再从第（1）步开始进行；否则终止。

其中 L 是一个由输入向量组成的列表，$\boldsymbol{W}_m$ 为第 m 个神经元的权重向量，η 是学习速率。

此外，还有一些对于监测和预测模型的组合方法。

8. 简单平均（simple average）

顾名思义，简单平均就只是从所有模型中提取平均结果。

$$f_{\mathrm{SA}} = \frac{f_{\mathrm{mlp}} + f_{\mathrm{rnn}} + f_{\mathrm{psh}} + f_{\mathrm{rbfn}} + f_{\mathrm{lvq}}}{5} \tag{10.6}$$

其中，$f.$ 是不同模型的预测值，f_{SA} 是在执行该操作后得到的平均值。

9. LASSO

LASSO 通过添加系数的约束，将残差平方误差降至最小。给定以下自变量和因变量的向量：

$$
\begin{pmatrix} \boldsymbol{X}_1^{\mathrm{T}} \\ \boldsymbol{X}_2^{\mathrm{T}} \\ \vdots \\ \boldsymbol{X}_N^{\mathrm{T}} \end{pmatrix} = \begin{pmatrix} X_{11} & X_{12} & \cdots & X_{1N} \\ X_{21} & X_{22} & \cdots & X_{2N} \\ \vdots & \vdots & \ddots & \vdots \\ X_{N1} & X_{N2} & \cdots & X_{NN} \end{pmatrix} \tag{10.7}
$$

$$
\boldsymbol{Y} = (y_1, \cdots, y_N)^{\mathrm{T}} \tag{10.8}
$$

训练数据为 $(\boldsymbol{X}_1, y_1), \cdots, (\boldsymbol{X}_N, y_N)$, LASSO 的系数基于以下公式进行估计：

$$
\begin{aligned}
&\min_{\boldsymbol{\beta}} \quad \sum_{i=1}^{N}\left(y_i - \beta_0 - \sum_{j=1}^{d}\beta_i x_{ij}\right) \\
&\text{s.t.} \quad \sum_{j=1}^{d}|\beta_j| \leqslant k, \quad k > 0
\end{aligned} \tag{10.9}
$$

参数 k 称为调节参数，它控制了对系数的收缩量。

10. 支持向量回归

支持向量回归是一种用于构建数据驱动和非线性经验回归模型的稳健方法。它的优点包括可以提供全局和唯一解，而不受局部最小值的影响，并平衡模型的准确性和模型的复杂性。

一个简单的支持向量回归函数可以具体为

$$
f(\boldsymbol{x}) = \boldsymbol{w}^{\mathrm{T}}\phi(\boldsymbol{x}) + \boldsymbol{b} \tag{10.10}
$$

其中 $\boldsymbol{w}$ 和 $\boldsymbol{b}$ 是函数的回归参数向量，$\phi(\boldsymbol{x})$ 是非线性函数，将输入数据向量 $\boldsymbol{x}$ 映射到一个训练数据的特征空间，其中训练数据具有线性。

下面的 ϵ-灵敏损失函数 L_ϵ 寻找在由两个松弛变量 ξ_i, ξ_i^* 创造的区域内的预测点。

$$
L_\epsilon(\boldsymbol{x}_i) = \begin{cases} 0, & \text{如果 } |y_i - f_{\boldsymbol{x}_i}| \leqslant \epsilon \\ |y_i - f_{\boldsymbol{x}_i}| - \epsilon, & \text{否则} \end{cases} \tag{10.11}
$$

L_ϵ 求出与实际所得值 y_i 偏差最大的预测值。因此，ϵ 量化了模型噪声不灵敏的程度。

11. 典型相关分析（canonical correlation analysis，CCA）

典型相关分析是多元统计分析中的一种方法和工具，用于发现和量化两组变量之间的关联。典型相关分析的基本技术思想基于投影，其目的是使两个数据集的低维投影之间（通过相关性度量）的关联性最大化。通过对两个变量的联合协方差分析，可以得到典型相关向量。假设给定两个随机变量向量 $\boldsymbol{X} \in R^q, \boldsymbol{Y} \in \mathbb{R}^p$, 想要找到一个可以描述 $\boldsymbol{X}$ 和 $\boldsymbol{Y}$ 之间的关联的指标，这里指标表示多元变量的投影。典型相关分析主要基于线性指标，也就是线性组合，$\boldsymbol{a}^{\mathrm{T}}\boldsymbol{X},\boldsymbol{b}^{\mathrm{T}}\boldsymbol{Y}$。典型相关分析的本质是从两组随机变量中选择几个有代表性的综合指标（变量的线性组合），并利用这些指标的相关性来表示原来两组变量之间的相关性。在相关分析中，可以对变量进行合理适当的简化；当得到的典型相关系数足够大时，和回归分析类似，一组变量的线性组合的值可以用另一组变量的值来进行预测 [1]。

假设

$$\begin{pmatrix} \boldsymbol{X} \\ \boldsymbol{Y} \end{pmatrix} \sim \left(\begin{pmatrix} \boldsymbol{\mu} \\ \boldsymbol{v} \end{pmatrix}, \begin{pmatrix} \boldsymbol{\Sigma}_{\boldsymbol{XX}} & \boldsymbol{\Sigma}_{\boldsymbol{XY}} \\ \boldsymbol{\Sigma}_{\boldsymbol{YX}} & \boldsymbol{\Sigma}_{\boldsymbol{YY}} \end{pmatrix} \right)$$

式中，这个协方差结构的子矩阵为 $\rho(\boldsymbol{a},\boldsymbol{b})=\rho\boldsymbol{a}^{\mathrm{T}}\boldsymbol{X}\boldsymbol{b}^{\mathrm{T}}\boldsymbol{Y}$，因此有

$$\rho(\boldsymbol{a},\boldsymbol{b})=\frac{\boldsymbol{a}^{\mathrm{T}}\boldsymbol{\Sigma}_{\boldsymbol{YX}}\boldsymbol{b}}{(\boldsymbol{a}^{\mathrm{T}}\boldsymbol{\Sigma}_{\boldsymbol{XX}}\boldsymbol{a})^{1/2}(\boldsymbol{b}^{\mathrm{T}}\boldsymbol{\Sigma}_{\boldsymbol{YY}}\boldsymbol{b})^{1/2}}$$

考虑到刻度的不变性，重新调整投影 $\boldsymbol{a}$ 和 $\boldsymbol{b}$，就是等价求解 $\max_{\boldsymbol{a},\boldsymbol{b}}=\boldsymbol{a}^{\mathrm{T}}\boldsymbol{\Sigma}_{\boldsymbol{XY}}\boldsymbol{b}$。

定义 $\boldsymbol{K}=\boldsymbol{\Sigma}_{\boldsymbol{XX}}^{-1/2}\boldsymbol{\Sigma}_{\boldsymbol{XY}}\boldsymbol{\Sigma}_{\boldsymbol{YY}}^{-1/2}$，对 $\boldsymbol{K}$ 进行奇异值分解得到

$$\boldsymbol{K}=\boldsymbol{\Gamma}\boldsymbol{\Lambda}\boldsymbol{\Delta}^{\mathrm{T}}$$

其中，$\boldsymbol{\Gamma}$、$\boldsymbol{\Delta}$ 均为正交矩阵，即 $\boldsymbol{\Gamma}^{\mathrm{T}}\boldsymbol{\Gamma}=\boldsymbol{\Delta}^{\mathrm{T}}\boldsymbol{\Delta}=\boldsymbol{I_r}$。且有 $k=\mathrm{rank}(\mathbf{K})=\mathrm{rank}(\boldsymbol{\Sigma}_{\boldsymbol{XY}})=\mathrm{rank}(\boldsymbol{\Sigma}_{\boldsymbol{YX}})$。

$\lambda_1,\lambda_2,\cdots,\lambda_k(\lambda_1\geqslant\lambda_2\geqslant\cdots\geqslant\lambda_k)$ 是 $\boldsymbol{N}_1=\boldsymbol{K}\boldsymbol{K}^{\mathrm{T}}$ 和 $\boldsymbol{N}_2=\boldsymbol{K}^{\mathrm{T}}\boldsymbol{K}$ 的非零特征根，并且 $\boldsymbol{\gamma}_i$ 和 $\boldsymbol{\delta}_j$ 分别为 N_1 和 N_2 的标准化特征向量。

定义向量

$$\boldsymbol{a}_i=\boldsymbol{\Sigma}_{\boldsymbol{XX}}^{1/2}\boldsymbol{\gamma}_i$$
$$\boldsymbol{b}_i=\boldsymbol{\Sigma}_{\boldsymbol{YY}}^{1/2}\boldsymbol{\delta}_i$$

称它们为典型相关向量，从而定义典型相关变量为

$$\eta_i=\boldsymbol{a}_i^{\mathrm{T}}\boldsymbol{X}$$
$$\phi_i=\boldsymbol{b}_i^{\mathrm{T}}\boldsymbol{Y}$$

$\rho_i=\lambda_i^{1/2}$ 称为典型相关系数，可以达到最大值 $C(r)=\rho_r=\lambda_r^{1/2}$。典型相关系数 $\rho_i=\lambda_i^{1/2}$ 是典型相关向量 η_i 和 ϕ_i 的协方差，$\eta_1=\boldsymbol{a}_1^{\mathrm{T}}\boldsymbol{X}$ 和 $\phi_1=\boldsymbol{b}_1^{\mathrm{T}}\boldsymbol{Y}$ 的最大协方差为 $\sqrt{\lambda_1}=\rho_1$。

典型相关分析不仅可以研究两组连续变量之间的相关性，还可以研究定性数据间的相关性。定性数据用列联表的形式表示，列联表与一般的数据矩阵的含义不同，因此不能直接应用列联表，定性数据典型相关分析的目标是解释第 r 行与第 c 列类别之间的关系。将数据表示成 $n\times(r+c)$ 矩阵的形式，n 是列联表频数的总和， 记为 $\boldsymbol{Z}=(\boldsymbol{X},\boldsymbol{Y})$。$\boldsymbol{X},\boldsymbol{Y}$ 中的元素是 0-1 哑变量，元素用 1 表示进入样本，用 0 表示未进入样本。

记 $\boldsymbol{x}_{(i)}$ 和 $\boldsymbol{y}_{(j)}$ 分别为矩阵 $\boldsymbol{X}$ 的第 i 列和矩阵 $\boldsymbol{Y}$ 的第 j 列，表示列联表第 i 列和第 j 列的取值，于是 $\boldsymbol{x}_{(i)}^{\mathrm{T}}\boldsymbol{y}_{(j)}=n_{ij}$；同定量数据一样，要找到使得相关系数达到最大的典型向量 $\boldsymbol{\eta}=\boldsymbol{a}^{\mathrm{T}}\boldsymbol{X}$ 和 $\boldsymbol{\phi}=\boldsymbol{b}^{\mathrm{T}}\boldsymbol{Y}$。

在接下来的小节中，选取几种神经网络方法进行更加详细的介绍。

[1] 有关典型相关分析的详细论述可以参见田茂再的《多元统计分析》。

10.3.2 人工神经网络

数据挖掘是一种通过分析大量数据来研究数据内部规则的技术和方法。换句话说，它是一种将大数据转换成有用信息的技术。数据挖掘方法利用了统计学、人工智能等其他领域的理论。数据挖掘方法如决策树、神经网络和支持向量机，与网络信息一起在许多研究课题中得到了应用。

神经网络是一种经典的数据挖掘方法，也是一种模拟生物神经网络结构和功能的数学模型。一个神经网络由不同的相互连接的人工神经元组成，这些神经元分布在输入层、隐藏层 (s) 和输出层。一般来说，在学习阶段，神经网络可以根据流经网络的信息改变其结构。这一非线性的计算模型如今已广泛用于检测和诊断输入和输出数据之间的复杂关系。

人工神经网络模型一般可以归类为向量映射器：它们接受一组输入（输入向量），并根据某种结构中的编码的映射关系产生相应的输出（输出向量）(Wasserman，1994)。人工神经网络模型也可以看作非线性的输入–输出模型，它具有一定的特殊性质，如质量并行性和输入的非线性处理，这些特性在生物神经网络中也存在。通过尝试模拟这些生物神经网络的基本特征，以及在不同阶段多次处理输入，ANN 模型很好地完成了预测、分类、模式识别和优化等任务（Ahmadi，1994; Kuan and White，1994; Zhang et al.，1998; Balkin and Ord，2000）。

Moshiri 和 Brown （2004）介绍了两种非线性人工神经网络方法，即反向传播神经网络（BPNN）模型和广义回归神经网络（GRNN）模型，对 5 个经济合作与发展组织国家的战后失业率序列进行估计和预测，并将结果与线性模型和一些非线性模型进行了比较。

1. 反向传播神经网络模型

反向传播神经网络模型是一种被广泛使用的神经网络模型，通过改变其参数来迭代学习训练样本，从而提高其监测预测效果。这些模型通过指定数量的中间估计步骤使用反馈过程，将来自每次迭代的信息合并到数据的行为模式中，通过这些步骤和迭代来调整预测过程称为学习。BPNN 模型能够学习所有类型的连续函数，前提是允许有足够的中间步骤（Rumelhart et al.，1986; White，1990）。虽然在 BPNN 中使用梯度下降法进行学习需要密集型的计算，特别是当网络和训练数据集比较大时，一些学习方法如 Levenberg-Marquardt（LM）学习方法，它是高斯-牛顿优化规则的近似，仍然减少了估计所需的时间。

在 BPNN 中提出了许多训练函数来有效地更新网络参数，例如，有弹性的反向传播（resilient back propagation，RP）、动量梯度下降与自适应学习率反向传播（gradient descent with momentum and adaptive learning rate back propagation，GDX）、一步割线反向传播（one-step secant back propagation）就是处理时间序列数据的一些最有效的函数。

反向传播神经网络通过隐藏层将信息从输入层传递到输出层。当实际的输出与估计的输出不同时，这个模型可以通过误差的反向传播过程调整权值和阈值，过程如图 10.1 所示。

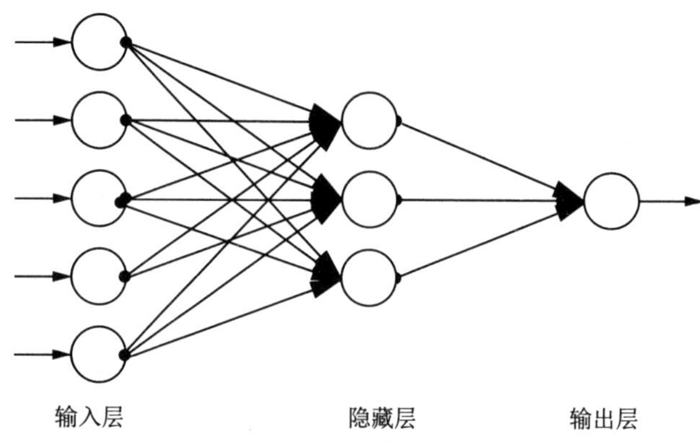

图 10.1　反向传播神经网络的结构

当第一个输入信息流通过网络并产生输出信息时，就开始了反向传播过程。如上所述，利用误差函数计算产生的值与实际值之间的误差，从而对网络进行优化。常用的误差函数为二次函数，如下所示：

$$E(t) = \frac{1}{2}\sum(a_j(t) - y_j(t))^2 \tag{10.12}$$

其中，$y_j(t)$ 为 t 时刻神经网络产生的值，$a_j(t)$ 表示 t 时刻的实际值。然后，通过广义 δ 学习函数来调整连接权重：

$$\delta w_{ji}(t) = \sum_{s=1}^{\epsilon}\{\eta(a_j - y_j)f'(\cdot)y_i\} + \mu\delta w_{ji}(t-1) \tag{10.13}$$

其中，η 为学习率（learning rate），μ 为动量值（momentum value），ϵ 为时间段大小（epoch size），$f(\cdot)$ 为激活函数（activation function）。此外，$a_j - y_j$ 代表了实际值与产生的值之间的误差。

传统反向传播神经网络的激活函数为双曲正切函数，定义为

$$f(x) = \frac{2}{1+\mathrm{e}^{(-2x)}} - 1 \tag{10.14}$$

学习率是一个可以决定找到最佳解的效率和有效性的参数。学习率的值越大，学习过程越快，但它可能会扰动。但是，如果学习率的值相对较小，可能会达到局部最优解。

与 BPNN 不同，径向基神经网络（radical basis function neural network，RBFNN）使用非线性径向基函数（RBF）作为隐藏层的激活函数，如高斯函数

$$f(x-\theta) = \mathrm{e}^{-\frac{(x-\theta)^2}{\sigma^2}} \tag{10.15}$$

其中，$x-\theta$ 表示高斯分布的均值，σ^2 表示方差。“扩散值（spread）”是一个反映径向基函数变化速度的参数。扩散值增大，说明神经元需要拟合一个快速变化的函数；而扩散值减小，说明神经元需要拟合一个平滑的函数。

类似地，对于小波神经网络（wavelet neural network，WNN）而言，嵌入隐藏层的小波函数被当作激活函数。这个函数的描述如下：

$$f(x) = \mathrm{e}^{-\frac{x^2}{2}}\cos(1.75x) \tag{10.16}$$

在学习过程中有两个参数是非常重要的。一是调整网络的权重，二是调整尺度因子和位移因子。

2. 广义回归神经网络模型

BPNN 的一个缺点是，它通常需要大量迭代才能收敛到所需的解。Specht（1991）提出的 GRNN 则是径向基函数神经网络的一个特例，不需要迭代，可以作为 BPNN 的替代模型。类似于 BPNN，GRNN 是一个通用的近似估计：它可以使用单传递学习算法（one-pass learning algorithm）来近似一个任意在自变量 (x) 和因变量 (y) 之间的函数。

GRNN 是基于非线性回归理论进行函数估计的。因变量 y 对自变量 $\boldsymbol{x}$ 的回归可以定义为

$$E(y|\boldsymbol{x})=\frac{\displaystyle\int_{-\infty}^{+\infty} yf(\boldsymbol{x},y)\mathrm{d}y}{\displaystyle\int_{-\infty}^{+\infty} f(\boldsymbol{x},y)\mathrm{d}y}$$

其中，$f(\boldsymbol{x},y)$ 是 $\boldsymbol{x}$ 和 y 的联合概率密度函数（probability density function，PDF），$E(y|\boldsymbol{x})$ 为 y 在给定 $\boldsymbol{x}$ 下的条件期望值。当 $f(\boldsymbol{x},y)$ 未知时，需要使用观测的样本来估计它。GRNN 使用非参数 Parzen 窗方法得到 $f(\boldsymbol{x},y)$ 的估计值如下：

$$\hat{f}(\boldsymbol{x},y)=\frac{1}{2\pi^{(p+1)/2}\sigma^{(p+1)}}\frac{1}{n}\sum_{i=1}^{n}\exp\left[-\frac{D_i^2}{2\sigma^2}\right]\exp\left[-\frac{(y-y_i)^2}{2\sigma^2}\right]$$

其中，p 为向量 $\boldsymbol{x}$ 的维度，$D_i^2=(\boldsymbol{x}-\boldsymbol{x}_i)^{\mathrm{T}}(\boldsymbol{x}-\boldsymbol{x}_i)$, σ 为 PDF 的标准差。在这种方法中，$f(\boldsymbol{x},y)$ 的估计是通过对每个样本 $\boldsymbol{x}_i$ 和 y_i 的样本分配宽度为 σ 的样本概率，然后将这些样本概率相加得到的。将估计的 $f(\boldsymbol{x},y)$ 代入 $E(\boldsymbol{x}|y)$, 并将结果化简得到的估计条件均值如下：

$$\hat{y}(\boldsymbol{x})=\frac{\displaystyle\sum_{i=1}^{n} y_i\exp\left(-\frac{D_i^2}{2\sigma^2}\right)}{\displaystyle\sum_{i=1}^{n}\exp\left(-\frac{D_i^2}{2\sigma^2}\right)} \tag{10.17}$$

上面的 Parzen 估计器有两个主要的特征。首先，它可以通过样本观测得到。其次，在密度函数连续的所有点 $(\boldsymbol{x},y)$ 处，它可以用于获得估计条件均值的 PDF 估计，且估计量是相合的，假设 $\sigma=\sigma(n)$ 随 n 递减，且 $\lim\limits_{n\to\infty}\sigma(n)=0$, $\lim\limits_{n\to\infty}n\sigma^p(n)=\infty$。估计的条件均值可以看作所有观测值 (y) 的加权平均值，在这里，每一个 y 都按其相对 $\boldsymbol{x}$ 的距离（通常是欧几里得距离）进行指数加权。σ 是一个平滑参数，它决定了估计的 y 的形状。如果 σ 值很大，那么估计的 y 是平滑的。在极限情况下，它就变成了一个协方差为 $\sigma^2\boldsymbol{I}$ 的多元高斯函数。如果 σ 值很小，那么就假设了估计的 y 呈非高斯形状。在这种情况下，应该小心离群值可能会对估计产生太大的影响。在极端情况下，当 σ 变得非常大时，$\hat{y}$ 就等于 y；当 σ 趋于 0 时，$\hat{y}$ 取的是与最接近 $\boldsymbol{x}$ 的观测值相关的 y 的值。当 σ 处于中间值，要考虑所有

的 y 值，但是那些更靠近 $\boldsymbol{x}$ 相对应的 y 被赋予了更重的权重。σ 的值的估计一般可以根据 y 与 y 的估计准则之间的最小均方误差（Specht，1991）来确定。

GRNN 的工作原理如下：令 $\boldsymbol{x}_i(i=1,2,\cdots,r)$ 表示输入向量，T 表示观测数目。首先向输入层向量输入数据，然后由网络分配隐藏的层单元。隐藏层单元的数量 (k) 可以设置等于样本容量 T（输入向量的数量），称为正则化网络，或者也可以应用聚类方法确定。在前一种情况中，为每个输入向量分配一个隐藏单元，$\boldsymbol{x}^t=(x_1^t,\cdots,x_r^t),t=1,\cdots,T$。也就是说，有 T 个隐藏层单元，每个输入向量为一个隐藏单元生成一个中心向量 $[\boldsymbol{c}_j=(c_{j1},\cdots,c_{jr})]$。在后一种情况中，输入向量被聚类成为 $k(<T)$ 个向量，那么每个隐藏层单元对整个类生成一个中心向量，并且隐藏单元的数目就设为 k。

如 Moshiri 等（1999）详细解释的那样，聚类方法可以是固定中心方法，也可以是灵活中心方法。在前者中，网络随机选择中心向量，然后根据一次遍历算法（one-pass-through algorithm）确定中心向量和标准差 (σ) 的值。在后者中，网络随机选择中心向量，但通过使用一个学习规则，如 Moody 和 Darken（1989）提出的梯度下降或 K 均值的规则来调整中心向量和标准差（σ）。

在下一阶段，每个隐藏层单元计算输入向量（或类）与中心向量之间的距离（通常为欧几里得距离）如下：

$$\text{Net}_j=\|\boldsymbol{x}-\boldsymbol{c}_j\|=\sum_i(x_i-c_{ji})^2,\quad j=1,\cdots,k$$

然后，通过隐藏层单元 $j(h_j)$ 中的激活函数转换 Net。激活函数可以是任意非负实数上的函数，在 Net 为零时（当输入向量与中心向量相同时），它取最大值 1，当 Net 趋于无穷时它趋近于 0。这里，假设了一个高斯形式，也被称为“径向基函数”，如下所示：

$$h_j=\exp(-\text{Net}_j/2\sigma_j^2)$$

其中，σ_j 表示对输入 $\boldsymbol{x}$ 有显著响应的值的范围（也称为神经元 j 的接受域）。由于接受域 σ_j 与标准差相似，整个激活函数类似于均值为 c、标准差为 σ 的正态概率分布函数。

在最后阶段，隐藏层单元 h_j 的输出乘以权重 w_j，w_j 是输入向量 x 对应的输出，对隐藏层单元求和，然后除以 $\sum h_j$ 归一化。通过在输出层中应用单元激活函数得到最终的输出。

综上所述，式(10.17) 中所示的 GRNN 的输出可以估计为

$$y=\sum_j h_jw_j\Big/\sum_j h_j,\quad j=1,\cdots,k \tag{10.18}$$

其中：$h_j=\exp(-\text{Net}_j/2\sigma_j^2)$，为隐藏层神经元 j 的输出；$\text{Net}_j=\|\boldsymbol{x}-\boldsymbol{c}_j\|=\sum\limits_i(x_i-c_{ji})^2,j=1,\cdots,k$ 为输入向量 $\boldsymbol{x}$ 和中心向量 $\boldsymbol{c}_j$ 之间的（欧几里得）距离的平方；$\boldsymbol{x}=(x_1,x_2,\cdots,x_r)$，为输入向量；$w_j$ 为输出网络的权重值，即样本中的实际输出值；$\boldsymbol{c}_j$ 为中心向量；σ_j 为隐藏层神经元 j 的标准差。

更具体地，GRNN 模型的输出可以写作如下形式：

$$y=\frac{\left\{\sum_{j}w_j\exp\left[-\sum_{i}(x_1-c_{ji})^2/2\sigma_j^2\right]\right\}}{\left\{\sum_{j}\exp\left[-\sum_{i}(x_i-c_{ji})^2/2\sigma_j^2\right]\right\}} \tag{10.19}$$

关于 GRNN，有三点值得详细阐述。第一，GRNN 模型的最终输出是通过网络过程的一次遍历得到的。也就是说，不像其他 ANN 模型（如 BPNN 和径向基函数网络）那样要通过迭代进行训练，这样就大大减少了计算时间。第二，GRNN 实际上是一个核回归，需要的样本量比其他 ANN 模型更小（Specht，1991；Hardle，1990）。第三，由于 GRNN 可以被看作一个非线性回归模型，所以在原则上，权重值可以用任何一般的方法来估计，如非线性最小二乘法或最大似然。然而，这可能需要估计许多参数，特别是如果每一项观测都用作隐藏层单元的中心（正则化网络）。

10.3.3　支持向量回归

支持向量回归是 Vapnik 提出的一种统计学习方法，是支持向量机的一种改进。支持向量回归的基本思想是将数据从输入空间映射到高维特征空间，然后使用线性回归来解决高维特征空间中的问题。

给定一个训练集 $\{(x_i,y_i)\},i=1,2,\cdots,n$，其中 x_i 为输入数据，y_i 为对应的输出数据，n 为数据实例的总数。支持向量回归的回归函数定义为

$$f(\boldsymbol{x})=(\boldsymbol{w}\cdot\phi(\boldsymbol{x}))+b \tag{10.20}$$

其中，$\boldsymbol{w}$ 和 b 分别表示权重向量和偏差常数, $\phi(\boldsymbol{x})$ 表示将数据从输入空间映射到高维特征空间的函数。

在 ϵ−SVR 中，回归系数 $\boldsymbol{w}$ 和 b 通过最小化如下正则化的风险函数来解决：

$$R(C)=C\sum_{i=1}^{n}L_\epsilon(f(x_i),\ y_i)+\frac{1}{2}\|\boldsymbol{w}\|^2 \tag{10.21}$$

在这个函数中，第一部分表示经验风险，第二部分是正则化风险。参数 C 为正则化常数，用来平衡经验风险和正则化风险。此外，$L_\epsilon(f(x),y)$ 为 ϵ-不敏感损失函数，其定义如下：

$$L_\epsilon(f(x),y)=\begin{cases}0, & \text{如果}|y-f(x)|\leqslant\epsilon\\ |y-f(x)|-\epsilon, & \text{其他}\end{cases} \tag{10.22}$$

其中 ϵ 定义了回归中允许的最大误差。

引入松弛变量 ξ, 问题转化为如下最优化问题：

$$
\begin{aligned}
&\text{最小化} \quad C\sum_{i=1}^{n}(\xi_i+\xi_i^*)+\frac{1}{2}\|\boldsymbol{w}\|^2 \\
&\text{s.t.} \quad \begin{cases} y_i-(\boldsymbol{w}\cdot\phi(\boldsymbol{x}_i)+b)\leqslant\epsilon+\xi_i \\ (\boldsymbol{w}\cdot\phi(\boldsymbol{x}_i)+b)-y_i\leqslant\epsilon+\xi_i^* \\ \xi_i,\xi_i^*,\epsilon\geqslant 0,\quad i=1,2,\cdots,n \end{cases}
\end{aligned}
\tag{10.23}
$$

由于在 ϵ-SVR 中，选择 ϵ-不敏感损失函数中的 ϵ 是比较困难的，ν-SVR 的设计旨在通过引入另一个参数 $\nu\in(0,1]$ 控制支持向量的数目来解决这个问题。在 $\nu-$SVR 中，通过引入松弛变量 ξ 转化的最优化问题又可转化如下：

$$
\begin{aligned}
&\text{最小化} \quad C\left(\nu\epsilon+\frac{1}{n}\sum_{i=1}^{n}(\xi_i+\xi_i^*)\right)+\frac{1}{2}\|\boldsymbol{w}\|^2 \\
&\text{s.t.} \quad \begin{cases} y_i-(\boldsymbol{w}\cdot\phi(\boldsymbol{x}_i)+b)\leqslant\epsilon+\xi_i \\ (\boldsymbol{w}\cdot\phi(\boldsymbol{x}_i)+b)-y_i\leqslant\epsilon+\xi_i^* \\ \xi_i,\xi_j^*,\epsilon\geqslant 0,\quad i=1,2,\cdots,n \end{cases}
\end{aligned}
\tag{10.24}
$$

式 (10.23) 和式 (10.24) 都可以通过求解它们的对偶问题来解决，最后通过引入拉格朗日乘子和使用优化约束进行变换来解决：

$$
f(\boldsymbol{x},\lambda_i,\lambda_j^*)=\sum_{i=1}^{\mathrm{Nsv}}(\lambda_i-\lambda_j^*)K(\boldsymbol{x},\boldsymbol{x}_i)+b \tag{10.25}
$$

其中 Nsv 为支持向量的数目, $K(\boldsymbol{x},\boldsymbol{x}_i)=\phi(\boldsymbol{x})\cdot\phi(\boldsymbol{x}_i)$ 为核函数, λ_i 和 λ_j^* 为拉格朗日乘子。

需要注意的是，核函数的值等于特征空间中两个向量的内积，即 $K(\boldsymbol{x},\boldsymbol{x}_i)=\phi(\boldsymbol{x})^{\mathrm{T}}\cdot\phi(\boldsymbol{x}_i)$。支持向量回归解决的是高维特征空间中的问题，核函数将问题进行了简化，从而不需要计算 $\phi(\boldsymbol{x})$。此外，下面列出了 4 个常用的核函数。

线性核函数：

$$
K(\boldsymbol{x}_i,\boldsymbol{x}_j)=\boldsymbol{x}_i^{\mathrm{T}}\boldsymbol{x}_j \tag{10.26}
$$

多项式核函数，参数为 γ,d,r：

$$
K(\boldsymbol{x}_i,\boldsymbol{x}_j)=(\gamma\boldsymbol{x}_i^{\mathrm{T}}\boldsymbol{x}_j+r)^d,\quad \gamma>0 \tag{10.27}
$$

径向基核函数，参数为 γ：

$$
K(\boldsymbol{x}_i,\boldsymbol{x}_j)=\exp(-\gamma\|\boldsymbol{x}_i-\boldsymbol{x}_j\|^2),\quad \gamma>0 \tag{10.28}
$$

Sigmoid 核函数，参数为 γ,r：

$$
K(\boldsymbol{x}_i,\boldsymbol{x}_j)=\tanh(\gamma\boldsymbol{x}_i^{\mathrm{T}}\boldsymbol{x}_j+r) \tag{10.29}
$$

10.3.4　网络搜索数据分位回归的失业率监测

本节的算法主要分为关键词库构建、关键词筛选、构建模型进行预测等方面。这里主要考虑的建模方法是分位数回归方法。传统均值角度下研究的线性模型会受经典假设条件的约束，而分位数回归不仅能精确地描述在给定分位数水平下自变量对于响应变量的效应，而且能够更加全面地描述响应变量条件分布的全貌，而不是仅仅分析响应变量的条件期望。并且分位数回归对于数据出现尖峰或厚尾的分布、存在显著的异方差等情况时的估计具有较强的耐抗性和稳健性，它对误差项并不要求很强的假设条件（张元杰和田茂再，2015）。将网络搜索数据与分位数回归模型相结合，结合了传统分位数回归的优势与网络搜索数据的庞大信息的优点。其算法研究思路如下。

第一阶段：构建关键词库。借助上述算法中介绍的两种选取关键词途径，即经验取词或者利用百度搜索引擎的关键词自动推荐技术得到关键词。

第二阶段：筛选关键词。如使用上述算法中介绍的主成分分析方法提取关键词或者依据相关性，提取相关性强的关键词。注意到某些研究方法（如 Lasso 分位数回归（Lasso quantile regression）等）能够实现变量选择，从而进行关键词筛选，此时可省略本阶段步骤。

第三阶段：构建分位数回归模型。先对数据进行移动平均处理，转化成月度数据。$\boldsymbol{y}$ 是因变量失业率；$\boldsymbol{x}$ 是控制变量，主要包括关键词指数。考虑如下线性模型：

$$\boldsymbol{y}=\boldsymbol{x}^{\mathrm{T}}\boldsymbol{\beta}+\boldsymbol{\epsilon}$$

$\boldsymbol{y}$ 的 τ 阶条件分位函数为

$$Q_{\boldsymbol{y}|\boldsymbol{x}}(u)=\boldsymbol{x}_g^{\mathrm{T}}\boldsymbol{\beta}(\tau),\quad \tau\in U$$

这里假定随机误差项的条件分位数为 0，则最终模型求解形式为

$$\hat{\boldsymbol{\beta}}(\tau)=\arg\min_{\beta}\sum\rho_\tau(\boldsymbol{y}-\boldsymbol{x}^{\mathrm{T}}\boldsymbol{\beta}(\tau))$$

$\hat{\boldsymbol{\beta}}(\tau)$ 称为分位数回归估计量。

接下来给出前面介绍的 Lasso 分位数回归，该方法可以实现变量选择，故第二阶段可省略。Lasso 分位数回归最终模型求解形式为

$$\hat{\boldsymbol{\beta}}(\tau)_{\text{Lasso QR}}=\arg\min_{\boldsymbol{\beta}}\sum\rho_\tau(\boldsymbol{y}-\boldsymbol{x}^{\mathrm{T}}\boldsymbol{\beta}(\tau))+\lambda\sum\boldsymbol{\beta}(\tau)$$

λ 称为惩罚参数，可以通过 BIC、SIC 准则选取。$\hat{\boldsymbol{\beta}}(\tau)_{\text{Lasso QR}}$ 称为 Lasso QR 估计量。

这里需要指出的是，在模型中使用全变量会增加计算复杂度，推荐先通过相关性粗略筛选，再使用 Lasso 分位数回归。

第四阶段：考虑绘制置信带图像、假设检验等。绘制置信带可以展现 99 个分位点的参数估计走势汇总图。系数的置信带反映了因变量条件分布的位置和尺度变化。通常参数随着分位点的取值不同而波动。也可通过假设检验方法验证变量是否显著。

该算法的创新点主要体现在网络搜索数据与分位数回归相结合去研究失业率，这在国内应该是首创，结合分位数回归方法的优点使得算法得到最终结果展示更为全面。通过网络搜索数

据预测失业率是对大数据应用于政府统计的有益探索，具有较强的理论和实际意义。本算法的研究思路和方法还可以进一步拓展到宏观经济指标的预测中。算法的计算速度都较快，搜索数据的实时性使得结果具有很强的时效性，可以对官方调查数据起到有益的补充。

10.4 案例分析

10.4.1 人口老龄化与就业结构研究

1. 人口老龄化定义

人口老龄化是指在一定时期内某一地区老年人口比例随时间增长的动态过程。国际上通常认为某个国家 60 岁以上的人口占总人口比重达到 10%，或 65 岁以上人口占总人口的比重达到 7%，则该国进入老龄化社会。

随着科技水平的发展和医疗卫生条件的改善，人类社会发展的一个必然趋势就是进入老龄化社会，同时，这也是当今世界各国需要解决的重大问题。截至 2012 年年底，我国已有 1.94 亿 60 岁以上的老年人口，占总人口的比重为 14.3%， 这一数值预测会在 2025 年超过 3 亿，2034 年我国老年人口数可能达 4 亿以上，并在 2051 迎来峰值 4.37 亿。和其他国家比较而言，我国的人口老龄化具有一些特征，例如，人口基数大，老龄化进程速度快，区域发展不均衡，城乡倒置明显，女性老龄化人口数目大于男性，未富先老等，这些人口老龄化特征将会严重影响经济社会的和谐发展 （杨宜勇，2008）。

2. 人口老龄化与就业的关系

人口老龄化主要从直接和间接两个方面对就业产生效应：直接层面，人口老龄化会改变劳动力供给的总量和结构，从而阻碍劳动生产率的提高；间接层面，人口老龄化会改变消费结构和生产结构，进一步作用于劳动力需求，并且增加养老保障的负担，从而增加劳动力的成本。

1）人口老龄化对劳动生产率的影响

一般而言，人口老龄化会直接影响劳动生产率的提高， 但由于行业和职位特点的不同，人口老龄化对劳动生产率的影响机制较为复杂。年长劳动力的知识技能老化速度加快，知识更新速度相对迟缓，难以达到工作岗位的技能素质要求，因此将制约着劳动生产率的提高；但在实际工作中，很多工作岗位对工作经验的要求比较高，或需要年长劳动力对年轻劳动力进行指导和帮助， 从而有助于社会劳动生产率的提高。

2）人口老龄化对劳动力成本的影响

从长远来看，人口老龄化将不可避免地导致劳动年龄人口比重的降低，使得劳动力的有效供给总量减少。如果经济社会发展对劳动力的需求较大，劳动力的市场就会呈现出一个供不应求的局面，这无疑会增加劳动力的工资成本。同时，人口老龄化也会使得人口抚养比增加，那么如果保持养老金标准不变（指不降低），则一定会加重劳动人口的人均养老金的负担。

3. 已有相关研究

人口年龄结构的改变对经济增长的效应十分明显，这主要是因为人口结构的改变可能会导致劳动年龄人口的增长速度比非劳动年龄人口的增长速度更快（Bloom et al.，1998）。

随着我国完成了人口结构的转变，人口老龄化的年龄结构导致人口红利消失（王德文，蔡昭，张学辉，2004）。我国的人口往往"未富先老"（李建民，2006）。那么，出于降低人口老龄化对经济增长的阻碍，一些学者提出了调整退休政策和劳动力政策，从而增加劳动力参与率（Bloom et al.，2008；周祝平和刘海斌，2016）。是否能够使劳动力参与率保持在一个较高的水平，对经济的人口红利和经济增长非常重要（郭琳和车士义，2011）。增加劳动年龄人口仅仅是促进经济增长的一种方式，与此同时也要有相应的制度改革，以及比较高的劳动力参与率。在社会老龄化程度不断加深的背景下，我国需要解决的一大挑战是如何在这种条件下维持较高的劳动力参与率，保证经济发展的持续性。但是，劳动力参与率是一个受到若干因子影响的内生变量。探索人口老龄化与劳动力参与率、劳动力就业结构及工资水平变化之间的联系，是一个有意义的研究。

国内的学者对于我国劳动力参与率的变化趋势做了大量的探索研究。其中一些学者关注失业和转型的关系，他们注意到，随着劳动力参与率的降低，城镇失业率逐渐增加，并且在最近几年内，在城镇失业率比较低的情况下，劳动力的供应和需求状况仍在逆转（张车伟和吴要武，2003；张车伟和蔡翼飞，2012）。在失业率降低、劳动需求提高的情况下，对于劳动参与率呈现降低的趋势这个问题，一些学者推断了理论上的可能性因素。这些因素包括工资增加造成的收入效应，失业率增长造成"沮丧的工人"退出劳动力市场，年轻劳动力的参与率下降，社会保障安全网降低人们寻求工作的积极性等（李丽林，2006）。有一些学者基于人口预测和劳动年龄人口老龄化，对我国未来劳动参与率的衰减趋势进行了预测和监测（王金营和蔺丽莉，2006）。有的文献关注了教育年限增加的效应，认为 15 ~ 24 岁人口在校比重及 50 岁以上中老年人口比重同时增加会降低整体劳动参与率，进而减小劳动规模（马忠东，吕智浩，叶孔嘉，2010）。有些研究聚焦脱离教育的人数对未来劳动力供给趋势的影响，具有积极的理论意义和参考价值（张车伟和蔡翼飞，2016），但是脱离教育的人数只是对于新增的低龄劳动供给状况的体现，并不能体现出中老年劳动力群体退出劳动力市场的状况。

本节在已有研究的理论框架下，运用典型相关分析的方法，从数据角度挖掘老龄化与就业两组变量之间的相关关系，为更深入地理解与解决人口老龄化问题提供了思路。

4. 数据来源描述

1）人口老龄化衡量指标及数据来源

人口老龄化问题关系到国家生产结构、居民消费、社会保障等经济问题的方方面面；老年抚养比，即老年人口和劳动人口的比例描述了老龄化问题，并衡量了人口老龄化进程中整体社会的养老负担，因此本节选用老年人口占比及老年人口抚养比两个指标，对我国及各省市近年来的人口老龄化问题进行度量和分析。指标含义见表 10.1，相关数据均来自国家统计局数据库。

2）就业情况衡量指标及数据来源

就业总量和失业率作为就业相关问题和宏观经济分析中的重要指标，衡量了一个国家（或地区）总体上的就业情况。在本问题的研究中，考虑到不同省、市、地区之间的人口基数不同，选择就业总数指标进行比较不具备可比性，因此选择失业率这一相对指标来刻画省、市、地区不同年份的劳动力市场就业情况。

表 10.1 变量解释

变量名称	含义
老年人口占比	人口中 65 岁及以上人口数与总人口数之比
老年抚养比	人口中 65 岁及以上人口数与 15 岁以上、65 岁以下劳动人口数之比，表明每 1 名劳动年龄人口要负担多少名老年人

各产业下的就业情况描述了就业人员在不同产业的分布，进一步反映了产业结构和就业结构之间是否协调的问题。在就业的产业结构分析方面，以往研究主要集中在对三大产业（第一产业、第二产业、第三产业）就业数量上，缺乏对具体分行业下就业分布情况的研究，相关结论在细分行业下是否仍然成立有待考证；因此参考《中国人口与就业统计年鉴》中提供的分行业就业数据，选择六大细分行业下的就业结构进行就业和产业结构之间关系的研究。相关指标含义见表 10.2。

表 10.2 变量解释

变量名称	含义
失业率	反映一个国家（或地区）失业状况的主要指标
建筑人员占比	就业人员中从事该行业的人数占比
制造人员占比	就业人员中从事该行业的人数占比
交通运输、仓储和邮政业人员占比	就业人员中从事该行业的人数占比
批发、零售人员占比	就业人员中从事该行业的人数占比
租赁和商务服务人员占比	就业人员中从事该行业的人数占比
居民、其他服务业人员占比	就业人员中从事该行业的人数占比
城镇单位就业人员占比	就业人员中城镇单位职工所占比重
女性占比	就业人员中女性人数所占比重
高学历占比	就业人员中受教育程度为大学及以上的人数所占比重
低学历占比	就业人员中受教育程度为初中及以下的人数所占比重
工资指数（以上一年为基期）	当期职工平均工资相对于基期职工平均工资的增长率

综合中国的实际国情来看，我国的产业就业结构始终与城镇化进程有着紧密的联系。近年来，随着城镇化水平的不断提升，服务业容纳就业人口潜力巨大，城市就业压力相对减轻，劳动力出现了行业和地区之间的重大转移。因此本节选择城镇单位人员占比这一指标，以便对整体的就业结构进行更深入的探究。

以上数据来自中国经济与社会发展统计数据库中的《中国人口与就业统计年鉴》部分。

5. 总体建模与聚类分析

为分析人口老龄化与就业之间的关系，将老年人口占比和老年抚养比作为衡量人口老龄化的指标，使用失业率、就业人员各层次学历占比、各行业人员占比（如建筑人员占比等）等变量全方位衡量就业状况。

首先对全体数据标准化并进行典型相关分析，探索全国范围内人口老龄化与就业情况之间的关联。其典型相关变量的典型相关系数为 0.84，典型相关变量如下所示：

$$老龄化 = -4.251老年人口占比 + 4.196老年抚养比$$

$$\begin{aligned}就业情况 = &-0.286失业率 + 0.125城镇单位就业人员占比 - 0.071工资指数 + \\ &0.104女性占比 - 0.712高学历占比 + 0.573低学历占比 - \\ &0.277建筑人员占比 - 0.389制造人员占比 - 0.229交通人员占比 - \\ &0.04零售人员占比 + 0.335租赁人员占比 - 0.391服务人员占比\end{aligned}$$

从老龄化的典型相关变量可以发现老年人口占比和老年抚养比前的系数绝对值较为接近，但是符号相反，这与老年人口占比应与老年抚养比成正相关的理论分析不符，因此直接使用典型相关变量进行分析是有缺陷的，故而我们计算了典型荷载。由此我们发现了原始变量中与典型相关变量相关程度较高的变量，结果如下：

$$老龄化 = -0.17老年人口占比 + 0.06老年抚养比$$

$$\begin{aligned}就业情况 = &0.836失业率 - 0.1城镇单位就业人员占比 + 0.224工资指数 + \\ &0.583女性占比 - 0.729高学历占比 + 0.768低学历占比 - \\ &0.276建筑人员占比 - 0.269制造人员占比 - 0.204交通人员占比 - \\ &0.624零售人员占比 - 0.219租赁人员占比 + 0.234服务人员占比\end{aligned}$$

从典型荷载可见，老龄化典型相关变量与老年人口占比的减少关系密切，可以衡量老龄化的减轻程度；就业情况的典型相关变量中，其主要作用的原始变量分别为失业率、女性占比、高学历占比和低学历占比。从中可见随着老龄化程度的加深，劳动力的供给会相对减少，因此更多人能找到工作，失业率会下降；同时劳动力供给的相对减少可能使人们更加注重生产率，因此高学历的从业人员会增加。此外因为家中老人需要照顾，更多的女性可能回归家庭，使就业人数中女性占比减少。由此我们初步解释了两个典型相关变量所代表的含义。

基于典型相关系数的值并未达到 0.9 以上的数据依据以及实际中我国各地区老龄化程度差异较大的现实依据，我们将根据老龄化程度对数据进行分类，由此进行进一步的分析。利用 K-means 算法，依据老年人口抚养比和 65 岁及以上人口占比，将我国不同地区分为轻度老龄化、中度老龄化和重度老龄化地区。结果如图 10.2 所示。

从图 10.2 中可以看出三种程度的老龄化地区界限较为明显，并验证了抚养比和老年人口占比的正相关性。由此可见不同地区间的老龄化程度差异明显，轻度老龄化地区抚养比较小，老年人口占比少；重度老龄化地区一名劳动年龄人口所要负担的老年人数远远多于轻度老龄化地区的劳动力所要负担的老年人数，且老年人口占比也大于轻度老龄化地区；中度老龄化地区的两项指标则介于两者之间。

6. 老龄化社会老龄化程度与就业结构相关性分析

根据按照老龄化程度聚类的结果，对三种不同程度的老龄化社会分别进行分析，应用典型相关分析计算出老龄化程度与就业结构的典型相关系数和对应的因子载荷。分析结果见表 10.3～表 10.5。行业的分类采用统计年鉴的分类方式，将行业分为制造业，建筑业，交通、仓储、邮政业，批发、零售业，住宿、餐饮业，租赁、商务服务业，居民、其他服务业。为了避免完全共线性，本节在进行分析时，没有纳入住宿、餐饮业指标。

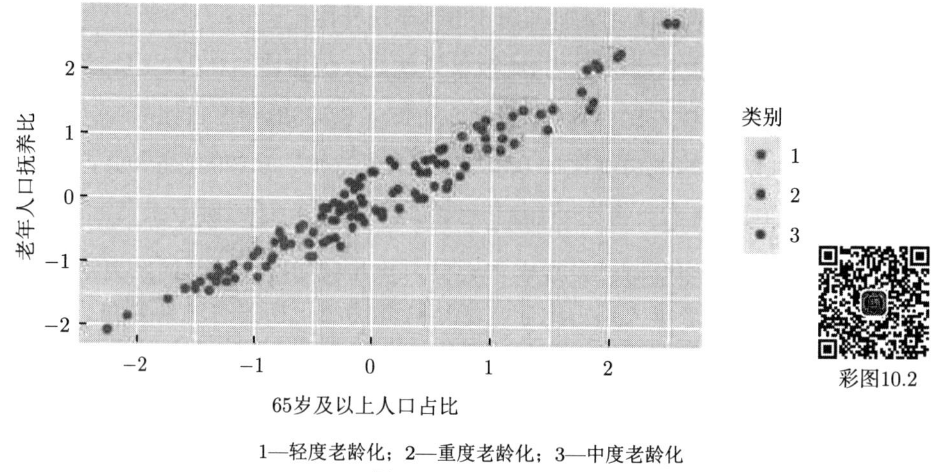

1—轻度老龄化；2—重度老龄化；3—中度老龄化

图 10.2 聚类结果

表 10.3 三类老龄化社会典型相关系数假设检验结果

指标	老龄化程度		
	轻度老龄化	中度老龄化	重度老龄化
典型相关系数	0.82	0.94	0.97
Wilks 似然比统计量	45.61	104.55	64.58
对应 p 值	0.0049	0	0

表 10.4 老龄化指标因子载荷

指标	老龄化程度		
	轻度老龄化	中度老龄化	重度老龄化
老年人口占比	−0.719	−0.559	0.081
老年抚养比	−0.379	0.217	0.448

1）轻度老龄化社会老龄化程度与就业结构的相关性分析

每个表格的第一列展示了轻度老龄化社会的分析结果。表 10.3 显示，在轻度老龄化社会，老龄化程度和就业结构的相关系数为 0.82，并且相关关系显著（p 值为 0.0049），表现出较强的相关性。

根据表 10.4 的因子载荷，第一个典型相关变量和老年人口占比及老年抚养比都成负相关关系，因此第一个典型相关变量可以解释为老龄化程度的降低。由表 10.5 得知，第二个典型相关变量和学历结构以及居民、其他服务业人员占比相关关系明显，绝对值都超过 0.68。随着老龄化程度的加深，高学历人员占比会逐渐上升，低学历人员占比逐渐下降，从事居民、其他服务人员占比逐渐降低。这是符合我国国情的，由于我国人口基数较大，就业人员供大于求，在老龄化社会初期，暂时并不会出现就业人员短缺的现象，相反，由于我国社会护理行业还处于不发达阶段，老年人的照顾问题成为影响就业的重要因素。为了照顾老年人，低学历人员和女性会首先回归家庭，这也和女性占比因子载荷为正

（0.499，说明和老龄化程度负相关）契合，而居民、其他服务业由于技术含量不高，属于劳动密集型行业，其就业人员主要由低学历及女性构成。随着低学历、女性的回归家庭，这部分人员占比也相应下降。

表 10.5　就业结构指标因子载荷

变量名称	轻度老龄化	中度老龄化	重度老龄化
失业率	0.369	−0.211	0.372
城镇单位就业人员占比	−0.458	0.219	−0.322
工资指数	0.315	0.117	0.562
女性占比	0.499	0.608	0.387
高学历占比	−0.784	−0.674	−0.766
低学历占比	0.866	0.700	−0.696
建筑人员占比	0.229	−0.579	−0.423
制造人员占比	−0.261	−0.100	−0.507
交通、仓储及邮政人员占比	−0.237	0.069	−0.563
批发、零售人员占比	0.548	0.610	0.658
租赁、商务服务人员占比	−0.406	−0.324	0.164
居民、其他服务人员占比	0.686	−0.055	0.446

2）中度老龄化社会老龄化程度与就业结构的相关性分析

每个表格的第二列展示了中度老龄化社会的分析结果。表 10.3 显示，在中度老龄化社会，老龄化程度和就业结构的相关系数达到 0.94，相关系数非常显著（p 值接近 0），说明此阶段老龄化程度与就业结构密切相关。

进一步观察表 10.4 的因子载荷，第一个典型相关变量主要和老年人口占比相关，这可以解释为老龄化程度的降低。由表 10.5 的因子载荷可以得出，第二个典型相关变量和性别结构、学历结构以及批发、零售业人员占比关系最为密切。随着老龄化程度的加深，女性占比进一步减少，高学历人员占比增加，低学历人员占比下降，批发、零售业人员占比下降。其原因和轻度老龄化社会阶段相似，此时仍然未出现就业人员的短缺，因为传统的孝文化和社会相关产业的不健全。年迈和生病老人的照料主要由子女承担，女性和低学历人口成为首先退出就业市场的人群。继居民、其他服务业之后，批发、零售业成为第二个人员占比下降的行业，因为其主要劳动力也是低学历、女性群体。

3）重度老龄化社会老龄化程度与就业结构的相关性分析

当社会达到重度老龄化程度阶段，老龄化程度和就业结构的关系进一步密切，相关系数达到 0.97，并且非常显著（p 值接近 0）。

第一个典型相关变量体现了老龄化程度的加深，第二个典型相关变量和工资指数、学历结构、行业结构紧密相关。随着老龄化程度的再度加深，社会开始出现就业人员不足，工资开始攀升（相关系数 0.562），中等学历的人群占比上升，高、低学历占比相对下降，受到工资驱动，居民、其他服务业，批发、零售业人员逐步回流，占比上升。

4）不同老龄化程度对比

从典型相关系数来看，随着老龄化程度的加深，老龄化程度和就业结构的关系密切程度逐渐加深。老龄化程度越深，就业结构受老龄化程度的影响就越大。除此之外，从因子载荷来看，不同的老龄化社会阶段，受影响的就业结构指标及影响方式不同。从我国人口的基本国情和老年人护理相关产业的不发达的现状来看，就业情况整体表现为女性、低学历人群在轻中度阶段退出劳动力市场，同时居民、其他服务业人员，批发、零售业人员占比下降；在重度老龄化社会阶段，工资上涨，就业人员回流，相应行业人员占比上升。

7. 分析结论

本案例利用典型相关分析来探究人口老龄化与社会经济结构变动之间的关系。根据以上分析结果，可以得出如下结论。

（1）自从步入老龄化社会，我国人口老龄化程度越来越高，人口老龄化速度越来越快；然而，由于我国人口数量相当庞大，就业情况仍然处于供大于求的紧张状态，所以我国并没有像其他发达国家一样，存在诸如缺少劳动力、劳动力年龄结构趋于老化等问题。因为我国养老服务人员素质参差不齐，整体素质还有待改善，员工的专业化管理有待提高，所以养老服务队伍素质和专业水平落后（随着老龄化社会进程加深）与养老事业客观需求加大这两者之间的矛盾日趋激烈。这从一定程度上刺激了养老相关行业工作岗位的需求。但这只是短期现象，随着老龄化程度的加深，我国经济的不断发展，少子化现象会更加严重，最终将要面对的问题还是劳动力的短缺以及劳动力结构的老化。这是社会发展所不可避免的。并且，因为我国步入人口老龄化阶段的时候，社会经济的发展还不够发达，属于“未富先老”，相对于其他的发达国家，我国要承担更为艰巨的任务。这是因为在解决老龄化问题的同时，还要维持社会和经济的可持续发展。

（2）我国在持续发展经济社会、老龄化程度越来越高的过程中，对就业结构造成了不同程度的冲击。从因子载荷来看，不同的老龄化社会阶段整体表现为：劳动力的供给减少，因此更多人能找到工作，失业率会下降；同时劳动力供给的相对减少，可能使人们更加注重生产率，因此高学历的从业人员会增加。此外因为家中老人需要照顾，更多的女性可能回归家庭，使就业人数中女性占比减少。在不同的老龄化阶段，具体表现会有一些差异：女性、低学历人群在轻中度阶段退出劳动力市场，居民、其他服务业人员，批发、零售业人员占比下降；在重度老龄化社会阶段，工资上涨，就业人员回流，相应行业人员占比也会上升。

（3）为了妥善解决老龄化问题，我国也出台了一系列相关的政策措施，例如积极发展老龄产业，通过老龄产业促进社会福利产业，尽可能减少为老龄服务产业的发展成本；此外，提倡家庭养老与社会养老并举，提高与改善社区老年服务建设，建立健全老年人的社会保障福利制度，架构以社区为中心的老年服务体系；坚持发展老龄经济，使老有所用，老有所养，努力将老龄化问题转变为经济社会发展的积极因素，提升国家的整体经济实力。

10.4.2　OECD 国家失业率研究

在本节中引用 Moshiri 和 Brown（2004）的例子，对 5 个 OECD 国家的战后失业率进行估计和预测，并对反向传播神经网络方法、广义回归神经网络方法与线性模型以及一些非线性模型进行一个综合的比较。

1. 数据来源

该数据集由 5 个国家（美国、加拿大、英国、法国和日本）的战后季度季节性调整的失业率序列组成。由于数据的局限性，每个国家的数据广度略有不同。美国和加拿大的数据来自加拿大统计局的 CANSIM 数据库，其位于多伦多大学数据中心。其他经济合作与发展组织国家的数据来自 OECD 以光盘形式出版的 OECD 数据库。

由于战后失业率序列的趋势是平稳的，案例使用对数衰退序列。使用增广的 Dickey-Fuller（augmented Dickey-Fuller，ADF）检验统计量来检验平稳性。计算有一个常数与两个滞后项和趋势的 ADF 检验统计量：美国为 -4.041，加拿大为 -3.82，英国为 -2.09，法国为 -0.007，日本为 -2.56。这意味着美国的序列在 1%和 5%的临界水平下是 $I(0)$，而加拿大的序列仅在 5%的临界水平下是 $I(0)$，其他三个国家的序列是 $I(1)$。另外，Phillips-Perron 检验表明，所有序列在 1%和 5%的临界值都是 $I(1)$。进行零假设为 $I(0)$，对立假设为 $I(1)$ 的 Leybourne-McCabe (L-M) 检验，也就是 ADF 检验：L-M 的检验结果支持美国和加拿大的 ADF 检验结果，但表明其他三个国家的序列在 1% 的临界水平下为 $I(0)$。KPSS 统计量的值对于美国和加拿大为 0.135，英国为 0.53，法国为 0.21，日本为 0.12。

关于失业率序列的平稳性检验，需要两项相当重要的观察结果。首先，所有的检验结果都是滞后相关的。例如，在 L-M 检验中，滞后阶数从 10 到 8 的变化将使检验结果发生逆转。其次，如果考虑到在 1975 年前后均值或截距的变化，则该序列在弯曲趋势线附近趋于平稳。虽然使用弯曲的趋势线似乎更可信，但为了复制 Rothman 的一些结果，本案例仍然使用标准的 ADF 检验。也就是说，为了在数据中引入平稳性，本节利用回归的残差值，通过 HP 方法对数据进行滤波，从而对失业率序列去趋势化。此外，由于检验结果不是很清楚，案例将在预测模型中同时使用水平的和去趋势化的数据。所有的估计结果都基于去趋势的序列，但是预测结果将基于三个变换后的数据。使用对数可以消除系列中的不对称性，因此，案例同时使用对数化的和原始形式的数据。但是，由于即使在使用对数之后，不对称性仍然存在于失业序列中，因此主要结果仍然保持不变，所以本节只报告使用对数形式的结果，以使它们可以与 Rothman 的结果进行比较。

美国的数据集分为两部分：使用 1948 年 1 月至 1979 年 4 月的数据进行估计， 使用 1980 年 1 月至 1996 年 4 月的数据进行预测。预测期间包括两次经济衰退期，一次发生在 19 世纪 80 年代初，另一次发生在 19 世纪 90 年代初。加拿大数据相应的估计和预测时期分别是 1953 年 1 月至 1982 年 4 月和 1983 年 1 月至 1997 年 4 月。英国和日本的估计时期是 1960 年 1 月至 1987 年 4 月。法国的数据对应的是 1970 年 1 月至 1987 年 4 月。英国、日本和法国数据的预测期为 1988 年 1 月至 1998 年 1 月。所有的预测时期都至少包括一次衰退。图 10.3 显示了 5 个 OECD 国家在两个估计和预测期间的三种不同形式的失业率序列（对数水平、对数趋势化和 HP 过滤）。

2. 估计结果

这一节展示了线性 AR 模型、两个非线性的 GAR 和 EAR 模型和两个 ANN 模型，即 BPN 和 GRNN 模型之间的比较结果。

1）线性模型

Box-Jenkins 分析表明，AR(2) 模型适合于估计和预测对数线性去趋势的失业率序列。表 10.6 给出了估计结果。

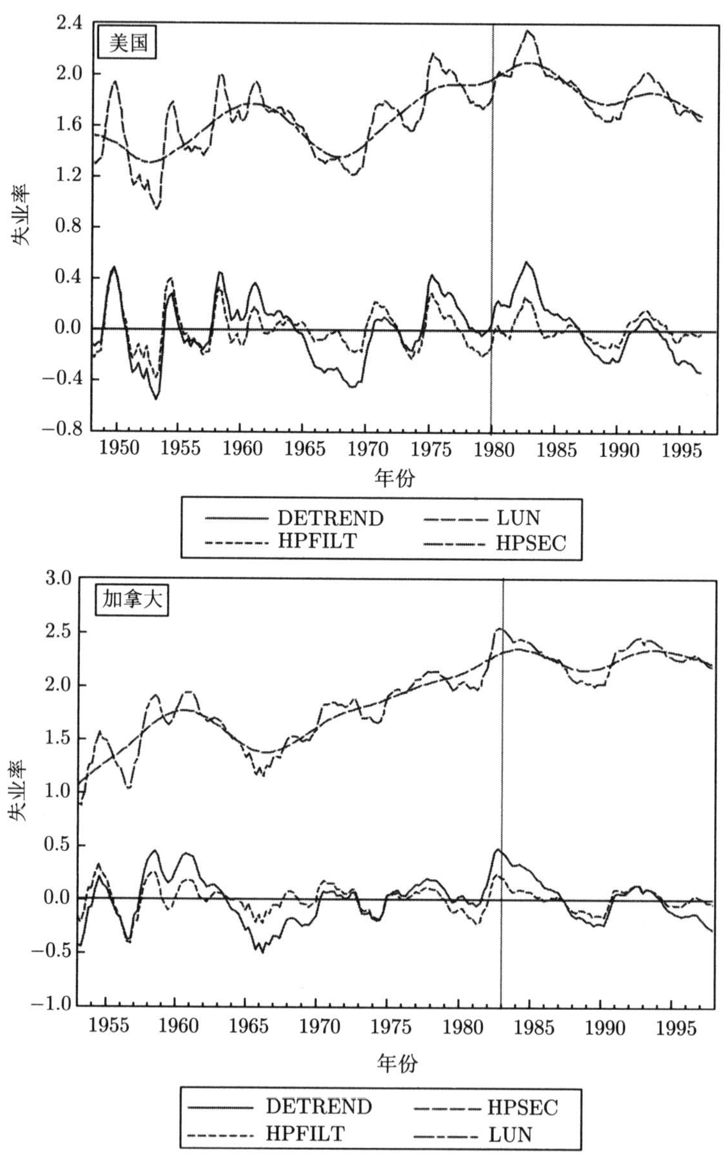

图 10.3 美国、加拿大、英国、法国和日本的失业率序列

DETREND：去趋势的对数失业率；LUN：对数水平失业率；HPFILT：HP 过滤的失业率；HPSEC：HP 的去趋势失业率序列的 HP 非周期部分。垂直线表示预测期开始的时间

英国
失业率
年份
DETREND
HPSEC
HPFILT
LUN
法国
失业率
年份
DETREND
HPSEC
HPFILT
LUN
日本
失业率
年份
DETREND
HPSEC
HPFILT
LUN

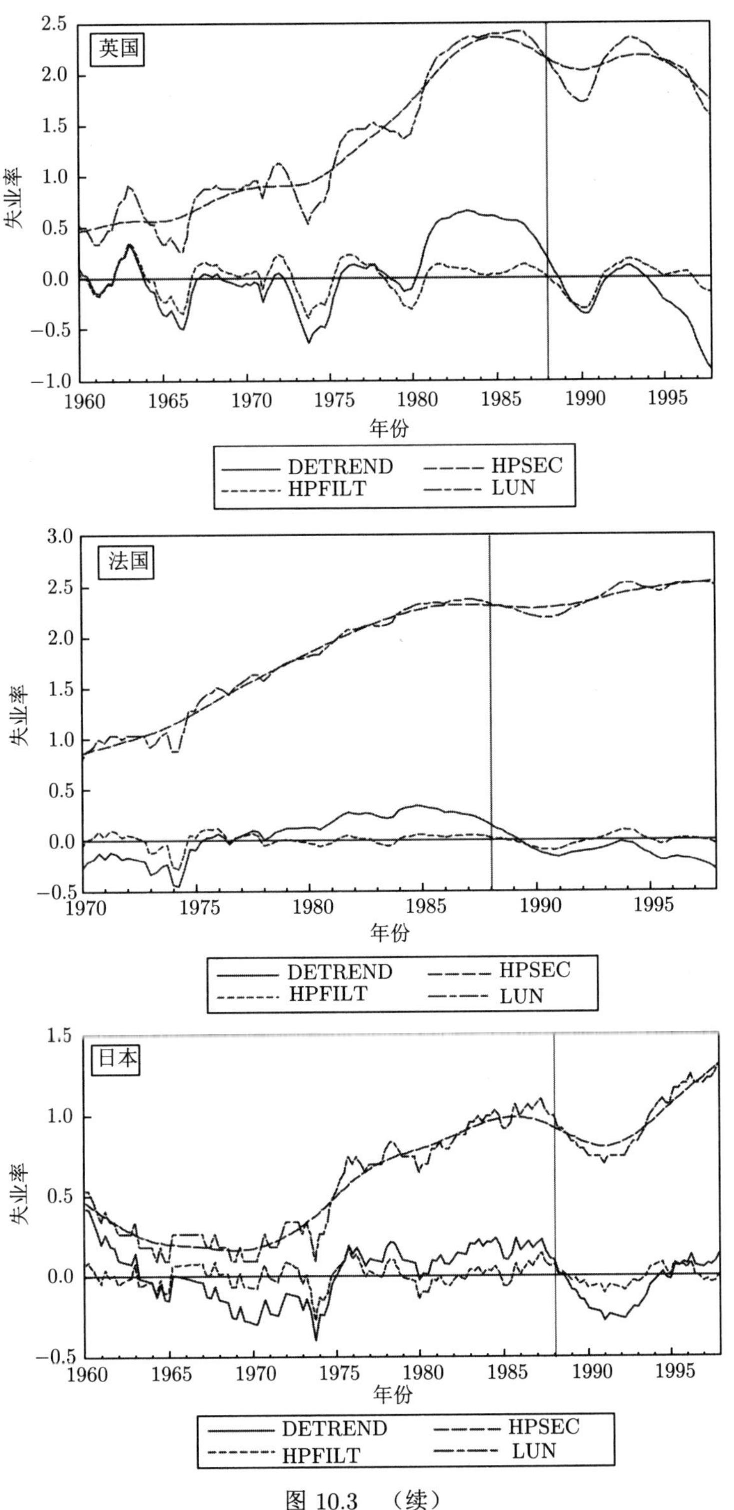

图 10.3 （续）

表 10.6 估计结果：对数去趋势失业率的 AR 模型 *

国家	UN($t-1$)**	UN($t-2$)	调整 R^2	SSE	AIC
美国	1.56 (23.34)	−0.67 (−10.04)	0.93	0.53	−2.60
加拿大	1.420 (2.71)	−0.49 (−7.65)	0.93	0.53	−2.93
英国	1.57 (20.51)	−0.61 (−7.91)	0.97	0.36	−2.83
法国	1.24 (13.46)	−0.27 (−2.93)	0.95	0.20	−3.45
日本	0.81 (8.55)	0.10 (1.03)	0.87	0.37	−2.81

* 估计的阶段为 1948.1—1979.4（美国），1953.1—1982.4（加拿大），1960.1—1987.4（英国），1970.1—1987.4（法国）和 1960.1—1987.4 （日本）。

**UN($t-i$) 为 i 个滞后的失业率。

Ljung-Box Q 统计量和自相关图均表明残差为白噪声。失业率滞后值的两个系数之和表明失业率是相当持久的。但该模型没有捕捉到数据中存在的不对称性。

2）非线性模型

Rothman（1998）使用了 6 种非线性时间序列模型，即平滑阈值 AR（smoothed threshold AR）、自激 AR（self-exciting AR）、指数 AR（exponential AR）、广义 AR（generalized AR）、双线性 AR（bilinear AR）和时变 AR（time-varying AR）。本节报告了结果最优的两个模型，即广义自回归（generalized autoregressive，GAR）模型和指数自回归（exponential autoregressive，EAR）模型。GAR 值的估计结果见表 10.7。

表 10.7 估计结果：对数去趋势失业率序列的 GAR 模型 *

国家	UN($t-1$)**	UN($t-2$)	非线性项 (1)***	非线性项 (2)	调整 R^2	SSE	AIC
美国	1.55 (23.56)	−0.55 (−6.75)	−0.75 (−2.4)	—	0.93	0.50	−2.63
加拿大	1.46 (17.77)	−0.54 (−6.6)	−0.72 (−2.26)	0.79 (2.37)	0.92	0.46	−2.64
英国	1.58 (19.08)	−0.64 (−7.61)	−0.16 (−0.55)	0.24 (0.81)	0.97	0.34	−2.85
法国	1.23 (9.48)	−0.27 (−2.03)	0.01 (0.02)	0.16 (0.30)	0.95	0.19	−3.46
日本	0.85 (8.26)	0.10 (0.99)	−0.11 (−0.23)	−0.05 (−0.10)	0.87	0.37	−2.78

* 估计的阶段为 1948.1—1979.4（美国），1953.1—1982.4（加拿大），1960.1—1987.4（英国），1970.1—1987.4（法国）和 1960.1—1987.4 （日本）。

**UN($t-i$) 为 i 个滞后的失业率。

*** 美国的非线性项 (1) 为 UN$(t-2)^3$，其他国家的为 UN$(t-2)^2$。非线性项 (2) 为 UN($t-1$)UN($t-2$)。

用一般最小二乘法来估计 GAR 模型。滞后阶数和非线性的形式（阶数和交叉乘积项）由 Akaike 信息准则（Akaike information criterion，AIC）决定。结合模型的非线性部分的显著的系数、更低的 SSE 和 AIC，以及相对于 AR 模型的更高的调整 R^2，可知非线性的 GAR 模型可以改善 AR 的估计结果。

在 EAR 模型中，系数是序列滞后值的一个平滑函数。该模型的估计结果如表 10.8 所示。

同样，在 EAR 模型中的 SSE、AIC、调整后的 R^2 和模型中非线性项的显著的系数也比 AR 模型有一个小的改进。GAR 和 EAR 模型中非线性部分的系数均表明，失业率序列与趋势的偏离越高，失业率序列的持续时间就越短，这反映了衰退（而非膨胀）不会持续太久的事实。

表 10.8 估计结果：对数去趋势失业率序列的 EAR 模型 *

国家	UN($t-1$)**	UN($t-2$)	非线性项 ***	调整 R^2	SSE	AIC
美国	1.54 (23.6)	−0.55 (−6.72)	−0.75 (−2.39)	0.93	0.50	−2.63
加拿大	0.62 (1.63)	−0.51 (−6.4)	0.91 (2.10)	0.92	0.46	−2.65
英国	1.76 (10.43)	−0.62 (−8.03)	−0.23 (−1.24)	0.97	0.36	−2.83
法国	−0.62 (−1.15)	−0.33 (−2.88)	2.08 (3.4)	0.96	0.17	−3.58
日本	−1.18 (−1.58)	0.06 (0.70)	2.16 (2.68)	0.88	0.35	−2.85

* 估计的阶段为 1948.1—1979.4（美国），1953.1—1982.4（加拿大），1960.1—1987.4（英国），1970.1—1987.4（法国）和 1960.1—1987.4 （日本）。

** UN($t-i$) 为 i 个滞后的失业率。

*** 非线性项为 $\mathrm{UN}(t-1)\exp[-\mathrm{UN}(t-1)^2]$。

3）BPNN 和 GRNN 模型

在 BPNN 模型中，两个必须要做出的决定是选择输入单元的数量和隐藏层单元的数量。Swanson 和 White（1997）、Faraway 和 Chatfield（1998）和 Moshiri 和 Cameron（2000）的研究表明，如果使用标准计量经济学结构模型或时间序列模型来选择输入单元的数量，将会产生更好的结果。根据本节线性模型的 Box-Jenkins 分析，将 AR(2) 的设定应用于 BPNN 模型的输入层。输入层包括对数去趋势的失业率的第一和第二滞后项。通过使用 AIC 进行反复试验来选择隐藏层单元的数量。研究发现模型学习数据模式只需要一个隐藏层单元。隐藏层单元中的激活函数为切向双曲函数，单个输出单元中的激活函数为恒等函数。初始权值随机生成。

要运行 GRNN 模型，需要指定输入向量，创建中心向量的聚类方法，以及标准差 σ 的值。为了保证两种 ANN 模型预测之间的一致性，在 GRNN 模型中使用与在 BPNN 模型中相同的输入向量。为了创建中心向量，使用 Specht 固定中心聚类方法的一个稍微不同的版本。在这个方法中，指定最大的隐藏单元数、目标误差水平和 σ。该模型从 0 个隐藏单元开始，每次增加 1 个单元和 1 个对应的中心向量，直到误差低于目标水平或达到最大隐藏单元数量为止。在每一步，模型都选择最大限度降低神经网络误差的特定的输入向量作为新的中心向量（Demuth and Beale，1995）。

假设网络均匀地覆盖 σ 的输入空间，即 σ 在隐藏层单元上是常数。σ 的值可以通过反复试验来确定。结果表明，当 σ 值为 0.4~0.6 时，可以得到最好的结果（预测误差最小）。

3. 预测结果

利用估计结果，可以得到 1980.1—1996.4（美国）和 1983.1—1997.4（加拿大）、1987.1—1998.1（英国、法国和日本）的样本外的动态 4 个季度和 8 个季度的预测 [1]。预测方法是递归的，即在 t 时刻，产生 $k(=T-t)$ 个提前一个时期的预测，然后在估计数据集中加入一个观测值，重新估计模型，得到 k 1 个周期提前预测。重复这个过程，直到估计数据集耗尽为止。基于预测的平均平方百分比误差（mean squared percentage error，MSPE）来评估预测结果。

ANN 模型结果可能不够稳健，也就是说，由于被困在局部极小值点这类问题，结果无

[1] Rothman 的数据集只是针对美国的，并在 1993.1 结束。案例使用了短期数据集和长期数据集，但是由于我们没有发现结论有任何变化，所以这里只报告了后者。

法复制。那么为了保证结果的稳定性，在 BPNN 模型中多次使用不同的权值初始值进行估计。最终结果见表 10.9。

表 10.9 对数去趋势失业率序列的 MSPE 比值 *

国家	4 个季度				8 个季度			
	GAR	EAR	BPNN	GRNN	GAR	EAR	BPNN	GRNN
美国	0.32	0.83	0.4	0.5	0.33	0.84	0.40	0.6
	(0.16)	(0.16)	(0.16)	(0.10)	(0.24)	(0.24)	(0.24)	(0.10)
加拿大	0.91	1.27	0.33	0.5	0.92	1.27	0.86	0.5
	(0.05)	(0.4)	(0.25)	(0.09)	(0.06)	(0.47)	(0.24)	(0.09)
英国	0.82	0.88	0.50	0.50	1.21	1.30	0.78	0.3
	(0.07)	(0.70)	(0.28)	(0.02)	(0.01)	(0.70)	(0.33)	(0.02)
法国	1.05	1.15	0.10	0.10	1.05	1.15	0.05	0.08
	(0.01)	(0.8)	(0.01)	(0.10)	(0.01)	(0.80)	(0.07)	(0.09)
日本	1.10	1.19	1.51	0.44	1.08	1.19	1.8	0.50
	(0.62)	(0.91)	(0.31)	(0.07)	(0.70)	(0.92)	(0.15)	(0.10)

* 预测期为 1980.1—1996.4（美国），1983.1—1997.4（加拿大），1987.1—1998.1（英国，法国，日本）。MSPE 比值是非线性模型的 MSPE 与 AR(2) 的比值。括号中为 p 值。

表 10.9所示的 MSPE 比值指的是非线性模型的 MSPE 与线性模型 MSPE 的比值。总的来说，70%的 MSPE 比值都小于 1，说明由非线性模型产生的预测更好。更具体地说，除了加拿大的 EAR 模型外，美国、加拿大和英国数据的提前 4 周期的预测中所有 4 个非线性模型的 MSPE 比值都小于 1。对于法国和日本的数据，BPNN 和 GRNN 模型的 MSPE 比值小于 1，但 EAR 和 GAR 模型的 MPSE 比值大于 1。在英国数据的情况中，除了 EAR 和 GAR 的结果外，提前 8 周期预测的结果几乎相同。仔细观察结果发现，在 BPNN 和 GRNN 模型中，90%的 MSPE 比值小于 1，而在 GAR 和 EAR 模型中有 40%的 MSPE 比值小于 1。此外，从 BPNN 和 GRNN 模型中获得的 MSPE 比值远低于 EAR 和 GAR 模型得到的 MSPE 比值。在 GRNN 模型中，预测不对称失业序列时的表现差距更为明显，其中在 GRNN 模型中的 MSPE 比值明显低于其他模型。

尽管之前提供的单位根检验分析支持将失业序列转换为去趋势序列，但本节使用了多个对数水平失业率序列预测模型之间的另一种比较方法。估计和预测策略保持不变的情况下，结果如表 10.10所示。

对于对数线性和非平稳失业率序列，英国、法国和日本数据中的 GAR 模型，加拿大、英国和法国的 EAR 模型，美国、加拿大、英国和日本的 BPNN 模型，美国和加拿大的 GRNN 模型的 MSPE 比值小于 1。总体而言，MSPE 有 60%比值小于 1，比对数去趋势的失业级数低 10%。更具体地说，在 BPNN 和 GRNN 模型中，70%的 MSPE 比值小于 1，而在 GAR 和 EAR 模型中为 55%小于 1。

最后，对失业序列应用另一种去趋势的方法——Hodrick-Prescott（HP）滤波方法，使用与前两种情况相同的预测方法，得到表 10.11 中的结果。

表 10.10　对数水平失业率序列的 MSPE 比值 *

国家	4 个季度				8 个季度			
	GAR	EAR	BPNN	GRNN	GAR	EAR	BPNN	GRNN
美国	1.22	1.07	0.87	0.4	1.19	1.08	0.77	0.41
	(0.26)	(0.29)	(0.18)	(0.16)	(0.25)	(0.28)	(0.20)	(0.16)
加拿大	1.06	0.98	0.57	0.75	0.98	0.97	0.60	0.78
	(0.43)	(0.45)	(0.19)	(0.15)	(0.47)	(0.43)	(0.19)	(0.15)
英国	0.68	0.97	0.08	1.0	1.0	1.40	0.14	1.7
	(0.04)	(0.50)	(0.27)	(0.06)	(0.07)	(0.53)	(0.37)	(0.19)
法国	0.61	0.83	1.0	0.30	0.64	0.86	1.22	0.38
	(0.15)	(0.23)	(0.07)	(0.08)	(0.23)	(0.35)	(0.18)	(0.05)
日本	0.99	1.01	0.42	1.60	0.99	1.01	0.47	1.87
	(0.91)	(0.39)	(0.10)	(0.16)	(0.89)	(0.43)	(0.10)	(0.20)

* 预测期为 1980.1—1996.4 （美国），1983.1—1997.4 （加拿大），1988.1—1998.1 （英国，法国，日本）。MSPE 比值是非线性模型的 MSPE 与 AR(2) 的比值。括号中为 p 值。

表 10.11　HP 过滤的失业率序列的 MSPE 比值 *

国家	4 个季度				8 个季度			
	GAR	EAR	BPNN	GRNN	GAR	EAR	BPNN	GRNN
美国	1.06	1.06	0.13	0.30	1.04	1.05	0.89	0.20
	(0.17)	(0.55)	(0.23)	(0.08)	(0.14)	(0.52)	(0.55)	(0.03)
加拿大	1.10	1.11	1.25	0.19	1.09	1.27	1.24	0.19
	(0.10)	(0.22)	(0.72)	(0.07)	(0.10)	(0.76)	(0.71)	(0.08)
英国	0.96	1.28	1.26	0.30	1.0	1.30	1.27	0.30
	(0.45)	(0.70)	(0.35)	(0.18)	(0.40)	(0.70)	(0.31)	(0.07)
法国	1.56	1.32	1.4	0.05	1.55	1.32	1.46	0.05
	(0.98)	(0.12)	(0.78)	(0.08)	(0.98)	(0.22)	(0.81)	(0.08)
日本	1.09	1.07	1.03	0.10	1.10	1.08	1.10	0.12
	(0.10)	(0.16)	(0.68)	(0.03)	(0.18)	(0.27)	(0.75)	(0.13)

* 预测期为 1980.1—1996.4 （美国），1983.1—1997.4 （加拿大），1988.1—1998.1 （英国、法国、日本）。MSPE 比值是非线性模型的 MSPE 与 AR(2) 的比值。括号中为 p 值。

所有 5 个 OECD 国家使用 HP 滤波方法过滤后的失业序列数据，其相对于 AR 的 MSPE 比值，在 4 个季度前预测中，使用 GRNN 模型都小于 1，对于美国和日本数据使用 BPNN、EAR 和 GAR 模型，以及英国使用 GAR 模型的 MSPE 比值也小于或非常接近于 1。对 8 个季度前的预测也得出了几乎相同的结果。虽然一般来说，使用 HP 过滤的序列的均值 MSPE 相对于 AR 的比值，比去趋势序列的 MSPE 相对于 AR 的比值大，GRNN 仍然是预测不对称失业率序列的最佳模型。

为了研究从不同模型中获得的 MSPE 和从 AR 模型中获得的 MSPE 之间的统计差异，案例使用 Mizarch 检验来对预测结果进行比较。Mizarch 检验假设这两个预测误差是平稳的，并且是从二元种群 $(E1, E2)$ 中得出的。令 $U = E1 - E2, V = E1 + E2$，如果原总体中的 MSPE 相等，则变换后的序列的协方差为零。稳健的检验统计量定义如下：

$$\mathrm{COVSTAT} = [(1/n)\sum_{j} u_j v_j] / \left\{ \sum_{t=-k}^{k} [1 - |t|/(k+1)] S'_{\mathrm{uvuv}}(t) \right\}^{1/2}$$

其中 $u_j = e_{1,j} - e_{2,j}, v_j = e_{1,j} + e_{2,j}$，$e_{i,j}$ 是来自模型 i 的 j-周期预测误差，k 为预测的步骤，$S'_{\mathrm{uvuv}}(t) = (1/n) \sum\limits_{j=t+1}^{n} u_j v_j u_{j-t} v_{j-t}$。Mizarch（1995）显示在 $H_0[\mathrm{COV}(U,V) = 0)]$ 下，COVSTAT 的渐近分布是标准的正态。MSPE 比值表的括号中报告了 Mizarch 检验统计量的 p 值。在 OECD 所有 5 个国家的对数去趋势的失业序列的 GRNN 模型中，提前 4 个季度和 8 个季度的预测的 p 值很小（低于 10%）。法国的 BPNN 模型，加拿大、英国和法国的 GAR 模型的 p 值也很小（少于 10%）。对提前 8 个季度的预报也得到了类似的结果。总的来说，BPNN 和 GRNN 模型的 60%的情况下，相同 MSPE 的零假设可以在小于或等于 10%的水平下被拒绝，而 GAR 和 EAR 模型的零假设可以在 30%的水平下被拒绝。

当这些模型应用于对数水平失业序列时，结果几乎相同。然而，在日本情况下，BPNN 模型的 MSPE 比值的 p 值也非常小。除英国以外国家的 GRNN 模型、加拿大和日本的 GAR 模型以及英国的 EAR 模型，用 HP 过滤的序列的 MSPE 比值的 p 值小于 10%，而英国的 GRNN 模型中 p 值为 18%。总的来说，可以得出，在几乎所有情况下，GRNN 模型在提前 4 个季度和 8 个季度预测中产生的 MSPE 都明显低于其他线性和非线性模型。此外，BPNN 模型也比 GAR 和 EAR 模型有更好的预测效果，但 MSPE 比值只在两种情况下显著（在 10% 水平下）。

4. 结论

评估计量时间序列模型最重要的实用方法之一就是观察它们的预测效果。一般来说，线性模型倾向于产生良好的样本内估计结果，但在预测方面却不是很好。如果数据生成过程是非线性的，这一点尤其正确。由于经济周期中的非线性已被充分证明，我们期望非线性模型能更好地预测不对称失业率序列。本节案例使用一系列线性和非线性时间序列模型来估计 5 个 OECD 国家的战后失业率序列，并根据它们的预测能力进行比较。正如预期的那样，非线性模型的表现总体上更佳。

应用非线性模型的关键问题是模型的界定。与唯一的线性模型相比，非线性模型有很多。此外，估计方法并不是针对所有的模型，现有的一些模型的估计方法非常复杂。由于神经网络模型是通用的近似方法，因此可以应用于各种非线性映射问题，这似乎为模型界定问题提供了一种解决方案。另外，神经网络模型能够在预测等不同的应用中得到很好的结果。

本案例中展示了一个简单的反向传播神经网络和广义回归神经网络模型在预测美国、加拿大、英国、法国和日本的失业序列时能够胜过线性和非线性时间序列模型的情况。一般来说，在对 5 个 OECD 国家的数据进行检验时，ANN 模型要么等于要么优于最好的非线性模型，而这些非线性模型在预测方面表现最好。特别地，在 90%的情况下，应用于对数去趋势失业序列的 BPNN 和 GRNN 模型的 MSPE 比值小于 1，其中有 60% 是显著的，而 GAR 和 EAR 模型对应分别为 40%和 30%。使用数据转换的不同形式，如对数水平和

HP 过滤的数据，可以观察到类似的表现差距。使用不同的数据集分析表明，使用一个数据集找到的非线性的界定可能不适用于另一个数据集，但神经网络模型可以成功地应用于不同的数据集。虽然神经网络模型受制于精细计算，并且输入和中间（隐藏）变量的界定会影响最终结果，但由于变量数量有限，这些问题在单变量时间序列中不那么严重。神经网络模型中输入变量和中间变量的界定也可以参考计量经济学知识和经济理论，从而为神经网络模型进行合适的模型设定。

在商业周期中预测失业率序列的另一种方法是对周期进行分类并预测周期的各个阶段。这可以使用反向传播 ANN 模型或概率神经网络模型来完成。

10.5　本章小结

本章首先从宏观和微观角度介绍了大数据时代对失业率研究的影响，对大数据背景下的失业率监测预测模型方法进行了介绍和总结，并着重以网络挖掘分位数回归方法为例，叙述了对失业率进行监测预测的框架和结构算法。本章还介绍了两个案例：一个运用典型相关分析，从数据角度挖掘老龄化与就业两组变量之间的相关关系；另一个针对 5 个 OECD 国家的战后失业率的监测预测，对反向传播神经网络方法、广义回归神经网络方法与线性模型以及一些非线性模型进行了一个综合的比较。

第 11 章　交通运输大数据背景下的经济监测

11.1　引言

交通运输建设是国家建设与发展中的重要组成部分，与国家经济发展具有紧密的联系。在国家行政部门中，专门设立了交通运输部，其主要职责是坚持以科学发展观为统领，认真贯彻落实国家宏观调控的各项政策措施，拟订并组织实施公路、水运、民航行业规划、政策和标准，承担涉及综合运输体系的规划协调工作，促进各种运输方式相互衔接等[1]。其最终目标是推进交通事业又好又快发展，促进运输保障能力的新提高，保障国家经济的发展。

本章将在大数据背景下，研究如何监测经济形势，具体安排如下：11.2 节分析交通运输建设与经济发展的内在关系；11.3 节介绍交通运输大数据的产生方式、主要来源及实际应用；11.4 节分析传统数据下的经济监测方法，结合交通运输大数据，试图给出一些新的研究思路，将交通运输大数据与经济监测有机结合，顺应时代发展，更好、更精准地实时监测我国经济的运行状态；11.5 节以案例形式介绍基于高速路收费大数据的经济监测方法；11.6 节是本章小结。

11.2　交通运输与经济发展的关系

从交通的定义来看，交通包括运输与邮电，其中运输是指人或者物在空间的移动，也就是改变人或者物体的实际地点或者位置，其实现方式需要借助各种各样的交通方式与工具，包括公路、水运、航空、铁路等。交通运输与居民的日常生活、企业的生产经营活动、社会经济发展等都息息相关。比如，人们日常出行需要搭乘各种各样的交通工具，以节省出行时间，方便生活；企业的经营与发展离不开渠道，而渠道中最根本的载体是交通运输或者物流，特别是当许多产品需要保证新鲜时，或者对即时消费的企业来说，谁有更快捷有效的交通运输方式，谁就更胜一筹，更具有经营优势。可见交通运输建设可以把社会生产消费等各个环节紧密联系起来。从国家层面看，针对国家经济发展，交通运输建设与宏观经济发展之间存在深刻而广泛的关联性。俗话说，“想致富，先修路”，这句话通俗直白地表述了交通与经济之间最朴素、最直观的联系。可见，对于国家经济发展而言，交通运输不仅仅简单地表示货物或者人从一个地方转移到另一个地方，而是一国或者一地区经济发展不可缺少的关键因素。研究认为交通运输作为国民经济的基础行业，与宏观经济存在密切的联系。本章主要关注交通运输与宏观经济之间相关联的两个方面：交通固定资产投资直接拉动经济的增长；货运量、港口货物吞吐量、客运量的发展变化能够较好地验证甚至预警宏观经济的变化，交通运输主要指标直接服务国家宏观管理部门决策。接下来将分别从这两方面阐述其与国家经济发展或者经济增长的联系。

---

[1] 摘自交通运输部网站。

11.2.1　交通固定资产投资与经济发展的关系

交通运输是可持续经济增长的关键促进因素，同时，人们注意到交通运输是经济增长所需的关键基础设施（Raghuram and Babu，2001）。实际上，交通固定资产投资对经济增长的益处和重要性已经得到了研究者的普遍认可（Phang，2003）。交通固定资产投资的作用与意义有很多方面。在继续论述之前，很有必要提前做一些说明。交通固定资产投资的作用有很多方面体现为交通运输效益，例如，旅行时间减少，信息交流更加快捷，物品运输时间缩短等。毋庸置疑，这些也是交通固定资产投资带来的重要意义。本章主要关注这些交通固定资产投资是否对经济增长与经济发展有直接作用，也即是否有经济发展效益，以及如何衡量交通固定资产投资对经济发展效益的贡献。

交通固定资产投资通常被认为是促进经济增长与发展的关键因素。Banerjee 等（2012）指出，这个论点依赖于一个简单的逻辑，即人们需要提前进入市场或者了解某种思想，才能从中受益。比如，最初铁路等基础设施的建设时期刚好是西欧、日本与美国经济快速增长的时期；当代富裕国家的运输基础设施比贫穷国家的要好得多。从这些案例中可以感受到，交通固定资产投资与经济发展之间存在密切联系。

从宏观经济角度看，王庆云（2003）曾说过交通基础设施是一种准公共物品。与公共物品不同，准公共物品需要政府制定相应的政策，指导规划交通运输基础设施的投资与建设。首先，政府希望一个地区的交通运输基础设施投资可以使该地区的经济得到改善与发展，例如，从美国的历史发展来看，有人认为交通固定资产投资产生了更多的城市，然后这些城市变成了整个国家经济增长与发展的直接“引擎”。其次，政府还希望良好的交通运输基础设施可以增加现有资源的调动并提高这些资源的生产率，扩大一个国家的生产能力。对此，下面的方法可以证明：①交通运输基础设施可以作为直接投入进入生产过程，在许多情况下可以作为无偿生产要素；② 交通运输基础设施可以使其他现有投入更具生产力，例如，精心设计的道路帮助货物在更短的时间内运输到市场，从而降低了生产过程中的运输成本；③ 交通运输基础设施可以通过吸引其他地区的资源来促进区域经济增长，这被称为凝聚力。类似地，在整个文明的发展过程中，大多数经济活动中心沿着河岸和海岸线繁荣发展，在那里水是原料、货物和劳动力流动的便捷载体。最后，交通运输基础设施可以通过改变总需求来间接影响经济增长，例如，交通基础设施建设可以创造和增加对其他部门投入的需求，并刺激经济中的乘数效应，相应的文献可以参考 Esfahani 和 Ramirez（2003）、Phang（2003）、Sanchez-Robles（1998）、Short 和 Kopp（2005）、WDR（1994）。

从微观角度看，首先，如果没有完善的交通运输基础设施，很难实现诸如“普及教育和人人享有医疗保健”的民生目标。其次，交通运输基础设施建设可以提供农村居民进入城市的机会，有助于加快城市化进程，带动农村经济发展。最后，考虑产业之间的关联性，交通运输的发展会带动相关联的各个产业的发展与进步，进而辐射到更多的产业中，推动整个国民经济的发展与繁荣。比如，最近十年兴起并迅速发展的电子商务，与交通运输的快速发展息息相关。运输成本的降低和运输效率的提高，极大地加快并保障了电子商务的发展，最主流的电子商务平台有天猫、京东等，其快速的发展均离不开交通固定资产的投资与基础设施建设。简而言之，交通运输一直是促进经济发展的重要基础设施。

从历史来看，在研究交通固定资产投资与经济发展关系的方法中，有两种方法可以检验二者之间的关系，分别是成本效益分析和宏观计量经济学建模。前者通过计算交通运输基础设施项目的所有收益和成本来检查基础设施项目的回报率。后者建立宏观经济模型的方法有三种，包括生产函数方法（Aschauer，1989）、成本函数方法（Gillen，1996）和因果关系方法（Herranz-Loncan，2007）。前两种方法在实际应用中不能充分关注因果关系，而因果关系是制定有效政策框架重点关注的方向；第三种方法则高度重视因果关系。Pradhan（2013）采用了第三种方法研究二者之间的关系，根据经验调查交通固定资产投资增加是否会刺激经济增长或经济增长本身是否会刺激交通固定资产投资的后续增长。该作者考察了1970—2010 年交通（公路和铁路）基础设施建设对印度经济增长的影响，利用向量误差修正模型（vector error correction model，VECM）研究了公路运输与经济增长之间存在的双向因果关系，发现公路运输与资本形成之间也存在双向因果关系，国内资本形成与经济增长之间存在双向因果关系。还发现铁路运输与经济增长之间以及铁路运输与资本形成总量之间存在单向因果关系。研究发现交通运输基础设施（公路和铁路）的扩张以及资本形成总量会导致印度经济的大幅增长。于是可以认为，一个国家（或地区）的交通运输基础设施的建设情况构成的指标可以反映该国（或该地区）经济运行状态和发展情况。刘毅（2013）利用格兰杰因果关系检验、Chow 断点检验及协整分析，并利用三个省的数据进行统计分析，验证交通基础设施规模与经济增长之间的关系。经过一系列对比和检验，发现在大部分情况下，交通基础设施规模与经济发展之间存在双向因果关系。还发现不同省两者之间的关系处于不同的阶段，并进一步使用 Kolmogorov-Smirnov 双样本检验对具体所处阶段进行检验。秦欢欢（2015）通过建立联立方程模型，全面分析了交通投资对区域经济之间的相关关系，系统研究了交通投资与区域经济之间作用的原理，并在提炼相关的主要影响指标的基础上，研究建立了一系列数学模型，考虑将行业固定资产投资、GDP 增速、失业率等作为内生变量，研究交通投资与经济增长之间的相互作用，同时用临近区域的交通投资代表空间溢出效应，并进行实证研究。分析结论显示，区域内部以及相邻地区的交通投资都会对本区域经济发展带来一定的拉动效应。同时，考虑到我国不同区域间经济发展的不均衡性，秦欢欢对东、中、西部地区均建立了相应的模型，分析了各个区域的作用机理，提出了为服务区域协调发展，应该加大中西部地区特别是西部地区交通基础设施投资力度的建议，以便为我国经济继续保持平稳健康发展提供动力支撑。

总的来讲，交通固定资产投资在支撑经济增长方面具有举足轻重的作用，特别是在当前宏观经济下行压力持续加大的情况下，交通投资服务经济稳增长的作用更加凸显。本章利用投入产出分析方法，初步测算了 2016 年 28 500 亿元的交通固定资产投资（含铁路、公路、水路、民航）对经济社会的贡献。研究结果显示，全年交通固定资产投资共拉动 GDP 约 28 000 亿元，拉动就业岗位约 3560 万个，即 1 亿元交通投资拉动 GDP 约 0.98 亿元，拉动就业岗位约 1240 个。对国民经济重点关联产业进行分析，全年交通投资对建筑业、金属冶炼业、非金属矿物制品业的 GDP 拉动效应较为明显，分别拉动约 6380 亿元、1600 亿元和 1590 亿元；交通投资对建筑业、农林牧渔产品和服务业、交通运输业的就业拉动效应较为明显，分别拉动这些行业就业岗位约 1110 万个、500 万个和 160 万个 [1]。通过定量分析可见，交通基础设施建设在拉动经济增长方面具有重要的支撑保障作用，在当

[1] 见《2016 年交通运输行业发展统计公报》。

前经济下行期且全社会固定资产投资增速放缓，特别是民间投资大幅回落的背景下，交通固定资产投资继续保持稳步增长，其创造的增加值占 GDP 比重接近 4%，在服务经济稳增长方面发挥了重要的“稳定器”作用。

11.2.2　交通运输量与经济发展的关系

当前，宏观经济下行压力持续加大，传统的宏观经济指标已经不能全面客观地评价宏观经济运行。在此背景下，国务院领导、国家宏观管理部门越来越重视利用货运量、用电量等实物量指标来衡量经济运行。李克强总理曾专门批示要求研究综合运输体系下形成的货运量与宏观经济之间的关系，以便客观分析把握宏观经济形势。从综合运输量角度看，李芬（2014）利用河北省 1990—2009 年数据，基于 VAR 和 VEC 模型，对交通与经济发展之间的关系开展了定量研究。研究表明，经济发展对交通运输行业的拉动作用弱于交通运输行业对经济发展的带动作用，但经济发展与交通运输行业的基础设施在建规模、基础设施的分布、运力等具有相对稳定的均衡关系。何满喜（2014）基于典型相关分析方法，对浙江省交通运输与国民经济之间的关系进行了分析。研究结论显示，交通对经济发展有明显的拉动作用，反过来，经济发展对交通也具有正向的带动效应。

从分方式运输量角度看，叶昌友（2013）采用空间面板模型，研究了交通运输行业的发展与区域经济发展之间的关系，发现在 1997—2010 年二者之间存在显著的空间相关性，与公路相比，铁路对经济发展具有更加显著的拉动效应。武旭（2011）计算了我国铁路运输生产指标与宏观经济指标之间的互协方差函数和互相关函数等，结果表明，与宏观经济相比，我国铁路运输业发展滞后约 23 个月。刘隽等（2015）利用 2001—2013 年公路运输量数据对影响经济发展的因素进行了研究，结论是我国公路的运输能力能足够有效地支撑宏观经济的发展，并且二者发展的协调性在持续增强。李艳华（2015）利用 2002—2012 年数据对我国民航运输量和国民经济发展之间的关系做了进一步统计检验，包括协整检验、格兰杰因果关系检验等， 发现民航业的发展对经济的发展具有带动效应。

在公路货运量与宏观经济关系方面，本章考虑利用高速公路货车流量数据开展专门的研究。由于高速公路货车流量数据来自全国高速公路计重收费系统，数据可靠性较高，因此，研究结论具有较好的可靠性。在选择宏观经济基准指标过程中，首先考虑的是用 GDP，但 GDP 的最高频度为季度，而本章考虑利用月度数据进行研究，这样更能深入地挖掘高速公路货车流量与宏观经济之间的关系。因此，考虑进行变通，初步设想利用最主要的月度宏观经济指标——工业增加值进行研究。为了严谨起见，先对工业增加值与 GDP 之间的相关程度进行评估，本章考虑采用的基础评估数据为季度工业增加值和季度 GDP。研究显示，从全国层面来看，全国工业增加值与 GDP 之间相关性较高，相关系数为 0.825（图 11.1）。从两者走势分析看，相关性更高，工业增加值增速与 GDP 增速的相关系数高达 0.961，表明两者的变化方向和幅度高度一致（图 11.2）。

从省级层面来看，由于目前只有福建、山东、陕西、湖北、湖南、江西 6 省能够获得或推算得到工业增加值绝对量数据，故选择这 6 个省进行分析。研究表明，6 省工业增加值与 6 省 GDP 之间也存在较高的相关性，两者绝对量、增速的相关系数分别为 0.877 和 0.880 （图 11.3和图 11.4），表明省级层面的工业增加值与 GDP 的变化趋势也存在较高的一致性。

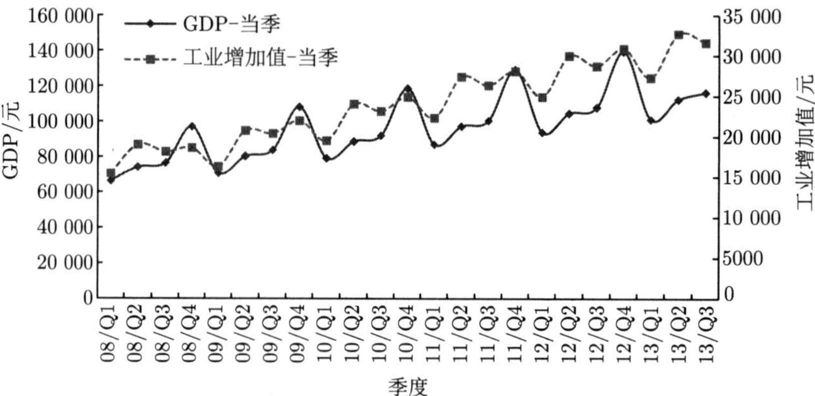

图 11.1 2008 年以来全国 GDP 和工业增加值季度绝对量变化

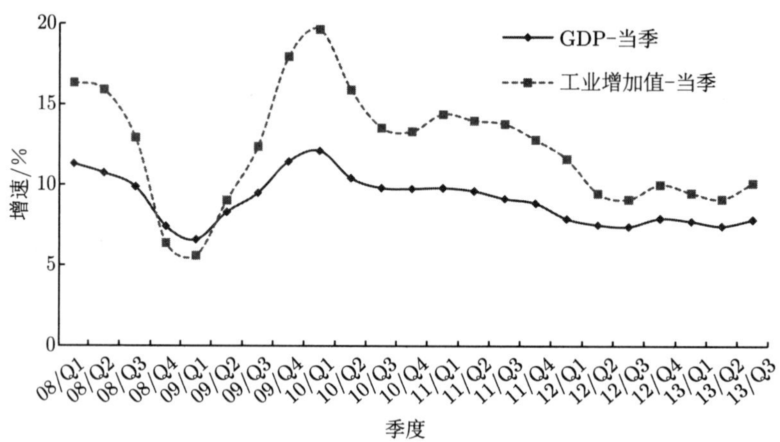

图 11.2 2008 年以来全国 GDP 和工业增加值季度增速变化

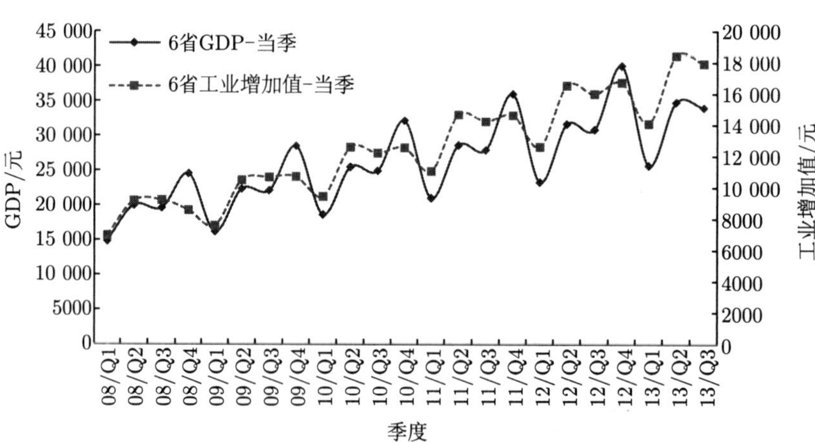

图 11.3 2008 年以来 6 省 GDP 和工业增加值季度绝对量变化

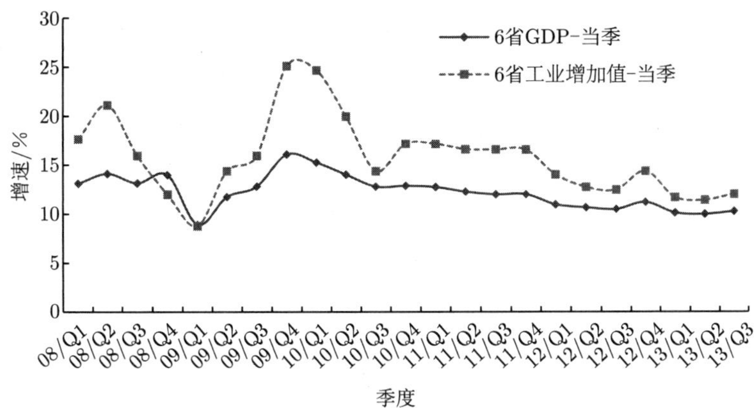

图 11.4　2008 年以来 6 省 GDP 和工业增加值季度增速变化

从匹配程度看，6 省工业增加值与全国工业增加值高度相关，无论是绝对量还是增速，相关系数均在 0.93 以上，其中绝对量相关系数高达 0.994，走势几乎完全一致（图 11.5和图 11.6）。

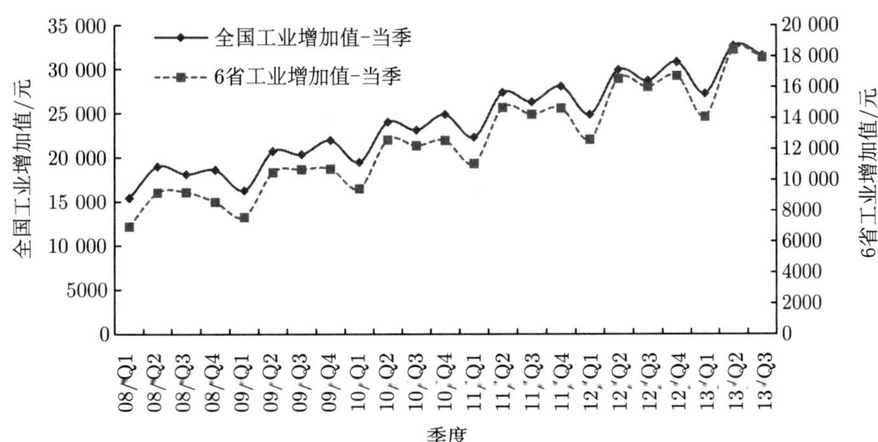

图 11.5　2008 年以来 6 省工业增加值和全国工业增加值季度绝对量变化

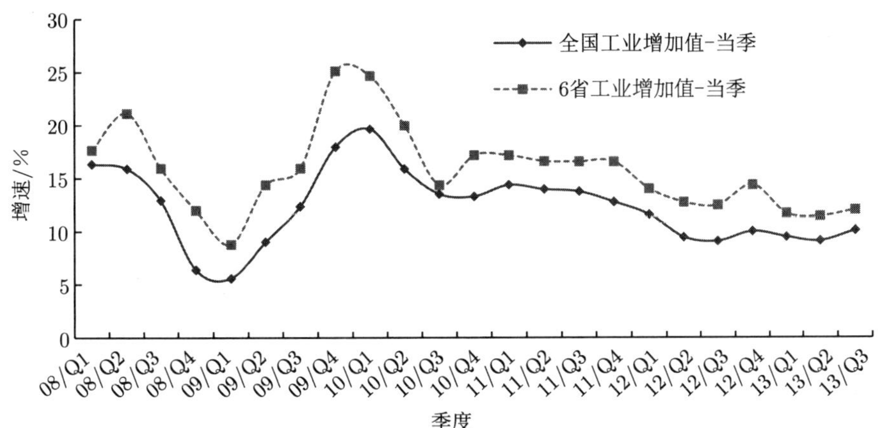

图 11.6　2008 年以来 6 省工业增加值和全国工业增加值季度增速变化

因此，从分析的角度来看，利用工业增加值月度数据作为宏观经济表征指标来研究分析高速公路收费货车流量与经济之间的关联关系是合理的，故选择工业增加值作为关联分析的核心宏观经济基础指标。

对基础数据进行了差分、季节调整、平稳性检验等计量处理后，分别采用时差相关分析法、K-L 信息量法对货车流量与工业增加值之间的关联关系进行定量分析，形成主要结论如下。

（1）高速公路货车流量与宏观经济发展高度相关，可作为评判宏观经济发展走势的交通运输行业基本表征指标。从月度数据分析看，福建、山东、陕西、湖北、湖南、江西 6 个省 68 个月的月度高速公路货车流量数据与全国工业增加值的相关系数高达 0.916。进一步利用 6 省高速公路货车流量数据与 6 省的工业增加值进行分析，发现两者之间的相关系数也达到了 0.902（图 11.7 和图 11.8）。

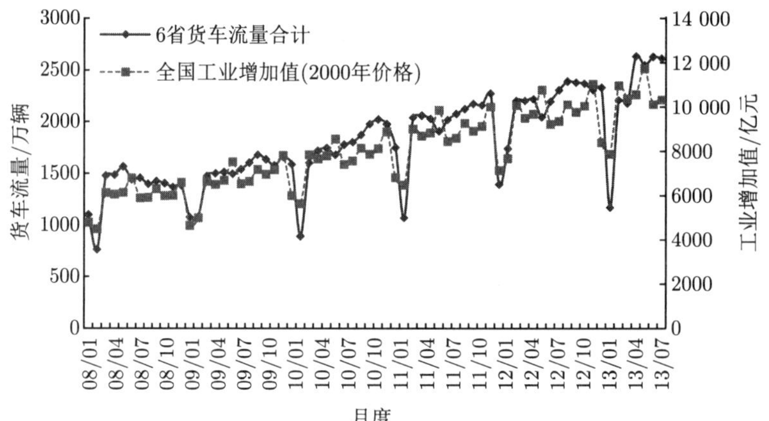

图 11.7　6 省高速公路货车流量和全国工业增加值月度绝对量变化

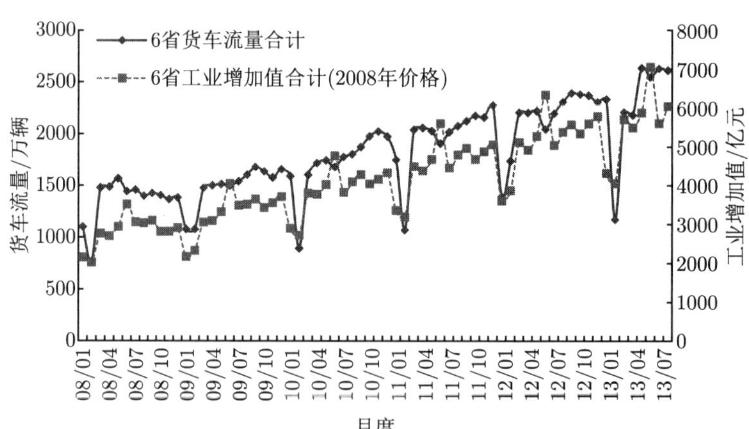

图 11.8　6 省高速公路货车流量和 6 省工业增加值月度增速变化

从季度数据分析看（2008Q1—2013Q3），将福建、山东、陕西、湖北、湖南、江西 6 个省 23 个季度高速公路货车流量数据与全国工业增加值进行相关性检验，两者相关系数高达 0.970，与对应 6 省工业增加值的相关系数为 0.980，均高度相关（图 11.9 和

图 11.10)。因此，无论是月度数据还是季度数据，从全国来看还是从各省来看，高速公路货车流量数据与宏观经济发展均是高度相关的，高速公路货车流量可以作为评判宏观经济发展总体态势的交通运输行业的基本表征指标。

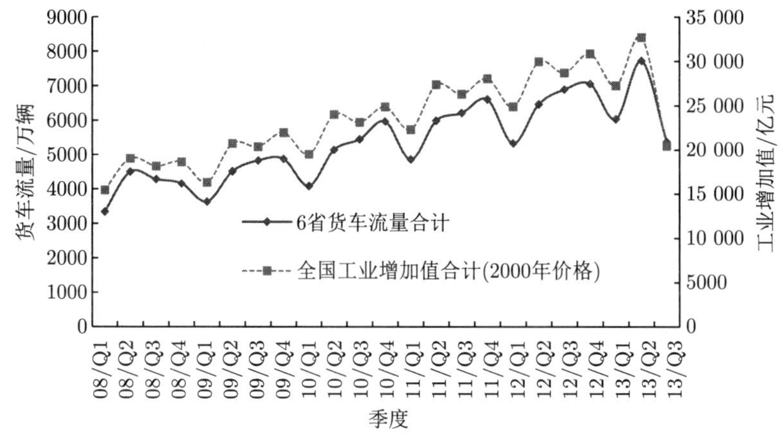

图 11.9　6 省高速公路货车流量和全国工业增加值季度绝对量变化

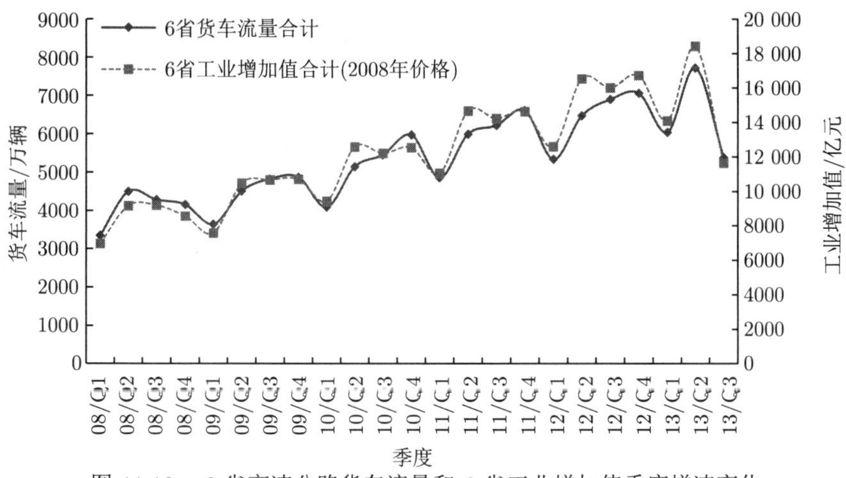

图 11.10　6 省高速公路货车流量和 6 省工业增加值季度增速变化

（2）高速公路货车流量的变化与宏观经济发展存在明显的同步性。分别利用时差相关分析法和 K-L 信息量法，对 6 省高速公路货车流量与全国的工业增加值的先行、一致、滞后关系进行分析，发现高速公路货车流量与工业增加值之间存在明显的同步性。进一步使用 6 省车流量数据（总量数据和分车型数据）与 6 省自身的工业增加值数据进行先行、一致、滞后检验，同样发现两者之间存在明显的同步性。

11.3　交通运输大数据

阿尔文・托夫勒（1970）在《未来冲击》中首次提出大数据概念。世界经过 40 年的不断发展，从 2010 年开始，人们对“大数据”的认识越来越直观深刻，越来越多的科研机构与科研人员开始将研究的焦点转向与大数据相关的主题。大数据研究机构 Gartner（2013）

列出了“2013 年十大战略技术趋势”和“未来五年十大关键技术趋势”，其中大数据概念均位列两者中的第二名。可见，大数据将一直是当前和未来的研究前沿之一。大数据也将彻底改变许多领域，如商业、科学研究、公共管理等。随着大家对大数据的认识越来越深入，大数据的定义也在不断变化。

Laney（2001）使用体积（volume）、速度（velocity）和变化（variety）（称为 3Vs）来描述大数据的概念。麦肯锡全球研究所将大数据定义为：一种规模大到在获取、存储、管理、分析方面大大超出了传统数据库软件工具能力范围的数据集合 [1]。2012 年，Gartner 给出了更详细的定义：“大数据是海量、高增长率和多样化的信息资产，需要新的处理形式，确保有效的决策，洞察发现力和流程优化。”关于大数据更一般的定义是：如果在使用当前技术抓取、管理、分析和可视化某一数据集非常困难时，则可以将这一数据集称为大数据。随着信息技术的发展，在各行各业都涌现出许多大数据。接下来，本节将具体研究交通运输领域的大数据，阐述交通运输大数据是如何产生的，其具体包含的内容以及当前的主要应用。

11.3.1 交通大数据的产生方式与内容

在经济社会中，传统数据的主要来源是调查数据或官方给出的宏观统计数据。事实上，与传统数据相对应的非传统的大数据来源均离不开互联网的快速发展。起源于互联网的“数据大爆炸”不可阻挡地壮大，正在改变经济和社会框架中的互动方式。几乎所有社会和经济活动中的渗透率和重要性都在日益提高。无数的个人、公司和社会公共机构每天通过互联网搜索、发布和生成大量信息，并且在线活动留下了可以跟踪的数字足迹。互联网成为生成大数据的基本手段，且数据均需要以互联网为载体才能发挥作用。Askitas 和 Zimmermann（2015）指出依赖互联网生产的大数据在经济研究中对有关解释、建模、实时监测和预测方面提供日益重要的作用。Blazquez 和 Domenech（2017）指出一般大数据的具体产生方式或者大数据的来源是：以谷歌为代表的网络搜索引擎；以社交网站、微博为代表的社交媒体；一般网站、应用程序；城市传感器与移动传感器。其中，交通运输大数据的主要来源是以移动设备与传感器为基础的数据，但其实交通运输大数据来源与其他 3 个方面也息息相关。接下来，为叙述完整，将分别介绍 4 个渠道如何产生数据以及都产生了哪些数据。

1. 网络搜索引擎

谷歌公司是一家跨国科技公司，主要业务是互联网搜索、云计算等。谷歌浏览器是公司旗下最主要的产品。通过使用谷歌浏览器，用户可以获取想要的信息与资源。随着互联网的快速发展与普及，用户使用浏览器产生的搜索记录越来越多。于是，基于谷歌浏览器，谷歌公司推出了谷歌趋势（GT）应用产品。该产品发布于 2006 年 5 月，提供特定关键字或文本的搜索流量趋势分析，通过图表形式来对流量水平进行比较。谷歌趋势不会提供具体的流量数据，但是会显示相对的流量程度。它可以实现以分钟为单位统计该关键词或者话题的搜索趋势。Choi 和 Varian（2012）介绍了使用 GT 数据监测预测宏观经济变量的变化，他们通过实证研究发现谷歌搜索引擎中的一些搜索类别有助于预测汽车和房屋销售、

[1] 摘自百度百科。

入境游客或失业索赔等。GT 数据也成功预测了不同行业的消费者行为总量。例如，使用 GT 数据可以更准确地预测游客量（Artola et al.，2015），可以改善股票市场交易决策和交易量的预测（Preis et al.，2013；Moat et al.，2014）等。类似地，国内百度公司推出的百度指数，其功能与谷歌趋势是一样的。通过百度指数搜索“交通运输”与“大数据”两个关键词得到的流量统计结果显示：搜索热度较高的城市集中在以北上广深为代表的一线城市，之后是经济比较发达的二线城市。从结果可以推测，一个地区的经济是否发达与人们对于交通运输以及大数据的关注度之间存在相关关系。通过搜索热度，可以初步判断该地区的经济发展水平。

2. 社交媒体

社交媒体主要包括社交网站（SNS）、微博等形式，其与一般媒体的主要区别是互联网的高度参与。社交媒体一般是指专门用于鼓励用户表达他们对任何主题的感受或意见的在线网站或者平台。因此，在某种程度上，社交媒体上出现的许多信息可以反映社会中正在发生的事件。由社交媒体产生的数据被称为“社交大数据”，这一词语越来越受欢迎，成为一类预测社会变量时有用的数据来源。在各种社交媒体中，推特以及国内的新浪微博是非常受欢迎的服务。推特每月活跃着 3.32 亿用户，平均每天发送超过 5 亿条推文。大量由用户自己产生的数据可以帮助政策制定者监测和预测当前及未来的社会经济形式。比如，Ceron 等（2014）研究了如何利用社交媒体数据（微博）推测公民的政治偏好并预测最终的选举结果，结果显示，社交媒体数据与传统民意调查数据相关性很强，且可以很好地预测选举结果。脸书是全球第三大访问量的网站，拥有 16.5 亿活跃用户，也是分析社会和经济问题的数据来源，用于监测预测经济运行状态等。此外，在移动互联网服务的推动下，人们之间可以随时随地进行社交联系。数据的收集不仅来自移动电话的人员移动信息，还封装着大量的实时交通信息。该信息可以由可穿戴和便携式设备（如智能电话）访问，社交媒体的宣传极大地鼓励用户在线共享与位置相关的信息，激发人群实时感知交通系统。国外有研究人员借助社交媒体数据研究了交通拥堵问题。Kosala 和 Adi（2012）在微博中提取交通关键词有关的信息，开发了一个实时监测交通信息的系统，Sakaki 等（2012）将社交媒体作为“社会传感器”，借助语义分析方法对微博数据进行检索，确定交通拥堵位置与情况。

3. 网站和应用程序

在互联网时代，企业通常会通过建立企业官网树立官方公众形象。在这些网站，客户可以了解公司的产品、服务、组织结构等，公司网站通常也会给出其经济活动相关的各种关联网站等。Domenech 等（2012）指出在经济监测中，使用传统经济指数通常存在严重滞后性，因为数据通常来自官方数据库或抽样调查数据，限制了信息的即时获取。在互联网时代，公司网站上会出现很多与公司经济活动相关联的信息，于是他们提出了一个智能系统，该系统可以挖掘与分析企业网站，生成与企业经济活动相关的网络指标，推断公司规模特征及经营情况。除了企业网站外，还存在其他类型的网站，其目的是传播信息，如维基百科。维基百科每月有超过 7.3 亿的独立访问者，它在社会中的渗透及其协作性使其成为社会和行为数据的潜在来源。互联网促进了电子商务服务的出现，企业可以利用这些服务来销售产品并在线与客户进行交易（电子商务）、招募候选人（E-招聘）或在线提供服务（如电子银行）。亚马逊是全球最重要的电子商务和意见平台之一，拥有超过 3 亿的活跃客户。该网站提供客户对数百万种产品和服务的评论和意见，可用于检测消费者偏好或预测销售的数据来源。

4. 城市传感器和移动传感器

在交通运输行业，随着传感器、计算和网络技术的快速发展，借助廉价的传感器，实时地产生了大量与日常生活有关的活动数据，比如，驾驶员的 GPS 定位、移动电话的缴费记录、高速路口收费站数据等，不断地记录个人在空间、时间的实时信息。总的来说，城市传感器和移动嵌入式传感器是交通运输大数据的潜在产生者。在城市传感器中，与交通运输有关的是城市交通读卡器（公交车刷卡器、地铁刷卡器、停车场刷卡机等）。个人或者车辆的交易被记录下来，有助于政策制定者分析城市交通车流量、出行拥堵状态等。同时，传感器网络包括智能电网、WiFi 接入点和公共交通卡读卡器等，它们都可以为宏观经济的监测提供数据支持。Kitchin（2014）研究了过去十年中发生的数据快速增长现象，发现大数据中有很多数据的产生是发生在城市中，可以借助这些大数据重新规划城市发展，建立智慧城市。Dodge 和 Kitchin（2007）提到可以利用反馈到中央控制器中的城市摄像头和转发器网络收集的城市车辆移动数据，监控交通流量，调整交通灯序列和速度，自动对交通违法行为进行处罚。嵌入在移动电话中的一些传感器是交通大数据的潜在来源：GSM、GPS、蓝牙、加速度计或用于通过基站收发站（产生所谓的“呼叫详细记录”）连接到电话网络的传感器。这些传感器会生成与用户位置相关的数据，这些数据可以用于研究人的社交行为、偏好和移动模式，也可以作为评估城市交通运输建设的反馈数据。例如，巴西里约热内卢成立了一个名叫 Centro De Operacoes Prefeitura Do Rio（里约运营市政厅中心）的中央控制中心，是市政府和 IBM 公司合作成立的。该中心汇集了 30 个机构的数据流，包括交通和公共交通、市政和公用事业员工以及公众通过电话、互联网和广播发送到单个数据分析中心的服务、紧急服务、天气预报和信息（图 11.11）。在控制中心，有专门的算法和分析团队处理、分析、可视化和监测实时的服务数据，即时汇总新产生的数据，发布新的指标，建立城市发展与管理的监测预警模型。

图 11.11　Centro De Operacoes Prefeitura Do Rio 中央控制中心

资料来源：Kitchin（2014）。

11.3.2　交通运输大数据的应用

Lahiri 等（2004）指出，交通活动对经济周期的波动非常敏感。但是多年来，交通运输部门提供的指标并未成为大多数经济周期分析师数据工具包中的一部分。究其原因是数据生成有严重的滞后性。然而，近年来越来越多的国家使用电子系统收取过路通行费，这样产生的交通运输大数据在研究中得到广泛应用。例如，德国于 2005 年推出了高速路收费系统。从 2008 年开始，联邦货物运输办公室（the Federal Office for Goods Transport）公布了该系统中几个月度指标，这些指标在一个月结束后的 15 个工作日内通常可用，即早于工业生产的相应指标公布时间。Askitas 和 Zimmermann （2013）完成了一项先驱研究，成功地将高速路收费站数据用于实时经济运行监测，构建了代表技术与创新驱动的经济监测指数——收费指数（toll index），成为经济发展重要指标变化的先行监测指数。在 11.5 节中将详细介绍这一案例。

美国波士顿马萨诸塞州交通运输局在各个地铁站收集交通大数据，研究人员通过收集每个闸机上通过的人流量，结合每趟列车的时刻表，通过统计关联分析，探索不同时间不同线路上的客流量，给予列车调度员更多的实时信息，帮助其更好地调度调控列车资源，使得出行人员的出行体验更好。类似地，在国内以北京地铁为例，易通行公司开发了易通行移动 APP，乘客可以直接扫二维码乘车。一方面，乘客可以节省通过时间；另一方面，后台通过收集个人进站位置和时间信息，及时在客户端上实时反馈该线路上该趟列车的拥挤程度，指导乘客做出最优选择，极大地提高了乘车体验。

陈宏飞（2015）利用在微博上获取的社交平台大数据研究了西安市出行交通拥堵问题，并描绘了时空分布情况。数据的来源与采集方式是：通过自主研发的网络数据抓取软件从微博的 API 接口获取以钟楼为中心、半径为 11 132m 的西安市微博签到数据。数据抓取时间为 2013 年 7 月—2014 年 7 月。根据语义分析，抓取文字中含有“堵车”“堵了”等交通拥堵关键词的微博。经过时间尺度分析，得到本市交通拥堵严重的时间分布规律，借助 ArcGIS10.2 的点密度分析工具计算并将结果在地图上做可视化。

11.4　交通运输大数据与经济监测

11.4.1　基于传统交通运输数据的经济监测方法

经济监测是保证国家经济平稳运行不可缺少的环节。基于交通运输数据的经济监测方法主要是通过编制监测指数来实现对经济运行状态的监测。

1. 国内外文献综述

国外文献研究中，最著名的是波罗的海干散货综合运价指数（Baltic dry index, BDI），该指数源自 BFI。波罗的海航运交易所 1985 年开始对外发布，1999 年优化调整后改名为 BDI，指数发布频度到天，即每个工作日均发布。BDI 是目前全球航运市场最权威的运价指数，同时也被认为是经济的晴雨表。Lahiri 等（2003）研究构建了美国运输服务产出指数（transportation services output index，TSOI），该项研究由美国运输部运输统计局支持，他们在系统分析美国运输业基础数据的基础上，提出了构建 TSOI 的方法，并将基期定为 1996 年，认为 TSOI 平均先行美国经济研究局（National Bureau of

Economic）定义的经济增长周期中的波峰为 6 个月，波谷为 5 个月，在预警宏观经济运行方面具有重要的作用。之后，美国运输部运输统计局组织研究人员对指数进行了进一步的修改与完善，并于 2004 年 1 月 29 日在纽约证券交易所正式对外发布，发布时指数名称由原来的 TSOI 改为 TSI（transportation services index，运输服务指数），基期由原先的 1996 年调整为 2000 年。至此，TSI 正式定期对外发布，并引起了社会的广泛关注，成为衡量交通运输行业运行、预警宏观经济发展的重要指标之一。

在国内文献研究中，王建伟（2012）提出了全行业运输服务编制的方法，主要包括数据获取及处理、权重设置、指数计算等环节。在数据获取环节，货运方面选取了 4 个指标，分别为铁路货物周转量、公路货物周转量、水路货物周转量和民航货邮周转量；在客运方面也选取了 4 个指标，分别为铁路、公路、水路、航空 4 种运输方式的旅客周转量，之后用 X-12-ARIMA 方法对基础指标进行了季节调整。权重设置时，公路的客运、货运权重是利用增加值系数推算相应的增加值，铁路的客运、货运权重是利用客货运之间收入的比例关系来拆分铁路运输业的增加值，水路的客运、货运权重也是利用客货运之间收入的比例关系拆分水运业的增加值，民航是以 2002 年投入产出表中民航的客运、货运增加值比重关系，拆分各年的客货运增加值。指数计算时，指数的基期为 2002 年，基点是 100 点，也是利用 Fisher 理想指数的方法合成指数。最后，研究指数与宏观经济之间的关系，通过与国家统计局景气监测中心发布的宏观经济一致性指数比较发现，客运指数、货运指数均与宏观经济一致性指数的发展趋势基本吻合。陶绪林等（2013）提出江苏省交通运输服务指数编制方法，主要有基础指标选择及数据搜集、指数构建两大环节， 基础指标选取过程中，货运方面最初选取了 5 个指标，分别为铁路货物周转量、公路货物周转量、水路货物周转量、民航货邮周转量和管道货物周转量；客运方面最初选取了 4 个指标，分别为铁路旅客周转量、公路旅客周转量、水路旅客周转量和航空旅客周转量， 但由于难以获取航空相关数据，最后构建指数的时候剔除了航空指标， 数据的频度为年度。在指数构建过程中，由于江苏省没有分运输方式的增加值数据，作者用各种运输方式的运价数据进行替代，作为权重，指数的基期为 1990 年， 基点为 100 点，合成指数时是利用 Fisher 理想指数的方法，由于是年度数据，故不存在季节调整的问题。从构建的货运、客运综合指数与宏观经济之间的关系分析看， 作者认为 1990—2010 年，江苏省的货运、客运发展趋势及变化规律与江苏省宏观经济的发展规律具有较为明显的同步性。同时， 在一些特殊年份，运输服务指数对宏观经济运行具有一定的先行性，反映了交通运输行业发展与宏观经济发展之间的相互影响关系。

2. 中国运输服务指数

借鉴前人研究成果，结合国内外各类指数的编制方法，综合考虑我国交通运输行业的特殊性，本节构建了中国运输服务指数（China transportation services index，CTSI）。CTSI 是以我国各种运输方式客货运量为基础指标，以增加值为权重，加权合成的，用来反映我国交通运输行业运行状况的指数，同时用于监测预警宏观经济发展变化。CTSI 研究构建过程，主要包括基础指标选取、基础数据采集及处理、季节调整、无量纲化处理、权重设置及指数合成等环节，并对各个环节进行了充分的论证，最终构建了符合我国交通运输行业发展实际的 CTSI。其具体过程为：参照美国 TSI 基础指标选取的办法，在选取指标过程中，尽量涵盖交通运输各个子行业，同时综合考虑数据是否可靠，获取渠道是否畅通等因素，CTSI 构建时主要遵循代表性、全面性、准确性、稳定性、及时性原则，最终选择运量指标为基础指标（表 11.1）。其中，货运方面选择了铁路货物发送量、公路货运量、港口货物吞吐量、民航货邮运输量 4 个指标；客运方面选择了铁路旅客发送量、公路客运量、水路客运量和民航旅客运输量 4 个指标；季节调整方法选择在 X-12-ARIMA 方法的基础上进行了本地化改造的春节模型，以此来对各个基础指标进行季节调整处理；选择 2010 年为基期，指数化方法对各个序列进行无量纲化处理；权重设置上，综合了增加值权重和经验权重调查结果来设置各个指标的权重；最后，使用 Fisher 理想指数模型构建了 CTSI，最终 CTSI 的结果如图 11.12 所示。

表 11.1　CTSI 基础指标集

类别		指标名称	频度
铁路	客运	铁路旅客发送量	月度
		铁路旅客周转量	月度
	货运	铁路货物发送量	月度
		铁路货物周转量	月度
公路	客运	公路客运量	月度
		公路旅客周转量	月度
	货运	公路货运量	月度
		公路货物周转量	月度
水路	客运	水路客运量	月度
		水路旅客周转量	月度
	货运	规模以上港口货物吞吐量	月度
民航	客运	民航旅客运输量	月度
		民航旅客周转量	月度
	货运	民航货邮运输量	月度
		民航货邮周转量	月度
邮政	快递	快递业务量	月度

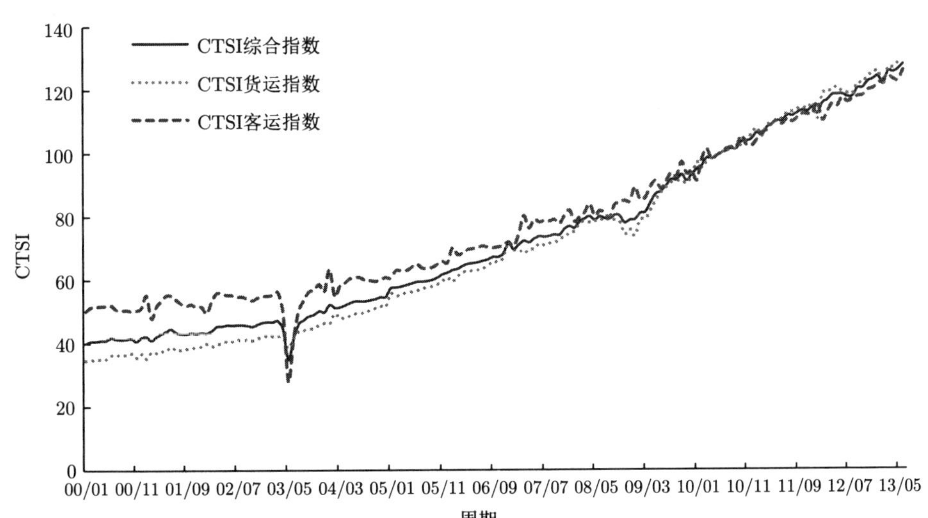

图 11.12　CTSI 走势图

关于 CTSI 与经济发展的关系，我们通过采用 HP 滤波方法和美国国家经济研究局（National Bureau of Economic Research，NBER）的算法开展研究，分析得出二者之间的关联性。首先，为了研究 CTSI（客运、货运、综合）与工业增加值之间的关系，将其进行 HP 滤波（Hodrick-Prescott Filter）处理，得到各个序列的周期性序列（图 11.13~图 11.15）。从 CTSI （客运、货运、综合）周期性序列与工业增加值周期性序列对比图可见，CTSI （客运、货运、综合）与工业增加值之间的周期性变化趋势基本一致。

除一些偶然发生的不规则的峰值以外，指数的周期性波动还会产生一些较为明显的波峰（波谷），对应于一段时间内指数值的高点（低点）。根据 NBER 的算法，一个完整的周期至少持续 15 个月且波峰与波谷之间的时差不少于 6 个月，以此确定 CTSI 真实的波峰与波谷，如表 11.2所示。

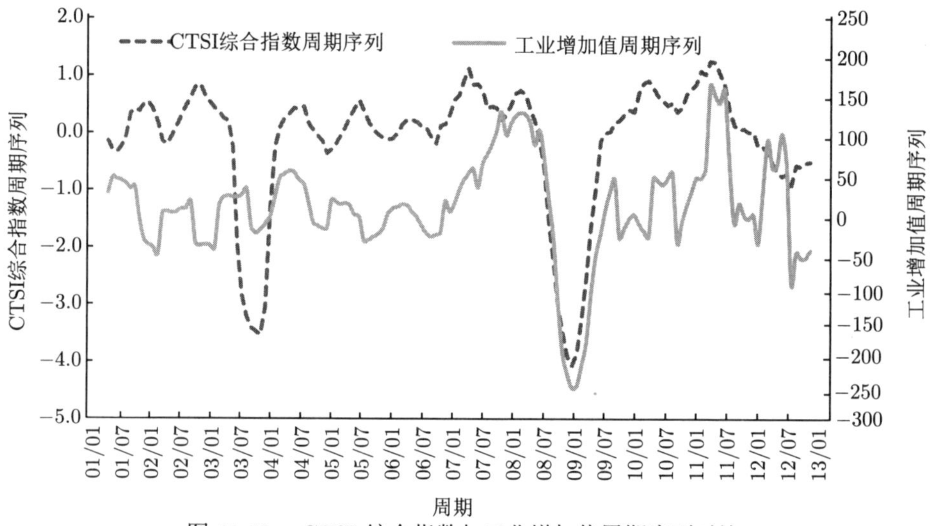

图 11.13 CTSI 综合指数与工业增加值周期序列对比

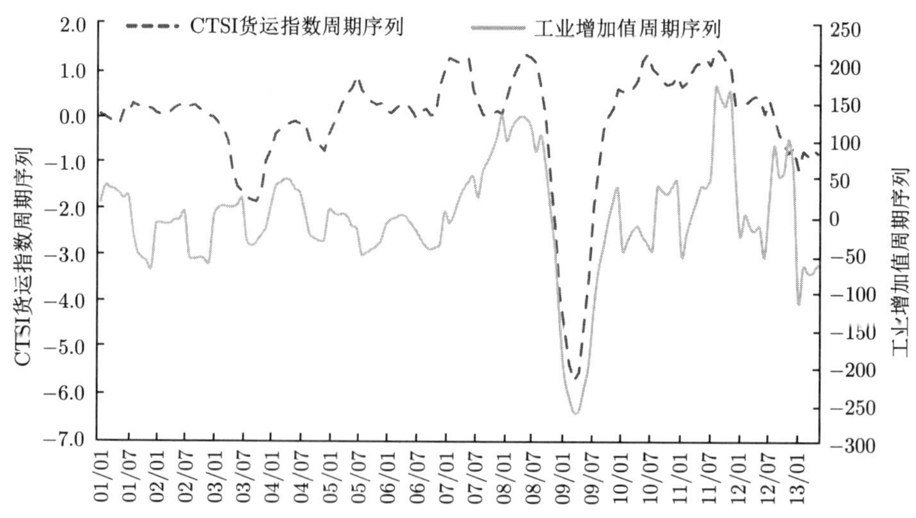

图 11.14 CTSI 货运指数与工业增加值周期序列对比

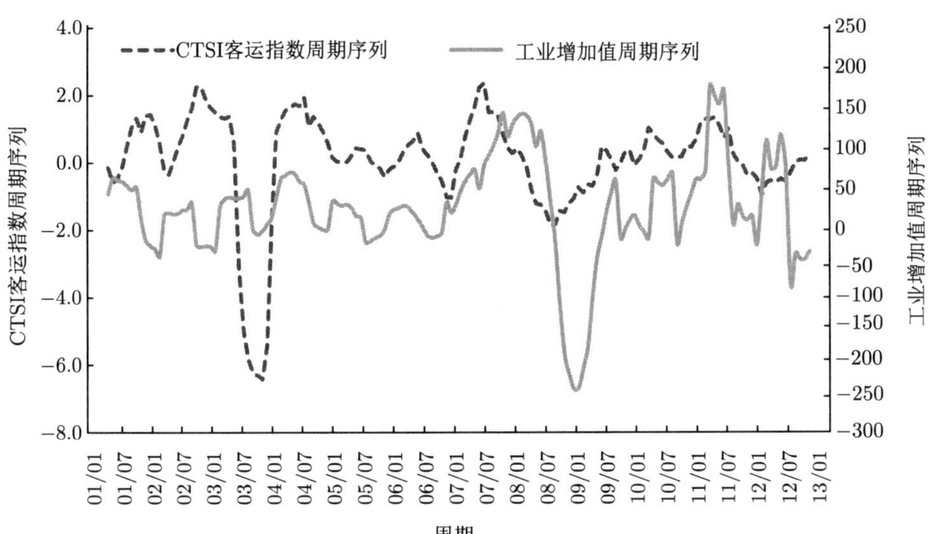

图 11.15　CTSI 客运指数与工业增加值周期序列对比

表 11.2　CTSI 与工业增加值先行滞后分析表

工业增加值		CTSI		CTSI-货运		CTSI-客运	
T	P	T	P	T	P	T	P
—	01/02	—	—	—	—	—	01/01
03/05	04/02	03/05	03/12	03/05	03/12	03/05	03/12
07/02	08/01	06/10	07/12	06/10	08/01	07/02	07/12
09/01	10/01	08/12	09/08	09/01	09/08	08/08	09/10
13/01	—	12/10	—	12/08	—	12/10	—
先行滞后期		—	—	—	—	—	−1
		0	−2	0	−2	0	−2
		−4	−1	−4	0	0	−1
		−1	−5	0	−5	−5	−3
		−3	—	−5	—	−3	—
平均值		−2. 0	−2. 7	−2. 3	−2. 3	−2. 0	-2. 3

从表 11.2可见，CTSI 出现波峰（波谷）的时刻领先于工业增加值 2 个月左右，且与 CTSI 货运指数出现波峰（波谷）的时刻更为一致，这是因为市场供给或需求的变化通常较早地体现在交通运输领域，也就是运输生产一般先于宏观经济进行调整。此外，从近两年特别是 2016 年指数试运行情况看，CTSI 展现了较好的先行性。CTSI 增速与宏观经济先行指标 PMI 对比分析显示（图 11.16），前两年 CTSI 增速变化与 PMI 的变化走势基本一致，但从 2015 年年底至今，相比于 PMI，CTSI 呈现了较好的先行性，如 CTSI 增速于 2015 年 12 月达到谷底，先于 PMI 2 个月（2016 年 2 月达到谷底），随后两个指数在经过 5 个月左右的波动后，CTSI 于 2016 年 5 月再次达到谷底，之后总体呈现明显的回升趋势，也同样早于 PMI 2 个月，且回升势头要强于 PMI。可见，CTSI 在服务宏观经济形势研判方面发挥了重要的预警作用，也验证了运输生产通常先于宏观经济调整的判断。

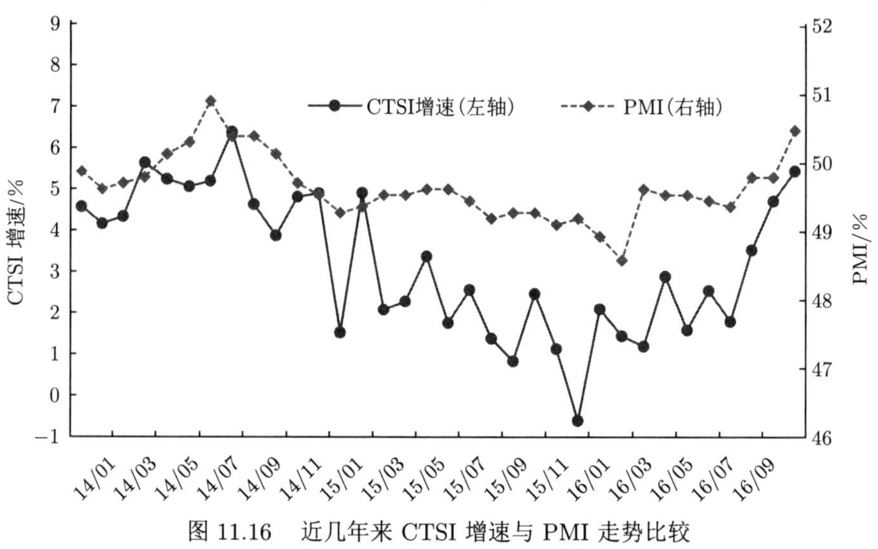

图 11.16 近几年来 CTSI 增速与 PMI 走势比较

11.4.2 经济监测方式在交通运输大数据背景下的转变

在交通运输大数据背景下，对宏观经济运行进行监测的方法目前在学术界还尚处于探索阶段，还未形成一套系统、完整、成熟的研究理论与方法。本节根据以往理论学习的框架，结合上述有关交通运输大数据、传统数据下的经济监测方法，试图给出一些新的研究思路，可以在未来将交通运输大数据与经济监测有机结合，顺应时代发展，更好、更快、更精准地实时监测我国经济的运行状态。在大数据背景下提出两种新思路：一是在传统经济监测指数中，借助关联分析融入交通运输大数据；二是利用交通运输大数据，构建新的经济监测指数。这两个思路均建立在获取交通运输大数据的前提之下，可见获取大数据以及数据整合是建立新的监测方法的基础与必要前提。于是，首先设计一个基于交通运输大数据的经济监测体系，再将两种解决思路融入其中，给出未来基于大数据实现经济监测的框架（图 11.17)。首先，在信息化时代，交通运输部门可以借助便捷的信息交流方式，建立综合信息平台。这一平台将是整个监测体系的中心枢纽，相当于计算机内部的中央处理器，其主要职能是：从下游接收数据信息，经过信息加工，传导给上游数据监测部门，最终将监测结果发送给政策制定部门。目前，我国已经自主搭建了各个交通领域的信息平台，包括空港信息平台、公路信息平台、隧道施工监测平台等，交通运输部门可以基于现有的大数据技术如云平台、并行计算等将各领域的交通运输数据汇总、整合，实现跨平台共享等。关于云计算技术，可以借用谷歌、英特尔等公司开发的一系列云计算技术和数据加工工具实现数据的存储与使用（刘伟杰，2014)。其次，在下游数据收集阶段，根据交通运输与经济发展之间关系的分析，将数据来源分为运输数据和基础设施建设数据。运输数据包括管道运输量、空运量、水运量、公路运输量以及铁路运输量。基础设施建设数据包括各个交通领域的预算投资总量、具体施工完成情况、实际消耗人力物力成本等数据。这些数据经过整合与共享，都可以成为构建经济运行监测指数的源数据。为保证最终监测指数的准确性、有效性，这些数据最初的获取需要格外小心，应当以数据质量的评价要求为准则，力求获取最真实有效的数据资源。最后，在上游建立数据整合部门，其主要职能是通过将收集到的各个交通领域的数据进行系统的分类整合，即应该合并的合并，应该剔除的剔除，最终，根据已有的经济监测指数，计算出当下的指数值，及时反馈给相关部门，并在整个系统内共享最新的统计结果。

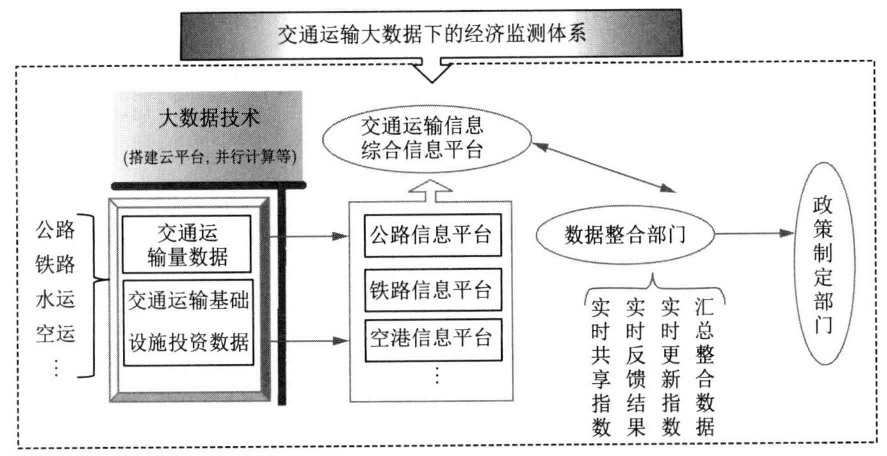

图 11.17　交通运输大数据下的经济监测体系

以上是整个体系中基于大数据传递的核心流程。但是，有一个问题需要额外说明。基于交通运输大数据的经济监测与传统数据相比最主要的区别或者说大数据独有的特性是保证结果的实时动态性。实时动态变化，这是基于传统数据不可能做到的。正如前文提到的，Lahiri 等（2004）曾指出，交通活动其实对经济周期的波动非常敏感。但由于传统交通运输部门提供的数据存在严重的滞后性，因而没能在经济监测方面发挥更大的作用。因此，整个监测体系内，需要保证数据的实时性、联动性，做到各部门数据的实时动态更新，监测指数及时反馈等，真正发挥大数据的优势。为了实现这一点，云计算、搭建云平台的大数据技术是保证上述构想实现的有效工具。

基于交通运输大数据经济监测体系，可以进一步利用交通运输大数据构建新的经济监测指数，以及在传统经济监测指数中融入交通运输大数据。在利用交通运输大数据构建新的经济监测指数方面，可以参照 Askitas 和 Zimmermann（2013）的研究成果，利用基于大数据获取的高速路收费站收费数据建立收费指数，作为宏观经济运行的监测指标。具体实现过程将在 11.5 节作为实例介绍。在传统经济监测指数中融入交通运输大数据，未来主要职责是在数据整合部门。他们需要根据已有的监测指数包含的基础指标，整理汇总所有的大数据，给出基于大数据计算的监测指数，并且做到实时动态更新，力求让新的监测指数更能有效监测和预警经济运行状态与潜在风险。

11.5　案例分析

在案例分析部分，将具体介绍 Askitas 和 Zimmermann 在 2013 年发表的一项非常有意义的研究成果，他们分析了如何利用高速路收费站的收费数据建立通行费指数，作为先行指数监测经济运行情况。

11.5.1　动机与背景

通常，监测宏观经济运行的主要指标之一是 GDP。但是在统计 GDP 数据的过程中，存在一些问题，比如，最初数据的来源可能来自很多渠道；GDP 数据的公布总是存在很长的滞后期，不利于政策制定者及时做出响应，影响监测质量。于是，我们尝试提出一种解决问题的替代办法：试图找到一种合适的数据可以很好地与 GDP 或 GDP 的先行指标相关，同时该数据具有更好的实用性。在当下的信息时代，借助大数据技术，我们认为是可以得到一个新的指数实现实时监测预警的。

在德国，2005 年成立了一个名叫 MAUT 的收费系统。该系统可以得到一些衡量运输活动的指标。系统规定超过 12t 的所有商用车辆都必须支付通行费。对于经常在德国高速公路上行驶的卡车，MAUT 系统提供了车载单元（on board unit，OBU）。该系统在全球定位系统和全球移动通信系统（global system for mobile communications, GSM）的基础上运行，以确定在德国高速公路上行驶的公里数并将测量结果传输到对应的中央计费中心。因此，基于 MAUT 系统的运输量的测量是构建月度生产指标的最佳候选者之一，并将该指数称为通行费指数（toll index，TI）。德国统计局制作的德国生产指数（German production index, GPI）是一个众所周知的 GDP 先行指标。与生产指数相比，新大数据技术简化了实时绘制卡车行程的难度，因此，TI 应该是监测生产情况的有效实时监测指数。

11.5.2　数据与模型

1. GPI 与德国高速公路卡车收费系统

GPI 是衡量德国生产性工业部门的月度生产指标。由于其周期性、快速可用性和扇区粒度，它是衡量经济周期的重要先行指标。州级统计局每个月都会从 6000 个工业单位收集产量和产值数据，每个单位至少有 50 名员工。这些工业单位约占该国工业总产值的 80%。统计的数据会在下个月的 25 日前被传递到联邦统计局。统计局为了将指数标准化到 100，会以 2005 年所有月份的平均值作为基期计算几个生产指标。初步计算的月度生产指数会在报告月份结束后的 38 天左右发布在联邦经济和技术部的新闻稿中，用于评估当前的经济状况，并且可能会在接下来的几个月内进行修订。

基于 GPS 支持和 GSM 的实时通信数据的卡车收费系统是精心设计的现代收费系统，它于 2005 年引入德国。作为 12t 以上重型货车的公路卡车收费系统，其目的是确保有稳定的收入来支持交通运输基础设施的改善。MAUT 具有全球覆盖、自动计算、快速传输数据和集中收集数据的特点，可以视为可生成实时经济监测的全国传感器网络。

根据系统运营商 Toll Collect GmbH 的说法，MAUT 系统安装 5 年后，已有 41 个国家的 12.7 万个运输公司（拥有近 90 万辆重型货车）大约 64.2 万辆车配备了 OBU，用于自动收费。特别地，拥有 OBU 的外资车辆的占比增加到 42%。根据系统运营商的说法，过去 5 年来，德国的收费系统已经记录并开具了比世界上任何其他收费系统多 1400 亿公里的发票。可见，卫星支持的收费系统已被德国和外国用户广泛接受，从使用 OBU 的自动登录系统的数据上也可以印证这一点。2005 年 1 月，自动登录占所有通行费预订的 72%。2013 年，这个数字上升到 90%以上。

2. 定义通行费指数

数据来自德国联邦货物运输办公室的月度报告，其中包含卡车收费系统的公共汇总数据。该报告也包含了所有有关出口（国家和高速公路）的入出境车辆的数量信息，以及每个车辆在原产国的交通活动信息。数据为 2007—2010 年月度数据。为了使 GPI 和 TI 在第一个月内保持相同，我们将把注意力限制在 TI 的 4 个变体上：一个表示行驶距离，一个表示行程数，另外两个表示入站和出站车辆的数量。然后将 TI 的距离、行程、入站和出站作为 TI 的参考部分。令 $\text{TI}_x(x=k,t,i,o)$ 为 Toll 指数的 4 种变体，分别表示每月行驶公里数 (k)、行程 (t)、入站卡车 (i) 和出站卡车 (o)。令 TI_x^p 和 TI_x^r 为分别用初步数据和修订数据构建的指数序列（1/2008—7/2010）。

3. 模型

为了验证通行费指数可以替代 GPI 作为经济监测的先行指数，本书使用回归模型，研究通行费指数与 GPI 之间关系。模型为

$$\Delta_{12}(\ln(\text{GPI}_s)) = \alpha \boldsymbol{X}_s + \epsilon \tag{11.1}$$

其中，$\boldsymbol{X}_s$ 根据研究的需要，记为 $\Delta_{12}(\ln(\boldsymbol{Y}_s))$，其中 $\boldsymbol{Y}_s = (\text{TI}_{k,s}, \text{TI}_{t,s}, \text{TI}_{i,s}, \text{TI}_{o,s}, L_1(\ln(\text{GPI}_s)))$, L_1 表示一阶滞后；s 表示时间变量。除了考虑单变量模型，本书还给出了两个变量与三个变量组合的模型，其变量组合分别为 $\text{TI}_{k,s}, \text{TI}_{t,s}$，$\text{TI}_{i,s}, \text{TI}_{o,s}$，$L_1(\ln(\text{GPI}_s))$。在模型比较时，使用三个评价指标，分别是 R^2、Akaike 信息准则和均方误差。

11.5.3 实证结果展示

首先，是对 TI 与 GPI 数据的描述性分析，结果呈现在图 11.18 和图 11.19 中。图 11.18 描述了上一个月 GPI 与 TI 的 4 个变体数据变化的百分比，图 11.19显示了相同测量年度下的变化百分比。可以很清楚地看到月度车辆活动与月度生产指数的变化在月对月

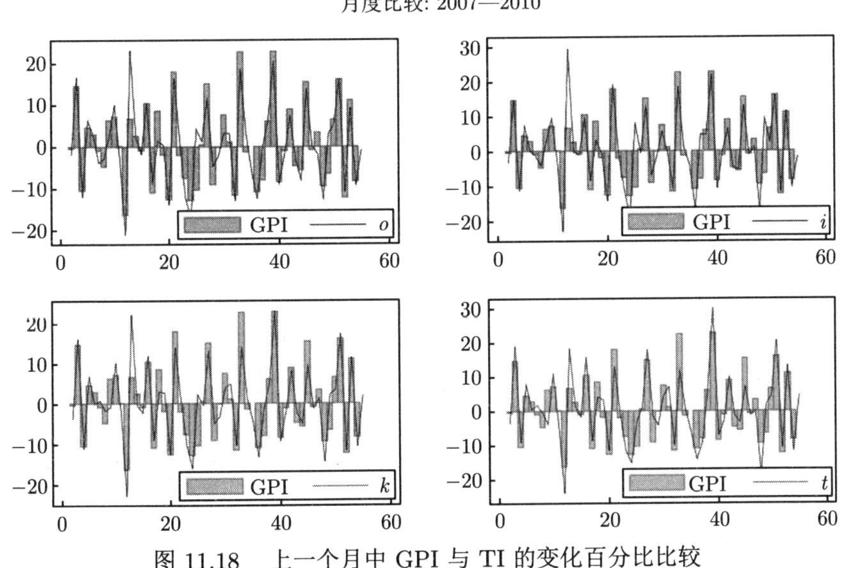

图 11.18 上一个月中 GPI 与 TI 的变化百分比比较

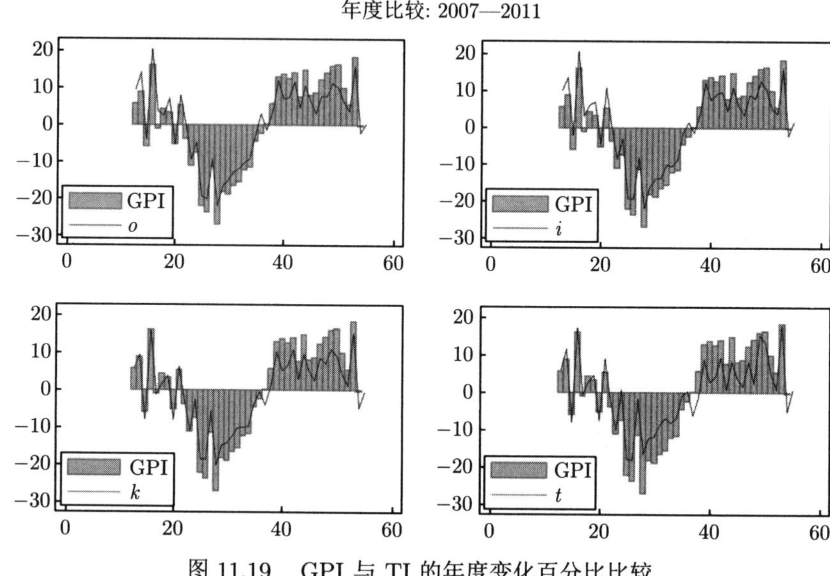

图 11.19 GPI 与 TI 的年度变化百分比比较

或年对年情况下都很接近。表明 TI 可以很好地反映主导月度变化的季节性模式以及由年度变化过滤掉的长期趋势。其次，利用一些预测模型检测其预测是否成功，以进一步确定 TI 的监测质量。为了验证预测能力，先设定 2010—2011 年的所有观测值作为样本外的预测时间区间。表 11.3显示了在 4 个时间内的差异占初始值的百分比，即 $100 \times |\mathrm{TI}_x^p - \mathrm{TI}_x^r| = \mathrm{TI}_x^p$ 的平均值。在所有时间范围内，差异可以忽略不计。为了更好地评判这些差异的大小，对 GPI 及其修订进行了相同的分析，发现差异的平均值占初始值的 2.14%。这大大高于表 11.3 中针对 TI 的修正误差。表 11.4 给出了预测模型的估计结果与评价指标的计算结果。

表 11.3 TI 数据的修正后差异变化的百分比 %

时间	TI 数据的修正后差异变化百分比			
	$x=i$	$x=o$	$x=k$	$x=t$
1/2008—7/2010	0.079	0.230	0.087	0.093
2008	0.151	0.375	−0.177	0.075
2009	0.013	0.064	−0.012	0.038
1/2010—7/2010	0.066	0.290	0.061	0.220

最后，使用 2009 年 12 月以前的 GPI 数据预测 $K\,\&\,T$，$L\,\&\,K\,\&\,T$ 以及 L 在 2009 年 12 月以后的值。图 11.20展示了预测 2010 年 1 月—2011 年 7 月的效果。对于 $K\,\&\,T$，MSE 为 0.001 313 9，$L\,\&\,K\,\&\,T$ 的 MSE 是 0.000 892 67，L 的 MSE 是 0.004 444 15。可以看出 $K\,\&\,T$ 模型的 MSE 等于基准 L 的 MSE 的 29.6%，而基准 L 只是先假定为 AR(1) 模型。进一步，将基准模型设定为不同滞后阶数的自回归模型 (AR(i)，$i=1$，2，$\cdots$，12) 以及 ARMA(12，3) 模型，结果发现模型 $K\,\&\,T$ 的表现都更好。例如，计算发现 $K\,\&\,T$、ARMA(12，3) 以及 AR(12) 的 MSE 分别等于 0.026 060 35、0.044 251 36 和 0.0440 073 8，即 $K\,\&\,T$ 模型的 MSE 是 ARMA (12,3) 的 58.9% 和 AR(12) 的 59.2%。以上结果呈现在图 11.21中，由于模型使用的 MAUT 数据是在 2007 年之前，因此即使是在早期数据中，收

费指数也已经表现出强大的即时预测功能，可帮助政策制定者制定政策。

表 11.4　回归模型的结果比较

变量	预测模型						
	K	T	I	O	L	$K\&L$	$K\&L\&K$
$\Delta_{12}(\ln(\mathrm{TI}_k))$	1.3112***					2.1760***	1.7053***
$\Delta_{12}(\ln(\mathrm{TI}_t))$		1.3187***				−0.9444***	−0.5812**
$\Delta_{12}(\ln(\mathrm{TI}_i))$			1.1919***				
$\Delta_{12}(\ln(\mathrm{TI}_o))$				1.1803***			
$\Delta_{12}(\ln(L1.\mathrm{GPI}))$					0.7799***		0.1538***
常数项	0.0096*	−0.0012	−0.0092	−0.0042	−0.0023	0.0166***	0.0135
N	42	42	42	42	41	42	41
调整 R^2	0.9482	0.8417	0.9399	0.9427	0.6014	0.9686	0.9789
AIC	-1.7×10^2	-1.3×10^2	-1.7×10^2	-1.7×10^2	−84.6597	-1.9×10^2	-2.0×10^2
MSE	0.000 656 27	0.002 005 83	0.000 760 95	0.000 726 36	0.005 021 28	0.000 387 95	0.000 251 8

$*p < 0.05$；$**p < 0.01$；$***p < 0.001$。

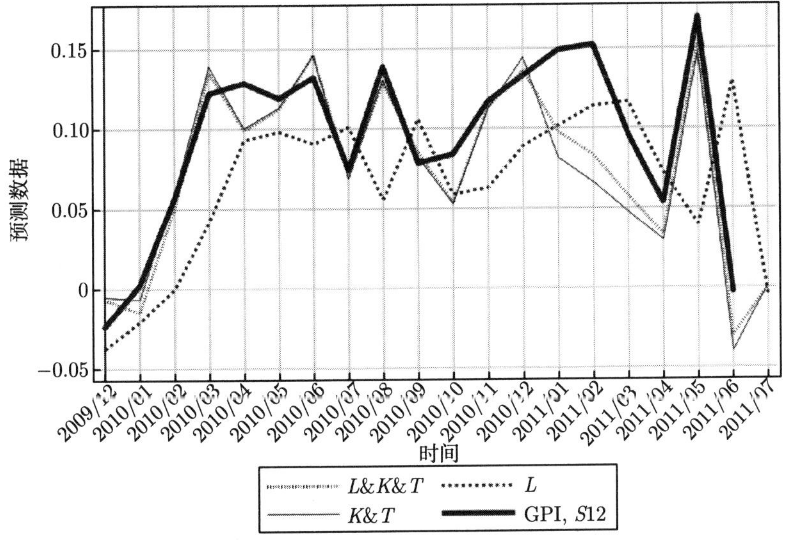

图 11.20　不同模型的预测效果比较 (1)

11.5.4　结论

通过一系列的分析与实证可知，TI 是衡量经济运行的先行指数，可以作为监测经济运行的指数之一。TI 的数据源自 MAUI 数据，与一般经济监测指标不存在严重滞后性相比，该指数可以近乎做到即时预报（nowcasting），这其中体现了大数据技术发展与变革带来的收益性。随着信息技术的不断提高，未来可以获取每日数据，实现更加即时的监测。上述即时监测方法只是实时监测的一个例子，未来 TI 可以成为国际上通用的实时经济指标。如此一来，TI 将有可能反映双边贸易量。借鉴上述研究成果，在我国同样可以建立 TI，作为大数据背景下的经济监测方法之一。

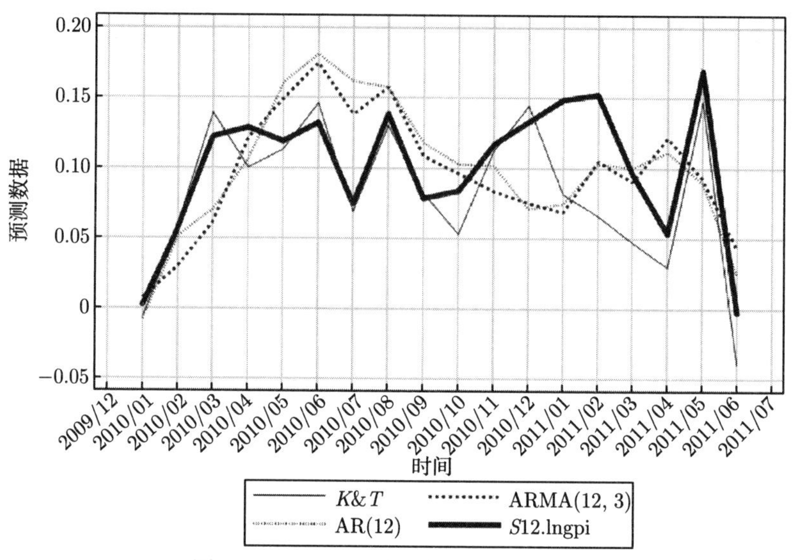

图 11.21 不同模型的预测效果比较 (2)

11.6 本章小结

交通运输行业与宏观经济发展有着密切的联系，本章主要从两方面详细阐述其与宏观经济发展的关系，分别是交通固定资产投资和运输量。交通固定资产投资在支撑经济增长方面具有举足轻重的作用，特别是在当前宏观经济下行压力持续加大的情况下，交通固定资产投资在稳定经济增长方面的作用更加凸显。经过对高速路车流量数据分析，发现交通运输量也同样可以反映时下经济的运行情况。在大数据时代，新兴的交通运输大数据将会逐渐取代传统的交通运输数据，成为服务政府、企业及人民的重要数据资源。借助互联网、移动通信技术及传感器的发展与革新，产生了越来越多的交通运输大数据。丰富的大数据资源必将改变现状，更有利于国家政府人员做好经济的宏观调控，更有利于企业完善生产经营方式、创造新的盈利模式，更有利于百姓提升生活质量，体验更智能便捷的生活。在交通运输大数据背景下，经济监测方式必定也会发生巨大的改变。于是，基于对交通运输大数据的分析，可以提出一个构想，即构建基于交通运输大数据的经济监测体系。依托大数据技术获取交通运输大数据资源，建立综合服务平台与数据整合部门，结合传统经济监测指数以及新的大数据监测指数，在整个体系内实时共享，反馈数据及结果，实现一个实时动态更新的经济监测体系。为了更加直观感受如何利用交通运输大数据监测经济运行，本章最后给出了一个实际应用大数据构建经济监测指数的案例。

综上，交通运输大数据是时代的产物，也是社会进步必然的结果。结合大数据监测经济运行，必将促进国民经济更好、更快、更稳地发展。

第 12 章 大数据背景下房地产经济监测的理论研究

12.1 引言

房地产经济是指以房地产为对象，即围绕房地产的生产、分配、交换和消费所发生的人与人之间的经济关系，是房地产经济关系与房地产生产力的有机结合。房地产行业的关联度大，产业链长，能够同时带动多个上下游产业的发展，是国民经济增长的强大支撑。房地产经济作为国民经济的擎天柱，在我国经济中起着重要的作用。因此，监测房地产经济运行，及时预警和预测未来房地产经济运行动态，具有一定的研究意义和实际价值。

房地产经济运行监测是对房地产经济进行总体的、综合的、系统的分析与判断，是对房地产经济活动过程和现状的一系列指标进行监测，并运用适当的统计（大数据）分析技术对监测指标进行研究分析，根据监测与研究结果对未来可能发生的房地产经济动态进行预警预测，从而建立房地产经济的“晴雨表”。对房地产经济进行监测预警，可以洞悉房地产经济的发展动态，引导消费者理性购房，并有利于政府及时采取稳定政策来保证房地产市场健康、平稳的发展（图 12.1）。

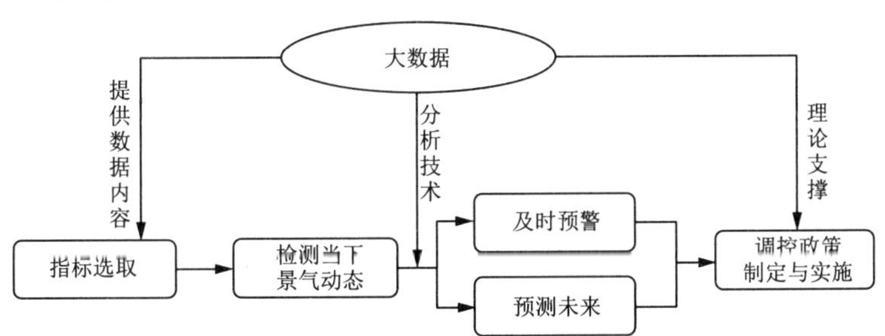

图 12.1 大数据视角下房地产经济监测的一般流程

本章着眼于大数据背景下经济形式和波动的房地产经济，12.2 节首先介绍了房地产行业经济运行的监测指标，分别是研究成熟的综合指标（国房景气指数）和分类指标，分类指标是我们按照功能分类为房地产经济运行提出的监测预警指标；12.3 节分析了房地产行业大数据的数据特点，对大数据在房地产数据内容和研究技术的应用现状分别进行综述，并阐述了基于大数据的房地产经济监测的意义；12.4 节基于大数据视角，运用大数据的数据内容、统计分析方法和大数据分析技术研究了两个实际案例；12.5 节是本章小结。

12.2 房地产经济运行监测指标内容

本节主要介绍房地产经济监测的指标内容，综合指标（国房景气指数）和分类指标。国房景气指数由政府统计部门编制，能够综合反映全国房地产业的发展景气状况。分类指标是按照功能分类为房地产经济运行提出的监测预警指标。

12.2.1 国房景气指数

国房景气指数是全国房地产景气指数的简称。该指数的计算是基于经济周期波动理论和气候指数的，是对分类指数的加权平均得到的综合指数。它用百分制表示，100 为景气线，100 以上属于繁荣景气，100 以下属于萧条景气。

国房景气指数是综合反映全国房地产业发展景气状况的总体指数，由政府统计部门编制，是代表国家行使统计监督职能的政府行为，具有及时性、综合性和权威性等特点。国房景气指数的指数指标体系分为两部分：一是参与计算用的指数指标；二是用于分析研究的指数指标。其中用于计算国房景气指数的指标有：①土地出让收入指数；②完成开发土地面积指数；③房地产开发投资指数；④资金来源指数；⑤商品房销售价格指数；⑥新开工面积指数；⑦房屋竣工面积指数；⑧空置面积指数。而用于分析报告用的指数指标，包括了 4 个方面共 14 个指标。[1]

运用上述提到的 8 个指标，根据贾海（2002）国房景气指数的计算主要有以下 4 个步骤。

第一步，计算分类指数 $P_{t,i}$：

$$P_{t,i}=(Y_{t,i}/Y_{t,i-1})\times 100\%,\quad i=1,2,\cdots,12$$

其中 $P_{t,i}$ 表示第 t 年第 i 月的分类指数, $Y_{t,i}$ 表示第 t 年第 i 月的分类指标值, $Y_{t,i-1}$ 表示第 t 年第 $i-1$ 月的分类指标值。

第二步，计算分类景气指数 $F_{t,i}$：

$$F_{t,i}=(P_{t,i}/P_{t_0,i_0})\times 100\%,\quad i=1,2,\cdots,12$$

其中 $F_{t,i}$ 表示第 t 年第 i 月的分类景气指数，P_{t_0,i_0} 表示以第 t_0 年第 i_0 月为报告期的分类景气指数。

第三步，计算初始国房景气指数 $C_{t,i}$：

$$C_{t,i}=\left(\sum P_{t,i}W/\sum W\right)\times 100\%,\quad i=1,2,\cdots,12$$

其中 $C_{t,i}$ 表示第 t 年第 i 月的初始国房景气指数，对指标值越大越不好的分类指数采用倒数处理方法计算，使权重起负作用，即 $1/P_{t,i}W$, W 代表经过调整计算的一种不变权数。

第四步，计算国房景气指数 $G_{t,i}$：

$$G_{t,i}=(C_{t,i}/C_{t_0,i_0})\times 100\%,\quad i=1,2,\cdots,12$$

其中 $G_{t,i}$ 表示第 t 年第 i 月的国房景气指数，C_{t_0,i_0} 表示以第 t_0 年第 i_0 月为报告期的国房景气指数。图房景气指数示意图见图 12.2。

[1] 摘自百度百科。

图 12.2　国房景气指数历史走势

通过对国房景气指数的监测分析，可以从房地产行业的多个角度显示产业综合运行状况、整体波动幅度、预测未来经济运行景气，从而为政府制定房地产行业政策提供依据，为投资者提供正确的参考信息，为房地产业的健康发展起到信息导向作用。

12.2.2　按功能分类的监测指标

12.2.1 节介绍的国房景气指数是由政府统计部门编制的，是一种综合指标。本节根据研究目的，考虑网络数据和传统统计指标，按照功能分类为房地产行业经济监测预警提出监测指标。监测指标主要需要满足以下 8 个方面。

1. 反映住房价格与住房租金

在房地产市场中，住房租赁市场和住房买卖市场均是其重要的组成部分，两者的稳健发展是整个房地产市场健康发展的先决条件，因此对住房价格与住房租金的监测是非常有必要的。

住房买卖市场能够为人们提供稳定的住房服务，可以选择房屋销售价格指数来衡量市场情况。房屋销售价格指数的发布机构为中国国家统计局，用该指数来代表全国房地产销售价格的变动情况都是经过精细的抽样考虑的。房屋销售价格指数的计算是基于各地房管局的网签数据，能够较为有效地避免现实交易中出现的阴阳合同问题，涵盖的 70 个大中城市的选取更加权威、具有代表性。

住房租赁市场可以缓解人们承担过高的房价压力，提供更丰富的住房服务。可以选择住房租金来衡量住房租赁市场的运行情况。这里值得一提的是，因为统计年鉴中关于租房支出的统计采取的是抽样调查，样本中有一部分人没有租房支出，因此得出的住房租金相较实际的租金会低，更推荐使用网络数据，数据来源如中国房价行情网等。

在反映房地产市场房价的指标选取上，中房指数、住房可支付性指数等也可作为判断房价合理水平的监测指标。

2. 反映房地产市场供求情况

从传统经济学的角度来看，商品的价格为供需达到均衡时的价格，也即商品的价格是由供给和需求两者共同决定的，因此，对房地产市场的供求进行监测是有必要的。

在需求方面，可以选择住宅销售面积和住宅销售额、20~60 岁人口总数、房屋价格销售指数作为监测指标。住宅销售面积和住宅销售额可以反映人们的购买水平，住宅销售面积越大，住宅销售额越高，说明人们购买力越强，对住房的需求也越多。从供需理论出发，人口的增加必然导致对住宅的需求，而选择监测 20~60 岁的人口总数，主要是根据经验，该年龄段的人群是购房的主力。选择房屋价格销售指数可以提前了解网友的购房需求，人们通常会提前上网搜索了解房价的相关信息，运用房屋价格销售指数对未来的房屋市场的销售量和销售价格进行很好的预测。

在供给方面，可以选择施工面积、竣工面积、新开工面积和房地产开发投资额、出售供给套数等作为监测指标。这些指标额越大，说明供给越多。通过与供求指标相比较，判断房地产市场的供求是否基本平衡、供过于求还是供不应求。

3. 反映房地产开发建设成本

开发建设成本主要涉及两个方面：土地开发和建筑成本。土地是不可再生的稀缺资源。一方面，土地的有限性需要政府加大对土地的控制开发，监测房地产企业待开发面积和本年度开发土地面积等指标，也是可持续发展的一部分。另一方面，土地价格作为房地产开发投资最直接的一部分，且土地出让金是地方政府的重要收入来源，对土地价格的监测也是有必要的。还可以运用 GIS 技术将土地特征量化，研究房地产住宅空间分布。建筑开发成本主要涉及用工成本和房地产建设材料费用。对每个行业来讲，对能源、原材料及人工费的监测都是不可避免的。

4. 反映金融风险

紧缩还是宽松的信贷政策会影响住房消费信贷和房地产开发。比如，贷款利率的增加会导致个人住房贷款成本增加，同时也会增加房地产开发企业的贷款成本，从而加大企业和消费者的资金压力。也就是说，利率的变化在一定程度上会影响房价。因此，可以选择贷款利率、购房人的月供收入比作为监测指标，对房地产行业的金融风险状况进行监测。

5. 反映宏观经济发展

经济的整体发展会带动房地产行业的发展。房地产行业的发展也会拉动消费，推动国民经济建设。因此，可选择监测国内生产总值、居民收入、工业增加值等指标，这些指标也是监测国民经济整体运行的指标，本书前几章已叙述，这里不再展开。

6. 反映相关政策

2017 年，全国楼市最难避开的一个词无疑是“调控”，尤其是进一步加强的限购调控，金融房地产监管趋严，调控政策对中国楼市表现产生了重大影响。在政策推行后，各大媒体纷纷唱衰楼市，宣扬房地产“成交量价腰斩”“各地买房热情已过”“楼市由火爆转向平淡”“多地房价在历史低位徘徊”。以限购令为例，根据供需平衡理论分析政策对房价的影响。我们知道，在限购政策实施后，短期内由于楼盘施工的成本已定且楼盘开盘数量难以灵活变动，因此住宅供给短期内是缺乏弹性的，也即限购政策较难在短期内影响供给。但是根据目前中国的国情来说，城市人口流动现象是普遍存在的，特别是对于北京、上海、广州、深圳等一线大城市来说，非户籍人口在本市常住人口中占比不可小觑。以北京为例，2017 年年末，北京市常住人口为 2170.7 万，其中常住外来人口达 36.6%，显然限购政策的实施将首先冲击到非京籍人口的需求，其次是名下拥有多套房产的家庭的购房需求。从这一角度来看，限购令首先抑制了这类人群的需求（图 12.3中需求曲线由 1 下降到 2），房价由原始均衡价格 P_1 下降到短期均衡价格 P_2；当房价出现下跌时，人们的需求将由于财富效应扩张到比原需求更大的地步（即由需求曲线 2 上升到需求曲线 3），当预测到需求出现上涨，房地产商也将会提供更多的供给，导致最终均衡价格下降。

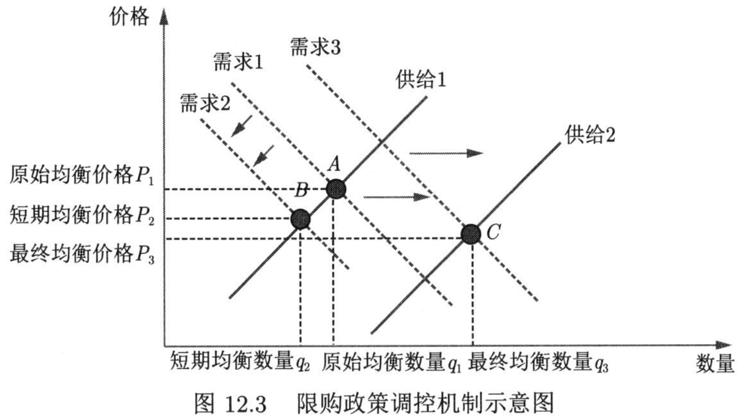

图 12.3　限购政策调控机制示意图

对政策的监管，在指标的选取上没有那么直接，但是可以通过对政策实施效果的研究来监测房地产经济运行情况。下面会在案例分析中，通过具体的例子进行解释。

7. 反映技术与就业环境

技术进步可以提高劳动生产率和资源利用效率，从而促进经济增长影响产业结构，导致经济周期的波动，进而影响房地产市场的波动。因此，对就业率等指标监测也是有必要的。

8. 反映生态环境

优越的生态环境会促使房地产市场繁荣兴旺，因而对房地产经济运行监测的指标有必要纳入人均绿地面积、人均公园面积、城市自然环境等相关指标，对当地的自然条件和绿地生态建设进行科学的分析和合理规划利用，有利于政府制定“因地制宜”的房地产政策和土地政策。

12.3　大数据与房地产经济监测

大数据时代的到来为房地产经济运行监测分析提供了更为丰富的数据内容和更为高效的数据分析技术。本节分析了房地产行业大数据的数据特点，对大数据在房地产行业的数据内容和研究技术的应用现状分别进行综述，并阐述了基于大数据的房地产经济监测的意义。

12.3.1　房地产行业互联网大数据特点

房地产行业互联网大数据具有速度快、规模大、多样性、价值性的特点。

（1）速度快的特点体现在数据的更新速度快。一方面，现有的众多的房地产相关网站上提供了大量的日更新数据，以贝壳网为例，如提供某地区日新增二手房套数、某地区日成交量、某地区日带看量、某地区平均住宅销售价格等。另一方面，与国家统计局发布的官方数据相比，互联网的数据具有实时性，比如当月平均住宅销售价格是实时更新的，而统计局网站只有下个月才有统计数据。

（2）规模大，互联网数据指标多，维度全，数据精细化。大部分官方发布的数据都是以地区为单位的，而在大数据时代，早已经可以刻画到各个城市的每个小区、每个单元具体的住宅信息；维度指小区名称、小区地址、小区环境、历史成交均价；每个具体住宅的成交价、住宅面积、周围环境等详细信息统一结构化入库。

（3）数据形式的多样性，数据的展示形式不仅局限于数据表格简单的走势，数据可视化的发展与应用使得浏览者能够在短时间内，直观地了解数据分布，帮助制定及时、高效、准确的处理手段和决策管理。

（4）互联网数据的价值性体现在对互联网大数据的分析上。以企业为例，可以通过海量的数据记录对人口分布和土地潜力进行深入分析，精准投资化和科学化选址；通过网页访客人群的浏览记录，基于互联网的搜索群体进行行为分析，获得客群定位及人物画像，推荐合适的住宅产品，提高营销效果。再以政府为例，可以通过互联网实时的房价数据及其相关指标适当建模，对房屋销售价格和销售数量进行预测预警。

12.3.2 大数据在房地产经济监测方面的应用现状

1. 传统的房地产景气指标体系构建研究

传统的房地产景气指标体系构建研究主要侧重于对指标的描述，运用的数据量有限，不强调分析技术。梁运斌（1996）初步构架了房地产发展的景气指标体系，包括静态指标和动态指标两部分。预警预报系统包含 4 个子系统：景气分析系统主要预测房地产行业景气动向；预警信号系统通过对综合指标的计算判断房地产业的运行情况；行业监测系统主要实现敏感指标定期分析和及时预警；景气调查系统主要实现定期了解房地产市场行情。李朝鲜（2008）构造了北京市房地产市场的景气监测预警系统，该系统选取了房地产施工面积等 10 个代表性指标为基础指标。邓郁松（2012）指出房地产市场的大幅波动会直接影响到房地产市场的稳定运行和国民经济的健康发展，建议尽快建立我国房地产市场监测预警指标体系。邓郁松分析了房地产市场预警的监测内容和监测的必要性，并针对监测提醒的建设和完善提出了一些政策建议。张敏丽（2014）构建基于经济周期理论的房地产景气监测系统，选择了先行指标、同步指标和滞后指标，其中先行指标包括住宅固定资产投资、商品住宅销售面积、全社会新开工项目、城镇新建住宅面积；同步指标包括房地产企业从业人数、居民消费价格指数、商品住宅完工价值；滞后指标是货币供给 M2 和城镇人均可支配收入的加权组合。再运用因子分析法确定各指标组内和指标组合间的权重，最后基于 1995—2010 年数据根据状态区域的概率确定各指标状态区域的临界值。传统的关于房地产景气指标体系构建的研究还有很多，本章的研究重点是大数据在房地产经济监测方面的应用。大数据在房地产经济监测方面的应用研究主要分为大数据内容和大数据分析技术两方面。

2. 大数据内容应用

房地产开发企业和买方在有投资或消费需求后，需要收集与宏观经济、政策及房屋本身相关的丰富信息，而搜索引擎已经成为最重要的信息获取途径。房地产企业和购房者的心理预期和行为反映在互联网上，体现为搜索关键词指数。

考虑基于网络搜索数据的房地产价格预测，可获得的数据是每日更新的，甚至更快，房屋价格细化到每个区每个小区的每户住宅，可获取的数据量更大，提供的研究指标更多。在研究方法上，可以选取变量选择、深度学习等更前沿的统计分析方法。在房价预测与网络搜索指数的研究方面，杨树新等（2013）以消费者行为为理论依据，从房价的影响因素角度出发，研究谷歌搜索关键词与房屋销售价格指数的关系，得出了房屋销售价格指数与 5 个月前的搜索指数相关性最大，也就是说对房价感兴趣的购房者通常会提前 5 个月的时间进行网络搜索。Wu 和 Brynjolfsson （2014）指出大多数用于经济学的数据源通常有相当大的滞后性，并且这些数据的获得需要预先指定和收集，这阻碍了预测的实时有效性。他们研究发现运用谷歌房屋搜索指数能够对未来的房屋市场的销售量和销售价格进行很好的预测。董倩等（2014）运用网络搜索数据，使用 6 种模型分别对 16 个城市的二手房价格和新房价格进行了拟合和预测，分别得到各个城市的预测二手房和新房价格变动情况的最优模型。研究发现，基于网络搜索数据的预测的月度房地产价格能够比官方数据发布提前约 2 周时间。洪涛等（2014）基于百度指数运用混频数据方法分析得出百度指数能够解释中国住房价格的部分波动，结合百度指数的混频数据方法对住房价格具有很好的预测能力。唐一丁（2016）运用统计分析方法将关键词进行合并得到微观搜索指标和宏观搜索指标两类指标，然后建立北京新建住宅价格指数与网络搜索数据间的回归模型，对比二者拟合优度和预测精度。研究发现对于两类关键词，房价感兴趣的购房者通常会提前半年到一年的时间进行关注，即互联网搜索网络关键词可以提前预测住宅价格的变化趋势。

在房地产调控政策与搜索指数的研究方面，王博永等（2014）基于 42 个大中城市的实际数据研究不同调控政策对市场交易量的不同影响，分析了搜索指数与房地产调控政策有效性之间的关系。龚小乐（2016）利用百度搜索指数研究了不同类型房地产政策调控效果的实施效果与影响差异，为评价政府房地产政策调控效果的研究提供了新的思路。

3. 大数据分析技术应用

1）机器学习方法

经典的机器学习方法包括支持向量机、神经网络、随机森林、决策树等，在 2.2 节已介绍，这些方法在房地产经济监测预警预测方面也得到了广泛的应用。李锐（2008）构建了房地产行业风险预警指标体系，运用主成分分析和支持向量机方法构建房地产行业风险预警模型，并对哈尔滨房地产行业的发展状况进行了预测。董倩等（2014）运用网络搜索数据使用回归树、随机森林、支持向量机等 6 种模型分别对 16 个城市的二手房价格和新房价格进行了预测研究。王景舒（2014）运用文献统计法与因子分析法结合构建了重庆市房地产市场风险预警的指标体系。孙蕾（2016）运用主成分分析和灰色预测法对山东省近 15 年的房地产金融市场运行状况进行了实证分析，构建了房地产金融风险预警监测系统。

2）GIS 技术

地理信息系统（geographic information system，GIS）技术在房地产经济监测运行的应用上主要分为两个方面，即房地产监测管理与住宅房产特征分析。关于房地产监测管理，邓勇伟（2006）运用 GIS 和软件工程方法构建了房产管理政务智能系统，该系统能够有效地实现房产管理部门的动态监测、决策分析和信息发布。许汀汀等（2016）提出了基于 GIS 技术的房价监测系统，该系统将重庆市两江新区内实时交易的网签数据与空间分布的楼盘点数据进行挂接，对房价进行空间上的全面、及时、准确的监测和展示，为政府加强和改善房地产市场宏观调控提供有力的数据支撑。GIS 可以将住宅房产特征量化，何兵（2008）基于移动 GIS 和 NET 技术构建了能够实时监测数据的房地产动态监测数据采集系统。王秀丽等（2010）在 GIS 辅助下将住宅房产特征量化，使用 SPSS 为拟合分析软件，以实际房产数据作为检验数据对住宅房产评估模型进行验证。李恒凯等（2012）针对函数拟合不准确的问题，提出了基于 GIS 和 PCA 建立住宅房产特征价格模型，为房产估价决策支持系统提供了理论基础。

3）可视化技术

传统的电子表格或报表多是数字，无法直观地判断好坏；而且数字太多，阅读者很难整体把握报表传递的信息，不够直观也不够有吸引力。随着大数据可视化技术的发展，数据技术可视化在房地产行业得到了一定的应用。数据可视化不仅是将数字变成易于理解的图表，更主要的目的是帮助人们理解数据之间隐藏的规律，以更易理解的方式来诠释数据之间的复杂关系和发展趋势，以便更好地利用数据分析结果，为决策提供支持。

12.3.3 基于大数据的房地产经济监测的意义

根据前几节的表述分析，基于大数据的房地产经济监测的意义主要体现在以下几个方面。

（1）在数据筛选方面，研究通过引入网络搜索指数，筛选先行指标来建立适当的模型，弥补了由于统计数据公布滞后性造成的数据时滞性的缺陷；基于互联网的搜索数据集容易获取，在预警模型的基础上，通过观测相关数据的变化，能够为政府部门和企业应对经济波动提供参考。在大数据时代，互联网数据搜集、存储和更新的成本更低，为复杂动态模型研究提供了更有利的研究条件。

（2）在算法研究方面，考虑基于大数据分析技术的房地产经济运行研究，研究结果具有预测精度较高、数据获取及时、样本统计意义明显等优势，对决策部门的精细化决策分析具有重要指导意义。

（3）在研究领域方面，传统的房地产景气监测预警模型关注的重点是综合指标，将大数据方法和技术应用到与房地产行业紧密相关的各项分类指标，可以通过这些指标反映综合房地产经济运行状态，并对分类指标预测预警。

12.4 案例分析

本节主要运用前沿的统计分析方法分析两个房地产行业的实际案例，案例一运用面板分位回归对房价的影响因素和房价预测进行研究，案例二考虑了基于多期双重差分模型的房价与限购令的实证研究。

案例一的研究特点为：①模型中的自变量都为前文中提到的分类指标，用于对房价进行预测；②考虑含有非时变的协变量是传统的统计方法不能处理的，模型求解运用的是前沿的含工具变量的面板分位回归方法求解；③分位回归方法求解对每个分位点房价的预测模型都是不同的，比如，0.5 分位点的中等房价和 0.9 分位点的较高房价的系数估计值是不一样的，为不同分位点房价的预测提供了更精准的预测模型，为不同分位点房价的经济监测提供更合理的理论分析技术。

案例二的研究特点为：①运用双重差分模型将政策实施效果量化，基于网络数据库获取了 3 个时期段 70 个大中城市的房价相关数据；②创新地提出两种含双向固定效应的面板分位回归算法；③运用分位回归算法可以探究限购对于房价不同分位点上的异质影响，如限购这一政策对于房价上涨最快的一线城市能达到何种效果，对于二线城市产生的效果和一线城市有何差异。

12.4.1　基于面板分位回归的房价预测

近些年来，随着经济的快速发展和城市化进程的高速发展，人民的生活水平有了极大的改善，人们对住房需求也日益增加。而房价也一路飙涨，房价增长过快也成为社会讨论研究的热点。

本案例从供求关系的角度分析全国 35 个大中城市的商品住宅房价的影响因素，建立静态面板固定效应和含非时变变量的动态面板固定效应模型来预测房价，并通过分位回归方法探讨不同分位点房价的影响因素，为不同房价的预测提供更精准、更细致的预测模型。

实证数据选取 35 个大中城市 2007—2016 年总共 10 年的住宅商品房平均销售价格等，数据以 2007 年为基期，使用 CPI 对变量进行调整分析，同时对原始数据进行取对数处理。实证数据来源于国家统计局。变量选择及其含义见表 12.1。

表 12.1　变量选取

类型	变量	变量含义
因变量	y	住宅商品房平均销售价格（元/m^2）取对数
住宅供给	x_{11}	房地产开发住宅投资额（亿元）取对数
	x_{21}	房地产开发企业住宅竣工房屋面积（万 m^2）取对数
住宅需求	x_{22}	城乡居民储蓄年末余额（亿元）取对数
	x_{23}	住宅商品房销售面积（万 m^2）取对数

对各变量进行面板单位根检验（LLC 检验和 ADF-Fisher 检验），检验结果表明各变量序列均平稳（表 12.2）。

表 12.2　各变量单位根检验（LLC 检验和 ADF-Fisher 检验）

变量	LLC 检验		ADF-Fisher 检验	
	统计量值	p 值	统计量值	p 值
y	−10.3037	0	95.9483	0.0215
x_{11}	−9.1495	0	103.472	0.0057
x_{21}	−10.4865	0	125.502	0.0001
x_{22}	−20.3998	0	259.374	0
x_{23}	−9.6746	0	152.563	0

1. 静态面板模型建模

这里首先考虑静态面板数据模型，建立模型如下：

$$y_{it} = \eta_i + \beta_0 + x_{11,it}\beta_{11} + x_{21,it}\beta_{21} + x_{22,it}\beta_{22} + x_{23,it}\beta_{23} + \varepsilon_{it}$$

其中 β_{11} 表示房地产开发住宅投资额对住宅商品房销售平均价格的影响；β_{21} 表示住宅商品房竣工面积对房价的影响；β_{22} 反映城乡居民储蓄年末余额对房价的影响；β_{23} 表示住宅商品房销售面积对房价的影响。对上述模型进行 Huasman 检验，决定建立随机效应还是固定效应模型，检验结果 p 值为 0.0000。Huasman 的原假设是建立随机模型，故建立固定效应模型。

针对静态面板模型，这里应用三种不同类型的估计方法，分别是 Koenker（2004）的惩罚估计 FE-QR、Canay（2011）的两步估计 2-STEP 和 Galvao（2015）提出的最小距离估计 MD-QR。注意上述三种方法的求解都是基于内点算法的，需要多步迭代获得最优值，这里运用的 R 语言获得计算结果。选取了 5 个分位点（0.1，0.25，0.5，0.75，0.9）， 在各分位数下参数估计值见表 12.3，表中括号内的为标准误差，标准误差的计算是利用 block bootstrap 方法计算。为了更清楚地了解在 FE-QR 方法、2-STEP 方法和 MD-QR 方法下估计值随分位点的变化情况，绘制图 12.4，其中红色的实线表示 FE-QR 估计方法下的系

表 12.3 静态面板模型的三种估计方法系数估计结果

	β_{11}			β_{21}		
	FE-QR	2-STEP	MD-QR	FE-QR	2-STEP	MD-QR
0.1	0.4885 (0.1298)	0.4937 (0.0532)	0.4598 (0.0397)	−0.1016 (0.0469)	−0.1479 (0.0272)	−0.0587 (0.0401)
0.25	0.3855 (0.1273)	0.4934 (0.0425)	0.4664 (0.0334)	−0.0933 (0.047)	−0.1159 (0.0238)	−0.0556 (0.0361)
0.5	0.3546 (0.1284)	0.4345 (0.032)	0.4668 (0.0368)	−0.081 (0.044)	−0.1101 (0.0211)	−0.0839 (0.0437)
0.75	0.3237 (0.12)	0.4154 (−0.032)	0.494 (0.0355)	−0.114 (0.0412)	−0.1488 (0.029)	−0.0887 (0.0439)
0.9	0.3354 (0.1163)	0.437 (0.0402)	0.4892 (0.034)	−0.1631 (0.0411)	−0.2129 (0.0363)	−0.0913 (0.0473)

	β_{22}			β_{23}		
	FE-QR	2-STEP	MD-QR	FE-QR	2-STEP	MD-QR
0.1	0.1346 (0.1244)	0.0533 (0.0309)	0.2115 (0.0434)	−0.2094 (0.1013)	−0.153 (0.0533)	−0.4028 (0.0529)
0.25	0.1549 (0.1211)	0.0321 (0.0296)	0.2062 (0.0428)	−0.1367 (0.0996)	−0.1771 (0.0394)	−0.3979 (0.0488)
0.5	0.1447 (0.124)	0.0416 (0.0226)	0.21 (0.0433)	−0.0958 (0.0927)	−0.1236 (0.0284)	−0.3906 (0.056)
0.75	0.1693 (0.1156)	0.0742 (0.0242)	0.2014 (0.0431)	−0.0568 (0.0959)	−0.1033 (0.0312)	−0.3999 (0.0533)
0.9	0.1797 (0.1104)	0.0634 (0.0354)	0.2166 (0.0415)	−0.0232 (0.0953)	−0.0521 (0.0405)	−0.4111 (0.0535)

数估计值，蓝色的实线表示 2-STEP 估计值，绿色实线是 MD-QR 估计方法下的系数估计值，图 12.4（a）～（d）依次为系数 β_{11}、β_{21}、β_{22} 和 β_{23} 在各分位点下的估计值走势。

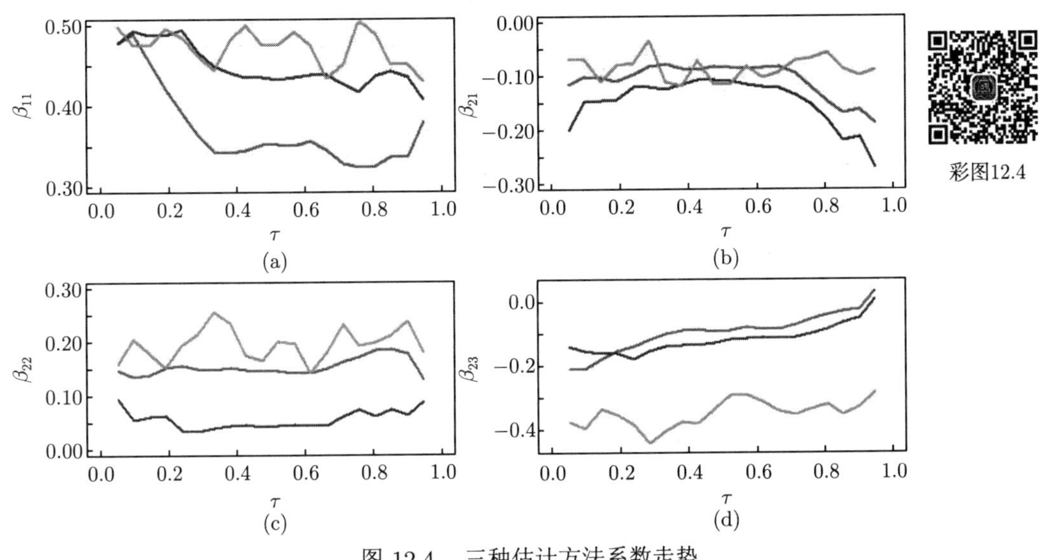

图 12.4　三种估计方法系数走势

从估计值表 12.3 和系数走势图 12.4 可以看出，β_{11} 和 β_{22} 的估计值在不同分位点取值都为正，从 β_{11} 可以看出房地产开发住宅投资额对于房价的影响较为显著，且在不同分位点下有所不同，但总体趋势趋于稳定，其中的原因可能是开发商对房价会有一定的预期，投资额越高反映了房价看涨，房价越高；β_{22} 的估计值为正，从供需关系角度分析，城乡居民储蓄年末余额越高，说明居民购买能力越强，需求越高，人们对商品房的需求越高，购买能力越强，房价也应该越高。β_{21} 和 β_{23} 的估计值在不同分位点取值都为负。关于 β_{21}，从供需关系看，竣工面积反映了一个城市的商品房实际的住宅供给，竣工面积越大，供给越多，房价应该越低。β_{23} 反映了住宅商品房销售面积和住宅商品房平均销售价格呈反向关系。

图 12.4 中每个系数估计值随着分位点的变化而变化，也就说每种因素对不同分位点的房价影响程度是不同的，与均值模型下的求解结果不同，均值模型只给出一个固定的估计值，表示该种因素对方法的影响程度，即得到的预测模型也只有一个。而对比均值模型，分位回归模型对每个分位点房价的预测模型都是不同的，比如，0.5 分位点的中等房价和 0.9 分位点的较高房价的系数估计值是不一样的，为不同分位点房价的预测提供了更精准的预测模型，为不同分位点房价的经济监测提供了更合理的理论分析技术。

2. 含非时变变量的动态面板固定效应建模

由于房地产市场反应不够灵敏，我们考虑在模型中加入上一期的房价。另外，在传统的均值固定效应模型中，没有办法纳入不随时间变化的协变量，因为差分的处理会消除非时变变量。而考虑分位回归方法，在惩罚估计方法中应用工具变量可以使得模型中纳入非时变变量。接下来，考虑含非时变变量的动态面板固定效应模型如下：

$$y_{it} = \eta_i + \beta_0 + y_{it-1}\alpha + x_{11,it}\beta_{11} + x_{21,it}\beta_{21} + x_{22,it}\beta_{22} + x_{23,it}\beta_{23} + x_{24,it}\beta_{24} + \varepsilon_{it}$$

其中 y_{it-1} 表示滞后一期房价；x_{24} 为不随时间变化的变量，表示城市发展水平，若为一、二线城市则取值为 1，否则取 0，根据相关资料，标记北京、天津、沈阳、上海、南京、杭州、福州、厦门、青岛、武汉、长沙、广州、深圳、重庆、成都、西安和大连共 17 座城市为一、二线城市；α 表示前期商品房销售价格对当期商品房销售价格的影响；β_{24} 表示城市发展水平对房价的影响，其余变量、系数解释同上。对上述模型进行 Huasman 检验后，决定建立固定效应模型。

针对动态面板数据模型，这里选用了 Galvao（2010）的基于工具变量的动态面板分位回归惩罚估计（QRPIV）以及 Harding 和 Lamarche（2014）的基于 Huasman-Talyor 工具变量分位回归惩罚估计（HTPEN）。选取了 5 个分位点（0.1, 0.25, 0.5, 0.75, 0.9），在各分位数下参数估计值见表 12.4。根据 Galvao（2010）给出的 BIC 准则选择合适的惩罚参数 λ，两种方法选取的 λ 值分别为 0.15 和 0.2。在 HTPEN 方法中，把变量 x_{11} 看成内生变量。将 x_{11} 视为内生变量是由于固定效应模型本身的性质。在固定效应模型中，假设这种未观测的个体异质性和自变量的取值有关系，不一定是随机的。而在随机效应模型中，假设未观测到的个体异质性呈围绕其均值的随机分布，并且不和自变量相关，也就是说，这些模型中所遗漏的变量所反映的个体效应与截面单位和（或）时间单位密切相

表 12.4　含非时变变量的固定效应面板模型的两种估计方法系数估计结果

τ	α		β_{11}		β_{21}	
	QRPIV	HTPEN	QRPIV	HTPEN	QRPIV	HTPEN
0.1	0.7543 (0.1006)	0.7743 (0.0989)	0.1113 (0.1119)	−0.018 (0.093)	−0.0572 (0.0346)	−0.0313 (0.0408)
0.25	0.8377 (0.0951)	0.8377 (0.0871)	0.1004 (0.0799)	0.0321 (0.0847)	−0.0595 (0.0318)	−0.0384 (0.0352)
0.5	0.8869 (0.1077)	0.8769 (0.0893)	0.0406 (0.0653)	−0.1089 (0.0862)	−0.0591 (0.0241)	−0.0341 (0.0214)
0.75	0.8907 (0.124)	0.8907 (0.1094)	0.0363 (−0.0749)	−0.1459 (0.0934)	−0.0523 (0.0323)	−0.0512 (0.0303)
0.9	1.018 (0.1265)	0.998 (0.1248)	−0.0515 (0.1199)	−0.1419 (0.1137)	(0.0458) (0.0464)	−0.0508 (0.0446)
τ	β_{22}		β_{23}		β_{24}	
	QRPIV	HTPEN	QRPIV	HTPEN	QRPIV	HTPEN
0.1	0.0259 (0.069)	0.1488 (0.0486)	−0.0077 (0.1061)	0.0149 (0.0627)	0.0044 (0.048)	−0.0426 (0.0409)
0.25	−0.024 (0.0535)	0.0123 (0.0449)	0.0058 (0.0636)	0.0377 (0.0657)	0.049 (0.0318)	0.0407 (0.0276)
0.5	−0.0417 (0.0415)	0.066 (0.0289)	0.0392 (0.0475)	0.1081 (0.041)	0.0714 (0.0226)	0.045 (0.0341)
0.75	−0.0499 (0.0584)	0.0547 (0.0233)	0.0136 (0.0576)	0.1161 (0.0332)	0.081 (0.0291)	0.0846 (0.0361)
0.9	−0.0976 (0.1213)	0.0667 (0.0355)	0.0884 (0.0904)	0.1158 (0.0576)	0.0982 (0.05)	0.0623 (0.0416)

关，呈随机分布。这里 x_{11} 是住宅商品房投资总额，y 是平均房价，我们认为影响房价的未观测的异质性和住宅商品房投资总额相关，而 x_{21} 是竣工面积，是系统外决定的变量，不受房价的影响或者影响不那么大。

为了更清楚地了解在 QRPIV 方法和 HTPEN 方法下估计值随分位点的变化情况，绘制图 12.5，其中红色的实线表示 QRPIV 估计方法下的系数估计值，蓝色的实线表示 HTPEN 估计值，图 12.5（a）～（f）依次为系数 $\alpha, \beta_{11}, \beta_{21}, \beta_{22}, \beta_{23}$ 和 β_{24} 在各分位点下的估计值走势。

从表 12.4和图 12.5中三种估计方法在不同分位点的估计值可以看出，α 的估计值在不同分位点取值都为正，说明前期房价对于当期房价的影响显著，其中的原因可能是居民对房价会有一定的预期，若当期房价高，预计下一期的房价仍然是高的。如果人们预期下一期房价会跌，那么就会减少当期住房的购买量，增加下期的购买量，这样就导致了当期房价的下降和下期房价的上升，使两期住房价格趋于一致。两种方法下 α 在不同分位点下估计值有所不同，分位点越高系数估计值越高，说明房价越高的地区相对房价较低的地区受前期房价的影响更大。β_{24} 的估计值在不同分位点取值都为正，其中的原因可能是一、二线城市的这种划分很容易成为炒房指南。β_{11} 的系数估计值与静态面板方法中差异较大，且在两种方法下系数估计值存在负值，其中的原因可能是限购等政府调控手段的干预。β_{21} 在两种估计方法下不同分位点的估计值差异较小，基本在 -0.05 左右。β_{22} 和 β_{23} 在两种方法下走势大致相同。

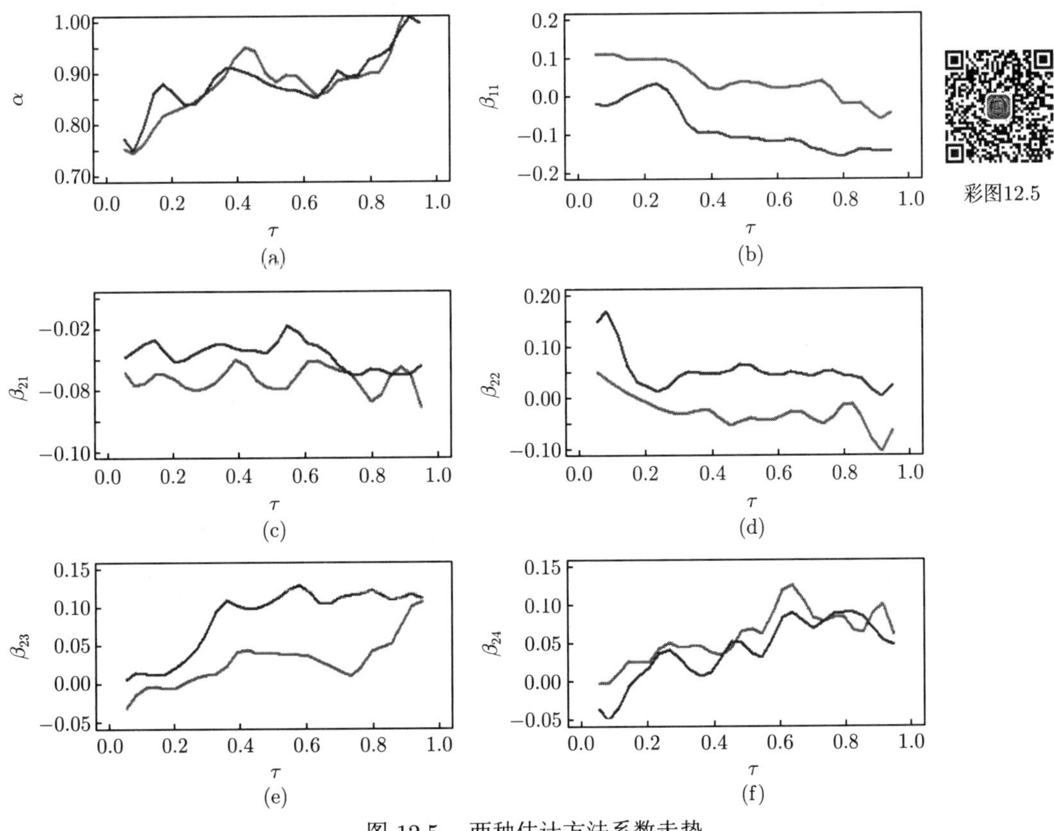

图 12.5　两种估计方法系数走势

3. 案例小结

两个模型中的自变量都在前文中提到，一方面需要对自变量本身进行监测；另一方面可以用来对房价进行预测。从研究结果发现房地产开发住宅投资额和上一期房价对于当期房价的影响显著，因此建议在实际中可以考虑重点加强对这两个指标（房地产开发商品住宅投资额和上一期商品住宅价格指数）的监测。在政策建议方面，就供给来说，政府应完善社会福利体系，大力推行公租房、共产房、自住房等，特别是在房价较高的地方，比如上海、北京等，使经济适用房仅供应给有需求人群。就需求方面，政府须引导居民理性买房，不跟风、不哄抢、不炒房，加强限购措施，从而有效地控制稳定房价。此外，从图 12.4 和图 12.5 中可以看出，相同因素对不同高低的房价的影响大小不同，因此应实施“因地制宜”的房价抑制政策，即针对不同区间的房价采取不同的有针对性的措施。在模型推广上，可以在模型中加入更多的协变量研究房价的因素，并对房价进行预测，发现更多关键性的监测指标。

12.4.2 基于多期双重差分模型的房价与限购令的实证研究

1. 研究背景及目的

在上一个案例的总结中提到加强限购措施从而有效地控制稳定房价。面对高速上涨的房价，政府宏观调控政策限购令真的有效吗？限购令是一种政策，和我们研究的监测指标是否相悖？答案显然不是。一方面，在前文中分析提到，对相关政策监测也是房地产经济运行监测的一部分；另一方面，统计分析方法可以将不可量化的指标量化，是否实施限购令可以作为一个分类变量，政策的实施的影响程度可以从系数估计的大小表现，也就是说，对限购令实施效果的监测可以通过系数估计值来判断。

首先介绍限购令及其实施现状。自 2000 年起，中国的房地产行业呈现迅猛发展之势，房价快速攀升，一线大城市北京、上海、深圳等过去 5 年间房价年均上涨率超过 10%，房价的快速上涨对政府和个人来说都是不可忽视的，社会各界对房产泡沫的担忧愈发严重。针对房价的高速上涨，从 2010 年起，中国政府开始采取一系列措施抑制房产泡沫、防止地产被过度炒作。这些措施从经济学原理的角度看主要可以分为两个方面：一方面扩大供给，另一方面抑制需求。从扩大供给的角度来看，2010 年国土资源部发布了关于房地产建设用地的重要通知，强调增加以保障性为重点的住房建设用地的有效供应，优先确定保障性住房用地地块，同时加强房地产用地监管。2010 年要求新建 580 万套保障房、2011 年新建 1000 万套、2012 年新建 700 万套、2013 年新建 630 万套、2014 年新建 740 万套、2015 年新建 740 万套、2016 年新建 600 万套、2017 年棚改 600 万套，同时伴随公租房计划，大力支持保障性住房的建设。从抑制需求的角度来看，国务院 2010 年发布“国十条”，自此，差别化的房产信贷措施更为严格了。其中，首套自住房贷款首付比例由 20% 提高到 30%；二套房住房贷款首付比例不得低于 50%，同时利率上浮至基准利率的 1.1 倍；暂停发放第三套及以上住房贷款。此外，“国十条”细则规定，限购期间北京家庭只能新购一套商品房，这是国内第一次提出“限购”这一概念，2011 年 2 月起，多个城市相继开始落实“限购令”。

2010—2017 年，8 年间楼市共经历了三次调控期。2011—2013 年，政府强力推出限购令，从土地供应、信贷政策、供需结构和税收各个方面抑制楼市过热的势头，先后有 46

个城市实施了限购；2014—2016 年 9 月，我国开始进入经济新常态，政府接连出台 4 轮刺激措施，全面放宽楼市限购限贷，呼和浩特成为第一个取消限购令的城市，此后，之前限购的城市中陆续共计 41 个城市取消限购，只有北上广深以及三亚由于房价长期居高不下，仍然坚持限购；2016 年 9 月北京率先发布"9.30 新政"，再次祭出强力限购措施，提出对名下已有一套住房的家庭，无论首套房贷是否结清，再次购房均为二套住房。2017 年，限购细则进一步严格，北京市发布《关于完善商品住房销售和差别化信贷政策的通知》，购房人在京内与京外的房屋商业贷款都将被列入记录，而且首次将房屋贷款年限全面限定在 25 年（含）以内。截至 2017 年年底，全国限购城市数量已达 45 个。

历次房地产调控让我们不得不反思，伴随着房价的不断上涨，限购令越来越严格，但是这些通过行政手段抑制需求的限购令是否真的抑制了房价的过快上涨？如果有效果，效果如何？如何进行评估？

庆幸的是在大数据时代，我们可以及时获取房地产与政策的相关数据。从大数据视角，利用统计算法研究房地产与限购政策的关系，是本案例的出发点。由于 2010—2017 年我国限购令的调控具有阶段性（具体可分为三个阶段），这里试图通过多期双重差分模型研究限购政策是否有效抑制了中国的房价，进一步利用分位回归模型探索限购令的出台对不同价位住宅价格的影响及其分布，为监测房地产经济运行制定更合理的房地产调控政策提供理论依据。

2. 研究理论基础

接下来，介绍案例分析涉及的理论基础，主要包括两部分：双重差分模型和针对模型提出的两种新的研究算法。

1）双重差分模型

上文提到过，2010—2017 年我国限购令的调控经历了三个阶段，考虑到各个阶段不同城市实施限购的时点不同，呈现渐进式特征，且双重差分模型在评估政策效果方面的应用理论和经验较为成熟，因此这里考虑利用双重差分模型来评价限购的调控效果。

改革开放多年来，我国各种政策、规定的出台层出不穷。伴随着政策的出台，对于政策实施效果如何进行评估自然就受到了政策制定者和公众的广泛关注，这时就需要一种能定量度量政策效果的研究方法。20 世纪 80 年代以来，双重差分法（differences-in-differences method）开始兴起。双重差分模型是计量经济学的产物，自 20 世纪 80 年代由国外学者提出后就被广泛用于定量评估政策或者项目的实施效果，由于双重差分模型思路清晰易懂、假设条件较少、过程简洁易实施，目前在多个领域都有所应用。

顾名思义，双重差分模型就是对数据进行两次差分，其基本方法是将实施政策的对象作为处理组，未实施政策的对象作为对照组。第一次差分将处理组与对照组分别在政策实施的时点前后进行差分，从而得出每组自身随时间的变化趋势，即"前后差异"；第二次差分是将两组对象的第一次差分结果进行差分，即"有无差异"，从而得到最终的处理效应。同时，双重差分模型在探究"前后差异"和"有无差异"的过程中也要控制对因变量有重要影响的其他协变量，从而限制了除政策以外的其他因素对结果造成影响的可能，弥补了样本非完全随机的缺陷，最终结果将更为真实可靠。将双重差分模型应用到限购对房价的影响问题上，具体思路为：将实施限购的城市作为处理组，将未实施限购的城市作为对照组，时间段分为政策出台前与政策出台后，据此可以设置两个虚拟变量 D_i 和 D_t, D_i 代表是否实施了限购令, D_t 代表政策实施前后，若某个城市实施了限购令，则 $D_i=1$，否则令 $D_i=0$；$D_t=0$ 代表该时间段为某城市实施限购令之前，$D_t=1$ 代表该时间段为某城市实施限购令之后。据此，两个变量的交互项乘积 $D_i\times D_t$ 即可在一定程度上反映政策的实施效果。利用公式表达，考虑最简单的模型（不考虑其他控制变量）：

$$p_{it}=\beta_0+\beta_1 D_i\times D_t+\beta_2 D_i+\beta_3 D_t+\varepsilon_{it}$$

其中，p_{it} 代表第 i 个城市在第 t 期的商品住宅同比上涨率，ε_{it} 为扰动项，按照双重差分模型的思路，首先处理“前后差异”，即分别对处理组与对照组在政策实施的时点前后进行差分，由于处理组 $D_i=1$，所以

$$p_i=\begin{cases}\beta_0+\beta_2+\varepsilon_i, & D_t=0\\ \beta_0+\beta_1+\beta_2+\beta_3+\varepsilon_i, & D_t=1\end{cases}$$

对 D_t 差分可得，房产价格的变动为 $\beta_1+\beta_3$，同样对对照组按上述思路进行处理，由于对照组 $D_i=0$，所以

$$p_i=\begin{cases}\beta_0+\varepsilon_i, & D_t=0\\ \beta_0+\beta_3+\varepsilon_i, & D_t=1\end{cases}$$

差分后可得处理组前后房价变动为 β_3，继续进行第二次差分（“有无差异”），即对处理组与对照组的上述变动进行差分，结果为 $(\beta_1+\beta_3)-\beta_3=\beta_1$，则限购政策的最终处理效应为 D_i 和 D_t 的交叉项系数 β_1，这就说明最终只需要估计出 D_i 和 D_t 的交叉项系数即可评估出限购对房价的影响，这种设计非常巧妙且易操作，分析起来也简单明了。显然，如果交叉项系数 β_1 是显著的，说明限购令的实施对房价是有影响的，若其显著为正，说明限购令的实施非但没有抑制房价的上涨反而促使房价涨得更猛；若其显著为负，说明限购令的实施达到了预期的目的，显著抑制了房价的上涨趋势。但如果交叉项系数 β_1 不显著，则说明限购令的实施对房价的影响不明显，政策制定者应尝试其他的调控措施。

2）基于双向固定效应的分位回归算法

目前，多数涉及双重差分模型的文献都是采用固定效应或随机效应构建的回归模型，显然这些模型是条件均值模型，是以均值为基础的，探究的是变量间的平均影响即均值效应。均值回归从诞生时起就被广泛运用于各类经济社会问题的研究，但是这种方法虽然能够简单迅速地帮助研究者了解变量在均值层面的相关关系，但不可避免地涉及一个问题，它无法充分揭示变量之间的各种其他关联，因为数据本身所带来的信息不仅包括均值，更重要的分布等全方位的信息在均值模型中被忽略了，而这些信息又是在均值回归中难以被发现的。

以限购对房价的影响为例，传统面板数据基于均值的回归模型只能了解限购对所有实施了限购令的城市房价的平均影响，但往往政策制定者不仅仅关心平均影响，他们可能更想知道限购这一政策对于房价上涨最快的北上广深能达到何种效果，对于南京、杭州等二线城市的效果和一线城市有何差异，即探究限购对于房价不同分位点上的异质影响，这就

需要利用分位数处理效应，即 QTE。分位数处理效应相较于均值处理效应，既可以研究解释变量对被解释变量分布的影响，也可以研究被解释变量的分布函数。因而，分位数处理效应被越来越多地用在政策评价中，为政策评价提出了新的方法与思路。这里考虑双向固定效应，并提出两种具有创新性的新的模型求解算法。

（1）算法一：推广的 FEQR 算法。

考虑两变量双向固定效应模型：

$$y_{it} = \boldsymbol{\beta}^{\mathrm{T}}\boldsymbol{x}_{it} + \mu_i + \lambda_t + \varepsilon_{it}, \quad i = 1, \cdots, N; t = 1, \cdots, T \tag{12.1}$$

其中 y_{it} 为响应变量，$\boldsymbol{x}_{it}$ 为解释变量，$\boldsymbol{\beta}$ 为待估参数，μ_i 为个体固定效应，λ_t 为时间固定效应，ε_{it} 为随机扰动。首先考虑去除个体固定效应 μ_i，对式（12.1）在时间 t 上进行一阶差分，从而有

$$\Delta y_{it} = \boldsymbol{\beta}^{\mathrm{T}}\Delta\boldsymbol{x}_{it} + \Delta\lambda_t + \Delta\varepsilon_{it}, \quad i = 1, \cdots, N; t = 1, \cdots, T-1 \tag{12.2}$$

其中 $\Delta y_{it} = y_{it+1} - y_{it}$, $\Delta\boldsymbol{x}_{it} = \boldsymbol{x}_{it+1} - \boldsymbol{x}_{it}$, $\Delta\lambda_t = \lambda_{t+1} - \lambda_t$, $\Delta\varepsilon_{it} = \varepsilon_{t+1} - \varepsilon_t$。进一步，对式 (12.2) 中的所有 t 在时间 i 上求平均值，得到下式：

$$\overline{\Delta y_t} = \boldsymbol{\beta}^{\mathrm{T}}\overline{\Delta\boldsymbol{x}_t} + \Delta\lambda_t + \overline{\Delta\varepsilon_t}, \quad t = 1, \cdots, T-1 \tag{12.3}$$

其中 $\overline{\Delta y_t} = \overline{y_{t+1}} - \overline{y_t}$, $\overline{\Delta\boldsymbol{x}_t} = \overline{\boldsymbol{x}_{t+1}} - \overline{\boldsymbol{x}_t}$, $\overline{\Delta\varepsilon_t} = \overline{\varepsilon_{t+1}} - \overline{\varepsilon_t}$。

最终，通过上面两式相减得到没有固定效应的公式

$$\Delta y_{it} - \overline{\Delta y_t} = \boldsymbol{\beta}^{\mathrm{T}}(\Delta\boldsymbol{x}_{it} - \overline{\Delta\boldsymbol{x}_t}) + (\Delta\varepsilon_{it} - \overline{\Delta\varepsilon_t}), \quad i = 1, \cdots, N; t = 1, \cdots, T-1 \tag{12.4}$$

将式 (12.4) 简记为

$$\tilde{y}_{it} = \boldsymbol{\beta}^{\mathrm{T}}\tilde{\boldsymbol{x}}_{it} + \tilde{\varepsilon}_{it}, \quad i = 1, \cdots, N; t = 1, \cdots, T-1 \tag{12.5}$$

在式 (12.5) 中同时消去 μ_i 和 λ_t，要估计的参数只剩下 β，问题转化为求解 $\tilde{y}_{it}$ 的条件分位数函数

$$Q_{\tilde{y}_{it}}(\tau|\tilde{x}_{it}) = \boldsymbol{\beta}^{\mathrm{T}}(\tau)\tilde{\boldsymbol{x}}_{it}, \quad i = 1, \cdots, N; t = 1, \cdots, T-1 \tag{12.6}$$

通过求解最小化问题

$$\min_{\boldsymbol{\beta}} \sum_{i=1}^{N}\sum_{t=1}^{T-1} \rho_{\tau_k}\left(\tilde{y}_{it} - \boldsymbol{\beta}^{\mathrm{T}}\tilde{\boldsymbol{x}}_{it}(\tau)\right)$$

可得参数 $\boldsymbol{\beta}$ 在分位点 τ 处的估计值。

（2）算法二：两步差分法。

第一步：用均值回归（LSDV）计算出 μ_i 和 λ_t 的估计值 $\hat{\mu}_i$ 和 $\hat{\lambda}_t$。

第二步：令 $y_{it}^* = y_{it} - \hat{\mu}_i - \hat{\lambda}_t$，模型变为

$$y_{it}^* = \boldsymbol{\beta}^{\mathrm{T}}\boldsymbol{x}_{it} + \varepsilon_{it}, \quad i = 1, \cdots, N; t = 1, \cdots, T$$

问题转化为求解 y_{it}^* 的条件分位数函数

$$Q_{y_{it}^*}(\tau|x_{it}) = \boldsymbol{\beta}^{\mathrm{T}}(\tau)\boldsymbol{x}_{it}, \quad i = 1, \cdots, N; t = 1, \cdots, T-1$$

通过求解最小化问题

$$\min_{\boldsymbol{\beta}} \sum_{i=1}^{N} \sum_{t=1}^{T} \rho_\tau \left(y_{it}^* - \boldsymbol{\beta}^{\mathrm{T}} \boldsymbol{x}_{it}(\tau)\right)$$

即可获得参数 $\boldsymbol{\beta}$ 在分位点 τ 的估计值。

3. 变量选取及样本数据

因变量的选择是 70 个大中城市的月度房屋销售价格指数，发布机构为中国国家统计局；房地产销售价格指数的计算是基于各地房管局的网签数据，能够较为有效地避免现实交易中出现的阴阳合同问题，而且 70 个大中城市的选取更加权威，具有代表性。

研究限购对房价的影响，因变量设定为各个城市每月商品住宅价格指数（同比），控制变量的选取根据前文的理论分析，仍然从供求理论出发，以上期的供给量和需求量为控制变量，将供求因素纳入模型从而剔除其对房价造成的影响，直接体现限购对房价的影响效果。通过研读往期研究房价影响因素的文献，由于房地产市场反应不够灵敏，我们认为当期商品住宅需求主要可以从城市的整体经济水平（以上一期城市所在省份的工业增加值同比增长率为指标）以及上一期商品住宅销售面积同比增长率中反映出来，以上一期商品住宅投资额的同比增长率反映供给的基本水平。同时为了更全面地消除城市自身特征（如地理位置、人口因素等）对房价增长率造成的影响，考虑将滞后一期的房价同比增长率也作为控制变量，基于上述分析，涉及的主要变量见表 12.5。

表 12.5 变量选取

类型	变量	含义	来源
因变量	p_{it}	商品住宅价格指数（同比）	wind 数据库
自变量	D_i D_t	虚拟变量 虚拟变量	各市新闻公告
住宅需求控制变量	ind_{it-1} sale_{it-1}	上一期工业增加值同比增长率 上一期商品住宅销售面积同比增长率	wind 数据库
住宅供给控制变量	inv_{it-1}	上一期房地产开发商品住宅投资额同比增长率	wind 数据库
城市特征控制变量	p_{it-1}	上一期商品住宅价格指数（同比）	wind 数据库

此外，在时间段的选择上，主要有以下考虑：根据上文的描述，中国房地产从 2010 年开始进行调控，2010—2017 年 8 年共进行过三次大规模的限购调控。其中，第一个阶段为 2010 年 4 月—2014 年 6 月，继北京率先发布“京十条”限购令后，大多数城市于 2011 年 2 月实施了限购令，共计 46 个城市，从土地供应、信贷政策、供需结构和税收各个方面抑制楼市过热的势头；第二个阶段为 2014 年 7 月—2016 年 9 月，政府全面放宽楼市限购限贷，2014 年 6 月底呼和浩特成为第一个取消“限购令”的城市，此后，到 2014 年 9 月底珠海取消限购令后共计 41 个城市取消了限购，只有北上广深以及三亚仍坚持限购；第三个阶段为 2016 年 10 月至今，北京再次发布“9.30 新政”，祭出强力限购措施，提出对名下已有一套住房的家庭，无论首套房的贷款是否还清，再购房都被视为二套，截至 2017 年

12 月，全国限购城市数量已达 45 个，属于 70 个大中城市的有 35 个。鉴于此，本次研究共涉及 2009 年 6 月—2017 年 12 月三个连续阶段（2009 年 6 月—2012 年 9 月为第一阶段、2012 年 10 月—2015 年 9 月为第二阶段、2015 年 10 月—2017 年 12 月为第三阶段）。

在第一期内，以实施限购令的城市为处理组，未实施限购令的城市为对照组，利用差分模型探究实施限购令对房价的影响；在第二期内，由于只剩 5 个城市继续实施限购，多数城市取消了限购政策，将已取消了限购政策的城市为处理组，继续限购的城市为对照组，利用双重差分模型探究取消限购这一政策对房价的影响；在第三期内，继续采用第一期的思路，探究第三次大规模限购是否能够达到预期的效果。双重差分模型处理组和对照组需要在样本量上保持相近的水平，但由于第一期未实施限购的城市相关变量缺失值较多，因此只保留了 12 个对照组城市，38 个处理组城市，对照组与处理组的比例接近于 1:3；第二期对照组只剩 5 个城市，处理组在第一期的 38 个城市中随机选取 5 个；第三期处理组城市的数目为 35 个，对照组为 70 个大中城市中余下的 35 个城市。

4. 模型构建

面板数据建立回归模型时为了防止出现伪回归，首先需要检验变量的平稳性，常用的方法是对变量进行单位根检验。本书采用 ADF 方法分别对三个阶段的各个变量进行单位根检验。结果显示，三个阶段各个变量的单位根检验的 p 值均小于 0.01，可见三个阶段所有变量都是平稳的，建立回归模型时不存在伪回归的问题。

排除伪回归可能性后，可对面板数据建立回归模型。由于面板数据建立回归模型时可建立随机模型、固定效应模型或混合模型等，在建立模型前需进行检验确定回归模型的类型。首先利用 F 检验判断相对于建立混合模型而言是否有必要建立个体效应模型，即利用 F 检验判断数据是否存在个体效应及时间效应，F 检验结果如表 12.6 所示。

表 12.6　三个阶段个体及时间固定效应 F 检验结果

项目	第一阶段		第二阶段		第三阶段	
	个体	时间	个体	时间	个体	时间
F 值	1.4514	6.4757	2.8534	4.5214	5.3628	5.707 2
自由度 1	240	195	45	175	345	130
自由度 2	1666	1720	300	144	1470	1728
p 值	<0.01***	<0.01***	<0.01***	<0.01***	<0.01***	<0.01***

*** 表示在 1% 的水平下显著。

本书所使用的数据在 1% 的水平下是具有个体效应和时间效应的，因此建立双向固定效应模型，并再次利用 F 检验判断相对于建立混合模型而言是否有必要建立双向固定效应模型，结果如表 12.7 所示。

由表 12.7 可知，三个阶段的 F 检验 p 值都小于 0.01，说明在 1% 的水平下可以拒绝原假设，即在 1% 的水平下相较于混合模型应建立双向个体效应模型。

通过 F 检验可以发现本节面板数据存在个体和时间效应，但随机效应模型也存在个体和时间效应，因此需要进一步判断在个体效应模型中应选择随机效应模型还是固定效应模型，通过 Hausman 检验可知在 1% 的水平下，相较于随机效应模型而言，双向固定效应模型更适合本节的面板数据。因此，下文建立双向固定效应面板回归模型求解限购政策对房价的影响。

表 12.7 三个阶段 F 检验结果

项目	第一阶段	第二阶段	第三阶段
F 值	4.8977	15.851	4.1355
自由度 1	87	44	95
自由度 2	1867	310	1789
p 值	<0.01***	<0.01***	<0.01***

*** 表示在 1% 的水平下显著。

本节采用双向固定效应模型，即用变量的个体固定效应替代双重差分模型中粗糙的分组虚拟变量 D_i，用变量的时间固定效应替代粗糙的分期虚拟变量 D_t；同时加入因变量的滞后项作为控制变量，消除因为城市不同、时间不同对因变量造成的影响，这些影响因素包括城市的地理位置、人口状况、城市级别、信贷控制情况等。具体模型如下：

$$p_{it} = \beta_0 p_{it-1} + \beta_1 D_i \times D_t + \beta' X_{it} + \mu_i + \lambda_t + \varepsilon_{it}$$

其中，p_{it} 代表第 i 个城市在第 t 期的房价同比增长率，p_{it-1} 为 p_{it} 的滞后一期，X 代表一系列控制变量。上式中两个虚拟变量的交互项乘积 $D_i \times D_t$ 的系数 β_1 即可在一定程度上反映政策的实施效果，也即本节感兴趣的参数。

5. 模型求解及部分估计结果

本节对双向固定效应的分位回归求解采用了上文中介绍的两种算法，以第一阶段为例，两种方法的系数部分估计结果对比见表 12.8。

首先对第一阶段的回归结果进行分析，基于均值的回归模型中交叉项 $D_i \times D_t$ 的系数为 -0.34，且在 5% 的水平下是显著的，说明第一阶段实施的限购令对于抑制房价快速上涨是有效果的，但是结合第一阶段实施限购令的城市房价同比增长率均值为 4.4% 来看，当期实施了限购令的城市商品住宅价格同比增速相比未实施限购的城市而言只降低了 0.4%，这样的控制效果并不是非常强效，抑制房价上涨的效果仍需其他强力措施配合方能达到。分析原因，限购令的推出在一定程度上减少了不符合条件的购房者的需求，例如二套房限购限贷等在很大程度上抑制了非自住房的需求，从而导致房价上涨受到抑制，但是首次推出限购政策势必会对消费者的心理造成较大的冲击，消费者心理会有房价趋稳的预期，从而使得部分满足条件的购房者产生了需求，二者的需求相互弥补，导致对于房价的抑制效果幅度较小。

从控制变量来看，工业增加值和上一期商品住宅成交面积的同比增速与房价同比增速呈正相关，而这两个变量都能体现当期的需求水平，这一结果说明第一阶段市场是较为理性的，工业增加值增速体现了消费者的普遍收入情况，收入增长越快、需求增长越快，当期房价上涨就越快，这是符合正常的市场走向与供需理论的。但是也可以看到，这两个变量估计值都很小，说明工业增加值和市场成交量对当期房价的上涨无法起到决定性作用。从供给角度来看，商品住宅投资额同比增长率与房价增长率之间相关性不显著，结合对需求和政策的分析，可以发现在实施限购令的第一阶段市场的供给是缺乏弹性的，供给的变动无法对房价变动产生显著的影响，这一阶段房价的变动主要是由宏观政策限购和需求变动造成的。

表 12.8　第一阶段基于均值的双向固定效应回归和分位回归部分系数估计结果

变量	均值模型结果	分位数	算法一	算法二
p_{it-1}	−0.007 (0.0105***)	0.1	0.4199 (0.0490***)	0.8967 (0.0115***)
		0.25	0.3805 (0.0219***)	0.9272 (0.0066***)
		0.5	0.4011 (0.0104***)	0.9554 (0.0046***)
		0.75	0.3848 (0.0278***)	0.9748 (0.0031***)
		0.9	0.3577 (0.0231***)	0.9991 (0.0098***)
$D_i \times D_t$	−0.343 (0.1623**)	0.1	−0.6905 (0.2015***)	0.2658 −0.0783
		0.25	−0.1482 (0.1921**)	0.1711 (0.0492*)
		0.5	0.201 (0.2590**)	0.1871 (0.0357***)
		0.75	−0.058 (0.1048**)	−0.1125 (0.0400***)
		0.9	−0.3332 (0.6191*)	−0.3067 (0.0730***)

* * *、**、* 分别表示在 1%、5%和 10%的水平下显著。

从分位回归模型来看，第一阶段采用两种方法得到的分位回归结果共同点在于，对房价上涨率在 0.3~0.8 分位点附近的城市，限购基本没有起到预期效果，甚至对于中低房价上涨率的城市而言，限购反而在一定程度推高了房价，只有对房价上涨率在 0.8 分位点及以上的城市限购才起到了明显的抑制房价上涨的作用，并且房价上涨越快的城市，限购的效果越明显。

第一阶段的限购在当期对房价增速是有显著抑制效果的，但是这种效果较为有限，并且基本只对房价上涨最快的一线城市有抑制效果，对房价上涨相对慢些的二、三线城市而言，限购的效果并不理想，因此单纯依靠限购政策来抑制房价的快速上涨可能难以达到政策制定者的目标，必须对不同城市采取不同措施，并且搭配一系列其他的政策，从扩大缺乏弹性的供给出发解决房价过高、上涨过快的问题。

进一步，本节对三个阶段的回归结果进行了纵向对比，第一阶段至第三阶段交叉项系数的系数走势图如图 12.6~ 图 12.8所示。

限购令实行的第二阶段在模型构建上就与第一、第三阶段不同，$D_i \times D_t$ 交叉项的系数代表的是取消限购令对房价的影响，第二阶段交叉项系数为 0.4503，且在 1% 的水平下显著，说明取消限购显著推高了这些城市的房价上涨率，并且房价上涨越快的城市，取消限购后房价的反弹越严重。这一结论进一步支持了实施限购对房价过快上涨是有抑制作用的理论。同时，仔细分析可发现，第二阶段仍采取限购的 5 个城市基本为一线城市，这些城市的房价上涨率在第一阶段均位于 0.8 分位点以上，取消限购的城市多为二、三线城市，由第一阶段的分位回归结果图也可看出，限购对房价上涨率位于 0.3~0.8 的二、三线城市的抑制效果在 0 附近，在第二阶段取消限购后，这些城市的房价也呈现出一定的反弹，因而对这些城市而言，限购的实施不仅一直未能取得预期效果，反而政策的反复出现了房价上涨得更快的现象。对此，可以总结限购政策的实施在第一阶段具有一定抑制房价过快上涨的效果，但一旦取消限购，房价上涨将会呈现出报复性反弹，即上涨趋势比实施限购前更明显。因此，实施限购需要具有一定的连贯性，以防止出现房价的大幅波动。

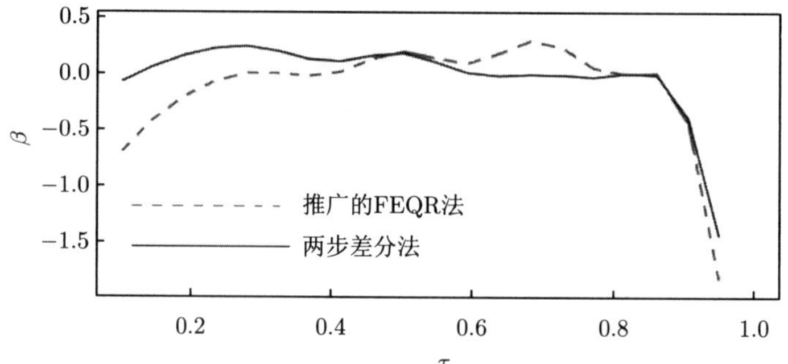

图 12.6　第一阶段两种估计方法下 $D_i \times D_t$ 系数走势

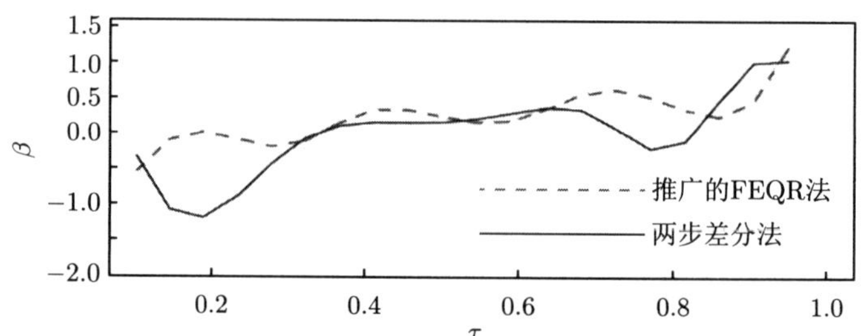

图 12.7　第二阶段两种估计方法下 $D_i \times D_t$ 系数走势

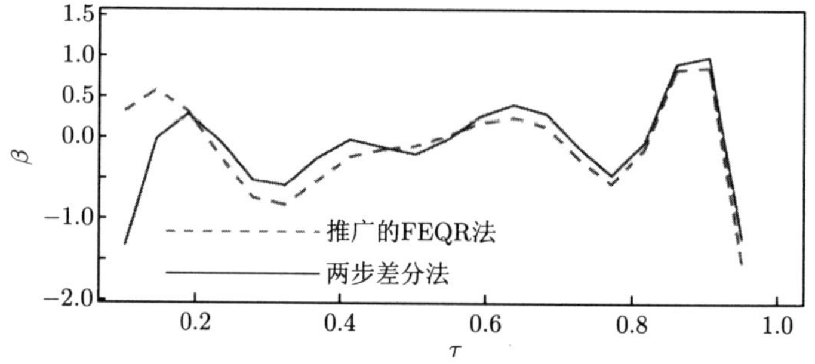

图 12.8　第三阶段两种估计方法下 $D_i \times D_t$ 系数走势

第三阶段从均值模型结果来看，限购令对房价上涨的抑制效果是显著的，并且从系数绝对值而言比第一阶段更为明显，但结合第一、三阶段的房价上涨率均值进行对比，发现第三阶段限购对房价上涨的整体抑制力度要小于第一阶段，说明随着限购令的进一步实施，其政策效果正在逐步减弱。且从三个阶段限购组的房价上涨率均值分别为 4.41、6.22 与 10.28 可知，尽管采用双重差分模型得到的结果显示实施限购的城市相比不实施限购的城市房价上涨率得到了一定的抑制，但抑制效果过于微弱，不能从根本上阻止房价的继续上涨。

6. 案例小结

本案例利用供需理论框架、通过构造多期双重差分模型，研究了 70 个大中城市在 2009 年 6 月—2017 年 12 月三个连续阶段内实施限购与房价的关系。分析结果表明在 2009 年 6 月—2017 年 12 月三个阶段，限购令只对房价上涨率位于 0.8 分位点及以上的城市有抑制效果，包括北京、上海、深圳、三亚等房价长期居高不下的城市，而对房价上涨率介于 0.3~0.8 分位点间的城市基本没有起到抑制作用，说明实施限购令需要综合考虑一、二、三线城市的具体情况，对于房价上涨极快的城市，限购的实施通过模型证明是有效果的，但是多数二、三线城市盲目采取限购，并未能达到目标。据此，我们建议对房价上涨极快的一线城市及三亚等特殊旅游城市继续采取限购措施，而对本身库存压力就较大的二、三线城市采取其他措施抑制房价。通过建立第一、第二阶段两期的双重差分模型，可以发现限购政策取消后，房价上涨率位于 0.3 分位点及以上的城市房价均被显著拉高了，说明政策的不连贯性对房价的稳定起到了消极的作用，因此限购的实施需要保持一定的连贯性，减少出现“实施限购–取消限购”这样的政策反复。从以上的研究可以看出，将政策指标量化合理建模不仅可以对政策实施的效果进行监测，还可以得出其他经济监测指标间的联系，为房地产整体经济运行制定更合理的房地产调控政策提供理论依据。

12.5 本章小结

本章着眼于大数据背景下房地产经济监测的理论研究，首先介绍了房地产行业经济运行的监测指标，包括综合指标（国房景气指数）和按照功能分类的八大类分类指标。根据网络数据和传统统计指标，提出用于房地产经济监测指标需要能够具备 8 种功能：反映住房价格与住房租金、反映房地产市场供求情况、反映房地产开发建设成本、反映金融风险、反映宏观经济发展、反映相关政策、反映技术与就业环境和反映生态环境。

接下来，分大数据数据内容和大数据分析技术两方面对大数据在房地产经济监测方面的应用研究进行阐述。房地产行业互联网大数据具有速度快、规模大、多样性等特点。房地产行业的互联网大数据反映了房地产企业和购房者的心理预期和行为，对这些网络搜索指数研究可以对房屋销售价格和销售数量提前预测预警，对不同类型房地产政策调控效果进行监测评价。大数据分析技术包括机器学习方法、GIS 技术和可视化分析，机器学习方法和 GIS 技术的优势在于通过量化的方法为房地产经济监测提供强大的理论支撑，为相关部门制定进一步的房地产调控政策提供理论依据。而通过可视化分析，可以帮助人们理解数据之间隐藏的规律，以更易理解的方式来诠释数据之间的复杂关系。基于上述分析，本章从三方面阐述了基于大数据的房地产经济监测的意义。

最后，基于大数据视角，运用大数据数据内容、统计分析方法和大数据分析技术分析了两个实际案例，并针对分析结果给出了相应的政策建议。

目前，基于大数据的房地产经济监测的理论研究正在处于不断发展的阶段，房地产互联网大数据数据内容和大数据分析技术都在不断更新进步中。房地产经济运行对国民经济运行有着重要的影响，因此，对于房地产行业的经济监测理论，值得进一步研究。

第 13 章 基于移动支付大数据的经济形势监测分析方法

13.1 引言

随着生活水平的提高以及科技水平的不断发展，当前大众的消费方式也随之产生了翻天覆地的变化。当我们想要购买商品或服务时，不需要再带着信用卡或大量现金，而是拿出手机轻松按几个键，即可对所购物品进行支付。移动支付结合了移动通信技术的优点，使支付变得可移动，人们可以不受时间地点的限制，随时随地进行账务的查询和消费的支付，大大改善了用户在支付环节上的操作体验。

自从 1997 年第一次通过移动设备进行网络支付后，对于移动支付的研究就开始了，随着近年来移动支付在全世界范围内的迅猛发展，相关领域的研究方法和实践分析结果也如雨后春笋般层出不穷。目前研究者普遍接受的是 Dahlberg 等（2008b）在其文章中提出的定义，即移动支付被定义为“通过无线和其他通信技术并利用移动设备对商品、服务和账单进行支付”。移动支付能够为用户提供个性化服务，且相较于传统支付结算方法，移动支付因其先进的技术手段和操作方式，更易受到用户青睐。

近年来，人们对手机的使用频率逐年升高，手机愈发成为现在社会必备用品之一，伴随着移动互联网在全球范围内的普及，使用手机等移动装置进行日常消费的支付成为移动支付的标配形式，也成为海量的各种各样的数据信息的发源地，这种移动支付大数据对网络金融、生活服务乃至社会经济形势的监测创新提供了强有力的支撑，其经济战略地位日益提升，亟须得到充分的研究利用。

结合移动支付大数据，按照主要功能的不同，可将通过分析此种大数据来监测经济形势的方法分成两大类：描述类方法与预测类方法。这两类方法在经济形势监测中都必不可少，描述类方法可展示当前经济运行情况并及时发现系统内的异常表现，预测类方法则可为下一步经济规划等宏观建设工作提出建议或对潜在的不良状况做出预警等。

基于上述内容，13.2 节将首先通过介绍国内外相关领域的发展动态及研究进展，使读者充分了解此领域的应用背景；13.3 节讲述移动支付与经济形势监测的关系；13.4 节分析移动大数据的特点；13.5 节将机器学习、数据挖掘和最前沿的时空统计模型进行结合分析；13.6 节通过几个实例阐述研究这一主题的必要性与经济形势监测价值。13.7 节为本章小结。本章的技术路线图如图 13.1 所示。

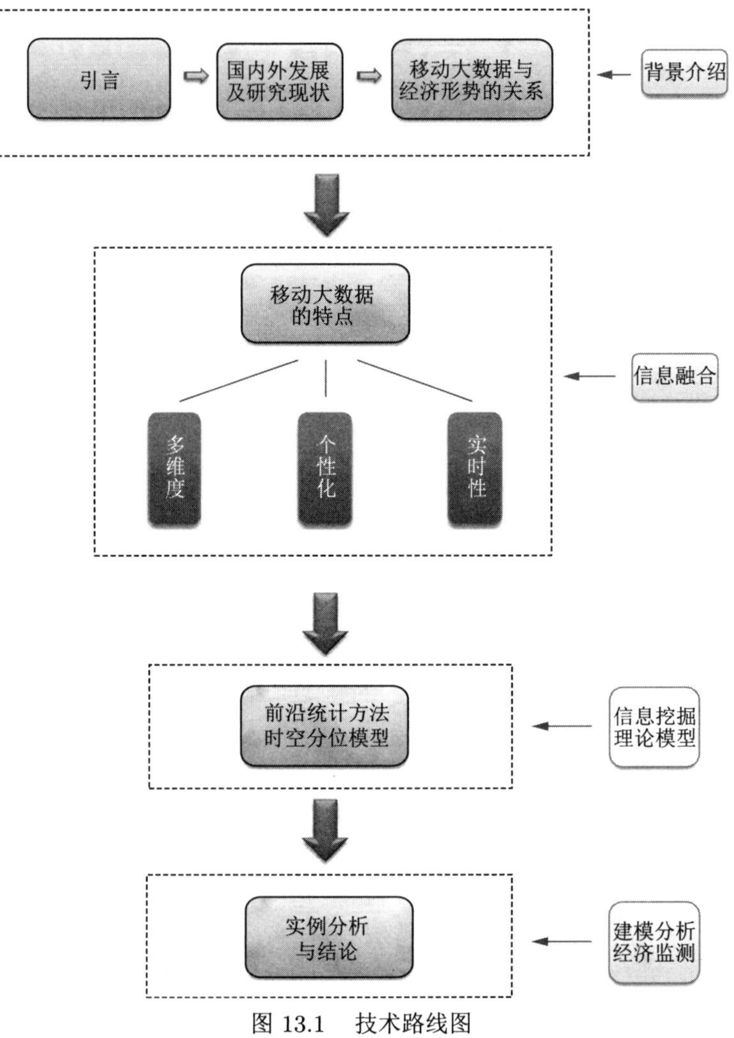

图 13.1 技术路线图

13.2 研究背景与现状

移动支付在我国已成为最主要的交易支付形式之一，其凭借方便快捷、易操作等优势，迅速在广大消费者之间流行起来，现今已经形成了大量且坚实的基础用户。因此，移动支付在我国经济金融体系中起着举足轻重的作用，对于移动支付大数据的研究，将成为我国经济形势监测理论与方法中至关重要的一环。下面首先介绍移动支付在国内外发展的具体形势。

13.2.1 国外移动支付发展历程

自 1980 年第一例移动支付行为出现在美国之后，国外的移动支付行为得到了迅速的发展，但多集中于日本等亚洲国家，美国本身的移动发展进程并不快。

1. 美国移动支付发展情况

美国是移动支付出现最早的国家，且具有移动支付发展的诸多优渥条件，诸如移动互联网技术、移动通信行业与移动支付装置等均为世界最先进水平，但是移动支付并没有在美国得到迅猛的发展，行业发展情况已经远远无法同现在的亚洲国家相比。根据相关报道与文章介绍，以美国各大零售集散超市为例，很少见到消费者使用移动装置（如手机等）进行支付。此外，谷歌公司、苹果公司推出的便捷支付软件如 ApplePay、NFC 等也没有在美国社会中流行开来。

为什么在诸多优厚条件下，移动支付在美国的发展反而没有像我们预期那样普及开来呢？这是因为在移动支付出现之前，美国已有了成熟且较为方便的社会经济支付方式，即信用卡支付。广大消费者已经形成了固有的消费习惯，且移动支付虽然具有各项优点，但信用卡支付相较之下也并没有落后太多，所以在美国居民中，仍是以各种银行卡进行经济消费者居多。但是，随着各项新技术的不断出现，移动支付将会得到进一步的发展，从而在各项领域中形成对原有支付体系的全面超越。

因此，虽然美国的移动支付仍在“蓄力”阶段，但近几年也产生了很多非常有社会研究价值的动态，同时，美国的各大银行及商品零售公司都已经全面安装配置了移动支付设备。比如沃尔玛、苹果公司以及谷歌公司等都开发了新的移动支付软件，随着移动支付在全球发展的趋势，美国作为国际发展的最大集散地，接受并带领移动支付行业发展是无可避免的。

2. 日本移动支付发展情况

日本也是第一批接触移动支付的国家，自 2001 年起，在日本国内就发行了两款可以进行小额支付的手机 SIM 卡，之后通过手机等移动装置的支付得到了迅速的发展。当前日本居民日常的交通出行或是超市购物等消费活动仅需手机就可以进行支付。日本国内的移动支付与世界其他国家仍有不同，因为日本银行的组织架构特点，导致银行体系对这种移动支付的管理统筹力度不大，在移动支付的各个环节，如移动管理终端、网络体系构建到相关金融机构的设置运营，都是由三大移动运营商（KDDI、SOFTBANK、NTTDO-COMO）所主导的，且已经形成了较为完整的移动支付产业链，即通过移动运营商注册的商业性机构开展业务。

此外，在其他优势特性之外，移动支付在日本具有统一性，即其统一通过日本索尼公司所制作的 FeliCa 智能芯片进行支付，在实际操作过程中，仅需要将携带此类通信卡的移动装置靠近统一设置的识别终端即可进行相应的支付。

近年来我国的旅游输出量越来越大，进入日本观光的中国游客将国内移动支付相关活动扩大到了日本，当前日本各大城市都陆续引入了支付宝等适宜中国游客的移动支付方式，且两国商业性企业也多有开展合作，以便于促进消费者进一步便捷性地消费。

13.2.2 国内移动支付发展历程

纵观近年来移动支付在我国的发展历程，可根据其支付方式及适用范围划分为三类，即依托短信进行移动支付的试探发展阶段、短信支付到 WAP 支付的过渡调整适应性阶段和当前的移动支付高速发展推广阶段。

（1）试探发展阶段：我国开展移动支付活动的第一阶段是依托短信等方式进行移动支付行为的 2000—2005 年。在此阶段中，移动互联网应用技术仍为 2G 网络，此时的移动支付多为额度较小的消费行为，诸如移动互联网流量消费、网站平台会员充值、网络收费项目下载等。这种支付行为依托于已经较为成熟的短信技术，且支付方式通常是所属移动运营商的费用代扣。虽然在这一阶段我国大量采取了此种支付方式，但是由于短信技术本身的限制，支付手段存在不少缺点，如费用机制不统一、消费环境不透明等，其不仅在移动支付消费者中未能广泛流行起来，也因为乱收费的情况对移动运营商造成了不小的困扰，这种多方面的原因造成了这一阶段未能持续下去。

（2）调整过渡阶段：我国开展移动支付活动的第二阶段是 2006—2008 年的从短信支付到 WAP 支付的适应性过渡阶段。这一阶段中短信支付的问题逐渐扩大，消费者对于短信支付乱收费现象的容忍度越来越低，短信支付一度与银行合作推出如手机钱包等业务，但仍收效甚微。在短信支付方式受到多方诟病但又不能合理解决时，WAP 支付方式在我国也开始发展，在 2009 年我国移动网络由 2G 升级至 3G 之后，移动支付与银行资金结合，手机移动支付逐渐成为各大运营商和相关企业主推的产品计划，移动支付在我国开始崭露头角。

（3）高速发展阶段：自 2010 年伊始，我国的移动支付进入了高速发展、全面推广阶段。2010 年，WiFi 成了互联网络的时代特征，此时各种各样的交叉组织形式在移动支付产业中成立，以阿里巴巴、腾讯为主的多家互联网龙头企业参与到移动支付的推广中，并且以其雄厚的用户基础迅速打开了市场局面。同时，随着国际地位的不断提升，我国的移动支付行业在全世界范围内都引起了巨大反响，以上述龙头企业为代表的企业作为枢纽，我国已在全球范围内布局了移动支付项目，移动支付行业迎来发展高潮期。

综上所述，纵观移动支付在全球的发展趋势，因为国家发展进程中尚未经历信用卡支付的全国普及的状况，移动支付消费方式以其灵活简易便捷的特性已经迅速在国内普及开来，在这方面，我国深入研究这一问题反倒占有得天独厚的优势。因此，如何利用我国的移动支付大数据，从中挖掘出相应的商业规划价值，从而助力我国的经济形势监测，为国家进一步发展做出贡献，乃至于提升我国的社会主义核心竞争力，具有极其重要的国际战略意义。

13.3　移动支付与经济形势监测的关系

随着移动支付在我国持续高速发展，其行业运行与我国经济形势之间的关系应更多地进入相关领域研究者们的视野。移动支付行业备受关注的原因之一来源于它的链接功能，即为传统的商业经济提供了一个便捷的途径，使之得以与互联网相结合，通过主流的支付应用和社交媒体来激活新环境下更强的行业经济价值。在此种环境中，企业与互联网经济结合后，已经跳出了以往传统的组织概念。举例来说，当前我国最活跃、最有生命力的集团企业如阿里巴巴、百度和腾讯等，正是通过构建企业文化与互联网技术相结合的生态价值链，才能实现其在此形势下的企业战略布局。

移动支付行为主要涉及了互联网企业的社交推广价值的实现，主要体现在消费者在各个社交应用中能够便捷地进行某些链接性消费活动的支付，使得社交活动组织更丰富且易于进行。以腾讯公司主导的微信应用为例，传统情况下此类社交应用多为简单的社交关系联络等，结合移动支付后则可对其衍生的其他社交活动进行实现，从而具备了社交价值变现功能，为互联网时代的社交生活带来了便利，也为所有能与互联网经济结合的行业提供了大量机会。

13.3.1　移动支付对经济社会运行的影响

社会运行方式的变革从来都不是以少数人的意志为转移的，真正的变革来自于每一位社会成员的行为习惯和思维方式的改变。最近经常能获取类似的新闻报道，即外国人士惊叹于我国日常生活方式的改变，出门在外不需要携带任何现金及信用卡，仅凭手机即可完成对日常生活中绝大多数消费行为的支付。我们不能仅仅停留在对现代消费方式的习以为常中，还应仔细考虑这种巨大变化对我国经济形势发展带来的变化，以及对相关产业的统筹建设带来的重大影响。移动支付的持续发展以及在我国的全面推广，将对我国的相关产业、消费活动方式和社会经济形势带来深远的影响，因为移动支付行业通过与互联网技术结合，将商品提供者和购买者同时从时间和空间中解放出来，营造出更广阔的经济消费市场。移动支付对经济社会运行的影响主要可分为以下 4 类（图 13.2）。

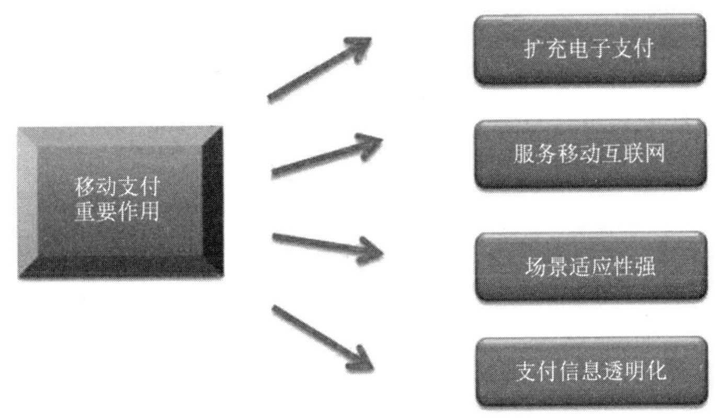

图 13.2　移动支付的重要作用

（1）移动支付扩充了互联网金融支付的应用范畴，简化了社会经济行为的运维实现成本，大幅拓展了非现金业务的应用。互联网通信技术的快速发展，WiFi 等移动局域网的全面适用，手机与相应应用软件作为移动支付终端的快速普及，都促进了移动支付行业的发展。从统计数据上看，以手机为主的移动装置用户数仍以较快速度增长，截至 2016 年 6 月达到 4.24 亿户。整个移动支付行业的发展都呈快速增长趋势，以 2015 年的数据为例，国内银行共处理移动支付业务 138.37 亿笔，金额 108.22 万亿元，以年为单位分别同比增长 205.86%和 379.06%；支付机构共处理移动支付业务 398.61 亿笔，21.96 万亿元，以年为单位同比增长 160%和 166.5%。此外，移动支付的快速发展有效降低了现金使用率，特别是日常生活领域的替代比较大，减少了现金损耗，从而节约了社会整体的支付成本。

（2）移动支付助力我国的新兴移动互联网商业形式的建设发展。移动支付行业是新兴互联网商业形式的必备环节之一，因为新兴互联网商业的特质，如支付平台、付费内容下载、网络视频培训学校等，往往是一对多且只提供线上服务咨询等，移动支付作为此类商业的资金流通载体，是行业运行的基础保障，如果丧失了移动支付行业的支持就会极大程度地限制这些新兴商业模式的发展。

（3）移动支付行为的场景适应性强，能够灵活应对日常生活中的各种消费情景，从而彻底融入社会经济的每个角落。移动支付的强渗透性是有目共睹的，在如公共交通出行、日常购物消费、公共事业缴费等领域都有了较为成熟的移动支付系统，且在其他领域中也有着极强的替代趋势。随着对传统支付行为的完全替代化，移动支付将不断渗入到社会活动的每一步，不断为居民生活提供便利，也逐渐能更全面地表示社会经济形势。

（4）移动支付使交易支付信息透明化，更符合新时代对日常交易的基本要求，更好地保障交易双方的合法权益。大数据时代对社会带来的改变是不可避免的，在保证个人用户的信息不被泄露的原则下，交易支付信息透明化可以带来巨大的社会价值，它是各个领域前沿技术为社会生活服务的基础，针对不同的分析决策目标，都可以从移动支付大数据中挖掘出相应的信息。举例来说，在完善公共服务系统中，可以从大数据结构化分析中针对支付热点对消费者进行针对性服务推荐；在交通运输行业中可针对消费模式形态进行序贯分析，减少时间损耗和固定成本消耗等。交易支付信息透明化符合高效生产服务的基本需求，能够提升社会生产效率，从而提升社会经济效益，最终改善市场中消费者的福利状况。

13.3.2　移动支付行为对经济金融的改善意义

移动支付不仅对经济社会的未来发展有着深远影响，对现有经济金融状况也起着改善作用，作为未来发展的资金信息关键枢纽，把握移动支付行业，就能保障我国经济金融按照以下三点特征进一步有机发展（图 13.3）。

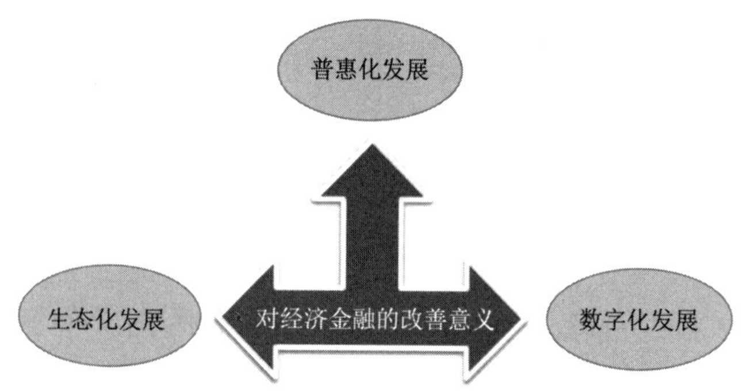

图 13.3　移动支付行为对经济金融的改善意义

（1）助力经济金融进一步普惠化发展。当前我国的经济金融发展仍有区域不平衡的特征，以我国的人均持有信用卡数量为例，截至 2015 年年底，我国人均持有信用卡 0.29 张，北京、上海两市的信用卡人均拥有量分别达到 1.34 张和 1.01 张。从全国范围内看，东部发达城市所拥有的金融机构较多，国内其他地区的金融机构以及相应能提供的金融产品都有明显的市场缺口。这种经济金融发展的不平衡必然会对全国经济发展形成一定的阻碍。移动支付行业则可以很好地对这一问题进行对冲，不论是其依托移动互联网的背景，还是与先进技术的优良结合性，都有利于在全国范围内对经济金融新生产物进行统一化。这种行业的无差别化推广，有助于削弱不同地理空间位置的影响，从而缩小不同地域的发展差距，助力我国的经济金融行业进一步普惠化发展。

（2）助力经济金融进一步生态化发展。随着经济的发展、收入的增加和财富的积累，社会对资产管理和相应匹配管理服务的需求增长迅速，通过投资和财富管理来保存和保护资产的意愿大大增强。再者，通过互联网，金融部门能够以低成本和高效率的方式聚集和供应小型和微型市场，形成新的金融市场，如互联网金融、众筹和其他新兴形式。移动支付的随时随地、场景、交互、高效、低阈值等特点，以及基于手机的用户的一些行为特征，使得金融服务更加以互联网和手机为特征。与此同时，移动运营商、手机制造商和金融技术公司也通过移动支付进入金融领域，这不仅给用户带来了更多的支付创新和便利，而且刺激了围绕支付的各种增值服务创新，丰富了移动支付行业的内容。其带来的连锁经营的内涵和价值推动了原有金融服务生态的转型和完善。

（3）我国经济金融结合时代特征展现出数字化特点。首先，移动支付行业本身就有着强烈的数字化特征，随着行业发展的深入，各个移动支付平台所产生的大数据有着很深的行业特质且价值较大，举例来说，当个人用户提供的移动数据发生动态变化时，应根据情境实时给出反馈，如周边环境、精准推荐等。同时，货币数字化也是未来社会经济发展的大趋势，移动支付的发展将继续强化货币的数字化进程，并且愈发成长为货币数字化的重要基础。相信未来移动支付行业将与经济数字化继续协同发展。

支付行为作为社会日常生活中商品经济最直观化的参与手段之一，其中蕴含着社会整体的经济消费风向。对我国经济形势进行监测研究，深入分析社会的移动支付行为是一个非常适合的切入点，不仅可以在理论领域分析我国的社会经济发展动态，研究消费热点构成因素，还可以在实际工作中对可能出现的经济形势问题进行预测，结合数据的时空属性进一步研究分析，对区域经济的合理规划提供强有力的支撑。

13.4　当前移动大数据的特点

在过去十年中，智能手机的发展加速了移动互联网的普及，并引发了新一波的移动应用创新浪潮。这一新浪潮为移动运营商提供了巨大的机会，个人移动设备、平台内容服务器和网络运营商三者结合产生了前所未有的海量非结构化移动数据。在这个大数据时代，要分析这种非结构化数据片段拼凑在一起而成的异源异构数据集，其方法与传统数据的研究分析方式截然不同。与常规大数据的所谓 5V 性质相比，移动大数据在其独特的多维度、个性化和实时性方面具有鲜明的特征。在本节深入且全面地说明了移动大数据的特征、来源和应用，以及该领域当前最先进的研究和开发的挑战和机遇等相关事宜。所谓知己知彼，百战不殆，了解移动大数据是对其进行有效推断的首要前提。

13.4.1　移动数据固有的大数据特征

近期研究表明，移动大数据可应用在诸多领域当中，包括改善道路交通规划方式、提供个人用户精确情形推荐、护航城市发展动态和监测区域经济风向等。由于移动大数据本身的特质，欲得到有效的分析需要结合来自移动通信、信号处理、数据挖掘以及统计分析的专业知识。随着移动大数据的重要性被社会认可，在此领域也出现了不少针对性研究文章，但多数文章仅在某单一领域对这类数据进行了分析，并没有从宏观角度对此类数据进行串联分析。本节讨论移动大数据的各项特征，首先就是其固有的大数据特征。

在数据挖掘技术与统计分析方法得到有效发展以前，非结构化的离散数据片段由于其与传统数据形式的差异而得不到有效的利用，通常认为是获取目标数据时得到的无用副产品。大数据方法产生以后，即可将这些数据片段有机地拼凑在一起，并且能够借此来深入了解兴趣目标，揭示最优决策背后的统计意义。在大数据时代，与传统的数据分析不同，对移动大数据的分析无须事先定义数据，而是让数据发生，让数据成为驱动新型服务的独立实体。

移动大数据作为大数据的一种，仍具有大数据的 5V 特性，这是毋庸置疑的。本书的其他章节已给出了大数据的具体定义，并且充分解释了这 5V 特征的各个子项，随着对移动大数据的研究逐渐展开，这座数据金矿愈发受到研究者的重视，与常规大数据相比，移动大数据除了 5V 特征以外，还以其特有的多维度、个性化和实时性特征而更受研究者青睐，13.4.2 节将具体分析移动大数据的这三项特有特征。

13.4.2 移动数据的特有大数据特征

利用时间和位置信息对移动大数据进行分析和挖掘将创造极大的社会价值。移动数据驱动的问题解决潜力大致可分为两类：一类是挖掘个人数据以提供针对个人的服务，例如，情形感知推荐、个体用户兴趣点、活动识别推荐等；另一类则是利用汇总的移动数据来学习和分析人类活动的模式，旨在通过了解人类行为来帮助深入认识社会发展形势，有效提高城市公共服务规划和社会经济监测，如社会事件或灾难后的社会反应、异常检测、交通模式学习、城市区域经济特征等。

当前，几乎所有人的日常生活都离不开移动设备，例如智能手机、可穿戴设备等，且对其依赖性仍呈持续上涨势头。从移动设备中挖掘大量数据引起了不同研究领域的极大兴趣，包括数据挖掘与机器学习、统计学、通信与信号处理、社会学和地理学等。除了传统大数据的 5V 特性外，移动大数据还有其明显的特征，如图 13.4 所示。

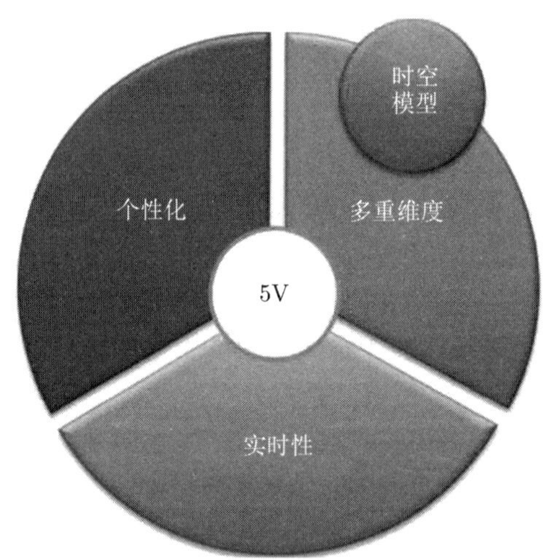

图 13.4 移动大数据的特征

1. 多重维度

由于几乎所有智能手机都配备了 GPS 信号接收器，因此位置和时间是移动大数据固有的独特特征。即使在未启用智能手机的位置服务时，仍然可以通过呼叫数据记录（call data record，CDR）中包含的基站位置来对用户的粗略位置做出相当可靠的推断。多维时空数据提供用户轨迹的信息，这对于基于位置的社交网络、智能交通系统和城市计算中的各种应用具有广泛的挖掘价值潜力。

这种数据的多重维度特质是移动大数据的固有特征之一，它由多个传感器生成，通常以不同的尺度来标记时间和地理定位信息。实际上时空属性在移动大数据中是显而易见的，绝大多数的移动大数据都带有时间戳和某些地理位置的标识，从这点出发即可挖掘出大量分析价值。当前几乎所有智能手机都配备了 GPS 接收器，可以提供准确的户外位置信息，即原始数据中包含了记录事件的纬度和经度。即使当基于 GPS 的智能电话的位置服务未启用或不可靠时，例如在室内或信号受干扰等情况下，也可以通过其他数据条目推断出不同尺度的位置信息，例如 WiFi 接入点的服务集标识符，小区 ID 的 CDR、WiFi 信号强度，甚至 IP 地址。即使由于隐私问题在户外场景中未启用位置服务或用户不愿意共享其位置信息时，仍可在某种程度上从可用的移动大数据中学习用户位置信息，Ficek 和 Kencl（2012）在其文章中提出的概率模型可以用于估计其连续通信事件（呼叫或文本消息）之间的用户位置，以便从 CDR 中的网络小区转换信息中获得更精细的用户轨迹。

2. 个性化

直接从用户设备或临近移动网络收集的移动数据往往是包含用户身份信息的。除了这种显式身份信息之外，移动数据本身通常还具有高度个性化信息并且与个人用户的位置以及使用情形有相当的相关性。

此外，当前研究分析移动大数据的趋势不仅是通过移动大数据对以往过去或现在的状况进行探索，而且还越来越多地用于分析预测未来，这种预测将针对用户提供精确的个人服务。但是，如果无法解决数据隐私问题，数据本身及其潜在的应用程序将在很大程度上揭示和侵入用户的私密信息，例如带有时间戳的地理定位信息记录了用户的轨迹，除了身份信息之外，移动数据本身通常是高度个性化的并且链接到用户位置和使用情境，这也会暴露个人用户的基本隐私。这可能反过来危及个人用户的信息安全，因为不仅收集的原始数据对隐私敏感，而且从移动大数据挖掘出的分析结果也会揭示用户的日常个人生活模式。因此，应谨慎保护数据本身及其分析结果，否则数据的可用性会越来越低，因为人们最终将会不愿意分享他们的数据。实际上，当前基于 GPS 的用户在夜间访问最多的位置很可能是用户的物理地址。

3. 实时性

针对个人用户来说，对分析结果的实时性要求是处理移动大数据的基础要求之一，即基于位置、高度个性化信息和对应服务需要在获取信息后实时将分析结果传递给移动用户。举例来说，当个人用户提供的移动数据发生动态变化时，应根据情境实时给出反馈，如周边环境、精准推荐等。另外，智能手机高度渗透用户的现代生活，可以作为用户和应用程序之间的实时交互平台。也就是说，移动大数据记录了给定不同情境和场景的实时用户偏好，因此移动数据驱动的应用程序应该近乎实时地响应用户请求以确保体验质量，尤其是在某些时间关键应用程序 [如移动健康（mobile health）] 中。

基于大量移动数据的分析的典型要求是基于位置和高度个性化的信息和服务需要近乎实时地传递给移动用户。然而移动设备的计算能力和存储的限制很难满足大规模移动数据的密集计算需求。因此，移动云计算可以是在移动设备和云计算之间分配计算的解决方案。

13.4.3 移动大数据搜集与计算问题

从移动设备收集的数据可按其来源分为软件类或是硬件类。硬件类数据包括移动设备使用信息、附属传感器记录信息等。软件类数据包括应用程序信息、与设备相关联的用户配置文件以及系统日志。已有很多项目专注于从移动终端收集数据，具体信息可参见本书相关参考文献。

在处理数据的设备要求上，需要具备高性能计算能力以应对移动大数据的 5V 功能和对其他不同于常规大数据的特性进行分析，然后将结果应用于潜在的各项服务中。按照这种要求，实际上单个计算设备上无法满足海量移动数据的顺序类计算需求，随着记录能力的提升，今后单个计算机甚至无法将整个数据集保存在其内存中，尤其是当摩尔定律正在逐渐消失时。因此，在（移动）大数据时代，在多个节点上展开并行计算是非常重要的。

此外，移动大数据应用的实时响应要求与极大的数据量和速度之间的冲突不仅给支持这些应用的基础设施带来了巨大挑战，而且对移动大数据挖掘中的算法设计提出了挑战。这些算法应具备可扩展性，并且能够适用于动态移动用户环境。

本节主要针对移动大数据的多重维度特征，利用其中的时间–空间属性对宏观经济形势进行监测分析。总的来说，移动大数据继承了常规大数据的一些传统特性，但也有几个不同的特征。如它的多维度性质来自于记录时间点及空间地理定位的多个传感器。另外，移动大数据的应用和隐私敏感数据管理以及本身的实时响应要求将对系统设计提出巨大挑战。本节仅对移动大数据的特点进行了分析，在实际处理过程中所涉及的其他步骤如数据采集、数据存储、实时传输等并不是本章关注的重点问题，故对这些问题不赘述，对这些内容感兴趣的读者可以搜索参考最前沿的研究文献。

13.5 针对移动支付大数据的前沿统计理论与方法

按照主要功能的不同，可将通过分析移动大数据来监测经济形势的方法分成两大类：描述类方法与预测类方法。描述性类型旨在说明数据之间的依赖性或关系，而预测性类型基于来自标记数据的学习函数来预测这些特征。根据数据是否有已知的目标结果，描述类方法和预测类方法也可分别称为无监督学习和有监督学习。这两类方法在经济形势监测中都必不可少，描述类方法可展示当前经济运行情况并及时发现系统内的异常表现，预测类方法则可为下一步经济规划等宏观建设工作提出建议或对潜在的不良状况做出预警等。用于移动大数据应用的机器学习和数据挖掘方法的具体模型讨论如下。

13.5.1 描述类方法

作为无监督学习的描述类方法可大致分为以下三类，其他最新提出的研究方法也可根据其特征划分到这三类当中。

（1）聚类：聚类方法用于根据组内的相似性和组间的差异性将整体数据分类为若干组子数据集。举例来说，使用聚类技术对 CDR 数据中的城市土地利用类型（城市功能）进行分割。

（2）主成分分析（principal component analysis，PCA）：PCA 起源于矩阵理论中的特征分析。PCA 通常用于识别数据集中最受关注的目标，同时减少嵌套在数据中的噪声或错误。例如，每日人类移动行为由行为特征表示，其中特征向量（本征行为）由 PCA 从 CDR 中的离散位置数据生成。然后将每日人类移动行为表示为特征行为的加权叠加，其处理结果可以应用于移动性预测。

（3）概率图模型：该模型可用于表征不同特征之间的概率依赖性，或者是具有一些先验信息或假定的原始数据的属性之间的概率依赖性。捕获的依赖关系可以通过图表（有向或无向）来表征。例如，最初应用生成概率模型来学习文本语料库下面的潜在主题，其中假设语料库中的单词是根据潜在主题的概率分布生成的。除了类似的假设之外，有研究应用这样的主题模型来学习城市功能，其中假设由移动大数据评论的流行度密度由城市功能产生。

除了这三类基础类别之外，过去几年也提出并开发了“强化学习”方法，其中训练数据来自学习机器与其环境反馈之间的相互作用。事实上，文献中已经提供了数以千计的数据挖掘模型，并且每年都会发布更多相关研究成果。但是选择一个能够成功表征移动大数据特定问题的合适模型仍需要付出巨大努力。

已有研究证明，应该在这种新形势下仔细解读应用机器学习方法的三个关键：表示、评估和优化。此外，还应研究与数据挖掘相关的其他挑战性问题。数据挖掘的挑战之一是过度拟合问题，当模型（通常是预测器或分类器）表征来自训练数据集的过多噪声而不是捕获数据中的真实优点时，将会出现过度拟合问题。这将导致验证测试中的性能不佳，但可以通过利用移动大数据中的大尺寸数据集来减小这种可能性。过度拟合问题在神经网络中也是至关重要的，神经网络是模仿人类大脑组织神经元和学习环境的重要工具。

直到 2006 年，神经网络研究一直面临过度拟合和高维度训练问题。“深度学习”在 2006 年被提议作为一个具有多个隐藏层（因而深层）的神经网络，通过无监督学习在神经网络的每一层上进行预训练，并已成功应用于多个领域。深度学习的成功源于计算能力的进步以及训练数据集的巨大规模。事实上，这种趋势也可能扩展到移动大数据分析。许多研究已经证明，深度神经网络可以在上下文软件活动识别中实现比其他数据挖掘技术（如随机森林）更好的性能。此外，基于深度神经网络结构的无监督学习正在引起人们的极大关注，例如自动编码器或生成性对抗网络，它们可以在没有标签的情况下学习数据的内部特征。这些新技术可能有助于带来许多新颖的应用，并且仍然是一个积极的充满潜力的研究方向。

基本上所有有关移动大数据的应用或服务采取的做法都是分析基于原始数据到某些特定信息空间的映射，然后对发现的信息进行加工处理从而做出决策。在这样的情况下，分析人员可能会倾向于从原始移动大数据中提取复杂信息陷阱，这反过来就会导致错误的知识发现。防止进入虚假知识陷阱需要我们更深入地了解目标问题的研究背景，以及更符合实际情况的仔细验证。此外，如何根据具体的应用或服务需求从多传感器移动大数据中提取和选择特征是非常重要的，同时在数据收集和数据处理中保持合理的计算复杂性。总之，具有独特时间特征功能的移动大数据将在个人和公共服务的各种应用中具有前所未有的潜力。

13.5.2　预测类方法

作为有监督学习的预测类方法，基本上可归纳为回归和分类问题：回归旨在建立一个基于训练数据集的函数，将预测协变量带入此函数以得到预测值；而分类利用标记的历史数据集来构建分类器，以在给定一组特征的情况下预测分类所输入结果的目标集。分类器可以是线性的（如线性判别分析）或非线性的（如支持向量机）。在移动大数据环境中，举例来说，有基于来自智能手机的多感官数据的活动识别或情境感知等相关应用，也有文章研究了典型的分类问题。

时空模型是分析移动大数据的强力且有效的工具之一，通过时间和位置信息丰富的移动大数据的分析和挖掘将为新服务提供巨大的机会。由这种移动用户数据驱动的潜在应用可大致分为两类。一类是挖掘个人用户数据以提供个性化服务（例如，情境感知、用户兴趣点、活动识别等）。另一类是挖掘移动用户数据的汇总，以学习和分析人类活动的模式，旨在了解人类行为，以帮助公共服务规划和城市管理（例如，社会反应监控代替社会事件或灾难、异常检测，交通流模式学习，城市区域表征等）。然而，这两个类别不是严格可分的，因为一些服务不仅依赖于从单个用户数据挖掘的独特模式，还依赖于从多个用户的移动数据的聚合分析的共同模式。利用移动用户数据建立时空模型进行分析的几个典型应用的细节如下文所述。

人类流动性在社会学中引起了极大的兴趣，但由于缺乏细粒度的地理定位数据来记录人类个体的轨迹，因此尚未对其进行彻底的研究。在移动大数据中收集的位置序列数据不仅可以促进对个体或集体尺度上的人类行为的研究和分析，还可以基于由数据中嵌入的时空动态揭示的行为模式来进行移动性预测。

随着大量时空移动数据直接记录人们的日常生活，对人类流动性的研究和分析引起了学者们极大的兴趣。已有文章研究发现，根据对其位置被跟踪了 6 个月的 10 万名匿名移动电话用户的研究，人类移动性在时间和空间领域都是高度正规化而非随机化的。另外，每个人在特征行程距离（探索）方面遵循可再现的模式，并且返回到高频率位置（优先返回）的概率很大。个人旅行模式的内在相似性在由人类流动性驱动的公共应用中具有巨大潜力，例如城市规划、流行病预防和应急响应。此外，Song 等基于移动 CDR 中每个访问两个以上 5 万人的小区 ID 位置，量化随机性在人类行为中的作用，以回答人类流动性在多大程度上可以预测的问题。利用人类行为随机性的熵建模，例如，所访问的位置的数量、不同位置的异构访问概率，以及在每个位置花费的时间，可以量化个体移动性的可预测性。因此，据相关研究结论，基于根据移动数据和 Fano 不等式经验确定的用户熵，人类移动性是可预测的，准确率高达 93%。

移动大数据应用于公众服务或与城市相关的服务，如社会经济形势监测等，除了上述个人应用和服务外，移动大数据的聚合可以提供一个很好的工具来表现人类社会行为的全貌，例如人的流动性、社会反应和事件的传播、疾病和灾难。换句话说，移动大数据可以帮助理解个体动态如何塑造城市结构，从而有助于更好地进行城市规划、公共服务规划和社会经济形势监测并及时发现问题。接下来将详细介绍时空模型的建模步骤及预测方法。

1. 时空模型的建立

用 $C(s,t)$ 表示在 s 观测点 t 时刻的目标参数值，为了降低异方差性，本文对该目标参数值取对数，即 $y(s_i,t)=\log C(s_i,t), i=1,\cdots,n, t=1,\cdots,T$，其中 $y(s_i,t)$ 表示观测点 s_i 处在 t 时刻的观测值对数。

首先将时空模型分解为如下形式：

$$y(s_i,t)=\mu(s_i,t)+\nu(s_i,t),\quad i=1,\cdots,n, t=1,\cdots,T$$

其中 $\mu(s_i,t)$ 是均值过程，$\nu(s_i,t)$ 是时空模型的误差过程。

下面对均值过程进行建模，为记号简单采用如下向量形式表示：

$$\boldsymbol{\mu}(s,t)=\sum_{i=1}^{m}(\boldsymbol{X}_i(s,t)\boldsymbol{\alpha}+\boldsymbol{\beta}_i(s))f_i(t)$$

其中 s 表示 n 个观测点 $(s_1,\cdots,s_n),\boldsymbol{\mu}(s,t)=(\mu(s_1,t),\cdots,\mu(s_n,t))^{\mathrm{T}}$。本书中 m 表示时间协变量的个数，并且 $f_1(t)\equiv 1$。$\boldsymbol{X}_i(s,t)$ 是 $n\times p_i$ 矩阵，p_i 表示时空协变量的个数，其中包括截距项。$\boldsymbol{\alpha}_i$ 是 $p_i\times 1$ 的系数向量，$\boldsymbol{\beta}_i(s)$ 是 $n\times 1$ 的空间系数向量，或者称为 $\boldsymbol{\beta}$ 域，其满足

$$\boldsymbol{\beta}_i(s)\sim N(0,\boldsymbol{\Sigma}_{\boldsymbol{\beta}_i}(\theta_i)),\quad i=1,\cdots,m$$

其中 $\boldsymbol{\Sigma}_{\boldsymbol{\beta}_i}(\theta_i)$ 是 $n\times n$ 协方差矩阵，θ_i 为未知的参数。

此外，假设时空误差过程 $\nu(s,t)$ 在时间上是独立且平稳的，其满足分布

$$\nu(s,t)\sim N(0,\boldsymbol{\Sigma}_{\nu}^{t}(\theta_{\nu})),\quad t=1,\cdots,T$$

其中 $\boldsymbol{\Sigma}_{\nu}^{t}(\theta_{\nu})$ 是 $n_t\times n_t$ 的协方差矩阵，n_t 表示 t 时刻观测到的监测点的个数，θ_ν 为未知的参数。

为了符号的简洁性和计算方便，下面将上述模型用矩阵表达。令

$$\boldsymbol{F}(t)=(f_i(t),\cdots,f_m(t))\otimes\boldsymbol{I}_{n_t},\quad t=1,\cdots,T(\otimes\text{为 Kronecker 乘积})$$

维数为 $n_t\times n_t m$；$\boldsymbol{X}(t)$ 为块对角矩阵，表示为

$$\boldsymbol{X}(t)=\operatorname{diag}\{\boldsymbol{X}_1(s,t),\cdots,\boldsymbol{X}_m(s,t)\},\quad t=1,\cdots,T$$

维数为 $n_t m\times\sum p_i$，则 t 时刻均值过程可以写成

$$\boldsymbol{\mu}(s,t)=\boldsymbol{F}(t)\boldsymbol{X}(t)\boldsymbol{\alpha}+\boldsymbol{F}(t)\boldsymbol{B},\quad t=1,\cdots,T$$

其中 $\boldsymbol{\alpha}=(\alpha_1,\cdots,\alpha_m)^{\mathrm{T}}$，维数为 $\sum p_i\times 1$ 的列向量；$\boldsymbol{B}=(\beta_1(s),\cdots,\beta_m(s))^{\mathrm{T}}$，维数为 $mn\times 1$ 的列向量。将 $y(s,t)$ 先按 s 后按 t 排列成列向量，即

$$\boldsymbol{Y}=(y(s_1,1),\cdots,y(s_n,1),\cdots,y(s_1,T),\cdots,y(s_n,T))^{\mathrm{T}}$$

则将时空模型写成如下矩阵形式：

$$\boldsymbol{Y}=\boldsymbol{M}\boldsymbol{\alpha}+\boldsymbol{F}\boldsymbol{B}+\boldsymbol{V},\boldsymbol{B}\sim N\left(0,\boldsymbol{\Sigma}_B(\theta_B)\right),\boldsymbol{V}\sim N\left(0,\boldsymbol{\Sigma}_V(\theta_V)\right)$$

其中

$$\boldsymbol{M}=\operatorname{diag}\{\boldsymbol{F}(1),\cdots,\boldsymbol{F}(T)\}\times\operatorname{stack}\{\boldsymbol{X}(1),\cdots,\boldsymbol{X}(T)\}$$

其中 diag$\{\cdot\}$ 表示组成块对角矩阵，stack$\{\cdot\}$ 表示按列排堆叠成矩阵，$\boldsymbol{M}$ 的维度为 $\sum n_t\times\sum p_i$。协方差矩阵 $\boldsymbol{\Sigma}_{\boldsymbol{B}}(\theta_B)$、$\boldsymbol{\Sigma}_{\boldsymbol{V}}(\theta_V)$ 分别为

$$\boldsymbol{\Sigma}_{\boldsymbol{B}}(\theta_B)=\begin{bmatrix}\boldsymbol{\Sigma}_{\beta_1}(\theta_1)&0&0\\0&\ddots&0\\0&0&\boldsymbol{\Sigma}_{\beta_m}(\theta_m)\end{bmatrix},\quad\boldsymbol{\Sigma}_{\boldsymbol{V}}(\theta_\nu)=\begin{bmatrix}\boldsymbol{\Sigma}_{\nu}^{1}(\theta_\nu)&0&0\\0&\ddots&0\\0&0&\boldsymbol{\Sigma}_{\beta_\nu}^{\mathrm{T}}(\theta_\nu)\end{bmatrix}$$

其中 $\theta_B=\{\theta_i\}(i=1)^m$，模型待估的参数包括 $\{\boldsymbol{\alpha},\theta_B,\theta_\nu\}$。

2. 时空模型的估计

本文参数的估计使用极大似然估计，在空间域和误差项满足多元正态的假设下，容易得到如下对数似然函数：

$$2l(\boldsymbol{\alpha},\theta_B,\theta_\nu|\boldsymbol{Y},\boldsymbol{M},\boldsymbol{F})=-N\log(2\pi)-\log|\boldsymbol{\Sigma}|-(\boldsymbol{Y}-\boldsymbol{M}\boldsymbol{\alpha})^{\mathrm{T}}\boldsymbol{\Sigma}^{-1}(\boldsymbol{Y}-\boldsymbol{M}\boldsymbol{\alpha})$$

其中 $N=\sum n_t$，表示样本的个数；$\boldsymbol{\Sigma}$ 是 $N\times N$ 的协方差矩阵

$$\boldsymbol{\Sigma}=\boldsymbol{\Sigma}_V+\boldsymbol{F}\boldsymbol{\Sigma}_B\boldsymbol{F}^{\mathrm{T}}$$

在固定参数 $\boldsymbol{\theta}\triangleq\{\theta_B,\theta_\nu\}$ 时，可以得到 $\boldsymbol{\alpha}$ 的估计

$$\hat{\boldsymbol{\alpha}}(\theta)=(\boldsymbol{M}^{\mathrm{T}}\boldsymbol{\Sigma}^{-1}\boldsymbol{M})^{-1}\boldsymbol{M}^{\mathrm{T}}\boldsymbol{\Sigma}^{-1}\boldsymbol{Y}$$

同时得到极大似然估计 $\hat{\boldsymbol{\alpha}}(\theta)$ 的协方差阵为

$$\mathrm{cov}(\hat{\boldsymbol{\alpha}}(\theta))=(\boldsymbol{M}^{\mathrm{T}}\boldsymbol{\Sigma}^{-1}\boldsymbol{M})^{-1}$$

然而 $\boldsymbol{\Sigma}^{-1}$ 是未知的，将 $\tilde{\boldsymbol{\alpha}}$ 代入上式得到关于协方差阵参数的剖面似然函数

$$\begin{aligned}2l_{\mathrm{prof}}(\theta_B,\theta_\nu|\hat{\boldsymbol{\alpha}},\boldsymbol{Y},\boldsymbol{M},\boldsymbol{F})=&-N\log(2\pi)-\log|\boldsymbol{\Sigma}|-\boldsymbol{Y}^{\mathrm{T}}\boldsymbol{\Sigma}^{-1}\boldsymbol{Y}+\\&\boldsymbol{Y}^{\mathrm{T}}\boldsymbol{\Sigma}^{-1}\boldsymbol{M}(\boldsymbol{M}^{\mathrm{T}}\boldsymbol{\Sigma}^{-1}\boldsymbol{M})^{-1}\boldsymbol{M}^{\mathrm{T}}\boldsymbol{\Sigma}^{-1}\boldsymbol{Y}\end{aligned}$$

记协方差参数估计结果为

$$\hat{\boldsymbol{\theta}}\triangleq(\hat{\theta}_B,\hat{\theta}_\nu)=\mathrm{argmin}_{\boldsymbol{\theta}\in\Theta}2l_{\mathrm{prof}}(\theta_B,\theta_\nu|\hat{\boldsymbol{\alpha}},\boldsymbol{Y},\boldsymbol{M},\boldsymbol{F})$$

根据剖面似然函数估计的性质有如下定理：$\boldsymbol{\alpha}$ 和 $\boldsymbol{\theta}$ 是对数似然函数 $l(\cdot)$ 的未知参数，记 $\boldsymbol{\theta}$ 真值为 $\boldsymbol{\theta}_0$, $\hat{\boldsymbol{\theta}}$ 是 $l(\cdot)$ 关于 $\boldsymbol{\alpha}$ 的剖面极大似然估计，在一定正则条件下，其渐近服从正态分布

$$\sqrt{T}(\hat{\boldsymbol{\theta}}-\boldsymbol{\theta}_0)\xrightarrow{d}N(0,\ \boldsymbol{I}(\theta_0)^{-1})$$

其中 Fisher 信息阵为 $\boldsymbol{I}(\theta_0)\triangleq E\left[\dfrac{\partial^2 l_{\mathrm{prof}}^{(t)}}{\partial\theta\partial\theta^{\mathrm{T}}}|\theta_0\right]$。

将 $\hat{\boldsymbol{\theta}}$ 代入上式，可以得到 $\boldsymbol{\alpha}$ 的两步估计

$$\hat{\boldsymbol{\alpha}}(\hat{\boldsymbol{\theta}})=(\boldsymbol{M}^{\mathrm{T}}\hat{\boldsymbol{\Sigma}}^{-1}\boldsymbol{M})^{-1}\boldsymbol{M}^{\mathrm{T}}\hat{\boldsymbol{\Sigma}}^{-1}\boldsymbol{Y}$$

关于两步估计 $\hat{\boldsymbol{\alpha}}(\hat{\boldsymbol{\theta}})$ 有如下定理：

假设上述模型中随机部分的分布关于原点对称，$\hat{\boldsymbol{\theta}}=\hat{\boldsymbol{\theta}}(\boldsymbol{Y})$ 是 $\boldsymbol{\theta}$ 的一个估计，它是 $\boldsymbol{Y}$ 的偶函数且具有变换不变性。若 $E(\hat{\boldsymbol{\alpha}}(\hat{\boldsymbol{\theta}}))$ 存在，则两步估计 $\hat{\boldsymbol{\alpha}}(\hat{\boldsymbol{\theta}})$ 是 $\boldsymbol{\alpha}$ 的无偏估计。

假设 $\hat{\boldsymbol{\alpha}}(\cdot)$ 为实值函数，且一阶导数存在时，结合此定理和 Delta-Method 可以得到 $\hat{\boldsymbol{\alpha}}(\hat{\boldsymbol{\theta}})$ 的渐近分布

$$\hat{\boldsymbol{\alpha}}(\hat{\boldsymbol{\theta}})\xrightarrow{d}N(\hat{\boldsymbol{\alpha}}(\boldsymbol{\theta}),\boldsymbol{T}^{-1})$$

上式渐近分布的方差也可以用简单插入的方法求得。由线性估计性质显然 $\hat{\boldsymbol{\theta}}$ 服从正态分布，当 $\hat{\boldsymbol{\alpha}}(\cdot)$ 为连续函数，由定理可知 $\hat{\boldsymbol{\theta}} \xrightarrow{P} \boldsymbol{\theta}$，依据连续性定理有

$$\hat{\boldsymbol{\alpha}}(\hat{\boldsymbol{\theta}}) \xrightarrow{P} \hat{\boldsymbol{\alpha}}(\boldsymbol{\theta})$$

$$\operatorname{cov}(\hat{\boldsymbol{\alpha}}(\hat{\boldsymbol{\theta}})) \xrightarrow{P} \operatorname{cov}(\hat{\boldsymbol{\alpha}}(\boldsymbol{\theta}))$$

据此可以简单构造其置信水平为 $(1-p)\%$ 置信区间为

$$[\hat{\boldsymbol{\alpha}}(\hat{\boldsymbol{\theta}}) \pm z_{p/2}\operatorname{diag}((\boldsymbol{M}^{\mathrm{T}}\hat{\boldsymbol{\Sigma}}^{-1}\boldsymbol{M})^{-1})]$$

在计算 $\log|\boldsymbol{\Sigma}|$ 时，由于矩阵维数取决于样本点的个数，计算复杂度为 $\mathcal{O}(N^3)$，计算时占用大量内存，计算效率低下。本文借鉴 Lindstrom 等 (2011，2013) 的办法，考虑 $\boldsymbol{\Sigma}$ 和 $\boldsymbol{\Sigma}_B$ 的块对角结构，借助矩阵等式

$$|\boldsymbol{\Sigma}| = |\boldsymbol{\Sigma}_\nu||\boldsymbol{\Sigma}_B||\boldsymbol{\Sigma}_{B|Y}^{-1}|$$

其中 $\boldsymbol{\Sigma}(\boldsymbol{B}|\boldsymbol{Y})^{-1} = \boldsymbol{\Sigma}_B + \boldsymbol{F}^{\mathrm{T}}\boldsymbol{\Sigma}_\nu^{-1}\boldsymbol{F}$，从而使得计算复杂度降到 $\max\left\{\mathcal{O}(n^3m^3), \mathcal{O}\left(\sum\limits_t n_t^3\right)\right\}$。同时利用 Woodbury 矩阵等式化简 $\boldsymbol{\Sigma}^{-1}$ 的计算

$$\boldsymbol{\Sigma}^{-1} = \boldsymbol{\Sigma}_\nu^{-1} - \boldsymbol{\Sigma}_\nu^{-1}\boldsymbol{F}\boldsymbol{\Sigma}_{B|Y}\boldsymbol{F}^{\mathrm{T}}\boldsymbol{\Sigma}_\nu^{-1}$$

最后，空间统计中变量的协方差函数的选择有很多种，如高斯协方差函数、球面协方差函数、Martern 协方差函数，以及一些非参数的协方差函数。但本书旨在探讨变量的影响是否带有空间效应，所以为计算方便，假设 $\boldsymbol{\Sigma}_V$ 和 $\boldsymbol{\Sigma}_B$ 均为常见的指数型的协方差函数，即 $C(h) = \sigma^2 \exp \dfrac{\| h \|}{\phi}$，其中 h 表示空间距离，σ^2 表示尺度参数，ϕ 为范围参数。因此，在本书中 $\boldsymbol{\beta}$ 域的参数为 $2m$ 个，加上回归系数和残差过程的参数，总共有 $2(m+1)+\sum p_i$ 个待估参数。

3. 时空模型的预测

在得到参数估计 $\{\hat{\boldsymbol{\alpha}}, \hat{\theta}_B, \hat{\theta}_\nu\}$ 后, 下面对 $\boldsymbol{\beta}$ 域和 $\boldsymbol{Y}$ 进行预测。首先记 $\boldsymbol{B}_u$ 为未观测到点的 $\boldsymbol{\beta}$ 域，$\boldsymbol{\Sigma}_{B.uo}$ 表示未观测到点与观测到点之间的交叉协方差矩阵。利用 $\boldsymbol{B}$ 和 $\boldsymbol{Y}$ 联合分布为多元正态分布，利用多元正态条件分布公式可以得到 $\boldsymbol{B}_u$ 的预测为

$$E(\boldsymbol{B}_u|\boldsymbol{Y},\boldsymbol{X},\boldsymbol{F}) = \boldsymbol{\Sigma}_{B,\mu o}\boldsymbol{F}^{\mathrm{T}}\hat{\boldsymbol{\Sigma}}^{-1}(\boldsymbol{Y}-\boldsymbol{M}\hat{\boldsymbol{\alpha}})$$

其方差为

$$\begin{aligned}\operatorname{cov}(\boldsymbol{B}_u|\boldsymbol{Y},\boldsymbol{X},\boldsymbol{F}) &= \boldsymbol{\Sigma}_{B,\mu\mu} - \boldsymbol{F}^{\mathrm{T}}\boldsymbol{\Sigma}^{-1}\boldsymbol{F}\boldsymbol{\Sigma}_{B,o\mu} \\ &= \boldsymbol{\Sigma}_{B,\mu\mu} - \boldsymbol{F}^{\mathrm{T}}\boldsymbol{\Sigma}^{-1}\boldsymbol{F}\boldsymbol{\Sigma}_v\boldsymbol{F}\boldsymbol{\Sigma}_{B|Y}\boldsymbol{\Sigma}_B^{-1}\boldsymbol{\Sigma}_{B,o\mu}\end{aligned}$$

若要得到观测点的 $\boldsymbol{\beta}$ 估计值，上式简化成

$$E(\boldsymbol{B}|\boldsymbol{Y},\boldsymbol{X},\boldsymbol{F}) = \boldsymbol{\Sigma}_{B|Y}\boldsymbol{F}^{\mathrm{T}}\boldsymbol{\Sigma}_v^{-1}(\boldsymbol{Y}-\boldsymbol{M}\hat{\boldsymbol{\alpha}})\operatorname{cov}(\boldsymbol{B}|\boldsymbol{Y},\boldsymbol{X},\boldsymbol{F}) = \boldsymbol{\Sigma}_{B|Y}$$

同理，可以得到未观测点 $\boldsymbol{Y}_u$ 的预测，只要已知未观测点的协变量的观测值 $\boldsymbol{M}_u$。记未观测点和观测点之间的交叉协方差矩阵为 $\boldsymbol{\Sigma}_{uo}$，可得未观测点的 $\boldsymbol{Y}_u$ 预测值为

$$E(\boldsymbol{Y}_u|\boldsymbol{Y},\boldsymbol{X},\boldsymbol{F},\boldsymbol{M}_u)=\boldsymbol{M}_u\hat{\boldsymbol{\alpha}}+\boldsymbol{\Sigma}_{uo}\boldsymbol{\Sigma}^{-1}(\boldsymbol{Y}-\boldsymbol{M}\hat{\boldsymbol{\alpha}})$$

$\boldsymbol{Y}_u$ 的预测方差为

$$\mathrm{cov}(\boldsymbol{Y}_u|\boldsymbol{Y},\boldsymbol{X},\boldsymbol{F},\boldsymbol{M}_u)=\boldsymbol{\Sigma}_{uu}-\boldsymbol{\Sigma}_{uo}\boldsymbol{\Sigma}^{-1}\boldsymbol{\Sigma}_{ou}$$

然而，有时需要获得目标参数样本以外的相关测度，可根据 $\boldsymbol{\beta}$ 域的空间预测，很容易得到观测点处 $\boldsymbol{Y}$ 的时间上的拟合值，计算公式如下：

$$E(\hat{\boldsymbol{Y}}|\boldsymbol{Y})=\boldsymbol{M}\hat{\boldsymbol{\alpha}}+\boldsymbol{F}\boldsymbol{E}(\boldsymbol{B}|\boldsymbol{Y})$$

其方差为

$$\begin{aligned}\mathrm{cov}(\hat{\boldsymbol{Y}}|\boldsymbol{Y})&=\boldsymbol{M}\mathrm{cov}(\hat{\boldsymbol{\alpha}})\boldsymbol{M}^{\mathrm{T}}+\boldsymbol{F}\mathrm{cov}(\boldsymbol{B}|\boldsymbol{Y})\boldsymbol{F}^{\mathrm{T}}\\&=\boldsymbol{M}\boldsymbol{\Sigma}_{\boldsymbol{\alpha}|\boldsymbol{Y}}\boldsymbol{M}^{\mathrm{T}}+\boldsymbol{F}\boldsymbol{\Sigma}_{\boldsymbol{B}|\boldsymbol{Y}}\boldsymbol{F}^{\mathrm{T}}\end{aligned}$$

其中 $\boldsymbol{\Sigma}_{\alpha|Y}=(\boldsymbol{M}^{\mathrm{T}}\boldsymbol{\Sigma}^{-1}\boldsymbol{M})^{-1}$。从而可以得到关于 $\boldsymbol{Y}$ 时间拟合的置信水平为 $(1-p)\%$ 置信区间

$$[E(\hat{\boldsymbol{Y}}|\boldsymbol{Y})\pm Z_{p/2}\mathrm{diag}(\boldsymbol{M}\hat{\boldsymbol{\Sigma}}_{\boldsymbol{\alpha}|\boldsymbol{Y}}\boldsymbol{M}^{\mathrm{T}}+\boldsymbol{F}\hat{\boldsymbol{\Sigma}}_{\boldsymbol{B}|\boldsymbol{Y}}\boldsymbol{F}^{\mathrm{T}})]$$

通过上述理论说明，我们已经系统地介绍了分析移动大数据的方法，并重点阐述了时空模型的建模理论及预测方法，接下来的章节中将展示在大数据视角下应用时空模型来监测社会经济形势的分析实例。

13.6 案例分析

13.6.1 利用大数据分析特殊事件对区域经济状况的影响

本案例通过对消费者手机支付行为的分析，比较说明无重大特殊事件时与城市举办欧洲杯决赛时二者之间的经济消费情况差异，并研究区域经济中对这种特定内容的数字消费热点分布。

样本数据是按用户记录的，涵盖了巴黎地区 Ilede-France 的 150 多万法国移动电话用户，每天提供的样本记录约 1 亿条。案例中的研究限制在巴黎内环 LaPetite Couronne 大都市区，该区域由法国首都城市部门与三个法兰西岛城区部门组成。

正如在介绍中已经提到的，我们分析两天内的这些数据，一个是正常的一天 2012 年 6 月 25 日，没有特别可预期的内容消费活动，另一个是特殊的一天，预计会产生与该重大事件相关的特定内容消费，即 2012 年 7 月 1 日，这一天是欧洲杯足球决赛，对阵双方为意大利-西班牙。在下面的分析中，用正常日期、特殊足球比赛期间和当天特定事件之后来进行日期区分。

首先应基于对数据所含内容的分析来推断城市的区域消费形势，以区域消费倾向为目标建立关于时间与空间的模型，所用样本来自巴黎地区内部，选择时间为无重大事件发生的普通一天和有重大体育赛事的一天，共两天。

第一个自然产生的研究问题就是寻找城市中心地区和城郊地区之间的差异。城市地区白天是否会吸引更多用户，特别是在特殊活动期间？城市基站产生的流量是否超过城郊基站？

通过对移动支付活动的分析可知：

（1）城郊地区的用户密度和移动支付行为密度量似乎高于城市地区。这在某种程度上违反了我们的直观感受，因为城市应该吸引更多的人口。实际上这可以解释为城市地区所覆盖基站数量远远大于城郊地区。也就是说，城市地区含有大量密集的覆盖区域相对较小的基站，而城郊地区基站数量少，且覆盖面积较大。

（2）有些小区显然比其他小区更加超载，呈现大量用户和大量流量；原因是它们涵盖了清晰可识别的商业经济消费热点。

（3）在足球比赛期间和之后，城市中心地区及其外部的一些区域中出现了高度拥挤和大量用户。这些拥挤的地方很可能是一些用来聚集赛事观众的公共场所。

为了进一步探索区域经济状况并更精确地研究移动支付行为的密度分布，图 13.5 绘制了在选取的这两天中关于用户发生移动支付活动的密度的实验累积分布函数（CDF）。

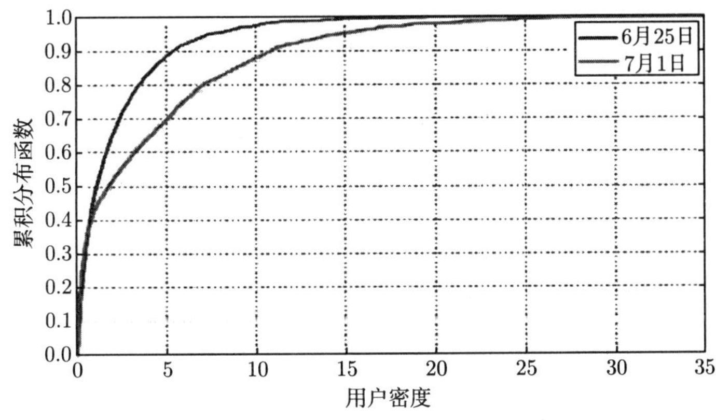

图 13.5　用户密度的累计分布函数图

从图 13.5 中可以很容易地注意到：在用户密度方面，在无重大活动的正常一天，密集区域显示用户密度是比赛日期间的 1/3（例如，密度高于 5 的单位在正常日期为 10%，在比赛日期间为 30%）。这也证实了之前获得的结果，并清楚地表明用户在特殊活动期间的移动支付行为更加集中和聚集。这一事实导致该地区创造了不同的空间经济热点。

从图 13.5 中还应发现，在事件持续过程中相反的行为数量是被提升的，即用户在事件发生时通常不会冲浪太多，甚至冲浪更少。这一方面通过差异密度分布（在图 13.5 中减去 6 月 25 日—7 月 1 日的密度）得到证实，可以观察到用户密度差异分布大致遵循正态分布。此外，特殊事件会影响蜂窝用户分布，并对该区域内基站造成负担，此时应在考虑到流量和用户分布的情况下，通过回传网络管理和流量工程程序来考虑适当地放置内容和云服务器代理，对用户信息流量进行分流，确定链接到区域经济消费热点上。

13.6.2　通过移动支付行为监测城市区域经济发展状况

随着城市化的进行，不同区域之间的功能及发展程度多有不同。如何通过城市人口的移动支付行为来确定不同区域内商业化的强度，是一个极具现实社会意义的问题。本案例通过研究每个区域中的目标点（points of interests，POIs），并用移动支付的分布作为特征，以此来对该区域的商业化强度进行分析，其中数据集包括北京的 2010 年和 2011 年的两个含移动支付数据的大规模 POIs 数据集以及北京 12 000 多辆出租车生成的两份时间长度为 3 个月的 GPS 轨迹数据集（代表人类流动性）。

在本例中，首先按照北京道路规划对北京市进行区域分块，其中红色代表主干路，蓝色为二级道路。

然后通过 POIs 数据集中的各项指标将分块后的北京市区域按照预设标准进行区域模式识别，即将各个区域识别成教育区域、商业区域、住宅区域与公众设施类区域等。

如图 13.6 所示，不同颜色的区域由下至上分别表示为：0 表示外交相关区域；1 表示发展中的商业经济区域；2 表示教育科研区域；3 表示自然景观园林区域；4 表示名胜古迹区域；5 表示已建成的商业经济区域；6 表示已建成的居住区域；7 表示正在建设中的区域；8 表示集中出现的在建居民居住区域；白色线条为北京市道路规划。

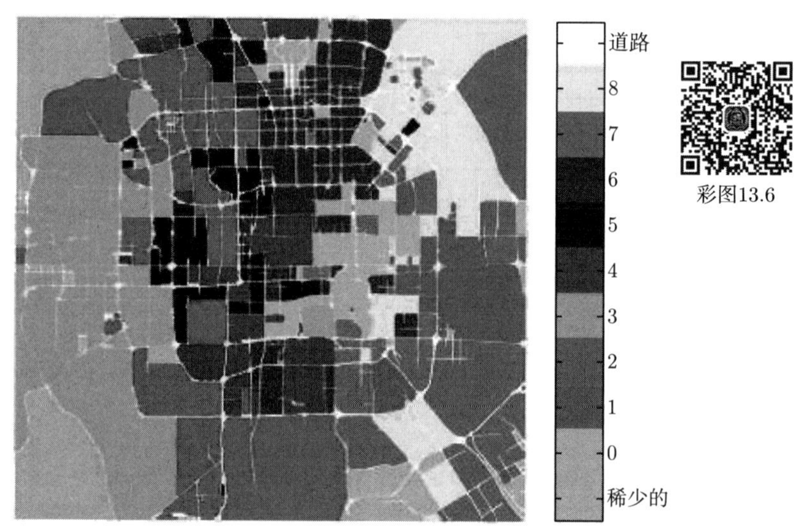

图 13.6　识别目标区域

应用 POIs 数据集中的移动支付大数据，通过建立移动支付行为关于时间与空间的函数关系模型，对识别出的核心商业区域的功能强度进行划分，图 13.7 显示了北京市发达的商业/娱乐（一种功能）区域的功能强度，其中颜色越深表示商业化强度越高。可见，北京市的核心经济区域主要位于三环以内的西北部区域。

本节通过两个实际案例分析说明了面对移动支付大数据时，如何应用时空模型对目标区域经济形势进行监测与分析。通常做法为，将研究目标作为解释变量，即区域经济形势统计指标，然后将其他有关反映区域经济状况的数据作为协变量，在研究移动支付行为时，一般为移动支付次数、相应金额等，然后结合时空模型进行建模研究。

彩图13.7

图 13.7　商业经济区域功能强度图

13.7　本章小结

本章首先介绍了国内外相关领域的发展动态和此领域的应用研究进展，然后从常规大数据的特点出发，介绍并总结了移动大数据的几个具体特性，进而展示了适用于分析此类数据的理论与方法，特别详细介绍了前沿时空统计模型方法的建模步骤以及模型求解过程，最后通过几个实例阐述研究这一主题的必要性与经济形势监测价值。

支付行为作为社会日常生活中商品经济最直观化的参与手段之一，其中蕴含着社会整体的经济消费风向。对我国经济形势进行监测研究，深入分析社会的移动支付行为是一个非常适合的切入点，不仅可以在理论领域分析我国的社会经济发展动态，研究消费热点构成因素，还可以在实际工作中对可能出现的经济形势问题进行预测，结合数据的时空属性进一步研究分析，对区域经济的合理规划提供强有力的支撑，相信未来会有更多从业者投入到这一领域的研究工作中来。

第 14 章　函数型大数据统计建模理论方法及其应用研究

14.1　引言

14.1.1　挑战性前沿问题

随着当代科学技术的迅猛发展，高维多元函数型乃至张量型大规模复杂数据普遍产生于自然科学、社会科学及交叉领域，这给统计学及相关科学领域带来了前所未有的机遇和挑战，对未来的科技与社会经济的发展产生了深远影响。然而，现有文献中有关这类数据统计建模的系统研究严重缺乏。本章针对高维多元函数型数据以及张量数据等大规模复杂数据类型创建了基础性统计建模理论和方法。有关这一前沿领域的研究内容包括：①多元函数型删失分层分位回归；②张量函数型分层分位数回归；③多元函数型部分函数型卷积光滑分层分位回归；④异域（不同维度空间）函数型分层分位回归；⑤时间-事件函数型动态分层分位回归；⑥研究非平稳函数型时间序列的均值与尺度函数，函数型自协方差函数的默示有效估计和同时置信区域；⑦对时空数据构建参数、非参数、半参数以及广义张量分位回归模型，揭示张量协变量和响应变量之间的线性或非线性关系，证明算法收敛性和估计量大样本性质；⑧研究多元分布函数时变特征的非参数检验，半参数部分线性模型趋势项的估计和模型检验，以及 ARCH/GARCH 模型参数时变特征的非参数检验；⑨建立高维非平稳序列跳点检测以及降维的理论框架，把非平稳序列的分析领域从低维拓展到高维。提出新算法，以及开展大数据的实际数据分析。本章的内容极大地丰富了复杂大数据的统计理论，同时使统计学在经济、环境、金融和神经科学中的应用更加有效。这些富有高技术色彩和创新性，其科学问题源于世界科技前沿的热点、难点和新兴交叉科学领域，其成果有望引领并拓展统计科学前沿，因此有重要的理论价值和实际意义。

14.1.2　几类金融时间序列

本节我们将使用一元时间序列模型来探究真实收益率的数据特征。14.3节将回顾分析时间序列的重要基本概念，如平稳性、自相关性、白噪声序列和自回归移动平均（autoregressive moving average model，ARMA）模型。14.4节将介绍用来描述波动率特征的一元自回归条件异方差（autoregressive conditional heteroskedasticity，ARCH）模型和广义自回归条件异方差（generalized autoregressive conditional heteroskedasticity model，GARCH）模型。

除 GARCH 模型外，还有很多模型可以用于对金融收益波动率的分析，比如离散时间随机波动率模型、长记忆 GARCH 模型、用于拟合离散数据的连续时间模型，以及用于分析由高频数据计算得到的实际波动率的模型。

本节将主要讨论 GARCH 模型。这出于以下两个原因。

第一，从实证角度考虑，在风险管理中，我们通常需要处理大量的风险因子。我们希望找到分析时间序列主要风险特征的一个较为粗糙但能普遍适用的方法，这比找到能精准地对某一个序列进行分析的方法更为重要。GARCH 就是这样一种较为普适的工具，并且拟合起来相对简单。同时，我们也可以通过一种简单的方式将该方法拓展至多元情况，并分阶段对模型进行校准。GARCH 拟合的便捷性与其他需要较多复杂计算的模型形成了鲜明的对比（如通过滤波或 Gibbs 抽样来估计随机波动率的模型），并且目前很少有研究能将这些复杂模型拓展到多元情况。此外，金融机构通常会每日收集一整套风险因子数据以实现有效的风险管理。由于一些复杂模型需要更高频的数据才能进行分析，不适用于这种实际数据收集情况，因此本节不讨论这些模型。

第二，从理论研究的角度上来讲，本节讨论的收益率序列分析工具——ARCH 模型和 GARCH 模型与经典时间序列模型 ARMA 模型体系相近，属于标准的方法论体系。如果一个定量风险管理人员能够理解 GARCH 模型方法，那么他就具备理解更复杂模型的理论基础和解释历史波动率的统计框架。同时，掌握 GARCH 模型方法也有助于更清晰地理解其他分析波动率的模型方法，如指数加权移动平均方法。

14.1.3　条件自回归风险值（CAViaR）模型

风险价值（VaR）是金融机构用来衡量市场风险的标准指标。将 VaR 解释为以当前信息为条件的未来投资组合价值的分位数，条件自回归风险值（conditional autoregressive value at risk by regression，CAViaR）模型使用自回归过程指定分位数随时间的演变，并使用分位数回归估计参数。利用每个时期超过 VaR 的概率必须独立于所有过去的信息这一准则，引入了一种新的模型进行充分性检验，即动态分位数检验。实际数据的应用为这一方法提供了实证支撑。

有效的风险管理非常重要。最近的金融灾难强调了对金融机构进行准确的风险衡量的必要性。随着时间的推移，风险的性质发生了变化，衡量这些风险的方法必须适应近期的经验。量化风险度量的使用已经成为与收益模型并行的重要管理工具。这些措施被用于投资决策、监管决策、风险资本配置和外部监管。在快节奏的金融世界，有效的风险措施必须像其他预测一样对新闻做出反应，即使在复杂的情况下也必须容易掌握。

VaR 已经成为金融机构及其监管机构用来衡量市场风险的标准指标。VaR 是衡量某一投资组合在给定的时间内、给定的置信水平下可能损失多少的指标。这一工具在金融行业中非常普及，主要是因为它的概念简单；VaR 将与任何投资组合相关的（市场）风险降低到只有一个货币数量。将许多复杂的坏结果总结成一个数字，自然代表了不同用户需求之间的妥协。这种妥协得到了广大用户和监管机构的认可。

尽管 VaR 在概念上很简单，但它的衡量是一个非常具有挑战性的统计问题，目前所研究的方法论中，没有一种能给出令人满意的解决方案。因为 VaR 只是未来投资组合价值的一个特定分位数，以当前信息为条件，投资组合收益的分布通常会随着时间的推移而变化，所以挑战在于为时变的条件分位数找到一个合适的模型。问题是要在每个时期预测一个当前投资组合将以概率 $1-\theta$ 超过的值，其中 $\theta \in (0,1)$ 表示与 VaR 相关的置信水平。设 $\{y_t\}_{t=1}^{T}$ 表示投资组合收益的时间序列，T 表示样本量。我们想要找到 VaR_t 这样的公

式 $\Pr[y_t < -\text{VaR}_t|\Omega_t] = \theta$，其中 Ω_t 表示 t 时刻可用的信息集。任何合理的方法都应该解决以下三个问题：① 提供 VaR_t 的计算公式，作为 $t-1$ 时刻已知变量的函数和集合需要估计的参数；②提供一个程序（即一个损失函数和合适的优化算法）来估计一组未知参数；③提供一个检验来检验估计的优度。

在本节中，将逐一讨论这些问题。我们为 VaR_t 提出了一个条件自回归规范，称为 CAViaR。未知参数的估计使用 Koenker 和 Bassett（1978）的回归分位数框架。（关于线性回归分位数在 VaR 估计中的应用，请参见 Chernozhukov and Umantsev，2001。）一致性和渐近结果建立在回归分位数文献的现有贡献之上。我们提出了一种新的检验，动态分位数（DQ）检验，它可以解释为估计的 CAViaR 过程的整体拟合优度检验。该检验由 Chernozhukov（1999）独立推导，在有关回归分位数的文献中是新的。

14.1.4 ARFIMA 过程

自回归部分积分移动平均（ARFIMA）模型的阶数估计是时间序列分析中长期存在的问题。本节通过建立具有独立误差的 ARIMA 模型的贝叶斯信息准则（BIC）的一致性来解决这一挑战。由于模型的记忆参数可以是任意实数，因此该一致性结果对短记忆、长记忆和非平稳时间序列都是有效的。本节进一步将 BIC 的一致性扩展到具有条件异方差误差的 ARFIMA 模型，从而将其应用扩展到包括许多现实情况，通过数值算例说明了理论结果的有限样本含义。

14.2 几类函数型大数据建模

14.2.1 复杂多元函数型大数据分层分位回归建模

1. 理论意义和实际价值

具有分层结构的复杂大数据是一种普遍现象。有关这类型数据的有效分析，无论是在理论研究方面还是在经验研究方面都引起了广泛的关注。忽略数据的这种嵌套结构会冒很大的风险，甚至让传统意义下的统计分析方法失效。为了克服这些缺陷，提出了分层建模模型方法。然而，现有的分层模型理论主要关注的是在给定预测变量的条件下，拟合响应变量的条件期望，采用的是均值回归方法。尽管在很多应用中，这些理论能够应付，但是它们不稳健，而且不能完全刻画响应变量在各分位点上的情况。幸运的是当代分位回归方法具有“谱视”(spectral view)，它能做到完全刻画一个随机变量的各分位点的变化情况。参见田茂再和陈歌迈（2006），其中提出了重要的分层分位回归方法（hierarchical-quantile modelling）和 E-Q 算法。最近田茂再所著的英文著作 *Hierarchical Quantile Modelling-Theory, Methodology and Applications*（田茂再，Science Press，2022）对分层结构数据的分层-分位回归模拟方法有所论述。分层结构数据范围很广，包括函数型数据等。本小节只介绍几类紧密相关的多元函数型数据的稳健统计建模问题，包括删失多元函数型大数据、异域（不同维度空间）多元函数型大数据、张量函数型数据、时间- 事件函数型等。这些多元函数型大数据下产生的问题是当今的科研前沿问题之一，其研究意义主要体现在以下方面：致力于复杂多元函数型数据的稳健动态建模的基础理论研究，提出新算法，解决重大的现实问题，富有高技术色彩和创新性，其科学问题源于世界科技前沿的热点、难点和新兴交叉科学领域，预期成果引领并拓展统计科学前沿，因此有重要理论价值和实际意义。

2. 国内外研究现状及发展动态分析

抽象意义下的函数型数据（functional data），是指 n 平方可积随机过程。这里研究的是多元函数数据，其数据结构如下：每个观测点由 $p \geqslant 2$ 个函数 $X^{(1)}, \cdots, X^{(p)}$ 组成。它们可以定义在不同的域 $\mathcal{T}_1, \cdots, \mathcal{T}_p$ 上，这些定义域可能具有不同的维度。从技术上讲，$\mathcal{T}_j$ 必须是 $\mathbb{R}^{d_j}, d_j \in \mathbb{N}$ 中具有有限勒贝格（Lebegue）测度的紧集，并且假设每个元素 $X^{(j)}: \mathcal{T}_j \to \mathbb{R}$ 在 $L^2(\tau_j)$ 中。与处理多元函数数据的其他方法类似，这些不同的函数被组合在一个向量 $\boldsymbol{X}$ 中，即 $\boldsymbol{X}(\boldsymbol{t}) = (X^{(1)}(t_1), \cdots, X^{(p)}(t_p)) \in \mathbb{R}^p$。注意 $\boldsymbol{t} := (t_1, \cdots, t_p) \in \mathcal{T} := \mathcal{T}_1 \times \cdots \times \mathcal{T}_p$ 是 $d_1, \cdots, d_p$ 的 p 维向量而不是标量。这是与之前方法的主要区别，因为它允许每个元素 $X^{(j)}$ 有不同的自变量 t_j，即使是在一个共同的一维定义域中也是如此。

函数型数据顾名思义就是观测值为利用曲线或者函数表示的数据。近年来，关于函数型数据的统计方法变得越来越重要。随着新技术越来越多地用于数据收集和存储，随着时间的推移，许多变量可被连续地观测，并成为多元函数数据。从这些数据中提取有用的信息进行进一步的回归分析已经成为一个具有挑战性的统计问题。最近有大量工作致力于具有函数预测因子的回归模型，最流行的模型是函数线性模型，在此基础上已衍生出众多的回归模型，如部分函数型线性模型、非线性函数型回归模型等。对于目前在统计学领域研究成熟的针对传统标量数据的理论方法而言，其在函数型数据情形下不再适用，因此，不论是在理论还是在实际应用方面对其进行针对性推广就显得十分必要。

分位回归由 Koenker 和 Bassett（1978）提出，旨在建立条件分位数的回归模型。作为一种对条件均值函数建模的替代方法，近年来，分位回归理论和应用研究受到了极大的关注。使用条件分位数代替条件均值建模有如下优点：首先，与条件均值最小二乘估计所需的平方损失函数相比，分位回归模型特有的损失函数—检验函数与被估计模型的 $\boldsymbol{\tau}$ 分位相关，从而在函数中增加了分位数这一变元。其次，相较于平方损失函数，检验函数的波动程度更小，对离群点和位于条件响应分布尾部的数据更加稳健。因此，分位回归不仅能从整体上刻画条件分布，还是一种稳健的回归方法，当误差项遵循非正态重尾分布时，分位回归方法比均值回归更有效。

3. 多元函数型删失分层分位回归

第一类问题是针对删失分位回归在多元函数型数据上的推广。删失分位数回归的研究可以区分协变量在生存时间不同分位数下的效应，在生存分析中具有重要的地位。近年来，随着大数据技术的流行和发展，获取数据的方式和技术日新月异，研究者可以通过数据自动收集系统获得大量的数据信息。在医药学、计量经济学、生物统计学、地球物理学等研究领域，具有连续特性的函数型数据开始发挥越来越重要的作用。因此，从函数的视角，对具有函数特征的数据进行研究，并将其纳入回归分析的影响因素中，可以挖掘出更多关于个体差异和动态变化规律的信息。

在删失分位回归的研究框架下，当协变量中涉及函数型数据，且相应的时变效应是关心的主要问题时，现有的大多数研究方法不再适用。目前已有的成果仅限于 Jiang 等（2020）基于 B-样条函数逼近的思想对带有单变量函数型协变量的删失分位回归模型的研究。然而，在实际应用中，通常会有不同来源的函数型变量均对响应变量产生重要影响，且不同的函数型协变量之间可能具有一定的相关性。此时，若直接将多元函数型数据引入回归模型，并利用经典的样条基（傅里叶基等已知基）展开方法，极易出现模型共线性问题，从而使得估计和推断出现偏差。因此第一类问题主要研究带有多元函数型协变量的删失分位回归模型，并且允许不同的函数变量具有不同（维度）的定义域，例如曲线数据和图像数据可以同时作为协变量纳入回归模型。首先利用多元函数主成分分析方法对所有的函数变量进行联合分析，提取出具有相关性的主成分基函数，然后将互相独立的主成分得分作为新的自变量，有效避免了共线性问题。为了拓宽文献中常用的函数型线性删失分位回归模型，将进一步引入针对响应变量的动态 Box-Cox 变换，其中变换形式中的未知参数随着分位水平 τ 动态变化，需要进行自适应估计。根据参数的估计结果，还可以建立统计量来检验响应变量变换的必要性。在退化的情形下，经典的线性删失分位回归模型是所建立的动态 Box-Cox 变换模型的特例。删失分位回归：Portnoy（2003）针对 Kaplan-Meier 估计器开发了一种基于自洽性原理的递归重加权估计过程；Wang 和 Wang（2009）开发了一种基于重分布思想的估计算法；Peng 和 Huang（2008）提出了一种基于鞅的估计过程，它自动适应感兴趣参数的单调结构，进而自然适应分位数函数估计。函数型删失均值回归：Qu、Wang 和 Wang （2016）提出函数型比例风险模型，但是比例模型的假设在一些情况下可能不成立；而加速失效时间模型不能刻画生存分位数的信息。函数型删失分位回归：Jiang 等（2020）基于 B-样条函数逼近的思想对带有单变量函数型协变量的删失分位回归模型进行研究。多元函数主成分删失分位回归：Tang 和 Cheng（2014）利用函数主成分分析方法研究了部分函数线性分位回归模型（涉及删失问题）；Kong 等（2018）基于函数主成分研究了函数型线性 Cox 回归模型（基于 Cox 比例风险假设的右删失问题）。Happ 和 Greven（2018）研究了多元函数数据在不同维度的定义域中的主成分分析方法，能够对不同类型的函数数据进行联合分析，可以进一步应用于回归问题。

4. 张量函数型删失分层分位回归

第二类问题是针对张量函数型数据的分析方法研究。在图像、视频分析和推荐系统等领域，数据通常为多维数组的形式，也称为张量。例如 PETS 2009 数据集，该数据集记录不同时刻英国某大学人群的图片。根据该图像信息，可以估计人数。图片数据为张量型的，而人数是标量型的，目标之一则是拟合一个以动态彩色图像为协变量的模型来估计人数。

一些情况下协变量 $\boldsymbol{X}$ 可能是张量的，即张量函数型数据分析，令 Y 为标量型观测数据，$\boldsymbol{X}$ 为张量型函数数据。Y 对 $\boldsymbol{X}$ 进行回归时，对应的系数维数较高，常对系数做惩罚进而得到稀疏估计。稀疏线性回归可以通过稀疏回归技术来解决，如 LASSO （1996）或序列最小二乘法。l_0 惩罚最小二乘回归直接惩罚回归模型中变量的数量，在变量选择问题中很有吸引力。但一个主要挑战是 l_0 惩罚不连续，计算是困难的。因此，l_1 惩罚近似代替了 l_0 惩罚，Tibshirani （1996）提出了最小绝对收缩和选择算子（LASSO）同时进行变量选择和系数估计。随后，提出了许多其他惩罚，这些惩罚有凸的、非凸的，包括自适应 LASSO （Hui，2006）、光滑剪切绝对偏差（SCAD；nFan and Li，2001）、弹性网（Enet；Hui and Hastie，2005），l_0 和 l_1 惩罚的组合（Liu and Wu，2008），近似 l_0 （SELO）惩罚（Dicker et al.，2013）和极大极小凹面惩罚（MCP；Zhang，2010）等。由于分位数回归（QR；Koenker and Bassett，1978）对噪声和异常值具有鲁棒性等优点，惩罚稀疏回归已经推广到分位数回归。Li 和 Zhu （2008）提出了 l_1 范数分位数回归，后来 Belloni 和 Chernozhukov

(2011) 也研究 l_1 惩罚分位数回归。Wu 和 Liu (2009) 研究了平滑裁剪绝对偏差 (SCAD) 和自适应 LASSO 惩罚分位数回归的神谕性质。Zheng 等 (2013) 提出了一种新的自适应 L_1 惩罚分位数回归估计量。Lee 等 (2014) 研究了 BIC 准则如何应用于高维线性分位数回归。Ciuperca (2015) 引入并研究了线性模型中的近似 l_0 分位数估计量，但没有给出算法和相关的数值模拟。Tian 和 Song (2020) 通过将不确定性惩罚纳入贝叶斯桥 QR 来考虑回归系数的桥随机惩罚。具有完整数据的张量回归问题通常使用张量分解技术来重构张量，重构张量在每个维度上只保留少量的潜在模式。PARAFAC/CANDECOMP (CP) 分解和 Tucker 分解 (Turk，1991) 是两种常用的分解方法。Lock (2018) 使用收缩张量积对一个多元数组和另一个任意维数的多元数组进行线性预测。Li 和 Zhang (2017) 研究了具有多维数组 (张量) 响应变量和向量型预测变量的回归问题，并通过一种称为包络法的新方法实现了模型估计。在优化问题中，用核范数代替矩阵秩是很普遍的。当估计矩阵为低秩或接近低秩时，Negahban 和 Wainwright (2009) 利用限制性强凸性 (RSC) 推导了 Frobenius 范数误差的非渐近界。Fan 等 (2019) 研究了广义迹回归，对优化函数进行核范数正则化。Moon 和 Weidner (2018) 研究了具有交互式固定效应的面板回归模型。Kun 等 (2013) 提出了用于高维多元回归的自适应核范数惩罚方法。

5. 多元部分函数型卷积光滑分层分位回归

第三类问题，是对偏态后尾标量响应变量及包含高维协变量与多元函数型数据之间建立分位回归模型，其中预测元中包含多元函数型数据。如具体问题中研究，在早期阿尔兹海默症中，影响轻度认知障碍得分 (MMES) 的主要相关因素，其中影响因素中包含 MRI 与 PET 图像数据、临床信息以及与基因相关的高位协变量 (单核苷酸多态性，SNP)。在本问题中图像数据视为或转化为多元函数型数据考虑多元函数型数据，具体的 $\boldsymbol{X}(\boldsymbol{t}) = \{X_1(t_1), X_2(t_2)\} \in \mathbb{R}^2, X_1(t_1), t_1 \in \mathbb{R}^1$ 表示所关心 ROI 中的脑容积密度函数值，$X_2(t_2), t_2 \in \mathbb{R}^2$ 表示 PET 基线图像。对于函数型数据，Happ 和 Greven (2018) 提出的多元函数型主成分分析可综合处理这两类函数型数据，不仅考虑多个函数型数据之间的相关性，而且多个函数型数据可以是不同类型 (维度) 的。进一步，模型中的分位回归模型采用 Fernandes (2021) 提出的卷积光滑分位回归，该方法可提供更快的算法以及得到更为稳健的估计结果；采用 Tan 等 (2022) 或 Battey 等 (2021) 的正则化方法对光滑分位回归中的 (超) 高维协变量进行变量选择。

6. 多元函数型部分变系数混合模型的分层分位回归

第四类问题针对变系数模型在函数型数据上的扩展。现有的响应变量为标量的多元函数型回归模型大多是假定协变量 $\boldsymbol{X}$ 和响应变量 Y 之间为明确的线性关系而建立的，当模型假定成立时，其推断有较高的精度。然而，在许多实际应用中，$\boldsymbol{X}$ 和 Y 之间不一定具有线性关系，即这样的参数模型不够灵活，不能有效地捕捉协变量与响应变量之间真正的潜在关系。因此，如果假定的多元函数型回归模型中的标量是参数模型而与实际相背离时，那么基于假定模型对数据生成机制的错误描述可能会导致较大的偏差，所以，在实际应用中，常常使用非参数回归模型来替代参数模型，从而减少模型指定错误所带来的偏差。但是非参数回归模型往往需要有大量的数据才能得到较好的估计，且所得估计结果不稳定，即所谓的“维数祸根”现象，为了既能保留非参数回归适用性强等优点，又能避免“维数祸根”

现象，Hastie 和 Tibshirani （1993）提出一种新模型——变系数模型（varying coefficient model，VCM），其允许模型中的回归系数为非参数函数，同时，变系数模型在形式上仍具有线性结构，因此，与通常的线性模型相比具有更好的灵活性和较强的可解释性，同时可以有效地避免“维数灾难”的影响，并已成功地应用于多维非参数回归、广义线性模型、非线性时间序列模型、金融中的时变模型以及各种数据的分析，包括纵向数据、函数型数据、生存数据、金融和经济数据分析等。因此，为了能够更好地拟合实际数据并降低模型指定错误所带来的风险，将多元函数型线性模型与变系数模型相结合，考虑多元函数型部分变系数混合模型的分位回归是一项极富挑战性且理论和现实意义重大的工作。

7. 主要相关的研究工作

文献中部分解决了多元函数型数据建模的一系列具有根本重要性的理论难题，在实际应用方面也取得了重要成果，其中与本节相关的部分成果有：田茂再和陈歌迈（2006），其中提出了重要的分层分位回归方法和 E-Q 算法。最近出版的 *Hierarchical Quantile Modelling-Theory, Methodology and Applications* （田茂再，*SCIENCE PRESS*，2022）对分层结构数据的分层-分位回归模拟方法有所论述。田茂再与合作者解决了分位回归领域的一系列重要问题，在实际应用方面也做出了重要贡献。在分位回归方法的理论与应用方面，田茂再的专著成果有：《分位回归与复杂分层结构数据分析》（田茂再，2015）、《高等分层分位回归建模理论》（田茂再，2015）和《现代分层分位回归：理论、方法与应用》（田茂再，2015）。在论文方面的成果颇多：Bai 和 Tian 等（2021）关于超高维分位回归的变量选择；Li 和 Tian 等（2020）针对竞争风险分位数回归提出基于惩罚估计方程的变量选择方法，并应用于骨髓移植数据集；Tian 和 Chan （2017）针对非参数条件分位数回归，建立了潜在分位数曲线的精确风险界；Guo 和 Tian 等（2013）提出了基于可加部分线性模型的复合分位数回归估计方法；Guo 和 Tian 等（2012）提出异质性数据变系数模型的复合分位数回归估计方法；Luo 和 Tian 等（2012）关于纵向数据的贝叶斯分位回归研究；田玉柱、田茂再等（2017）考虑了右删失响应下纵向混合效应模型的分位回归估计和变量选择问题；张圆圆、田茂再等（2012）基于条件分位数对变系数模型提出了一种新的估计方法，采用一种有效的适应性分位回归方法来诊断出齐性邻域，进行局部自适应窗宽选择和局部线性逼近。此外，田茂再和合作者多年来在函数型数据建模与理论研究领域内解决了一系列重要问题，所提出的方法在实际应用方面也取得了重要成果。例如，基于函数型距离相关系数，实现响应变量和协变量均为函数型数据的非线性可加模型的变量选择（白永昕、田茂再，2021）；将广义变系数回归模型与广义函数型线性回归模型相结合，提出了一种新的广义函数型部分变系数混合模型（刘艳霞、田茂再等，2021）；在广义函数型部分变系数混合模型基础上，提出了函数型部分变系数零膨胀模型（王芝皓、田茂再等，2021）；基于函数型倾斜分位曲线的定义构建新型函数型倾斜分位回归模型（田茂再、梅波，2019）。

14.2.2 非平稳函数型时间序列分析

1. 理论意义和实际价值

抽象意义下的函数型数据（functional data），是 n 个随机过程

$$\xi_i = \xi_i(x, \omega) \in L^2[0,1], \quad 1 \leqslant i \leqslant n$$

其中实变量 $x \in [0,1]$ 代表计量单位如时间，ω 代表概率空间 Ω 中的试验结果，$i = 1, \cdots, n$ 对应被观测的个体。对每个个体 i，在试验结果 ω 下记录的实函数 $x \to \xi_i(x,\omega)$，组成了取值为"函数"的 n 个数据。近年来，由于发现用电量等函数型数据中存在时间上的相依性，函数型时间序列（functional time series）受到统计学家的关注，见 Horváth 等（2013）。抽象的函数型时间序列为 $\xi_t \in L^2[0,1]$，$1 \leqslant t \leqslant T$，即随机过程 $\{\xi_t\}_{t=1}^T$ 构成的取值于函数空间 $L^2[0,1]$ 的时间序列。统计学意义下的函数型时间序列为

$$Y_{tj} = \xi_t(j/N) + \varepsilon_{tj}, \quad t = 1, \cdots, T;\ j = 1, \cdots, N$$

如 40 年的每日用电量，第 t 年第 j 日的用电量表示为 $Y_{tj}, t = 1, \cdots, 40; j = 1, \cdots, 365$。误差为 $\varepsilon_{tj} = \sigma(j/N)Z_{tj}$，其中 $\sigma^2(x)$, $x \in [0,1]$ 为误差方差函数，而 Z_{tj} 是期望为 0，方差为 1 的独立同分布的标准化误差。如上述函数型时间序列为严平稳的，其基本未知量为均值和自协方差函数

$$m(x) = E\xi_t(x), G_h(x,x') = \text{cov}\{\xi_t(x), \xi_{t+h}(x')\}, \quad h = 0, 1, 2, \cdots$$

这样，严平稳函数型时间序列数据可分解为

$$Y_{tj} = m(j/N) + \eta_t(j/N) + \varepsilon_{tj}, \quad t = 1, \cdots, T;\ j = 1, \cdots, N$$

其中，中心化的随机过程 $\{\eta_t\}_{t=1}^T$ 为严平稳的且 $E\eta_t(x) = 0$, $\text{cov}\{\eta_t(x), \eta_{t+h}(x')\} = G_h(x, x')$, $h = 0, 1, 2, \cdots$。如果观测时间足够长，则如同一般时间序列，函数型时间序列也会显现出随时间缓变的趋势（slowly varying trend）。对此现象，可建立有时变趋势项的函数型时间序列模型

$$Y_{tj} = m(t/T, j/N) + r(t/T)\eta_t(j/N) + \varepsilon_{tj}, \quad t = 1, \cdots, T;\ j = 1, \cdots, N$$

其中二元均值函数 $m(\tau, x)$ 与一元尺度函数都是定义于和上的连续函数，$r(\tau) \geqslant 0$, $\int_0^1 r(\tau)d\tau = 1$ 而 $\{\eta_t\}_{t=1}^T$ 为中心化的严平稳随机过程。

近年来，解决了时间序列和函数型数据一系列有根本重要性的理论难题，特别是有时变趋势的时间序列统计推断，以及函数型数据的同时置信区域，在应用方面也取得了重要成果：有时变趋势的移动平均自回归时间序列的默示有效统计推断（Shao et al.，2017）；有时变趋势尺度的 ARCH 时间序列模型参数的两步最小二乘和极大似然估计（Zhang et al.，2020）。函数型数据均值函数的同时置信带：稀疏型（Ma，Yang and Carroll，2012；Zheng，Yang and Haerdle，2014）；稠密型（Cao，Yang and Todem，2012；Cai et al.，2020）；稠密函数型数据的协方差函数的默示有效估计及渐近同时置信区域（Cao et al.，2016；Wang et al.，2020）；函数型时间序列均值函数与自协方差函数的默示有效估计及渐近同时置信区域（Li and Yang，2022；Zhong and Yang，2022）；函数型数据误差分布函数基于残差的核样条两步估计，论证其默示有效估计，构造了 Kolmogorov-Smirnov 渐近同时置信带并证明了其默示有效性；该同时置信带在模拟计算中表现优异，用于脑电信号和股票数据也获得了有意义的结果（Wang et al.，2022）；稀疏函数型数据变系数模型的系数函数的估计以及渐近同时置信带（Gu et al.，2014）；多元样条方法分析图像的函数型模型相关理

论（Yu et al.，2021）；以脑电信号（EEG）预测工作记忆能力的多重函数型线性回归模型（Zhang et al.，2020）。对随机抽取的样本量的训练集，在样本量为 20 的测试集上，该预测模型的确定系数最高可达 0.72。与之对照，神经科学研究中模型确定系数通常低于 0.3。

2. 富有挑战性的问题

有时变趋势的函数型时间序列模型：①提出二元均值函数 $m(\tau, x)$ 与一元尺度函数的非参数估计，研究其局部、均方和一致收敛性质，以及同时置信区域；②以去除趋势后的函数型残差序列，构造函数型自协方差函数的默示有效估计和渐近同时置信区域；③在均值函数 $m(\tau, x)$ 满足可加条件的假设下，构造其一元可加分量函数的默示有效估计和渐近同时置信带。

14.2.3 时变特征的非参数检验

1. 理论意义和实际价值

在传统的统计学和计量经济学模型中，研究者总是通过在样本上设定一些总体矩条件（population moment conditions）来估计模型中的参数。这些模型中一个重要的假设就是矩条件在整个样本内都是成立的。由于该假设对于模型的进一步分析至关重要，如何检验矩条件稳定性（moment condition stability）就是一个必不可少的步骤。矩条件稳定性在不同模型中的具体体现不同，很多关于时变特征（time-varying features）的问题都可以理解为矩条件是否稳定的问题。另一个紧密相连的问题是对具有时变特征的数据建模和检验。时变特征是复杂数据的常见特征，因此时变行为能够刻画复杂数据潜在的动态特征。在标准的统计学和计量经济学模型中，解释变量的系数往往被假设为不变的常数。然而，当数据时间足够长的时候，协变量作用很可能会随着时间变化而变化。背后的原因有可能是经济结构变化、政策改革、环境进化或者技术发展。那么假设回归系数是常数显然是不合理的，因为这种假设不仅会导致估计不相合而且也会导致错误的解释和结论。因此，如何在各种复杂数据环境下有效建模和检验时变特征是当前统计学和计量经济学的发展方向之一。

关于下述几个代表性问题的研究有待进行：①多元分布函数时变特征的非参数检验；②半参数部分线性模型中趋势项（trend）的估计和模型设定检验；③ARCH / GARCH 模型的参数是否具有时变特征的非参数检验。这三个问题研究了不同模型下的矩条件和时变特征检验，极大地丰富了当前关于这两类重要假设的研究。同时，所提出的检验都是基于非参数（nonparametric）性质的备则假设以及非参数回归（如非参数核估计）方法。因此，检验统计量不需要假设特定参数模型，这样就可以尽量避免模型错误设定（model misspecification）而引起的检验结果不可信的问题。

2. 国内外研究现状及分析

首先，研究多元分布函数稳定性（即是否存在时变特征）的非参数检验。该类检验可以用来侦测均值和方差以及偏度和峰度等高阶矩是否存在随时间变化的特征，对于研究多维时间序列的建模极其重要。从时变的非参数备则假设来看，该类检验也等同于多维时间序列的严平稳性检验。大数据和复杂数据环境下，时间序列维度通常是多维的甚至是高维的。为了更好地对多维时间序列同时建模，一个首要问题即所研究多维时间序列是否具有严平稳特征。时间序列分析中严平稳性（strict stationarity）是一个基本假设，但是文献中关于严平稳性性质的检验却非常少（Hong et al.，2017）。具体而言，严平稳性在诸如宏观经济和金融时间序列建模中是常用的一个假设，如果严平稳性不成立，建模策略有可能需要考虑时变特征。研究者需要考虑新的时间序列模型，例如局部平稳（local stationary）时间序列等。可以把检验严平稳问题看作检验矩条件是否稳定的一个问题。文献中，Juhl 和 Xiao （2013）利用 U-统计量研究了一类参数计量模型的矩条件稳定性检验问题。虽然可以利用 Juhl 和 Xiao （2013）的思想来构建一个 U-统计量，但矩条件是非参数性质的。此外，由于希望可以考虑多个时间序列的联合严平稳检验问题，所以检验必须能够较好地避免“维度诅咒”（curse of dimensionality）问题。目前文献仅存的几个检验（例如，Hong et al.，2017）对于维度的稳健性都较差。具体而言，当维度较大时，检验功效通常较小。可采用具有降维能力的检验工具来构造统计量，尤其是利用投影追踪（projection pursuit）的想法来压缩维度从而提高检验对维度的稳健型。

其次，研究半参数部分线性模型中趋势项（trend）的估计和模型设定检验。部分线性模型能够灵活地融合参数元素和非参数元素，是统计学和计量经济学文献中非常常用的一类模型。我们研究一类新的部分线性模型，其中非参数部分是由时间驱动的未知趋势项。传统的半参数模型通常关心参数部分的系数估计，而不关心非参数部分的估计。而带有未知趋势项的半参数模型中趋势项的估计和检验则是一个非常有用和重要的问题。例如，对于经济变量而言，时间趋势是非常重要的元素。在宏观经济学中，菲利普斯曲线扮演着重要角色；而其中的非加速通货膨胀失业率（non-accelerating inflation rate of unemployment）变量是具有长期趋势的变量。Kim（2015）构造了趋势项的一致置信带（uniform confidence band），不过他的模型并没有考虑误差项是线性过程的重要情况。当考虑部分线性模型中误差项服从线性过程的时候，其中未知趋势项的估计和模型设定检验。这里的估计和检验都基于非参数回归方法。受 Juhl 和 Xiao（2013）的启发，检验统计量也是 U-统计量。

最后，研究如何检验 ARCH/GARCH 模型的参数是否具有时变特征。在文献中，具有时变性质的 ARCH/GARCH 模型的估计已有相关研究，例如 Dahlhaus 和 Rao（2006）、Zhang 等（2020）以及 Jiang 等（2021）。很显然，当模型不具备时变特征时，使用时变模型会让估计复杂化，也可能带来估计的次有效性或者错误的结论。因此，在考虑使用时变 ARCH / GARCH 模型的时候，检验数据是否具有时变特征是一个首要解决的问题。然而，到目前为止，关于 ARCH / GARCH 模型是否确实是时变的检验问题还处于起步阶段。如何严格地检验 ARCH/GARCH 模型参数是否随时间变化呢？可采用 Juhl 和 Xiao（2013）的方法构造一类新型的 U-统计量来解决此类问题。该检验统计量具有良好的理论性质，例如该检验渐近收敛到标准正态分布。

14.2.4　高维非平稳序列的跳点估计和降维

时间序列是一类广泛出现在经济金融领域（Stărică and Granger，2005；Tsay，2005）、工程信号处理（Fitzgerald et al., 2000；Rabiner，1993）、环境科学（Perron and Zorita，2017；Smith，1989）等领域的数据类型。在大数据时代，大量的时间序列数据涌现，并呈

现复杂的数据结构。这种复杂的结构与时间序列的长度以及序列个数密切相关：①随着观测到的时间序列长度增加以及时间跨度增加，时间序列不同观测之间的相依性呈现出时变的特性。因此传统的平稳性假设不能很好地契合长时间序列的时变特性（Dahlhaus，1997；Dette et al., 2011；Fitzgerald et al., 2000）。②随着观测的序列的个数，也即维度 p 增加，不同序列之间的相关性愈发复杂。在许多实际应用中，时间序列的维度随着所观测序列长度 T 以一定的速率增长，因此不能应用传统的有限维多元时间序列分析方法进行分析（Fan et al., 2014；Lam and Yao, 2012；Lam et al., 2011）。

在处理高维非平稳时间序列的时候，需要兼顾上述①、②的复杂特征，即需要在高维时间序列中引入（分段）局域平稳假设，见 Dahlhaus（1996，1997）基于谱分析（Priestley，1965）的局域平稳假设，Zhou 和 Wu（2009）引入的时域上的局域平稳假设，以及 Zhou（2013）引入的分段局域平稳假设。其中，局域平稳时间序列观测之间的相关结构随时变化，并且其局部子序列可以被平稳序列逼近。因此，局域平稳序列可以拟合①中的时变结构，同时也可以被非参数统计学方法分析，在国际上得到了广泛的重视（如 Rho and Shao，2019；Stărică and Granger，2005；van Delft and Eichler，2018；Vogt and Dette，2015；Wu and Zhou，2018；Wu and Pourahmadi，2009）等。分段局域平稳序列更进一步假设序列中存在一些断点（break points），而在这些断点之间序列是局域平稳的。此外，高维数据以及高维时间序列分析也是统计学研究长久以来的热点，包括 Enikeeva 和 Harchaoui（2019）、Wang 和 Samworth （2018）、Wang 等（2021）的高维变点推断研究以及 Lam 和 Yao（2012）、Lam 等（2011）的高维时间序列因子模型以及降维研究，Zhang 和 Wu（2017）、Zhang 和 Cheng（2018）的高维时间序列线性模型分析以及高斯逼近研究等。上述研究（除了 Zhang and Cheng，2018）都假设序列的随机部分是独立的或者是平稳的，然而目前对于高维非平稳时间序列的研究较少。

所要处理的变点问题也在经济学、工程学、环境科学等方面有着大量的应用（Bai and Perron, 1998；Beaulieu et al., 2012；Wu and Zhou, 2018）。当收集到大量时间序列数据时，检测变点能让研究者们及时判断数据生成机制或者相关特征是否发生变化。对于高维时间序列，传统的变点检测办法如 Bai 和 Perron（1998）的准确性会受到数据复杂的相关性结构影响。在时间序列长度较长时，分段光滑的均值（或分位数）模型可以刻画数据的缓慢时变与突变特征。处理此类问题时，突然变点（abrupt change）或跳点（jump point）的检测是其中关键，也因此得到了学界的关注（Müller and Stadtmüller, 1999；Zhang, 2016）。关注的因子模型以及降维方法也在社会科学、经济科学领域得到广泛应用（Lam et al., 2011；Stock and Watson, 2016）。因此，将在科学理论上填补高维非平稳时间序列研究在跳点检测以及降维方面的空白，建立、发展高维非平稳时间序列的理论分析框架，从而把非平稳时间序列的应用范围、分析领域从当前学术界研究的低维领域拓展到高维领域。非平稳高维时间序列的一般性决定了研究方法具有重要的实际应用价值。如可以检测多个地区空气的污染物指数（$PM_{2.5}$）的变点信号，抑或分析不同气象站的温度等环境时间序列，从而助力新时代生态文明建设。基于高维非平稳时间序列的因子模型有助于分析大量国际金融数据，如大宗商品价格、期货期权价格等，为国家的经济建设、金融市场运行提供科学的指导依据。

14.3 时间序列模型

14.3.1 概念

在数学中，时间序列是按时间顺序列出的一系列数据点。最常见的时间序列是在连续的等间隔时间点上获取的序列，因此，它是一个离散时间数据序列。时间序列的例子有海潮高度、太阳黑子计数和道琼斯工业平均指数的日收盘值。

时间序列通常通过时间折线图描绘。时间序列用于统计学、信号处理、模式识别、计量经济学、数学金融、天气预报、地震预报、脑电图、控制工程、天文学、通信工程，主要是涉及时间测量的任何应用科学和工程领域。

单个风险因子的时间序列模型是一个离散随机过程 $\{X_t\}_{t\in\mathbb{Z}}$，即一族随机变量，其索引为整数序列，并定义在某个概率空间 $(\Omega,\mathcal{F},P)$ 上。

（1）**矩**（moments）。假设时间序列 $\{X_t\}_{t\in\mathbb{Z}}$ 的均值函数 $\mu(t)$ 和自协方差函数$\gamma(t,s)$ 存在，将它们定义如下：

$$\mu(t)=E(X_t),\qquad t\in\mathbb{Z}$$
$$\gamma(t,s)=E((X_t-\mu(t))(X_s-\mu(s)),t,s\in\mathbb{Z}$$

则对于任意 t、s，自协方差函数满足 $\gamma(t,s)=\gamma(s,t)$ 和 $\gamma(t,t)=\mathrm{var}(X_t)$。

（2）**平稳性**（stationarity）。一般而言，如果一个随机序列满足以下一个或两个条件，我们就认为该序列是平稳的。

定义 14.3.1 严平稳性 对所有 $t_1,\cdots,t_n,k\in\mathbb{Z}$ 以及任意 $n\in\mathbb{N}$, 如果时间序列 $\{X_t\}_{t\in\mathbb{Z}}$ 满足

$$(X_{t_1},\cdots,X_{t_n})\overset{d}{=}(X_{t_1+k},\cdots,X_{t_n+k})$$

那么我们称 $\{X_t\}_{t\in\mathbb{Z}}$ 为严平稳的。

定义 14.3.2 协方差平稳（covariance stationarity）如果时间序列 $\{X_t\}_{t\in\mathbb{Z}}$ 存在一、二阶矩且满足

$$\mu(t)=\mu,\qquad t\in\mathbb{Z}$$
$$\gamma(t,s)=\gamma(t+k,s+k),t,s,k\in\mathbb{Z}$$

那么我们称 $\{X_t\}_{t\in\mathbb{Z}}$ 为协方差平稳（或弱（二阶）平稳）的。

以上两种定义方式都试图描述这样一个概念，即时间序列的行为在我们可能观察到的任何时期都是相似的。等间距观测间的均值、方差或协方差都不存在系统性变化。

可以证明，一个方差有限的严平稳时间序列是协方差平稳的。但需要注意的是，我们可以定义一个无限方差过程（如某些 ARCH 和 GARCH 过程），它满足严平稳性，但不是协方差平稳的。

（3）**自相关**（autocorrelation）。平稳时间序列中的协方差平稳，是指对所有 s、t 都有 $\gamma(t-s,0)=\gamma(t,s)=\gamma(s,t)=\gamma(s-t,0)$，即 X_s 与 X_t 的协方差只取决于时间差异 $|s-t|$。$|s-t|$ 通常被称为滞后期。因此，对于一个协方差平稳的序列，其自协方差函数定义是一个一元函数:

$$\gamma(h)\overset{\text{def}}{=}\gamma(h,0),\quad \forall h\in\mathbb{Z}$$

注意到对于 $\forall t$ 都有 $\gamma(0)=\text{var}(X_t)$。我们可以定义协方差平稳过程的自相关函数如下。

定义 14.3.3 自相关函数（autocorrelation function，ACF）协方差平稳过程 $(X_t)_{t\in\mathbb{Z}}$ 的自相关函数 ρ 为

$$\rho(h)=\rho(X_h,X_0)=\gamma(h)/\gamma(0),\ \forall h\in\mathbb{Z}$$

这里所说的自相关系数或者序列相关系数$\rho(h)$ 对应的滞后期为 h。在经典时间序列分析中，序列相关性及其从数据中得到的估计值是时间序列分析主要感兴趣的研究对象。自相关研究也被称为时域分析。

（4）**白噪声**（white noise） 白噪声过程即没有序列相关性的平稳过程，是建立有效的时间序列模型的基础。白噪声的定义如下。

定义 14.3.4 白噪声 如果一个时间序列 $\{X_t\}_{t\in\mathbb{Z}}$ 是协方差平稳的，并且其自相关函数满足

$$\rho(h)=\begin{cases}1, & h=0\\ 0, & h\neq 0\end{cases}$$

则该时间序列为白噪声过程。

如果一个白噪声过程的均值为 0，方差为 $\sigma^2=\text{var}(X_t)$，则使用 $\text{WN}(0,\sigma^2)$ 来表示该过程。白噪声过程的一个简单例子就是一族方差有限的独立同分布随机变量。它也被称为严白噪声过程。

定义 14.3.5 严白噪声（strict white noise，SWN） 如果一个时间序列 $\{X_t\}_{t\in\mathbb{Z}}$ 由方差有限的独立同分布随机变量组成，则该序列为严白噪声过程。

均值为 0，方差为 σ^2 的严白噪声过程可被记作 $\text{SWN}(0,\sigma^2)$。它是最简单的噪声过程。在本节，我们将会看到协方差平稳的 ARCH 和 GARCH 过程事实上就是白噪声过程。

（5）**鞅差**（martingale difference）。当讨论波动性和 GARCH 过程时，我们使用的另一个噪声概念是鞅差序列。鞅是一个可积随机变量序列 $\{M_t\}$，它在给定历史信息序列情况下的期望为 M_{t-1}。这意味着，如果我们通过定义 $\{X_t\}$ 为 $\{M_t\}$ 的一阶差分序列，那么在给定历史信息序列情况下，X_t 的期望为 0。实际数据分析中，金融收益率数据可能具有这个性质。我们经常使用鞅差对在连续几轮的公平游戏中获胜的情况进行建模。

为了更准确地讨论这一概念，我们给出如下假定。假设时间序列 $\{X_t\}_{t\in\mathbb{Z}}$ 是适应 $\mathcal{F}_t$ 的，其中 $\{\mathcal{F}_t\}_{t\in\mathbb{Z}}$ 表示代数流，它是随时间增加的信息流。σ 代数流 $\mathcal{F}_t=\sigma(\{X_s:s\leqslant t\})$ 表示到时间 t 为止的所有信息。其相对应的代数流被称为自然 σ 代数流。

定义 14.3.6 鞅差 如果时间序列 $\{X_t\}_{t\in\mathbb{Z}}$ 是 $\mathcal{F}_t$ 可测（适应）的，并且满足 $E|X_t|<\infty$ 和

$$E(X_t|\mathcal{F}_{t-1})=0,\quad \forall t\in\mathbb{Z}$$

那么，$\{X_t\}_{t\in\mathbb{Z}}$ 是关于代数流 $\{\mathcal{F}_t\}_{t\in\mathbb{Z}}$ 的鞅差序列。

显然，这样一个随机过程的无条件均值也为零：

$$E(X_t)=E(E(X_t|\mathcal{F}_{t-1}))=0,\quad \forall t\in\mathbb{Z}$$

此外，如果对于任意 t 有 $E(X_t^2)<\infty$，那么其自协方差满足

$$\gamma(t,s)=\begin{cases} E\left(E\left(X_tX_s\mid \mathcal{F}_{s-1}\right)\right)=E\left(X_tE\left(X_s\mid \mathcal{F}_{s-1}\right)\right)=0, & t<s \\ E\left(E\left(X_tX_s\mid \mathcal{F}_{t-1}\right)\right)=E\left(X_sE\left(X_t\mid \mathcal{F}_{t-1}\right)\right)=0, & t>s \end{cases}$$

因此，有限方差鞅差序列具有零均值和零协方差。如果对于任意 t，其方差都是常数，那么这就是一个白噪声过程。

14.3.2 ARMA 过程

传统的时间序列分析经常会使用到经典的 ARMA 过程。它们是使用白噪声来构建的协方差平稳过程。本节中，我们使用 $\{\varepsilon_t\}_{t\in\mathbb{Z}}$ 表示白噪声，$\{Z_t\}_{t\in\mathbb{Z}}$ 表示严白噪声。

定义 14.3.7　ARMA 过程　设 $\{\varepsilon_t\}_{t\in\mathbb{Z}}$ 服从 $\mathrm{WN}(0,\sigma_\varepsilon^2)$。如果时间序列是协方差平稳过程且满足如下差分方程：

$$X_t-\phi_1X_{t-1}-\cdots-\phi_pX_{t-p}=\varepsilon_t+\theta_1\varepsilon_{t-1}+\cdots+\theta_q\varepsilon_{t-q},\quad t\in\mathbb{Z} \tag{14.1}$$

则该过程为零均值 ARMA(p,q)。如果序列 $\{X_t-\mu\}_{t\in\mathbb{Z}}$ 为零均值 ARMA(p,q) 过程，那么称 $\{X_t\}_{t\in\mathbb{Z}}$ 是均值为 μ 的 ARMA 过程。

注意，根据我们的定义，不存在非协方差平稳的 ARMA 过程。这个过程严平稳与否直接取决于构成该过程的白噪声（即更新（innovations）过程）的特质。如果新息独立同分布，或能构成一个严平稳过程，那么 ARMA 过程也会是严平稳的。

出于实证分析的目的，我们将本节对于 ARMA 过程的研究限制在因果 ARMA 过程上。这意味着，满足式 (14.1) 的过程具有如下形式：

$$X_t=\sum_{i=0}^{\infty}\psi_i\varepsilon_{t-i} \tag{14.2}$$

其中，ψ_i 是系数，它满足

$$\sum_{i=0}^{\infty}|\psi_i|<\infty \tag{14.3}$$

注意： 假设条件 (14.3) 是为了确保 $E|X_t|<\infty$。它保证式 (14.2) 中的无限求和几乎必然绝对收敛，这意味着 $\sum\limits_{i=0}^{\infty}|\psi_i||\varepsilon_{t-i}|$ 和 $\sum\limits_{i=0}^{\infty}\psi_i\varepsilon_{t-i}$ 以概率为 1 收敛（Brockwell 和 Davis，1991，命题 3.1.1）。

下面，我们通过计算验证因果 ARMA 过程是协方差平稳的。在展示一些简单的例子之前，我们先计算它们的自相关函数形式。

命题 14.3.1　任何满足式 (14.2) 和式 (14.3) 的过程均为协方差平稳过程，且它的自相关函数为

$$\rho(h)=\frac{\sum\limits_{i=0}^{\infty}\psi_i\psi_{i+|h|}}{\sum\limits_{i=0}^{\infty}\psi_i^2},\quad h\in\mathbb{Z} \tag{14.4}$$

证明 显然，根据式 (14.3)，对于所有的 t，我们有 $E(X_t)=0$ 和 $\mathrm{var}(X_t)=\sigma_\varepsilon^2\sum\limits_{i=0}^{\infty}\psi_i^2<\infty$。此外，自协方差函数为

$$\mathrm{cov}(X_t,X_{t+h})=E(X_tX_{t+h})=E\left(\sum_{i=0}^{\infty}\psi_i\varepsilon_{t-i}\sum_{j=0}^{\infty}\varepsilon_{t+h-j}\right)$$

由于 $\{\varepsilon_t\}$ 是白噪声，它满足 $E(\varepsilon_{t-i}\varepsilon_{t+h-j})\neq 0\iff j=i+h$，因此

$$\gamma(h)=\mathrm{cov}(X_t,X_{t+h})=\sigma_\varepsilon^2\sum_{i=0}^{\infty}\psi_i\psi_{i+|h|},\quad h\in\mathbb{Z}\tag{14.5}$$

它仅取决于滞后期 h，而不取决于 t。由此可得自相关函数为式(14.4)。

例 14.3.1 显然，一个移动平均（moving average, MA）过程

$$X_t=\sum_{i=0}^{q}\theta_i\varepsilon_{t-i}+\varepsilon_t\tag{14.6}$$

是一个满足式 (14.2) 形式的因果过程的简单例子。由式 (14.4) 很容易推断出这个自相关函数为

$$\rho_h=\frac{\sum\limits_{i=0}^{q-|h|}\theta_i\theta_{i+|h|}}{\sum\limits_{i=0}^{q}\theta_i^2},\quad |h|\in\{0,1,\cdots,q\}$$

其中 $\theta_0=1$。对于 $|h|>q$，我们有 $\rho(h)=0$，则自相关函数称为滞后 q 截尾。如果实证数据估计出的自相关系数具备这一特征，则通常将其作为 MA 的一种标志性表现。MA(4) 过程的一个实现及其 ACF 的理论形式如图 14.1 所示，更新过程是高斯的。

例 14.3.2 AR(1) 过程（the first-order AR process）。一阶 AR 过程满足以下差分方程：

$$X_t=\phi_1X_{t-1}+\varepsilon_t,\quad \forall t\tag{14.7}$$

当且仅当 $|\phi_1|<1$ 时，该过程是因果的。这可以通过迭代式 (14.7) 来直观理解，迭代将得到

$$\begin{aligned}X_t&=\phi_1(\phi_1X_{t-2}+\varepsilon_{t-1})+\varepsilon_t\\&=\phi_1^{k+1}X_{t-k-1}+\sum_{i=0}^{k}\phi_1^i\varepsilon_{t-i}\end{aligned}$$

条件 $|\phi_1|<1$ 可以确保当 $k\to\infty$ 时，第一项消失，并且第二项是收敛的。过程

$$X_t=\sum_{i=0}^{\infty}\phi_1^i\varepsilon_{t-i}\tag{14.8}$$

是式 (14.7) 的唯一解。容易验证，这是具有式 (14.2) 的过程，并且满足 $\sum\limits_{i=0}^{\infty}|\phi_1|^i=(1-|\phi_1|)^{-1}$，因此它满足式 (14.3)。观察解 (14.8) 的形式，我们可以发现，AR(1) 过程可以表示为一个 MA(∞) 过程，即一个无穷大阶的 MA 过程。

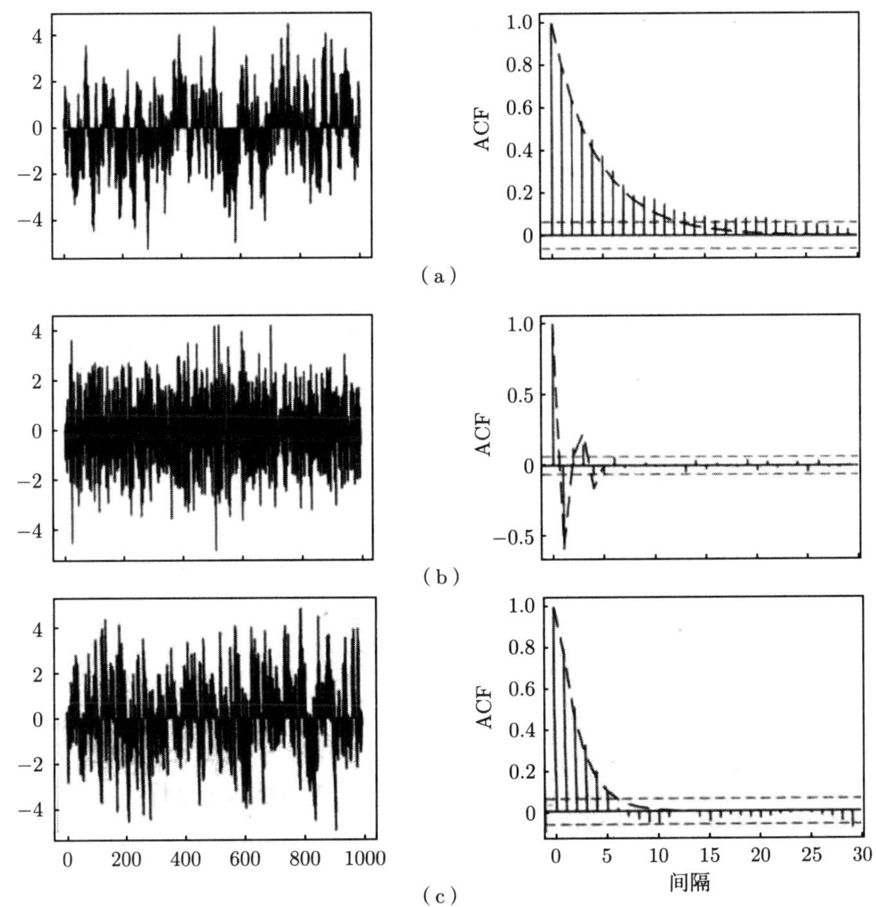

图 14.1　一些模拟的 ARMA 过程及其自相关函数（虚线）和相关图

(a) AR(1), $\phi_1 = 0.8$；(b) MA(4),$\theta_1 = -0.8, 0.4, 0.2, -0.3$；(c) ARMA(1,1),$\phi_1 = 0.6$,$\theta_1 = 0.5$

一个过程的自协方差函数和自相关函数可以由式 (14.5) 和式 (14.4) 计算得到，即

$$\gamma(h) = \frac{\phi_1^{|h|}\sigma_\varepsilon^2}{1-\phi_1^2}, \quad \rho(h) = \phi_1^{|h|}, \quad h \in \mathbb{Z}$$

因此，ACF 将呈指数衰减，其符号可能是交替出现的。AR(1) 过程及其 ACF 的理论形式如图 14.1 所示。

（1）**广义 ARMA 理论**。对于由式(14.7)定义的广义 ARMA 过程，如果想要判断该过程是否具有式 (14.2) 的因果表示，可以研究复平面上的两个多项式，这些多项式由 ARMA 模型参数给出:

$$\tilde{\phi}(z) = 1 - \phi_1 z - \cdots - \phi_p z^p$$
$$\tilde{\theta}(z) = 1 + \theta_1 z + \cdots + \theta_q z^q$$

如果 $\tilde{\phi}(z)$ 和 $\tilde{\theta}(z)$ 没有公共解，那么当且仅当 $\tilde{\phi}(z)$ 在单位圆 $|z| \leqslant 1$ 内没有解时，ARMA 过程是一个满足式 (14.2) 和式 (14.3) 的因果过程。式 (14.2) 中的系数 ψ_i 由以下

方程决定：

$$\sum_{i=0}^{\infty}\psi_1 z^i=\frac{\tilde{\theta}(z)}{\tilde{\phi}(z)},\quad |z|\leqslant 1$$

例 14.3.3 ARMA(1,1) 过程。对于以下过程：

$$X_t-\phi_1 X_{t-1}=\varepsilon_t+\theta_1\varepsilon_{t-1},\quad \forall t\in\mathbb{Z}$$

其复数多项式为 $\tilde{\phi}(z)=1-\phi_1 z$ 和 $\tilde{\theta}(z)=1+\theta_1 z$，若 $\phi_1+\theta_1\neq 0$，则这两个多项式没有公共解。$\tilde{\phi}(z)=0$ 的解是 $z=1/\phi_1$, 它在 $|\phi_1|<1$ 的单位圆之外，因此该过程是因果过程（就像在例 14.3.2 的 AR(1) 模型中一样）。

式 (14.2) 可以通过下式得到:

$$\sum_{i=0}^{\infty}\psi_i z^i=\frac{1+\theta_1 z}{1-\phi_1 z}=(1+\phi_1 z)(1+\phi_1 z+\phi_1^2 z^2+\cdots),\quad |z|\leqslant 1$$

易计算得到

$$X_t=\varepsilon_t+(\phi_1+\theta_1)\sum_{i=1}^{\infty}\phi_1^{i-1}\varepsilon_{t-i} \tag{14.9}$$

通过式 (14.4)，我们可以计算得到对于 $h\neq 0$，ACF 是

$$\rho(h)=\frac{\phi_1^{|h|-1}(\phi_1+\theta_1)(1+\phi_1\theta_1)}{1+\theta_1^2+2\phi_1\theta_1}$$

ARMA(1,1) 过程的一个实现及其 ACF 的理论形式如图 14.1 所示。

（2）**可逆性**。式 (14.9) 展示了可以将 ARMA(1,1) 过程视为 MA(∞) 过程。实际上，如果条件 $|\theta_1|<1$ 成立，我们还可以将 $\{X_t\}$ 表示为以下 AR(∞) 过程：

$$X_t=\varepsilon_t+(\phi_1+\theta_1)\sum_{i=0}^{\infty}(-\theta_1)^{i-1}X_{t-i} \tag{14.10}$$

如果将其调整为 ε_t 的等式，那么在某种意义上，我们可以由整个历史过程 $\{\varepsilon_t(X_s)\}_{s\leqslant t}$“重新构建”最新的更新过程 $\{\varepsilon_t\}$。条件 $|\theta_1|<1$ 被称为可逆性条件。对于广义 ARMA(p,q) 过程，可逆性条件 $\tilde{\theta}(z)$ 在单位圆 $|z|\leqslant 1$ 中没有解。在实际应用中，我们拟合的模型将是由 ARMA 定义方程的可逆解和因果解。

（3）**条件均值的模型**。考虑一个均值不为零的广义可逆 ARMA 模型。为了方便接下来的讨论，我们把这种模型写成如下形式:

$$X_t=\mu_t+\varepsilon_t,\quad \mu_t=\mu+\sum_{i=1}^{p}\phi_i(X_{t-i}-\mu)+\sum_{j=1}^{q}\theta_j\varepsilon_{t-j} \tag{14.11}$$

因为假设了可逆性，所以可以将 ε_{t-j} 和 μ_t 写成关于过程到 $t-1$ 时刻为止的所有信息的形式，称 μ 是关于 $\mathbb{F}_{t-1}=\sigma(\{X_s:s\leqslant t-1\})$ 可测的。

如果假设白噪声 $\{\varepsilon_t\}_{t\in\mathbb{Z}}$ 是一个鞅差序列（参考定义 14.3.6），那么 $E(X_t|\mathbb{F}_{t-1})=\mu_t$。换言之，这样的 ARMA 过程可以看作在过程的条件均值 μ_t 上施加一个特定的结构。而 ARCH 和 GARCH 可以看作在条件方差 $\mathrm{cov}(X_t|\mathbb{F}_{t-1})$ 上施加一个结构。

ARIMA 模型　在传统的时间序列分析中，我们经常考虑一类更大的模型，即 ARIMA 模型。记 ∇ 为差分算子，对于时间序列过程 $\{Y_t\}_{t\in\mathbb{Z}}$，有 $\nabla Y_t=Y_t-Y_{t-1}$。使用 ∇^d 表示多阶差分，其中

$$\nabla^d Y_t=\begin{cases}\nabla Y_t, & d=1\\ \nabla^{d-1}(\nabla Y_t)=\nabla^{d-1}(Y_t-Y_{t-1}), & d>1\end{cases}\tag{14.12}$$

如果由 $X_t=\nabla^d Y_t$ 给出的差分数列 $\{X_t\}$ 是一个 ARIMA(p,q) 过程，那么时间序列 $\{Y_t\}$ 被称为 ARIMA(p,d,q) 过程。对于 $d>1$，ARIMA 过程是非平稳过程。它们在实际应用中很受欢迎，因为差分操作（一次或多次）可以将一个明显“非平稳”的数据集转换为一个可能由平稳 ARMA 过程建模的数据集。例如，如果我们使用 ARMA(p,q) 过程来对某些每日价格序列 $\{S_t\}$ 的对数收益建模，那么我们实际上是再对原始的对数价格序列 $\{\ln S_t\}$ 建立 ARIMA$(p,1,q)$ 模型。

当我们在时间序列使用差分这个词时，它通常意味着我们正在处理一个非平稳过程，它可能通过差分而变得平稳，请参见 14.4.2 节对差分 GARCH（IGARCH）模型的讨论。

14.3.3　时域分析

假设我们有一个来自协方差平稳时间序列模型 $\{X_t\}_{t\in\mathbb{Z}}$ 的样本 $X_1,\cdots,X_n$。时域分析包括计算这个随机样本的自协方差和自相关系数的经验估计，并使用这些估计来推断过程的序列相关结构。

（1）**相关图**。样本自协方差的计算公式如下：

$$\hat{\gamma}(h)=\frac{1}{n}\sum_{t-1}^{n-h}(X_{t+h}-\bar{X})(X_s-\bar{X}),\quad 0\leqslant h\leqslant n$$

其中 $\hat{X}=\sum\limits_{t=1}^{n}X_t/n$ 是样本均值，它是时间序列均值 μ 的估计。由此可以计算样本 ACF:

$$\hat{\rho}(h)=\hat{\gamma}(h)/\hat{\gamma}(0),\quad 0\leqslant h\leqslant n$$

相关图是根据 $\{(h,\hat{\rho}(h)):h=0,1,2,\cdots\}$ 绘制的图像，它用来对样本 ACF 进行解释。各种模拟 ARMA 过程的相关图如图 14.1 所示。请注意，对于这些例子来说，自相关系数的估计与理论 ACF 相当接近。

为了解释这种对于序列相关性的估计量，我们需要充分了解这些估计量在不同时间序列下的表现。由严白噪声构成的满足式(14.2) 形式的过程是因果线性过程，下面阐述它的一般结果。

定义 14.3.8　设 $\{X_t\}_{t\in\mathbb{Z}}$ 为线性过程

$$X_t-\mu=\sum_{i=0}^{\infty}\psi_i Z_{t-i}$$

其中

$$\sum_{i=0}^{\infty}|\psi_i|<\infty,(Z_t)_{t\in\mathbb{Z}\sim\mathrm{SWN}(0,\sigma_Z^2)}$$

假设 $E(Z_t^4)<\infty$ 或 $\sum\limits_{i=0}^{\infty}i\psi_i^2<\infty$。那么，对于 $h\in\{1,2,\cdots\}$ ，我们有

$$\sqrt{n}(\hat{\boldsymbol{\rho}}(h)-\boldsymbol{\rho}(h))\xrightarrow{d}N_h(\mathbf{0},\boldsymbol{W})$$

其中，

$$\hat{\boldsymbol{\rho}}(h)=(\hat{\rho}(1),\cdots,\hat{\rho}(h))^{\mathrm{T}}$$

$$\boldsymbol{\rho}(h)=(\rho(1),\cdots,\rho(h))^{\mathrm{T}}$$

N_h 表示一个 h 维正态分布，$\mathbf{0}$ 是 h 维零向量，$\boldsymbol{W}$ 是协方差矩阵，其元素为

$$W_{ij}=\sum_{k=1}^{\infty}(\rho(k+i)+\rho(k-i)-2\rho(i)\rho(k))(\rho(k+j)+\rho(k-j)-2\rho(j)\rho(k))$$

证明 这是 Brockwell 和 Davis （1991, 221—223）结果的一个特例。

ARMA 过程满足 $\sum\limits_{i=0}^{\infty}$ 的条件，因此这个定理对由 SWN 构成的 ARMA 过程适用（无论新息是否存在四阶矩）。

这个定理同样适用于 SWN 本身。对于 SWN, 我们有

$$\sqrt{n}\hat{\boldsymbol{\rho}}(h)\xrightarrow{d}N_h(\mathbf{0},\boldsymbol{I}_h)$$

其中 $\boldsymbol{I}_h$ 表示 $h\times h$ 单位矩阵，因此，对于足够大的 n, 从 SWN 过程产生的数据的样本自相关系数将与均值为零、方差为 $1/n$ 的独立同分布正态观测值的表现相似。95% 的样本相关系数应该落在区间 $(-1.96/\sqrt{m},1.96/\sqrt{n})$ 中。因此，相关图是用这些值的置信区间绘制的。如果有超过 5% 的样本相关系数落在这个区间范围之外，则拒绝原假设，即认为数据是严白噪声。

注意： 在对 SWN 样本自相关系数渐近性质的讨论中，我们可能会想知道白噪声的自相关估计量是如何表现的。然而，这是一个非常普遍的问题，因为白噪声是很多过程（包括我们稍后讨论的标准 ARCH 和 GARCH 进程）的基础，它们的二阶性质（方差的有限性和缺乏序列相关性）是相同的。在某些情况下可以使用标准的高斯置信区间；在另一些情况下则不可以。对于 GARCH 过程来说，关键的问题是平稳分布厚尾状况（可参见 Mikosch and Starica, 2000)。

（2）**混合**（portmanteau）检验。我们通常把相关图的可视化分析和对于严白噪声假设检验的结果结合起来分析。一种广泛使用的检验是 Ljung-Box 检验。在 SWN 的原假设下，统计量

$$Q_{\mathrm{LB}}=n(n+2)\sum_{j=1}^{h}\frac{\hat{\rho}(j)^2}{n-j}$$

服从自由度为 h 的渐近卡方分布。通常，我们首选这个统计量来分析，而不使用更简单的 Box-Pierce 统计量 $Q_{\mathrm{BP}}=n\sum\limits_{j=1}^{h}=\hat{\rho}(j)^2$。它在原假设下也有一个渐近 χ_h^2 分布，尽管其卡方近似在小样本的情况下可能不是那么好。这些检验都是最常用的混合检验方法。

如果一个随机变量序列构成一个 SWN 过程，那么其绝对值或平方构成的序列也必须是独立同分布的。如果想对 SWN 的假设进行进一步检验，可以将相关图和 Ljung-Box 检验结合起来分析。因为只有当序列的四阶矩有限时，其平方构成的序列才是一个 SWN，因此我们倾向于使用序列的绝对值而不是其平方来检验 SWN 的假设。通常，每日对数收益数据就可以使用一个存在有限四阶矩的模型来分析。

14.3.4　时间序列统计分析

在实际中, 对于时间序列数据 $X_1, \cdots, X_n$ 进行统计分析需要遵循一系列程序化步骤。步骤如下。

（1）**初步分析**。先将数据绘制成图, 并考虑是否可以使用一个平稳模型建模。这一步可能会涉及很多关于平稳性的检验。详见下述说明与注解。

这里我们关注对于对数差分序列的分析，它通常需要对数据进行初步的简单处理。经典时间序列分析中很多方法可以用于提出非平稳数据中的趋势和周期性。这些方法可以参见 Brockwell 和 Davis（2002）及 Chatfield（2003）。虽然某些金融时间序列（如收益序列）会呈现季节性规律，这里我们假设这些规律对于日或周收益数据的影响相对较小，而风险管理通常分析的就是这类数据。如果是对高频数据进行风险管理分析，这种初步的数据清洗将会产生问题, 因为这些数据通常会有日周期性和其他确定性特征（参见 Dacorogna et al., 2001）。

显然, 如果我们将时间窗口放长或者选择涵盖重要经济政策变化的时间窗口, 数据本身的平稳性假设就会有问题。虽然市场永远在变化, 但我们总是会面临使用最新数据与使用足够多的数据以确保统计估计精确性之间的冲突。是否选用半年、1 年、5 年或 10 年的数据将取决于实际情况。然而, 如果能使用不同的时间窗口并探究得到的结论是否对数据量敏感，这将对研究质量大有助益。

（2）**时域分析**。处理完数据后，我们就可以使用 14.3.3 节中的方法进行分析了。通过对原始数据及其绝对值进行相关图分析和诸如 Ljung-Box 的混合检验, 我们可以检验 SWN 的假设。如果不能拒绝原假设, 则时间序列分析便到此为止了，然而可以使用简单的分布来拟合，从而代替动态建模过程。

对于每日风险因子收益率序列, 我们预期会拒绝其 SWN 假设。虽然原始数据相关图可能不会呈现序列相关性特征，但其绝对值序列的相关图很有可能显示很强的序列相关性特征。换句话说, 数据可能拒绝严白噪声假设，支持白噪声模型。在这种情况下, ARMA 模型就不适用了, 但 14.4 节中描述的波动率模型可能仍然有效。

如果相关图呈现出 ARMA 过程的序列相关特征，那么我们可以尝试用 ARMA 模型来拟合数据。

（3）**模型拟合**。传统的模型拟合方法会先尝试使用相关图和偏相关图来识别合适的 ARMA 过程的阶数（关于阶数的定义，读者可以参考时间序列相关文献）。例如，如果相关图呈现相关系数在滞后期 q 的截止情况（参见例 14.3.1)，那么就可以使用 q 阶移动平均来建模（偏相关图中如果出现类似规律，则可以使用 AR 来分析)。目前, 我们已经可以利用现代技术手段方便地拟合不同种类的 MA、AR 和 ARMA 模型, 并使用诸如 Akaike 准则来选择出“最优”模型。或者, 我们也可使用自动模型选择方法，如 Tsay 和 Tiao（1984）

提出的方法。

有时, 我们能找到一些先验理由来预判哪类模型可能是最合适的。比如，我们认为所分析的数据是有重叠的长期收益数据。假设现在我们已有日收益数据，并且我们构建了周收益率序列。假设原始数据来自白噪声过程 $\{X_t\}_{t\in\mathbb{Z}} \sim \mathrm{WN}(0,\sigma^2)$, 那么 t 时刻和 $t+l$ 时刻的每周汇总的收益率满足

$$\operatorname{cov}\left(X_t^{(5)}, X_{t+l}^{(5)}\right) = \operatorname{cov}\left(\sum_{i=0}^{4} X_{t-i}, \sum_{j=0}^{4} X_{t+l-j}\right) = \begin{cases}(5-l)\sigma^2, & l=0,\cdots,4\\ 0, & l\geqslant 5\end{cases}$$

因此, 重叠的收益率的相关性具有 MA(4) 的特征结构。

在选定模型后, 我们可以使用许多方法进行拟合, 包括针对 AR 模型的特定方法, 如 YuleWalker 法。该方法对白噪声新息分布的假设条件较少。更多细节可查阅时间序列的文献。在 14.4.5 节中, 我们讨论了（条件）极大似然法, 它可用于带有 GARCH 误差（或没有）的 ARMA 模型的拟合。

（4）**残差分析与模型比较**。因果且可逆 ARMA 过程可表示为式(14.11)。假设我们已经拟合了这样一个过程，并估计了参数 ϕ_i 和 θ_j 。对于未观测到的新息 ε_t, 残差为 $\hat{\varepsilon}_t$，它可以利用数据和拟合的模型递归进行计算:

$$\hat{\varepsilon}_t = X_t - \hat{\mu}_t, \quad \hat{\mu}_t = \hat{\mu} + \sum_{i=1}^{p} \hat{\phi}_i\left(X_{t-i} - \hat{\mu}\right) + \sum_{j=1}^{q} \hat{\theta}_j \hat{\varepsilon}_{t-j} \tag{14.13}$$

其中，$\hat{\mu}_t$ 被称为拟合值。显然, 在计算 $\{\hat{\varepsilon}_t\}$ 的最初几个数值时, 我们可能遇到问题, 即样本的拟合度不高以及递归式(14.13)的无限性。解决这个问题的方案有很多, 其一便是令 $\hat{\varepsilon}_{-q+1} = \hat{\varepsilon}_{-q+2} = \cdots = \hat{\varepsilon}_0 = 0, X_{-p+1} = X_{-p+2} = \cdots = X_0 = \bar{X}$, 并对 $t=1,\cdots,n$ 时运用式(14.13)。因为最初的几个值会被初始值所影响, 在之后的分析中它们的作用就可以被忽略了。

残差 $\{\hat{\varepsilon}_t\}$ 的行为应该类似于白噪声过程的一个实现，因为这是我们对新息模型的假设。该假设可以通过相关图来检验。如果相关图中确实存在序列相关性, 这就说明我们还未找到一个合适的 ARMA 模型。此外，我们还可以使用混合检验来检验残差是否是一个严格的白噪声过程。如果残差表现得像 SWN，那么就不需要其他时间序列模型进行建模分析了。但如果它表现得像 WN，而非 SWN，则可能需要使用 14.4 节中讨论的波动率模型。

通常, 对于一组数据我们可以找到多种合适的 ARMA 模型，这时我们就需要模型比较方法来确定哪个或哪些为“最优”的模型。我们可以使用 Akaike 准则，或是该标准的其中一些常见变形（Brockwell and Davis, 2002）。

14.3.5 预测

时间序列的预测方法有很多种，我们总结了两种易推广到 GARCH 模型的方法。第一种策略使用了拟合后的 ARMA （或 ARIMA）模型，又称博克斯–詹金斯（Box-Jenkins）模型（Box and Jenkins，1970）。第二种策略是一种称为指数平滑的无模型预测方法，这种方法与用于预测波动率的 EWMA 方法相关。

(1) **使用 ARMA 模型进行预测**。考虑可逆 ARMA 模型及其表示形式(14.11)。和之前一样, 设 $\mathcal{F}_t$ 表示该过程到 t 时刻为止（包括 t 时刻) 的所有历史信息, 并假设新息 $\{\varepsilon_t\}_{t\in\mathbb{Z}}$ 具有关于 $\{\mathcal{F}_t\}_{t\in\mathbb{Z}}$ 的鞅差属性。

使用 $X_{t-n+1},\cdots,X_t$ 表示样本量为 n 的样本。假设这个样本是服从某个 ARMA 模型的随机变量的一个实现。我们的目标是预测 X_{t+1} 或更一般的 X_{t+h}，预测记为 P_tX_{t+h}。该方法假设可以得到过程到 t 时刻为止所有的历史信息，并可以通过有限的样本得到一个公式的近似。

我们用条件期望 $E\left(X_{t+h}\mid\mathcal{F}_t\right)$ 作为 X_{t+h} 的预测值。在基于到 t 时刻为止所有历史信息的预测值 P_tX_{t+h} 中, 这个预测量将最小化均方预测误差 $E\left(\left(X_{t+h}-P_tX_{t+h}\right)^2\right)$。

基本思路如下。当 $h\geqslant 1$ 时, 我们根据 $E\left(X_{t+h-1}\mid\mathcal{F}_t\right)$ 通过递归方法得到预测值 $E\left(X_{t+h}\mid\mathcal{F}_t\right)$。我们会用到两个事实条件，即 $E\left(\varepsilon_{t+h}\mid\mathcal{F}_t\right)=0$（新息的鞅差特征）以及随机变量 $\left(X_s\right)_{s\leqslant t}$ 和 $\left(\varepsilon_s\right)_{s\leqslant t}$ 在 t 时刻是已知的。可逆性假设(14.10)保证了新息 ε_t 可以被写成过程 $\left(X_s\right)_{s\leqslant t}$ 无限历史信息的函数。我们考虑 ARMA$(1,1)$ 模型来展示如何使用这种方法进行分析，这种方法可以很容易地扩展到对于一般的 ARMA(p,q) 模型的分析中。

例 14.3.4　(ARMA(1,1) 模型预测) 假设我们使用 ARMA(1,1) 模型(14.11)来拟合一组数据, 并得到了参数 μ、ϕ_1 和 θ_1 的估计。由于 $E\left(\varepsilon_{t+1}\mid\mathcal{F}_t\right)=0$，我们对 X_{t+1} 的一步预测为

$$E\left(X_{t+1}\mid\mathcal{F}_t\right)=\mu_{t+1}=\mu+\phi_1\left(X_t-\mu\right)+\theta_1\varepsilon_t$$

二步预测为

$$\begin{aligned}E\left(X_{t+2}\mid\mathcal{F}_t\right)=E\left(\mu_{t+2}\mid\mathcal{F}_t\right)&=\mu+\phi_1\left(E\left(X_{t+1}\mid\mathcal{F}_t\right)-\mu\right)\\&=\mu+\phi_1^2\left(X_t-\mu\right)+\phi_1\theta_1\varepsilon_t\end{aligned}$$

一般来说，我们有

$$E\left(X_{t+h}\mid\mathcal{F}_t\right)=\mu+\phi_1^h\left(X_t-\mu\right)+\phi_1^{h-1}\theta_1\varepsilon_t$$

如果不知道 $\{X_s\}_{s\leqslant t}$ 的所有历史值，我们就不知道 ε_t 的准确值, 因此，就不能准确地计算这些预测值。但是如果 n 相当大，就可以准确地估计它。最简单的方法是用式(14.13)来计算模型残差 $\hat{\varepsilon}_t$，用以替代 ε_t。注意, $\lim_{h\to\infty}E\left(X_{t+h}\mid\mathcal{F}_t\right)=\mu$ 几乎处处成立，因此在较长的时间范围内，该预测将收敛于对该过程无条件平均值的估计。

(2) **指数平滑**。这是一种可以用于时间序列预测和趋势估计的常用方法。我们需要假设数据中不存在确定的周期性变化因素，而不需要假设数据来自一个平稳模型。通常来说，这种方法不太适合分析存在经常性变化特征的收益率序列，它更适合分析没有经过差分的价格或价值序列。它是常用的波动率预测模型的基础（参见 14.4.6 节)。

假设我们的数据为一族随机变量 $Y_{t-n+1},\cdots,Y_t$ 的实现值，且不使用任何具体的参数模型进行分析，则我们可以用以下表达式来预测 Y_{t+1}：

$$P_tY_{t+1}=\sum_{i=0}^{n-1}\lambda(1-\lambda)^iY_{t-i},\quad 其中0<\lambda<1$$

因此，我们按数据的时间顺序对数据进行加权，其权重随时间指数递减，且总和为 1。易计算得到

$$P_tY_{t+1}=\sum_{i=0}^{n-1}\lambda(1-\lambda)^iY_{t-i}=\lambda Y_t+(1-\lambda)\sum_{j=0}^{n-2}\lambda(1-\lambda)^jY_{t-1-j}$$
$$=\lambda Y_t+(1-\lambda)P_{t-1}Y_t \tag{14.14}$$

因此，通过简单的递归方法，根据时间 $t-1$ 的预测值可以得到时间 t 的预测值。一般会主观选择 λ；它的值越大，最近观测的权重就越大。可以使用对不同数据集的进行经验验证的方法来确定 λ 的值，从而获得良好的结果；Chatfield （2003）指出，在实际分析中，我们一般选取 λ 为一个 0.1 ~0.3 的数。

注意，尽管该方法通常被视为一种无模型预测方法，但可以证明，它实际上是一种基于非平稳 ARIMA(0,1,1) 模型的条件期望的预测方法。

参考文献说明

有很多教科书介绍了经典时间序列分析方法，如 McNeil、Frey 和 Embrechts（2015），Box 和 Jenkins（1970），Priestley（1981），Abraham 和 Ledolter（1983），Brockwell 和 Davis（1991，2002），还有 Hamilton（1994）和 Chatfield （2003）。本节主要参考 Brockwell 和 Davis（1991）的记法，总结了 ARMA 模型和时域基本概念。相比时域时间序列分析，频域时间序列分析方法在金融数据中不那么常见，相关内容可以参见 Brockwell 和 Davis（1991）或 Priestley（1981）。

Brockwell 和 Davis（2002）提供了更多的用于检验严白噪声假设的方法。而关于 Box-Pierce 和 Ljung-Box 检验，读者可以参考 Box 和 Pierce（1970）及 Ljung 和 Box（1978）。

有很多计量经济学文献介绍了平稳性检验和单位根检验。其中单位根检验的零假设为序列是否为非平稳随机游走。相关的检验包括 Dickey-Fuller 和 Phillips-Perron 单位根检验（Dickey and Fuller,1979; Phillips and Perron, 1988），还有平稳性 KPSS 检验（Kwiatkowski et al., 1992）。

有很多文献讨论了线性模型预测的问题，如 Chatfield（2003）。更多关于本节所介绍的基于时间序列无限历史信息的方法可以参见 Hamilton（1994）的详细讨论。Brockwell 和 Davis（2002）集中研究了有限样本的精确线性预测方法。指数平滑的综述可以参见 Gardner（1985）。

本节重点参考 McNeil、Frey 和 Embrechts（2015）: *Quantitative Risk Management*（《定量风险管理》）。

14.4 ARCH 模型和 GARCH 模型

本节将介绍用于分析日风险因子收益序列的模型。首先，我们将给出 ARCH 模型和 GARCH 模型的定义，并讨论它们的一些数学性质，最后将应用这些方法分析实际案例。

14.4.1 ARCH 模型

在计量经济学中，ARCH 模型是时间序列数据的统计模型，描述当前误差项或更新过程的方差，作为前一时间段误差项实际大小的函数；方差通常与先前更新过程的平方有关。

当时间序列中的误差方差遵循自回归（AR）模型时，ARCH 模型是合适的；如果假设误差方差为 ARMA 模型，则该模型为 GARCH 模型。

ARCH 模型通常用于建模表现出时变波动性和波动聚类的金融时间序列，即波动周期夹杂着相对平静周期。ARCH 模型有时被认为是随机波动率模型家族中的一员，尽管这是完全错误的，因为在时间 t，波动率是完全预先确定的（确定性的），给定先前的值。

定义 14.4.1　设 $\{Z_t\}_{t\in\mathbb{Z}}$ 为 SWN(0, 1)。如果过程 $\{X_t\}_{t\in\mathbb{Z}}$ 是严平稳的，则对所有 $t\in\mathbb{Z}$ 和某个严正值过程 $(\sigma_t)_{t\in\mathbb{Z}}$，有

$$X_t=\sigma_t Z_t \tag{14.15}$$

$$\sigma_t^2=\alpha_0+\sum_{i=1}^{p}\alpha_i X_{t-i}^2 \tag{14.16}$$

其中 $\alpha_0>0$ 和 $\alpha_i\geqslant 0, i=1,\cdots,p$，那么我们称其为 ARCH($p$) 过程。

令 σ 代数流 $\mathcal{F}=\sigma(\{X_s: s\leqslant t\})$ 表示到 t 时刻为止该过程的历史信息，此时 $\{\mathcal{F}_t\}_{t\in\mathbb{Z}}$ 是自然 σ 代数流。式(14.16)保证了 σ_t 是 $\mathcal{F}_{t-1}$ 可测的且 $\{\sigma_t\}_{t\in\mathbb{Z}}$ 被认为是可预知的。如果 $E(|X_t|)\leqslant\infty$，我们可以求得

$$E\left(X_t\mid\mathcal{F}_{t-1}\right)=E\left(\sigma_t Z_t\mid\mathcal{F}_{t-1}\right)=\sigma_t E\left(Z_t\mid\mathcal{F}_{t-1}\right)=\sigma_t E\left(Z_t\right)=0 \tag{14.17}$$

这样 ARCH 过程就有了 $\{\mathcal{F}_t\}_{t\in\mathbb{Z}}$ 的鞅差分属性。如果该过程是协方差平稳的，那么正如14.3.1节所述，它是一个白噪声。

注意, 我们在上面假设的 Z_t 和 $\mathcal{F}_{t-1}$ 的独立性源于这样一个事实，即 ARCH 过程必须是因果的, 也就是说,对某些 f, 式(14.15)和式(14.16) 必须有形式满足 $X_t=f(Z_t,Z_{t-1},\cdots)$ 的解，这样，Z_t 便可以独立于过程的前一个时间点的值。这与 ARMA 模型不同。在 ARMA 模型中，方程可以有非因果解（Brockwell and Davis, 1991, 例 3.1.2）。

如果我们仅假设过程是一个协方差平稳的白噪声（在命题 14.4.1中会给出相应的条件），那么 $E(X_t^2)<\infty$，并且有

$$\operatorname{var}(X_t|\mathcal{F}_{t-1})=E(\sigma_t^2 Z_t^2|\mathcal{F}_{t-1})=\sigma_t^2\operatorname{var}(Z_t)=\sigma_t^2$$

因此，模型就具备一个很有趣的特征, 即其过程的条件标准差 σ_t（或波动率）是该过程上一时间点取值平方的一个持续变化的函数。如果 $|X_{t-1}|,\cdots,|X_{t-p}|$ 中一个或多个值特别大, X_t 就可能出自一个大方差分布，且其本身值也较大。这样一来, 模型就可能形成波动集群。ARCH 的名称指的是这样一种结构: 该模型是自回归的（因为 X_t 显然依赖于前面的 X_{t-i}），并且由于条件方差不断变化，它也是有条件异方差的。

$\{Z_t\}_{t\in\mathbb{Z}}$ 原则上服从均值为 0 且方差为 1 的分布。为了方便拟合模型，我们根据使用的拟合方法（极大似然（ML）、拟极大似然（QML），或非参数化拟合法（见 14.4.5 节））来决定是否指定分布。ML 常用于拟合标准正态分布或标准 t 分布。后者指的是 $Z_t\sim t_1(\nu,0,(\nu-2)/\nu)$，因此其分布的方差为 1。

（1）**ARCH(1) 模型**。本小节的剩余部分将介绍 ARCH (1) 模型的一些性质。这些性质可以扩展到更一般的 ARCH 模型和 GARCH 模型上。图 14.2展示了一个具有高斯新

息 ARCH(1) 过程的一个实现及其对应的波动率过程。该过程是具有单位方差和有限四阶矩的协方差平稳（因为 $\alpha_1 < 1/\sqrt{3}$）以及平方序列服从 AR(1) 过程。虚线表示平方值的 ACF 的真实值。

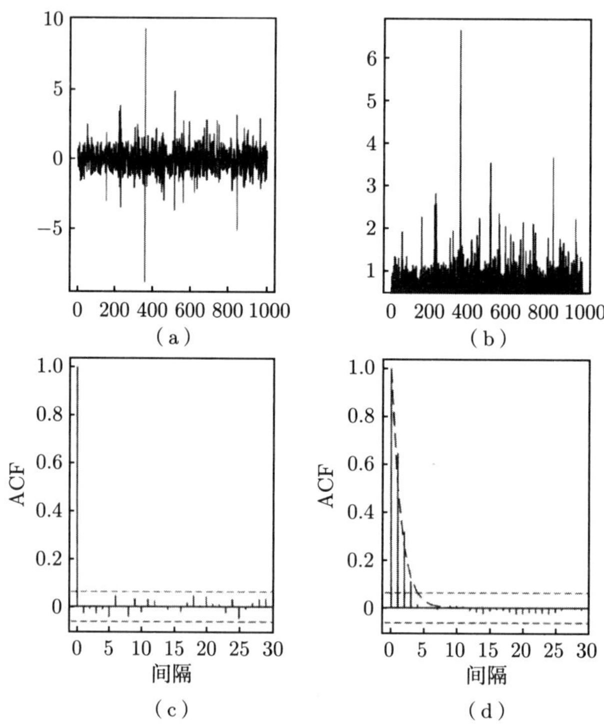

图 14.2 一个模拟的带有高斯新息的 ARCH(1) 过程，其参数为 $\alpha_0 = \alpha_1 = 0.5$

（a）过程的实现；（b）波动率的实现；（c）原始序列的相关图；（d）序列平方的相关图

当 $p = 1$ 时, 使用 $X_t^2 = \sigma_t^2 Z_t^2$ 和式(14.16) 可以推导出 ARCH(1) 过程的平方满足如下式子：

$$X_t^2 = \alpha_0 Z_t^2 + \alpha_1 Z_t^2 X_{t-1}^2 \tag{14.18}$$

式(14.18)对于 ARCH(1) 模型的数理分析非常重要。该公式是一个随机递归方程（stochastic recurrence equation，SRE）。对于例 14.3.2中的 AR(1) 模型，我们想知道这个方程什么情况下有由无限的新息历史信息所表示的平稳解，即形式为 $X_t^2 = f(Z_t, Z_{t-1}, \cdots)$ 的解。

对于 ARCH 模型，我们必须仔细区分协方差平稳解和严平稳解。ARCH(1) 模型可能具有无穷大的方差，此时它显然不是协方差平稳的。

（2）**随机递归关系**。由于分析式(14.18)的随机递归关系所需的详细理论超出了本节介绍的范围，在这里我们只简单阐述它所涉及的内容。我们将基于 Brandt（1986）、Mikosch（2003）和 Mikosch（2013）的文献对处理方法进行介绍；更多内容请参阅本节末尾的说明与注解。

式(14.18)是一类具有如下形式的递归方程的一个特例：

$$Y_t = A_t Y_{t-1} + B_t \tag{14.19}$$

其中，$\{A_t\}_{t\in\mathbb{Z}}$ 和 $\{B_t\}_{t\in\mathbb{Z}}$ 是独立同分布的随机变量序列。求解的充分条件为

$$E\left(\ln^+|B_t|\right)<\infty \text{ 且} E\left(\ln|A_t|\right)<0 \tag{14.20}$$

其中，$\ln^+ x=\max(0,\ln x)$。唯一解由下式给定：

$$Y_t=B_t+\sum_{i=1}^{\infty}B_{t-i}\prod_{j=0}^{i-1}A_{t-j} \tag{14.21}$$

其中，求和项几乎必然是绝对收敛的。

为了理解条件(14.20)和解(14.21)的形式，我们迭代方程(14.19)k 次，得到

$$\begin{aligned}Y_t&=A_t\left(A_{t-1}Y_{t-2}+B_{t-1}\right)+B_t\\&=B_t+\sum_{i=1}^{k}B_{t-i}\prod_{j=0}^{i-1}A_{t-j}+Y_{t-k-1}\prod_{i=0}^{k}A_{t-i}\end{aligned}$$

条件 (14.20)确保右侧的中间项绝对收敛，并且最后一项趋于 0。特别要注意的是，根据强大数定律，有

$$\frac{1}{k+1}\sum_{i=0}^{k}\ln|A_{t-i}|\xrightarrow{\text{a.s.}}E\left(\ln|A_t|\right)<0$$

因此，

$$\prod_{i=0}^{k}|A_{t-i}|=\exp\left(\sum_{i=0}^{k}\ln|A_{t-i}|\right)\xrightarrow{\text{a.s.}}0$$

这说明了条件 $E\left(\ln|A_t|\right)<0$ 的重要性。随机递归方程的解(14.21) 是一个严平稳过程（是独立同分布变量的函数 $(A_s,B_s)_{s\leqslant t}$），并且条件 $E\left(\ln|A_t|\right)<0$ 是 ARCH 和 GARCH 模型严平稳性的关键。

（3）**ARCH(1) 模型的平稳性**。ARCH(1) 模型式(14.18)的平方是形式为式 (14.19) 的 SRE，并且它满足 $A_t=\alpha_1Z_t^2$ 和 $B_t=\alpha_0Z_t^2$。因此，式 (14.20) 的条件可以被转化为 $E\left(\ln^+|\alpha_0Z_t^2|\right)<\infty$ 和 $E\left(\ln\left(\alpha_1Z_t^2\right)\right)<0$。前者对于我们定义的 ARCH(1) 过程便满足转换后的第一个条件。这是 ARCH(1) 方程的严格平稳解的条件，并且可以证明它实际上是严格平稳的充分必要条件（Bougerol and Picard, 1992）。根据式(14.21)、式(14.18)的解有如下形式：

$$X_t^2=\alpha_0\sum_{i=0}^{\infty}\alpha_1^i\prod_{j=0}^{i}Z_{t-j}^2 \tag{14.22}$$

如果 $\{Z_t\}$ 是标准正态分布的更新过程，则该过程有严格平稳解的条件可以被近似为 $\alpha_1<3.562$；也许有些令人惊讶的是, 如果 $\{Z_t\}_{t\in\mathbb{Z}}$ 是标准化为自由度为 4 和方差为 1 的 t 新息, 则这个条件将变为 $\alpha_1<5.437$。严平稳性依赖于新息的分布, 而协方差平稳性不依赖于新息的分布；协方差平稳性的充要条件是 $\alpha_1<1$，下面我们将给出证明。

命题 14.4.1 当且仅当 $\alpha_1<1$ 时，ARCH(1) 过程是协方差平稳白噪声过程。协方差平稳过程的方差为 $\alpha_0/\left(1-\alpha_1\right)$。

证明 假设序列是协方差平稳性，这由式(14.18)和 $E\left(Z_t^2\right)=1$, 我们可以得到

$$\sigma_x^2=E\left(X_t^2\right)=\alpha_0+\alpha_1 E\left(X_{t-1}^2\right)=\alpha_0+\alpha_1\sigma_x^2$$

显然，$\sigma_x^2=\alpha_0/\left(1-\alpha_1\right)$，同时我们有 $\alpha_1<1$。相反, 如果 $\alpha_1<1$，那么根据詹森不等式，可得

$$E\left(\ln\left(\alpha_1 Z_t^2\right)\right)\leqslant\ln\left(E\left(\alpha_1 Z_t^2\right)\right)=\ln\left(\alpha_1\right)<0$$

然后，我们可以使用式(14.22)计算得到

$$E\left(X_t^2\right)=\alpha_0\sum_{i=0}^{\infty}\alpha_1^i=\frac{\alpha_0}{1-\alpha_1}$$

过程 $\left(X_t\right)_{t\in\mathbb{Z}}$ 是一个二阶矩有限且不依赖于时间的鞅差。因此, 它是一个白噪声过程。

图 14.3是一个非协方差平稳的 ARCH(1) 模型的例子和一个由 ARCH(1) 方程产生的非平稳 (突增的) 过程的例子。图 14.2中的过程是协方差平稳的。图 14.3（a）和（b）分别表示 ARCH(1) 过程的一个实现，它们有高斯新息，其参数分别为 $\alpha_1=$ 和 $\alpha_1=0.5$，不是协方差平稳的。图 14.3（c）由 $\alpha_1=4$ 的 ARCH(1) 等式生成的一个非平稳过程。注意图 14.3（b）和（c）使用了双对数 y 轴，此时所有小于 1 的值都会位于 0 处。

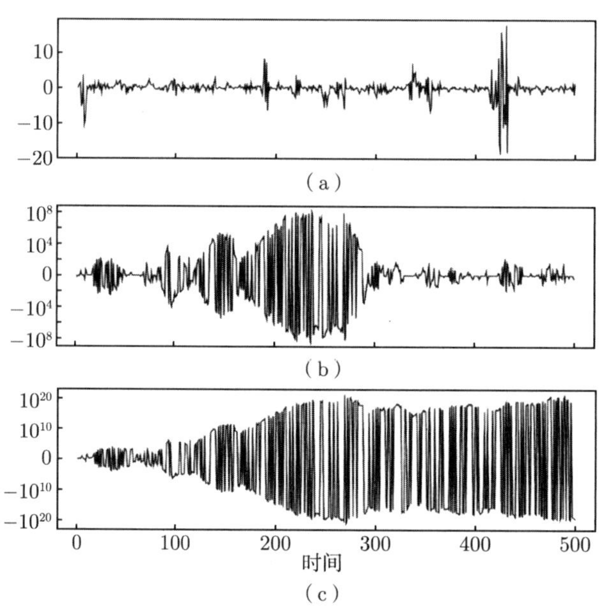

图 14.3 非协方差平稳的 ARCH(1) 模型的例子

（4）$\{X_t\}_{t\in\mathbb{Z}}$ **的平稳性分布**。从式(14.22) 可以看出，在 ARCH(1) 模型中，$\{X_t\}_{t\in\mathbb{Z}}$ 的分布与新息 $\{Z_t\}_{t\in\mathbb{Z}}$ 的分布有着复杂的关系。即使新息服从高斯分布，最终的时间序列平稳分布也不服从高斯分布，它是一个具有尖峰且尾部缓慢衰减的分布。

此外, 从式(14.15)可以看出, $\{X_t\}_{t\in\mathbb{Z}}$ 的分布是一种正态分布，它取决于 $\{\sigma_t\}_{t\in\mathbb{Z}}$ 的分布，其形式并不简单。

命题 14.4.2　对于 $m \geqslant 1$, 当且仅当 $E\left(Z_t^{2m}\right) < \infty$ 且 $\alpha_1 < \left(E\left(Z_t^{2m}\right)\right)^{-1/m}$ 时，严平稳 ARCH(1) 过程具有有限 $2m$ 阶矩。

证明　对于正随机变量 $Y_{t,i} = \alpha_0 \alpha_1^i \prod_{j=1}^{i} Z_{t-j}^2$，我们将式(14.22)重写为 $X_t^2 = Z_t^2 \sum_{i=0}^{\infty} Y_{t,i}$ 和 $Y_{t,0} = \alpha_0$ 的形式。当 $m \geqslant 1$ 时，下列不等式成立 (后者是闵可夫斯基不等式):

$$E\left(Y_{t,1}^m\right) + E\left(Y_{t,2}^m\right) \leqslant E\left(\left(Y_{t,1} + Y_{t,2}\right)^m\right) \leqslant \left(\left(E\left(Y_{t,1}^m\right)\right)^{1/m} + \left(E\left(Y_{t,2}^m\right)\right)^{1/m}\right)^m$$

因为

$$E\left(X_t^{2m}\right) = E\left(Z_t^{2m}\right) E\left(\left(\sum_{i=0}^{\infty} Y_{t,i}\right)^m\right)$$

所以

$$E\left(Z_t^{2m}\right) \sum_{i=0}^{\infty} E\left(Y_{t,i}^m\right) \leqslant E\left(X_t^{2m}\right) \leqslant E\left(Z_t^{2m}\right) \left(\sum_{i=0}^{\infty} \left(E\left(Y_{t,i}^m\right)\right)^{1/m}\right)^m$$

因为 $E\left(Y_{t,i}^m\right) = \alpha_0^m \alpha_1^{im} \left(E\left(Z_t^{2m}\right)\right)^i$, 所以当且仅当 $E\left(Z_t^{2m}\right) < \infty, \alpha_1^m E\left(Z_t^{2m}\right) < 1$ 时, 我们可能得到以上 3 个量都是有限的。

例如, 在新息是高斯分布的情况下，如果想要得到一个有限四阶矩 $(m = 2)$，我们需要 $\alpha_1 < 1/\sqrt{3}$ 的条件；如果新息是自由度为 6 的 t 分布, 则需要 $\alpha_1 < 1/\sqrt{6}$ 的条件；如果新息服从自由度为 4 的 t 分布，则其四阶矩无法定义。

假设存在一个有限的四阶矩, 则计算它的值和峰度的值都很容易。我们将式(14.18)左右两边同时取平方并取期望, 从而得到

$$E\left(X_t^4\right) = \frac{\alpha_0^2 E\left(Z_t^4\right)\left(1 - \alpha_1^2\right)}{\left(1 - \alpha_1\right)^2 \left(1 - \alpha_1^2 E\left(Z_t^4\right)\right)}$$

然后，可以计算出平稳分布 κ_X 的峰度:

$$\kappa_X = \frac{E\left(X_t^4\right)}{E\left(X_t^2\right)^2} = \frac{\kappa_Z\left(1 - \alpha_1^2\right)}{\left(1 - \alpha_1^2 \kappa_Z\right)}$$

其中, $\kappa_Z = E\left(Z_t^4\right)$ 代表新息的峰度。显然, 当 $\kappa_Z > 1$ 时, 平稳分布的峰度比新息分布的峰度大；对于高斯分布或 t 分布新息来说，$\kappa_X > 3$。因此，平稳分布中存在尖峰现象。图 14.2 中所示过程的峰度为 9。

(5) **与 AR(1) 过程相关的形式**。现在我们研究协方差平稳 $(\alpha_1 < 1)$ 情况下，序列平方的相关结构。我们把过程的平方写成

$$X_t^2 = \sigma_t^2 Z_t^2 = \sigma_t^2 + \sigma_t^2\left(Z_t^2 - 1\right) \tag{14.23}$$

因为 $E|V_t| < \infty, E\left(V_t \mid \mathcal{F}_{t-1}\right) = \sigma_t^2 E\left(Z_t^2 - 1\right) = 0$, 如果令 $V_t = \sigma_t^2\left(Z_t^2 - 1\right)$, 则 $\left(V_t\right)_{t \in \mathbb{Z}}$ 是鞅差序列。现在我们将式(14.23)写为 $X_t^2 = \alpha_0 + \alpha_1 X_{t-1}^2 + V_t$。注意到这与 X_t^2 的 AR(1) 过程非常类似，不同的是 V_t 可能未必是白噪声过程。如果我们只关注 $E\left(X_t^4\right)$ 有限的过

程，那么 V_t 有一个有限且恒定的二阶矩，并且是一个白噪声过程。在这种假设下, 根据定义 14.3.7，就可以将 X_t^2 视为一个 AR(1) 过程, 其形式如下:

$$\left(X_t^2 - \frac{\alpha_0}{1-\alpha_1}\right) = \alpha_1\left(X_{t-1}^2 - \frac{\alpha_0}{1-\alpha_1}\right) + V_t$$

它的均值为 $\alpha_0/(1-\alpha_1)$，此外，我们可以由例 14.3.2 确定其自相关函数为 $\rho(h) = \alpha_1^{|h|}, h \in \mathbb{Z}$。图 14.2展示了一个四阶矩有限的 ARCH(1) 过程, 其平方序列是一个 AR(1) 过程。

14.4.2 GARCH 模型

定义 14.4.2 设 $\{Z_t\}_{t\in\mathbb{Z}}$ 为 SWN(0,1)。如果 $\{X_t\}_{t\in\mathbb{Z}}$ 是一个严平稳的序列，则对于所有 $t \in \mathbb{Z}$ 和某些严格正值过程 $\{\sigma_t\}_{t\in\mathbb{Z}}$，都有

$$X_t = \sigma_t Z_t, \sigma_t^2 = \alpha_0 + \sum_{i=1}^{p} \alpha_i X_{t-i}^2 + \sum_{j=1}^{q} \beta_j \sigma_{t-j}^2 \tag{14.24}$$

其中 $\alpha_0 > 0, \alpha_i \geqslant 0, i = 1, \cdots, p, \beta_j \geqslant 0, j = 1, \cdots, q$，那么 $\{X_t\}_{t\in\mathbb{Z}}$ 是一个 GARCH(p,q) 过程。

GARCH 过程是广义 ARCH 过程，其平方波动率 σ_t^2 取决于先前的平方波动率，以及过程的先前值的平方。

（1）GARCH(1,1) **模型**。在实践中，低阶 GARCH 模型的应用最为广泛，因此我们将重点介绍 GARCH(1,1) 模型。在此模型中，高波动率会有延续性，这是因为 $|X_{t-1}|$ 或 σ_{t-1} 中任意一个值变大，都可能促使 $|X_t|$ 变大。高阶的 ARCH 模型也有类似的效应，但低阶 GARCH 模型能更容易产生这种效应。图 14.4中展示了一个新息服从高斯分布的 GARCH(1,1) 的模拟和其波动率过程。与图 14.2中的 ARCH(1) 模型相比，很明显波动率在高点时持续的时间比在低点时持续的时间长很多。此过程是一个方差为 1、四阶矩有限的协方差平稳过程，且平方值是一个 ARMA(1,1) 过程。平方值的 ACF 在自相关图中用虚线表示。

（2）**平稳性**。由式(14.24)，我们可以得到对于一个 GARCH(1,1) 模型，有

$$\sigma_t^2 = \alpha_0 + (\alpha_1 Z_{t-1}^2 + \beta_1)\sigma_{t-1}^2 \tag{14.25}$$

类似式(14.19)，这也是 $Y_t = A_t Y_{t-1} + B_t$ 形式的 SRE。这次它是 $Y_t = A_t Y_{t-1} + B_t$ 的 SRE，而不是 X_t^2 的，但其分析方法与 ARCH(1) 的情况类似。

式(14.19)中严平稳解的条件 $E(\ln|A_t|) < 0$ 可以转化为式(14.25) 的条件 $E(\ln(\alpha_1 Z_t^2 + \beta_1)) < 0$，那么式(14.21) 的通解就变成了

$$\sigma_t^2 = \alpha_0 + \alpha_0 \sum_{i=1}^{\infty} \prod_{j=1}^{i} (\alpha_1 Z_{t-j}^2 + \beta_1) \tag{14.26}$$

如果 $\{\sigma_t^2\}_{t\in\mathbb{Z}}$ 是严平稳的过程，则 $\{X_t\}_{t\in\mathbb{Z}}$ 也是，因为 $X_t = \sigma_t Z_t$ 和 $\{Z_t\}_{t\in\mathbb{Z}}$ 是严白噪声。则 GARCH(1,1) 的解可被写成

$$X_t = Z_t \sqrt{\alpha_0 (1 + \sum_{i=1}^{\infty} \prod_{j=1}^{i} (\alpha_1 Z_{t-j}^2 + \beta_1))} \tag{14.27}$$

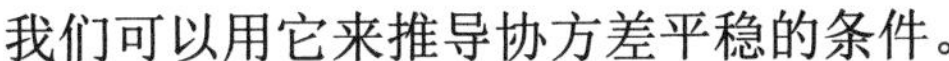

我们可以用它来推导协方差平稳的条件。

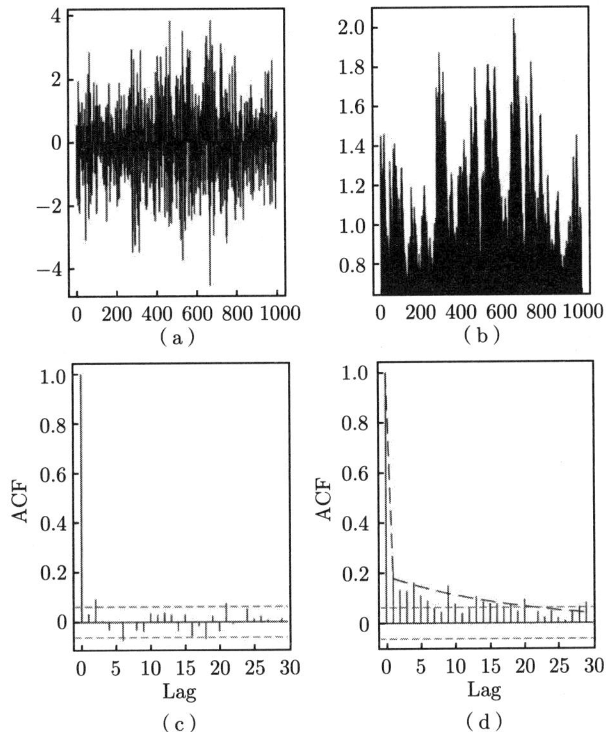

图 14.4　新息为高斯分布的一个 GARCH(1,1) 过程，参数 $\alpha_0 = 0.5, \alpha_1 = 0.1, \beta_1 = 0.85$

(a) 此过程的实现；(b) 过程的波动率走势；(c) 原数据的相关图；(d) 原数据平方的相关图

命题 14.4.3　当且仅当 $\alpha_1 + \beta_1 < 1$ 时，GARCH(1,1) 是协方差平稳白噪声过程。协方差平稳过程的方差为 $\alpha_0/(1-\alpha_1-\beta_1)$。

证明　我们可以使用与命题 14.4.1类似的方法和式(14.27)来证明。

(3) **四阶矩和峰度**。使用与命题 14.4.2相似的方法和式(14.27)，我们可以推导得到协方差平稳的 GARCH(1,1) 过程存在高阶矩的必要条件。四阶矩存在的充分必要条件是 $E((\alpha_1 Z_t^2 + \beta_1)^2) < 1$，或

$$(\alpha_1 + \beta_1)^2 < 1 - (\kappa_Z - 1)\alpha_1^2$$

在以上条件成立的假设下，我们计算 X_t 的四阶矩和峰度。对式(14.25)两端取平方后，再取期望，得到

$$E(\sigma_t^4) = \alpha_0^2 + (\alpha_1^2\kappa_Z + \beta_1^2 + 2\alpha_1\beta_1)E(\sigma_t^4) + 2\alpha_0(\alpha_1 + \beta_1)E(\sigma_t^2)$$

在解得 $E(\sigma_t^4)$ 后，利用方差计算公式 $E(\sigma_t^2) = E(X_t^2) = \alpha_0/(1-\alpha_1-\beta_1)$，并设定 $E(X_t^4) = \kappa_Z E(\sigma_t^4)$，可以得到

$$E(X_t^4) = \frac{\alpha_0^2\kappa_Z(1-(\alpha_1+\beta_1)^2)}{(1-\alpha_1-\beta_1)^2(1-\alpha_1^2\kappa_Z-\beta_1^2-2\alpha_1\beta_1)}$$

由此可得

$$\kappa_X = \frac{\kappa_Z(1-(\alpha_1+\beta_1)^2)}{(1-(\alpha_1+\beta_1)^2-(\kappa_Z-1)\alpha_1^2)}$$

显然，当 $\kappa_Z > 1$ 时，X_t 的峰度比 Z_t 的峰度大，例如对于高斯和标准 t 新息。图 14.4 中 GARCH(1,1) 模型的峰度为 3.77。

（4）**与 ARMA(1,1) 过程相关的形式**。使用与等式(14.23)相同的表达形式，协方差平稳 GARCH(1,1) 过程可以写成

$$X_t^2 = \alpha_0 + \alpha_1 X_{t-1}^2 + \beta_1 \sigma_{t-1}^2 + V_t$$

其中，$\{V_t\}$ 是鞅差序列，$V_t = \sigma_t^2(Z_t^2 - 1)$。由于 $\sigma_{t-1}^2 = X_{t-1}^2 - V_{t-1}$，我们得到

$$X_t^2 = \alpha_0 + (\alpha_1 + \beta_1) X_{t-1}^2 - \beta_1 V_{t-1} + V_t \tag{14.28}$$

它开始与 X_t^2 的 ARMA(1,1) 过程有些类似了。如果我们进一步假设 $E(X_t^4) < \infty$，以及 $\alpha_1 + \beta_1 < 1$，那么

$$\left(X_t^2 - \frac{\alpha_0}{1 - \alpha_1 - \beta_1}\right) = (\alpha_1 + \beta_1)\left(X_{t-1}^2 - \frac{\alpha_0}{1 - \alpha_1 - \beta_1}\right) - \beta_1 V_{t-1} + V_t$$

就是一个 ARMA(1,1) 过程。图 14.4展示了一个有限四阶矩 GARCH(1,1) 模型的样例，其过程值的平方是一个 ARMA(1,1) 过程。

（5）GARCH(p,q) **模型**。高阶 ARCH、GARCH 模型和低阶 ARCH(1)、GARCH(1,1) 模型具有相似的特征，但高阶模型的数学解析方法更加复杂。Bougerol 和 Picard(1992) 得到了 SRE 过程有严平稳性解的条件，但其解法非常复杂。这个解协方差平稳的充要条件为 $\sum\limits_{i=1}^{p} \alpha_i + \sum\limits_{j=1}^{q} \beta_j < 1$。

GARCH(p,q) 平方过程具有以下结构

$$X_t^2 = \alpha_0 + \sum_{i=1}^{\max(p,q)} (\alpha_i + \beta_i) X_{t-i}^2 - \sum_{j=1}^{q} \beta_j V_{t-j} + V_t$$

如果 $q > p$，对于 $i = p+1, \cdots, q$，则 $\alpha_i = 0$；如果 $p > q$，则 $\beta_j = 0, j = q+1, \cdots, p$。这类似于 ARMA(max($p,q$),$q$) 过程，并且如果 $E(X_t)^4 < \infty$ 成立，则它严格是 ARMA(max(p,q),q) 过程。

（6）IGARCH。当使用 GARCH 模型分析日数据或高频风险因子收益率数据的时候，有时我们会发现得到的 ARCH 和 GARCH 参数估计 $(\alpha_1, \cdots, \alpha_p, \beta_1, \cdots, \beta_q)$ 之和会非常接近于 1，有时甚至稍大于 1。当模型满足 $\sum\limits_{i=1}^{p} \alpha_i + \sum\limits_{j=1}^{q} \beta_j \geqslant 1$ 时，该过程就有无限的方差，因此是非协方差平稳的。$\sum\limits_{i=1}^{p} \alpha_i + \sum\limits_{j=1}^{q} \beta_j = 1$ 时的特殊情况便被称为差分 GARCH（或 IGARCH）过程。

简单起见，本节将考虑 IGARCH(1,1) 模型。由式(14.28)可以得到平方过程必须满足

$$\nabla X_t^2 = X_t^2 - X_{t-1}^2 = \alpha_0 - (1 - \alpha_1) V_{t-1} + V_t$$

其中，$\{V_t\}$ 是由 $V_t = \sigma_t^2(Z_t^2 - 1)$ 和 $\sigma_t^2 = \alpha_0 + \alpha_1 X_{t-1}^2 + (1 - \alpha_1)\sigma_{t-1}^2$ 定义的噪声序列。这个方程类似 X_t^2 的 ARIMA(0,1,1) 模型（见式(14.12)），虽然噪声 $\{V_t\}$ 不是白噪声，根

据定义 14.3.6它也不是严格意义上的鞅差过程。由于 $E(\sigma_t^2)=E(X_t^2)=\infty$，$E(V_t|\mathcal{F}_{t-1})$ 没有定义，所以 $E|V_t|$ 也没有定义。

14.4.3 GARCH 模型的简单扩展

目前已有很多 GARCH 模型的变种方法。这里，我们只简单提及其中一部分方法（详情请参阅说明和注释）。

（1）**带有 GARCH 误差项的 ARMA 模型**。我们已经看到 ARMA 过程是由白噪声 $(\varepsilon_t)_{t\in\mathbb{Z}}$ 构成的，并且协方差平稳 GARCH 过程其实是一种白噪声。在本节中, 我们通过把 ARMA 误差 ε_t 设为 $\sigma_t Z_t$（其中 σ_t 代表 ε_t 历史值的 GARCH 波动率），来将 ARMA 模型和 GARCH 模型结合起来。这为我们提供了一个具有 GARCH 误差的灵活的 ARMA 模型族, 它结合了这两个模型类的特性。

定义 14.4.3 设 $\{Z_t\}_{t\in\mathbb{Z}}$ 为 SWN(0,1) 。如果 $\{X_t\}_{t\in\mathbb{Z}}$ 是协方差平稳的且其差分方程满足

$$
\begin{aligned}
X_t &= \mu_t + \sigma_t Z_t \\
\mu_t &= \mu + \sum_{i=1}^{p_1} \phi_i \left(X_{t-i} - \mu\right) + \sum_{j=1}^{q_1} \theta_j \left(X_{t-j} - \mu_{t-j}\right) \\
\sigma_t^2 &= \alpha_0 + \sum_{i=1}^{p_2} \alpha_i \left(X_{t-i} - \mu_{t-i}\right)^2 + \sum_{j=1}^{q_2} \beta_j \sigma_{t-j}^2
\end{aligned}
$$

则 $\{X_t\}_{t\in\mathbb{Z}}$ 是一个具有 GARCH(p_2,q_2) 误差的 ARMA(p_1,q_1) 过程，其中 $\alpha_0>0,\alpha_i\geqslant 0$, $i=1,\cdots,p_2,\beta_j\geqslant 0,j=1,\cdots,q_2,\sum\limits_{i=1}^{p_2}\alpha_i+\sum\limits_{j=1}^{q_2}\beta_j<1$ 。

为了与前面对 ARMA 过程的定义保持一致, 我们将 GARCH 误差的协方差平稳条件放到了定义中。如前所述，如果想让 ARMA 过程是一个因果和可逆线性过程, 多项式 $\tilde{\phi}(z)=1-\phi_1 z-\cdots-\phi_{p_1}z^{p_1}$ 和 $\tilde{\theta}(z)=1+\theta_1 z+\cdots+\theta_{q_1}z^{q_1}$ 应该没有共同的根, 并且它们在单位圆内没有根。

令 $\{\mathcal{F}_t\}_{t\in\mathbb{Z}}$ 表示 $\{X_t\}_{t\in\mathbb{Z}}$ 的自然代数流，并假设该 ARMA 模型是可逆的。类似式 (14.11), ARMA 过程的可逆性确保了 μ_t 是 F_{t-1} 可测的。此外, 由于 σ_t 依赖于无限历史信息 $(X_s-\mu_s)_{s\leqslant t-1}$ ，ARMA 的可逆性也确保了 σ_t 是 $\mathcal{F}_{t-1}$ 可测的。计算可以得到 $\mu_t=E\left(X_t\mid\mathcal{F}_{t-1}\right)$ 和 $\sigma_t^2=\operatorname{var}\left(X_t\mid\mathcal{F}_{t-1}\right)$, 因此 μ_t 和 σ_t^2 是新过程的条件均值和方差。

（2）**GARCH 的杠杆效应**。对标准 ARCH 和 GARCH 过程被广为诟病的一个特征是，不论收益率是正的还是负的，两种方法产生的波动率对近期收益的效应是严格对称的。然而经济理论通常认为, 市场信息对波动性具有非对称效应，导致公司股票价值下跌的坏消息往往会增加波动性。这种现象被称为杠杆效应, 因为股票价值的下降会导致公司的债务股本比或所谓的杠杆率上升，从而使股票更加不稳定。通俗来讲，相比于相同程度的股价上升, 投资者总是会对股价下跌表现得更紧张。

给 GARCH(1,1) 模型添加杠杆效应的一种方法是在波动率方程 (14.24)中引入一个额外的参数来得到杠杆效应

$$
\sigma_t^2=\alpha_0+\alpha_1\left(X_{t-1}+\delta\left|X_{t-1}\right|\right)^2+\beta_1\sigma_{t-1}^2 \tag{14.29}
$$

就像 GARCH$(1,1)$ 模型一样, 这里我们假设 $\delta \in [-1,1]$ $\alpha_1 \geqslant 0$。这样式(14.29)可以被写成

$$\sigma_t^2 = \begin{cases} \alpha_0 + \alpha_1(1+\delta)^2 X_{t-1}^2 + \beta_1\sigma_{t-1}^2, & X_{t-1} \geqslant 0 \\ \alpha_0 + \alpha_1(1-\delta)^2 X_{t-1}^2 + \beta_1\sigma_{t-1}^2, & X_{t-1} < 0 \end{cases}$$

因此

$$\frac{\partial \sigma_t^2}{\partial X_{t-1}^2} = \begin{cases} \alpha_1(1+\delta)^2\sigma_{t-1}^2, & X_{t-1} \geqslant 0 \\ \alpha_1(1-\delta)^2\sigma_{t-1}^2, & X_{t-1} < 0 \end{cases}$$

这样, 波动率对最近收益率的反馈机制就取决于收益率的正负。在一般情况下，有 $\delta < 0$, 即坏消息能对波动率产生更大的影响。

（3）**阈值 GARCH 模型**。根据式 (14.29)，我们可以把公式写为

$$\sigma_t^2 = \alpha_0 + \tilde{\alpha}_1 X_{t-1}^2 + \tilde{\delta}_1 I_{\{X_{t-1}<0\}} X_{t-1}^2 + \beta_1\sigma_{t-1}^2 \tag{14.30}$$

其中，$\tilde{\alpha}_1 = \alpha_1(1+\delta)^2$，并且 $\tilde{\delta} = -4\delta\alpha_1$。式 (14.30)给定了阈值 GARCH （或 TGARCH）模型的最常见形式。实际上，阈值已设置为零, 并且过程在 t 时刻的取值取决于过程 X_{t-1}（或新息 Z_{t-1}）的历史值是否低于或高于这个阈值。然而，也可以在 TGARCH 模型中设置非零阈值，它代表了比 GARCH 模型更通用的一类模型。

阈值 GARCH 模型较不常见的版本中, GARCH 效应的系数取决于该过程历史值的正负，则一阶过程具有如下形式

$$\sigma_t^2 = \alpha_0 + \alpha_1 X_{t-1}^2 + \beta_1\sigma_{t-1}^2 + \delta I_{\{X_{t-1}<0\}}\sigma_{t-1}^2 \tag{14.31}$$

注意： 需要注意, 将非对称性融入 GARCH 模型的更进一步的方法是假设一个非对称的新息分布（尽管它仍是均值为 0，方差为 1 的标准分布）。可以从广义双曲分布族中产生备选分布。

14.4.4 GARCH 模型的几类推广形式

GARCH(p,q) 模型的几类推广形式如下。

（1）非线性非对称 GARCH(1,1)（NGARCH），英文全称是 nonlinear asymmetric GARCH(1,1)。

（2）集成广义自回归条件异方差（IGARCH）模型，英文全称是 integrated generalized autoregressive conditional heteroskedasticity model，它是 GARCH 模型的受限版本，其中持久参数（persistent parameters）总和为 1，并在 GARCH 过程中引入单位根。

（3）指数广义自回归条件异方差（EGARCH）模型，英文全称是 the exponential generalized autoregressive conditional heteroskedastic model，Nelson 和 Cao （1991）提出的指数广义自回归条件异方差模型是 GARCH 模型的另一种形式。

（4） GARCH-in-mean（GARCH-M）模型，英文全称是 The GARCH-in-mean model，GARCH-M 模型在均值方程中添加了一个异方差项。

（5）二次 GARCH（QGARCH）模型，英文全称是 the quadratic GARCH model，Sentana（1995）的 QGARCH 模型用于模拟正冲击和负冲击的不对称效应。

（6）Glosten-Jagannathan-Runkle-GARCH（GJR-GARCH）模型，与 QGARCH 类似，Glosten、Jagannatham 和 Runkle（1993）提出的 GJR-GARCH 模型，也对 ARCH 过程中的不对称性进行了建模。

（7）阈值 GARCH（TGARCH）模型，英文全称是 the threshold GARCH model，是 Zakoian（1994）提出的模型，类似于 GJR-GARCH。这种划分是基于条件标准差而不是条件方差。

（8）fGARCH 模型，Hentschel 的 fGARCH 模型也称为家族 GARCH，是一个综合模型，嵌套了多种其他流行的对称和非对称 GARCH 模型，包括 APARCH、GJR、AVGARCH、NGARCH 等。

（9）连续时间 GARCH（COGARCH）模型，英文全称是 the continuous-time GARCH model, 2004 年，Claudia Klüppelberg、Alexander Lindner 和 Ross Maller 提出了离散时间 GARCH(1,1) 过程的连续时间推广。我们的想法是从 GARCH(1,1) 模型方程开始。

（10）零漂移 GARCH（ZD-GARCH）模型：与 GARCH 模型不同，Li、Zhang、Zu 和 Ling（2018）提出的零漂移 GARCH 模型将漂移项置于一阶 GARCH 模式中。

（11）空间 GARCH 模型，英文全称是 spatial GARCH model，Otto、Schmid 和 Garthoff（2018）提出的空间 GARCH 过程被视为 GARCH 模型的空间等价物。与时间 ARCH 模型相比，由于相邻空间位置之间的相互依赖性，在时间 ARCH 模式中，分布是已知的，因为先前周期的完整信息集，所以在空间和时空环境中，分布不是直接的。

14.4.5 GARCH 模型拟合

（1）**构建似然方程**。使用 GARCH 模型拟合数据时最常用的方法是极大似然法。下面我们将依次考虑 ARCH(1) 和 GARCH(1,1) 模型的拟合，更一般的 ARCH(p) 和 GARCH(p,q) 模型的拟合方法可由类推得到。

对于 ARCH(1) 模型和 GARCH(1,1) 模型，假设我们共有 $n+1$ 个数据 $X_0, X_1, \cdots, X_n$，则相应随机变量的联合密度可写为

$$f_{X_0,\cdots,X_n}\left(x_0,\cdots,x_n\right)=f_{X_0}\left(x_0\right)\prod_{t=1}^{n} f_{X_t \mid X_{t-1},\cdots,X_0}\left(x_t \mid x_{t-1},\cdots,x_0\right) \tag{14.32}$$

对于纯 ARCH(1) 过程（即一阶马尔可夫过程），式(14.32)中的条件密度 $f_{X_t \mid X_{t-1},\cdots,X_0}$ 仅取决于 σ_t 过去的值，或等价的 X_{t-1}。易求得条件密度函数：

$$f_{X_t \mid X_{t-1},\cdots,X_0}\left(x_t \mid x_{t-1},\cdots,x_0\right)=f_{X_t \mid X_{t-1}}\left(x_t \mid x_{t-1}\right)=\frac{1}{\sigma_t} f_Z\left(\frac{x_t}{\sigma_t}\right) \tag{14.33}$$

其中，$\sigma_t=\left(\alpha_0+\alpha_1 x_{t-1}^2\right)^{1/2}$，并且 $f_Z(z)$ 代表新息 $\{Z_t\}_{t\in\mathbb{Z}}$ 的密度函数。它的均值必须为 0 和方差为 1，典型方法是选择标准正态密度，或者标准 t 分布 (单位方差) 的密度。

然而，对于 ARCH 和 GARCH 而言，式(14.32)中的边际密度函数 f_{X_0} 还没有准确的解析解。它给由式(14.32)得到似然函数带来了一定问题。实践中，我们通过给定 X_0 来构

建条件似然函数从而求解，其形式如下：

$$f_{X_1,\cdots,X_n|X_0}\left(x_1,\cdots,x_n \mid x_0\right)=\prod_{t=1}^{n} f_{X_t|X_{t-1},\cdots,X_0}\left(x_t \mid x_{t-1},\cdots,x_0\right) \tag{14.34}$$

对于 ARCH(1) 模型，式(14.33)就变成了

$$L\left(\alpha_0,\alpha_1;\boldsymbol{X}\right)=f_{X_1,\cdots,X_n|X_0}\left(X_1,\cdots,X_n \mid X_0\right)=\prod_{t=1}^{n}\frac{1}{\sigma_t} f_Z\left(\frac{X_t}{\sigma_t}\right)$$

其中 $\sigma_t=\left(\alpha_0+\alpha_1 x_{t-1}^2\right)^{1/2}$。对于 ARCH($p$) 模型，我们能用相似的方法来得到给定前 p 个值时的条件似然方程。

在 GARCH(1,1) 模型中，σ_t 是用 σ_{t-1} 递归定义的。在这里，我们不使用式(14.34)，而是根据 X_0 和 σ_0 的实现值来构造 $X_1,\cdots,X_n$ 的联合密度函数，即

$$f_{X_1,\cdots,X_n|X_0,\sigma_0}\left(x_1,\cdots,x_n \mid x_0,\sigma_0\right)=\prod_{t=1}^{n} f_{X_t|X_{t-1},\cdots,X_0,\sigma_0}\left(x_t \mid x_{t-1},\cdots,x_0,\sigma_0\right)$$

在给定 $\sigma_t^2=\alpha_0+\alpha_1 X_{t-1}^2+\beta_1\sigma_{t-1}^2$ 和 $\sigma_0,X_0,\cdots,X_{t-1}$ 时，条件密度函数 $f_{X_t|X_{t-1},\cdots,X_0,\sigma_0}$ 仅通过 σ_t 的实现依赖于过去信息。这样，我们就能得到如下条件似然函数：

$$L\left(\alpha_0,\alpha_1,\beta_1;\boldsymbol{X}\right)=\prod_{t=1}^{n}\frac{1}{\sigma_t} f_Z\left(\frac{X_t}{\sigma_t}\right),\quad \sigma_t=\sqrt{\alpha_0+\alpha_1 X_{t-1}^2+\beta_1\sigma_{t-1}^2}$$

但问题是，我们并没有观测到 σ_0^2 的值。一种解决方案是，通过设定合理的初始值，如样本方差 $X_1,\cdots,X_n$，或直接取为零。

对于 GARCH(p,q) 模型，假设有 $n+p$ 个数据值 $X_{-p+1},\cdots,X_0,X_1,\cdots,X_n$。我们基于可观测到的样本 $X_{-p+1},\cdots,X_0$ 和不可观测的标准差 $\sigma_{-q+1},\cdots,\sigma_0$ 来估计似然函数。例如，当 $p=1$ 和 $q=3$ 时，我们需要设置 σ_0 的初始值。

类似的方法可以用于推导带有 GARCH 误差的 ARMA 模型的似然函数。在这种情况下，我们会得到以下条件似然方程：

$$L(\boldsymbol{\theta};\boldsymbol{X})=\prod_{t=1}^{n}\frac{1}{\sigma_t} f_Z\left(\frac{X_t-\mu_t}{\sigma_t}\right)$$

其中，σ_t 服从 GARCH 的设定，μ_t 服从 ARMA（定义 14.4.3），向量 $\boldsymbol{\theta}$ 包括了所有未知参数（可能包括新息分布的未知参数）。当然，我们也可以考虑具有杠杆效应或阈值效应的模型。

（2）**参数估计**。 现在考虑一个对数似然方程

$$\ln L(\boldsymbol{\theta};\boldsymbol{X})=\sum_{t=1}^{n} l_t(\boldsymbol{\theta}) \tag{14.35}$$

其中，l_t 表示由第 t 个观测值产生的对数似然贡献。最大似然估计 $\hat{\boldsymbol{\theta}}$ 是最大化（条件）对数似然方程(14.35)的解，它通常是局部极大值，并且满足似然方程

$$\frac{\partial}{\partial\boldsymbol{\theta}}\ln L(\boldsymbol{\theta};\boldsymbol{X})=\sum_{t=1}^{n}\frac{\partial l_t(\boldsymbol{\theta})}{\partial\boldsymbol{\theta}}=\mathbf{0} \tag{14.36}$$

其中，等式左侧也被称为条件似然的得分向量。式(14.36)通常使用所谓的修正牛顿迭代法（Newton-raphson）进行数值求解。GARCH 模型中广泛使用的一种特殊方法是 Berndt 等（1974）的 BHHH 算法。

在接下来描述参数估计时，我们分两种情况进行讨论。在第一种情况下，我们假设已拟合的模型是正确设定的，即数据确实是由假定的新息分布和动态特征的时间序列模型得到。我们阐述了最大似然估计（MLEs）在这种理想化下的渐近表现。

第二种情况下，我们假设正确的动态特征已经确定，但我们错把新息分布假设成了高斯分布。在这种情况下，我们就需使用拟极大似然法（QML）来估计模型参数，而这样得到的估计值为拟极大似然估计值（QMLs）。需要注意的是，我们将高斯似然函数视为最大化的目标函数，而非一个似然函数；直觉告诉我们，只要新息分布的假设合理，这样得到的参数估计值可能也是合理的。

（3）**极大似然估计**。实际上，GARCH 模型的渐近性和独立同分布样本的 MLEs 渐近分布理论类似。但它并不是这些结果的简单应用。我们在说明与注解中给出了相关的参考文献。这里，我们将把结果运用到没有 ARMA 成分的纯 GARCH 模型或额外的杠杆结构上。

对于一个带有高斯新息的纯 GARCH(p,q) 模型（假设模型已正确指定），有

$$\sqrt{n}\left(\hat{\boldsymbol{\theta}}_n-\boldsymbol{\theta}\right)\xrightarrow{\mathrm{d}}N_{p+q+1}\left(\mathbf{0},\boldsymbol{I}(\boldsymbol{\theta})^{-1}\right)$$

其中

$$\boldsymbol{I}(\boldsymbol{\theta})=\boldsymbol{E}\left(\frac{\partial l_t(\boldsymbol{\theta})}{\partial\boldsymbol{\theta}}\frac{\partial l_t(\boldsymbol{\theta})}{\partial\boldsymbol{\theta}'}\right)=-\boldsymbol{E}\left(\frac{\partial^2 l_t(\boldsymbol{\theta})}{\partial\boldsymbol{\theta}\partial\boldsymbol{\theta}'}\right) \tag{14.37}$$

是任意单个观测得到的费希尔 (Fisher) 信息矩阵。这样我们就得到了 GARCH 参数的一致和渐近正态估计。在实践中，我们通常使用观测信息矩阵近似期望信息矩阵 $\boldsymbol{I}(\boldsymbol{\theta})$。这里，我们可以由期望信息矩阵(14.37) 的任意一种等价形式得到观测信息矩阵。也就是说，我们可以使用

$$\bar{\boldsymbol{I}}(\boldsymbol{\theta})=\frac{1}{n}\sum_{t=1}^{n}\left(\frac{\partial l_t(\boldsymbol{\theta})}{\partial\boldsymbol{\theta}}\frac{\partial l_t(\boldsymbol{\theta})}{\partial\boldsymbol{\theta}'}\right)\quad\text{或}\quad\bar{\boldsymbol{J}}(\boldsymbol{\theta})=-\frac{1}{n}\sum_{t=1}^{n}\frac{\partial^2 l_t(\boldsymbol{\theta})}{\partial\boldsymbol{\theta}\partial\boldsymbol{\theta}'} \tag{14.38}$$

其中，第一个矩阵有外积形式，第二个为黑塞（Hessian）矩阵。这些矩阵都可通过极大似然法来估计，得到 $\bar{\boldsymbol{I}}(\hat{\boldsymbol{\theta}})$ 或 $\bar{\boldsymbol{J}}(\hat{\boldsymbol{\theta}})$。其对数似然的导数经常通过一阶和二阶差分来估计。

如果模型设定正确，估计值 $\bar{\boldsymbol{I}}(\hat{\boldsymbol{\theta}})$ 和 $\bar{\boldsymbol{J}}(\hat{\boldsymbol{\theta}})$ 理应相似，是同一个费雪信息矩阵估计值的不同表达形式。实际上，我们也可通过 $\bar{\boldsymbol{J}}(\hat{\boldsymbol{\theta}})\bar{\boldsymbol{I}}(\hat{\boldsymbol{\theta}})^{-1}\bar{\boldsymbol{J}}(\hat{\boldsymbol{\theta}})$ 来估算 $\boldsymbol{I}(\boldsymbol{\theta})$，它就是 QML 计算过程中的三明治估计量 (sandwich estimator)。

（4）**QMLE 的性质**。在这种方法中，我们假设数据由一个 GARCH(p,q) 模型产生，它具有非高斯新息，但是我们试图通过最大化具有高斯新息的 GARCH(p,q) 模型的似然函数来估计过程的参数。我们仍然会得到模型参数的一致估计。如果真正的新息分布有一个有限的四阶矩，我们可以得到估计量的渐近正态性；然而，其渐近协方差矩阵的形式会有变化。

我们现在区分矩阵 $\boldsymbol{I}(\boldsymbol{\theta})$ 和 $\boldsymbol{J}(\boldsymbol{\theta})$，即

$$\boldsymbol{I}(\boldsymbol{\theta})=E\left(\frac{\partial l_t(\boldsymbol{\theta})}{\partial \boldsymbol{\theta}}\frac{\partial l_t(\boldsymbol{\theta})}{\partial \boldsymbol{\theta}'}\right),\quad \boldsymbol{J}(\boldsymbol{\theta})=-E\left(\frac{\partial^2 l_t(\boldsymbol{\theta})}{\partial \boldsymbol{\theta}\partial \boldsymbol{\theta}'}\right)$$

这里矩阵中的期望是对真实模型（而不是错误假定的高斯模型）取的。如果高斯分布的假设不正确，则 $\boldsymbol{I}(\boldsymbol{\theta})$ 和 $\boldsymbol{J}(\boldsymbol{\theta})$ 通常不一致。我们可以看到:

$$\sqrt{n}\left(\hat{\boldsymbol{\theta}}_n-\boldsymbol{\theta}\right)\xrightarrow{\mathrm{d}} N_{p+q+1}\left(\mathbf{0},\boldsymbol{J}(\boldsymbol{\theta})^{-1}\boldsymbol{I}(\boldsymbol{\theta})\boldsymbol{J}(\boldsymbol{\theta})^{-1}\right) \tag{14.39}$$

渐近协方差矩阵也会通过三明治形式来表现。它能由 $\bar{\boldsymbol{J}}(\hat{\boldsymbol{\theta}})^{-1}\bar{\boldsymbol{I}}(\hat{\boldsymbol{\theta}})\bar{\boldsymbol{J}}(\hat{\boldsymbol{\theta}})^{-1}$ 来估计，其中式(14.38) 定义了 $\bar{\boldsymbol{I}}(\boldsymbol{\theta})$ 和 $\bar{\boldsymbol{J}}(\boldsymbol{\theta})$。如果下文介绍的模型检验表明，GARCH 模型已经能充分解释数据动态特征，但高斯假设似乎不成立，那么参数估计的标准误差应该基于这个协方差矩阵来估计。

（5）**模型检验**。 如 ARMA 模型，我们通常会用残差特征来检验已拟合的 GARCH 模型。我们现在考虑一个广义 ARMA-GARCH 模型 $X_t-\mu_t=\varepsilon_t=\sigma_t Z_t$，其中 μ_t 和 σ_t 如定义 14.4.3中说明。在这个模型中，我们需要区分f 非标准和标准残差。前者是从模型中 ARMA 部分得到的残差 $\hat{\varepsilon}_1,\cdots,\hat{\varepsilon}_n$，它可使用式(14.13)中提到的方法计算。在假设模型下，这些残差应与纯 GARCH 过程的实现相似。后者是重构的 SWN 过程，我们假设其构成了模型中的 GARCH 部分，它可由下式计算得出:

$$\hat{Z}_t=\hat{\varepsilon}_t/\hat{\sigma}_t,\quad \hat{\sigma}_t^2=\hat{\alpha}_0+\sum_{i=1}^{p_2}\hat{\alpha}_i\hat{\varepsilon}_{t-i}^2+\sum_{j=1}^{q_2}\hat{\beta}_j\hat{\sigma}_{t-j}^2 \tag{14.40}$$

为使用式(14.40)，我们需要设定一些初始值。一种设定方案是令残差初始值 $\hat{\varepsilon}_t$ 为 0，令波动率初始值 $\hat{\sigma}_t$ 为样本方差或 0。最初几个估计值会受到这些初始值以及计算非标准化残差所需的初始值的影响，但它们在后面的分析中可能被忽略。

就标准化残差而言，它的表现应该类似一个 SWN 过程。我们可通过 14.3.3 节中描述的严白噪声检验方法或画出原始数据和绝对值数据的自相关图来验证其 SWN 特性。

假设无法拒绝 SWN 假设，这就说明模型能较好地反应数据的特征。检验 ML 拟合过程中需要用到的分布有效性，可以利用对检验标准正态分布和标准 t 分布的 Q-Q 图的方法和拟合优度检验方法来实现。如果高斯似然函数能合理地拟合数据特征，但残差并不符合独立的标准正态分布假定，则应使用 QML 方法，标准误差则应通过式(14.39)中隐含的三明治估计量来估计。

这意味着我们将进行两阶段分析。首先，我们使用 QML 来拟合数据的动态变化过程，然后，用该动态模型提供的残值作为数据来获取新息残差分布。这里，第一阶段有时候也被称为数据的预白噪声化。第二阶段中，我们可选择适用于非对称新息的厚尾模型来替代高斯分布。

两阶段方法的一个缺点是，时间序列建模的误差会影响第二阶段的分布拟合，并且很难量化其误差。然而这个过程使得模型建立的过程更加透明化，这允许我们将波动率建模和对驱动过程的效应建模两个任务分离开来。在高维风险因素建模中，这可能是一种实用的方法。

例 14.4.1　微软对数收益率分析。我们使用 1997—2000 年微软公司的 1009 个对数化日收益率数据，见图 14.5。虽然原始数据没有显示出序列相关性（图 14.6），但其绝对序列在 5% 的置信水平上拒绝了 Ljung-Box 检验（基于前 10 个估计的相关性），具有序列相关性。

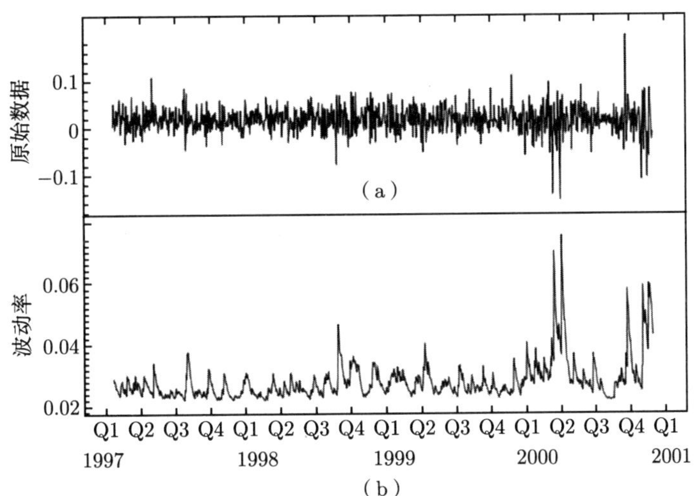

图 14.5　微软股票 1997—2000 年的对数收益率

(a) 原始数据；(b) 由带有杠杆项的 GARCH(1,1) 模型得到的波动率估计

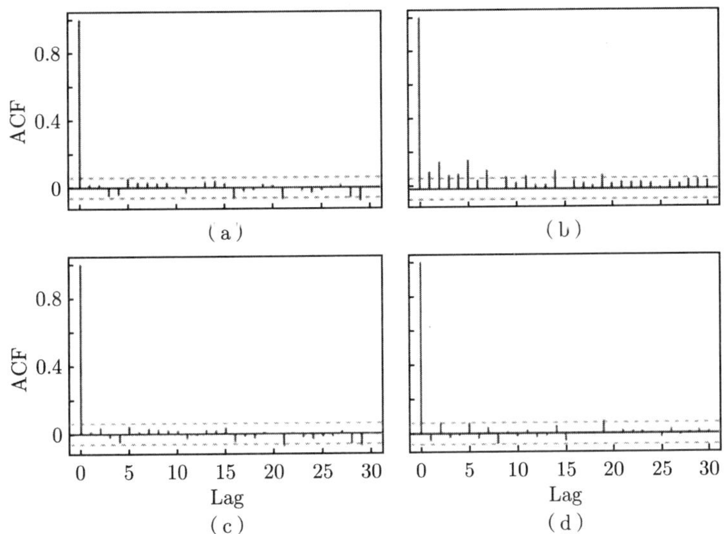

图 14.6　微软 1997—2000 年对数收益率，GARCH(1,1) 模型相关图

(a) 原始数据；(b) 绝对值数据，GARCH(1,1) 模型的残差；(c) 原始数据；(d) 绝对值数据

由于 t 分布显然比高斯分布更适合拟合这些数据的新息，我们选择带有 t 分布新息的模型，并用 ML 法来估计模型参数。我们对比标准 GARCH(1,1) 模型（均值固定）和那些使用 ARMA 结构（AAR(1)、MA(1) 和 ARMA(1,1)）来对条件均值进行建模的模型；ARMA 结构似乎在模型拟合效果上的改进作用不大，Akaike 准则表明 ARCH(1,1) 更优。

然而，使用式(14.29) 中提到的杠杆 GARCH 模型会有显著的优势。就模型的标准误差而言，无论是原始数据还是绝对值残差都没有显示出序列相关性特征（图 14.6），也不能拒绝 Ljung-Box 检验。t 分布的自由度参数估计值为 6.30（标准误差为 1.07），并且残差的 Q-Q 图显示模型的选择很合适（图 14.7，表 14.1列出了这个模型中其他参数的估计值（及标准误差））。

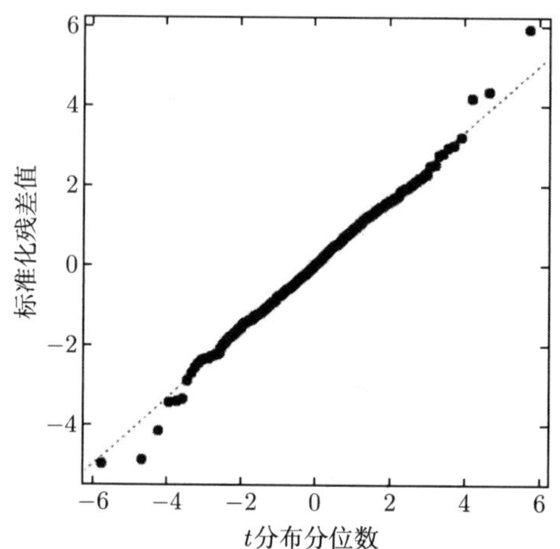

图 14.7 微软股票 1997—2000 年的对数收益率，杠杆 GARCH(1,1) 模型残差和自由度为 6.3 的 t 分布的 Q-Q 图

表 14.1 微软股票 1997—2000 年的对数收益率的分析，新息为 t 分布的假设下，参数的 ML 估计值以及杠杆 GARCH(1,1) 模型的标准误差

参数	估计	标准误差	比例
μ	9.35×10^{-4}	7.21×10^{-4}	1.30
α_0	7.79×10^{-5}	3.07×10^{-5}	2.54
α_1	0.108	0.0369	2.91
β_1	0.778	0.0673	11.57
δ	−0.178	0.123	−1.45

14.4.6 波动率预测和风险度量估计

在本节中，我们假设模型是严格协方差平稳的时间序列过程 $\{X_t\}_{t\in\mathbb{Z}}$，且它是 $(\mathcal{F}_t)$ 适应的，并满足方程

$$X_t = \mu_t + \sigma_t Z_t \tag{14.41}$$

其中，μ_t 和 σ_t 是 $\mathcal{F}_{t-1}$ 可测的, Z_t 是一个均值为 0、方差为 1 且独立于 $\mathcal{F}_{t-1}$ 的新息变量。式(14.41) 的例子包括本节讨论的所有 ARCH 和 GARCH 模型，以及带有 GARCH 误差的因果和可逆 ARMA 模型。

我们的任务是根据 n 个样本数据 $X_{t-n+1},\cdots,X_t$ 预测 $\sigma_{t+h}, h\geqslant 1$。假设这些样本数据是由式(14.41) 产生的。正如在 14.3.5 节中所述, 假设我们已知该过程直到时间 t 为止的无限历史信息, 并推导出了考虑样本的有限性的预测公式。

由于 $E\left(\sigma_{t+h}^2 \mid \mathcal{F}_t\right)=E\left(\left(X_{t+h}-\mu_{t+h}\right)^2 \mid \mathcal{F}_t\right)$, 我们的预测问题事实上与预测 $\left(X_{t+h}-\mu_{t+h}\right)^2$ 的问题密切相关,我们可以使用与 14.3.5 节中类似的方法来进行预测。本节我们将介绍指数加权移动平均 (EWMA) 预测方法。首先,我们在基础模型(即我们指定了式(14.41)中 σ_t 和 μ_t 的形式)的显式假设下推导预测方程，然后介绍 EWMA 预测方法。最后, 我们将介绍如何基于波动率预测结果来估计风险价值和预期损失。

（1）**基于 GARCH 的波动率预测**。假设已拟合了 GARCH 模型并估计了其参数，在本节的剩余部分中，我们将取消参数的估计符号。我们以两个简单模型为例，这将会对理解更复杂模型预测的一般过程有所帮助。

例 14.4.2　GARCH (1,1) 模型预测。假设我们使用的是纯 GARCH(1,1) 模型, 如定义 14.4.1 中所示, 该模型符合式(14.41)，且 $\mu_t=0$ 。由于 $E\left(X_{t+h} \mid \mathcal{F}_t\right)=0$ (GARCH 过程的鞅差性质), 所以 X_{t+h} 的最优估计为 0。对于 $\mathcal{F}_t$ 适应的 X_{t+1}^2，其自然预测值就是其条件均值 σ_{t+1}^2, 即

$$E\left(X_{t+1}^2 \mid \mathcal{F}_t\right)=\sigma_{t+1}^2=\alpha_0+\alpha_1 X_t^2+\beta_1 \sigma_t^2$$

如果 $E\left(X_t^4\right)<\infty$，这就是最优平方误差预测量。注意，基于信息 $\mathcal{F}_t$ 的随机变量 X_{t+1}^2 的预测量就是 σ_{t+1}^2 的值。在 t 时刻就能知道它的值, 因为它是一个历史过程的函数。

在实践中, 我们必须基于此公式进行近似，因为我们无法计算 σ_t^2 所需的历史值的无穷级数。在应用中, 一种很自然的方法是利用残差方程 (14.40)计算出的波动率平方 $\hat{\sigma}_t^2$ 的估计值，从而近似 σ_t^2。我们可以使用对 X_{t+1}^2 的近似预测作为对时间 $t+1$ 时的平方波动率的估计, 它由下式给出：

$$\hat{\sigma}_{t+1}^2=\hat{E}\left(X_{t+1}^2 \mid \mathcal{F}_t\right)=\alpha_0+\alpha_1 X_t^2+\beta_1 \hat{\sigma}_t^2 \tag{14.42}$$

因此, 可以将式(14.42)看作用于估计前一步波动率的递归方法。

给定时间 t 时的信息，当我们想要向前预测 $h>1$ 步时，X_{t+h}^2 和 σ_{t+h}^2 都是随机变量。它们预测是 ·致的，即

$$\begin{aligned}
E\left(X_{t+h}^2 \mid \mathcal{F}_t\right) & =E\left(\sigma_{t+h}^2 \mid \mathcal{F}_t\right) \\
& =\alpha_0+\alpha_1 E\left(X_{t+h-1}^2 \mid \mathcal{F}_t\right)+\beta_1 E\left(\sigma_{t+h-1}^2 \mid \mathcal{F}_t\right) \\
& =\alpha_0+\left(\alpha_1+\beta_1\right) E\left(X_{t+h-1}^2 \mid \mathcal{F}_t\right)
\end{aligned}$$

更一般的公式是

$$E\left(X_{t+h}^2 \mid \mathcal{F}_t\right)=\alpha_0 \sum_{i=0}^{h-1}\left(\alpha_1+\beta_1\right)^i+\left(\alpha_1+\beta_1\right)^{h-1}\left(\alpha_1 X_t^2+\beta_1 \sigma_t^2\right)$$

像之前一样, 我们通过带入波动率平方的估计值 $\hat{\sigma}_t^2$ 得到一个实用的公式。当 $h \rightarrow \infty$ 我们发现 $E\left(\sigma_{t+h}^2 \mid \mathcal{F}_t\right) \rightarrow \alpha_0 /\left(1-\alpha_1-\beta_1\right)$ 几乎必然成立，所以波动率平方的预测收敛于过程的无条件方差。图 14.8展示了一个在 GARCH(1,1) 模型中进行波动率预测的具体例子, 使用的数据是例 14.4.1中的微软收益率数据。使用 GARCH(1,1) 模型（不使用杠杆）对 2000 年最后几天的波动率建模得到的估计及对 2001 年头 10 天的波动率的预测。

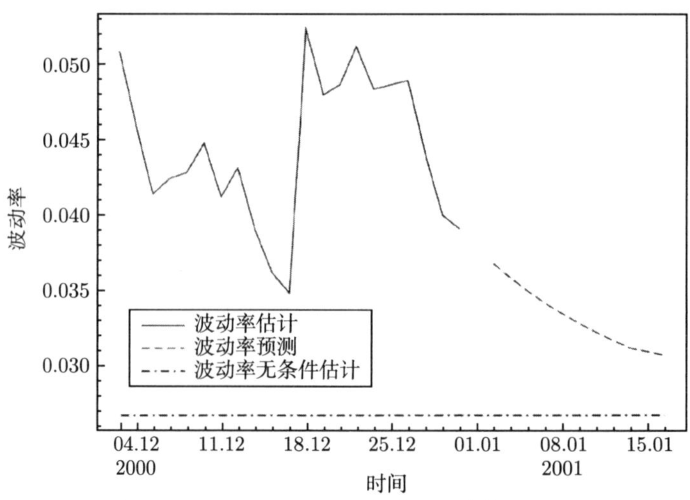

图 14.8　基于例 14.4.1中的微软收益率数据

我们现在介绍第二个例子, 它结合了关于 ARMA 和 GARCH 模型预测的内容。

例 14.4.3　ARMA (1,1)-GARCH(1,1) 模型预测。假设我们使用诸如定义 14.4.3中具有 GARCH(1,1) 误差的 ARMA(1,1) 模型。这个模型与式(14.41)一致，可从例 14.3.5和例 14.4.2中得到其预测的公式。通过使用估计值替代残差公式(14.40)中的 ε_t 和 σ_t，可计算得到

$$E\left(X_{t+h} \mid \mathcal{F}_t\right)=\mu+\phi_1^h\left(X_t-\mu\right)+\phi_1^{h-1} \theta_1 \varepsilon_t \tag{14.43}$$

$$\operatorname{var}\left(X_{t+h} \mid \mathcal{F}_t\right)=\alpha_0 \sum_{i=0}^{h-1}\left(\alpha_1+\beta_1\right)^i+\left(\alpha_1+\beta_1\right)^{h-1}\left(\alpha_1 \varepsilon_t^2+\beta_1 \sigma_t^2\right) \tag{14.44}$$

由式(14.43)可以得到 μ_{t+h} 或 X_{t+h} 的预测，由式(14.44)可以得到 $(X_{t+h}-\mu_{t+h})^2$ 或 σ_{t+h}^2 的预测。

（2）**波动率的指数平滑**。假设我们不想对式(14.42)中 σ_t 和 μ_t 的结构做出详细的假设。基于 14.3.5节中的指数平滑思想，我们想考虑一种简单的波动率预测方法。根据式(14.14)，对于一个合理选择的参数 λ，在 t 时刻 X_{t+1} 基于所有信息的预测量 $P_t(X_{t+1})$ 能够通过以下更新公式得到:

$$P_t X_{t+1}=\lambda X_t+(1-\lambda) P_{t-1} X_t \tag{14.45}$$

如果我们将此式应用于预测 $(X_{t+1}-\mu_{t+1})^2$，则对于一个合理选择的参数 α，我们能够得到

$$P_t(X_{t+1}-\mu_{t+1})^2=\alpha(X_t-\mu_t)^2+(1-\alpha) P_{t-1}(X_t-\mu_t)^2 \tag{14.46}$$

当然，使用等式(14.46) 时，除了需要选择 α 以外，我们还需要代入一个未观察到的条件平均值 μ_t 的估计。因为 $\sigma_{t+1}^2=E((X_{t+1}-\mu_{t+1})^2|\mathcal{F}_t)$，我们也可以使用式(14.46)作为一种指数平滑方法来估计无法观察到的波动率的平方。可以得到预测下一步波动率的递归公式:

$$\hat{\sigma}_{t+1}^2=\alpha(X_t-\hat{\mu}_t)^2+(1-\alpha) \hat{\sigma}_t^2 \tag{14.47}$$

这就是一个 EWMA 过程。对于大多风险因子收益序列来说，我们通常会设定 $\hat{\mu}_t=0$，并且序列的条件均值常接近于 0。或者，我们也可以把指数平滑思想应用到条件均值中，用由

递归公式(14.45)得到的估计量 $P_{t-1}X_t$，并用它来作为 $\hat{\mu}_t$。α 值通常取得很小，例如，对于银行界广为使用的 RiskMetrics 方法，建议设定 $\alpha=0.06$（Mina and Xiao, 2001）。如果我们将式(14.47)与式(14.42)中 GARCH(1,1) 模型定义的一步前向波动率估计方法进行比较，那么很容易得出这样的结论：在参数 α_0 等于 0 的 IGARCH 模型中，EWMA 与使用基于条件期望的技术来估计波动率相对应。但应该谨慎使用这个类比，因为具有 $\alpha_0=0$ 的 GARCH 和 IGARCH 模型没有良定义，并且式(14.27)中的随机递归关系的解趋近于 0。此外，IGARCH 不是协方差平稳的。在此基础上，更好的选择是将 EWMA 视为一种基于传统指数平滑技术的波动率无模型预测方法。

（3）**VaR 和 ES**。假设数据 $X_{t-n+1},\cdots,X_t$ 是一组金融损失数据，我们考虑将基于损失分布的风险度量应用到条件分布 $F_{X_{t+1}|\mathcal{F}_t}$ 上。例如，数据可能代表资产价格的负对数收益，而非收益。这里，我们尤为关注分布 $F_{X_{t+1}|\mathcal{F}_t}$ 的 VaR 和 ES。将 F_Z 表示为新息（Z_t）的分布函数，μ_{t+1} 和 σ_{t+1} 关于 $\mathcal{F}_t$ 的可测性意味着

$$F_{X_{t+1}|\mathcal{F}_t}(x)=P(\mu_{t+1}+\sigma_{t+1}Z_{t+1}\leqslant x|\mathcal{F}_t)=F_Z((x-\mu_{t+1})/\sigma_{t+1})$$

令 VaR_α^t 表示 $F_{X_{t+1}|\mathcal{F}_t}$ 的 α 分位数，并让 ES_α^t 表示相应的期望损失，可以得到

$$\mathrm{VaR}_\alpha^t=\mu_{t+1}+\sigma_{t+1}q_\alpha(Z),\mathrm{ES}_\alpha^t=\mu_{t+1}+\sigma_{t+1}\mathrm{ES}_\alpha(Z) \tag{14.48}$$

其中，Z 代表分布函数为 F_Z 的随机变量。

显然，如果我们可以估计 μ_{t+1} 和 σ_{t+1}，那么如果想要式(14.48)中的风险度量，我们只需要估计新息分布的 $q_\alpha(Z)$ 和 $\mathrm{ES}_\alpha(Z)$。我们可以使用参数或非参数方法（或半参数）求解。如果我们用 14.4.5节中提到的 ML 方法来估计一个设定好的 GARCH 类模型，那就能直接计算出新息分布的 $q_\alpha(Z)$ 和 $\mathrm{ES}_\alpha(Z)$。如果我们使用 QML 方法来拟合类 GARCH 模型，或者更简单地说，使用指数平滑方法来估计波动率和条件均值，然后我们就可以得到残差 $\hat{Z}_s=(X_s-\hat{\mu}_s)/\hat{\sigma}_s(s=t-n+1,\cdots,n)$，并对这些残差使用分位数和预期损失估计方法。

参考文献说明

ARCH 过程是由 Engle（1982）提出的，GARCH 是由 Bollerslev（1986）提出的，并且他们给出了协方差平稳的条件。有关 GARCH 的综述可参考 Gourieroux（1997）、Francq 和 Zakoian（2010）的著作，评述文章可参考 Bollerslev 等（1992）、Bollerslev 等（1994）和 Shepphard（1996）。Alexander（2001）、Tsay（2002）及 Zivot 和 Wang（2003）的书中也有很多章节涉及了 GARCH 模型。IGARCH 是由 Engle 和 Bollerslev（1986）提出的。

Nelson（1990）提出了 GARCH(1,1) 模型的严平稳条件，在此基础上，Bougerol 和 Picard（1992）提出了 GARCH(p,q) 的严平稳条件。相关的理论涉及 Kesten（1973）提出的随机递归关系；当然，Brandt（1986）也能提供有用的参考内容。Embrechts 等（1997）、Mikosch 和 Starica（2000）、Mikosch（2003）和 Mikosch（2013）对该理论进行了通俗的解释。更多关于 ARCH 和 GARCH 模型条件似然函数的推导，请参见 Hamilton（1994）和 Tsay（2002）。BHHH 算法（Berndt 等，1974）是目前计算最大似然值最常用的方法。关于最大似然函数下数值优化过程的一般讨论，请参考 Hamilton（1994，第 133-142 页）。QML 方法的相关参考文献包括 White（1981）和 Gourieroux 等（1984）。

GARCH 模型中 MLEs 和 QMLEs 的基本渐近性质在很多文献中都有涉及，但是详细的数学证明往往在这些论述之后再出现。早期的文章，如 Crowder（1976），通常倾向于提出条件模型的正则性条件，事实上这些条件难以验证。Lee 和 Hansen（1994）、Lumsdaine（1996）证明了 GARCH(1,1) 模型的 QMLE 估算量的一致性和渐近正态性。Berkes 等（2003）在最少的假设下，将这些结果拓展到了 GARCH(p,q)；对于各种一阶模型，Straumann（2005）、Straumann 和 Mikosch（2006）给出了类似的结果。从更实际的角度来看，由于典型的似然函数的平坦性和在有限样本中初值无法忽略的影响，很难得到 GARCH 模型参数的高精度估计。自行编程的读者可以 McCullough 和 Renfro （1999）、Brooks 等（2001）为基准，比较得到的估计。

除高斯分布和 t 分布以外，新息分布还有很多其他的备选形式。例如 Nelson（1991）提出的广义误差分布（generalized error distribution, GED）、Venter 和 de Jongh（2002）提出的正态逆高斯（normal inverse Gaussian, NIG）分布。后者提供了大量的证据，证明了 NIG 分布在实践中是一种很好的模拟新息分布的方法，并且它基于 NIG 的 GARCH 模型推断结果对分布的错误设定不太敏感。

目前已经提出了很多 GARCH 的变形方法，可参见 Bollerslev 等（1994）和 Shephard（1996）。Ding 等（1993）讨论了 GARCH 模型中的杠杆效应和更广义的 PGARCH 模型。同时，文献中也提出了很多阈值 GARCH 模型。非参方面的拓展研究包括 Yang 等（1999）提出的多元 ARCH(p) 模型，以及 Buhlmann 和 McNeil（2002）提出的非参 GARCH 过程。对具有长记忆过程波动率建模的内容，请参阅 Beran 等（2013）。

JPMorgan（RiskMetrics，1996；Mina and Xiao，2001）中的 RiskMetrics 推广了基于指数平滑的 EWMA 波动率估计方法。相关案例研究请参阅 Zivot 和 Wang（2003）。

14.5　条件自回归风险值的分位数回归

14.5.1　风险价值模型

VaR 是 20 世纪 90 年代初在金融行业发展起来的，它为高级管理人员提供一个单一的数字，可以快速、轻松地纳入投资组合风险的信息。今天，VaR 是每个风险管理工具框的一部分。事实上，VaR 可以帮助管理层从风险的角度估计成本，让他们以更有效的方式分配风险。还有，国际清算银行的巴塞尔银行监管委员会（1996）利用 VaR 来要求银行和投资公司等金融机构满足资本金要求，以覆盖它们因正常经营而带来的市场风险。然而，如果对潜在风险的估计不当，这些要求可能会导致金融机构高估（或低估）其市场风险，从而维持过高（低）的资本水平。其结果是金融资源的低效配置，最终可能诱使企业将其活动转移到金融监管较为宽松的司法管辖区。

现有的计算 VaR 的模型在很多方面都不同，但都遵循一个共同的结构，可以总结如下：①投资组合每天按市值计价；②对投资组合收益的分布进行估计；③计算投资组合的 VaR。VaR 模型之间的主要差异与第二个方面有关。VaR 方法最初可以分为两大类：因素模型，如风险矩阵（1996）；投资组合模型，如历史分位数。在第一种情况下，资产的范围被投射到有限数量的因素上，这些因素的波动性和相关性已经被预测。因此，投资组合风险的时间变化与这些因素的波动性或相关性的时间变化是相关的。VaR 被假设与组合的计算标准差成正比，通常假设是正态的。投资组合模型构建了模仿当前投资组合过去的历史收益。从这些历史收益中，基于统计模型构建当前的 VaR。因此，特定投资组合的风险变化与该投资组合的历史经验相关。虽然在构建历史收益时可能会出现问题，但感兴趣的建模问题是如何预测分位数。一些人首先估计投资组合的波动性，可能是通过 GARCH 或指数平滑，然后从中计算 VaR，通常假设是正态的。另一些人则假设在某一特定时期的任何回报都具有相同可能性的前提下，使用滚动的历史分位数。第三种方法是极值理论。

批评每一种方法都很容易。波动率方法假设负的极端情况与其他回报率具有相同的过程，回报率除以标准差的分布将是 iid（如果不是正态分布的话）。滚动历史分位数法假设，对于某个窗宽，比如一年，任何回报的可能性都是相等的，但超过一年的回报的概率为零。很容易看出，一个投资组合的 VaR 在非常糟糕的一天过后仅仅一年就会大幅下降。这种方法隐含的假设是，收益的分布不会随时间而变化，至少在一年内不会。历史模拟方法的一个有趣的变化是 Boudoukh、Richardson 和 Whitelaw（1998）提出的混合方法，它通过对投资组合的过去收益应用指数下降的权重，将波动性和历史模拟方法结合起来。然而，利息参数的选择和 VaR 计算背后的程序似乎都是特别的，并以经验理由而不是可靠的统计理论为基础。

最近有人提出将极端分位数估计方法应用于 VaR（Danielsson and de Vries，2000）。这里是利用统计极值理论的结果，并将注意力集中在尾部的渐近形式上，而不是对整个分布建模。这种方法存在两个问题。首先，它只适用于非常低的概率分位数。正如 Danielsson 和 de Vries（2000）所示，在常见的概率水平（如 5%）上，近似值可能非常差，因为它们不够“极端”。其次，也是最重要的，这些模型嵌套在一个 iid 变量的框架中，这与大多数金融数据集的特征不一致，因此，一个投资组合的风险可能不会随着条件信息集而变化。McNeil 和 Frey（2000）建议将 GARCH 模型拟合到收益的时间序列上，然后将极值理论应用到标准化残差上，这些残差被假定为 iid。虽然它是对现有应用的改进，但这种方法仍然存在与波动率模型相同的问题。Chernozhukov（2000）、Manganelli 和 Engle（2004）已经研究了如何将极值理论纳入回归分位数框架。

14.5.2　CAViaR

我们提出了一种不同的分位数估计方法, 不是对整个分布进行建模，而是直接对分位数进行建模。股票市场收益的波动性随着时间的推移而聚集的经验事实，可以用统计词汇来解释，说它们的分布是自相关的。因此，与分布的标准差紧密相关的 VaR 必然表现出类似的行为。将这一特征形式化的一种自然方法是使用某种类型的自回归规范。我们提出了一个条件自回归分位数规范，称为 CAViaR。

假设观察到一个投资组合收益向量 $\{y_t\}_{t=1}^{T}$。设 θ 为与 VaR 相关的概率，$\boldsymbol{x}_t$ 为时间 t 可观测变量的向量，$\boldsymbol{\beta}_\theta$ 是 p 维的未知参数向量。$f_t(\boldsymbol{\beta})=f_t(\boldsymbol{x}_{t-1},\boldsymbol{\beta}_\theta)$ 表示在时间 $t-1$ 时形成的投资组合收益分布的时间 t,θ-分位数，在这里为了符号方便，我们记 $\boldsymbol{\beta}_\theta$ 为 $\boldsymbol{\beta}$。一个通用的 CAViaR 规范可以写成如下形式:

$$f_t(\boldsymbol{\beta})=\beta_0+\sum_{i=1}^{q}\beta_i f_{t-i}(\boldsymbol{\beta})+\sum_{j=1}^{r}\beta_j l(\boldsymbol{x}_{t-j}) \tag{14.49}$$

其中 $p = q + r + 1$ 是 $\boldsymbol{\beta}$ 的维数，l 是有限数量的可观测值的滞后值的函数。自回归项 $\beta_i f_{t-i}(\boldsymbol{\beta}), i = 1, 2, \cdots, q$，确保分位数随时间“平稳”变化。$l(\boldsymbol{X}_{t-j})$ 是链接 $f_t(\boldsymbol{\beta})$ 指向属于信息集的可观察变量。因此，这个术语与 Engle 和 Ng（1993）引入的 GARCH 模型的新闻影响曲线有很大的相同作用。$\boldsymbol{x}_{t-1}$ 是滞后回报。事实上，y_{t-1} 变成较大负值时，我们预计 VaR 会增加，因为糟糕的一天会让下一天的概率更大一些。很好的日子可能也会增加 VaR，就像波动率模型的情况一样。因此，VaR 可能对称地依赖于 $|y_{t-1}|$。

接下来讨论一些我们估计的 CAViaR 过程的例子。在整个过程中，我们使用符号 $(x)^+ = \max(x, 0)$ ，$(x)^- = -\min(x, 0)$。

适应性：

$$f_t(\beta_1) = f_{t-1}(\beta_1) + \beta_1\{[1 + \exp(G[y_{t-1} - f_{t-1}(\beta_1)])]^{-1} - \theta\}$$

其中 G 是某个正的有限数。注意，当 $G \to \infty$ 时，最后一项几乎一定收敛于 $\beta_1[I(y_{t-1} < f_{t-1}\beta_1) - \theta]$，$I(\cdot)$ 表示示性函数；对于有限 G，该模型是阶跃函数的平滑版本。自适应模型包含以下规则: 当超过 VaR 时，应该立即增加它，但当不超过它时，应该非常轻微地减少它。这个策略显然会降低连续命中的概率，也会让永远不会命中的可能性变得不太可能。但当 G 较大时，它从接近 VaR 或极正的回报中学到的东西很少。无论回报是小幅度超过 VaR 还是大幅度超过 VaR，它都会使 VaR 增加相同的金额。这个模型在滞后的 VaR 上有一个单位系数，其他可选方案如下。

对称的绝对值：

$$f_t(\boldsymbol{\beta}) = \beta_1 + \beta_2 f_{t-1}(\boldsymbol{\beta}) + \beta_3|y_{t-1}|$$

不对称的斜率：

$$f_t(\boldsymbol{\beta}) = \beta_1 + \beta_2 f_{t-1}(\boldsymbol{\beta}) + \beta_3(y_{t-1})^+ + \beta_4(y_{t-1})^-$$

间接的 GARCH(1,1)：

$$f_t(\boldsymbol{\beta}) = (\beta_1 + \beta_2 f_{t-1}^2(\boldsymbol{\beta}) + \beta_3 y_{t-1}^2)^{1/2}$$

其中第一个和第三个对过去的回报做出对称反应，而第二个则允许对正回报和负回报的反应是不同的。当滞后 VaR 的系数不为 1 时，这三种都是均值回归。

如果源数据确实是一个具有 iid 误差分布的 GARCH(1,1)，则可以正确地指定间接 GARCH 模型。对称的绝对值和不对称的斜率分位数规范将由 GARCH 过程正确指定，在该过程中，标准偏差（而不是方差）或对称或不对称地用 iid 误差建模。该模型由 Taylor（1986）和 Schwert（1988）引入并估算，恩格尔（2002）进行分析。但 CAViaR 比这些 GARCH 模型更通用。各种形式的非 iid 误差分布都可以用这种方式建模。事实上，这些模型可以用于波动率恒定但误差分布不断变化的情况，或者误差密度和波动率都在变化的情况。

14.5.3 分位数回归

CAViaR 模型的参数是由 Koenker 和 Bassett（1978）引入回归分位数估计的。Koenker 和 Bassett 研究了如何将样本分位数的概念扩展到线性回归模型。考虑一个样本观测值

$y_1, y_2, \cdots, y_T$, 模型为

$$y_t = \boldsymbol{X}_t^{\mathrm{T}} \boldsymbol{\beta}^0 + \varepsilon_{\theta t}, \quad \mathrm{Quant}_\theta(\varepsilon_{\theta t|\boldsymbol{X}_t}) = 0 \tag{14.50}$$

其中 $\boldsymbol{X}_t$ 是 p 维回归向量和 $\mathrm{Quant}_\theta(\varepsilon_{\theta t|\boldsymbol{X}_t})$ 在 $\boldsymbol{X}_t$ 的条件下 $\varepsilon_{\theta t}$ 的 θ-分位数。令 $f_t(\boldsymbol{\beta}) \equiv \boldsymbol{X}_t\boldsymbol{\beta}$，然后将 θ 回归分位数定义为

$$\min_{\boldsymbol{\beta}} \frac{1}{T} \sum_{t=1}^{T} [\theta - I(y_t < f_t(\boldsymbol{\beta}))][y_t < f_t(\boldsymbol{\beta})] \tag{14.51}$$

分位数回归包括作为特殊情况的最小绝对偏差（LAD）模型。众所周知，当误差具有胖尾分布时，LAD 比普通最小二乘法（OLS）估计更具稳健性。例如，Koenker 和 Bassett（1978）进行了一个简单的蒙特卡罗实验，表明中位数的经验方差与平均值的方差相比，在正态分布下略高，但在所有考虑的其他分布下要低得多。

线性回归分位数模型的分析已经扩展到异方差（Koenker and Bassett，1982）和非平稳相关误差（Portnoy，1991）、时间序列模型（Bloomfield and Steiger，1983）、联立方程模型（Amemiya，1982；Powell，1983），以及删失回归模型（Powell，1986；Buchinsky and Hahn，1998）。Koenker 和 Zhao（1996）以及 Koul 和 Saleh（1995）提出了对自回归分位数的扩展。这些方法与本节中提出的方法的不同之处在于，所有的变量都是可观测的，模型在参数上是线性的。在非线性情况下，具有序列独立（但不是同分布）误差的模型的渐近理论已经由 Oberhofer（1982）、Dupacova（1987）、Powell（1991）以及 Jureckova 和 Prochazka（1993）等人提出。在时间序列的背景下考虑非线性分位数回归的文献相对较少。最重要的贡献是 White（1994），他证明了非线性回归分位数的一致性，在 iid 和平稳依赖情况下，以及由 Weiss（1991）的贡献，他对非线性动态模型的 LAD 估计显示了一致性、渐近正态性和渐近等价的拉格朗日乘数（LM）和 Wald 检验。最后，Mukherjee（1999）将回归和自回归分位数的概念扩展到具有 iid 误差项的非线性时间序列模型。

考虑模型

$$y_t = f(y_{t-1}\boldsymbol{X}_{t-1}, \cdots, y_1\boldsymbol{X}_1; \boldsymbol{\beta}^0) + \varepsilon_{t\theta} = f_t(\boldsymbol{\beta}^0) + \varepsilon_{t\theta}, \quad t = 1, 2, \cdots, T \tag{14.52}$$

其中 $[\mathrm{Quant}_\theta(\varepsilon_{\theta t|\Omega_t}) = 0]$, $f_1(\boldsymbol{\beta}_0)$ 是给定的初始条件，$\boldsymbol{x}_t$ 是外生或预定变量的向量，$\boldsymbol{\beta}_0 \in \Re^p$ 是需要估计的真实未知参数的向量，$\Omega_t = [y_{t-1}\boldsymbol{x}_{t-1}, \cdots, y_1\boldsymbol{x}_1; f_1(\boldsymbol{\beta}^0)]$ 是时刻 t 时可用的信息集，设 $\widehat{\boldsymbol{\beta}}$ 为使式 (14.51) 最小化的参数向量。

定理 14.5.1和定理 14.5.2表明非线性回归分位数估计量 $\widehat{\boldsymbol{\beta}}$ 是一致的，并且是渐近正态的。定理 14.5.3提供了方差-协方差矩阵的一致估计量。在附录 A 中，给出了式 (14.52) 中的 f 的充分条件，以及这些结果能够成立的假设。这些证明是 Weiss（1991）和 Powell（1984, 1986, 1991）工作的扩展。我们用 $h_t(0 \mid \Omega_t)$ 表示 $\varepsilon_{t\theta}$ 在 0 处的条件密度，用 $\nabla f_t(\boldsymbol{\beta})$ 表示 $f_t(\boldsymbol{\beta})$ 的 $1 \times p$ 梯度，并定义 $\nabla f(\boldsymbol{\beta})$ 是一个关于 $\nabla f_t(\boldsymbol{\beta})$ 相关行的 $T \times p$ 矩阵。

定理 14.5.1　相合性：在模型 (14.52) 中，假设 C0-C7 下 (见附录)，$\widehat{\boldsymbol{\beta}} \xrightarrow{\mathrm{P}} \boldsymbol{\beta}^0$，其中 $\widehat{\boldsymbol{\beta}}$ 是下面的解：

$$\min_{\boldsymbol{\beta}} T^{-1} \sum_{t=1}^{T} \{[\theta - I(y_t < f_t(\boldsymbol{\beta}))] \cdot [y_t - f_t(\boldsymbol{\beta})]\}$$

定理 14.5.2 渐近正态性：在模型 (14.52) 中，假设在 AN1-AN4 和定理 14.5.1的条件下，有

$$\sqrt{\boldsymbol{T}}A_{\boldsymbol{T}}^{-1/2}\boldsymbol{D}_{\boldsymbol{T}}(\widehat{\boldsymbol{\beta}}-\boldsymbol{\beta}^0)\xrightarrow{\mathrm{d}}N(\mathbf{0},\boldsymbol{I})$$

其中

$$\boldsymbol{A}_T\equiv E\left[T^{-1}\theta(1-\theta)\sum_{t=1}^{T}\nabla' f_t(\boldsymbol{\beta}^0)\nabla f_t(\boldsymbol{\beta}^0)\right]$$

$$\boldsymbol{D}_T\equiv E\left[T^{-1}\sum_{t=1}^{T}h_t(0\mid \Omega_t)\nabla' f_t(\boldsymbol{\beta}^0)\nabla f_t(\boldsymbol{\beta}^0)\right]$$

$\widehat{\boldsymbol{\beta}}$ 的计算如定理 14.5.1。

定理 14.5.3 方差-协方差矩阵估计：在假设 VC1-VC3 和定理 14.5.1、定理 14.5.2 的条件下：

$$\widehat{\boldsymbol{A}}_T-\boldsymbol{A}_T\xrightarrow{\mathrm{p}}\mathbf{0},\qquad \widehat{\boldsymbol{D}}_T-\boldsymbol{D}_T\xrightarrow{\mathrm{p}}\mathbf{0}$$

其中

$$\widehat{\boldsymbol{A}}_T=T^{-1}\theta(1-\theta)\nabla\prime f(\hat{\boldsymbol{\beta}})\nabla f(\hat{\boldsymbol{\beta}})$$

$$\widehat{\boldsymbol{D}}_T=(2T\widehat{c}_T)^{-1}\sum_{t=1}^{T}I(|y_t-f_t(\hat{\boldsymbol{\beta}})|<\widehat{c}_T)\nabla' f_t(\hat{\boldsymbol{\beta}})\nabla f_t(\hat{\boldsymbol{\beta}})$$

这里的 $\boldsymbol{A}_T$ 和 $\boldsymbol{D}_T$ 已经在定理 14.5.2中定义，$\widehat{c}_T$ 是假设 VC1 中定义的带宽。

在定理 14.5.1的证明中，应用了 White（1994）的推论 5.12，该推论为动态环境下分位数回归的非线性模型建立了一致性结果。假设 C1 要求分位数规范的参数 $\boldsymbol{\beta}$ 向量具有连续性，这显然满足本节所考虑的所有 CAViaR 模型。假设 C3 和 C7 是分位数回归文献中常见的识别条件。假设 C4 和 C5 是排除爆炸行为的优势条件（例如，CAViaR 等效的间接综合 GARCH（IGARCH）过程将不包括在这些条件下）。

渐近分布的推导建立在用光滑可微函数逼近目标函数的不连续梯度上，这样就可以使用通常的泰勒展开。假设 AN1 和 AN2 对函数 $f_t(\boldsymbol{\beta})$ 施加了充分条件和误差项的条件密度函数，以确保这种平滑逼近将充分表现良好。获得这种近似的方法是由 Huber（1967）定理 3 的扩展提供的。这种技术在分位数回归和 LAD 文献中是标准的（Powell，1984, 1991；维斯，1991）。导出渐近分布的替代策略是 Amemiya（1982）提出的方法，基于分位数回归目标函数的连续可微函数的逼近，以及由 van de Geer（2000）等提出的基于经验过程的方法。

关于方差-协方差矩阵，请注意 $\boldsymbol{A}_T$ 只是梯度的外部乘积。$\boldsymbol{D}_T$ 矩阵的估计是不简单的，因为它涉及 $h_t(0|\Omega_t)$ 项。继 Powell（1984, 1986, 1991）之后，我们提出了一个结合核密度估计和 White（1980）的异方差一致协方差矩阵估计的估计量。我们的定理 14.5.3是适应非线性依赖情况的 Powell（1991）定理 3 的推广。Buchinsky（1995）报告了一项关于分位数回归模型中方差-协方差矩阵估计的蒙特卡罗研究。

14.5.2 节中考虑的所有模型都满足附录 A 中的连续性和可微性假设 C1 和 AN1，其他都是假设，无法在有限样本中验证。

14.5.4　分位数模型检验

如果模型 (14.52) 是真实的数据生成过程 (DGP)，那么对于任意 t, $\Pr[y_t < f_t(\boldsymbol{\beta}^0)] = \theta$。这相当于要求示性函数序列 $\{I(y_t < f_t(\boldsymbol{\beta}^0)\}_{t=1}^T$ 是 iid。因此，任何 VaR 估计都应该满足的一个特性是，提供一个过滤器，将一个（可能）序列相关和异方差的时间序列转换为一个独立的示性函数序列。检验预测模型有效性的一种方法是检查序列 $\{I(y_t < f_t(\boldsymbol{\beta}^0))\}_{t=1}^T = \{I_t\}_{t=1}^T$ 是 iid，如 Granger、White、Kamstra(1989) 和 Christoffersen(1998) 所做的。虽然这些检验可以检测到示性函数 $\{I_t\}_{t=1}^T$，但这只是评估分位数模型性能的必要条件，而不是充分条件。事实上，给定序列 $\{y_t\}_{t=1}^T$，生成一个独立的 $\{I_t\}_{t=1}^T$ 序列并不难。定义一个独立随机变量序列 $\{z_t\}_{t=1}^T$:

$$z_t = \begin{cases} 1, & \text{概率为}\theta \\ -1, & \text{概率为}1-\theta \end{cases} \tag{14.53}$$

设 $f_t(\boldsymbol{\beta}^0) = Kz_t$，一旦 z_t 被观测到，超过分位数的概率几乎为 0 或 1。因此，无条件概率是正确的，且序列不相关，但给定分位数的条件概率则不是。这个例子是分位数测量误差的一个极端情况。在分位数估计中引入的任何噪声都会在给定估计本身的情况下改变命中的条件概率。

因此，这些检验中没有任何一种可以对这种形式的错误进行说明，也没有一种可以简单地扩展到检验其他解释变量。我们提出了一种新的检验，可以很容易地进行扩展，以纳入各种替代方案。

定义

$$\text{Hit}_t(\boldsymbol{\beta}^0) \equiv I(y_t < f_t(\boldsymbol{\beta}^0)) - \theta \tag{14.54}$$

当 y_t 小于分位数时，$\text{Hit}_t(\boldsymbol{\beta}^0)$ 函数值为 $1-\theta$，反之为 $-\theta$。显然，$\text{Hit}_t(\boldsymbol{\beta}^0)$ 的期望值为 0。进一步，从分位数函数的定义，给定 $t-1$ 时已知的任何信息，$\text{Hit}_t(\boldsymbol{\beta}^0)$ 的条件期望也必须为 0。特别是：$\text{Hit}_t(\boldsymbol{\beta}^0)$ 必须与自身的滞后值和 $f_t(\boldsymbol{\beta}^0)$ 不相关，且必须有期望值等于 0。如果 $\text{Hit}_t(\boldsymbol{\beta}^0)$ 满足这些矩条件，那么将没有自相关，没有式 (14.53) 中的测量误差以及正确的例外比例。通过检验 $\text{Hit}_t(\boldsymbol{\beta}^0)$ 与年度虚拟变量的相关性，可以确定各日历年是否存在合适的命中比例。如果过去信息集的其他函数被怀疑是有信息的，如滚动标准差或 GARCH 波动率估计那么可以合并这些函数。

设置检验的一种普遍方式是检验统计量 $T^{-1/2}\boldsymbol{X}'(\hat{\boldsymbol{\beta}})\textbf{Hit}(\hat{\boldsymbol{\beta}})$ 是否与 0 有显著差异，其中 $\boldsymbol{X}(\hat{\boldsymbol{\beta}})$ 的相关行（取决于 $\hat{\boldsymbol{\beta}}$）$\boldsymbol{X}_t(\hat{\boldsymbol{\beta}}), t=1,\cdots,T$ 是在可测集 Ω_t 的 q 维向量，$\textbf{Hit}(\hat{\boldsymbol{\beta}}) \equiv [\text{Hit}_1(\hat{\boldsymbol{\beta}}),\cdots,\text{Hit}_T(\hat{\boldsymbol{\beta}})]$。

令 $\boldsymbol{M}_T = \boldsymbol{X}'(\boldsymbol{\beta}^0) \quad ET^{-1}\boldsymbol{X}'(\boldsymbol{\beta}^0)\boldsymbol{H}\nabla f(\boldsymbol{\beta}^0)\boldsymbol{D}_T^{-1} \times \nabla' f(\boldsymbol{\beta}^0)$, 其中 $\boldsymbol{H}$ 是具有典型元素 $h_t(0|\Omega_t)$ 的对角矩阵。定理 14.5.4推导了 DQ 检验的样本内分布。在定理 14.5.5中考虑了样本外的情况。

定理 14.5.4　样本内动态分位数检验：在定理 14.5.1和定理 14.5.2的假设和假设 DQ1-DQ6 下：

$$[\theta(1-\theta)E(T^{-1}\boldsymbol{M}_T\boldsymbol{M}_T')]^{-1/2}T^{-1/2}\boldsymbol{X}'(\hat{\boldsymbol{\beta}})\textbf{Hit}(\hat{\boldsymbol{\beta}}) \xrightarrow{\text{d}} N(\boldsymbol{0},\boldsymbol{1})$$

如果假设 DQ7 和定理 14.5.3的条件也成立，那么

$$\mathrm{DQ}_{IS} \equiv \frac{\mathbf{Hit}'(\hat{\boldsymbol{\beta}})\boldsymbol{X}(\hat{\boldsymbol{\beta}})(\hat{\boldsymbol{M}}_T\hat{\boldsymbol{M}}_T{}')^{-1}\boldsymbol{X}'(\hat{\boldsymbol{\beta}})\mathbf{Hit}'(\hat{\boldsymbol{\beta}})}{\theta(1-\theta)} \xrightarrow{\mathrm{d}} \chi_q^2, \quad T\to\infty$$

其中 $\hat{\boldsymbol{M}}_T \equiv \boldsymbol{X}'(\hat{\boldsymbol{\beta}}) - \left\{(2T\hat{c}_T)^{-1}\sum_{t=1}^{T} I(|y_t - f_t(\hat{\boldsymbol{\beta}})| < \hat{c}_T) \times \boldsymbol{X}_t'(\hat{\boldsymbol{\beta}})\nabla f_t(\hat{\boldsymbol{\beta}})\right\}\hat{\boldsymbol{D}}_T^{-1}\nabla' f_t(\hat{\boldsymbol{\beta}})$

如果 $\boldsymbol{X}(\hat{\boldsymbol{\beta}})$ 包含滞后项 $\mathbf{Hit}_{t-i}(\hat{\boldsymbol{\beta}})(i=1,\cdots,m)$,$m<q$, 那么 $\boldsymbol{X}(\hat{\boldsymbol{\beta}})$、$\mathbf{Hit}(\hat{\boldsymbol{\beta}})$ 和 $\nabla f(\hat{\boldsymbol{\beta}})$ 就不符合，因为 $\boldsymbol{X}(\hat{\boldsymbol{\beta}})$ 只包含 $(T-m)$ 个元素。在这里，认为矩阵的形成通过删除 $\nabla f(\hat{\boldsymbol{\beta}})$ 和 $\boldsymbol{X}(\hat{\boldsymbol{\beta}})$ 的前 m 行来满足。注意，如果我们选择 $\boldsymbol{X}(\hat{\boldsymbol{\beta}}) = \nabla f(\hat{\boldsymbol{\beta}})$，那么 $\boldsymbol{M}=\mathbf{0}$，其中 $\mathbf{0}$ 是一个 (p,q) 的矩阵。这与回归分位数框架的一阶条件下 $T^{-1/2}\nabla\prime(\hat{\boldsymbol{\beta}})\mathbf{Hit}(\hat{\boldsymbol{\beta}}) = o_p(1)$ 是一致的。

为了推导出样本外 DQ 检验，让 T_R 表示样本内观察次数的数量，让 N_R 表示样本外观察次数的数量（T_R 和 N_R 依赖于 R，如假设 DQ8 所述）。使用适当的下标，明确相关变量对观测次数的依赖关系。在可测集 Ω_t 上定义 q 维向量 $\boldsymbol{X}_n(\hat{\boldsymbol{\beta}}_{T_R})$，$n=T_R+1,\cdots,T_R+N_R$，作为 $\boldsymbol{X}(\hat{\boldsymbol{\beta}}_{T_R})$ 的相关行，它依赖于 $\hat{\boldsymbol{\beta}}_{T_R}$ 和 $\mathbf{Hit}(\hat{\boldsymbol{\beta}}_{T_R}) \equiv [\mathrm{Hit}_{T_R+1}(\hat{\boldsymbol{\beta}}_{T_R}),\cdots,\mathrm{Hit}_{T_R+N_R}(\hat{\boldsymbol{\beta}}_{T_R})]'$。

定理 14.5.5 样本外动态分位数检验：在定理 14.5.1和定理 14.5.2的假设和假设 DQ1-DQ3、DQ8、DQ9 下：

$$\mathrm{DQ}_{\mathrm{OOS}} \equiv \frac{N_R^{-1}\mathbf{Hit}'(\hat{\boldsymbol{\beta}}_{T_R})\boldsymbol{X}(\hat{\boldsymbol{\beta}}_{T_R})[\boldsymbol{X}'(\hat{\boldsymbol{\beta}}_{T_R})\cdot\boldsymbol{X}(\hat{\boldsymbol{\beta}}_{T_R})]^{-1}\times\boldsymbol{X}'(\hat{\boldsymbol{\beta}}_{T_R})\mathbf{Hit}'(\hat{\boldsymbol{\beta}}_{T_R})}{\theta(1-\theta)} \xrightarrow{\mathrm{d}} \chi_q^2, \quad R\to\infty$$

样本内 DQ 检验是正在研究的特定 CAViaR 过程的检验，它对模型选择非常有用。相反，监管机构可以使用更简单的样本外 DQ 检验来检查金融机构提交的 VaR 估计是否满足分位数估计必须满足的一些基本要求，如无偏性、独立命中率和分位数估计的独立性。样本外 DQ 检验最好的特点是它的简单性和不依赖于估计步骤：要实现它，评估者（无论是监管者还是风险管理者）只需要一系列 VaR 和投资组合的相应值。

14.5.5 实证结果

为了在真实数据上实现我们的方法论，研究人员需要构建投资组合收益的历史序列，并选择分位数的函数形式。我们从 Datastream 上选取了通用汽车（GM）、IBM 和标准普尔 500 指数的 3392 个每日价格样本，并以价格对数差的 100 倍来计算每日收益。样本从 1986 年 4 月 7 日到 1999 年 4 月 7 日。我们使用前 2892 个观测值来估计模型，使用后 500 个观测值进行样本检验。使用 14.5.2 节中描述的 4 种 CAViaR 方法估计了在 1%和 5%水平下计算 VaR 一天的值。对于自适应模型，设 $G=10$，其中 G 为 14.5.2 节中自适应模型定义的值。原则上，参数 G 本身是可以估计的；但是，违背了这个模型的简单性。图 14.9 绘制了 GM 为 5% 的 VaR 估计值，因为 VaR 通常为一个正数, 设置 $\widehat{\mathrm{VaR}}_{t-1} = -f_{t-1}(\hat{\boldsymbol{\beta}})$。样本为 1986 年 4 月 7 日至 1999 年 4 月 7 日。样本开始时的峰值是 1987 年的股灾。样本接近尾部时分位数估值的增加, 反映了俄罗斯和亚洲金融危机后整体波动性的增加。表 14.2 报告了所有结果。

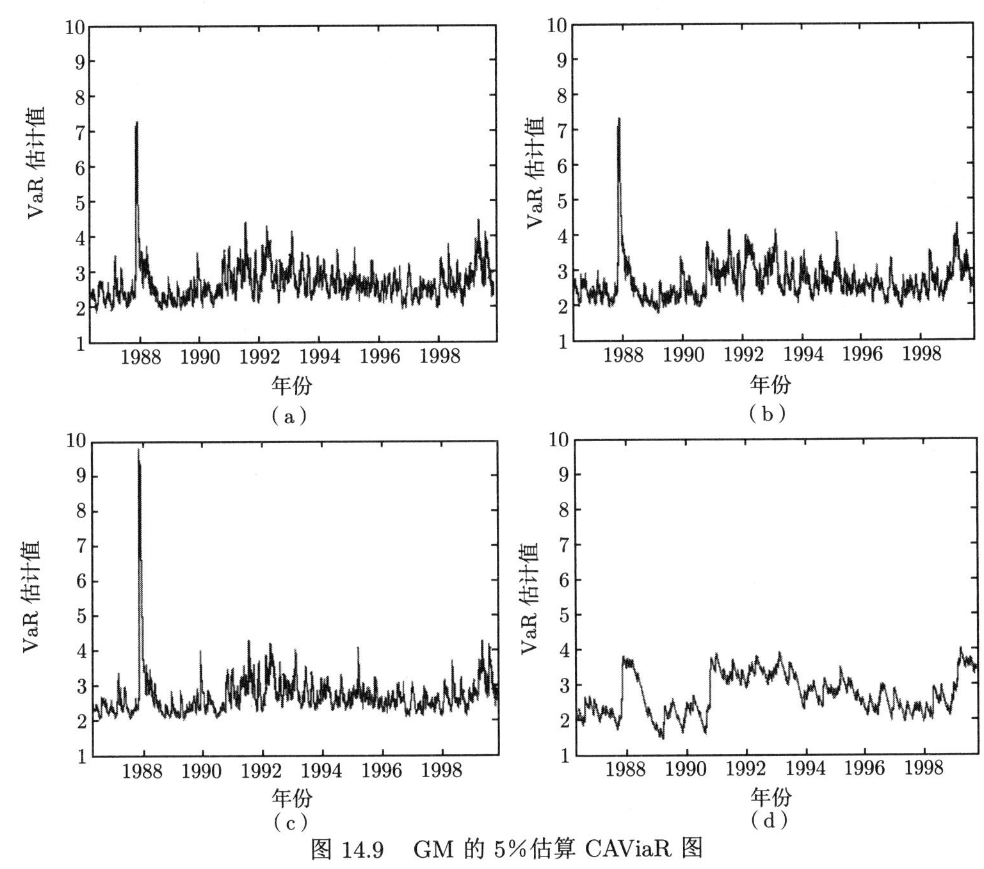

图 14.9　GM 的 5%估算 CAViaR 图

(a) 对称绝对值；(b) 不对称斜率；(c) GARCH；(d) 自适应模型

表 14.2 中给出了估计参数的值为对应的标准误差、(单侧) p 值、回归分位数目标函数的值 (式 (14.51))、VaR 被超过的次数百分比，以及 DQ 检验的样本内和样本外的 p 值。为了用 CAViaR 模型计算 VaR，用前 300 次观测值的经验 θ-分位数初始化 $f_1(\boldsymbol{\beta})$。样本外的 DQ 检验使用的工具变量是常数项、VaR 预测值和前 4 个滞后冲击值 (hits)。对于样本内 DQ 检验，没有包括常数和 VaR 预测，因为对于一些模型和矩阵的导数具有共线性。我们计算了样本内 DQ 检验的标准误差和方差-协方差矩阵，如定理 14.5.3 和定理 14.5.4 所述。利用 k-近邻估计 $\hat{\boldsymbol{D}}_T$ 和 $\hat{\boldsymbol{M}}_T$，这里当 1%VaR 时，$k=40$；当 5% VaR 时，$k=60$。

作为优化程序，我们使用了 Nelder-Mead 单纯形算法和准牛顿方法。所有的计算都是在 MATLAB 6.1 中完成的，使用函数 fminsearch 和 fminunc 作为优化算法。计算递归分位数函数的循环是用 C 语言编写的。

使用以下程序对模型进行了优化。使用均匀随机数生成器在 0~1 生成 n 个向量。计算这些向量的 RQ 函数 (式 (14.51) 中描述的)，并选择产生 RQ 最低标准的 m 个向量作为优化程序的初始值。设置 $n=[10^4,10^5,10^4,10^4]$，$m=[10,15,10,5]$ 来表示对称绝对值、非对称斜率、间接 GARCH 和自适应模型。对于每一个初值，首先运行单纯形算法。然后将最优参数输入准牛顿算法，并选择新的最优参数作为单纯形的新初始条件。重复这个过程，直到满足收敛准则。函数和参数值的容忍水平设置为 10^{-10}。最后，我们选择了产生最低 RQ 标准的向量。另一种优化算法是由 Koenker 和 Park(1996) 提出的非线性回归分位数的内点算法。

表 14.2　4 种 CAViaR 方法的估计和相关统计

	对称绝对值			非对称斜率			间接 GARCH			自适应		
	GM	IBM	S&P 500	GM	IBM	S&P 500	GM	IBM	S&P 500	GM	IBM	S&P 500
1%VaR												
Beta1	0.4511	0.1261	0.2039	0.3734	0.0558	0.1476	1.4959	1.3289	0.2328	0.2968	0.1626	0.5562
标准误差	0.2028	0.0929	0.0604	0.2418	0.0540	0.0456	0.9252	1.9488	0.1191	0.1109	0.0736	0.115
p 值	0.0131	0.0872	0.0004	0.0613	0.1509	0.0006	0.0530	0.2477	0.0253	0.0037	0.0136	0
Beta2	0.8263	0.9476	0.8732	0.7995	0.9423	0.8729	0.7804	0.8740	0.8350			
标准误差	0.8260	0.0501	0.0507	0.0869	0.0247	0.0302	0.0590	0.1133	0.0225			
p 值	0	0	0	0	0	0	0	0	0			
Beta3	0.3305	0.1134	0.3819	0.2779	0.0499	-0.0139	0.9356	0.3374	1.0582			
标准误差	0.1685	0.1185	0.2772	0.1398	0.0563	0.1148	1.2619	0.0953	1.0983			
p 值	0.0249	0.1692	0.0842	0.0235	0.1876	0.4519	0.2292	0.0002	0.1676			
Beta4				0.4569	0.2512	0.4969						
标准误差				0.1787	0.0848	0.1342						
p 值				0.0053	0.0015	0.0001						
RQ	172.04	182.32	109.68	169.22	179.4	105.82	170.99	183.43	108.34	179.61	192.2	117.42
样本内命中/%	1.0028	0.9682	1.0028	0.9682	1.0373	0.9682	1.0028	1.0028	1.0028	0.9682	1.2448	0.9336
样本外命中/%	1.4000	1.6000	1.8000	1.4000	1.6000	1.6000	1.2000	1.6000	1.8000	1.8000	1.6000	1.2000
样本内 DQ												
(p 值)	0.6349	0.5375	0.3208	0.5958	0.7707	0.5450	0.5937	0.5798	0.7486	0.0117	0*	0.1697
样本外 DQ												
(p 值)	0.8965	0.0326	0.00191	0.9432	0.0431	0.0476	0.9305	0.035	0.0309	0.0017*	0.0009*	0.0035*
5%VaR												
Beta1	0.1812	0.1191	0.0511	0.0760	0.0953	0.0378	0.3336	0.5387	0.0262	0.2871	0.3969	0.3700
标准误差	0.0833	0.0839	0.0083	0.0249	0.0532	0.0135	0.1039	0.1569	0.0100	0.0506	0.0812	0.0767
p 值	0.0148	0.0778	0	0.0011	0.0366	0.0026	0.0007	0.0003	0.0043	0	0	0
Beta2	0.8953	0.9053	0.9369	0.9326	0.8892	0.9025	0.9042	0.8259	0.9287			
标准误差	0.0361	0.0500	0.0224	0.0194	0.0385	0.0144	0.0134	0.0294	0.0061			
p 值	0	0	0	0	0	0	0	0	0			

续表

	对称绝对值			非对称斜率			间接 GARCH			自适应		
	GM	IBM	S&P 500	GM	IBM	S&P 500	GM	IBM	S&P 500	GM	IBM	S&P 500
Beta3	0.1133	0.1481	0.1341	0.0398	0.0617	0.0377	0.1220	0.1591	0.1407			
标准误差	0.0122	0.0348	0.0517	0.0322	0.0272	0.0224	0.1149	0.1152	0.6198			
p 值	0	0	0.0047	0.1088	0.0117	0.0457	0.1441	0.0836	0.4102			
Beta4				0.1218	0.2187	0.2871						
标准误差				0.0405	0.0465	0.0258						
p 值				0.0013	0	0						
RQ	550.83	522.43	306.68	548.31	515.58	300.82	552.12	524.79	305.93	553.79	527.72	312.06
样本内命中/%	4.9793	5.0138	5.0484	4.9101	4.9793	5.0138	4.9793	5.0484	5.0138	4.9101	4.8409	4.7372
样本外命中/%	4.8000	6.0000	5.6000	5.0000	7.4000	6.4000	4.6000	7.4000	5.8000	6.0000	5.0000	4.6000
样本内 DQ (p 值)	0.3609	0.0824	0.3685	0.9132	0.6149	0.9540	0.1037	0.1727	0.2661	0.0543	0.0032*	0.0380
样本外 DQ (p 值)	0.9855	0.0884	0.0005*	0.9235	0.0071*	0.0007*	0.8770	0.1208	0.0001*	0.3681	0.5021	0.0240

* 在 10%水平上显著。

图 14.10 绘制了标准普尔 500 指数 1%VaR 估计的 CAViaR 新闻影响曲线。对于给定的估计参数向量 $\hat{\boldsymbol{\beta}}$ 和设置（套利）$\hat{\mathrm{VaR}}_{t-1} = -1.645$，CAViaR 新闻影响曲线显示 $\hat{\mathrm{VaR}}_{t-1} = -1.645$ 如何随着滞后投资组合收益 y_{t-1} 的变化而变化。非对称斜率新闻影响曲线的强不对称性表明, 负收益对 VaR 估计的影响可能比正收益的影响大得多。注意自适应和非对称斜率新闻影响曲线与其他曲线的区别。对于间接 GARCH 和对称绝对值模型，过去的收益 (无论是正的还是负的) 对 VaR 的影响都具有对称性。相比之下，对于自适应模型，最重要的是过去的收益是否超过了之前的 VaR 估计。最后，非对称斜率模型中正收益和负收益影响的显著差异表明，该投资组合 1% 分位数的行为可能存在相关的不对称。

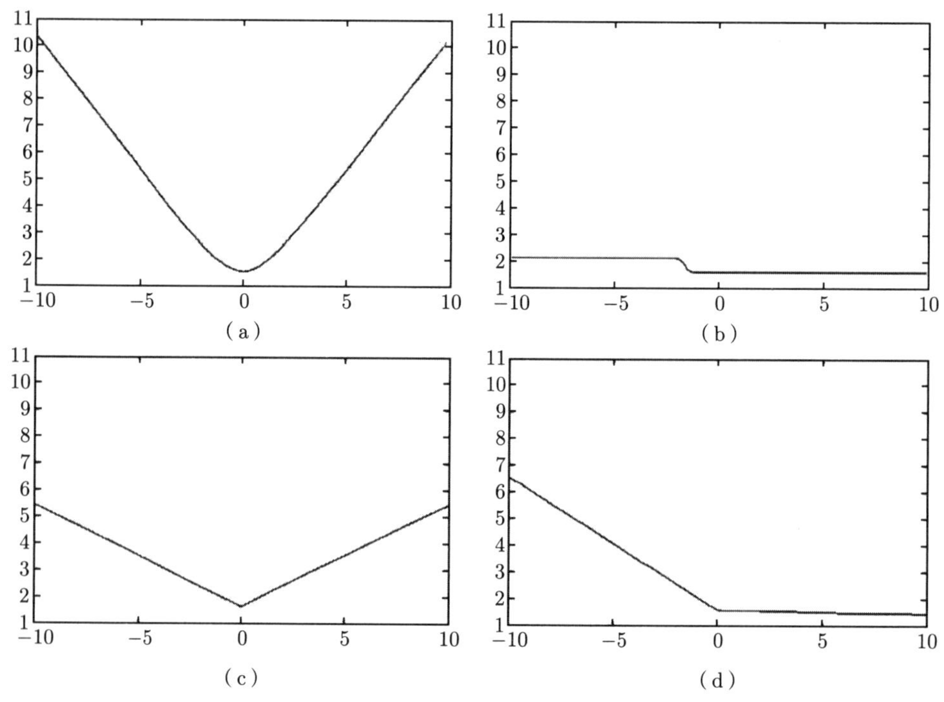

图 14.10 标准普尔 500 指数 1% CAViaR 新闻影响曲线

（a）对称绝对值；（b）非对称斜率；（c）GARCH；（d）自适应模型

由表 14.2 可知，第一个显著的结果是自回归项的系数 (β_2) 总是非常显著。这证实了波动的聚集现象在尾部也是相关的。第二个有趣的是所有模型的精度，通过样本内命中的百分比来衡量。这并不奇怪，因为 RQ 模型的目标函数正是为了实现这种结果而设计的。1% VaR 的结果表明，对称的绝对值、非对称斜率和间接的 GARCH 模型很好地描述了 3 种资产的左尾变化。结果对 GM 尤其有利，产生了相当准确的样本外命中百分比（对称绝对值和非对称斜率都为 1.4%，间接 GARCH 为 1.2%）。自适应模型尽管命中百分比相当接近 1，但无论样本内还是样本外结果都较差。这表明，如巴塞尔银行监管委员会（1996）所建议的那样，只看异常的数值，可能是评估 VaR 模型一种令人不满意的方式。但 5%的结果则呈现出不同的结果。所有模型在 GM 下的表现都很好，由非对称斜率模型产生的样本外命中百分比（5.0%）的精度更显著。还需要注意的是，这次自适应模型也没有被 DQ 检验拒绝。对于 IBM 来说，非对称斜率 (其中对称绝对值是一种特殊情况) 往往会在样本内过拟合，从而提供了样本外非常糟糕的性能。最后，对于标普 500 的 5% VaR，只有自适应模型在 1%的置信水平下通过了 DQ 检验，产生了相当准确的样本外命中数（4.6%）。其他模型的样本外表现较差，可以用这样一个事实来解释: 标准普尔 500 的样本最后一部分的特征是突然刺激波动，与样本外时期大致吻合。最后，在非对称斜率模型中，滞后收益的负部分的系数总是非常显著的，而那些与正收益相关的系数有时与 0 没有显著差异。这表明对滞后收益的 VaR 存在强烈的非对称影响。DQ 检验为不同的置信水平选择不同的模型，这一事实表明，当我们在尾部进一步移动时，控制尾部行为的过程可能会发生变化。特别是，这与 GARCH 和 RiskMetrics 的假设相矛盾，因为这些方法隐含地假设尾巴遵循与其他回报相同的过程。虽然 GARCH 可能是描述波动率演化的有用模型，但本节中的结果表明，当应用于尾估计时，它可能提供一个不令人满意的近似。

14.5.6 结论

我们提出了一种新的 VaR 估计方法。现有的大多数方法都是先估计收益的分布，然后以间接的方式恢复其分位数。相反的，我们直接对分位数进行建模。为此，引入了一类新的模型，即 CAViaR 模型，它使用一种特殊类型的自回归过程来指定分位数随时间的演变，通过最小化 RQ 损失函数来估计未知参数。我们还引入了 DQ 检验，这是一种评估分位数模型性能的新检验。对真实数据的应用说明了 CAViaR 模型适应于新的风险环境。此外，研究表明，控制尾部行为的过程可能与分布的其他部分不同。

14.5.7 附录: 假设

1. 一致性的假设

C0. (Ω, F, P) 是一个完全概率空间，$\{\varepsilon_{t\theta}, \boldsymbol{x}_t\}$, $t=1,2,\cdots$, 是空间上的随机向量。

C1. 函数 $f_t(\boldsymbol{\beta}): \Re^{k_t} \times B \rightarrow \Re$ 是一个映射，对于每个 $\boldsymbol{\beta} \in B$, 是 $\Re^p$ 上的一个紧子集，$f_t(\boldsymbol{\beta})$ 对于 Ω_t 的信息集是可测的。并且，对于给定的解释变量 $\{y_{t-1}, \boldsymbol{x}_{t-1}, \cdots, y_1, \boldsymbol{x}_1\}$, $f_t(\cdot)$, $t=1,2,\cdots$，在 B 中是连续的。

C2. 以 Ω_t 所有过去的信息为条件，误差项 ε_2 是一个平稳过程，连续条件密度为 $h_e(\varepsilon \mid \Omega_t)$。

C3. 存在 $h>0$ ，使得对所有 t，$h_t(0 \mid \Omega_t) \geqslant h$。

C4. 对于每个 $\boldsymbol{\beta} \in B$ 和所有 t，$|f_t(\boldsymbol{\beta})| < K(\Omega_t)$ ，其中 $K(\Omega_t)$ 是属于信息集的变量的某个 (可能) 随机函数，使得对于某个常数 K_0，$E(|K(\Omega_t)|) \leqslant K_0 < \infty$。

C5. 对于所有 t，$E[|\varepsilon_{t\theta}|] < \infty$。

C6. $\{[\theta - I(y_t < f_t(\boldsymbol{\beta}))][y_t - f_t(\boldsymbol{\beta})]\}$ 服从大数一致定律。

C7. 对于 $\xi > 0$，存在 $\tau > 0$ 使得若 $\|\boldsymbol{\beta} - \boldsymbol{\beta}^0\| \geqslant \xi$，那么 $\liminf_{T\rightarrow\infty} T^{-1} \sum P[f_t(\boldsymbol{\beta}) - f_t(\boldsymbol{\beta}^0) | > \tau] > 0$。

2. 渐近正态性假设

AN1. $f_R(\boldsymbol{\beta})$ 在 B 中是可微的，对于所有的 $\boldsymbol{\beta}$ 和 $\boldsymbol{\gamma}$ 在 $\boldsymbol{\beta}^0$ 的邻域 v_0 内，对于 d 足够小和所有 t ，使得 $\|\boldsymbol{\beta} - \boldsymbol{\gamma}\| \leqslant d$:

（1）$\|\nabla f_t(\boldsymbol{\beta})\| \leqslant F(\Omega_t)$，其中 $F(\Omega_t)$ 是属于信息集的变量的某个 (可能) 随机函数。对一些常数 F_0，$E(F(\Omega_t)^3) \leqslant F_0 < \infty$。

（2）$\|\nabla f_t(\boldsymbol{\beta}) - \nabla f_t(\boldsymbol{\gamma})\| \leqslant M(\Omega_t,\boldsymbol{\beta},\boldsymbol{\gamma}) = O(\|\boldsymbol{\beta}-\boldsymbol{\gamma}\|)$。这里 $M(\Omega_t,\boldsymbol{\beta},\boldsymbol{\gamma})$ 是函数，满足 $E[M(\Omega_t,\boldsymbol{\beta},\boldsymbol{\gamma})]^2 \leqslant M_0\|\boldsymbol{\beta}-\boldsymbol{\gamma}\| < \infty$ 和 $E[M(\Omega_t,\boldsymbol{\beta},\boldsymbol{\gamma})F(\Omega_t)] \leqslant M_1\|\boldsymbol{\beta}-\boldsymbol{\gamma}\| < \infty$，其中 M_0 和 M_1 是常数的。

AN2.

（1）对常数 N 和任意 t，$h_t(\varepsilon \mid \Omega_t) \leqslant N < \infty$。

（2）对于任意的 t, 常数 $L < \infty$，$h_t(\varepsilon \mid \Omega_t)$ 满足 Lipschitz 条件 $|h_t(\lambda_1 \mid \Omega_t) - h_t(\lambda_2 \mid \Omega_t)| \leqslant L|\lambda_1 - \lambda_2|$。

AN3. 当 T 足够大时，矩阵 $\boldsymbol{A}_T = E\left[T^{-1}\theta(1-\theta)\sum_{t=1}^{T}\nabla' f_t(\boldsymbol{\beta}^0) \times \nabla f_t(\boldsymbol{\beta}^0)\right]$ 的最小特征根有界为一个小的正常数。

AN4. 序列 $\left\{T^{-1/2}\sum_{t=1}^{T}\left[\theta - I\left(y_t < f_t(\boldsymbol{\beta}^0)\right)\right]\nabla' f_t(\boldsymbol{\beta}^0)\right\}$ 服从中心极限定理。

3. 方差-协方差矩阵估计假设

VC1. $\hat{c}_T/c_T \xrightarrow{p} 1$, 其中非随机正的序列 $\{c_T\}$ 满足 $c_T = o(1)$ 和 $c_T^{-1} = o\left(T^{1/2}\right)$。

VC2. 对所有 t 和常数 F_1, $E(|F(\Omega_t)|^4) \leqslant F_1 < \infty$，其中 $F(\Omega_t)$ 是假设 AN1(1) 中定义的。

VC3. $T^{-1}\theta(1-\theta)\sum_{r=1}^{T}\nabla' f_t(\boldsymbol{\beta}^0)\nabla f_t(\boldsymbol{\beta}^0) - \boldsymbol{A}_T \xrightarrow{P} \mathbf{0}$, $T^{-1}\sum_{t=1}^{T}h_t(0 \mid \Omega_t)\nabla' f_t(\boldsymbol{\beta}^0)\nabla f_t \times (\boldsymbol{\beta}^0) - \boldsymbol{D}_T \xrightarrow{P} \mathbf{0}$。

4. 样本内动态分位数检验假设

DQ1. $\mathbf{X}_t(\boldsymbol{\beta})$ 和 $\nabla f_t(\boldsymbol{\beta})$ 是不同的元素，在可测集 Ω_t, $\|\mathbf{X}_t(\boldsymbol{\beta})\| \leqslant W(\Omega_t)$, 其中 $W(\Omega_t)$ 为一些 (可能的) 随机变量函数的信息集，对于有限常数 W_0 和 W_1，使得 $E[W(\Omega_t) \times M(\Omega_t,\boldsymbol{\beta},\boldsymbol{\gamma})] \leqslant W_0\|\boldsymbol{\beta}-\boldsymbol{\gamma}\| < \infty$ 和 $E[[W(\Omega_t)F(\Omega_t)]^2] < W_1 < \infty$。$F(\Omega_t)$ 和 $M(\Omega_t,\boldsymbol{\beta},\boldsymbol{\gamma})$ 在 AN1 已经被定义。

DQ2. $\|\mathbf{X}_t(\boldsymbol{\beta}) - \mathbf{X}_t(\boldsymbol{\gamma})\| \leqslant S(\Omega_t,\boldsymbol{\beta},\boldsymbol{\gamma})$, 其中 $E[S(\Omega_t,\boldsymbol{\beta},\boldsymbol{\gamma})] \leqslant S_0\|\boldsymbol{\beta}-\boldsymbol{\gamma}\| < \infty$, $E[W(\Omega_t)S(\Omega_t,\boldsymbol{\beta},\boldsymbol{\gamma})] \leqslant S_1\|\boldsymbol{\beta}-\boldsymbol{\gamma}\| < \infty$, S_0 是常数。

DQ3. 设 $\left\{\varepsilon_t^1,\cdots,\varepsilon_t^{J_i}\right\}$ 是不可微 $\mathbf{X}_t(\boldsymbol{\beta})$ 的值的集合，则当 $j=1,\cdots,J_i$ 时，$\Pr(\varepsilon_{t\theta} = \varepsilon_t^j) = 0$。当导数存在时，$\|\nabla \mathbf{X}_t(\boldsymbol{\beta})\| \leqslant Z(\Omega_t)$, 其中 $Z(\Omega_t)$ 是某个（可能）随机变量函数的信息集, 故对于常数 Z_0，$E[Z(\Omega_t)^r] < Z_0 < \infty, r=1,2$。

DQ4. $T^{-1}\boldsymbol{X}'(\boldsymbol{\beta}^0)\mathbf{H}\nabla f(\boldsymbol{\beta}^0) - E\left[T^{-1}\mathbf{X}'(\boldsymbol{\beta}^0)\mathbf{H}\nabla f(\boldsymbol{\beta}^0)\right] \xrightarrow{P} \mathbf{0}$。

DQ5. $T^{-1}\mathbf{M}_T\mathbf{M}_T' - T^{-1}E(\mathbf{M}_T\mathbf{M}_T') \xrightarrow{P} \mathbf{0}$, 其中 $\mathbf{M}_T = \mathbf{X}'(\boldsymbol{\beta}^0) - E[T^{-1}\mathbf{X}'(\boldsymbol{\beta}^0)\mathbf{H} \cdot \nabla f(\boldsymbol{\beta}^0)] - \mathbf{D}_T^{-1} \cdot \nabla' f(\boldsymbol{\beta}^0)$。

DQ6. 序列 $\left\{T^{-1/2}\mathbf{M}_T\mathbf{Hit}(\boldsymbol{\beta}^0)\right\}$ 服从中心极限定理。

DQ7. $T^{-1}E(\mathbf{M}_T\mathbf{M}_T')$ 是非奇异矩阵。

5. 样本外动态分位数检验假设

DQ8. $\lim_{R\to\infty}T_R = \infty, \lim_{R\to\infty}N_R = \infty$, $\lim_{R\to\infty}N_R/T_R = 0$。

DQ9. 序列 $\{N_R^{1/2}\mathbf{X}'(\boldsymbol{\beta}^0)\mathbf{Hit}(\boldsymbol{\beta}^0)\}$ 服从中心极限定理。

14.6 ARFIMA 过程

14.6.1 介绍

模型选择一直是统计分析中最重要的问题之一。一个正确特定的模型不仅能满足简约原则，还能提供对未来价值的有效预测，从而达到建立模型的最终目的。在时间序列环境中，这样的目标通过特定类别的时间序列模型的阶的选择问题表现出来。特别是，ARFIMA 模型在过去几十年中发挥了重要作用，因为它在经济学、金融、水文、电信、网络工程和环境科学等不同学科均适用。关于 ARFIMA 模型的全面讨论，请参阅 Beran(1994) 的开创性专著。使用 ARFIMA 模型的关键挑战之一是始终估计其 AR 阶 p_0 和 MA 阶 q_0。如前所述，一个参数最少的正确模型可以提高估计效率和预测精度。然而，由于过度参数化候选序列的不可辨识性问题，阶的选择的一致性问题仅得到部分解决。当同时处理短记忆、长记忆和非平稳时间序列时，这个问题变得更加复杂，在这种情况下，允许 ARFIMA 模型中的记忆参数 d_0 在 $-\infty \sim \infty$ 取任何（未知）实值。

在 $d_0 = 0$ 已知的特殊情况下，ARFIMA 模型简化为平稳 ARMA 模型；估计 p_0 和 q_0 的问题是由 Hannan（1980）、Hannan 和 Rissanen（1982）以及 Hannan 和 Kavalieris 等（1984）提出的，这些作者表明，p_0 和 q_0 可以通过 BIC 或其等价变换形式一致地估计。如果已知 $d_0 > 0$ 为正整数，则 ARFIMA 模型即为众所周知的 ARIMA 模型，当 q_0 为 0 时，ARIMA 模型进一步简化为 ARI 模型。当将模型的积分部分作为 AR 分量的一部分时，可以看出对于 ARI 模型，BIC 检验对 $p_0 + q_0$ 的估计仍然具有一致性，见 Tsay（1984）、Paulsen（1984）、Wei（1992）以及 Ing 等（2012）。类似的，ARIMA 模型的似然估计 $(p_0 + d_0, q_0)$，可见 Guo 等（1989）以及 Huang 和 Guo（1990）。可以说，Beran 等（1998）在不假设 d_0 为整数的情况下，建立了关于阶的选择一致性的第一个结果。当 q_0 为 0 时，进一步证明了利用 BIC 可以一致估计 p_0，如果 d_0 是一个满足条件的未知实数，并且

$$d_0 \geqslant -0.5, d_0 \notin \{-0.5, 0.5, 1.5, 2.5, \cdots\} \tag{14.55}$$

然而，他们的结果排除了具有非平凡 MA 部分的 ARFIMA 模型（即 $q_0 \neq 0$）。此外，d_0 的条件 (14.55) 在实践中似乎是限制性的。事实上，由于 $q_0 > 0$（见 Hannan（1980））时的可识别性问题，(p_0, q_0) 的一致性估计尚未建立，即使在 d_0 属于平稳区域 $(-0.5, 0.5)$ 的最佳情况下也是如此。本节的主要目标之一是填补这一长期的空白，方法是为 ARFIMA 模型建立 BIC 的一致性，对 d_0 和误差项施加很少的限制。

对于修正的思路，假设 $\{y_t\}$ 是根据 ARFIMA 模型生成的，

$$(1 - \alpha_{0,1}B - \cdots - \alpha_{0,P_0}B^{p_0})(1 - B)^{d_0}y_t = (1 - \beta_{0,1}B - \cdots - \beta_{0,q_0}B^{q_0})\varepsilon_t \tag{14.56}$$

式中 p_0 和 q_0 为未知非负整数；B 为滞后算子；$\{\varepsilon_t\}$ 是一个均值为 0，方差为 σ_ε^2 的随机扰动序列；$\alpha_{0,i}$、$\beta_{0,j}$ 和 d_0 为未知系数，满足 $d_0 \in \mathbb{R}$，

$$1 - \sum_{j=1}^{p_0} \alpha_{0,j} z^j \neq 0, \quad 1 - \sum_{j=1}^{q_0} \beta_{0,j} z^j \neq 0 \text{对} |z| \leqslant 1 \tag{14.57}$$

其中 $\sum_{a}^{b} \cdot = 0$，如果 $a > b$，

$$1 - \sum_{j=1}^{p_0} \alpha_{0,j} z^j \text{和} 1 - \sum_{j=1}^{q_0} \beta_{0,j} z^j \tag{14.58}$$

没有共同的零点，并且

$$\mid \alpha_{0,p_0} \mid > 0, \mid \beta_{0,q_0} \mid > 0 \tag{14.59}$$

对于非零的 p_0 和 q_0，继 Hualde 和 Robinson(2011) 以及 Chan 等 (2013) 之后，当 $t \leqslant 0$ 时，初始条件设为 $y_t = \varepsilon_t = 0$。设 P 和 Q 为 p_0 和 q_0 的上界。观察到 $y_1, \cdots, y_n$，我们感兴趣的是从集合 $\{(p,q) \mid 0 \leqslant p \leqslant P, 0 \leqslant q \leqslant Q\}$ 中选择未知对 (p_0, q_0)。在续集中，(p,q) 被称为候选模型。

对于一个给定的候选对象 (p,q)，我们使用条件平方和（CSS）估计由其 AR、MA 和长记忆参数形成的向量 $\hat{\eta}_{n,pq}$，它是在 $\Pi_{pq} \times D \subset \mathbb{R}^{p+q+1}$ 中 $\sum_{t=1}^{n} \varepsilon_t^2(\boldsymbol{\eta}_{pq})$ 除以 $\boldsymbol{\eta}_{pq} = (\boldsymbol{\theta}_{pq}^{\mathrm{T}}, d)^{\mathrm{T}} = (\alpha_1, \cdots, \alpha_p, \beta_1, \cdots, \beta_q, d)^{\mathrm{T}}$ 的最小值，在这里

$$\varepsilon_t(\boldsymbol{\eta}_{pq}) = A_{1,\theta_{pq}}(B) A_{2,\theta_{pq}}^{-1}(B)(1-B)^d y_t \tag{14.60}$$

且有 $A_{1,\theta_{pq}}(z) = 1 - \sum_{j=1}^{p} \alpha_j z^j, A_{2,\theta_{pq}}(z) = 1 - \sum_{j=1}^{q} \beta_j z^j$。

而 $\Pi_{pq} \times D$ 是下一节涉及的参数空间。注意，当 $p = q = 0$ 时 θ_{pq} 消失，当 $p \geqslant 1$ 且 $q = 0$ 时 $\boldsymbol{\theta}_{pq} = (\alpha_1, \cdots, \alpha_p)^{\mathrm{T}}$，当 $q \geqslant 1$ 且 $p = 0$ 时 $\boldsymbol{\theta}_{pq} = (\beta_1, \cdots, \beta_q)^{\mathrm{T}}$。考虑一个 BIC 类型的准则

$$\phi(pq) = n \log \hat{\sigma}_{pq}^2 + (p+q)p(n) \tag{14.61}$$

在这里 $\hat{\sigma}_{pq}^2 = n^{-1} \sum_{t=1}^{n} \varepsilon_t^2(\hat{\boldsymbol{\eta}}_{n,pq})$ 是 σ_ε^2 的 CSS 估计，此时模型 (p,q) 给定，而 $p(n)$ 是一个惩罚项且满足

$$\lim_{n \to \infty} p(n) = \infty \qquad \text{以及} \qquad \lim_{n \to \infty} \frac{p(n)}{n} = 0 \tag{14.62}$$

注意，$n \log \hat{\sigma}_{pq}^2$ 在式 (14.61) 中不完全是 $-2 \log L(\hat{\boldsymbol{\eta}}_{n,pq})$，其中 $L(\boldsymbol{\eta}_{pq}) = L(\boldsymbol{\eta}_{pq} \mid y_1, \cdots, y_n)$ 是高斯条件似然。但是，它们的差异只取决于 n，对阶的选择结果没有影响。令

$$(\hat{p}_n, \hat{q}_n) = \arg \min_{0 \leqslant p \leqslant P, 0 \leqslant q \leqslant Q} \phi(p,q) \tag{14.63}$$

本节的主要目的就是要证明下式：

$$\lim_{n \to \infty} P_r\{(\hat{p}_n, \hat{q}_n) = (p_0, q_0)\} = 1 \tag{14.64}$$

证明式 (14.64) 的主要困难是在 $p > p_0$ 和 $q > q_0$ 的情况下处理 $\hat{\sigma}_{pq}^2$ 的渐近行为，我们称为双侧过度拟合候选。在这种情况下，真正的参数是无法识别的，因为参数空间中有无限多的元素满足

$$A_{2,\theta_{pq}}(z) A_{1,\theta_{pq}}^{-1}(z) = A_{2,\theta_{p_0 q_0}}(z) A_{1,\theta_{p_0 q_0}}^{-1}(z) \tag{14.65}$$

因此，$\hat{\eta}_{n,pq}$ 不具有概率极限，$\hat{\sigma}_{pq}^2$ 很难用依赖于估计参数与其极限之间差异的标准方法进行分析。我们通过建立式 (14.66) 这个有趣的结果来克服这个困境

$$d(\hat{\boldsymbol{\eta}}_{n,pq}, S_{0,pq}^{+}) = O_p(n^{-\frac{1}{2}}), p_0 < p \leqslant P, q_0 < q \leqslant Q \tag{14.66}$$

其中 $S^{+}_{0,pq} \subset \mathbb{R}^{p+q+1}$ 在 14.6.2 节中定义，包含参数空间中满足式 (14.65) 的所有点，并且 $d(\boldsymbol{x}, S) \overset{\text{def}}{=} \inf_{\boldsymbol{\omega}\in S} \|\boldsymbol{x}-\boldsymbol{\omega}\|$，$\|\cdot\|$ 表示欧几里得范数。式 (14.66) 本质上是说 $\hat{\boldsymbol{\eta}}_{n,pq}$ 没有概率极限，但其到与真参数等价的一组参数的距离以 $\dfrac{1}{\sqrt{n}}$ 的速率收敛于 0。这一性质使我们能够表明，对于任何双侧过度拟合候选项

$$\hat{\sigma}^2_{pq} - \hat{\sigma}^2_{p_0q_0} = O_p(n^{-1}) \tag{14.67}$$

这反过来又成为证明式 (14.64) 的关键要素。

在具有独立误差的 ARFIMA 模型中得到式 (14.64) 后，我们重点将结果推广到具有条件异方差误差的 ARFIMA 模型。我们对误差项的假设是相当普遍的，并且很容易被 GARCH 模型（Bollerslev，1986）和 GJR-GARCH 模型（Glosten et al.，1993）所满足。我们证明式 (14.66) 和式 (14.67) 仍然是正确的，因此式 (14.64) 仍然有效。由于我们允许 $d_0 \in \mathbb{R}$ 和 $\{\varepsilon_t\}$ 为条件异方差，这是迄今为止为 ARFIMA 模型建立的阶的选择一致性方面最全面的结果之一。

14.6.2　独立误差的情况

设全概率空间 (P, Q) 的参数空间为 $\Pi_{PQ} \times D$，其中

$$D = [L, U], -\infty < L < U < \infty \tag{14.68}$$

而 Π_{PQ} 是 $\mathbb{R}^{P+Q}$ 中的一个紧集，其中元素 $\boldsymbol{\theta}_{PQ} = (\alpha_1, \cdots, \alpha_P, \beta_1, \cdots, \beta_Q)^{\mathrm{T}}$ 满足平稳性条件式 (14.69)

$$A_{1,\boldsymbol{\theta}_{PQ}}(z) \neq 0, A_{2,\boldsymbol{\theta}_{PQ}}(z) \neq 0, \qquad \forall |z| \leqslant 1 \tag{14.69}$$

对于候选模型 (p, q)，参数空间为 $\Pi_{pq} \times D$，其中

$$\Pi_{pq} \equiv \{\boldsymbol{\theta}_{pq} = (\alpha_1, \cdots, \alpha_p, \beta_1, \cdots, \beta_q)^{\mathrm{T}} | (\alpha_1, \cdots, \alpha_p, 0, \cdots, 0, \beta_1, \cdots, \beta_q, 0, \cdots, 0)^{\mathrm{T}} \in \Pi_{PQ}\}$$

约定 AR(MA) 分量在 $p = 0(q = 0)$ 时消失，可见 $\Pi_{00} = \varnothing$ 和 $\Pi_{pq} \times D$ 是 $\mathbb{R}^{p+q+1}$ 中的紧集。模型 (p, q) 中系数向量的 CSS 估计由

$$(\hat{\boldsymbol{\theta}}^{\mathrm{T}}_{n,pq}, \hat{d}_{n,pq})^{\mathrm{T}} = \hat{\boldsymbol{\eta}}_{n,pq} = \arg \min_{\boldsymbol{\eta}_{pq} \in \Pi_{pq} \times D} \sum_{t=1}^{n} \varepsilon^2_t(\boldsymbol{\eta}_{pq})$$

给出。

回想一下在式 (14.61) 中介绍的 BIC 检验。本节的目标是建立式 (14.64)，其中 ε_t 是独立的随机变量，对所有 t 都满足 $E(\varepsilon_t) = 0$ 和 $E(\varepsilon^2_t) = \sigma^2_\varepsilon > 0$。式 (14.64) 由式 (14.70) 和式 (14.71) 保证。

$$\lim_{n\to\infty} P_r(\hat{p}_n < p_0 \text{ 或 } \hat{q}_n < q_0) = 0 \tag{14.70}$$

$$\lim_{n\to\infty} P_r(\hat{p}_n > p_0, \hat{q}_n \geqslant q_0 \text{ 或 } \hat{p}_n \geqslant p_0, \hat{q}_n > q_0) = 0 \tag{14.71}$$

在本节中，我们假设

$$(\alpha_{0,1}, \cdots, \alpha_{0,p_0}, 0, \cdots, 0, \beta_{0,1}, \cdots, \beta_{0,q_0}, 0, \cdots, 0, d_0)^{\mathrm{T}} \in \mathrm{int}\Pi_{PQ} \times D \tag{14.72}$$

并且定义 $\boldsymbol{\eta}_0=(\theta_0^{\mathrm{T}},d_0)^{\mathrm{T}}$ 为 $\boldsymbol{\theta}_0^{\mathrm{T}}=(\alpha_{0,1},\cdots,\alpha_{0,p_0},\beta_{0,1},\cdots,\beta_{0,q_0})$。

式 (14.70) 的证明相对容易。考虑这一点，注意在 $p<p_0$ 或 $q<q_0$ 的情况下，式 (14.59) 意味着存在一个小的正常数 δ 使得

$$\hat{\boldsymbol{\eta}}_{n,pq}\notin B_\delta(\eta_0) \tag{14.73}$$

其中 $B_\delta(\boldsymbol{\eta}_0)$ 是圆心为 η_0 半径为 δ 的开球，稍微拓展此符号的使用，式 (14.73) 中的 $\hat{\boldsymbol{\eta}}_{n,pq}$ 和 $\boldsymbol{\eta}_0$ 被视为 $(\max\{p,p_0\}+\max\{q,q_0\}+1)$ 维向量，未定义的项设为 0。通过式 (14.73) 和类似于 Hualde 和 Robinson(2011) 的定理 2.1 证明的一个论证，我们有，对于 $p<p_0$ 或 $q<q_0$，

$$\lim_{n\to\infty}P_r(\hat{\sigma}_{pq}^2-\hat{\sigma}_{p_0q_0}^2\leqslant c)=0 \tag{14.74}$$

其中 c 是一个正常数。因此式 (14.70) 也遵循。

此外，由于前面提到的可识别性问题，式 (14.71) 的证明要复杂得多。让

$$\Pi_{pq}^+=\{\boldsymbol{\theta}_{pq}\in\mathbb{R}^{p+q}\mid(\alpha_1,\cdots,\alpha_p,0,\cdots,0,\beta_1,\cdots,\beta_q,0,\cdots,0)^{\mathrm{T}}\quad \text{满足式(14.69)}\}$$

和

$$S_{0,pq}^+=\{(\boldsymbol{\theta}_{pq}^{\mathrm{T}},d)^{\mathrm{T}}\in\Pi_{pq}^+\times\{d_0\}\mid\boldsymbol{\theta}_{pq}\text{服从式(14.65)}\} \tag{14.75}$$

注意 $\Pi_{pq}\subset\Pi_{pq}^+$ 和 $S_{0,pq}^+$ 包含 $\Pi_{pq}\times D$ 中生成真实模型 (14.56) 的所有点。式 (14.71) 证明的关键步骤是建立式 (14.76)：

$$d(\hat{\boldsymbol{\eta}}_{n,pq},S_{0,pq}^+)=O_p(n^{-1/2}),p_0\leqslant p\leqslant P,q_0\leqslant q\leqslant Q \tag{14.76}$$

这是比式 (14.66) 稍严格的形式。事实上，对于 $p=p_0$ 和 $q=q_0$、$p=p_0$ 和 $q>q_0$ 或者 $p>p_0$ 和 $q=q_0$，$S_{0,pq}^+$ 都只包含一个点，并且式 (14.76) 已经被 Hualde 和 Robinson(2011) 以及 Chan 等 (2013) 建立。它们的证明不适用于 $S_{0,pq}^+$ 包含无数个点，$\hat{\eta}_{n,pq}$ 不具有概率极限的双侧过度拟合模型。我们通过实现 Hannan(1980) 以及 Hannan 和 Kavalieris(1984) 的双目标参数变换来解决这一难题，该变换最初是为 $d_0=0$ 的特殊情况而设计的。变换后的参数 $\boldsymbol{\eta}_{pq}^\star=F_0(\boldsymbol{\eta}_{pq})$，含有 $\max\{p_0+q,q_0=p\}+1$ 可识别的成分，即第一个 $\max\{p_0+q,q_0+p\}$ 成分，$\theta_{1,pq}^\star$，最后一个分量 d，$\boldsymbol{\eta}_{pq}^\star$ 对于所有的 $\boldsymbol{\eta}_{pq}\in S_{0,pq}^+$ 相同。注意 $F_0(\cdot)$ 是一个一对一的线性变换，它依赖于 η_0。当 $\boldsymbol{\eta}_{pq}\in S_{0,pq}^+$，把 $\boldsymbol{\eta}_{0,1,pq}^\star$ 表示为 $\boldsymbol{\eta}_{1,pq}^\star\equiv((\boldsymbol{\theta}_{1,pq}^\star)^{\mathrm{T}},d)^{\mathrm{T}}\times\eta_{0,1,pq}^\star$。设 $\hat{\boldsymbol{\eta}}_{pq}^\star\equiv F_0(\hat{\boldsymbol{\eta}}_{n,pq})$ 对应 $\boldsymbol{\eta}_{0,1,pq}^\star$ 的子向量记为 $\boldsymbol{\eta}_{1,pq}^\star$。$\boldsymbol{\eta}_{0,1,pq}^\star$ 的唯一性允许获得

$$\|\hat{\boldsymbol{\eta}}_{1,pq}^\star-\boldsymbol{\eta}_{0,1,pq}^\star\|=O_p(n^{-1/2}),p_0\leqslant p\leqslant P,q_0\leqslant q\leqslant Q \tag{14.77}$$

通过基于中值定理分析 $\sum\limits_{t=1}^n\nabla_1\varepsilon_t^2(F_0^{-1}(\hat{\boldsymbol{\eta}}_{pq}^\star))-\sum\limits_{t=1}^n\nabla_1\varepsilon_t^2(F_0^{-1}(\boldsymbol{\eta}_{pq}^\star))$，并对

$$n^{-1/2}\sum_{t=1}^n\nabla_1\varepsilon_t(F_0^{-1}(\boldsymbol{\eta}_{pq}^\star))\varepsilon_t,n^{-1/2}\sum_{t=1}^n\nabla_1^2\varepsilon_t(F_0^{-1}(\boldsymbol{\eta}_{pq}^\star))\varepsilon_t$$

和

$$n^{-1}\sum_{t=1}^n\|\nabla_1\varepsilon_t(F_0^{-1}(\boldsymbol{\eta}_{pq}^\star))\|^2,n^{-1}\sum_{t=1}^n\mathrm{tr}[\nabla_1\varepsilon_t(F_0^{-1}(\boldsymbol{\eta}_{pq}^\star))]^2 \tag{14.78}$$

建立均匀矩/概率范围。其中 $\mathrm{tr}(\cdot)$ 表示矩阵的迹，对于 $\mathbb{R}^{p+q+1}$，$\nabla_1 f(\boldsymbol{\eta}_{pq}^\star) = \dfrac{\partial}{\partial \boldsymbol{\eta}_{1,pq}^\star} f(\boldsymbol{\eta}_{pq}^\star)$ 和 $\nabla_1^2 f(\boldsymbol{\eta}_{pq}^\star) = \dfrac{\partial^2}{\partial \boldsymbol{\eta}_{1,pq}^\star (\partial \boldsymbol{\eta}_{1,pq}^\star)^{\mathrm{T}}} f(\boldsymbol{\eta}_{pq}^\star)$ 的二次可微函数 $f(\cdot)$。式 (14.77) 是推导式 (14.76) 的重要工具。利用式 (14.76)，我们得到

$$\begin{aligned}\hat{\sigma}_{pq}^2 - \hat{\sigma}_{p_0 q_0}^2 &= n^{-1} \sum_{t=1}^{n} \varepsilon_t^2(\hat{\boldsymbol{\eta}}_{n,pq}) - n^{-1} \sum_{t=1}^{n} \varepsilon_t^2(\hat{\boldsymbol{\eta}}_{n,p_0 q_0}) \\ &= O_p(n^{-1}), p_0 \leqslant p \leqslant P, q_0 \leqslant q \leqslant Q \end{aligned} \tag{14.79}$$

直接导致式 (14.71)。我们现在可以陈述这一节的主要结果了。

定理 14.6.1　假设式 (14.56)～ 式 (14.59)、式 (14.68)、式 (14.69) 和式 (14.72) 成立，ε_t 是独立的，并且

$$\sup_{-\infty<t<\infty} E|\varepsilon_t|^4 < \infty \tag{14.80}$$

则式 (14.64) 成立。

注意 Baillie 等 (2014) 提出了在 $-\infty < d_0 < \infty$ 情况下选择 ARFIMA 模型的修正信息准则。然而为了建立准则的选择一致性，他们强加了一个假设，对于每个候选 (p, q)，已知 d_0，AR 和 MA 参数的 CSS 估计（或最大似然估计）以 $O_p(n^{1/2})$ 的速率收敛到非随机极限。如前所述，由于不可识别性问题，任何双边过拟合的候选者都明显违反了这一假设。此外，他们还假设了一个类似于式 (14.79) 的高水平假设，其证明很重要。

14.6.3　条件异方差误差的情况

在本节中，我们假定 $\{\varepsilon_t\}$ 是 $\{\mathscr{F}_t\}$ 的鞅差分序列、σ 域递增序列。我们进一步假设 $\{\varepsilon_t^2\}$ 符合无限阶移动平均表示，

$$\varepsilon_t^2 - \mathbb{E}(\varepsilon_1^2) = \sum_{s=0}^{\infty} \boldsymbol{\alpha}_s^{\top} \boldsymbol{\omega}_{t-s} \tag{14.81}$$

其中 $\boldsymbol{\alpha}_s$ 是对于某个 $l \geqslant 1$ 的 l 维实向量，

$$\|\boldsymbol{\alpha}_s\| = O((s+1)^{-t}), \quad l > 1 \tag{14.82}$$

$\{\boldsymbol{\omega}_t, \mathscr{F}_t\}$ 是 L^1 界鞅差分序列。假设式 (14.81) 和式 (14.82) 包括固定 GARCH 和 GJR-GARCH 过程作为特例。为了看到这一点，考虑一个平稳的 GJR-GARCH(p_0', q_0') 模型

$$\varepsilon_t = \sigma_t z_t, \sigma_t^2 - \varphi_{0,0} + \sum_{i=1}^{p_0'} \varphi_{0,i} \varepsilon_{t-i}^2 + \sum_{j=1}^{q_0'} \psi_{0,j} \sigma_{t\ j}^2 + \sum_{k=1}^{p_0'} \zeta_{0,k} \varepsilon_{t-k}^2 I_{\{\varepsilon_{t-k}<0\}} \tag{14.83}$$

其中 p_0' 和 q_0' 为正整数，$\varphi_{0,0} > 0$、z_t 为独立同分布均值为零、方差为 1 的对称随机变量，$\varphi_{0,i}$、$\psi_{0,j}$ 和 $\zeta_{0,k}$ 服从非负常数，

$$\sum_{i=1}^{p_0'} \varphi_{0,i} + \sum_{j=1}^{q_0'} \psi_{0,j} + \sum_{k=1}^{p_0'} \frac{\zeta_{0,k}}{2} < 1 \tag{14.84}$$

由式 (14.83)，ε_t^2 表示为

$$\begin{aligned}\varepsilon_t^2 =&\varphi_{0,0} + \sum_{i=1}^{\max\{p_0',q_0'\}} \left(\varphi_{0,i} + \psi_{0,i} + \frac{\zeta_{0,i}}{2}\right)\varepsilon_{t-i}^2 + \\ &\omega_{1,t} - \sum_{j=1}^{q_0'} \psi_{0,j}\omega_{1,t-j} \sum_{k=1}^{p_0'} \zeta_{0,k}\omega_{2,t-k}\end{aligned} \tag{14.85}$$

其中$\omega_{1,t} = \varepsilon_t^2 - \sigma_t^2$，$\omega_{2,t} = \varepsilon_t^2 I_{\{\varepsilon_t<0\}} - \dfrac{1}{2}\varepsilon_t^2$。当 $i > p_0'$ 且 $j > q_0'$ 时，$\varphi_{0,i}$、$\zeta_{0,i}$ 和 $\psi_{0,j}$ 取值为 0。由式 (14.84)、式 (14.85) 以及 $\{(\omega_{1,t},\omega_{2,t})^{\mathrm{T}}\}$ 是一个关于 $\{\sigma(z_s, s\leqslant t)\}$ 的 L^1 有界鞅差分序列，其中 $\sigma(z_s, s\leqslant t)$ 是由 $\{z_t, z_{t-1},\cdots\}$ 产生的 σ 域可以证明式 (14.81) 和式 (14.82) 在 $l=2$、$\boldsymbol{\omega}_t = (\omega_{1,t},\omega_{2,t})^{\mathrm{T}}$ 和 $\boldsymbol{\alpha}_s = (b_s, c_s)^{\mathrm{T}}$ 时成立，其中 b_j 和 c_j 分别满足

$$\sum_{j=0}^{\infty} b_j z^j = \frac{1-\displaystyle\sum_{j=1}^{q_0'}\psi_{0,j}z^j}{1-\displaystyle\sum_{i=1}^{\max\{p_0',q_0'\}}\left(\varphi_{0,i}+\psi_{0,i}+\frac{\zeta_{0,i}}{2}\right)z^j}$$

和

$$\sum_{j=0}^{\infty} c_j z^j = \frac{1-\displaystyle\sum_{j=1}^{p_0'}\zeta_{0,j}z^j}{1-\displaystyle\sum_{i=1}^{\max\{p_0',q_0'\}}\left(\varphi_{0,i}+\psi_{0,i}+\frac{\zeta_{0,i}}{2}\right)z^j}$$

此外，由于 $|\ b_j\ |$ 和 $|\ c_j\ |$ 随着 j 的增加呈指数衰减，式 (14.82) 对于任意大的 ι 是有效的。当对于所有 $k\ \zeta_{0,k}=0$ 时，式 (14.83) 减少为一个静止的 GARCH 过程。同理式 (14.81) 和式 (14.82) 对于 $l=1$、$\omega_t = \omega_{1,t}$ 和 $\alpha_s = b_s$ 成立。

由于它们的非参数性质，式 (14.81) 和式 (14.82) 比假设 $\{\varepsilon_t\}$ 是一个平稳的 GJR-GARCH 或有限阶 GARCH 模型要灵活得多。下一个定理表明，上一节建立的 BIC 的一致性延续到服从式 (14.81)、式 (14.82) 的条件异方差误差，以及一个温和的瞬时条件。

定理 14.6.2 假设式 (14.56)~ 式 (14.59)、式 (14.68)、式 (14.69)、式 (14.72)、式 (14.81)、式 (14.82) 和

$$\sup_{-\infty<t<\infty} E\|\boldsymbol{\omega}_t\|^2 < \infty \tag{14.86}$$

则式 (14.64) 成立。

关于定理 14.6.2的一些评论是有序的。首先，注意式 (14.81) 和式 (14.82) 满足 $\{\varepsilon_t\}$ 满足定理 14.6.1的假设，或者 $\{\varepsilon_t,\mathscr{F}_t\}$ 是一个服从

$$\mathbb{E}(\varepsilon_t^2|\mathscr{F}_{t-1}) = \mathbb{E}(\varepsilon_1^2) = \sigma_\varepsilon^2 \quad a.s \tag{14.87}$$

的鞅差分序列。

由于在 $\{\varepsilon_t\}$ 的这些假设下式 (14.86) 和式 (14.80) 是等价的，定理 14.6.2 包含定理 14.6.1 作为特例。接下来，对于平稳 GARCH 和 GJRGARCH 模型，很容易看到

$$\mathbb{E}|\sigma_1|^4 < \infty \tag{14.88}$$

时式 (14.86) 成立。

关于 GARCH 模型的文献中常见的条件参见 Ling 和 McAleer（2002a）以及 Ling 和 McAleer（2002b）。此外，在式 (14.81)、式 (14.82) 和式 (14.86) 下，为式 (14.78) 建立的独立误差情况下的矩/概率一致界不再适用。为了缓解这一困难，可以将 Chan 和 Ing(2011) 的引理 B.1 中的等矩界推广到由条件异方差误差驱动的线性过程，从而误差项满足式 (14.81)、式 (14.82) 和式 (14.86)。这些推广使我们能够在定理 14.6.2的假设下建立式 (14.76)。一旦得到式 (14.76)，定理 14.6.2可以用与定理 14.6.1的证明类似的方式证明。最后，Bardet 等（2020）最近提出了一个 BIC 型判据，并证明了其对有限阶平稳 ARMA-GARCH 模型的选择一致性。然而，与 Baillie 等（2014）的结果相似，他们的结果也依赖于可识别性条件，这不可避免地会被一个双边过度估计的候选项违反。

事实上，当一个可辨识性条件被假设时，参数估计的一致性和变量选择的一致性之间并没有根本的区别。更具体地说，当假设这种类型的条件时，可以通过对完整模型（最大候选模型）中参数的一致估计应用硬阈值，轻松地建立模型选择一致性。然而，当整个模型中的参数无法识别时，这种方法是不合适的，因此没有一致的估计可用。当 d_0 可以是任何实数，$\{\varepsilon_t\}$ 可以是条件异方差时，这种困难变得更加严重。定理 14.6.2提供的主要优势是，BIC 仍然可以很好地处理这种具有挑战性的情况。

虽然定理 14.6.2表明式 (14.63) 是一致的，但它涉及计算所有候选模型的 $\phi(p,q)$，这可能是耗时的，因为 $\widehat{\sigma}_{pq}^2$ 在 $\phi(p,q)$ 中是通过非线性优化得到的。受 Hannan 和 Rissanen(1982) 的启发，我们引入了式 (14.63) 的细化，称为 BIC(RBIC) 的细化，它可以大大减少对最佳候选人的搜索次数，特别是当 P 和 Q 都很大的时候。所提方法的细节如下。

算法 1：RBIC

---

1. 定义

$$\widehat{r}_n^{(1)} = \arg\min\nolimits_{0\leqslant r\leqslant R}\phi(r,r)，\text{其中 } R=\max\{P,Q\}。$$

2. 估计 p_0 和 q_0 用于

$$\begin{aligned}\widehat{p}_n^{(1)} &= \arg\min_{0\leqslant p\leqslant \widehat{r}_n^{(1)}}\phi(p,\widehat{r}_n^{(1)})\\ \widehat{q}_n^{(1)} &= \arg\min_{0\leqslant q\leqslant \widehat{r}_n^{(1)}}\phi(\widehat{r}_n^{(1)},q)\end{aligned}$$

RBIC 的一致性在下一个推论中得到证实。

推论 14.6.1　在与定理 14.6.2相同的假设下，

$$\lim_{n\to\infty}\mathbb{P}\{(\widehat{p}_n^{(1)},\widehat{q}_n^{(1)})=(p_0,q_0)\}=1$$

推论 14.6.1的证明方式与定理 14.6.2的证明方式相同，省略细节。

14.6.4 模拟研究

在本节中,我们将通过仿真说明 RBIC 的有限样本性能。这里没有列出 BIC（式 (14.63)）的结果，因为这两种方法是渐近等效的 (见定理 14.6.2和定理 14.6.1)，后者更耗时。

我们从以下 ARFIMA 模型生成数据:

（1）$(1+0.7B)(1-B)^{d_0}y_t=\varepsilon_t$;

（2）$(1-0.8B)(1-B)^{d_0}y_t=(1+0.5B)\varepsilon_t$。

重复次数 $M=1000$。为了实现 RBIC，我们让 $P=Q=4$，$p(n)=\log n$，回顾 $p(n)$ 是 RBIC 的惩罚项。用 $\hat{p}_{(l)}$、$\hat{q}_{(l)}$ 和 $\hat{d}_{(l)}$ 表示在第 l 次模拟中获得的 $p_{(0)}$、$q_{(0)}$ 和 $d_{(0)}$ 的估计量，其中 $1\leqslant l\leqslant M$，注意 $\hat{d}_{(l)}$ 源自模型 $(\hat{p}_{(l)},\hat{q}_{(l)})$。我们计算以下性能指标:

（1）过盈频率（over）。

$$\text{over}=\sum_{l=1}^{M}\left[\mathbf{1}\left(\hat{p}_{(l)}\geqslant p_0,\hat{q}_{(l)}\geqslant q_0\right)-\mathbf{1}\left(\hat{p}_{(l)}=p_0,\hat{q}_{(l)}=q_0\right)\right]$$

（2）精确选择频率（ext）。

$$\text{ext}=\sum_{l=1}^{M}\left[\mathbf{1}\left(\hat{p}_{(l)}\geqslant p_0,\hat{q}_{(l)}\geqslant q_0\right)-\mathbf{1}\left(\hat{p}_{(l)}=p_0,\hat{q}_{(l)}=q_0\right)\right]$$

（3）欠拟合频率（under）。

$$\text{under}=\sum_{l=1}^{M}\mathbf{1}\left(\hat{p}_{(l)}=p_0,\hat{q}_{(l)}=q_0\right)$$

（4）$\hat{d}_{(l)}$ 的平均绝对误差（d-MAE）。

$$d\text{-MAE}=\frac{1}{M}\sum_{l=1}^{M}\mid\hat{d}_{(l)}-d_0\mid$$

并将模型 (1) 和 (2) 的结果分别汇总在表 14.3和表 14.4中。这两个表格表明，RBIC 的性能非常令人满意，因为对于所有模型和所有 $d_{(0)}$ 值，当 $n=250$ 时，RBIC 的 ext 值不小于 852；当 $n=500$ 时，RBIC 的 ext 值不小于 922。表中的 d-MAE 值也表明，我们的方法可以准确估计 $d_{(0)}$。可以看出，当 $n=250$ 时，RBIC 在接近或超过 80% 的时间内识别真实订单；当 n 为 500 时，RBIC 在接近或超过 90% 的时间内识别真实订单。得出结论，RBIC 的有限样本行为与 14.6.3 节给出的渐近结果一致。

表 14.3　具有独立误差的模型 (1) 中 RBIC 的仿真结果

n		$d=-0.5$	0	0.25	0.5	0.75	1	1.5
250	over	65	34	36	56	26	28	60
	ext	935	962	958	941	970	966	937
	under	0	4	6	3	4	6	3
	d-MAE	0.076	0.060	0.065	0.072	0.054	0.061	0.076
500	over	62	16	22	62	14	19	78
	ext	938	984	978	938	986	981	922
	under	0	0	0	0	0	0	0
	d-MAE	0.055	0.036	0.039	0.053	0.036	0.041	0.061

表 14.4　具有独立误差的模型 (2) 中 RBIC 的仿真结果

n		$d=-0.5$	0	0.25	0.5	0.75	1	1.5
250	over	4	3	3	3	5	6	0
	ext	852	910	904	898	919	915	905
	under	144	87	93	99	76	79	95
	d-MAE	0.198	0.150	0.154	0.157	0.146	0.152	0.161
500	over	2	2	0	2	2	1	2
	ext	976	985	987	978	984	986	976
	under	22	13	13	20	14	13	22
	d-MAE	0.143	0.103	0.103	0.110	0.102	0.108	0.135

14.7　本章小结

本章介绍了当代大数据的经济形势监测所用到的时间序列模型以及函数型大数据统计建模理论方法及其应用。包括一元时间序列分析的要点、与风险因子收益率序列建模相关的内容。

本章介绍了一种新的 VaR 估计方法。现有的大多数方法都是先估计收益的分布，然后以间接的方式恢复其分位数。相反的，我们直接对分位数进行建模。为此，引入了一类新的模型，即 CAViaR 模型，它使用一种特殊类型的自回归过程来指定分位数随时间的演变，通过最小化 RQ 损失函数来估计未知参数。我们还引入了 DQ 检验，这是一种评估分位数模型性能的新检验。对真实数据的应用说明了 CAViaR 模型适应于新的风险环境。此外，研究表明，控制尾部行为的过程可能与分布的其他部分不同。

我们提出了使用 BIC 类型准则来选择有限阶 ARFIMA 模型，主要贡献在于所提出的准则在非常具有挑战性的情况下实现了顺序选择一致性，其中记忆参数允许为任何实数，错误项可以是条件异方差的，并且候选模型不一定是可识别的。这一结果大大增强了 BIC 的适用性，数值模拟进一步证实了这一点。此外，AIC 信息准则在选择无限阶分数积分 AR 模型方面的性能还有待探索。在 $d_0=0$ 的情况下，Shibata（1980）以及 Ing 和 Wei（2005）分别证明了 AIC 对于独立实现和相同实现预测的渐近有效性。Ing 等（2012）将后一个结果推广到 d_0 为非负整数的情况。然而，在 $-\infty<d_0<\infty$ 的情况下，AIC 的渐近效率尚未建立，这可在进一步的研究中讨论。

第 15 章　总结与展望

随着大数据时代的来临，经济发展所呈现的波动性（volatility）更难监测，这对经济的发展影响巨大。基于大数据的经济形势监测是国家安全战略的重要组成部分，关系到国家的兴旺发达和社会的和谐发展，因此应予以高度重视。近年来，大数据的确对有效地进行经济形势监测、预测预警带来了巨大的挑战，难以掌控的经济波动性无疑会给国民经济和人民生命财产带来巨大的损失，这已经成为人类社会面临的严峻问题。由于缺乏大数据时代下经济形势监测、预测预警所需的科学情报依据，所以应急预警规划缺乏科学性，最终会造成难以估量的损失。因此，探索大数据时代经济形势监测理论与方法，揭示大数据经济波动规律，以此建立起相应的预警机制，已经成为当今大数据经济形势监测研究中的关键。

该项目形成一套大数据经济形势监测方面的理论与方法，建立起大数据经济形势发展的监测预警系统。该经济形势监测预警系统是通过预先选定好的一些大数据经济指标，运用大数据或抽样资料，加以大数据统计分析，计算出大数据经济运行的状况，提出大数据宏观调控的适度界限，并对经济景气情况进行预报等实现的。因此，该大数据经济形势监测预警系统，可以使经济管理部门及时、准确地把握大数据经济形势运行的脉搏，而且还可以对未来的发展趋势做出超前判断，以便适时适度地采取措施进行大数据宏观调控，达到稳定、高效发展经济的目的。该系统功能包括：正确了解当前大数据经济形势运行状态；准确预测未来大数据经济形势发展的趋势；及时反映大数据经济调控的效果。由此可见，本书具有重大的战略意义与应用价值。

就大数据经济形势监测理论与方法重构以及相关学科的建设而言，本书亦具有重大的意义：一方面，本节深刻揭示了经济大数据波动规律，从而能对大数据的经济形势进行有效的预测预警；另一方面，通过本课题的实施能够部分整合国内外相关学科的学术力量，积若干年的持续研究，产出一批具有原创性和学术价值，并且在国内外具有较大学术影响的学术成果，由此可见本课题具有重大的理论意义和实践价值。

大数据的应用为宏观经济监测及预测提供了新的角度。我们应该扩大大数据分析的应用范围，提升大数据的应用效率，使大数据为我国宏观经济形势监测及预测提供更好的服务。结合在本书各章节中应用大数据对我国经济形势监测的研究分析，本章针对描述国家经济运行的若干主要指标提出政策建议如下：

（1）在国民经济总指标监测过程中，要紧扣大数据时代的脉搏，加快关于国民经济预测向宏观经济先行指标预测转变的新型国际经济核算体系。一方面，中国在关于宏观经济先行领域指标的预测方面研究较少，需要加强大数据与宏观经济紧密相关的先行领域的研究；另一方面，数据多元化和易于获取为建立宏观经济先行领域指标的精准预测模型提供有利的数据条件，因而需要加强大数据分析技术的创新，对先行指标实时精准预测。预测模型指标数量越多，包含的信息越丰富。在大数据时代，数据搜集、存储和更新的成本更低，为复杂动态模型研究提供了条件。

（2）关于 GDP 的核算，应加快 GDP 先行指标预测转变为新型国际经济核算体系的进程。一方面，关于宏观经济先行领域指标的预测研究较少，需要加大大数据与 GDP 指标先行领域的研究，构建我国 GPD 实时预测指标；另一方面，数据多元化和易于获取为建立 GDP 先行指标的精准预测模型提供有利的数据条件。由于数据本身的可复制、可重用及可加工的特点，使得数据价值随扩散范围变大而增大，因此要增强 GDP 大数据的共享，并对存储数据进行分析。对先行指标预测的准确性与所选用的模型有关，建议政府部门用动态因子模型等更适用于研究我国国情的模型。新兴非结构化数据包含了除传统统计数据外的其他实时信息，因此应结合非结构化信息，进一步提高 GDP 预测的时效性和准确性，搭建大数据下 GDP 核算平台，为政府及相关部门提供决策支持。

（3）在金融风险管理过程中，应该重视科学技术创新，发挥互联网在生产要素配置中的优化和集成作用，制定科学规范的金融风险预警系统。利用互联网能超越时间、空间和形态限制的特点，围绕风险管理的目标，依托信息化手段，最大限度地收集、整理相关数据，随时掌握国家产业动态、政策变化、行业竞争状况、交易资源配置等，完善金融风险评估的算法模型，形成以大数据、云计算、区块链等支撑生产力的核心，构建持续发展的互联网 + 金融生态体系，形成以数据信息为支撑的管理决策机制。同时，微观金融主体运营机制不健全可能令利率市场化失去原有目的。稳健的市场利率化变革必然要求以合理的利率水平作为基石。应该借助大数据分析，建立健全完善产权明晰和权责明确的现代金融企业制度，明晰企业的产权职责，提高其借贷资金的利率敏感性；加强城镇居民对差别化定价的市场环境的适应性，提高对竞争性市场的价格形成机理的知识储备。从基准利率体系建设来讲，应逐步完善 Shibor 为真正的基准利率体系、投资选择和产品定价的参考标准。现在亟须借助技术创新提高制度创新，运用区块链技术、深度学习、迁移分析等主流技术，推动金融体制制度、法律制度的创新，并运用两者的有机结合推动金融市场的市场化进程。

（4）在财政税收方面，最重要的就是做好大数据管税的准备工作，即涉税信息共享法律化。首先，税收大数据的挖掘需要不同部门的数据间建立共享机制，国家需要出台相关法律政策，以法律形式规定涉税第三方，如国土部门、金融机构等的协税义务，明确建立信息共享机制。同时税务部门还要大力强化涉税信息安全建设，防止纳税人隐私泄露，做到数据开放性与安全性的统一。其次，应构建税务大数据分析应用平台，基于数据仓库和云平台技术，拓展数据运用深度和广度，有效利用电子档案数据、政务云数据、互联网数据，建设形成一体化的国家税务总局层面的大数据平台，不断提升税收管理、监控、分析和评价的综合能力，实现经验管税向信息管税的转变。第三，应建立完善的内控机制，促进税务管理。预防型监督转变。对于检查中发现的税务违法违纪行为不仅要进行责任追究，而且要从源头上改进和加强管理，完善内部控制制度，实现税收监督检查由纠错型向预防型的转变。还应利用大数据平台扩大监督效应，建立长效治理机制。最后，应加强大数据复合型人才培养。大数据时代下，海量涉税信息汇集到大数据分析应用平台后，需要进行转换、清洗和大数据分析。但是目前，税务部门数据应用分析工作尚未成熟，税务部门亟须对税收工作人员开展不定期的培训，培养一批既懂技术又熟悉业务的复合型人才，健全完善税务人才培养和使用机制。

（5）对于对外贸易问题，为了更好地顺应时代潮流，我国的统计部门应该正确认识大数据时代的新形势，科学构建对外贸易大数据平台，不断引入先进技术和专业人才，优化检测方法，加强对对外贸易的统计和监管。法律部门应不断完善相关法律法规，注重大数据和电子商务法律体系相结合，及时监测对外贸易中的各种行为，保证对外贸易合理合法，稳定运行。我国政府还应出台相关扶植政策，鼓励对外贸易企业加强和跨国电信运营商的合作，协助企业利用先进技术，完善基础设施，并帮助企业提高人才待遇，培训已有人员、先进人才，保证企业树立正确发展观念，优化对外贸易方式，提高在国际贸易中的竞争力。

（6）在对内贸易方面，首先，贸易统计人员需要确立大数据意识。就贸易统计而言，大数据是采用现代信息技术，整合不同来源的数据，并进行数据分析的技术的集成，具有较高的应用价值和决策支持功能。因此，贸易统计从业人员需要放弃传统的统计观念，建立并增强大数据意识，以便快速了解和适应大数据时代的贸易统计新形势。其次，统计人员必须重视大数据技术，主动掌握大数据处理技术。对于统计，大数据的应用应从数据采集过渡到数据挖掘。大数据时代最重要的是要充分挖掘数据的价值，通过深入的统计分析，为宏观决策社会发展提供更及时、更有用的参考，以反映社会消费需求。再次，贸易统计行业需要加强专业培训，培训专职统计人员，确保统计学人员真正理解和掌握统计指标的计算方法和处理技术，更好地处理大数据时代贸易统计所面临的困难问题。最后，贸易统计人员也应积极加强与企业的合作。企业是大数据利用的先驱。统计行业与这些企业之间的合作表明，统计学中大数据的应用正从研究阶段向实际运行阶段转变。政府与企业之间的合作将大大促进大数据的科学、统一、规范的开发和利用。

（7）对于物价水平相关问题的管控，第一，统计部门可以加大对扫描数据的收集力度，从而为居民消费价格指数的编制和计算提供更丰富的数据来源和更可靠的科学依据。大数据时代的到来极大地拓展了 CPI 统计的数据范围，相关部门可以根据实际情况采集不同产品的海量信息，获得更加接近于总体的样本数据。第二，政府部门应该加强与大型连锁超市和电商销售平台的合作。伴随着中国改革开放的不断深入，我国电商等线上平台获得了迅猛的发展，人民生活水平的提高则直接推动了线上和线下购买力的大幅提升，因此政府部门可以通过政企合作等方式建立高效的数据共享机制，为提高数据的可获取性、及时性和准确性奠定坚实的基础。第三，应积极开展扫描数据在 CPI 中应用的试点工程并适时适当地逐步在全国展开。大数据的发展可谓势如破竹，必须冲破传统思想的束缚，率先在北京、上海等经济发达的地区展开扫描数据应用的试点工程，在尝试的过程中努力发现问题、解决问题，为在全国各个地区的铺开提供保障和支持。第四，国家应该加强大数据技术开发和大数据人才培养的投入，要想更好地发挥大数据的价值离不开技术和人才的支持，实际上大数据时代竞争的本质就是人才和技术的竞争，因此教育部门需要制订契合大数据时代要求的培养计划，科研人员需要加大数据库和数据挖掘等大数据技术的研发力度。

（8）在居民消费方面，在大数据背景下可以通过对居民收支消费监测来反映我国经济整体形势。而大数据对居民收支统计也带来新的影响和挑战，在此形势下，首先我国应建立统一的信息共享平台，构建监测体系。在大数据时代必须要打破数据孤岛现象，建立城乡居民收入信息共享、补充调差和监测评估体系，不断提高数据的及时性和准确性。其次，同国外相比，我国数据挖掘技术和大数据分析技术需要不断提高，应鼓励数据科学领域的理论研究与实际问题结合，完善数据科学领域的设备体系建设，同时创建一定机制使得科研单位能够更加方便快捷地获取相关实时性数据。最后，在信息时代，由于网络消费等的不断普及，网络消费行为信息安全应得到足够重视，应加大信息安全管理。

（9）大数据时代的来临，第一，为我们对包括失业率在内的经济运行指标进行监测和预测提供了更多的信息、技术与思路，在一些情况下更有着传统分析模型所不具备的优点，例如可以即时，甚至实时进行监测、估计与预测。第二，一些其他的网络信息，包括网页内容信息和网页链接信息，也可以用来提高监测与预测的性能。第三，除了提供了海量数据之外，大数据也因其数据集比较大，造成了运算和存储的难题，因此也迫切需要研究人员利用一些例如基于过滤和封装的特征选择方法，建立一个更小但更合理的特征集合，用于实现高效的监测预测。第四，可以开发在线失业分析和预测系统（unemployment analysis and forecast system，UAFS），用以协助政府和组织提供预警和决策支持。第五，可试着采用一系列数据挖掘方法而不是单个方法的集合，进一步提高失业率监测预测的有效性。

（10）在交通运输方面，我国目前还没有形成基于交通运输大数据的经济监测机制与系统。建议国家从以下几方面着手，实现对经济形势的监测与预警。第一，为了获取更加及时全面的交通运输大数据，需要完善获取大数据的基础设施与设备，比如，为了获取即时的运输量数据，可以在每一个交通运输工具上安装无线设备，方便操作人员统计、传递每次的运输量，进而汇总到控制中心。第二，从单个单位开始到整个行政区域，建立联动网络作为数据传递的枢纽与信息中转站，通过云计算和并行计算等大数据技术，实现数据的实时更新、汇总、上传下达。第三，借鉴国外先进的理论研究成果，结合我国经济发展的实际情况以及交通运输建设的特殊性，汇集全国优秀的研究人员，从顶层设计出发，设计一套适用于我国的经济监测指数以及指标体系，作为未来具体实施的行动指南。第四，人才是第一生产力，面对新的技术及新的管理制度，国家需要投入相当一部分人力、物力、财力用于相关专业的人才引进与人才培养。大数据时代，为了更好地实现新的经济监测方式，急需新型科技人才作为技术支撑，保障交通运输大数据经济监测系统的有效运转。未来随着大数据新技术的不断革新，数据的获取方式与渠道越来越多样化，可以构建更多大数据下的监测指数与监测体系，使得交通运输大数据背景下的经济监测体系越来越完善，通过交通运输大数据可以更好地实现对经济形势的监测。

（11）根据 12.4 节中案例分析的结果，我们提出如下的政策建议：就供给方面来说，政府应完善社会福利体系，大力推行公租房、共产房、自住房等，特别是在房价较高的地区，比如上海、北京等，使经济适用房供应仅仅供给有需求人群。就需求方面，政府须引导居民理性买房，不跟风、不哄抢、不炒房，采取有效措施从而稳定控制房价。在限购政策方面，实施限购令需要综合考虑一、二、三线城市的具体情况，建议对房价上涨极快的一线城市及三亚等特殊旅游城市继续采取限购措施，而对二、三线等本身库存压力较大的城市采取其他措施抑制房价。研究发现政策的不连贯性对房价的稳定起到了消极的作用，因此限购政策的实施需要保持一定的连贯性，减少出现“实施限购-取消限购”这样的政策反复。此外，从分位回归模型求解的结果可以看出，相同因素对不同高低的房价的影响大小不同，因此应实施“因地制宜”的房价抑制政策，即针对不同区间的房价采取不同的有针对性的措施。

（12）支付行为作为社会日常生活中商品经济最直观化的参与手段之一，其中蕴含着社会整体的经济消费风向。深入分析社会的移动支付行为是研究我国经济形势的一个非常适合的切入点。首先，凭借我国的移动支付的推广优势，即在其他非现金支付方式市场占有率较低的情况下，应进一步扩大移动支付在我国的适用范围，保障我国在实施与研究移动支付方面的国际领先地位。在此基础上利用我国的移动支付大数据，从中挖掘出相应的商业规划价值来助力经济形势监测，以达到提升社会主义核心竞争力的目的。其次，应加强企业建设与互联网经济的关联程度，以科技创新引领行业进步，构建企业文化与互联网技术相结合的生态价值链，加强企业、政府与高校等研究机构的合作，确保企业在社会主义市场经济中和谐发展。最后，应合理规划移动支付大数据的采集与使用方式，建立专门的数据管理平台或机构，针对性解决移动大数据带来的个体用户隐私性问题，保障消费者的合法权益，出台合理合法的大数据使用规范条例。

本书对大数据的经济形式监测理论与方法进行探讨，希望能够给相关政府部门和学术界的研究提供有益的借鉴。

参 考 文 献

[1] 敖芬芬. 国民经济核算指标的发展演变与应用研究 [D]. 广州: 广东财经大学, 2017.

[2] 布局大数据, 全球十四大数据厂商论战 [EB/OL]. (2012-08-01)[2021-10-01].https://cloud.zol.com.cn/310/3108708.html.

[3] 草根网. 大数据: 创新、竞争和生产力的下一个新领域 [EB/OL].(2012-11-15)[2021-10-01]. http://www.qiyukfo.com/blog/a/49.html.

[4] 陈宏飞, 张心萍, 赵艳慧, 等. 基于微博的西安市交通拥堵状况时空分布研究 [J]. 陕西师范大学学报 (自科版), 2015(6): 83-88.

[5] 陈金凤. 中国宏观经济监测与预警体系的构建 [D]. 济南: 山东大学, 2007.

[6] 陈梦根, 刘浩. 大数据对 CPI 统计的影响及方法改进研究 [J]. 统计与信息论坛, 2015(6): 8-13.

[7] 陈铭, 张洁. 南京市人口与就业大数据分析研究 [J]. 改革与开放, 2018(7): 23-26.

[8] 陈述云. 建立经济监测预警系统的方法初探 [J]. 科学管理研究, 1993(2): 49-52.

[9] 陈蔚. 基于线性 ARIMA 与非线性 BP 神经网络组合模型的进出口贸易预测 [J]. 统计与决策, 2015(22): 47-49.

[10] 陈相成, 乔晗, 温素清. 扫描数据支持下的 CPI 调查 [J]. 市场研究, 2012(7): 28-33.

[11] 陈忠阳. VaR 体系与现代金融机构的风险管理 [J]. 金融论坛, 2001, (5): 44-48.

[12] 陈仲常. 失业风险监测预警指标体系研究 [J]. 统计研究, 1999, 16(2): 41-44.

[13] 崔斌. 对宏观经济监测预警分析系统的改进 [J]. 统计研究, 1997(2), 46-51.

[14] 大数据时代存储所面对的问题 [EB/OL].(2012-6-20) [2021-10-01]. https://www.pqdg.com/dashuju/dashuju368.html.

[15] 张意轩, 于洋. 大数据时代的大媒体 [EB/OL]. (2013-01 17) [2021-10-01]. http://cpc.people.com.cn/n/2013/0117/c83083-20231637. html?ivk_sa=1024320u.

[16] 大数据时代的巨大投资机会 [EB/OL].(2012-11-13) [2021-10-01]. 中国移动物联网. https://www.51sjk.com/b120b180599/.

[17] 戴为. 基于人工神经网络方法的中国房地产市场预警体系研究 [D]. 湘潭: 湘潭大学, 2016.

[18] 邓勇伟. 基于 GIS 的房产管理政务智能系统研究 [D]. 南京: 南京师范大学, 2006.

[19] 冯莉. 多种预测方法在我国对外贸易预测中的应用研究 [D]. 武汉: 武汉理工大学, 2007.

[20] 高铁梅, 王金明. 2003 年中国宏观经济发展趋势的分析与预测 [J]. 数量经济技术经济研究, 2003, 20(6): 5-8.

[21] 耿直. 大数据时代统计学面临的机遇与挑战 [J]. 统计研究, 2014, 31(1): 5-9.

[22] 龚小乐. 房地产政策调控效果实证研究 [D]. 南京: 南京大学, 2016.

[23] 龚盈盈. 基于景气指数的宏观经济监测预警系统研究 [D]. 武汉: 武汉理工大学, 2005.

[24] 谷志红, 牛东晓, 王会青. 对外贸易可持续发展的评价指标体系及模型 [J]. 统计与决策, 2005(5s): 20-21.

[25] 顾承华, 张扬, 翟希. 交通大数据关键技术研究 [J]. 交通与运输: 学术版, 2015(2): 49-53.

[26] 韩芳芳, 范群, 韩青青. 我国大数据领域研究论文的计量分析 [J]. 图书馆学研究, 2013(08).

[27] 何兵, 童小华, 戴华阳. 基于移动 GIS 的房地产动态监测数据采集系统的设计与研究 [J]. 图书情报导刊, 2008, 18(10): 161-163.

[28] 何满喜. 基于典型相关分析的交通运输与经济发展关系的研究 [J]. 生态经济, 2014, 30(1): 100-103.

[29] 洪涛, 厉伟. 基于网络搜索数据的住房价格预期与实际价格波动分析 [J]. 统计与信息论坛, 2015(11): 49-53.

[30] 胡雪梅, 李文博. 瑞典 CPI 编制中扫描数据的使用与价格采集研究 [J]. 对外经贸, 2011(12): 39-41.

[31] 胡志浩, 李淼. 隐含波动率文献综述 [J]. 金融评论, 2016 (2): 112-123.

[32] 互联网大数据时代来袭: 蕴藏创业空间待挖掘 [EB/OL]. (2012-09-16) [2021-10-01]. 最科技. http://tech.cnr.cn/sytj/201209/t20120916_510921199.shtml.

[33] 黄薏舟, 郑振龙. 波动率预测: GARCH 模型与隐含波动率 [J]. 数量经济技术经济研究, 2010 (24): 140-150.

[34] 姜奇平. 大数据时代到来 [EB/OL].(2012-02-02) [2021-10-01]. https://wenku.baidu.com/view/1ae23c4bbe23482fb4da4c49.html.

[35] 李芬, 冯凤玲. 综合交通运输建设规模与经济增长的关系研究: 基于 VAR 和 VEC 模型的实证分析 [J]. 河北经贸大学学报, 2014, 184(3): 110-115.

[36] 李翰芳, 罗幼喜, 田茂再. 面板数据的贝叶斯 Lasso 分位回归方法 [J]. 数量经济技术经济研究, 2013(2): 138-149.

[37] 李恒凯, 王秀丽, 刘小生. 基于 GIS 和 PCA 的住宅房产特征价格模型 [J]. 测绘科学, 2012, 37(2): 119-122.

[38] 李宏, 李建武, 宋玉龙. 基于神经网络集成的失业预警方法 [J]. 经济与管理研究, 2012(1): 89-94.

[39] 李金昌. 大数据与统计新思维 [J]. 统计研究, 2014, 31(1): 10-17.

[40] 李科. 浅谈经济监测和经济预警系统在企业中的应用 [D]. 大连: 辽宁师范大学, 2001.

[41] 李楠. 大数据时代我国进出口贸易遇到的机遇 [J]. 经贸实践, 2016(23).

[42] 李彭城, 王栋, 江洪. 经济监测预警系统模型建立及系统实现 [C]// 2000 年中国控制与决策学术年会, 2000.

[43] 李乔, 郑啸. 云计算研究现状综述 [J]. 计算机科学, 2011, 38(4): 32-37.

[44] 李锐. 基于 SVM 的房地产行业风险预警模型应用研究 [D]. 哈尔滨: 哈尔滨工业大学, 2008.

[45] 李绍泰. 应用扫描数据改进 CPI 编制的方法研究 [D]. 广州: 暨南大学, 2014.

[46] 李威龙, 谭文炜, 卢遵华. 我国金融危机监测预警系统构建研究 [J]. 数量经济技术经济研究, 2001, 18(11): 13-15.

[47] 李艳华. 民航运输对于经济增长关系的再实证: 2002—2012 年 [J]. 工业技术经济, 2015(6): 10-16.

[48] 李忆, 文瑞, 杨立成. 网络搜索指数与汽车销量关系研究: 基于文本挖掘的关键词获取 [J]. 现代情报, 2016, 36(8): 131-136.

[49] 李子强, 田茂再, 罗幼喜. 面板数据的自适应 Lasso 分位回归方法研究 [J]. 统计与信息论坛, 2014(7): 3-10.

[50] 梁运斌. 我国房地产业景气指标设置与预警预报系统建设的基本构想 [J]. 城市发展研究, 1996(3): 41-43.

[51] 刘建明. 对外贸易可持续发展评价指标浅说 [J]. 对外经贸实务, 1996(12): 7-9.

[52] 刘隽, 王业矗, 李惠娟, 等. 我国公路运输业对经济发展的影响分析 [J]. 商业经济研究, 2015(15): 131-132.

[53] 刘鹏. 云计算 [M]. 北京: 电子工业出版社, 2010.

[54] 刘涛雄, 徐晓飞. 互联网搜索行为能帮助我们预测宏观经济吗?[J]. 经济研究, 2015(12): 68-83.

[55] 刘伟杰, 保丽霞. 交通大数据支撑一流运输体系的构建 [C]//上海市科协学术年会, 2014.

[56] 刘晓红. 应用扫描数据改进 CPI 的编制 [J]. 统计研究, 2008, 25(7): 102-103.

[57] 刘毅. 交通运输与经济发展关系的研究 [D]. 广州: 华南理工大学, 2013.

[58] 卢剑鸿, 何玉荣, 胡善风. 改进的属性识别法在区域经济风险预警中的应用 [J]. 统计与决策, 2014(1): 30-33.

[59] 罗幼喜, 田茂再. 面板数据的分位回归方法及其模拟研究 [J]. 统计研究, 2010, 27(10): 81-87.

[60] 彭凯越. 基于大数据背景下 CPI 的预测研究 [D]. 北京: 对外经济贸易大学, 2017.

[61] 钱吉夫. 基于历史和隐含波动率的权证定价效率研究 [J]. 中国证券期货, 2009 (12): 51-52.

[62] 秦欢欢. 交通基础设施投资对区域经济发展的影响分析 [D]. 北京: 北京交通大学, 2015.

[63] 邱东. 大数据时代对统计学的挑战 [J]. 统计研究, 2014, 31(1): 16-22.

[64] 曲满学, 王鹏飞. 我国波动率指数预测能力研究: 基于隐含波动率的信息比较 [J]. 经济问题, 2017, (1): 60-66.

[65] 人民银行等十部门发布《关于促进互联网金融健康发展的指导意见》[EB/OL].(2015-07-18) [2021-10-01]. http://www.gov.cn/xinwen/2015-07/18/content_2899360.htm?from=androidqq.

[66] 孙存一, 龚六堂. 大数据思维下的利率定价研究: 以机器学习为视角的实证分析 [J]. 金融理论与实践, 2017(7): 103-105.

[67] 孙蕾. 基于主成分和灰色预测法的房地产金融风险预警体系研究 [J]. 金融监管研究, 2016(11): 24-42.

[68] 孙毅, 吕本富, 陈航, 等. 大数据视角的通胀预期测度与应用研究 [J]. 管理世界, 2014(4): 171-172.

[69] 唐一丁. 网络搜索数据在预测房地产价格指数中的应用研究 [D]. 长春: 吉林大学, 2016.

[70] 陶绪林, 曹涛, 周品. 交通运输服务指数的构律 [J]. 统计与决策, 2013(6): 8-11.

[71] 田茂再. 多元统计分析 [M]. 北京: 中国人民大学出版社, 2017.

[72] 田涛, 周薇薇. 大数据背景下线上商品价格变动对 CPI 的影响 [J]. 统计与决策, 2017(13): 34-38.

[73] 汪寿阳, 杨晓光, 张珣. 基于海量信息的全球经济监测预警平台: 架构与实践 [J]. 科研信息化技术与应用, 2010(3).

[74] 王持位, 王军, 林寅, 等. 建立北京市工业经济宏观监测预警评价体系 [J]. 数理统计与管理, 1993(2): 1-12.

[75] 王景舒. 基于综合模拟预警法的重庆市房地产市场风险预警研究 [D]. 重庆: 重庆理工大学, 2014.

[76] 王庆云. 交通运输与经济发展的内在关系 [J]. 综合运输, 2003(7): 4-7.

[77] 王素珍. 移动支付的社会经济效应 [J]. 中国金融, 2016(24): 18-19.

[78] 王秀丽, 李恒凯. 基于 GIS 和特征价格的住宅房产价格评估 [J]. 城市勘测, 2010(5): 57-60.

[79] 王莹. 大数据条件下的贸易统计 [J]. 文摘版: 经济管理, 2015(7): 265.

[80] 王勇, 董恒新. 大数据背景下中国季度失业率的预测研究: 基于网络搜索数据的分析 [J]. 系统科学与数学, 2017, 37(2): 460-472.

[81] 王月永. 中国对外贸易可持续发展评价与策略研究 [D]. 天津: 天津大学, 2007.

[82] 王志龙. 基于粗糙集理论与支持向量机的数据挖掘方法算法研究 [D]. 兰州: 兰州大学,2007.

[83] 王志升, 陈晓兰. 建立区域经济统计监测预警体系探析 [J]. 当代经济, 2009(12): 100-103.

[84] 韦博成, 林金官, 解锋昌. 统计诊断 [M]. 北京: 高等教育出版社, 2009.

[85] 舍恩伯格, 库克耶. 大数据时代 [M]. 盛杨燕, 周涛, 译. 杭州: 浙江人民出版社, 2013.

[86] 魏丽. 基于若干个统计模型的宏观经济监测比较 [D]. 上海: 复旦大学, 2010.

[87] 温渤, 郑桂环, 徐山鹰, 等. 面向辅助决策的宏观经济监测预警系统研究 [J]. 运筹与管理, 2009, 18(2): 11-19.

[88] 吴喜之, 田茂再. 现代回归模型诊断 [M]. 北京: 中国统计出版社, 2003.

[89] 武旭, 胡思继, 崔艳萍, 等. 交通运输与经济协调发展评价的研究 [J]. 北京交通大学学报 (社会科学版), 2005, 4(2): 10-14.

[90] 徐文芹, 赵艳萍, 欧阳玉秀. 新形势下我国金融安全预警及安全策略 [J]. 中国安全科学学报, 2004, 14(9): 34-38.

[91] 徐映梅, 高一铭. 基于互联网大数据的 CPI 舆情指数构建与应用: 以百度指数为例 [J]. 数量经济技术经济研究, 2017(1): 94-112.

[92] 许汀汀, 白加菲, 李爱美. 基于 GIS 技术的房价监测系统设计与实现 [J]. 信息系统工程, 2016(5): 79-81.

[93] 杨佃辉. 基于人工神经网络的房地产市场监测预警实证研究 [C]//中国经济学博士后论坛, 2007.

[94] 杨少浪. “大数据” 背景下的 GDP[J]. 广东经济, 2014(1): 68-71.

[95] 杨树新, 董纪昌, 李秀婷. 基于网络关键词搜索的房地产价格影响因素研究 [J]. 新疆财经大学学报, 2013(3): 5-12.

[96] 杨宜勇. 人口老龄化背景下我国就业政策与人口政策的完善 [J]. 中国金融, 2008(7): 45-47.

[97] 姚丹. 大数据时代我国进出口贸易面临的机遇和挑战 [J]. 科技经济导刊, 2017(5): 40-43.

[98] 姚前, 李连三. 大数据分析在数字货币中的应用 [J]. 央行数字货币研究与探讨, 2016(17): 37-38.

[99] 叶昌友, 王遐见. 交通基础设施、交通运输业与区域经济增长: 基于省域数据的空间面板模型研究 [J]. 产业经济研究, 2013(2): 40-47.

[100] 易丹辉. 时间序列分析方法与应用 [M]. 北京: 中国人民大学出版社, 2011.

[101] 殷晓静, 周敏, 刘娟. 大数据时代贸易统计的新要求 [J]. 商场现代化, 2013(34): 12-17.

[102] 于薇. “大数据” 背景下的信息处理技术分析与研究 [C]//数字图书馆论坛, 2012.

[103] 余根钱. 中国经济监测预警系统的研制 [J]. 统计研究, 2005(6): 39-44.

[104] 袁永友, 刘建明. 创建我国对外贸易可持续发展评价指标体系的思考 [J]. 国际贸易问题, 2004(1): 32-36.

[105] 翟一. 我国交通与经济增长关系研究 [D]. 武汉: 武汉大学, 2013.

[106] 张静. 基于数据仓库的宏观经济监测预警系统 [D]. 武汉: 武汉理工大学, 2006.

[107] 张卫民, 安景文, 韩朝. 熵值法在城市可持续发展评价问题中的应用 [J]. 数量经济技术经济研究, 2003, 20(6): 115-118.

[108] 张元杰, 田茂再. K 步差分面板分位回归方法研究 [J]. 系统科学与数学, 2015, 35(9): 1037-1048.

[109] 张昭玉. 基于移动加权平均综合指数的经济预警模型构建 [J]. 商业时代, 2009(27): 62-63.

[110] 张喆. 大数据流下调查数据的统计分析 [D]. 北京: 中国人民大学,2015.

[111] 郑文通. 金融风险管理的 VAR 方法及其应用 [J]. 国际金融研究, 1997(9): 58-62.

[112] 郑振龙, 郑国忠. 高阶矩风险溢酬: 信息含量及影响因素 [J]. 数理统计与管理, 2017 (36): 550-570.

[113] 中国企业如何应对大数据时代的来临? 传感物联网 [EB/OL]. (2013-03-8) [2021-10-01]. http://www.thebigdata.cn/YeJieDongTai/8488.html.

[114] 中国支付清算协会. 中国支付清算行业运行报告 [M]. 北京: 中国金融出版社, 2016.

[115] 周祝平, 刘海斌. 人口老龄化对劳动力参与率的影响 [J]. 人口研究, 2016, 40(3): 58-70.

[116] 朱建平, 章贵军, 刘晓葳. 大数据时代下数据分析理念的辨析 [J]. 统计研究, 2014, 31(2): 10-17.

[117] AGARWAL R, DHAR V. Editorial-big data, data science, and analytics: the opportunity and challenge for IS research[J]. INFORMS, 2014, 25(3): 443-448.

[118] AKTER S, WAMBA S F. Big data analytics in e-commerce: a systematic review and agenda for future research[J]. Electronic markets, 2016, 26(2): 1-22.

[119] ALEKSANDER I, MORTON H. The cognitive challenge for neural architectures[C]// International neural network conference. Netherlands: Springer, 1990.

[120] ALESSANDRA, AMENDOLA, GIUSEPPE, et al. A GMM procedure for combining volatility forecast[J]. Computational statistics & data analysis, 2012, (10): 233-264.

[121] ALVAREZDIAZ M, GUPTA R. Forecasting US consumer price index: does nonlinearity matter?[J]. Applied economics, 2016, 48(46): 1-14.

[122] AMBUKEGE G, JUSTO G, MUSHI J. Neuro Fuzzy Modelling for prediction of consumer price Index[J]. International Journal of Artificial Intelligence and Applications (IJAIA), 2017(8)5:123-156.

[123] ANTONIADIS A. Wavelets in statistics: a review[J]. Journal of the Italian statistical society, 1997, 6(2): 97.

[124] ANTWEILER W, FRANK M Z. Is all that talk just noise? the information content of internet stock message boards[J]. Journal of finance, 2004, 59(3): 1259-1294.

[125] ARTOLA C, PINTO F, GARCÍA P D P. Can internet searches forecast tourism inflows?[J]. International journal of manpower, 2015, 36(1): 101-109.

[126] ARTZNER P, DELBEAN F, EBERJ-M, et al. Coherent measures of risk [J]. Mathematical finance, 1999,9: 203-228.

[127] ASKITAS N, ZIMMERMANN K F. Google econometrics and unemployment forecasting[J]. Discussion papers of Diw Berlin, 2009, 55: 107-120.

[128] ASKITAS N, ZIMMERMANN K F. The internet as a data source for advancement in social sciences[J]. International journal of Manpower, 2015, 36(1): 2-12.

[129] ASSYLBEKOV Z, MELNYKOV I, BEKISHEV R, et al. Detecting value-added tax evasion by?business entities of kazakhstan[M]// Intelligent decision technologies 2016. Berlin: Springer International Publishing, 2016.

[130] AVRON H, MAYMOUNKOV P, TOLEDO S. Blendenpik: supercharging LAPACK's least-squares solver[J]. SIAM journal on scientific computing, 2010, 32(3): 1217-1236.

[131] AYANKOYA K, CALITZ A P, GREYLING J H. Real-time grain commodities price predictions in south Africa: a big data and neural networks approach[J]. Agrekon, 2016, 55(4): 483-508.

[132] BAI Y, HO T K, MAO B, et al. Energy-efficient locomotive operation for Chinese mainline railways by fuzzy predictive control[J]. IEEE transactions on intelligent transportation systems, 2014, 15(3): 938-948.

[133] BANERJEE A V, DUFLO E, QIAN N. On the road: access to transportation infrastructure and economic growth in China[J]. Social science electronic publishing, 2012, 11(1): 1-53.

[134] BANISTER D, BERECHMAN Y. Transport investment and the promotion of economic growth[J]. Journal of transport geography, 2001, 9(3): 209-218.

[135] BANK W. World development report.[M]. Oxford: Oxford University Press, 1978.

[136] BARREIRA N, GODINHO P, MELO P. Nowcasting unemployment rate and new car sales in south-western Europe with google trends[J]. Netnomics, 2014, 14(3): 129-165.

[137] BARRETT M, DAVIDSON E J, PRABHU J, et al. Service innovation in the digital age: key contributions and future directions[J]. Mis quarterly, 2015, 39(1): 135-154.

[138] BÖSE J H, ANDRZEJAK A, HOGQVIST M. Beyond online aggregation: parallel and incremental data mining with online Map-Reduce[C]//MDAC'10: Proceedings of the 2010 Workshop on Massive Data Analytics over cloud, New York: Association for Computing Machinery, 2010.

[139] BEARE. Copulas and temporal dependence[J]. Econometrica, 2010 (2): 395-410.

[140] BERRY M W, BROWNE M. Email surveillance using non-negative matrix factorization[J]. Computational & mathematical organization theory, 2005,11(3): 249-264.

[141] BICKEL P J, GÖTZE F, VAN ZWET W R. Resampling fewer than n observations: gains, losses, and remedies for losses[J]. Statistica sinica, 1997, 7: 1-31.

[142] BLASCO N, CORREDOR P, DEL RIO C, et al. Bad news and dow jones make the Spanish stocks go round[J]. European journal of operational research, 2005, 163(1): 253-275.

[143] BLAZQUEZ D, DOMENECH J. Big data sources and methods for social and economic analyses[J]. Technological forecasting & social change, 2017, 6: 130.

[144] BOLLEN J, MAO H, ZENG X. Twitter mood predicts the stock market[J]. Journal of computational science, 2011, 2 (1): 1-8.

[145] BRINKMANN B H, BOWER M R, STENGEL K A, et al. Large-scale electrophysiology: acquisition, compression, encryption, and storage of big data[J]. J Neurosci methods. 2009, 180(1): 185-192.

[146] BRONDOLO J D, ZHANG Z. Tax administration reform in China: achievements, challenges, and reform priorities[J]. Imf working papers, 2016, 16(68): 1.

[147] BUDIASTUTI I A, NUGROHO S M S, HARIADI M. Predicting daily consumer price index using support vector regression method[C]//International Conference on Quality in Research. IEEE, 2017: 23-28.

[148] BURTON P R, CLAYTON D G, CARDON L R, et al. Genome-wide association study of 14 000 cases of seven common diseases and 3,000 shared controls[J]. Nature, 2007,447(7145): 661-678.

[149] CAMACHO M, SANCHO I. Spanish diffusion indexes[J]. Spanish economic review, 2003, 5(3): 173-203.

[150] CANAY I A. A simple approach to quantile regression for panel data[J]. Econometrics journal, 2011, 14(3): 368-386.

[151] CANDES E, TAO T. The Dantzig selector: Statistical estimation when p is much larger than n[J]. Annals of statistics, 2007, 35(6): 2313-2351.

[152] CANDRESSE T, SVANELLA-DUMAS L, GALL O L. Big data-introduction to the special theme[J]. Ercim news, 2012, 89(6): 1179-1188.

[153] CAO Y, HOU P, BROWN D, et al. Distributed analytics and edge intelligence: pervasive health monitoring at the era of Fog Computing[C]// The Workshop on Mobile Big Data. ACM, 2015: 43-48.

[154] CARRIERO A, KAPETANIOS G, MARCELLINO M. Forecasting large datasets with Bayesian reduced rank multivariate models[J]. Journal of applied econometrics, 2011, 26 (5): 735-761.

[155] CEPNI O, GUNEY I E, SWANSON N R. Nowcasting and forecasting GDP in emerging markets using global financial and macroeconomic diffusion indexes[J]. International Journal of Forecasting, 2019(35)2: 555-572.

[156] CERON A, CURINI L, IACUS S M, et al. Every tweet counts? how sentiment analysis of social media can improve our knowledge of citizens' political preferences with an application to Italy and France[J]. Departmental working papers, 2012, 16(2): 340-358.

[157] CERON A, NEGRI F. The "social side" of public policy: monitoring online public opinion and its mobilization during the policy cycle[J]. Policy & internet, 2016, 8(2): 131-147.

[158] CHANG R M, KAUFFMAN R J, KWON Y O. Understanding the paradigm shift to computational social science in the presence of big data[J]. Decision support systems, 2014, 63(3): 67-80.

[159] ZOU C L, JIANG W, WANG Z J,et al. An efficient on-line monitoring method for High-dimensional Data Streams[J]. Technometrics, 2015, 57(3): 374-387.

[160] CHASE, CHARLES W J R. Using big data to enhance demand–driven forecasting and planning[J]. Journal of business forecasting, 2013, 32 (2): 26-32.

[161] CHATTERJEE S, HADI A S. Sensitivity analysis in linear regression[M]. New York: John Wiley & Sons.1988.

[162] CHATTERJEE S, HADI A S. Influential observations, high leverage points, and outliers in linear regression[J]. Statistical science, 1986: 379-393.

[163] CHATTERJEE S, HADI A S. Regression analysis by example[M]. New York: John Wiley & Sons, 1981.

[164] CHEN C I. Application of the novel nonlinear grey Bernoulli model for forecasting unemployment rate[J]. Chaos solitons & fractals, 2008, 37(1): 278-287.

[165] CHEN Z, WANG J, HE H, et al. A fast deep learning system using GPU[C]// IEEE International Symposium on Circuits and Systems. IEEE, 2014: 1552-1555.

[166] CHOI H, VARIAN H. Predicting the present with google trends[J]. Economic record, 2012, 88(s1): 2-9.

[167] CHOI T M, CHAN H K, YUE X. Recent development in big data analytics for business operations and risk management[J]. IEEE transactions on cybernetics, 2016, (99): 1-12.

[168] CHOI H. Predicting initial claims for unemployment benefits[J]. Social science electronic publishing, 2010: 1-5.

[169] CHONG Y L. Predicting m-commerce adoption determinants: a neural network approach[J]. Expert systems with applications, 2013, 40(2): 523-530.

[170] CHONG, ALAIN Y L, FELIX T S, et al. Do interorganisational relationships and knowledge-management practices enhance collaborative commerce adoption?[J] International journal of production research, 2013, 51(7): 2006-2018.

[171] BAUMEISTER C, KILIAN L. Equation forecasting the real price of oil in a changing world: a forecast combination approach[J]. Journal of business & economic statistic, 2015, 33(3): 338-351.

[172] CLARKSON K L, WOODRUFF D P. Low rank approximation and regression in input sparsity time[J]. In proceedings of the forty-fifth annual ACM symposium on theory of computing,2013, 4: 81-90.

[173] COHEN J, DOLAN B, DUNLAP M, et al. MAD skills: new analysis practices for big data[J]. PVLDB, 2009, 2(2): 1481-1492.

[174] COREA F, CERVELLATI E M. The power of micro-blogging: how to use Twitter for predicting the stock market[J]. Eurasian journal of economics and Finance, 2015, 3 (4): 1-7.

[175] CULOTTA A. Towards detecting influenza epidemics by analysing Twitter messages[J]. Proceedings of the first workshop on social media analytics, 2010, 7: 115-122.

[176] HUANG D, FABOZZI F J, FOCARDI S, et al. Index-exciting CAViaR: a new empirical time-varying risk model[J]. Studies in nonlinear dynamics & econometrics, 2010, 14(2): 1-6.

[177] DAHLBERG T, MALLAT N, ONDRUS J, et al. Past, present and future of mobile payments research: a literature review[J]. Electronic commerce research & applications, 2009, 7(2): 165-181.

[178] D'AMURI F, MARCUCCI J . The predictive power of Google searches in forecasting US unemployment[J].International Journal of Forecasting, 2017 33(4):801-816.

[179] D'AMURI F. Predicting unemployment in short samples with internet job search query data[J]. MPRA paper, 2009, 18403: 1-17.

[180] DANIELS H E. Saddlepoint approximations in statistics[J]. The annals of mathematical statistics, 1954, 25: 631-650.

[181] DAVID A. Public investment and productivity growth in the group of seven[J]. Economic perspectives, 1989(13): 17-25.

[182] DAVIS J V, KULIS B, JAIN P, et al. Information-theoretic metric learning[J]. In proceedings of the 24th international conference on machine learning, 2007, 7: 209-216.

[183] DE MOL C, GIANNONE D, REICHLIN L. Forecasting using a large number of predictors: is Bayesian regression a valid alternative to principal components?[J]. Journal of econometrics, 2008, 146: 318-328.

[184] DEERWESTER S, DUMAIS S T, FURNAS G W, et al. Indexing by latent semantic analysis[J]. Journal of the American society for information science, 1990, 41(6): 391.

[185] DHAR V, CHANG E A. Does chatter matter? The impact of user-generated content on music sales[J]. Journal of interactive marketing volume, 2009, 23 (4): 300-307.

[186] DIMITROVA D S, KAISHEV V K, ZHAO S. Modeling finite-time failure probabilities in risk analysis applications[J]. Risk Analysis, 2015, 35(10): 1919-1939.

[187] DOAN S, VO B K H, COLLIER N. An analysis of Twitter messages in the 2011 Tohoku earthquake[C]// International Conference on Electronic Healthcare. Springer Berlin Heidelberg, 2011: 58-66.

[188] DODGE M, KITCHIN R. The automatic management of drivers and driving spaces[J]. Geoforum, 2007, 38(2): 264-275.

[189] DOEHRN, ROLAND. Transportation data as a tool for nowcasting economic activity-the german road pricing system as an example[J]. SSRN electronic journal, 2013, 16(1): 25-52.

[190] DOMENECH J. An intelligent system for retrieving economic information from corporate websites[C]//IEEE/WIC/ACM International Joint Conferences on Web Intelligence and Intelligent Agent Technology. IEEE Computer Society, 2012: 573-578.

[191] DONG X L, SRIVASTAVA D. Big data integration[C]// International Conference on Data Engineering. IEEE, 2013: 1245-1248.

[192] WANG D D. The mode change of tax collection in China under the background of big data[C]// Proceedings of 2017 3rd International Conference on Economics,Social Science,Arts,Education and Management Engineering(ESSAEME 2017). Research Institute of Management Science and Industrial Engineering(Computer Science and Electronic Technology International Society),2017: 5.

[193] DORSEY R E, MAYER W J. Genetic algorithms for estimation problems with multiple optima, nondifferentiability and other irregular features[J]. Journal of business and economic statistics, 1995,13 (1): 53-66.

[194] DRINEAS P, MAGDON-ISMAIL M, MAHONEY M W, et al. Fast approximation of matrix coherence and statistical leverage[J]. The journal of machine learning research, 2012,13: 3475-3506.

[195] DRINEAS P, FRIEZE A, KANNAN R, et al. Clustering large graphs via the singular value decomposition[J]. Machine learning,2004, 56(1-3): 9-33.

[196] DRINEAS P, KANNAN R, MAHONEY M W. Fast monte carlo algorithms for matrices II: computing a low-rank approximation to a matrix[J]. SIAM journal on computing, 2006b, 36(1): 158-183.

[197] DRINEAS P, KANNAN R, MAHONEY M W. Fast monte carlo algorithms for matrices III: computing a compressed approximate matrix decomposition[J]. SIAM journal on computing, 2006c, 36(1): 184-206.

[198] DRINEAS P, KANNAN R, MAHONEY M W. Fast monte carlo algorithms for matrices I: approximating matrix multiplication[J]. SIAM journal on computing, 2006a, 36(1): 132-157.

[199] DU J, ZHOU L. Improving financial data quality using ontologies[J]. Decision support systems, 2012, 54(1): 76-86.

[200] EFRON B. Bootstrap methods: another look at the jackknife[J]. The annals of statistics, 1979, 7(1): 1-26.

[201] EFRON B, HASTIE T, JOHNSTONE I, et al. Least angle regression[J]. The annals of statistics, 2004,32: 407-499.

[202] EINAV L, LEVIN J. Economics in the age of big data[J]. Science, 2014, 346(346).

[203] EKLUND J, KAPETANIOS G. A review of forecasting techniques for large data sets[J]. Queen mary working paper, 2008, 625: 1-18.

[204] ENGLE, R F, MANGANELLI S. CAViaR: conditional autoregressive value at risk by regression quantiles[J]. Journal of business & economic statistics, 2004, (22): 367-382.

[205] ERILK, HAUGOM. A parsimonious quantile regression model to forecast dayahead VaR[J]. Finance research letters, 2016(16): 196-207.

[206] ESFAHANI H S, RAM Rez M T. Institutions, infrastructure, and economic growth[J]. Journal of development economics, 2003, 70(2): 443-477.

[207] FAN J, LI R. New estimation and model selection procedures for semiparametric modeling in longitudinal data analysis[J]. Publications of the American statistical association, 2004, 99(467): 710-723.

[208] FAN J, LI R. Variable selection for Cox's proportional hazards model and frailty model[J]. Annals of statistics, 2002, 30(1): 74-99.

[209] FAN J, LI R. Variable selection via nonconvave penalized likelihood and its oracle properties[J]. Publications of the American statistical association, 2001, 96(456): 1348-1360.

[210] FAN J, LV J. Sure independence screening for ultrahigh dimensional feature space[J]. Journal of the royal statistical society, 2008, 70(5): 849-911.

[211] FAN J, PENG H. Nonconcave penalized likelihood with a diverging number of parameters[J]. Annals of statistics, 2004, 32(3): 928-961.

[212] FERRIS B, FOX D, LAWRENCE N. WiFi-SLAM using gaussian process latent variable models[C]// International Joint Conference on Artifical Intelligence. Morgan Kaufmann Publishers Inc, 2007: 2480-2485.

[213] FICEK M, KENCL L. Inter-call mobility model: a spatio-temporal refinement of call data records using a gaussian mixture model[C]// IEEE INFOCOM. IEEE, 2012: 469-477.

[214] FISCHER U, SCHILDT C, HARTMANN C, et al. Forecasting the data cube: a model configuration advisor for multi-dimensional data sets[C]//IEEE International Conference on Data Engineering. IEEE Computer Society, 2013: 853-864.

[215] GALVAO A F, WANG L. Efficient minimum distance estimator for quantile regression fixed effects panel data[M]. New York: Academic Press, 2015.

[216] GALVAO A F. Quantile regression for dynamic panel data with fixed effects[J]. Journal of statistical planning & inference, 2011, 140(11): 3476-3497.

[217] GALVAO A F, LAMARCHE C, LIMA L R. Estimation of censored quantile regression for panel data with fixed effects[J]. Journal of the American statistical association, 2013,108(503): 1075-1089.

[218] GARCIA-SANCHEZ F, MARTINEZ-BEJAR R, CONTRERAS L, et al. An ontology-based intelligent system for recruitment[J]. Expert systems with applications, 2006,31: 248-263.

[219] KOOP G, LEON-GONZALEZ R, RODNEY W. Strachan. Dynamic probabilities of restrictions in state space models: an application to the phillips curve[J]. Journal of business & economic statistics, 2010, 28(3): 370-379.

[220] GEORGE G, HAAS M R, PENTLAND A. Big data and management: from the editors[J]. Academy of management journal, 2014, 57(2): 321-326.

[221] GHEZZI A, RENGA F, BALOCCO R, et al. Mobile payment applications: offer state of the art in the Italian market[J]. Info, 2013, 12(5): 3-22.

[222] GIANNONE D, REICHLIN L, SMALL D. Nowcasting: the real-time informational content of macroeconomic data [J]. Journal of monetary economics, 2008, 55(4): 665-676.

[223] GILBERT J C. Numerical optimization: theoretical and practical aspects (universitext)[M]. Berlin: Springer, 2006.

[224] GILBERT W, BASSETT, J R, CHEN H L. Portfolio style: return-based attribution using quantile regression[J]. Empirical economics, 2011,(26): 293-305.

[225] GILLEN D W. Transportation infrastructure and economic development: a review of recent literature[J]. Logistics and transportation review, 1996(32), 39-62.

[226] GLOROT X, BENGIO Y. Understanding the difficulty of training deep feedforward neural networks[J]. Journal of machine learning research, 2010,9: 249-256.

[227] GOBBLE M M. Big data: the next big thing in innovation[J]. Research-technology management, 2013, 56(1): 64-67.

[228] GOURIEROUX C, LIU W. Converting tail-VaR to VaR: an econometric study[J]. Journal of financial econometrics, 2012(10): 233-264.

[229] GRAUWIN S, SOBOLEVSKY S, MORITZ S, et al. Towards a comparative science of cities: using mobile traffic records in New York, London, and Hong Kong[M]//HELBICH M, ARSANJANI J J. Computational approaches for urban environments. Switzerland: Springer International Publishing, 2015: 363-387.

[230] GUERRERO O A, LOPEZ E. Understanding unemployment in the era of big data: policy informed by data-driven theory[J]. Policy & internet, 2017, 9(1): 28-54.

[231] GUPTA R, KABUNDI A, MILLER S M, et al. Using large data sets to forecast sectoral employment[J]. Statistical methods & applications, 2014, 23(2): 229-264.

[232] GUYON I, ELISSEEFF A, et al. An introduction to variable and feature selection[J]. Journal of machine learning research, 2003, 3(6): 1157-1182.

[233] HADI A S. Identifying multiple outliers in multivariate data[J]. Journal of the royal statistical society. series B (methodological), 192, 54: 761-771.

[234] HOLZMANN H, EULERT M. The role of Information set for forecasting-with application to risk management[J]. The annals of applied statistics, 2014, 8(1): 595-621.

[235] LIU H, YU X Q, WAN W G. An attribute reduction SVM-based tax assessment model[P]. Audio, Language and Image Processing, 2008. ICALIP 2008. International Conference on,2008.

[236] HAN Q, LIANG S, ZHANG H. Mobile cloud sensing, big data, and 5G networks make an intelligent and smart world[J]. IEEE network, 2015, 29(2): 40-45.

[237] HAN D, DAI Y, ZHANG Z. Early warning and monitoring system of the economic situation in real estate market[J]. Journal of Software, 2013, 8(8): 2064-2071.

[238] HANI O, HAI H V, LIU D R. A hybrid neural network model for sales forecasting based on ARIMA and search popularity of article titles: [J]. Computational intelligence and neuroscience, 2016(4): 9656453.

[239] HARCHAOUI T M, JANSSEN R V. How can big data enhance the timeliness of official statistics? the case of the U.S. consumer price index[J]. International journal of forecasting, 2018, 34(2): 225-234.

[240] HARDING M, LAMARCHE C. A Hausman–taylor instrumental variable approach to the penalized estimation of quantile panel models[J]. Economics letters, 2014, 124(2): 176-179.

[241] HARDING M, LAMARCHE C. A quantile regression approach for estimating panel data models using instrumental variables [J]. Economics letters, 2009, 104(3): 133-135.

[242] NEMBHARD H B, KAO M S, Adaptive forecast-based monitoring for dynamic systems[J]. Technometrics, 2003, 45(3): 208-219.

[243] HARVILL J L, RAY B K. A note on multi-step forecasting with functional coefficient autoregressive models [J]. International journal of forecasting, 2005, 21(4): 717-727.

[244] HASSANI H, SILVA E S. Forecasting with big data: a review[J]. Annals of data science, 2015, 2 (1): 5-19.

[245] HEDMAN J, HENNINGSSON S. The new normal: Market cooperation in the mobile payments ecosystem[J]. Electronic commerce research & applications, 2015, 14(5): 305-318.

[246] HERRANZ-LONCÁN A. Infrastructure investment and Spanish economic growth: 1850–1935 [J]. Explorations in economic history, 2007, 44(3): 452-468.

[247] HINTON G E, SALAKHUTDINOV R R. Reducing the dimensionality of data with neural networks[J]. Science, 2006, 313(5786): 504-507.

[248] HOAGLIN D C, WELSCH R E. The hat matrix in regression and ANOVA[J]. The American statistician, 1978,32(1): 17-22.

[249] HUI Z, HASTIE T. Regularization and variable selection via the elastic net[J]. Journal of the royal statistical society, 2010, 67(5): 768.

[250] ZOU H. The adaptive Lasso and its oracle properties[J]. Publications of the American statistical association, 2006, 101(476): 1418-1429.

[251] HUNTER D R, LI R. Variable selection using MM algorithms[J]. Annals of statistics, 2005, 33(4): 1617-1642.

[252] HUONG D T T, TRUONG V V, LAM B T. Forecasting of consumer price index using the ensemble learning model with multi-objective evolutionary algorithms: Preliminary results[C]//International Conference on Advanced Technologies for Communications. IEEE, 2016: 337-342.

[253] IVANCIC L, DIEWERT W E, FOX K J. Scanner data, time aggregation and the construction of price indexes[J]. Journal of econometrics, 2011, 161(1): 24-35.

[254] TAYLOR J. Forecasting value at risk and expected shortfall using a semiparametric approach based on the asymmetric laplace distribution[J]. Journal of business & economic statistics, 2017 (1): 1-13.

[255] TAYLOR J W. Forecasting daily supermarket sales using exponentially weighted quantile regression[J]. European journal of operational research, 2007(178): 154-167.

[256] JAN DE HAAN, HEYMERIK A, VAN DER GRIENT. Eliminating chain drift in price indexes based on scanner data[J]. Journal of econometrics, 2011, 161(1): 36-46.

[257] JAO J. Why big data is a must in ecommerce [EB/OL] (2016-03-02)[2020-06-01]. http://www.bigdatalandscape.com/news/why-big-data-is-a-must-inecommerce.

[258] JEAN N, BURKE M, XIE M, et al. Combining satellite imagery and machine learning to predict poverty[J]. Science, 2016, 353(6301): 790.

[259] JERRY A, HAUSMAN, WILLIAM E, et al. Panel data and unobservable individual effects[J]. Journal of econometrics, 1981, 16(1): 155.

[260] JIANG M, NIU L, ZHANG Y, et al. A big-data-analysis-based research study on the changes both in the dependence on foreign trade and in the trade structure (2000—2015) of the Yunnan

province of China[C]// International Conference on Intelligent Transportation, Big Data & Smart City. IEEE Computer Society, 2018: 235-239.

[261] JONATHAN R S, MICHAEL S. et al. Bayesian modeling and forecasting of 24-hour high-frequency volatility[J]. Journal of the American statistical association, 2014, 109(508): 1368-1384.

[262] JOOYOUNG J J, et al. Using CAViaR models with implied volatility for value-at-risk estimation[J]. Journal of forecasting, 2011 (32): 67-71.

[263] KAPETANIOS G. Variable selection in regression models using non-standard optimisation of information criteria[J]. Computational statistics & data analysis, 2007, 52: 4-15.

[264] KAUFFMAN R J, SRIVASTAVA J, VAYGHAN J. Business and data analytics: new innovations for the management of e-commerce[J]. Electronic commerce research & applications, 2012, 11(2): 85-88.

[265] KEILIS-BOROK V I, SOLOVIEV A A, ALLÈGRE C B, et al. Patterns of macroeconomic indicators preceding the unemployment rise in Western Europe and the USA[J]. Pattern recognition, 2005, 38(3): 423-435.

[266] KHOLODILIN K A, PODSTAWSKI M, SILIVERSTOVS B, et al. Google searches as a means of improving the nowcasts of key macroeconomic variables[C]. Discussion papers of DIW Berlin, 2009.

[267] KIM M. Measuring Twitter-based political participation and deliberation in the South Korean context by using social network and triple helix indicators[J]. Scientometrics, 2012, 90(1): 121-140.

[268] KIM T, HONG J, KANG P. Box office forecasting using machine learning algorithms based on SNS data[J]. International journal of forecasting, 2015, 31(2): 364-390.

[269] KIM T Y, OH K J, SOHN I, et al. Usefulness of artificial neural networks for early warning system of economic crisis[J]. Expert systems with applications, 2004, 26(4): 583-590.

[270] KINGMA D P, BA J. Adam: a method for Stochastic Optimization[C] //International Conference on Learning Representations,2014.

[271] KITCHIN R. The real-time city? big data and smart urbanism[J]. Geojournal, 2014, 79(1): 1-14.

[272] KLEINER A, TALWALKAR A, SARKAR P, et al. A scalable bootstrap for massive data[J]. Journal of the royal statistical society: series B (statistical methodology), 2014, 76(4): 795-816.

[273] KOENKER R. Quantile regression for longitudinal data[J]. Journal of multivariate analysis, 2004, 91(1): 74-89.

[274] KOMUNJER I. Quasi-maximum likelihood estimation for conditional quantiles[J]. Journal of econometrics, 2005(128): 137-164.

[275] KONIDALA D M. Resuscitating privacy-preserving mobile payment with customer in complete control[J]. Personal & ubiquitous computing, 2012, 16(6): 643-654.

[276] KOSALA R, STEVEN A E. Harvesting real time traffic information from Twitter[J]. Procedia engineering, 2012, 50(9): 1-11.

[277] KOYUNCUGIL A S, OZGULBAS N. Financial early warning system model and data mining application for risk detection[J]. Expert systems with applications, 2012, 39(6): 6238-6253.

[278] KROLZIG H M,MARCELLINO M,MIZON G E.A Markov-switching vector equilibrium correction model of the UK labour market[J].Empirical Economics, 2002, 27(2): 233-254.

[279] KUM H C, KRISHNAMURTHY A, MACHANAVAJJHALA A, et al. Social genome: putting big data to work for population informatics[J]. Computer, 2014, 47(1): 56-63.

[280] KUMAR V, ANDRADE H, GEDIK B, et al. DEDUCE: at the intersection of MapReduce and stream processing[M]//M&NOLESCU I, SPACCAPIETRA S, TEUBNER J, et al. Proc. of the EDBT. Lausanne: ACM Press, 2010: 657-662.

[281] KUMAR S, CHOW T W, PECHT M. Approach to fault identification for electronic products using Mahalanobis distance[J]. Instrumentation and measurement, IEEE transactions on, 2009, 59: 2055-2064.

[282] LACHOWSKA M. Expenditure, confidence, and uncertainty: identifying shocks to consumer confidence using daily data[J]. SSRN electronic journal, 2013, 13: 197-232.

[283] LAHIANI A, SCAILLET O. Testing for threshold effect in ARFIMA models: application to US unemployment rate data[J]. International journal of forecasting, 2009, 25(2): 418-428.

[284] LAHIRI K, YAO V W. Economic indicators for the US transportation sector[J]. Transportation research part A policy & practice, 2006, 40(10): 872-887.

[285] LAHIRI K, YAO W, YOUNG P. Transportation and the economy: linkages at business-cycle frequences[J]. Transportation Research Record, 2004: 103-111.

[286] LAMARCHE C. Robust penalized quantile regression estimation for panel data[J]. Journal of econometrics, 2010, 157(2): 396-408.

[287] LAN K C, HO K S, LUK R W P, et al. FNDS: a dialogue-based system for accessing digested financial news[J]. Journal of systems & software, 2005, 78(2): 180-193.

[288] LANEY D. 3D data management: controlling data volume, velocity and variety[J]. META Group Res. Note, 2001, 6(2): 70.

[289] LANEY D. 3D data management: Controlling data volume, velocity and variety[EB/OL]. (2013-08-01)[2020-06-01]. http://blogs.gartner.com/doug-laney/files/2012/01/ad949-3D-Data-Management-Controlling-Data-Volume-Velocity-and-Variety.pdf, 2001.

[290] LE L T, ELIASSI-RAD T, PROVOST F, et al. Hyperlocal: inferring location of IP addresses in real-time bid requests for mobile ads[C]// ACM Sigspatial International Workshop on Location-Based Social Networks. ACM, 2013: 24-33.

[291] LEE C S, KAO Y F, KUO Y H, et al. Automated ontology construction for unstructured text documents[J]. Data & knowledge engineering, 2007, 60(3): 547-566.

[292] LI R, LI X Y. Study on tax collection and management in the era of big data[J]. Journal of southeast university (edition of social science), 2015 (S2): 39-40.

[293] LI Z, XU W, ZHANG L, et al. An ontology-based web mining method for unemployment rate prediction[J]. Decision support systems, 2014, 66: 114-122.

[294] LI J, QIN Y, YI D, et al. Feature selection for support vector machine in the study of financial early warning system[J]. Quality & reliability engineering international, 2014, 30(6): 867-877.

[295] LI S, WANG S. A financial early warning logit model and its efficiency verification approach[J]. Knowledge-based systems, 2014: 78-87.

[296] LIANG F, KIM J. A bootstrap metropolis-hastings algorithm for bayesian analysis of big data[J]. Technometrics A journal of statistics for the physical chemical & engineering sciences, 2016, 58: 155-174.

[297] LIANG F, CHENG Y, SONG Q, et al. A resampling-based stochastic approximation method for analysis of large geostatistical data[J]. Journal of the American statistical association, 2013, 108(501): 325-339.

[298] LIAO S H, CHEN J L, HSU T Y. Ontology-based data mining approach implemented for sport marketing[J]. Expert systems with applications, 2009, 36(8): 11045-11056.

[299] LIEBOWITZ, J. Big data and business analytics[M]. Boca Raton: CRC Press, 2013.

[300] LIN X Q. Reform of tax collection and management model in big data era[J]. Modern economy, 2015(35): 6-7.

[301] LIU C. Big data background, the need to reform the tax collection and management mode[J]. The tax levy, 2014(12): 18-19.

[302] LIU L X, ZHUANG Y Q, LIU X Y. Tax forecasting theory and model based on SVM optimized by PSO[J]. Expert systems with applications, 2010,38(1): 116-120.

[303] LIU X X. Exploration and practice of improving the tax collection and management model of highway logistics industry in China from the perspective of big data[J]. Tax economics research, 2015(01): 24-29.

[304] LU X, BA S, HUANG L, et al. Promotional marketing or word-of-mouth? Evidence from online restaurant reviews[J]. Information systems research, 2013, 24(3): 596-612.

[305] LYNCH C. Big data: how do your data grow?[J]. Nature, 2008, 455(7209): 28-29.

[306] MA J, XU W, SUN Y H, et al. An ontology-based text-mining method to cluster proposals for research project selection[J]. IEEE transactions on systems, man, and cybernetics-part A: systems and humans, 2012, 42(3): 784-790.

[307] MAHALANOBIS, CHANDRA P. On the generalised distance in statistics[J]. Proceedings of the national institute of sciences of India, 1936, 2(1): 49-55.

[308] MANYIKA J, CHUI M, BROWN B, et al. Big data: the next frontier for innovation, compe tition, and productivity [C]// McKinsey global Institute, 2011.

[309] TIAN M Z, CHAN N H. Saddle Point approximation and volatility estimation of value-at-Risk[J]. Statistica Sinica, 2010, 20(3): 1239-1256.

[310] HARDING M, LAMARCHE C. A quantile regression approach for estimating panel data models using instrumental variables [J]. Economics letters, 2009, 104(3): 133-135.

[311] MAYER-SCHONBERGER V, CUKIER K. Big data: a revolution that will transform how we live, work, and think[M]. London: Hodder & Stoughton, 2013.

[312] Mckisey Global Institute. Big data: the next frontier for innovation, competition, and productivity.[EB/OL]. (2012-08-21) [2021-06-01]. https://www.doc88.com/p-20587803356870.html.

[313] MCWILLIAMS B, KRUMMENACHER G, LUCIC M, et al. Fast and robust least squares estimation in corrupted linear models[J]. In advances in neural information processing systems,2014, 6: 415-423.

[314] MELSER D. Scanner data price indexes: addressing some unresolved issues[J]. Journal of business & economic statistics, 2018, 36.

[315] MENARDI G, TORELLI N. Training and assessing classification rules with imbalanced data[J]. Data mining & knowledge discovery, 2014, 28(1): 92-122.

[316] MICHOD R E. Cooperation and conflict in the evolution of individuality multilevel selection of the organism[J]. American naturalist, 1997, 149(4): 607-645.

[317] MILAS C, ROTHMAN P. Out-of-sample forecasting of unemployment rates with pooled STVECM forecasts[J]. International journal of forecasting, 2008, 24(1): 101-121.

[318] MILLER R, JANTSCHER C D, MILK A. Improving tax administration in developing countries[J]. Journal of Tax Administration,1992(1): 23-45.

[319] MOAT H S, CURME C, STANLEY H E, et al. Anticipating Stock Market Movement with Google and Wikipedia[C]//NATO Science for Peace and Security Series C.Environmental Security Springer Science, 2013.

[320] MOSHIRI S, BROWN L. Unemployment variation over the business cycles: a comparison of forecasting models[J]. Journal of forecasting, 2004, 23(7): 497-511.

[321] MUSOLESI M. Big mobile data mining: good or evil?[J]. IEEE internet computing, 2014, 18(1): 78-81.

[322] NAIKAL N, YANG A Y, SASTRY S S. Informative feature selection for object recognition via sparse PCA[C]// International Conference on Computer Vision. IEEE Computer Society, 2011: 818-825.

[323] NEWMAN M E J. A measure of betweenness centrality based on random walks[J]. Social networks, 27, 2005, 39-54.

[324] NGAN M P, MANAGER S M. PolyU study finds online customer reviews key to understanding customer satisfaction[EB/OL]. (2014-10-15) [2021-10-01]. https://www.chinatravelnews.com/article/85304.

[325] ASKITAS N, ZIMMERMANN K. Nowcasting business cycles using toll data[J]. Journal of forecasting, 2013, 32(4): 299-306.

[326] NOH J, KIM T H. Forecasting volatility of futures market: the S&P 500 and FTSE 100 futures using high frequency returns and implied volatility[J]. Applied economics, 2006(38): 395-413.

[327] NOOROSSANA R, NIAKI S T A, ERSHADI M J. Economic and economic-statistical designs of phase Ⅱ profile monitoring[J]. Quality and reliability engineering international, 2014, 30(5): 645-655.

[328] NOVEMBRE J, JOHNSON T, BRYC K, et al. Genes mirror geography within Europe[J]. Nature, 2008, 456(7218): 98-101.

[329] NUNAN D, DI DOMENICO M. Market research and the ethics of big data[J]. International journal of market research, 2013,55: 505-520.

[330] ONETO L, PILARZ B, GHIO A, et al. Model selection for big data: algorithmic stability and bag of little bootstraps on GPUs[C]//Proceedings of the 23rd European Symposium on Artificial Neural Networks, Computational Intelligence and Machine Learning,2015,4: 261-277.

[331] OTOIU A, TITAN E, DUMITRESCU R. An industry-based prediction model for regional unemployment rates based on officially available data[C]// ICTAM 2012, Lecture Notes in Information Technology, 2012.

[332] OWL web ontology language guide[EB/OL]. [2020-06-01]. http://www.w3.org/TR/owl-guide/.

[333] PANDA B, HERBACH J S, BESU S, et al. PLANET: massively parallel learning of tree ensembles with MapReduce[J]. PVLDB, 2009, 2(2): 1426-1437.

[334] PANG X L, FENG Y Q. An improved economic early warning based on rough set and support vector machine[C]//Machine Learning and Cybernetics, 2006 International Conference, IEEE, 2006: 2444-2449.

[335] PASCHOU P, ZIV E, BURCHARD E G, et al. PCA-correlated SNPs for structure identification in worldwide human populations[J]. PLoS genet, 2007,3(9): 1672-1686.

[336] PAVLO A, PAULSON E, RASIN A, et al. A comparison of approaches to large: scale data analysis[C]//Proc of the 2009 ACM SIGMOD Intl Conf on Management of Data, 2009: 165-178.

[337] PELÁEZ R F. Using neural nets to forecast the unemployment rate: a promising application of an emerging quantitative method[J]. Business economics, 2006, 41(1): 37-44.

[338] PHANG S Y. Strategic development of airport and rail infrastructure: the case of Singapore[J]. Transport policy, 2003, 10(1): 27-33.

[339] POUSTTCHI K. A modeling approach and reference models for the analysis of mobile payment use cases[J]. Electronic commerce research & applications, 2009, 7(2): 182-201.

[340] POWELL B, NASON G, ELLIOTT D, et al. Tracking and modelling prices using web-scraped price microdata: towards automated daily consumer price index forecasting[J]. Journal of the royal statistical society, 2017, 3(2): 110-113.

[341] PRADHAN R P, BAGCHI T P. Effect of transportation infrastructure on economic growth in India: The VECM approach[J]. Research in transportation economics, 2013, 38(1): 139-148.

[342] PREIS T, MOAT H S, STANLEY H E. Quantifying trading behavior in financial markets using google trends[J]. Scientific reports, 2013, 3: 1684.

[343] PROTÉGÉ. What is protégé? [EB/OL]. [2020-06-01]. http: //protege.stanford.edu/.

[344] CAO Q, SCHNIEDERJANS M J. Empirical study of the relationship between operations strategy and information systems strategic orientation in an e-commerce environment[J]. International journal of production research, 2004, 42(15): 2915-2939.

[345] RAJPUROHIT A. Big data for business managers: Bridging the gap between potential and value[C]// IEEE International Conference on Big Data. IEEE, 2013: 29-31.

[346] RAO T, SRIVASTAVA S. Using Twitter sentiments and search volumes index to predict oil,gold, forex and markets indices[EB/OL].[2021-10-01]. http://repository.iiitd.edu.in/jspui/handle/123456789/31.

[347] RATTI C, FRENCHMAN D, PULSELLI R M, et al. Mobile landscapes: using location data from cell phones for urban analysis[J]. Environment & planning B planning & design, 2006, 33(5): 727-748.

[348] LAU R Y K, SONG D W, LI Y F, et al. Toward a fuzzy domain ontology extraction method for adaptive e-Learning[J]. IEEE transactions on knowledge and data engineering, 2009, 21(6): 800-813.

[349] ENGLE R F, MANGANELLI S. CAViaR: conditional autoregressive value at risk by regression quantiles[J]. Journal of business & economic statistics, 2004 (22): 367-381.

[350] ROKHLIN V, SZLAM A, TYGERT M. A randomized algorithm for principal component analysis[J]. Journal on matrix analysis and applications, 2009, 31(3): 1100-1124.

[351] RUDELSON M, VERSHYNIN R. Sampling from large matrices: an approach through geometric functional analysis[J]. Journal of the ACM,2007, 54(4): 21.

[352] SAKAKI T, MATSUO Y, YANAGIHARA T, et al. Real-time event extraction for driving information from social sensors[C]// IEEE International Conference on Cyber Technology in Automation, Control, and Intelligent Systems. IEEE, 2012: 221-226.

[353] SANCHEZ-ROBLES B. Infrastructure investment and growth: some empirical evidence[J]. Contemporary economic policy, 1998(16): 98-108.

[354] SCAILLET O. Nonparametric estimation and sensitivity analysis of expected shortfall[J]. Mathematical finance,2004,14(1): 115-129.

[355] SCAILLET O. Nonparametric estimation of conditional expected shortfall[J]. Insurance and risk management journal, 2005,74: 639-660.

[356] SCHUMAKER R P, CHEN H. A quantitative stock prediction system based on financial news[J]. Information processing and management, 2009, 45(5): 571-583.

[357] SCOTT S L, VARIAN H. Bayesian variable selection for nowcasting economic time series[M]// GOLDFARB A,GREENSTEIN S M, TUCKER C E. Economic Analysis of the Digital Economy, Chicago: University of Chicago Press. 2015.

[358] SCOTT S L, BLOCKER A W, BONASSI F V, et al. Bayes and big data: the consensus Monte Carlo algorithm[C]//EFaBBayes 250 conference 16, 2013.

[359] SENGUPTA S, VOLGUSHEV S, SHAO X. A subsampled double bootstrap for massive data[J]. Journal of the American statistical association, 2016, 111(515): 1222-1232.

[360] SERMPINIS G, STASINAKIS C, KARATHANASOPOULOS A. Kalman filter and SVR combinations in forecasting US unemployment[M]//LAZAROS I, LOANNIS V, MAX B. Artificial intelligence applications and innovations. Berlin: Springer, 2013: 506-515.

[361] SHAH A. Dynamics of public infrastructure, industrial productivity and profitability[J]. Review of economics & statistics, 1992, 74(1): 28-36.

[362] SHARMA S, SINGH S. Unemployment rates forecasting using supervised neural networks[C]// Cloud System and Big Data Engineering. IEEE, 2016.

[363] SHORT J, KOPP A. Transport infrastructure: Investment and planning. policy and research aspects [J]. Transport policy, 2005, 12(4): 360-367.

[364] SILVER M. Elementary aggregates, micro-indices and scanner data: some issues in the compilation of consumer price indices[J]. Review of income & wealth, 1995, 41(4): 427-438.

[365] SKOURLETOPOULOS G, MAVROMOUSTAKIS C X, MASTORAKIS G, et al. Big data and cloud computing: a survey of the state-of-the-art and research challenges[M]//MAVROMOUSTAKIS C X, MASTORAKIS G, DOBRE C. Advances in mobile cloud computing and big data in the 5G era. Berlin: Springer, 2017.

[366] SPOSARO F, TYSON G. iFall: An android application for fall monitoring and response[C]// International Conference of the IEEE Engineering in Medicine & Biology Society. Conf Proc IEEE Eng Med Biol Soc, 2009: 6119.

[367] LOHR S. The age of big data[N]. New York Times, 2012-04-11.

[368] STOCK J H, WATSON M W. Macroeconomic forecasting using diffusion indices[J]. Journal of business and economic statistics, 2002,20: 147-162.

[369] SU Y N, TIAN M Z. Rolling quantile regression model and applications[J]. Statistics review, 2013 (7): 124-135.

[370] SUHOY T. Query indices and a 2008 downturn: Israeli data[C]//Bank of Israel Discussion Paper, 2009.

[371] SUOMINEN K. Western hemisphere spaghetti bowl: lessons and policy options for Asia[C]//Multilateralizing Asian Regionalism conference, Tokyo, 2008.

[372] SWANSON N R. Comment on: in sample inference and forecasting in misspecified factor models[J]. Journal of business and economic statistics,2016, 34: 348-353.

[373] TANG M L, TIAN M Z. Asymptotic interval estimation of risk difference under inverse sampling[J]. Computational Statistics and Data Analysis,2009,53: 621-631.

[374] TANG M L, TIAN M Z. Approximate interval construction for risk difference under inverse sampling[J]. Statistics and computing, 2010,20: 87-98.

[375] TANG M L, TIAN M Z, CHAN P S. On the bootstrap quantile-treatment-effect test[J]. Journal of applied statistics, 2008, 35 (1): 335-350.

[376] TANGSUCHEEVA R, PRABHU V. Stochastic financial analytics for cash flow forecasting[J]. International journal of production economics, 2014,158: 65-76.

[377] TASHMAN L J. Out-of-sample tests of forecasting accuracy: an analysis and review[J]. International journal of forecasting, 2000, 16(4): 437-450.

[378] TAYLOR J W, BUNN D W. CAViaR: conditional autoregressive value at risk by regression quantiles[J]. Journal of applied statistics, 1998(25): 121-135.

[379] TAYLOR J W. Using exponentially weighted quantile regression to estimate value at risk and expected shortfall[J]. Journal of financial econometrics, 2008(6): 382-406.

[380] THOMAS J, LINSMEIER. Value at risk[Z]. Financial analysts journal: Neil D. Pearson, 2000.

[381] TIAN M Z, CHAN N H. Saddle point approximation and volatility estimation of value-at-risk[J]. Statistica sinica, 2010,20: 1239-1256.

[382] TIAN M Z, CHEN G M. Hierarchical linear regression models for conditional quantiles[J]. Science in China series A: mathematics, 2006,49: 1800-1815.

[383] TIAN M Z, LI G Y. Quasi-residuals method in sliced inverse regression[J]. Statistics and probability letters, 2004,66: 205-211.

[384] TIAN M Z, WU X Z. A quasi-residuals method[J]. Advances in mathematics, 2001,30: 182-184.

[385] TIAN M Z, TANG M L, CHAN P S. Semiparametric quantile modelling of hierarchical data[J]. Acta mathematica sinica, 2009,25: 597-616 .

[386] TIAN M Z, TANG M L, CHAN P S. Confidence interval for epidemiologic rate based on saddle point approximations approach under inverse sampling[J]. Statistics in medicine, 2008,27: 3301-3324.

[387] TIAN M Z, TANG M L, NG H K T. et al. A comparative study of confidence intervals for negative binomial proportion[J]. Journal of statistical computation and simulation, 2009,79: 241-249.

[388] TIAN M Z, TANG M L, NG H K T, et al. Confidence interval estimators for risk ratio under inverse sampling[J]. Statistics in medicine, 2008,27: 3301-3324.

[389] TIBSHIRANI R. Regression shrinkage and selection via the lasso: a retrospective[J]. Journal of the royal statistical society: series B statistical methodology, 2011, 73(3): 273-282.

[390] TIRUNILLAI S, TELLIS G J. Does chatter really matter? dynamics of user-generated content and stock performance[J]. Mark Sci., 2012,31(2): 198-215.

[391] TUMASJAN A, SPRENGER T O, SANDNER P G, et al. Election forecasts with Twitter: how 140 characters reflect the political landscape[J]. Social science computer review, 2011, 29(4): 402-418.

[392] TUMASJAN A, SPRENGER T O, SANDNER P G, et al. Predicting elections with Twitter: what 140 characters reveal about political Sentiment[J]. Proceedings of the fourth international AAAI conference on weblogs and social media, 2010,8: 178-185.

[393] SAPSFORD D, TZANNATOS Z. The economics of the labour market[M]. London: Macmillan, 1993.

[394] VAPNIK V. The nature of statistical learning theory[M]. New York: Springer Verlag, 1995.

[395] VARIAN H R. Big data: new tricks for econometrics[J]. Journal of economic perspectives, 2014, 28 (2): 3-28.

[396] RAJKUMAR V. Predicting surprises to GDP: a comparison of econometric and machine learning techniques[D]. Cambridge: MIT Sloan School of Management, 2017.

[397] VELLEMAN P F, WELSCH R E. Efficient computing of regression diagnostics[J]. The American statistician, 1981, 35(4): 234-242.

[398] VERA-BAQUERO A, COLOMO-PALACIOS R, MOLLOY O. Real-time business activity monitoring and analysis of process performance on big-data domains[J]. Telematics & informatics, 2016, 33(3): 793-807.

[399] VICENTE M R, LÓPEZ-MENÉNDEZ A J, PÉREZ R. Forecasting unemployment with internet search data: does it help to improve predictions when job destruction is skyrocketing?[J]. Technological forecasting & social change, 2015, 92(92): 132-139.

[400] VIJVERBERG C P C. A time deformation model and its time-varying autocorrelation: an application to US unemployment data[J]. International journal of forecasting, 2009, 25(1): 128-145.

[401] SPOKOINY V, MERCURIO D. Statistical inference for time-inhomogeneous volatility models[J]. The annals of statistics, 2004,32: 577-602.

[402] VOSEN S, SCHMIDT T. Forecasting private consumption: survey-based indicators vs. google trends[J]. Journal of forecasting, 2011, 30(6): 565-578.

[403] WALDROP M. Big data: wikiomics. pioneering biologists are trying to use wiki-type web pages to manage and interpret data, reports Mitch Waldrop. but will the wider research community go along with the experiment?[J] Nature, 2008, 455: 22-25.

[404] WALLER M A, FAWCETT S E. Data science, predictive analytics, and big data: a revolution that will transform supply chain design and management[J]. Journal of business logistics, 2013, 34(2): 77-84.

[405] WANG E C. Public infrastructure and economic growth: a new approach applied to East Asian economies[J]. Journal of policy modeling, 2002, 24(5): 411-435.

[406] WANG S, ZHE Z, KANG Y, et al. An ontology for causal relationships between news and financial instruments[J]. Expert systems with applications, 2008, 35(3): 569-580.

[407] WANG X R. The restrictive factors of establishing a modernized tax collection and management system[J]. Tax research, 2015(02): 80-84.

[408] WANG X Z, FINANCE S O. Modernization construction of tax collection: a way towards promoting tax capacity[J]. Journal of Renmin university of China, 2015.

[409] WEINBERGER K Q, SAUL L K. Distance metric learning for large margin nearest neighbor classification[J]. The journal of machine learning research, 2009, 10: 207-244.

[410] WIEDER A, BHATOTIA P, POST A, et al. Brief announcement: modelling MapReduce for optimal execution in the cloud[M]//Proceedings of the 29th Annual ACM Symposium on Principles of Distributed Computing, PODC 2010, Zurich: ACM Press. 2010. 408-409.

[411] WU L, BRYNJOLFSSON E. The future of prediction: how google searches foreshadow housing prices and sales[J]. Social science electronic publishing, 2014: 147.

[412] WU R S, OU C S, LIN H Y, et al. Using data mining technique to enhance tax evasion detection performance[J]. Expert systems with applications an international journal, 2012, 39(10): 8769-8777.

[413] XIANG S, NIE F, ZHANG C. Learning a mahalanobis distance metric for data clustering and classification[J]. Pattern recognition, 2008, 41(12): 3600-3612.

[414] XU H S, WANG L. Application of analysis CRM based on association rules mining in variable precision rough set[M]// Advances in computer science, environment, ecoinformatics, and education, Berlin: Springer, 2011: 418-423.

[415] XU W, HAN Z W, MA J. A neural network based approach to detect influenza epidemics using search engine query data[C]// International Conference on Machine Learning and Cybernetics. IEEE, 2010: 1408-1412.

[416] XU W, LI Z, CHEN Q. Forecasting the unemployment rate by neural networks using search engine query data[C]// Hawaii International Conference on System Sciences. IEEE Computer Society, 2012: 3591-3599.

[417] XU W. Data mining for unemployment rate prediction using search engine query data[J]. Service oriented computing & applications, 2013, 7(1): 33-42.

[418] XU X, DOU W. An assistant decision-Supporting method for urban transportation planning over big traffic data[C]// International Conference on Human Centered Computing. Springer, Cham, 2014: 251-264.

[419] FONDEUR Y, KARAMÉ F. Can google data help predict French youth unemployment? [J]. Economic modelling, 2013, 30(1): 117-125.

[420] YANG B, LI L X, JI H, et al. An early warning system for loan risk assessment using artificial neural networks[J]. Knowledge-based systems, 2001,14(1): 303-306.

[421] YANG J, MENG X, MAHONEY M W. Quantile regression for large-scale applications[J]. SIAM journal on scientific computing, 2014, 36(5): 78-110.

[422] AU Y A, KAUFFMAN R J. The economics of mobile payments: understanding stakeholder issues for an emerging financial technology application[J]. Electronic commerce research and applications, 2009, 7(2): 141-164.

[423] YU S, HOU J, LV J, et al. Economic benefit assessment of the geo-hazard monitoring and warning engineering system in the Three Gorges Reservoir area: a case study of the landslide in Zigui[J]. Natural hazards, 2015, 75(2): 219-231.

[424] YUAN M, LIN Y. On the non-negative garrotte estimator[J]. Journal of the royal statistical society, 2010, 69(2): 143-161.

[425] YU P L H, LI W K, JIN S S. On some models for value-at-risk[J]. Econometric reviews, 2010(29): 622-641.

[426] ZACHARY W W. An information flow model for conflict and fission in small groups[J]. Journal of anthropological research, 1977,33: 452-473.

[427] ZHANG X M, LIU Q, WANG H Q. Ontologies for intellectual property rights protection[J]. Expert systems with applications, 2012, 39(1): 1388-1400.

[428] ZHANG H, YU J, WANG M, et al. Semi-supervised distance metric learning based on local linear regression for data clustering[J]. Neurocomputing, 2012, 93: 100-105.

[429] ZHENG X, CHEN W, WANG P, et al. Big data for social transportation[J]. IEEE transactions on intelligent transportation systems, 2016, 17(3): 620-630.

[430] ZHENG G, YU W. Financial conditions index's construction and its application on financial monitoring and economic forecasting[J]. Procedia computer science, 2014: 32-39.

[431] ZHOU P P, TIAN M Z. An analysis of mathematics and science achievements of American youth with nonparametric quantile regression[J]. Journal of data science, 2008(6): 449-465.

[432] ZHU Q X, GUO L J, LIU J, et al. Research of tax inspection cases-choice based on association rules in data mining[C]//IEEE 2009 International Conference on Machine Learning and Cybernetics, 2009.

[433] ZOU H, HASTIE T, TIBSHIRANI R. Benefit and cost of concentration in CBD[J]. Toshi mondai the journal of the Tokyo institute for municipal research, 2002, 93: 37-50.